中华正史经典

后汉书

〔南朝宋〕范晔 撰
〔唐〕李贤 等 注

四

中华书局

后汉书卷八十五

东夷列传第七十五

王制云:"东方曰夷。"夷者,柢也,言仁而好生,万物柢地而出。①故天性柔顺,易以道御,至有君子、不死之国焉。②夷有九种,③曰畎夷,于夷,方夷,黄夷,白夷,赤夷,玄夷,风夷,阳夷。④故孔子欲居九夷也。

①事见风俗通。

②山海经曰:"君子国衣冠带剑,食兽,使二文虎在旁。"外国图曰:"去琅邪三万里。"山海经又曰:"不死人在交胫东,其为人黑色,寿不死。"并在东方也。

2255

③竹书纪年曰"后芬发即位三年,〔1〕九夷来御"也。

④竹书纪年曰"后泄二十一年,命畎夷,白夷,赤夷,玄夷,风夷,阳夷。后相即位二年,征黄夷。七年,于夷来宾,后少康即位,方夷来宾"也。

昔尧命羲仲宅嵎夷,曰旸谷,盖日之所出也。①夏后氏太康失德,夷人始畔。②自少康已后,世服王化,遂宾於王门,献其乐舞。③
桀为暴虐,诸夷内侵,殷汤革命,伐而定之。至于仲丁,蓝夷作
寇。④自是或服或畔;三百馀年。武乙衰敝,东夷寝盛,遂分迁淮、
岱,渐居中土。⑤

①孔安国尚书注曰"东方之地曰纴夷。旸穀,日之所出也"。

②太康,启之子也。槃于游田,十旬不反,不恤人事,为羿所逐也。

③少康,帝仲康之孙,帝相子也。竹书纪年曰:"后发即位元年,诸夷宾
　　于王门,诸夷入舞。"

④仲丁,殷大戊之子也。竹书纪年曰"仲丁即位,征于蓝夷"也。

⑤武乙,帝庚丁之子,无道,为革囊盛血,仰而射之,命曰"射天"也。

及武王灭纣,肃慎来献石砮、楛矢。管、蔡畔周,乃招诱夷狄,
周公征之,遂定东夷。①康王之时,肃慎复至。后徐夷僭号,乃率九
夷以伐宗周,西至河上。穆王畏其方炽,乃分东方诸侯,命徐偃王
主之。②偃王处潢池东,地方五百里,③行仁义,陆地而朝者三十有
六国。穆王后得骥騄之乘,④乃使造父御以告楚,令伐徐,一日而
至。⑤於是楚文王大举兵而灭之。偃王仁而无权,不忍斗其人,故
致於败。乃北走彭城武原县东山下,百姓随之者以万数,因名其山
为徐山。⑥厉王无道,淮夷入寇,王命虢仲征之,不克,宣王复命召
公伐而平之。⑦及幽王淫乱,四夷交侵,至齐桓脩霸,攘而却焉。及
楚灵会申,亦来豫盟。⑧后越迁琅邪,与共征战,遂陵暴诸夏,侵灭
小邦。

①尚书武王崩,三监及淮夷畔,周公征之,作大诰。又曰,成王既伐管
　　叔、蔡叔,灭淮夷。

②博物志曰:"徐君宫人娠而生卵,以为不祥,弃於水滨。孤独母有犬名
　　鹄仓,(持)〔得〕所弃卵,[2] 衔以归母,母覆暖之,遂成小儿,生而偃,故

以为名。宫人闻之，乃更录取。长袭为徐君。"尸子曰"偃王有筋而无骨，故曰偃"也。

③水经注曰，黄水一名汪水，与泡水合，至沛入泗。自山阳以东，海陵以北，其地当之也。

④史记曰："造父以善御幸于周缪王，得赤骥、盗骊、骅骝、腴耳之驷，西巡狩，乐而忘归。"

⑤造父，解见蔡邕传。

⑥武原，县，故城在今泗洲下邳县北。徐山在其东。博物志曰"徐王妖异不常。武原县东十里，见有徐山石室祠处。偃王沟通陈蔡之间，得朱弓朱矢，以己得天瑞，自称偃王。穆王闻之，遣使乘驷，一日至楚，伐之。偃王仁，不忍斗，为楚所败，北走此山"也。

⑦毛诗序曰："江汉，尹吉甫美宣王也。能兴衰拨乱，命召公平淮夷。"其诗曰："江汉浮浮，武夫滔滔。匪安匪游，淮夷来求。王命召虎，式辟四方，彻我土疆。"

⑧左传楚灵王、蔡侯、陈侯、郑伯、许男、淮夷会于申。

秦并六国，其淮、泗夷皆散为民户。陈涉起兵，天下崩溃，燕人卫满避地朝鲜，①因王其国。百有馀岁，武帝灭之，于是东夷始通上京。王莽篡位，貊人寇边。②建武之初，复来朝贡。时辽东太守祭肜威詟北方，声行海表，于是泧、貊、倭、韩万里朝献，故章、和已后，使聘流通。逮永初多难，始入寇钞；桓、灵失政，渐滋曼焉。

①前书曰"朝鲜王满，燕人。自始全燕时，尝略属真番、朝鲜，为置吏筑障。汉兴属〔燕〕，〔3〕燕王卢绾反入匈奴，满亡命东走，渡浿水，居秦故空地，稍役属朝鲜蛮夷及故燕、齐(任)〔亡〕者，〔4〕王之，都王险"也。

②前书莽发高句丽兵当伐胡，不欲行，郡县强迫之，皆亡出塞，因犯〔法〕为寇。〔5〕州郡归咎于高句丽侯驺，严尤奏言貉人犯法，不从驺起，宜慰安之。

自中兴之后，四夷来宾，虽时有乖畔，而使驿不绝，[6]故国俗风土，可得略记。东夷率皆土著，憙饮酒歌舞，或冠弁衣锦，器用俎豆。所谓中国失礼，求之四夷者也。①凡蛮、夷、戎、狄总名四夷者，犹公、侯、伯、子、男皆号诸侯云。

    ①左传曰，仲尼学鸟名〔官〕於郯子，[7]既而告人曰："吾闻之，天子失官，学在四夷，其信也。"

夫馀国，在玄菟北千里。南与高句骊，东与挹娄，西与鲜卑接，北有弱水。地方二千里，本濊地也。

初，北夷索离国王出行，①其侍儿于后姙身，②王还，欲杀之。侍儿曰："前见天上有气，大如鸡子，来降我，因以有身。"王囚之，后遂生男。王令置于豕牢，③豕以口气嘘之，不死。复徙於马兰，④马亦如之。王以为神，乃听母收养，名曰东明。东明长而善射，王忌其猛，复欲杀之。东明奔走，南至掩淲水，⑤以弓击水，鱼鳖皆聚浮水上，东明乘之得度，因至夫馀而王之焉。於东夷之域，最为平敞，土宜五穀。出名马、赤玉、貂豽，⑥大珠如酸枣。以员栅为城，有宫室、仓库、牢狱。其人粗大强勇而谨厚，不为寇钞。以弓矢刀矛为兵。以六畜名官，有马加、牛加、狗加，[8]其邑落皆主属诸加。食饮用俎豆，会同拜爵洗爵，揖让升降。以腊月祭天，大会连日，饮食歌舞，名曰"迎鼓"。是时断刑狱，解囚徒。有军事亦祭天，杀牛，以蹏占其吉凶。⑦行人无昼夜，好歌吟，音声不绝。其俗用刑严急，被诛者皆没其家人为奴婢。盗一责十二。男女淫皆杀之，尤治恶妒妇，[9]既杀，复尸于山上。兄死妻嫂。死则有椁无棺。[10]杀人殉葬，多者以百数。其王葬用玉匣，汉朝常豫以玉匣付玄菟郡，王死则迎取以葬焉。

①“索”或作“橐”，音度洛反。

②姓音人鸠反。

③牢，圈也。

④兰即栏也。

⑤今高丽中有盖斯水，疑此水是也。

⑥豽似豹，^[11]无前足，音奴八反。

⑦魏志曰：“牛蹄解者为凶，合者为吉。”

建武中，东夷诸国皆来献见。二十五年，夫馀王遣使奉贡，光武厚答报之，于是使命岁通。至安帝永初五年，夫馀王始将步骑七八千人寇钞乐浪，杀伤吏民，后复归附。永宁元年，乃遣嗣子尉仇台（印）〔诣〕阙贡献，天子赐尉仇台印绶金彩。顺帝永和元年，其王来朝京师，帝作黄门鼓吹、角抵戏以遣之。桓帝延熹四年，遣使朝贺贡献。永康元年，王夫台将二万馀人寇玄菟，玄菟太守公孙域击破之，^[12]斩首千馀级。至灵帝熹平三年，复奉章贡献。夫馀本属玄菟，献帝时，其王求属辽东云。

挹娄，古肃慎之国也。在夫馀东北千馀里，东滨大海，南与北沃沮接，不知其北所极。土地多山险。人形似夫馀，而言语各异。有五谷、麻布，出赤玉、好貂。无君长，其邑落各有大人。处于山林之间，土气极寒，常为穴居，以深为贵，大家至接九梯。好养豕，食其肉，衣其皮。冬以豕膏涂身，厚数分，以御风寒。夏则裸袒，以尺布蔽其前后。其人臭秽不絜，作厕于中，圜之而居。自汉兴已后，臣属夫馀。种众虽少，而多勇力，处山险，又善射，发能入人目。弓长四尺，力如弩。矢用楛，长一尺八寸，青石为镞，镞皆施毒，中人即死。便乘船，好寇盗，邻国畏患，而卒不能服。东夷夫馀饮食类(此)皆用俎豆,〔13〕唯挹娄独无,法俗最无纲纪者也。

　　高句骊,在辽东之东千里,南与朝鲜、涉貊,东与沃沮,北与夫馀接。地方二千里,多大山深谷,人随而为居。少田业,力作不足以自资,故其俗节於饮食,而好脩宫室。东夷相传以为夫馀别种,故言语法则多同,而跪拜曳一脚,行步皆走。凡有五族,有消奴部,〔14〕绝奴部、顺奴部、灌奴部、桂娄部。①本消奴部为王,稍微弱,后桂娄部代之。其置官,有相加、对卢、沛者、古邹大加、②〔15〕主簿、优台、使者、〔16〕帛衣先人。〔17〕武帝灭朝鲜,以高句骊为县,③使属玄菟,赐鼓吹伎人。其俗淫,皆絜净自憙,暮夜辄男女群聚为倡乐。好祠鬼神、社稷、零星,④以十月祭天大会,名曰“东盟”。其国东有大穴,号䆩神,〔18〕亦以十月迎而祭之。其公会衣服皆锦绣,金银以自饰。大加、主簿皆著帻,如冠帻而无后;其小加著折风,形如弁。无牢狱,有罪,诸加评议便杀之,没入妻子为奴婢。其昏姻皆就妇家,生子长大,然后将还,便稍营送终之具。金银财币尽于厚葬,积石为封,亦种松柏。其人性凶急,有气力,习战斗,好寇钞,沃沮、东涉皆属焉。

①案今高骊五部:一曰内部,一名黄部,即桂娄部也;二曰北部,一名後部,即绝奴部也;三曰东部,一名左部,即顺奴部也;四曰南部,一名前部,即灌奴部也;五曰西部,一名右部,即消奴部也。

②古邹大加,高骊掌(贺)〔宾〕客之官,〔19〕如鸿胪也。

③前书元封中,定朝鲜为真番、临屯、乐浪、玄菟四(部)〔郡〕。〔20〕

④前书音义:“龙星左角曰天田,则农祥也。辰日祠以牛,号曰零星。”风俗通曰“辰之神为灵星”,故以辰日祠於东南也。

　　句骊一名貊(耳),有别种,〔21〕依小水为居,因名曰小水貊。出好弓,所谓"貊弓"是也。①

①魏氏春秋曰:"辽东郡西安平县北,有小水南流入海,句骊别种因名之
小水貊。"

王莽初,发句骊兵以伐匈奴,其人不欲行,强迫遣之,皆亡出塞
为寇盗。辽西大尹田谭追击,战死。莽令其将严尤击之,诱句骊侯
驺入塞,[22]斩之,传首长安。莽大说,更名高句骊王为下句骊侯,
于是貊人寇边愈甚。建武八年,高句骊遣使朝贡,光武复其王号。
二十三年冬,句骊蚕支落大加戴升等万馀口诣乐浪内属。二十五
年春,句骊寇右北平、渔阳、上谷、太原,而辽东太守祭肜以恩信招
之,皆复款塞。

后句骊王宫生而开目能视,国人怀之,[23]及长勇壮,数犯边
境。和帝元兴元年春,复入辽东,寇略六县,太守耿夔击破之,斩其
渠帅。安帝永初五年,宫遣使贡献,求属玄菟。元初五年,复与濊
貊寇玄菟,攻华丽城。①建光元年春,幽州刺史冯焕、玄菟太守姚
光、辽东太守蔡讽[24]等将兵出塞击之,捕斩濊貊渠帅,获兵马财
物。宫乃遣嗣子遂成将二千馀人逆光等,遣使诈降;光等信之,遂
成因据险厄以遮大军,而潜遣三千人攻玄菟、辽东,焚城郭,杀伤二
千馀人。于是发广阳、渔阳、右北平、涿郡属国三千馀骑同救之,而
貊人已去。夏,复与辽东鲜卑八千馀人攻辽队,②杀略吏人。蔡讽
等追击于新昌,战殁,功曹耿耗、兵曹掾龙端、兵马掾公孙酺以身捍
讽,俱没于陈,死者百馀人。秋,宫遂率马韩、濊貊数千骑围玄菟。
夫馀王遣子尉仇台[25]将二万馀人,与州郡并力讨破之,斩首五百
馀级。

①华丽,县,属乐浪郡。

②县名,属辽东郡也。

是岁宫死,子遂成立。姚光上言欲因其丧发兵击之,议者皆以为可许。尚书陈忠曰:"宫前桀黠,光不能讨,死而击之,非义也。宜遣吊问,因责让前罪,赦不加诛,取其后善。"安帝从之。明年,遂成还汉生口,诣玄菟降。诏曰:"遂成等桀逆无状,当斩断菹醢,以示百姓,幸会赦令,乞罪请降。鲜卑、濊貊连年寇钞,驱略小民,动以千数,而裁送数十百人,非向化之心也。自今已后,不与县官战斗而自以亲附送生口者,皆与赎直,缣人四十匹,小口半之。"

遂成死,子伯固立。其后濊貊率服,东垂少事。顺帝阳嘉元年,置玄菟郡屯田六部。质、桓之间,复犯辽东西安平,杀带方令,①掠得乐浪太守妻子。建宁二年,玄菟太守耿临讨之,斩首数百级,伯固降服,乞属玄菟云。

①郡国志西安平、带方,县,并属辽东郡。

东沃沮在高句骊盖马大山之东,①东滨大海;北与挹娄、夫馀,南与濊貊接。其地东西夹,南北长,②可折方千里。土肥美,背山向海,宜五谷,善田种,有邑落长帅。人性质直强勇,便持矛步战。言语、食饮、居处、衣服有似句骊。其葬,作大木椁,长十馀丈,开一头为户,新死者先假埋之,令皮肉尽,乃取骨置椁中。家人皆共一椁,刻木如(主)〔生〕,[26]随死者为数焉。

①盖马,县名,属玄菟郡。其山在今平壤城西。平壤即王险城也。
②夹音狭。

武帝灭朝鲜,以沃沮地为玄菟郡。后为夷貊所侵,徙郡于高句骊西北,更以沃沮为县,属乐浪东部都尉。至光武罢都尉官,后皆以封其渠帅,为沃沮侯。其土迫小,介于大国之间,遂臣属句骊。句骊复置其中大人(遂)为使者,[27]以相监领,(贵)〔责〕其租税,[28]貂布鱼盐,海中食物,发美女为婢妾焉。

又有北沃沮,一名置沟娄,去南沃沮八百馀里。其俗皆与南同。界南接挹娄。挹娄人憙乘船寇抄,北沃沮畏之,每夏辄臧于岩穴,至冬船道不通,乃下居邑落。其耆老言,尝于海中得一布衣,其形如中人衣,而两袖长三丈。又于岸际见一人乘破船,顶中复有面,与语不通,不食而死。又说海中有女国,无男人。或传其国有神井,窥之辄生子云。①

①魏志曰,毋丘俭遣王颀追句骊王宫,穷沃沮东界,问其耆老所传云。

濊北与高句骊、沃沮,南与辰韩接,东穷大海,西至乐浪。濊及沃沮、句骊,本皆朝鲜之地也。昔武王封箕子于朝鲜,箕子教以礼义田蚕,又制八条之教。①其人终不相盗,无门户之闭。妇人贞信。饮食以笾豆。其后四十馀世,至朝鲜侯准,自称王。汉初大乱,燕、齐、赵人往避地者数万口,而燕人卫满击破准而自王朝鲜,传国至孙右渠。元朔元年,②濊君南闾等畔右渠,率二十八万口诣辽东内属,武帝以其地为苍海郡,数年乃罢。至元封三年,灭朝鲜,分置乐浪、临屯、玄菟、真番四(部)〔郡〕。③[29]至昭帝始元五年,罢临屯、真番,以并乐浪、玄菟。玄菟复徙居句骊。自单单大领已东,沃沮、濊貊悉属乐浪。后以境土广远,复分领东七县,置乐浪东部都尉。自内属已后,风俗稍薄,法禁亦浸多,至有六十馀条。建武六年,省都尉官,遂弃领东地,悉封其渠帅为县侯,皆岁时朝贺。

①前书曰,箕子教以八条者,相杀者以当时偿杀,相伤者以穀偿,相盗者

男没入为其家奴,女子为婢,欲自赎者人五十万。音义曰:"八条不具
见也。"

②武帝年也。

③番音潘。

无大君长,其官有侯、邑君、三老。耆旧自谓与句骊同种,言语
法俗大抵相类。其人性愚悫,少嗜欲,不请匄。男女皆衣曲领。其
俗重山川,山川各有部界,[30]不得妄相干涉。同姓不昏。多所忌
讳,疾病死亡,辄捐弃旧宅,更造新居。知种麻,养蚕,作绵布。晓
候星宿,豫知年岁丰约。常用十月祭天,昼夜饮酒歌舞,名之为"舞
天"。又祠虎以为神。邑落有相侵犯者,辄相罚,责生口牛马,名之
为"责祸"。杀人者偿死。少寇盗。能步战,作矛长三丈,或数人
共持之。乐浪檀弓出其地。又多文豹,有果下马,①海出班鱼,使
来皆献之。

①高三尺,乘之可於果树下行。

韩有三种:一曰马韩,二曰辰韩,三曰弁辰。[31]马韩在西,有五
十四国,其北与乐浪,南与倭接。辰韩在东,十有二国,其北与涉貊
接。弁辰在辰韩之南,亦十有二国,其南亦与倭接。凡七十八国,
伯济是其一国焉。大者万馀户,小者数千家,各在山海间,地合方
四千馀里,东西以海为限,皆古之辰国也。马韩最大,共立其种为
辰王,都目支国,[32]尽王三韩之地。其诸国王先皆是马韩种人焉。

马韩人知田蚕,作绵布。出大栗如梨。有长尾鸡,尾长五尺。
邑落杂居,亦无城郭。作土室,形如冢,开户在上。不知跪拜。无
长幼男女之别。不贵金宝锦罽,不知骑乘牛马,唯重璎珠,以缀衣

为饰,及县颈垂耳。大率皆魁头露纷,①布袍草履。其人壮勇,少年有筑室作力者,辄以绳贯脊皮,縋以大木,嚾呼为健。常以五月田竟祭鬼神,昼夜酒会,群聚歌舞,舞辄数十人相随蹋地为节。十月农功毕,亦复如之。诸国邑各以一人主祭天神,号为"天君"。又立苏涂②,建大木以县铃鼓,事鬼神。其南界近倭,亦有文身者。

①魁头犹科头也,谓以发萦绕成科结也。纷音计。

②魏志曰:"诸国各有别邑,为苏涂,诸亡逃至其中,皆不还之。苏涂之义,有似浮屠。"

辰韩,耆老自言秦之亡人,避苦役,适韩国,马韩割东界地与之。其名国为邦,弓为弧,贼为寇,行酒为行觞,相呼为徒,[33]有似秦语,故或名之为秦韩。有城栅屋室。诸小别邑,各有渠帅,大者名臣智,次有俭侧,次有樊祇,[34]次有杀奚,次有邑借。①土地肥美,宜五谷。知蚕桑,作缣布。乘驾牛马。嫁娶以礼。行者让路。国出铁。濊、倭、马韩并从市之。凡诸(货)〔贸〕易,皆以铁为货。[35]俗憙歌舞饮酒鼓瑟。儿生欲令其头扁,皆押之以石。②

①皆其官名。

②扁音补典反。

弁辰与辰韩杂居,城郭衣服皆同,言语风俗有异。其人形皆长大,美发,衣服絜清。而刑法严峻。其国近倭,故颇有文身者。

初,朝鲜王准为卫满所破,乃将其馀众数千人走入海,攻马韩,破之,自立为韩王。准后灭绝,马韩人复自立为辰王。建武二十年,韩人廉斯人苏马谛等诣乐浪贡献。①光武封苏马谛为汉廉斯邑君,使属乐浪郡,四时朝谒。灵帝末,韩、濊并盛,郡县不能制,百姓苦乱,多流亡入韩者。

①廉斯,邑名也。谩音是。

马韩之西,海岛上有州胡国。其人短小,[36]髡头,衣韦衣,有
上无下。好养牛豕。乘船往来货市韩中。

倭在韩东南大海中,依山岛为居,凡百馀国。自武帝灭朝鲜,
使驿通于汉者三十许国,[37]国皆称王,世世传统。其大倭王居邪
马台国。①[38]乐浪郡徼,去其国万二千里,去其西北界拘邪韩国七
千馀里。其地大较在会稽东冶之东,与朱崖、儋耳相近,故其法俗
多同。

①案:今名邪摩(惟)〔堆〕,[39]音之讹也。

土宜禾稻、麻纻、蚕桑,知织绩为缣布。出白珠、青玉。其山有
丹土。气温腠,冬夏生菜茹。无牛马虎豹羊鹊。①其兵有矛、盾、木
弓,竹矢或以骨为镞。[40]男子皆黥面文身,以其文左右大小别尊卑
之差。其男衣皆横幅结束相连。女人被发屈纷,衣如单被,贯头而
著之;并以丹朱坋身,②如中国之用粉也。有城栅屋室。父母兄弟
异处,唯会同男女无别。饮食以手,而用笾豆。俗皆徒跣,以蹲踞
为恭敬。人性嗜酒。多寿考,至百馀岁者甚众。国多女子,大人皆
有四五妻,其馀或两或三。女人不淫不妒。又俗不盗窃,少争讼。
犯法者没其妻子,重者灭其门族。其死停丧十馀日,家人哭泣,不
进酒食,而等类就歌舞为乐。灼骨以卜,用决吉凶。行来度海,令
一人不栉沐,不食肉,不近妇人,名曰“持衰”。[41]若在涂吉利,则雇
以财物;如病疾遭害,以为持衰不谨,便共杀之。[42]

①“鹊”或作“鸡”。

②说文曰:“坋,尘也。”音蒲顿反。

建武中元二年，倭奴国奉贡朝贺，使人自称大夫，倭国之极南界也。光武赐以印绶。安帝永初元年，倭国王帅升等献生口百六十人，愿请见。

桓、灵间，倭国大乱，更相攻伐，历年无主。有一女子名曰卑弥呼，年长不嫁，事鬼神道，能以妖惑众，于是共立为王。侍婢千人，少有见者，唯有男子一人给饮食，传辞语。居处宫室楼观城栅，皆持兵守卫。法俗严峻。

自女王国东度海千馀里至拘奴国，虽皆倭种，而不属女王。自女王国南四千馀里至朱儒国，人长三四尺。自朱儒东南行船一年，至裸国、黑齿国，使驿所传，极於此矣。[43]

会稽海外有东鳀人，①分为二十馀国。[44]又有夷洲及澶洲。传言秦始皇遣方士徐福将童男女数千人入海，②求蓬莱神仙不得，徐福畏诛不敢还，遂止此洲，世世相承，有数万家。人民时至会稽市。会稽东冶县人有入海行遭风，流移至澶洲者。所在绝远，不可往来。③

①鳀音达奚反。

②事见史记。

③沈莹临海水土志曰"夷洲在临海东南，去郡二千里。土地无霜雪，草木不死。四面是山谿。人皆髡发穿耳，女人不穿耳。土地饶沃，既生五穀，又多鱼肉。有犬，尾短如麕尾状。此夷舅姑子妇卧息共一大床，略不相避。地有铜铁，唯用鹿格为矛以战斗，摩砺青石以作〔弓〕矢〔镞〕。[45]取生鱼肉杂贮大瓦器中，以盐卤之，历月所日，乃啖食之，以为上肴"也。

论曰：昔箕子违衰殷之运，避地朝鲜。始其国俗未有闻也，及施八条之约,使人知禁,遂乃邑无淫盗,门不夜扃,①回顽薄之俗,就宽略之法,行数百千年,故东夷通以柔谨为风,异乎三方者也。苟政之所畅,则道义存焉。仲尼怀愤,以为九夷可居。或疑其陋。子曰:"君子居之,何陋之有!"亦徒有以焉尔。其后遂通接商贾,渐交上国。而燕人卫满扰杂其风,②于是从而浇异焉。老子曰:"法令滋章,盗贼多有。"若箕子之省简文条而用信义,其得圣贤作法之原矣!

②扰,乱也,

赞曰:宅是嵎夷,日乃旸谷。巢山潜海,厥区九族。嬴末纷乱,燕人违难。①杂华浇本,遂通有汉。②眇眇偏译,或从或畔。③

①谓卫满也。

②卫满入朝鲜,既杂华夏之风,又浇薄其本化,以至通于汉也。

③偏,远也。

〔1〕后芬发即位三年　按:殿本无"发"字。汲本"三"作"二"。

〔2〕(持)〔得〕所弃卵　按:校补引柳从辰说,谓"持"乃"得"之讹,博物志及御览九百四引徐偃王志可证,各本注失正。今据改。

〔3〕汉兴属〔燕〕　据前书朝鲜传补。

〔4〕及故燕齐亡(任)〔在〕者　据汲本、殿本改。

〔5〕因犯〔法〕为寇　据前书王莽传补。

〔6〕而使驿不绝　按:刊误谓"驿"当作"译"。邮驿中国可有之,不可通于四夷,自前书皆言"使译",使即使者,译则译人。

〔7〕仲尼学鸟名〔官〕于郯子　汲本、殿本"鸟"作"官"。按:仲尼学鸟
名官于郯子,见左传昭公十七年,今补一"官"字。

〔8〕有马加牛加狗加　校补谓魏志作"有马加、牛加、猪加、狗加、犬
使"。今按:魏志"犬使"之"犬",宋本皆作"大"。

〔9〕尤治恶妒妇　按:校补谓通志作"尤憎妒妇",此"治"字亦当作
"憎",盖后人回改之失。

〔10〕死则有椁无棺　校补谓魏志作"有棺无椁",通志同,此误。今按:
百衲本三国志亦作"有椁无棺",不误,校补说非。

〔11〕豽似豹　按:原作"貀似豽",讹,径据汲本、殿本改正。

〔12〕玄菟太守公孙域　按:集解引惠栋说,谓东观记、魏志公孙度传
"域"皆作"琙"。

〔13〕东夷夫馀饮食类(此)皆用俎豆　据刊误删。

〔14〕有消奴部　按:集解引惠栋说,谓"消"魏志作"涓"。

〔15〕古邹大加　按:魏志作"古雏加"。

〔16〕优台使者　按:补注谓魏志"使者"上有"丞"字。

〔17〕帛衣先人　补注谓魏志"帛"作"皁"。今按:皁帛形近易混。赵一
清三国志注补引寰宇记,"皁衣头大兄,东夷相传所谓皁衣先人
也",字亦作"皁"。

〔18〕其国东有大穴号禭神　按:校补谓"禭"魏志、通志并作"隧"。

〔19〕古邹大加高骊掌(贺)〔宾〕客之官　据汲本、殿本改。

〔20〕定朝鲜为真番临屯乐浪玄菟四(部)〔郡〕　按:张森楷校勘记谓
"部"字当依前书作"郡"。今据改。

〔21〕句骊一名貃(耳)有别种　集解引沈钦韩说,谓案文当云"句骊有别
种,一名貃耳"。按:校补谓通志但云"名貃",无"耳"字,此"耳"字
衍。今据删。

〔22〕诱句骊侯驺入塞　按:集解引惠栋说,谓魏志"驺"作"骟",前书王
莽传作"驺"。

〔23〕国人怀之　殿本考证谓魏志"怀"作"恶"。按:校补谓"怀"当为"惟"之讹,古"怀"字多混为"怀",故转写易讹。

〔24〕辽东太守蔡讽　集解引惠栋说,谓魏志、北史"讽"作"风"。今按:安帝纪作"讽",通鉴同。

〔25〕尉仇台　按:集解引惠栋说,谓"台"一作"治"。

〔26〕刻木如(主)〔生〕　校补谓魏志作"刻木如生形",则"主"乃"生"之讹,作主不须言刻也。今据改。

〔27〕句骊复置其中大人(遂)为使者　集解引何焯说,谓以魏志参校,衍"遂"字。今据删。

〔28〕(贵)〔责〕其租税　据汲本、殿本改。

〔29〕分置乐浪临屯玄菟真番四(部)〔郡〕　据殿本改。

〔30〕山川各有部界　按:校补谓魏志"界"作"分"。

〔31〕三曰弁辰　殿本考证王会汾谓晋、梁二书皆作"弁韩",当从改。今按:魏志亦作"弁韩"。

〔32〕都目支国　魏志作"治月支国"。校补谓魏志及通志"目"均作"月",附载五十馀国亦作"月支国",则此作"目支"误也。今按:月支乃西域国名,魏志及通志之作"月支",或后人习见"月支"之名而臆改与? 当考。

〔33〕相呼为徒　按:王先谦谓魏志"为"上有'皆'字。

〔34〕次有樊祇　按:集解引惠栋说,谓魏志"祇"作"秽"。

〔35〕凡诸(货)〔贸〕易皆以铁为货　据殿本改。按:汲本"贸易"作"质易"。

〔36〕其人短小　按:集解引沈钦韩说,谓魏志"人"下有"差"字。

〔37〕使驿通於汉者三十许国　刊误谓"驿"当作"译",说已见上。按:魏志作"译"。

〔38〕其大倭王居邪马台国　按:集解引惠栋说,谓魏志"台"作"堆"。

〔39〕邪摩(惟)〔堆〕　按:汲本、殿本作"邪摩推",此作"惟",形近而讹。

又集解引惠栋说,谓案北史"推"当作"堆"。今据改。

〔40〕其兵有矛盾木弓竹矢或以骨为镞　汲本"竹"作"其"。校补谓传本以"其兵""其矢"相次成文,作"其矢"於义为长。今按:御览七百八十二引作"竹矢"。魏志亦云"兵用矛、盾、木弓,木弓短下长上,竹箭或铁镞或骨镞",似以作"竹矢"为是。

〔41〕名曰持衰　校补谓魏志"衰"作"哀"。今按:百衲本三国志亦作"哀"。

〔42〕便共杀之　按:校补谓魏志"共"作"欲"。

〔43〕使驿所传极此矣　按:此"驿"字亦当作"译"。

〔44〕分为二十馀国　按:校补引钱大昭说,谓闽本"二"作"三"。

〔45〕摩砺青石以作(弓)矢〔镞〕　据御览七百八十引改。

后汉书卷八十六

南蛮西南夷列传第七十六

昔高辛氏有犬戎之寇，①帝患其侵暴，而征伐不克。乃访募天下，有能得犬戎之将吴将军头者，购黄金千镒。邑万家，又妻以少女。时帝有畜狗，其毛五采，名曰槃瓠。②下令之后，槃瓠遂衔人头造阙下，群臣怪而诊之，乃吴将军首也。③帝大喜，而计槃瓠不可妻之以女，又无封爵之道，议欲有报而未知所宜。女闻之，以为皇帝下令，不可违信，因请行。帝不得已，乃以女配槃瓠。槃瓠得女，负而走入南山，[1]止石室中。所处险绝，人迹不至。④于是女解去衣裳，为仆鉴之结，著独力之衣。⑤帝悲思之，遣使寻求，辄遇风雨震晦，使者不得进。经三年，生子一十二人，六男六女。槃瓠死后，因自相夫妻。织绩木皮，染以草实，好五色衣服，制裁皆有尾形。⑥其母后归，以状白帝，於是使迎致诸子。衣裳班兰，语言侏离，⑦好入山壑，不乐平旷。帝顺其意，赐以名山广泽。其后滋蔓，号曰蛮夷。

外痴内黠,安土重旧。以先父有功,母帝之女,田作贾贩,无关梁符传,租税之赋。⑧有邑君长,皆赐印绶,冠用獭皮。名渠帅曰精夫,相呼为姎徒。⑨今长沙武陵蛮是也。

①高辛,帝喾。

②魏略曰:"高辛氏有老妇,居(正)〔王〕室,[2]得耳疾,挑之,乃得物大如茧。妇人盛瓠中,覆之以槃,俄顷化为犬,其文五色,因名槃瓠。"

③诊,候视也。

④今辰州卢溪县西有武山。黄闵武陵记曰:"山高可万仞。山半有槃瓠石室,可容数万人。中有石床,槃瓠行迹。"今案:山窟前有石羊、石兽,古迹奇异尤多。望石窟大如三间屋,遥见一石仍似狗形,蛮俗相传,云是槃瓠像也。

⑤仆鉴,独力,皆未详。流俗本或有改"鉴"字为"竖"者,[3]妄穿凿也。结音髻。

⑥干宝晋纪曰:"武陵、长沙、卢江郡夷,槃瓠之后也。杂处五溪之内。槃瓠凭山阻险,每每常为害。糅杂鱼肉,叩槽而号,以祭槃瓠。俗称'赤髀横裙',即其子孙。"

⑦侏离,蛮夷语声也。

⑧优宠之,故蠲其赋役也。荆州记曰:"沅陵县居酉口,有上就、武阳二乡,唯此是槃瓠子孙,狗种也。二乡在武溪之北。"

⑨说文曰:"姎,女人自称,我也。"音乌朗反。此已上并见风俗通也。

其在唐虞,与之要质,故曰要服。夏商之时,渐为边患。逮于周世,党众弥盛。宣王中兴。乃命方叔南伐蛮方,诗人所谓"蛮荆来威"者也。又曰:"蠢尔蛮荆,大邦为仇。"①明其党众繁多,是以抗敌诸夏也。

①毛诗小雅序曰"采芑,宣王南征也"。"薄言采芑,于彼新田。显允方

叔,振旅阗阗。蠢尔蛮荆,大邦为雠"。注云:"方叔卿士,命而为将也。"

平王东迁,蛮遂侵暴上国。晋文侯辅政,乃率蔡共侯击破之。①至楚武王时,蛮与罗子共败楚师,杀其将屈瑕。②庄王初立,③民饥兵弱,复为所寇。楚师既振,然后乃服,自是遂属於楚。鄢陵之役,蛮与恭王合兵击晋。④及吴起相悼王,南并蛮越,遂有洞庭、苍梧。秦昭王使白起伐楚,略取蛮夷,始置黔中郡。汉兴,改为武陵。⑤岁令大人输布一匹,小口二丈,是谓賨布。⑥虽时为寇盗,而不足为郡国患。

①晋文侯仇也。

②左传"楚屈瑕伐罗及鄢,乱次以济,其水遂无次,[4]且不设备,罗与卢戎两军之,大败之。莫敖缢于荒谷,群帅囚于冶父"也。

③庄王名旅,穆王之子。

④左传晋楚战于鄢陵。晋郤至曰"楚二卿相恶,王卒以旧,郑陈而不整,蛮军而不陈"也。

⑤黔中故城在今辰州沅陵县西。

⑥说文曰:"南蛮赋也。"〔賨〕,群冬反。[5]

光武中兴,武陵蛮夷特盛。建武二十三年,精夫相单程等据其险隘,大寇郡县。遣武威将军刘尚发南郡、长沙、武陵兵万馀人,乘船泝沅水入武豀击之。①尚轻敌入险,山深水疾,舟船不得上。蛮氏知尚粮少人远,又不晓道径,遂屯聚守险。尚食尽引还,蛮缘路徼战,尚军大败,悉为所没。二十四年,相单程等下攻临沅,遣谒者李嵩、中山太守马成击之,不能克。明年春,遣伏波将军马援、中郎将刘匡、马武、孙永等,将兵至临沅,击破之。单程等饥困乞降,会援病卒,谒者宗均[6]听悉受降。为置吏司,群蛮遂平。

①沅水出牂柯故且兰东北,经辰州、潭州、岳州,经洞庭湖入江也。

肃宗建初元年,武陵澧中蛮陈从等反叛,入零阳蛮界。①其冬,零阳蛮五里精夫为郡击破从,从等皆降。三年冬,溇中蛮覃儿健等复反,②攻烧零阳、作唐、孱陵界中。③明年春,发荆州七郡及汝南、颍川(施)〔弛〕刑徒[7]吏士五千馀人,拒守零阳,募充中五里蛮精夫不叛者四千人,击澧中贼。④五年春,覃儿健等请降,不许。郡因进兵与战于宏下,大破之,斩儿健首,馀皆弃营走还溇中,复遣乞降,乃受之。于是罢武陵屯兵,赏赐各有差。

①零阳,县,属武陵郡。

②溇,水名,源出今澧州崇义县也。

③作唐,县,属武陵郡。孱陵,县,故城在今荆州公安县西南。孱音仕颜反。

④充,县,属武陵郡。充音冲。

和帝永元四年冬,溇中、澧中蛮潭戎等反,燔烧邮亭,杀略吏民,郡兵击破降之。[8]安帝元初二年,澧中蛮以郡县徭税失平,怀怨恨,遂结充中诸种二千馀人,攻城杀长吏。州郡募五里蛮六亭兵追击破之,皆散降。赐五里、六亭渠帅金帛各有差。明年秋,溇中、澧中蛮四千人并为盗贼。又零陵蛮羊孙、陈汤等千馀人,①著赤帻,称将军,烧官寺,抄掠百姓。州郡募善蛮讨平之。

①零陵,县,属(武)〔零〕陵郡也。[9]

顺帝永和元年,武陵太守上书,以蛮夷率服,可比汉人,增其租赋。议者皆以为可。尚书令虞诩独奏曰:"自古圣王不臣异俗,非德不能及,威不能加,知其兽心贪婪,难率以礼。是故羁縻而绥抚之,附则受而不逆,叛则弃而不追。先帝旧典,贡税多少,所由来久矣。今猥增之，必有怨叛。计其所得，不偿所费，必有后悔。"帝不从。其冬澧中、溇中蛮果争贡布非旧约，遂杀乡吏，举种反叛。明年春，蛮二万人围充城，八千人寇夷道。遣武陵太守李进讨破之，斩首数百级，馀皆降服。进乃简选良吏，得其情和。在郡九年，梁太后临朝，下诏增进秩二千石，赐钱二十万。桓帝元嘉元年秋，武陵蛮詹山等四千馀人反叛，拘执县令，屯结深山。至永兴元年，太守应奉以恩信招诱，皆悉降散。

永寿三年十一月，长沙蛮反叛，屯益阳。至延熹三年秋，遂抄掠郡界，众至万馀人，杀伤长吏。又零陵蛮入长沙。冬，武陵蛮六千馀人寇江陵，荆州刺史刘度、谒者马睦、南郡太守李肃皆奔走。肃主簿胡爽扣马首谏曰："蛮夷见郡无儆备，故敢乘间而进。明府为国大臣，连城千里，举烽鸣鼓，应声十万，奈何委符守之重，而为逋逃之人乎！"肃拔刃向爽曰："掾促去！太守今急，何暇此计。"爽抱马固谏，肃遂杀爽而走。帝闻之，征肃弃市，度、睦减死一等，复爽门闾，拜家一人为郎。于是以右校令度尚为荆州刺史，讨长沙贼，平之。又遣车骑将军冯绲讨武陵蛮，[10]并皆降散。军还，贼复寇桂阳，太守廖析[11]奔走。①武陵蛮亦更攻其郡，太守陈奉率吏人击破之，斩首三千馀级，降者二千馀人。至灵帝中平三年，武陵蛮复叛，寇郡界，州郡击破之。

①廖音力吊反。

礼记称"南方曰蛮，雕题交阯"。其俗男女同川而浴，故曰交阯。①其西有啖人国，生首子辄解而食之，谓之宜弟。味旨，则以遗

其君,君喜而赏其父。取妻美,则让其兄。今乌浒人是也。^②

①题,额也。雕之,谓刻其肌以丹青涅也。

②万震南州异物志曰:"乌浒,地名也。在广州之南,交州之北。恒出道
间伺候行旅,辄出击之。利得人食之,不贪其财货,并以其肉为肴菹,
又取其髑髅破之以饮酒。以人掌趾为珍异,以食长老。"

交阯之南有越裳国。周公居摄六年,制礼作乐,天下和平,越
裳以三象重译而献白雉,曰:"道路悠远,山川岨深,音使不通,故重
译而朝。"成王以归周公。公曰:"德不加焉,则君子不飨其质;^①政
不施焉,则君子不臣其人。吾何以获此赐也!"其使请曰:"吾受命
吾国之黄耇^②曰:'久矣,天之无烈风雷雨,^③意者中国有圣人乎?
有则盍往朝之。'"周公乃归之於王,^④称先王之神致,以荐于宗庙。
周德既衰,于是稍绝。

①质亦赞也。

②尔雅曰:"黄发,鲐背,耇老,寿也。"

③尚书大传作"别风注雨"。^[12]

④事见尚书大传。

及楚子称霸,朝贡百越。秦并天下,威服蛮夷,始开领外,置南
海、桂林、象郡。汉兴,尉佗自立为南越王,传国五世。^①至武帝元
鼎五年,遂灭之,分置九郡,交阯刺史领焉。其珠崖、儋耳二郡在海
洲上,东西千里,南北五百里。其渠帅贵长耳,皆穿而缒之,垂肩三
寸。武帝末,珠崖太守会稽孙幸调广幅布献之,蛮不堪役,遂攻郡
杀幸。幸子豹合率善人还复破之,自领郡事,讨击馀党,连年乃平。
豹遣使封还印绶,上书言状,制诏即以豹为珠崖太守。^②威政大行,
献命岁至。中国贪其珍赂,渐相侵侮,故率数岁一反。元帝初元三

年,遂罢之。凡立郡六十五岁。

> ①前书南粤王赵佗,真定人也。秦时为南海尉。佗孙胡,胡子婴齐,婴
> 齐子兴也。
>
> ②即,就也。

逮王莽辅政,元始二年,日南之南黄支国来献犀牛。凡交阯所统,虽置郡县,而言语各异,重译乃通。人如禽兽,长幼无别。项髻徒跣,①以布贯头而著之。后颇徙中国罪人,使杂居其间,乃稍知言语,渐见礼化。

> ①为髻於项上也。

光武中兴,锡光为交阯,任延守九真,於是教其耕稼,制为冠履,初设媒娉,始知姻娶,建立学校,导之礼义。

建武十二年,九真徼外蛮里张游,①率种人慕化内属,封为归汉里君。明年,南越徼外蛮夷献白雉、白菟。至十六年,交阯女子徵侧及其妹徵貳反,攻郡。徵侧者,麊泠县雒将之女也。②嫁为朱鳶人诗索妻,甚雄勇。交阯太守苏定以法绳之,侧忿,故反。于是九真、日南、合浦蛮里皆应之,凡略六十五城,自立为王。交阯刺史及诸太守仅得自守。光武乃诏长沙、合浦、交阯具车船,脩道桥,通障谿,储粮穀。十八年,遣伏波将军马援、楼船将军段志,发长沙、桂阳、零陵、苍梧兵万馀人讨之。明年夏四月,援破交阯,斩徵侧、徵貳等,馀皆降散。进击九真贼都阳等,破降之。徙其渠帅三百馀口於零陵。于是领表悉平。

> ①里,蛮之别号,今呼为俚人。
>
> ②麊音莫支反。泠音零。

肃宗元和元年,日南徼外蛮夷究不事人①邑豪献生犀、白雉。

和帝永元十二年夏四月，日南、象林蛮夷二千馀人寇掠百姓，燔烧官寺，郡县发兵讨击，斩其渠帅，馀众乃降。於是置象林将兵长史，以防其患。安帝永初元年，九真徼外夜郎蛮夷举土内属，开境千八百四十里。元初二年，苍梧蛮夷反叛，明年，遂招诱郁林、合浦蛮汉数千人攻苍梧郡。邓太后遣侍御史任逴②奉诏赦之，贼皆降散。延光元年，九真徼外蛮贡献内属。三年，日南徼外蛮复来内属。顺帝永建六年，日南徼外叶调王便遣使贡献，帝赐调便金印紫绶。[13]

①究不事人，蛮夷别号也。

②逴音卓。[14]

永和二年，日南、象林徼外蛮夷区怜等数千人攻象林县，烧城寺，杀长吏。交阯刺史樊演发交阯、九真二郡兵万馀人救之。兵士惮远役，遂反，攻其府。二郡虽击破反者，而贼势转盛。会侍御史贾昌使在日南，即与州郡并力讨之，不利，遂为所攻。围岁馀而兵穀不继，帝以为忧。明年，召公卿百官及四府掾属，问其方略，皆议遣大将，发荆、杨、兖、豫四万人赴之。大将军从事中郎李固驳曰："若荆、杨无事，发之可也。今二州盗贼槃结不散，武陵、南郡蛮夷未辑，长沙、桂阳数被征发，如复扰动，必更生患。其不可一也。又兖、豫之人卒被征发，远赴万里，无有还期，诏书迫促，必致叛亡。其不可二也。南州水土温暑，加有瘴气，致死亡者十必四五。其不可三也。远涉万里，士卒疲劳，比至领南，不复堪斗。其不可四也。军行三十里为程，而去日南九千馀里，三百日乃到，计人禀五升，①用米六十万斛，不计将吏驴马之食，但负甲自致，费便若此。其不可五也。设军到所在，死亡必众，既不足御敌，当复更发，此为刻割心腹以补四支。其不可六也。九真、日南相去千里，发其吏民，犹尚不堪,何况乃苦四州之卒,以赴万里之艰哉!其不可七也。前中郎将尹就讨益州叛羌,益州谚曰:'虏来尚可,尹来杀我。'后就征还,以兵付刺史张乔。乔因其将吏,旬月之间,破殄寇虏。此发将无益之效,州郡可任之验也。宜更选有勇略仁惠任将帅者,以为刺史、太守,悉使共住交阯。今日南兵单无毂,守既不足,战又不能。可一切徙其吏民北依交阯,事静之后,又命归本。还募蛮夷,使自相攻,转输金帛,以为其资。有能反间致头首者,许以封侯列土之赏。故并州刺史长沙祝良,性多勇决,又南阳张乔,前在益州有破虏之功,皆可任用。昔太宗就加魏尚为云中守,②哀帝即拜龚舍为太山太守。③宜即拜良等,便道之官。"四府悉从固议,即拜祝良为九真太守,张乔为交阯刺史。乔至,开示慰诱,并皆降散。良到九真,单车入贼中,设方略,招以威信,降者数万人,皆为良筑起府寺。由是岭外复平。

①古升小,故曰五升也。

②前书曰,槐里人魏尚为云中守,以斩首捕虏上功不实免。冯唐言之於文帝,帝令唐持节赦尚,复以为云中守。

③前书曰,舍字君倩。初征为谏大夫,病免;复征为博士,又病去。顷之,哀帝遣使即楚拜舍为太山太守也。

建康元年,日南蛮夷千馀人复攻烧县邑,遂扇动九真,与相连结。交阯刺史九江夏方开恩招诱,贼皆降服。时梁太后临朝,美方之功,迁为桂阳太守。桓帝永寿三年,居风令贪暴无度,县人朱达等及蛮夷相聚,攻杀县令,众至四五千人,进攻九真,九真太守儿式战死。①诏赐钱六十万,拜子二人为郎。遣九真都尉魏朗讨破之,斩首二千级,渠帅犹屯据日南,众转强盛。延熹三年,诏复拜夏方为交阯刺史。方威惠素著,日南宿贼闻之,二万馀人相率诣方降。

灵帝建宁三年,郁林太守谷永以恩信招降乌浒人十馀万内属,皆受冠带,开置七县,熹平二年冬十二月,日南徼外国重译贡献。光和元年,交阯、合浦乌浒蛮反叛,诏诱九真、日南,合数万人,攻没郡县。四年,刺史朱儁击破之。六年,日南徼外国复来贡献。

①兒音五兮反。

巴郡南郡蛮,本有五姓:巴氏,樊氏,曋①氏,相氏,郑氏。皆出于武落锺离山。②其山有赤黑二穴,巴氏之子生于赤穴,四姓之子皆生黑穴。未有君长,俱事鬼神,乃共掷剑于石穴,约能中者,奉以为君。巴氏子务相乃独中之,众皆叹。又令各乘土船,约能浮者,当以为君。馀姓悉沈,唯务相独浮。因共立之,是为廪君。乃乘土船,从夷水至盐阳。③盐水有神女,谓廪君曰:"此地广大,鱼盐所出,愿留共居。"廪君不许。盐神暮辄来取宿,旦即化为虫,与诸虫群飞,掩蔽日光,天地晦冥。积十馀日,廪君(思)〔伺〕其便,[15]因射杀之,天乃开明。④廪君於是君乎夷城,⑤四姓皆臣之。廪君死,魂魄世为白虎。巴氏以虎饮人血,遂以人祠焉。

①音审。[16]
②代本曰"廪君之先,故出巫诞"也。
③荆州图〔副〕曰:"(副)夷〔陵〕县西有温泉。[17]古老相传,此泉元出盐,于今水有盐气。县西一独山有石穴,有二大石并立穴中,相去可一丈,俗名为阴阳石。阴石常湿,阳石常燥。"盛弘之荆州记曰:"昔廪君浮夷水,射盐神于阳石之上。案今施州清江县水一名盐水,源出清江县西都亭山。"水经云:"夷水〔别出〕巴郡鱼复县。"[18]注云:"水色清,照十丈,分沙石。蜀人见澄清,因名清江也。"
④代本曰"廪君使人操青缕以遗盐神,曰:'婴此即相宜,云与女俱

生，[19]〔弗〕宜将去。'[20]盐神受缕而婴之，廩君即立阳石上，应青缕而射之，中盐神，盐神死，天乃大开"也。

⑤此已上并见代本也。

及秦惠王并巴中，以巴氏为蛮夷君长，世尚秦女，其民爵比不更，有罪得以爵除。其君长岁出赋二千一十六钱，三岁一出义赋千八百钱。其民户出賨布八丈二尺，鸡羽三十镞。①汉兴，南郡太守靳彊请一依秦时故事。

①说文："賨，南郡蛮夷布也。"音公亚反。毛诗："四镞既均。"仪礼："矢镞一乘。"郑玄曰："镞犹候也，候物而射之也。"三十镞，一百四十九。[21]俗本"賨"作"蒙"，"镞"作"镞"者，并误也。

至建武二十三年，南郡潳山蛮雷迁等始反叛，①寇掠百姓，遣武威将军刘尚将万馀人讨破之，徙其种人七千馀口置江夏界中，今沔中蛮是也。和帝永元十三年，巫蛮许圣等②以郡收税不均，怀怨恨，遂屯聚反叛。明年夏，遣使者督荆州诸郡兵万馀人讨之。圣等依凭阻隘，久不破。诸军乃分道并进，或自巴郡、鱼复数路攻之，蛮乃散走，斩其渠帅，乘胜追之，大破圣等。圣等乞降，复悉徙置江夏。灵帝建宁二年，江夏蛮叛，州郡讨平之。光和三年，江夏蛮复反，与庐江贼黄穰相连结，十馀万人，攻没四县，寇患累年。庐江太守陆康讨破之，馀悉降散。

①潳音屠。

②巫，县，属南郡。

板楯蛮夷者，秦昭襄王时有一白虎，常从群虎数游秦、蜀、巴、汉之境，伤害千馀人。昭王乃重募国中有能杀虎者，赏邑万家，金百镒。时有巴郡阆中夷人，能作白竹之弩，乃登楼射杀白虎。①昭王嘉之，而以其夷人，不欲加封，乃刻石盟要，复夷人顷田不租，十妻不算，②伤人者论，杀人者得以倓钱赎死。③盟曰："秦犯夷，输黄龙一双；夷犯秦，输清酒一锺。"夷人安之。

①华阳国志曰"巴夷廖仲等射杀之"也。

②优宠之，故一户免其一顷田之税，虽有十妻，不输口算之钱。复音福。

③何承天纂文曰："倓，蛮夷赎罪货也。"音徒滥反。

至高祖为汉王，发夷人还伐三秦。秦地既定，乃遣还巴中，复其渠帅罗、朴、督、鄂、度、夕、龚七姓，[22]不输租赋，馀户乃岁入賨钱，口四十。世号为板楯蛮夷。阆中有渝水，其人多居水左右。天性劲勇，初为汉前锋，数陷陈。俗喜歌舞，①高祖观之，曰："此武王伐纣之歌也。"乃命乐人习之，所谓巴渝舞也。遂世世服从。

①喜音虚记反。

至于中兴，郡守常率以征伐。桓帝之世，板楯数反，太守蜀郡赵温以恩信降服之。灵帝光和(三)〔二〕年，巴郡板楯复叛，[23]寇掠三蜀及汉中诸郡。灵帝遣御史中丞萧瑗督益州兵讨之，连年不能克，帝欲大发兵，乃问益州计吏，考以征讨方略。汉中上计程包对曰："板楯七姓，射杀白虎立功，先世复为义人。其人勇猛，善於兵战。昔永初中，羌人汉川，[24]郡县破坏，得板楯救之，羌死败殆尽，故号为神兵。羌人畏忌，传语种辈，勿复南行。至建和二年，[25]羌复大入，实赖板楯连摧破之。前车骑将军冯绲南征武陵，虽受丹阳精兵之锐，①亦倚板楯以成其功。近益州郡乱，太守李颙亦以板楯讨而平之。忠功如此，本无恶心。长吏乡亭，更赋至重，仆役箠楚，过於奴虏，亦有嫁妻卖子，或乃至自(颈)〔刭〕割，[26]虽

陈冤州郡，而牧守不为通理。阙庭悠远，不能自闻。含怨呼天，叩
心穷欱。愁苦赋役，困罹酷刑。故邑落相聚，以致叛戾。非有谋主
僭号，以图不轨。今但选明能牧守，自然安集，不烦征伐也。"帝从
其言，遣太守曹谦宣诏赦之，即皆降服。至中平五年，巴郡黄巾贼
起，板楯蛮夷因此复叛，寇掠城邑，遣西园上军别部司马赵瑾讨
平之。

①史记曰，周成王封楚熊绎，始居丹阳。今归州秭归县东南故城是也。

至楚文王，始自丹阳迁於郢。续汉志云南郡枝江县有丹阳聚也。

西南夷者，在蜀郡徼外。有夜郎国，东接交阯，西有滇国，北有
邛都国，各立君长。其人皆椎结左衽，邑聚而居，能耕田。其外又
有巂、昆明诸落，西极同师，[27]东北至叶榆，①地方数千里。无君
长，辫发，随畜迁徙无常。自巂东北有莋都国，东北有冉駹国，或土
著，或随畜迁徙。自冉駹东北有白马国，氐种是也。此三国亦有
君长。

①叶榆，县，属益州郡。"叶"或作"楪"。臣贤案前书曰："西自同师以

东，北至叶榆，名为巂、昆明。"今流俗诸本并作"布旧昆明"，盖"巂"

字误分为"布旧"也。

夜郎者，初有女子浣於遯水，有三节大竹流入足间，闻其中有
号声，剖竹视之，得一男儿，归而养之。及长，有才武，自立为夜郎
侯，以竹为姓。①武帝元鼎六年，平南夷，为牂柯郡，夜郎侯迎降，天
子赐其王印绶。后遂杀之。夷獠咸以竹王非血气所生，甚重之，求
为立后。牂柯太守吴霸以闻，天子乃封其三子为侯。死，配食其

父。今夜郎县有竹王三郎神是也。②

①见华阳国志。

②前书地理志曰："夜郎县有遯水，东至广郁。"华阳国志云："遯水通郁
　林，有三郎祠，皆有灵响。"又云："竹王所捐破竹於野，成竹林，今王祠
　竹林是也。王尝从人止大石上，命作羹，从者白无水，王以剑击石出
　水，今竹王水是也。"

　　初，楚顷襄王时，[28]遣将庄豪从沅水伐夜郎，军至且兰，椓船
于岸而步战。既灭夜郎，因留王滇池。以且兰〔有〕椓船牂柯
处，[29]乃改其名为牂柯。①牂柯地多雨潦，俗好巫鬼禁忌，寡畜生，
又无蚕桑，故其郡最贫。句町县有桄根木，可以为面，百姓资之。②
公孙述时，大姓龙、傅、尹、董氏，与郡功曹谢暹保境为汉，乃遣使从
番禺江奉贡。③光武嘉之，并加褒赏。桓帝时，郡人尹珍自以生于
荒裔，不知礼义，乃从汝南许慎、应奉受经书图纬，学成，还乡里教
授，于是南域始有学焉。珍官至荆州刺史。④

①异物志曰："牂柯，系船杙也。"

②临海异物志曰："桄根木外皮有毛，似栟榈而散生。其木刚，作镆锄利
　如铁，中石更利，唯中焦根乃致败耳。皮中有似捣稻米片，又似麦面，
　中作饼饵。"广志曰"桄根树大四五围，长五六丈，洪直，旁无枝条，其
　颠生叶不过数十，似棕叶，破其木肌坚难伤，入数寸得面，赤黄密缴，
　可食"也。

③南越志曰："番禺县之西，有江浦焉。"[30]

④华阳国志曰："尹珍字道真，毋敛县人也。"

　　滇王者，庄蹻之后也。元封二年，武帝平之，以其地为益州郡，
割牂柯、越巂各数县配之。后数年，复并昆明地，皆以属之此郡。

有池，周回二百馀里，水源深广，而末更浅狭，有似倒流，故谓之滇池。河土平敞，多出鹦鹉、孔雀，有盐池田渔之饶，金银畜产之富。人俗豪忲。①居官者皆富及累世。

①忲，奢侈也。

及王莽政乱，益州郡夷栋蚕、若豆等起兵杀郡守，越巂姑复夷人大牟亦皆叛，杀略吏人。莽遣宁始将军廉丹，[31]发巴蜀吏人及转兵谷卒徒十馀万击之。吏士饥疫，连年不能克而还。以广汉文齐为太守，造起陂池，开通溉灌，垦田二千馀顷。率厉兵马，脩障塞，降集群夷，甚得其和。及公孙述据益土，齐固守拒险，述拘其妻子，许以封侯，齐遂不降。闻光武即位，乃间道遣使自闻。蜀平，征为镇远将军，封成义侯。①于道卒，诏为起祠堂，郡人立庙祀之。

①取其嘉名。

建武十八年，夷渠帅栋蚕与姑复、楪榆、梇栋、连然、滇池、建(怜)〔伶〕、[32]昆明诸种反叛，杀长吏。①益州太守繁胜与战而败，退保朱提。②十九年，遣武威将军刘尚等发广汉、犍为、蜀郡人及朱提夷，合万三千人击之。尚军遂度泸水，入益州界。③群夷闻大兵至，皆弃垒奔走，尚获其羸弱、谷畜。二十年，进兵与栋蚕等连战数月，皆破之。明年正月，追至不韦，④斩栋蚕帅，凡首虏七千馀人，得生口五千七百人，马三千疋，牛羊三万馀头，诸夷悉平。

①姑复，县，属越巂郡，馀六县并属巂州郡也。

②县，属犍为郡。朱音殊。提音匙。

③泸水一名若水，出旄牛徼外，经朱提至僰道入江，在今巂州南。特有瘴气，三月四月经之必死。五月以后，行者得无害。故诸葛〔亮〕表云[33]"五月度泸"，言其艰苦也。

④孙盛蜀谱曰："初,秦徙吕不韦子弟宗族於蜀,汉武帝开西南夷,置郡
县,徙吕氏以充之,因置不韦县。"华阳国志曰"武帝通博南,置不韦
县,徙南越相吕嘉子孙宗族资之。[34]因名不韦,以章其先人之恶
行"也。

肃宗元和中,蜀郡王追为太守,[35]政化尤异,有神马四匹出滇
池河中,甘露降,白乌见,始兴起学校,渐迁其俗。灵帝熹平五年,
诸夷反叛,执太守雍陟。遣御史中丞朱龟讨之,不能克。朝议以为
郡在边外,蛮夷喜叛,劳师远役,不如弃之。太尉掾巴郡李颙建策
讨伐,乃拜颙益州太守,与刺史庞芝发板楯蛮击破平之,还得雍陟。
颙卒后,夷人复叛,以广汉景毅为太守,讨定之。毅初到郡,米斛万
钱,渐以仁恩,少年间,米至数十云。①

①少年,未多年也。

哀牢夷者,其先有妇人名沙壹,[36]居于牢山。尝捕鱼水中,触
沈木若有感,因怀妊,十月,产子男十人。后沈木化为龙,出水上。
沙壹忽闻龙语曰:"若为我生子,今悉何在?"九子见龙惊走,独小
子不能去,背龙而坐,[37]龙因舐之。其母鸟语,谓背为九,谓坐为
隆,因名子曰九隆。及后长大,诸兄以九隆能为父所舐而黠,遂共
推以为王。后牢山下有一夫一妇,复生十女子,九隆兄弟皆娶以为
妻,后渐相滋长。种人皆刻画其身,象龙文,衣皆著尾。①九隆死,
世世相继。②乃分置小王,往往邑居,散在谿谷。绝域荒外,山川阻
深,生人以来,未尝交通中国。

①自此以上并见风俗通也。

②哀牢传曰:"九隆代代相传,名号不可得而数,至於禁高,乃可记知。
禁高死,子吸代;吸死,子建非代;建非死,子哀牢代;哀牢死,子桑藕

代;桑藕死,子柳承代;柳承死,子柳貌代;柳貌死,子扈(粟)〔粟〕代。"[38]

建武二十三年,其王贤栗遣兵乘箄船,①[39]南下江、汉,击附塞夷鹿茤。②[40]鹿茤人弱,为所禽获。於是震雷疾雨,南风飘起,水为逆流,翻涌二百馀里,箄船沈没,哀牢之众,溺死数千人。贤栗复遣其六王将万人以攻鹿茤,鹿茤王与战,杀其六王。哀牢耆老共埋六王,夜虎复出其尸而食之,馀众惊怖引去。贤栗惶恐,谓其耆老曰:"我曹入边塞,自古有之,今攻鹿茤,辄被天诛,中国其有圣帝乎? 天祐助之,何其明也!"二十七年,贤栗等遂率种人户二千七百七十,口万七千六百五十九,诣越巂太守郑鸿降,求内属,光武封贤栗等为君长。自是岁来朝贡。

①箄音蒲佳反。缚竹木为箄,以当船也。

②茤音多。其种今见在。

永平十二年,哀牢王柳貌[41]遣子率种人内属,其称邑王者七十七人,户五万一千八百九十,口五十五万三千七百一十一。西南去洛阳七千里,显宗以其地置哀牢、博南二县,割益州郡西部都尉所领六县,①合为永昌郡。始通博南山,度兰仓水,②行者苦之。歌曰:"汉德广,开不宾。度博南,越兰津。度兰仓,为它人。"

①古今注曰:"永平十年,置益州西部都尉,居巂唐。"续汉志六县谓不韦、巂唐、比苏、楪榆、邪龙、云南也。

②华阳国志曰"博南县西山,高三十里,越之度兰沧水"也。

哀牢人皆穿鼻儋耳,其渠帅自谓王者,耳皆下肩三寸,庶人则至肩而已。土地沃美,宜五穀、蚕桑。知染采文绣,罽氍①帛叠,②兰干细布,③织成文章如绫锦。有梧桐木华,绩以为布,④幅广五

尺,絜白不受垢污。先以覆亡人,然后服之。其竹节相去一丈,名
曰濮竹。⑤出铜、铁、铅、锡、金、银、光珠、⑥虎魄、⑦水精、瑠璃、轲
虫、蚌珠、⑧孔雀、翡翠、犀、象、猩猩、貊兽。⑨云南县有神鹿两头,
能食毒草。⑩

①阇,解见李恂传。毻,未详。

②外国传曰:"诸薄国女子织作白叠花布"。

③华阳国志曰:"兰干,獠言纻"。

④广志曰"梧桐有白者,剽国有桐木,其华有白毲,取其毲淹渍,缉织以
　为布"也。

⑤见华阳国志。

⑥华阳国志曰:"兰沧水有金沙,洗取融为金。有光珠穴"。博物志曰:
　"光珠即江珠也"。

⑦广(雅)〔志〕曰:[42]"虎魄生地中,其上及旁不生草,深者八九尺,大如
　斛,削去皮,成虎魄如斗,初时如桃胶,凝坚乃成"。博物志曰:"松脂沦
　入地千年化为伏苓,伏苓千岁化为虎魄。今太山有伏苓而无虎魄,永
　昌有虎魄而无伏苓"。

⑧徐衷南方草物状曰"凡采珠常三月,用五牲祈祷,若祠祭有失,则风搅
　海水,或有大鱼在蚌左右。蟀珠长三寸半,凡二品珠"也。

⑨郦元水经注曰:"猩猩形若狗而人面,头颜端正,善与人言,音声妙丽,
　如妇人对语,闻之无不酸楚"。南中志曰:"猩猩在山谷中,行无常路,
　百数为群。土人以酒若糟设於路;又喜屩子,土人织草为屩,数十量
　相连结。猩猩在山谷见酒及屩,知其设张者,即知张者先祖名字,乃
　呼其名而骂云"奴欲张我",舍之而去。去而又还,相呼试共尝酒。初
　尝少许,又取屩子著之,若进两三升,便大醉,人出收之,屩子相连不
　得去,执还内牢中。[43]人欲取者,到牢边语云:'猩猩,汝可自相推肥
　者出之。'既择肥竟,相对而泣。即左思赋云'猩猩啼而就禽'者也。

昔有人以猩猩饷封溪令，令问饷何物，猩猩自於笼中曰：‘但有酒及仆耳，无它饮食。’”南中八郡志曰："貊大如驴，状颇似熊，多力，食铁，所触无不拉。"广志曰："貊色苍白，其皮温暖。"

⑩见华阳国志也。

先是，西部都尉广汉郑纯为政清絜，化行夷貊，君长感慕，皆献土珍，颂德美。天子嘉之，即以为永昌太守。纯与哀牢夷人约，邑豪岁输布贯头衣二领，盐一斛，以为常赋，夷俗安之。纯自为都尉、太守，十年卒官。建初元年，哀牢王类牢与守令忿争，遂杀守令而反叛，攻(越)巂唐城。[44]太守王寻奔楪榆。哀牢三千馀人攻博南，燔烧民舍。肃宗募发越巂、益州、永昌夷汉九千人讨之。明年春，邪龙县①昆明夷卤承等应募，率种人与诸郡兵击类牢於博南，大破斩之。传首洛阳，赐卤承帛万匹，封为破虏傍邑侯。

①郡国志曰属永昌郡也。

永元六年，郡徼外敦忍乙王莫延[45]慕义，遣使译献犀牛、大象。九年，徼外蛮及掸国王雍由调①遣重译奉国珍宝，和帝赐金印紫绶，小君长皆加印绶、钱帛。

①掸音擅。东观记作坛字。

永初元年，徼外僬侥种夷陆类等三千馀口举种内附，献象牙、水牛、封牛。永宁元年，掸国王雍由调复遣使者诣阙朝贺，献乐及幻人，能变化吐火，自支解，易牛马头。又善跳丸，数乃至千。自言我海西人。海西即大秦也，掸国西南通大秦。明年元会，安帝作乐于庭，封雍由调为汉大都尉，赐印绶、金银、彩缯各有差也。

邛都夷者，武帝所开，以为邛都县。无几而地陷为汙泽，因名为邛池,南人以为邛河。①后复反叛。元鼎六年,汉兵自越巂水伐之,以为越巂郡。②其土地平原,有稻田。青蛉县禺同山有碧鸡金马,光景时时出见。③俗多游荡,而喜讴歌,略与牂柯相类。豪帅放纵,难得制御。

①在今巂州越巂县东南。南中八郡志曰:"邛河纵广岸二十里,深百馀丈。多大鱼,长一二丈,头特大,遥视如戴铁釜状,。李膺益州记云:"邛都县下有一老姥,家贫孤独,每食,辄有小蛇头上戴角在床间,姥怜之饲之。[46]后稍长大,遂长丈馀。令有骏马,蛇遂吸杀之。令因大忿(姥)恨,责〔姥〕出蛇。[47]姥云在床下。令即掘地,愈深愈大,而无所见。令又迁怒杀姥。蛇乃感人以灵言瞋令:'何杀我母?当为母报仇。'此后每夜辄闻若雷若风,四十许日,百姓相见咸惊语:'汝头那忽戴鱼?'是夜方四十里与城一时俱陷为湖,土人谓之为'陷河'。唯姥宅无恙,讫今犹存。渔人采捕,必依止宿,每有风浪,辄居宅侧,恬静无它。风静水清,犹见城郭楼橹昊然。今水浅时,彼土人没水取得旧木,坚贞,光黑如漆,今好事人以为枕相赠。"昊音测。

②巂水源出今巂州邛部县西南巂山下。前书地理志曰,言其越巂水以置郡,故名焉。

③禺同山在今襄州杨波县。王褒碧鸡颂曰:"持节使王褒谨拜南崖,敬移金精神马缥碧之鸡,处南之荒。深豁回谷,非土之乡。归来归来,汉德无疆。(廉平)〔兼乎〕唐虞,[48]泽配三皇。"华阳国志曰:"碧鸡光景,人多见之。"前书音义曰:"金形似马,碧形似鸡也。"

王莽时,郡守枚根[49]调邛人长贵,[50]以为军候。更始二年,长贵率种人攻杀枚根,自立为邛穀王,领太守事。又降於公孙述。述败,光武封长贵为邛穀王。建武十四年,长贵遣使上三年计,天子即授越巂太守印绶。十九年,武威将军刘尚击益州夷,路由越舊。长贵闻之，疑尚既定南边，威法必行，已不得自放纵，即聚兵起营台，招呼诸君长，多酿毒酒，欲先以劳军，因袭击尚。尚知其谋，即分兵先据邛都，遂掩长贵诛之，徙其家属於成都。

永平元年，姑复夷复叛，益州刺史发兵讨破之，斩其渠帅，传首京师。后太守巴郡张翕，政化清平，得夷人和。在郡十七年，卒，夷人爱慕，如丧父母。苏祈叟二百馀人，①赍牛羊送丧，至翕本县安汉，②起坟祭祀。诏书嘉美，为立祠堂。

①续汉(书)志曰，苏祈，县，属越巂郡。[51]
②安汉，县，属巴郡。

安帝元初三年，郡徼外夷大羊等八种，户三万一千，口十六万七千六百二十，慕义内属。时郡县赋敛烦数，五年，卷夷大牛种封离等反畔，杀遂久令。①明年，永昌、益州及蜀郡夷皆叛应之，众遂十馀万，破坏二十馀县，杀长吏，燔烧邑郭，剽略百姓，骸骨委积，千里无人。诏益州刺史张乔选堪能从事讨之。乔乃遣从事杨竦将兵至楪榆击之，贼盛未敢进，先以诏书告示三郡，密征求武士，重其购赏。乃进军与封离等战，大破之，斩首三万馀级，获生口千五百人，资财四千馀万，悉以赏军士。封离等惶怖，斩其同谋渠帅，诣竦乞降，竦厚加慰纳。其馀三十六种皆来降附。竦因奏长吏奸猾侵犯蛮夷者九十人，皆减死。州中论功未及上，会竦病创卒，张乔深痛惜之，乃刻石勒铭，图画其像。天子以张翕有遗爱，乃拜其子湍为太守。夷人欢喜，奉迎道路。曰："郎君仪貌类我府君。"后湍颇失其心，有欲叛者，诸夷耆老相晓语曰："当为先府君故。"遂以得安。后顺桓间，广汉冯颢为太守，政化尤多异迹云。

①遂久故县在今巂州界。

筰都夷者,武帝所开,以为筰都县。其人皆被发左衽,言语多好譬类,居处略与汶山夷同。土出长年神药,仙人山图所居焉。①元鼎六年,以为沈黎郡。至天汉四年,并蜀为西部,置两都尉,一居旄牛,主徼外夷,一居青衣,主汉人。

①刘向列仙传曰"山图,陇西人。好乘马,马蹄折脚,山中道士教服地黄、当归、羌活、玄参,服一年,不嗜食,病愈身轻。追道士问之,自云:'五岳使人,之名山采药。能随吾,汝便不死。'山图追随,人不复见。六十馀年,一旦归来,行母服於冢间。期年复去,莫知所之"也。

永平中,益州刺史梁国朱辅,[52] 好立功名,慷慨有大略。①在州数岁,宣示汉德,威怀远夷。自汶山以西,前世所不至,正朔所未加。白狼、槃木、唐菆等百馀国,户百三十馀万,口六百万以上,举种奉贡,称为臣仆。辅上疏曰:"臣闻诗云:'彼徂者岐,有夷之行。'②传曰:'岐道虽僻,而人不远。'③诗人诵咏,以为符验。今白狼王唐菆等慕化归义,作诗三章。路经邛来大山零高坂,④峭危峻险,百倍岐道。⑤襁负老幼,若归慈母。远夷之语,辞意难正。草木异种,鸟兽殊类。有犍为郡掾田恭[53]与之习狎,颇晓其言,臣辄令讯其风俗,译其辞语。今遣从事史李陵与恭护送诣阙,并上其乐诗。昔在圣帝,舞四夷之乐;⑥今之所上,庶备其一。"帝嘉之,事下史官,录其歌焉。⑦

①东观记"辅"作"酺"。梁国宁陵人也。[54]

②诗周颂也。

③韩诗薛君传曰:"徂,往也。夷,易也。行,道也。彼百姓归文王者,皆曰岐有易道,可往归矣。易道谓仁义之道而易行,故岐道阻险而人不难。"

④山海经曰:"崃山,江水出焉。"郭璞曰:"中江所出也。"华阳国志曰:

"邛来山本名邛莋，故邛人、莋人界也。岩阻峻回，曲折乃至。山上凝冰夏结，冬则剧寒，王阳行部至此而退者也。有长贫、苦采、八度之难。阳母、闵峻并坂名。"

⑤言诗人虽叹岐道之阻，但以文王之道，人以为夷易，今邛来峭危，甚於岐。

⑥解见陈禅传。

⑦东观记载其歌，并载夷人本语，并重译训诂为华言，今范史所载者是也。今录东观夷言，以为此注也。

远夷乐德歌诗曰：

大汉是治，堤官隗構。[55] 与天合意。[56] 魏冒隃槽。吏译平端，闵驿刘脾。[57] 不从我来。旁莫支留。[58] 闻风向化，征衣随旅。所见奇异。知唐桑艾。多赐（赠）〔缯〕布，[59] 邪毗继缚。[60] 甘美酒食。推潭仆远。昌乐肉飞，拓拒苏（使）〔便〕。[61] 屈申悉备。局后仍离。蛮夷贫薄，偻让龙洞。无所报嗣。莫支度由。愿主长寿，阳雒僧鳞。子孙昌炽。莫稺角存。

远夷慕德歌诗曰：

蛮夷所处，偻让皮尼。[62] 日入之部。且交陵悟。慕义向化，绳动随旅。归日出主。路旦拣雒。[63] 圣德深恩，圣德渡诺。与人富厚。魏菌度洗。[64] 冬多霜雪，综邪流藩。夏多和雨。阼邪寻螺。寒温时适，藐浔泸漓。部人多有。菌补邪推。涉危历险，辟危归险。不远万里。莫受万柳。去俗归德，术叠附德。心归慈母。仍路挚摸。

远夷怀德歌曰：[65]

荒服之外，荒服之仪。土地墝埆。犁籍怜怜。食肉衣皮，阻苏邪犁。不见盐穀。莫砀粗沐。[66] 吏译传风，闵译传微。[67] 大汉安乐。是汉夜拒。携负归仁。踪优路仁。触冒险陕。雷折险陇。高山岐峻，伦狼藏幢。^{〔68〕}缘崖磻石。扶路侧禄。木薄发家,息落服淫。百宿到洛。理历罷锥。^{〔69〕}父子同赐,捕茝菌毗。怀抱匹帛。怀稿匹漏。传告种人,传室呼敕。^{〔70〕}长愿臣仆。陵阳臣仆。

肃宗初,辅坐事免。是时郡尉府舍皆有雕饰,画山神海灵奇禽异兽,以眩燿之,夷人益畏惮焉。和帝永元十二年,旄牛徼外白狼、楼薄蛮夷王唐缯等,^{〔71〕}遂率种人十七万口,归义内属。诏赐金印紫绶,小豪钱帛各有差。

安帝永初元年,蜀郡三襄种夷与徼外汙衍种并兵三千馀人反叛,攻蚕陵城,杀长吏。二年,青衣道夷邑长令田,^①与徼外三种夷三十一万口,赍黄金、旄牛毦,^②举土内属。安帝增令田爵号为奉通邑君。延光二年春,旄牛夷叛,攻零关,^③杀长吏,益州刺史张乔与西部都尉击破之。于是分置蜀郡属国都尉,领四县如太守。桓帝永寿二年,蜀郡夷叛,杀略吏民。延熹二年,蜀郡三襄夷寇蚕陵,杀长吏。四年,犍为属国夷寇郡界,益州刺史山昱击破之,斩首千四百级,馀皆解散。灵帝时,以(属)〔蜀〕郡(蜀)〔属〕国为汉嘉郡。^{〔72〕}

①令姓,田名。

②顾野王曰:"毦,结毛为饰也,即今马及弓槊上缨毦也。"

③郡国志零关道属越巂郡。

2296

冉駹夷者,武帝所开。元鼎六年,以为汶山郡。至地节三年,^①夷人以立郡赋重,宣帝乃省并蜀郡为北部都尉。其山有六夷七羌九氐,各有部落。其王侯颇知文书,而法严重。贵妇人,党母族。死则烧其尸。土气多寒,在盛夏冰犹不释,故夷人冬则避寒,入蜀为佣,夏则违暑,反其(众)〔聚〕邑,^{〔73〕}皆依山居止,累石为室,高者至十餘丈，为邛笼。②又土地刚卤，不生穀粟麻菽，唯以麦为资，而宜畜牧。有旄牛，无角，一名童牛，肉重千斤，毛可为毦。出名马。有灵羊，可疗毒。③又有食药鹿，鹿麑有胎者，其肠中粪亦疗毒疾。又有五角羊、麝香、轻毛毦鸡、牲牲。④其人能作旄毡、班罽、青顿、毞氈、羊羧之属。⑤特多杂药。地有咸土，煮以为盐，麢羊牛马食之皆肥。⑥

①宣帝年也。

②按今彼土夷人呼为"雕"也。

③本草经曰"零羊角味咸无毒，[74] 主疗青盲、蛊毒，去恶鬼，安心气，强筋骨"也。

④郭璞注山海经曰："毦鸡似雉而大，青色，有毛角，斗敌死乃止。"

⑤青顿，毞羧，并未详，字书无此二字。周书："伊尹为四方献令曰：'正西昆仑、狗国、鬼亲、枳己、阗耳、贯匈、雕题、离丘、漆齿，请令以丹青、白旄、纰罽、龙角、神龟为献。'汤曰：'善。'"何承天纂文曰："纰，氐罽也。"音卑疑反。毞即纰也。

⑥麢即麢狼也。异物志："状似鹿而角触前向，入林树挂角，故恒在平浅草中。肉肥脆香美，逐入林则搏之，皮可作履袜，角正四据，南人因以为床。"音子今反。

其西又有三河、槃于虏，北有黄石、北地、卢水胡，其表乃为徼外。灵帝时，复分蜀郡北部为汶山郡云。

白马氐者，武帝元鼎六年开，分广汉西部，合以为武都。土地险阻，有麻田，出名马、牛、羊、漆、蜜。氐人勇戆抵冒，贪货死利。居于河池，一名仇池，方百顷，四面斗绝。①数为边寇，郡县讨之，则依固自守。元封三年，氐人反叛，遣兵破之，分徙酒泉郡。昭帝元凤元年,氐人复叛,遣执金吾马適建、②龙頟侯韩增、大鸿胪田广明,将三辅、太常徒讨破之。

> ①仇池,山,在今成州上禄县南。三秦记曰:"仇池县界,本名仇维,山上有池,故曰仇池。山在仓洛二穀之间,常为水所冲激,故下石而上土,形似覆壶。"仇池记曰:"仇池百顷,周回九千四十步,天形四方,壁立千仞。自然楼橹却敌,分置调均,竦起数丈,有踰人功。仇池凡二十一道,可攀缘而上。东西二门。盘道下至上,凡有七里。上则岗阜低昂,泉流交灌。"郦元注水经云"羊肠盘道三十六回,开山图谓之仇夷,所谓'积石峨嵯,欻岑隐阿'者也。上有平田百顷,煮土成盐,因以百顷为号"也。
>
> ②姓马適,名建也。[75]

及王莽篡乱,氐人亦叛。建武初,氐人悉附陇蜀。及隗嚣灭,其酋豪乃背公孙述降汉,陇西太守马援上复其王侯君长,赐以印绶。后嚣族人隗茂反,杀武都太守。氐人大豪齐锺留为种类所敬信,威服诸豪,与郡丞孔奋击茂,破斩之。后亦时为寇盗,郡县讨破之。

论曰:"汉氏征伐戎狄,有事边远,盖亦与王业而终始矣。至於倾没疆垂,丧师败将者,不出时岁,卒能开四夷之境,款殊俗之附。若乃文约之所沾渐,风声之所周流,几将日所出入处也。①著自山经、水志者,亦略及焉。虽服叛难常,威泽时旷,及其化行,则缓耳雕脚之伦,兽居鸟语之类,②莫不举种尽落,回面而请吏,陵海越障,累译以内属焉。故其录名中郎、校尉之署,③编数都护、部守之曹,[76]动以数百万计。若乃藏山隐海之灵物,沈沙栖陆之玮宝,④莫不呈表怪丽,雕被宫幄焉。又其赍嶂火毳驯禽封兽之赋,軿积於内府；[77]⑤夷歌巴舞殊音异节之技，列倡於外门。岂柔服之道，必足於斯？然亦云致远者矣。蛮夷虽附阻岩穀，而类有土居，连涉荆、交之区，布护巴、庸之外，不可量极。然其凶勇狡算，薄于羌狄，故陵暴之害，不能深也。西南之徼，尤为劣焉。故关守永昌，肇自远离，启土立人，至今成都焉。⑥

①文约谓文书要约也。

②缓耳，儋耳也。兽居谓穴居。

③谓护匈奴中郎将及戊已校尉等。

④珠玉、金碧、珊瑚、虎魄之类。

⑤火毳即火浣布也。驯禽，鹦鹉也。封兽，象也。神异经曰："南方有火山，长四十里，广四五里。生不烬之木，昼夜火然，得烈风不猛，暴雨不灭。火中有鼠，重百斤，毛长二尺馀，细如丝，恒居火中，时时出外，而色白，以水逐沃之即死。绩其毛，织以作布。用之若污，以火烧之，则清洁也。"傅子曰"长老说汉桓时，梁冀作火浣布单衣，会宾客，行酒公卿朝臣前，佯争酒失杯而汙之，冀伪怒，解衣而烧之，布得火，烨然而炽，如烧凡布，垢尽火灭，粲然洁白，如水澣"也。

⑥哀牢夷伐鹿茤不得，乃归中国，故言肇自远离。

赞曰："百蛮蠢居，仞彼方徼。镂体卉衣，凭深阻峭。①亦有别夷，屯彼蜀表。参差聚落，纡馀岐道。往化既孚，改襟输宝。②俾建永昌，同编亿兆。

①蠢，小貌也。镂体，文身也。卉衣，草服也。

②孚，信也。襟，衽也。

【校勘记】

〔1〕负而走入南山　按:校补谓通志作"负而走入南武山",多"武"字,以注引武山证之,似今本脱"武"字。

〔2〕居(正)〔王〕室　据汲本、殿本改。按:御览七百八十五引魏略亦作"王"。

〔3〕流俗本或有改鉴字为竖者　御览七百八十五引此注"竖"作"坚"。按"鉴"原作"监",径改正。又按:本卷原本讹字特多,凡极明显之讹字,皆径予改正,不出校记。

〔4〕乱次以济其水遂无次　按:张森楷校勘记谓据左传,无"其水"字,当有"师"字。

〔5〕〔竇〕详冬反　据汲本、殿本补。

〔6〕谒者宗均　集解引惠栋说,谓宗均即宋均。按:参阅宋均传校勘记。

〔7〕(施)〔弛〕刑徒　据汲本改。

〔8〕和帝永元四年冬至郡兵击破降之　按:沈家本谓和纪郡兵破蛮在五年。

〔9〕零陵县属(武)〔零〕陵郡也　据集解引洪亮吉说改。

〔10〕冬武陵蛮六千馀人寇江陵至又遣车骑将军冯绲讨武陵蛮　按:此为延熹三年之冬。沈家本谓按桓纪,延熹三年冬武陵蛮寇江陵,车骑将军冯绲讨,皆降散,荆州刺史度尚讨长沙蛮,平之,与此传相合。而五年又书冬十月武陵蛮叛,寇江陵,以太常冯绲为车骑将军讨之。冯绲传亦云延熹五年武陵蛮夷悉反,寇掠江陵间,拜绲为车骑将军,将兵十万讨之。度尚传亦称延熹五年,擢为荆州刺史,进击长沙贼,大破之。则是延熹五年事。绲传既不言两讨武陵蛮,纪书五年事又与二传吻合,疑此传"三年"乃"五年"之讹,而桓纪三年事乃史驳文,而未及删正者也。

〔11〕太守廖析　按:汲本、殿本"析"作"祈"。

〔12〕尚书大传作别风注雨　按:集解引惠栋说,谓今尚书大传作"别风淮雨"。

〔13〕帝赐调便金印紫绶　按:刊误谓国名葉调,其王名便,此作"调便",衍一"调"字。

〔14〕逴音卓　汲本、殿本无"逴"字。按:此注即在正文"逴"字下,例不重出"逴"字,无"逴"字是。

〔15〕廪君(思)〔伺〕其便　殿本考证谓"思"当依文献通考作"伺"。又集解引惠栋说,谓"思"当作"伺",水经注云"廪君因伺便"也。今据改。

〔16〕按:此注原在"瞫氏"下,依汲本移正。

〔17〕荆州图〔副〕曰(副)夷〔陵〕县西有温泉　集解引惠栋说,谓依御览所引,当云"荆州图副曰夷陵县"云云,乙"曰副"字,脱"陵"字。今据改。按:宋刊本御览无"副"字。

〔18〕夷水〔别出〕巴郡鱼复县　按:集解引惠栋说,谓当依御览补"别出"二字。今据补。

〔19〕云与女俱生　按:李慈铭越缦堂日记谓"云"疑当作"子"。

〔20〕〔弗〕宜将去　集解引惠栋说,谓世本云"弗宜将去",去犹藏也,言弗宜藏而不婴也。今据补。

〔21〕三十三十镞一百四十九　按:刊误谓三十镞三羽当九十,若四矢为一三十镞,则三百六十,无缘得一百四十九,未详。

〔22〕复其渠帅罗朴督鄂度夕龚七姓　按:校补引柳从辰说,谓华阳国志"督"作"昝"。广韵音七感反,姓也,出蜀都。

〔23〕灵帝光和(三)〔二〕年巴郡板楯复叛　按:纪在二年,华阳国志同,今据改。

〔24〕羌入汉川　按:集解引惠栋说,谓华阳国志"汉川"作"汉中"。

〔25〕至建和二年　按:集解引惠栋说,谓华阳国志"建和"作"建宁"。

〔26〕或乃至自(颈)〔到〕割　校补谓"颈"乃"到"之讹,通志可证,各本皆未正。今据改。

〔27〕西极同师　按:集解引惠栋说,谓华阳国志"同"作"桐"。今按:前书亦作"桐师"。

〔28〕楚顷襄王时　按:"顷"原讹"倾",径据殿本、集解本改正。

〔29〕以且兰〔有〕椓船牂柯处　据汲本、殿本补。

〔30〕番禺县之西有江浦焉　按:集解引沈钦韩说,谓"番禺"当为"牂柯"之讹。

〔31〕宁始将军廉丹　按:"始"原讹"姑",径改正。

〔32〕建(怜)〔伶〕　据集解本改。按:汲本作"建憐",校补谓殿本及通志皆作"怜",故书以怜为憐之俗体,故又转写作"憐",但华阳国志及前、续志均作"伶",案前志益州郡建伶,应劭曰音铃,则作"怜"作"憐"皆误也。

〔33〕故诸葛〔亮〕表云　据汲本、殿本补。

〔34〕置不韦县徙南越相吕嘉子孙宗族资之　按:"置"字原误分为"出直"二字,径据汲本、殿本改正。又按:刊误谓"资"当作"实"。沈家本谓案郡国志注作"居",则"资"乃"居"之讹,不当作"实"。

〔35〕蜀郡王追为太守　按:集解引惠栋说,谓"追"字乃"阜"字之误。

〔36〕其先有妇人名沙壹　按:集解引惠栋说,谓"壹"华阳国志作"壶",水经注作"臺"。

〔37〕背龙而坐　按:集解引惠栋说,谓"背"一作"陪"。

〔38〕子扈(粟)〔栗〕代　据殿本、集解本改。

〔39〕其王贤栗遣兵乘箪船　按:王先谦谓华阳国志"贤栗"作"扈栗"。又集解引惠栋说,谓水经注"箪船"作"革船"。

〔40〕南下江汉击附塞夷鹿茤　按:集解引沈钦韩说,谓"江汉"字误,当为"澜沧"。又引惠栋说,谓水经注"鹿茤"作"鹿崩"。

2302

〔41〕哀牢王柳貌 集解引惠栋说,谓华阳国志"柳貌"作"抑狼"。按:
校补引柳从辰说,谓通鉴亦作"柳貌",与传同,御览七八六引乃作
"柳邈"。惠氏据华阳国志作"抑狼",与汉魏丛书本合,廖寅本又
作"柳狼"。柳、抑与貌、狼、邈均形近易讹,无从确定也。

〔42〕广(雅)〔志〕曰 据集解引惠栋说改。

〔43〕执还内牢中 按:校补谓通志注"中"作"土",连下为句。

〔44〕攻(越)嶲唐城 集解引惠栋说,谓续书天文志云"攻嶲唐城",衍
"越"字。今据删。

〔45〕敦忍乙王莫延 按:通志"敦"作"郭"。殿本"莫"作"慕",校补谓
通志作"莫",与毛本合。

〔46〕姥怜之饴之 按:校补谓通志注上"之"字作"而"。

〔47〕令因大忿(姥)恨责〔姥〕出蛇 据汲本、殿本改。按:校补谓通志作
"令因大忿姥,限责出蛇"。

〔48〕(廉平)〔兼乎〕唐虞 按:校补谓案通志注,"廉平"乃"兼乎"之讹,
各本皆失正。今据改。

〔49〕郡守枚根 按:集解引惠栋说,谓风俗通"枚根"作"牧稂"。

〔50〕邛人长贵 按:集解引惠栋说,谓案前书西南夷传及袁宏纪,乃
任贵也,岑彭传亦云"邛縠王任贵",羡"长"字,脱"任"字。下
做此。

〔51〕续汉(书)志曰苏祈县属越嶲郡 按:"书"字衍。今删。续志"苏
祈"作"苏示"。

〔52〕益州刺史梁国朱辅 按:集解引惠栋说,谓马严传"辅"作"酺"。

〔53〕犍为郡掾田恭 集解引惠栋说,谓"田恭"通鉴作"由恭"。今按:
通鉴胡注,由,姓也,秦有由余,或曰楚王孙由子之后。

〔54〕梁国宁陵人也 按:"人"字原脱,径据汲本、殿本补。

〔55〕堤官隗搏 汲本作"提官傀搏",殿本作"提官隗搏",按:校补谓通
志作"提宫隗搏"。

〔56〕与天合意　汲本、殿本作"与天意合"。按:集解引惠士奇说,谓"合"当作"会"。

〔57〕罔驿刘脾　殿本、集解本"驿"作"译"。按:校补谓通志作"译"。

〔58〕旁莫支留　按:校补谓通志"莫"作"草"。

〔59〕多赐(赠)〔缯〕布　按汲本、殿本改。

〔60〕邪毗绵继　按:校补谓通志"继"作"堪"。

〔61〕拓拒苏(使)〔便〕　据汲本、殿本及通志改。

〔62〕偻让皮尼　汲本"皮"作"彼"。按:校补谓通志作"屡让被尼"。

〔63〕路旦拣雒　汲本作"路且拣雒",殿本作"路且倸雒"。按:校补谓通志作"路且倸雒"。

〔64〕魏菌度洗　按:汲本"度"作"渡"。

〔65〕远夷怀德歌　按:校补谓乐德、慕德二章皆言"歌诗",独怀德一章仅言"歌",不言"诗",明脱一"诗"字。

〔66〕莫砀粗沐　按:校补谓通志作"莫杨粗水"。

〔67〕罔译传微　按:校补谓通志"微"作"徽"。

〔68〕伦狼藏幢　汲本"幢"作"幡"。按:校补谓通志作"㠉"。

〔69〕理历氊雒　按:汲本、殿本"历"作"沥",通志同。

〔70〕传室呼敕　汲本、殿本"室"作"言"　按:校补谓通志作"室"。又按:校补谓以上异字,方言转译难明,声读今古有异,东观记又仅存辑本,无从定其得失矣。

〔71〕旄牛徼外白狼楼薄蛮夷王唐缯等　按:沈家本谓和帝纪"楼薄"作"㑮薄"。

〔72〕以(属)〔蜀〕郡(蜀)〔属〕国为汉嘉郡　据汲本、殿本改。

〔73〕反其(众)〔聚〕邑　据元龟九百六十改。按:汲本、殿本作"反其邑",无"众"字,而下"皆依山居止"句上则有"众"字,疑邑众二字讹倒也。

〔74〕零羊角味咸无毒　汲本、殿本"零"作"灵"。按:零灵通作。御览
　　　七九一引作"羺"。

〔75〕姓马适名建也　按御览七九一引原注作"姓马名适建"。

〔76〕编数都护部守之曹　按:刊误谓"部"字合作"郡"。

〔77〕軨积於内府　按:刊误谓"軨"字误,当作"骈"字。

后 汉 书 卷 八 十 七

西羌传第七十七

西羌之本,出自三苗,姜姓之别也。其国近南岳。① 及舜流四凶,徙之三危,② 河关之西南羌地是也。③ 滨於赐支,至乎河首,绵地千里。赐支者,禹贡所谓析支者也。南接蜀、汉徼外蛮夷,西北〔接〕鄯善、车师诸国。[1] 所居无常,依随水草。地少五谷,以产牧为业。其俗氏族无定,或以父名母姓为种号。十二世后,相与婚姻,父没则妻后母,兄亡则纳釐嫂,④ 故国无鳏寡,种类繁炽。不立君臣,无相长一,强则分种为酋豪,弱则为人附落,更相抄暴,以力为雄。杀人偿死,无它禁令。其兵长在山谷,短於平地,不能持久,而果于触突,以战死为吉利,病终为不祥。堪耐寒苦,同之禽兽。虽妇人产子,亦不避风雪。性坚刚勇猛,得西方金行之气焉。⑤

①衡山也。

②三危,山,在今沙州敦煌县东南,山有三峰,故曰三危也。

2307

③河关,县,属金城郡。已上并续汉书文。

④寡妇曰釐,力之反。

⑤黄帝素问曰:"西方者,金〔玉〕〔王〕之域,[2]沙石之处,其人山居而多
　风,水土刚强。"

　　王政脩则宾服,德教失则寇乱。昔夏后氏太康失国,①四夷背
叛。及后相即位,乃征畎夷,②七年然后来宾。至于后泄,始加爵
命,由是服从。③后桀之乱,畎夷入居邠岐之间,④成汤既兴,伐而
攘之。及殷室中衰,诸夷皆叛。至于武丁,征西戎、鬼方,三年乃
克。⑤故其诗曰:"自彼氐羌,莫敢不来王。"⑥

①太康,夏启之子,盘于游田,不恤人事,为羿所逐,不得反国也。

②后相即太康孙,仲康之子。

③泄,启八代孙,帝芒之子也。

④邠,今豳州也。岐即岐州也。

⑤武丁,殷王也。易曰:"高宗伐鬼方。"前书音义曰:"鬼方,远方也。"

⑥殷颂之文。

　　及武乙暴虐,犬戎寇边,①周古公踰梁山而避于岐下。②及子
季历,遂伐西落鬼戎。③太丁之时,季历复伐燕京之戎,戎人大败周
师。④后二年,周人克余无之戎,于是太丁命季历为牧师。⑤自是之
后,更伐始呼、翳徒之戎,皆克之。⑥及文王为西伯,西有昆夷之患,
北有猃狁之难,遂攘戎狄而戍之,莫不宾服。⑦乃率西戎,征殷之叛
国以事纣。⑧

①帝武乙即武丁(五)〔三〕代孙。[3]无道,为偶人像,谓之天神,与之博,
　令人代之行,天神不胜,而僇辱之。又为革囊盛血,仰而射之,命曰
　"射天"。遂被雷震而死。

②梁山在今雍州好畤县西北。古公,文王之祖也。岐山在扶风郡也。

③竹书纪年"武乙三十五年,周王季伐西落鬼戎,[4]俘二十翟王"也。

④太丁,武(丁)〔乙〕子也。[5]竹书纪年曰:"太丁二年,周人伐燕京之戎,
周师大败"也。

⑤季历,文王之父也。竹书纪年曰:"太丁四年,周人伐余无之戎,克之。
周王季命为殷牧师也。"

⑥竹书纪年曰"太丁七年,周人伐始呼之戎,克之。十一年,周人伐翳徒
之戎,捷其三大夫"也。

⑦见诗小雅采薇篇。

⑧左传晋韩献子曰:"文王率殷之叛国以事纣,惟知时。"

及武王伐商,羌、髳率师会于牧野。①至穆王时,戎狄不贡,王
乃西征犬戎,获其五王,又得四白鹿,四白狼,②王遂迁戎于太原。
夷王衰弱,③荒服不朝,乃命虢公率六师伐太原之戎,至于俞泉,获
马千匹。④厉王无道,戎狄寇掠,乃入犬丘,杀秦仲之族,⑤王命伐
戎,不克。及宣王立四年,使秦仲伐戎,为戎所杀,王乃召秦仲子庄
公,与兵七千人,伐戎破之,由是少却。后二十七年,王遣兵伐太原
戎,不克。后五年,王伐条戎、奔戎,王师败绩。后二年,晋人败北
戎于汾隰,⑥[6]戎人灭姜侯之邑。明年,王征申戎,破之。后十年,
幽王命伯士伐六济之戎,军败,伯士死焉。⑦其年,戎围犬丘,虏秦
襄公之兄伯父。时幽王昏虐,四夷交侵,遂废申后而立褒姒。申侯
怒,与戎寇周,杀幽王于郦山,周乃东迁洛邑,秦襄公攻戎救周。后
二年,邢侯大破北戎。

①尚书曰:"庸、蜀、羌、髳、微、卢、彭、濮人。"孔安国注曰:"皆蛮夷戎
狄也。"

②见史记。

③夷王,穆王孙,名燮也。

④见竹书纪年。

⑤犬丘,县名,秦曰废丘,汉曰槐里也。

⑥二水名。

⑦并见竹书纪年。

及平王之末,周遂陵迟,戎逼诸夏,自陇山以东,及乎伊、洛,往往有戎。于是渭首有狄、獂、邽、冀之戎,①泾北有义渠之戎,②洛川有大荔之戎,③渭南有骊戎,伊、洛间有杨拒、泉皋之戎,④颍首以西有蛮氏之戎。⑤当春秋时,间在中国,与诸夏盟会。鲁庄公伐秦取邽、冀之戎。后十馀岁,晋灭骊戎,是时,伊、洛戎强,东侵曹、鲁,⑥后十九年,遂入王城,于是秦、晋伐戎以救周。⑦后二年,又寇京师,齐桓公征诸侯戍周。后九年,陆浑戎自瓜州迁于伊川,⑧允姓戎迁于渭汭,⑨东及轘辕。在河南山北者号曰阴戎,阴戎之种遂以滋广。⑩晋文公欲修霸业,乃赂戎狄通道,以匡王室。秦穆公得戎人由余,遂霸西戎,开地千里。⑪及晋悼公,又使魏绛和诸戎,复修霸业。⑫是时楚、晋强盛,威服诸戎,陆浑、伊、洛、阴戎事晋,而蛮氏从楚。后陆浑叛晋,晋令荀吴灭之。⑬后四十四年,楚执蛮氏而尽囚其人。是时义渠、大荔最强,筑城数十,皆自称王。

①狄即狄道,獂即獂道,邽即上邽县,冀即冀县也。

②义渠,县,属北地郡也。

③洛川即洛水。大荔,古戎国,秦获之,改曰临晋,今同州城是也。

④杜预注左传云:“杨拒,戎邑也。”

⑤左传曰:“单浮馀(国)〔围〕蛮氏。”[7]杜预注云:“梁南有霍阳山,皆蛮子之邑。”

⑥左传庄公十八年,公追戎于济西。杜预注,戎侵鲁,鲁人不知,去乃追之。二十四年戎侵曹也。

⑦事并见左传僖公十(二)〔一〕年。[8]

⑧瓜州,今瓜州也。事见僖〔公〕二十二年。[9]

⑨允姓,阴戎之祖,与三苗俱放三危。见左传。[10]

⑩左传哀公四年:"蛮子赤奔晋阴地。"杜预注曰:"阴地,河南山北,自上雒以东至陆浑。"

⑪由余,其先晋人也,亡入戎。戎王闻穆公贤,使由余观秦,秦穆公以客礼待之。秦遗戎王以女乐,由余谏,不听,由余乃降秦,为谋伐戎。

⑫魏绛,晋大夫。见左传襄公十一年。

⑬荀吴,晋大夫中行穆子也。见左传昭公元年。

至周贞王八年,秦厉公灭大荔,取其地。赵亦灭代戎,即北戎也。韩、魏复共稍并伊、洛、阴戎,灭之。其遗脱者皆逃走,西踰汧、陇。①自是中国无戎寇,唯馀义渠种焉。至贞王二十五年,秦伐义渠,虏其王。②后十四年,义渠侵秦至渭阴。[11]后百许年,义渠败秦师于洛。后四年,义渠国乱,秦惠王遣庶长操将兵定之,③义渠遂臣于秦。后八年,秦伐义渠,取郁郅。④后二年,义渠败秦师于李伯。⑤明年,秦伐义渠,取徒泾二十五城。⑥及昭王立,义渠王朝秦,遂与昭王母宣太后通,生二子。至王赧四十三年,宣太后诱杀义渠王于甘泉宫,因起兵灭之,始置陇西、北地、上郡焉。

①汧山、陇山之间也,在今陇州汧源县。

②即厉公二十三年伐也。[12]

③操,名也。庶长,秦爵也。事见史记。[13]

④县名,属北地郡。

⑤李伯,地名,未详。

⑥徒泾,县名,属西河郡。[14]

戎本无君长,夏后氏末及商周之际,或从侯伯征伐有功,天子爵之,以为藩服。春秋时,陆浑、蛮氏戎称子,战国世,大荔、义渠称王,及其衰亡,馀种皆反旧为酋豪云。

羌無弋爰剑者,秦厉公时为秦所拘执,以为奴隶。不知爰剑何戎之别也。后得亡归,而秦人追之急,藏于岩穴中得免。羌人云爰剑初藏穴中,秦人焚之,有景象如虎,为其蔽火,得以不死。既出,又与劓女遇于野,[1]遂成夫妇。女耻其状,被发覆面,羌人因以为俗,遂俱亡入三河间。[2]诸羌见爰剑被焚不死,怪其神,共畏事之,推以为豪。河湟间少五谷,多禽兽,以射猎为事,[3]爰剑教之田畜,遂见敬信,庐落种人依之者日益众。羌人谓奴为无弋,以爰剑尝为奴隶,故因名之。其后世世为豪。

①劓,截鼻也。
②续汉书曰:"遂俱亡入河湟间。"今此言三河,即黄河、赐支河、湟河也。
③湟水出金城郡临羌县。

至爰剑曾孙忍时,秦献公初立,欲复穆公之跡,[1]兵临渭首,灭狄豲戎。[2]忍季父卬畏秦之威,将其种人附落而南,出赐支河曲西数千里,与众羌绝远,不复交通。其后子孙分别,各自为种,任随所之。或为氂牛种,越巂羌是也;或为白马种,广汉羌是也;或为参狼种,武都羌是也。忍及弟舞独留湟中,并多娶妻妇。忍生九子为九种,舞生十七子为十七种,羌之兴盛,从此起矣。

①穆公霸有西戎,公今欲复之。
②豲音九。

及忍子研立,时秦孝公雄强,威服羌戎。孝公使太子驷率戎狄九十二国朝周显王。研至豪健,故羌中号其后为研种。及秦始皇时,务并六国,以诸侯为事,兵不西行,故种人得以繁息。秦既兼天下,使蒙恬将兵略地,西逐诸戎,北却众狄,筑长城以界之,众羌不复南度。

至于汉兴,匈奴冒顿兵强,破东胡,走月氏,威震百蛮,臣服诸羌。景帝时,研种留何率种人求守陇西塞,于是徙留何等于狄道、安故,至临洮、氐道、羌道县。①及武帝征伐四夷,开地广境,北却匈奴,西逐诸羌,乃度河、湟,筑令居塞;②初开河西,列置四郡,③通道玉门,隔绝羌胡,使南北不得交关。于是障塞亭燧出长城外数千里。时先零羌与封养牢姐种解仇结盟,④与匈奴通,合兵十馀万,共攻令居、安故,遂围枹罕。⑤汉遣将军李息、郎中令徐自为将兵十万人击平之。始置护羌校尉,持节统领焉。羌乃去湟中,依西海、盐池左右。⑥汉遂因山为塞,河西地空,稍徙人以实之。

①氐音丁兮反。五县并属陇西郡。

②令居,县,属金城郡。令音零。

③酒泉、武威、张掖、敦煌也。

④姐音紫。

⑤安故,县,属陇西郡。枹罕,县,属金城郡。枹音铁。

⑥金城郡临羌县有盐池也。

至宣帝时,遣光禄大夫义渠安国①觇行诸羌,其先零种豪言:“愿得度湟水,逐人所不田处以为畜牧。”安国以事奏闻,后将军赵充国以为不可听。后因缘前言,遂度湟水,郡县不能禁。至元康三年,先零乃与诸羌大共盟誓,将欲寇边。帝闻,复使安国将兵观之。安国至,召先零豪四十馀人斩之,因放兵击其种,斩首千馀级。于是诸羌怨怒,遂寇金城。乃遣赵充国与诸将将兵六万人击破平之。

至研十三世孙烧当立。元帝时，[乡]姐等七种羌寇陇西，②遣右将军
冯奉世击破降之。从爱剑种五世至研，研最豪健，自后以研为种
号。十三世至烧当，复豪健，其子孙更以烧当为种号。自[乡]姐羌降
之后数十年，四夷宾服，边塞无事。至王莽辅政，欲燿威德，以怀远
为名，乃令译讽旨诸羌，使共献西海之地，初开以为郡，筑五县，边
海亭燧相望焉。③

①义渠，姓也。

②乡音先廉反，又所廉反。姐音紫。

③燧，烽也。

滇良者，烧当之玄孙也。时王莽末，四夷内侵，及莽败，众羌遂
还据〔西海〕为寇。[15]更始、赤眉之际，羌遂放纵，寇金城、陇西。隗
嚣虽拥兵而不能讨之，乃就慰纳，因发其众与汉相拒。建武九年，
隗嚣死，司徒掾班彪上言："今凉州部皆有降羌，羌胡被发左衽，而
与汉人杂处，习俗既异，言语不通，数为小吏黠人所见侵夺，穷恚无
聊，故致反叛。夫蛮夷寇乱，皆为此也。旧制益州部置蛮夷骑都
尉，幽州部置领乌桓校尉，凉州部置护羌校尉，皆持节领护，理其怨
结，岁时循行，问所疾苦。又数遣使驿通动静，[16]使塞外羌夷为吏
耳目，州郡因此可得儆备。今宜复如旧，以明威防。"光武从之，即
以牛邯为护羌校尉，持节如旧。及邯卒而职省。十年，先零豪与诸
种相结，复寇金城、陇西，遣中郎将来歙等击之，大破。事已具歙
传。十一年夏，先零种复寇临洮，陇西太守马援破降之。后悉归
服，徙置天水、陇西、扶风三郡。明年，武都参狼羌反，援又破降之。
事已具援传。

自烧当至滇良，世居河北大允谷，种小人贫。而先零、卑湳并

皆强富,数侵犯之。①滇良父子积见陵易,愤怒,而素有恩信於种中,於是集会附落及诸杂种,乃从大榆入,掩击先零、卑湳,大破之,杀三千人,掠取财畜,夺居其地大榆中,由是始强。

①湳音乃感反。

滇良子滇吾立。中元元年,武都参狼羌反,杀略吏人,太守与战不胜,陇西太守刘盰遣从事辛都、监军掾李苞,将五千人赴武都,与羌战,斩其酋豪,首虏千馀人。时武都兵亦更破之,斩首千馀级,馀悉降。时滇吾附落转盛,常雄诸羌,每欲侵边者,滇吾转教以方略,为其渠帅。二年秋,烧当羌滇吾与弟滇岸率步骑五千寇陇西塞,刘盰遣兵于枹罕击之,不能克,又战于允街,①为羌所败,杀五百馀人。于是守塞诸羌皆复相率为寇。遣谒者张鸿领诸郡兵击之,战于允吾、唐谷,②军败,鸿及陇西长史田飒皆没。又天水兵为牢姐种所败於白石,死者千馀人。③

①允音鈆。街音阶。县名,属金城郡。
②允音鈆。吾音牙。县名,属金城郡。[17]唐谷故城在今鄯州湟水县西也。

③白石,县名,属金城郡,有白石山。

时烧何豪有妇人比铜钳者,年百馀岁,多智筹,为种人所信向,皆从取计策。时为卢水胡所击,比铜钳乃将其众来依郡县。种人颇有犯法者,临羌长收系比铜钳,而诛杀其种六七百人。显宗怜之,乃下诏曰:“昔桓公伐戎而无仁惠,故春秋贬曰‘齐人’。①今国家无德,恩不及远,羸弱何辜,而当并命!夫长平之暴,非帝者之功,②咎由太守长吏妄加残戮。比铜钳尚生者,所在致医药养视,令招其种人,若欲归故地者,厚遣送之。其小种若束手自诣,欲效功者,皆除其罪。若有逆谋为吏所捕,而狱状未断,悉以赐有功者。"

①春秋庄公三十年:"齐人伐山戎。"公羊传曰:"此齐侯也。其称人何?贬也。"何休注云:"戎亦天地之所生,乃迫杀之,恶不仁也。"

②言帝王好生恶杀,故不以为功也。史记曰,白起,昭王时为上将军,击赵,赵不利,将军赵括与六十万人请降,起乃尽阬之,遗其小者二百四十人。

永平元年,复遣中郎将窦固、捕虏将军马武等击滇吾于西邯,大破之。事已具武等传。滇吾远引去,馀悉散降,徙七千口置三辅。以谒者窦林领护羌校尉,居狄道。林为诸羌所信,而滇岸遂诣林降。林为下吏所欺,谬奏上滇岸以为大豪,承制封为归义侯,加号汉大都尉。明年,滇吾复降,林复奏其第一豪,与俱诣阙献见。帝怪一种两豪,疑其非实,以事诘林。林辞窘,①乃诡对曰:"滇岸即滇吾,陇西语不正耳。"帝穷验知之,怒而免林官。会凉州刺史又奏林臧罪,遂下狱死。谒者郭襄代领校尉事,到陇西,闻凉州羌盛,还诣阙,抵罪,於是复省校尉官。滇吾子东吾立,以父降汉,乃入居塞内,谨愿自守。而诸弟迷吾等数为寇盗。

①窘,穷也。

肃宗建初元年,安夷县吏略妻卑湳种羌妇,吏为其夫所杀,安夷长宗延追之出塞,①种人恐见诛,遂共杀延,而与勒姐及吾良二种相结为寇。陇西太守孙纯遣从事李睦及金城兵会和罗谷,与卑湳等战,斩首虏数百人。复拜故度辽将军吴棠领护[18]羌校尉,居安夷。二年夏,迷吾遂与诸众聚兵,欲叛出塞。[19]金城太守郝崇追之,战於荔谷,崇兵大败,崇轻骑得脱,死者二千馀人。於是诸种及属国卢水胡悉与相应,吴棠不能制,坐征免。武威太守傅育代为校尉,移居临羌。迷吾又与封养种豪布桥等五万馀人共寇陇西、汉阳,於是遣行车骑将军马防,长水校尉耿恭副,讨破之。于是临洮、索西、迷吾等悉降。防乃筑索西城,②徙陇西南部都尉戍之,悉复诸亭候。至元和三年,迷吾复与弟号吾诸杂种反叛。秋,号吾先轻入寇陇西界,[20]郡督烽掾李章追之,生得号吾,将诣郡。号吾曰:"独杀我,无损於羌。诚得生归,必悉罢兵,不复犯塞。"陇西太守张纡权宜放遣,羌即为解散,各归故地,迷吾退居河北归义城。傅育不欲失信伐之,乃募人斗诸羌胡,羌胡不肯,遂复叛出塞,更依迷吾。

①安夷,县名,属金城郡。

②故城在今洮州。

章和元年,育上请发陇西、张掖、酒泉各五千人,诸郡太守将之,育自领汉阳、金城五千人,合二万兵,与诸郡剋期击之,令陇西兵据河南,张掖、酒泉兵遮其西。并未及会,育军独进。迷吾闻之,徙庐落去。育选精骑三千穷追之,夜至建威南三兜谷,去虏数里,须旦击之,不设备。迷吾乃伏兵三百人,夜突育营,营中惊坏散走,育下马手战,杀十馀人而死,死者八百八十人。及诸郡兵到,羌遂引去。育,北地人也。显宗初,为临羌长,与捕虏将军马武等击羌滇吾,功冠诸军;及在武威,威声闻於匈奴。食禄数十年,秩奉尽赡给知友,妻子不免操井臼。肃宗下诏追褒美之。封其子毅为明进侯,七百户。以陇西太守张纡代为校尉,将万人屯临羌。

迷吾既杀傅育,狃(伏)〔狀〕边利。①[21]章和元年,复与诸种步骑七千人入金城塞。张纡遣从事司马防将千馀骑及金城兵会战于木乘谷,迷吾兵败走,因译使欲降,纡纳之。遂将种人诣临羌县,纡设兵大会,施毒酒中,羌饮醉,纡因自击,伏兵起,[22]诛杀酋豪八百馀人。斩迷吾等五人头,以祭育冢。复放兵击在山谷间者,斩首四百馀人,得生口二千馀人。迷吾子迷唐及其种人向塞号哭,与烧何、当煎、当阗等相结,以子女及金银娉纳诸种,解仇交质,将五千人寇陇西塞,太守寇盱与战于白石,迷唐不利,引还大、小榆谷,北招属国诸胡,会集附落,种众炽盛,张纡不能讨。永元元年,纡坐征,以张掖太守邓训代为校尉,稍以赏略离间之,由是诸种少解。

　①狙(狀)〔狀〕,惯习也。狙音女九反。(狀)〔狀〕音时制反。

　东吾子东号立。是时号吾将其种人降。校尉邓训遣兵击迷唐,迷唐去大、小榆谷,徙居颇岩谷。和帝永元四年,[23]训病卒,蜀郡太守聂尚代为校尉。尚见前人累征不克,欲以文德服之,乃遣驿使招呼迷唐,[24]使还居大、小榆谷。迷唐既还,遣祖母卑缺诣尚,尚自送至塞下,为设祖道,令译田氾等五人护送至庐落。迷唐因而反叛,遂与诸种共生屠裂氾等,以血盟诅,复寇金城塞。五年,尚坐征免,居延都尉贯友代为校尉。友以迷唐难用德怀,终于叛乱,乃遣驿使搆离诸种,诱以财货,由是解散。友乃遣兵出塞,攻迷唐于大、小榆谷,获首虏八百馀人,收麦数万斛,遂夹逢留大河筑城坞,作大航,造河桥,欲度兵击迷唐。迷唐乃率部落远依赐支河曲。至八年,友病卒,汉阳太守史充代为校尉。充至,遂发湟中羌胡出塞击迷唐,而羌迎败充兵,杀数百人。明年,充坐征,代郡太守吴祉代为校尉。其秋,迷唐率八千人寇陇西,杀数百人,乘胜深入,胁塞内诸羌共为寇盗,众羌复悉与相应,合步骑三万人,击破陇西兵,杀大夏长。①遣行征西将军刘尚、越骑校尉赵代[25]副,将北军五营、黎阳、雍营、三辅积射及边兵羌胡三万人讨之。[2]尚屯狄道，代屯枹罕。尚遣司马寇盱监诸郡兵，四面并会。迷唐惧，弃老弱奔入临洮南。尚等追至高山。迷唐穷迫，率其精强大战。盱斩虏千馀人，得牛马羊万馀头。迷唐引去。汉兵死伤亦多，不能复追，乃还入塞。明年，尚、代并坐畏懦征下狱，免。谒者王信领尚营屯枹罕，谒者耿谭领代营屯白石。谭乃设购赏，诸种颇来内附。迷唐恐，乃请降。信、谭遂受降罢兵，遣迷唐诣阙。其馀种人不满二千，饥窘不立，入居金城。和帝令迷唐将其种人还大、小榆谷。迷唐以为汉作河桥，兵来无常，故地不可复居，辞以种人饥饿，不肯远出。吴祉等乃多赐迷唐金帛，令籴谷市畜，促使出塞，种人更怀猜惊。十二年，遂复背叛，乃胁将湟中诸胡，寇钞而去。王信、耿谭、吴祉皆坐征，以酒泉太守周鲔代为校尉。明年，迷唐复还赐支河曲。

①大夏，县名，属陇西郡。

②五营即五校也。雍营即扶风都尉屯也。黎阳营解见南匈奴传也。

初，累姐种附汉，[26]迷唐怨之，遂击杀其酋豪，由是与诸种为仇，党援益疎。其秋，迷唐复将兵向塞，周鲔与金城太守侯霸，及诸郡兵、属国湟中月氏诸胡、陇西牢姐羌，合三万人，出塞至允川，与迷唐战。周鲔还营自守，唯侯霸失陷陈，斩首四百馀级。羌众折伤，种人瓦解，降者六千馀口，分徙汉阳、安定、陇西。迷唐遂弱，其种众不满千人，远踰赐支河首，依发羌居。明年，周鲔坐畏懦征，侯霸代为校尉。安定降羌烧何种胁诸羌数百人反叛，郡兵击灭之，悉没入弱口为奴婢。

时西海及大、小榆谷左右无复羌寇。隃糜相曹凤上言：①“西戎为害，前世所患，臣不能纪古，且以近事言之。自建武以来，其犯法者,常从烧当种起。所以然者,以其居大、小榆谷,土地肥美,又近塞内,诸种易以为非,难以攻伐。南得锺存以广其众,北阻大河因以为固,又有西海鱼盐之利,缘山滨水,以广田蓄,故能强大,常雄诸种,恃其权勇,[27]招诱羌胡。今者衰困,党援坏沮,亲属离叛,徐胜兵者不过数百,亡逃栖窜,远依发羌。臣愚以为宜及此时,建复西海郡县,规固二榆,广设屯田,隔塞羌胡交关之路,遏绝狂狡窥欲之源,又殖穀富边,省委输之役,国家可以无西方之忧。"于是拜凤为金城西部都尉,将徙士屯龙耆。②后金城长史上官鸿上开置归义、建威屯田二十七部,侯霸复上置东西邯屯田五部,③增留、逢二部,帝皆从之。列屯夹河,合三十四部。其功垂立。至永初中,诸羌叛,乃罢。迷唐失众,病死。有一子来降,户不满数十。[28]

①隃麋,县名,属右扶风。

②龙耆即龙支也,今鄯州县。

③邯,水名。邯分流左右,在今廓州。

东号子麻奴立。初随父降,居安定。时诸降羌布在郡县,皆为吏人豪右所徭役,积以愁怨。安帝永初元年夏,遣骑都尉王弘发金城、陇西、汉阳羌数百千骑征西域,弘迫促发遣,群羌惧远屯不还,行到酒泉,多有散叛。诸郡各发兵傲遮,或覆其庐落。于是勒姐、当煎大豪东岸等愈惊,遂同时奔溃。麻奴兄弟因此遂与种人俱西出塞。

先零别种[29]滇零与锺羌诸种大为寇掠,断陇道。时羌归附既久,无复器甲,或持竹竿木枝以代戈矛,或负板案以为盾,或执铜镜以象兵,郡县畏懦不能制。冬,遣车骑将军邓骘,征西校尉任尚副,将五营及三河、三辅、汝南、南阳、颍川、太原、上党兵合五万人,屯汉阳。明年春,诸郡兵未及至,锺羌数千人先击败骘军于冀西,杀千馀人。校尉侯霸坐众羌反叛征免,以西域都护段禧代为校尉。其冬,骘使任尚及从事中郎司马钧率诸郡兵与滇零等数万人战于平襄,①[30]尚军大败,死者八千馀人。于是滇零等自称"天子"于北地,招集武都、参狼、上郡、西河诸杂种,众遂大盛,东犯赵、魏,南入益州,杀汉中太守董炳,遂寇钞三辅,断陇道。湟中诸县粟石万钱,百姓死亡不可胜数。朝廷不能制,而转运难剧,遂诏骘还师,留任尚屯汉阳,为诸军节度。朝廷以邓太后故,迎拜骘为大将军,封任尚乐亭侯,食邑三百户。

①县名,属汉阳郡。

三年春,复遣骑都尉任仁督诸郡屯兵救三辅。仁战每不利,众羌乘胜,汉兵数挫。当煎、勒姐种攻没破羌县,锺羌又没临洮县,生得陇西南部都尉。明年春,滇零遣人寇褒中①,燔烧邮亭,大掠百姓。於是汉中太守郑勤[31]移屯褒中。军营久出无功,有废农桑,乃诏任尚将吏兵还屯长安,罢遣南阳、颍川、汝南吏士,置京兆虎牙都尉于长安,扶风都尉于雍,如西京三辅都尉故事。②时羌复攻褒中,郑勤欲击之。主簿段崇谏,以为虏乘胜,锋不可当,宜坚守待之。勤不从,出战,大败,死者三千馀人,段崇及门下史王宗、原展以身扞刃,与勤俱死。于是徙金城郡居襄武。③任仁战累败,而兵士放纵,槛车征诣廷尉诏狱死。段禧病卒,复以前校尉侯霸代之,遂移居张掖。五年春,任尚坐无功征免。羌遂入寇河东,至河内,百姓相惊,多奔南度河。使北军中候朱宠将五营士屯孟津,诏魏郡、赵国、常山、中山缮作坞候六百一十六所。

①县名,属汉中郡。

②西京左辅都尉都高陵,右辅都尉都郿也。[32]

③襄武,县名,属陇西郡。

羌既转盛,而二千石、令、长多内郡人,并无守战意,皆争上徙郡县以避寇难。朝廷从之,遂移陇西徙襄武,①安定徙美阳,②北地徙池阳,③上郡徙衙。④百姓恋土,不乐去旧,遂乃刈其禾稼,发彻室屋,夷营壁,破积聚。时连旱蝗饥荒,而驱蹙劫略,流离分散,随道死亡,或弃捐老弱,或为人仆妾,丧其太半。复以任尚为侍御史,击众羌于上党羊头山,破之,⑤诱杀降者二百馀人,乃罢孟津屯。其秋,汉阳人杜琦及弟季贡、同郡王信等与羌通谋,聚众入上邽城,琦自称安汉将军。于是诏购募得琦首者,封列侯,赐钱百万,羌胡斩琦者赐金百斤,银二百斤。汉阳太守赵博遣刺客杜习[33]刺杀琦,封习讨奸侯,赐钱百万。而杜季贡、王信等将其众据樗泉营。侍御史唐喜领诸郡兵讨破之,斩王信等六百馀级,没入妻子五百馀人,收金(钱)〔银〕彩帛一亿已上。[34]杜〔季〕贡亡从滇零。[35]六年,任尚复坐征免。滇零死,子零昌代立,年尚幼少,同种狼莫为其计策,以杜〔季〕贡为将军,别居丁奚城。七年夏,骑都尉马贤与侯霸掩击零昌别部牢羌于安定,[36]首虏千人,得驴骡骆驼马牛羊二万馀头,以畀得者。⑥

①县名,属陇西郡。

②县名,属右扶风。

③县名,属左冯翊。

④县名,属冯翊。衙音牙。

⑤羊头山在上党郡穀远县。

⑥畀音必四反。

元初元年春,遣兵屯河内,通谷衝要三十三所,皆作坞壁,设鸣鼓。零昌遣兵寇雍城,又号多与当煎、勒姐大豪共胁诸种,分兵钞掠武都、汉中。巴郡板楯蛮将兵救之,汉中五官掾程信率壮士与蛮共击破之。号多退走,还断陇道,与零昌通谋。侯霸、马贤将湟中吏人及降羌胡于枹罕击之,斩首二百馀级。凉州刺史皮杨击羌于狄道,大败,死者八百馀人,杨坐征免。侯霸病卒,汉阳太守庞参代为校尉。参以恩信招诱之。二年春,号多等率众七千馀人诣参降,遣诣阙,赐号多侯印绶遣之。参始还居令居,通河西道。而零昌种众复分寇益州,遣中郎将尹就将南阳兵,因发益部诸郡屯兵击零昌党吕叔都等。至秋,蜀人陈省、罗横应募,刺杀叔都,皆封侯赐钱。又使屯骑校尉班雄屯三辅,遣左冯翊司马钧行征西将军,督右扶风仲光、[37]安定太守杜恢、[38]北地太守盛包、京兆虎牙都尉耿溥、右扶风都尉皇甫旗等,合八千馀人,又庞参将羌胡兵七千馀人,与钧分道并北击零昌。参兵至勇士东,为杜季贡所败,①于是引退。钧等独进,攻拔丁奚城,大克获。杜季贡率众伪逃。钧令光、恢、包等收羌禾稼,光等违钧节度,散兵深入,羌乃设伏要击之。钧在城中,怒而不救,光〔等〕并没,[39]死者三千馀人。钧乃遁还,坐征自杀。庞参以失期军败抵罪,以马贤代领校尉事。后遣任尚为中郎将,将羽林、缇骑、五营子弟三千五百人,代班雄屯三辅。尚临行,怀令虞诩说尚曰:“使君频奉国命讨逐寇贼,三州屯兵二十馀万人,弃农桑,疲苦徭役,而未有功劾,劳费日滋。若此出不克,诚为使君危之。”尚曰:“忧惶久矣,不知所如。”诩曰:“兵法弱不攻强,走不逐飞,自然之势也。今虏皆马骑,日行数百,[40]来如风雨,去如绝弦,以步追之,势不相及,所以旷而无功也。为使君计者,莫如罢诸郡兵,各令出钱数千,二十人共市一马,如此,可捨甲胄,驰轻兵,以万骑之众,逐数千之虏,追尾掩截,②其道自穷。便人利事,大功立矣。"尚大喜,即上言用其计。乃遣轻骑钞击杜季贡于丁奚城,斩首四百馀级,获牛马羊数千头。

①勇士,县名,属天水郡。

②尾犹寻也。

明年夏,度辽将军邓遵率南单于及左鹿蠡王须沈万骑,击零昌于灵州,①斩首八百馀级,封须沈为破虏侯,金印紫绶,赐金帛各有差。任尚遣兵击破先零羌于丁奚城。秋,筑冯翊北界候坞五百所。任尚又遣假司马募陷陈士,击零昌于北地,杀其妻子,得牛马羊二万头,烧其庐落,斩首七百馀级,得僭号文书及所没诸将印绶。

①县名,属北地郡。

四年春,尚遣当阗种羌榆鬼等五人刺杀杜季贡,封榆鬼为破羌侯。其夏,尹就以不能定益州,坐征抵罪,以益州刺史张乔领尹就军屯。招诱叛羌,稍稍降散。秋,任尚复募劾功种号封刺杀零昌,封号封为羌王。冬,任尚将诸郡兵与马贤并进北地击狼莫,贤先至安定青石岸,狼莫逆击败之。会尚兵到高平,①因合埶俱进,狼莫等引退,乃转营迫之,至北地,相持六十馀日,战于富平〔上〕河(上),[41]大破之,②斩首五千级,还得所略人男女千馀人,牛马驴羊骆驼十馀万头,狼莫逃走,于是西河虔人种羌万一千口诣邓遵降。

①县名,属安定郡。

②富平,县,属北地郡。

五年,邓遵募上郡全无种羌雕何等刺杀狼莫,赐雕何为羌侯,封遵武阳侯,[42]三千户。遵以太后从弟故,爵封优大。任尚与遵争功,又诈增首级,受赇枉法,臧千万已上,槛车征弃市,没人田庐奴婢财物。自零昌、狼莫死后,诸羌瓦解,三辅、益州无复寇徼。

自羌叛十馀年间,兵连师老,不暂宁息。军旅之费,转运委输,用二百四十馀亿,府帑空竭。延及内郡,边民死者不可胜数,并凉二州遂至虚耗。

六年春,勒姐种与陇西种羌号良等通谋欲反,马贤逆击之于安故,斩号良及种人数百级,皆降散。

永宁元年春,上郡沈氏种羌[43]五千馀人复寇张掖。其夏,马贤将万人击之。初战失利,死者数百人,明日复战,破之,斩首千八百级,获生口千馀人,马牛羊以万数,馀虏悉降。时当煎种大豪饥〔五〕等,[44]以贤兵在张掖,乃乘虚寇金城,贤还军追之出塞,斩首数千级而还。烧当、烧何种闻贤军还,率三千馀人复寇张掖,杀长吏。初,饥五同种大豪卢怱、忍良等千馀户别留允街,而首施两端。①建光元年春,马贤率兵召卢斩之,因放兵击其种人,首虏二千馀人,掠马牛羊十万头,忍良等皆亡出塞。玺书封贤安亭侯,食邑千户。忍良等以麻奴兄弟本烧当世嫡,而贤抚恤不至,常有怨心。秋,遂相结共胁将诸种步骑三千人寇湟中,攻金城诸县。贤将先零种赴击之,战于牧苑,兵败,死者四百馀人。麻奴等又败武威、张掖郡兵于令居,因胁将先零、沈氏诸种四千馀户,缘山西走,寇武威。贤追到鸾鸟,招引之,②诸种降者数千,麻奴南还湟中。延光元年春,贤追到湟中,麻奴出塞度河,贤复追击战破之,种众散邁,诣凉州刺史宗汉降。[45]麻奴等孤弱饥困,其年冬,将种众三千馀户诣汉阳太守耿种降。安帝假金印紫绶,赐金银彩缯各有差。是岁,虏人种羌与上郡胡反,攻穀罗城,度辽将军耿夔将诸郡兵及乌桓骑赴击破之。三年秋，<u>陇西郡</u>始还<u>狄道</u>焉。<u>麻奴</u>弟<u>犀苦</u>立。

①首施犹首鼠也。

②鸾鸟，县名，属<u>武威郡</u>，(鸾)〔鸟〕音爵。[46]

<u>顺帝永建元年</u>，<u>陇西锺羌</u>反，校尉<u>马贤</u>将七千馀人击之，战于<u>临洮</u>，斩首千馀级，皆率种人降。进封<u>贤都乡侯</u>。自是<u>凉州</u>无事。

至四年，尚书仆射<u>虞诩</u>上疏曰："臣闻子孙以奉祖为孝，君上以安民为明，此<u>高宗</u>、<u>周宣</u>所以上配<u>汤</u>、<u>武</u>也。<u>禹贡雍州</u>之域，厥田惟上。且沃野千里，穀稼殷积，又有<u>龟兹</u>盐池以为民利。①水草丰美，土宜产牧，牛马衔尾，群羊塞道。北阻山河，乘陁据险。因渠以溉，水舂河漕。②用功省少，而军粮饶足。故<u>孝武皇帝</u>及<u>光武筑朔方</u>，开<u>西河</u>，置<u>上郡</u>，皆为此也。而遭元元无妄之灾，众<u>羌</u>内溃，③郡县兵荒二十馀年。夫弃沃壤之饶，损自然之财，不可谓利；离河山之阻，守无险之处，难以为固。今三郡未复，园陵单外，④而公卿选懦，容头过身，⑤张解设难，但计所费，不图其安。宜开圣德，考行所长。"书奏，帝乃复三郡。使谒者<u>郭璜</u>督促徙者，各归旧县，缮城郭，置候驿。既而激河浚渠为屯田，省内郡费岁一亿计。遂令<u>安定</u>、<u>北地</u>、<u>上郡</u>及<u>陇西</u>、<u>金城</u>常储穀粟，令周数年。

①<u>上郡龟兹县</u>有盐官，即<u>雍州</u>之域也。

②水舂，即水碓也。

③前书音义曰："无妄者，无所望也。万物无所望于天，灾异之大也。"

④园陵谓<u>长安</u>诸陵园也。单外谓无守固。

⑤前书音义曰："选懦，柔怯也。"懦音而掾反。

<u>马贤</u>以<u>犀苦</u>兄弟数背叛，因系质于<u>令居</u>。①其冬，<u>贤</u>坐征免，右扶风<u>韩皓</u>代为校尉。明年，<u>犀苦</u>诣<u>皓</u>自言求归故地，<u>皓</u>复不遣。因

转湟中屯田，置两河间，以逼群羌。皓复坐征，张掖太守马续代为校尉。两河间羌以屯田近之，恐必见图，乃解仇诅盟，各自儆备。续欲先示恩信，乃上移屯田还湟中，羌意乃安。至阳嘉元年，以湟中地广，更增置屯田五部，并为十部。二年夏，复置陇西南部都尉如旧制。②

①今音零。

②前书南部都尉都陇西郡临洮县。

三年，锺羌良封等复寇陇西、汉阳，诏拜前校尉马贤为谒者，镇抚诸种。马续遣兵击良封，斩首数百级。四年，马贤亦发陇西吏士及羌胡兵击杀良封，[47]斩首千八百级，获马牛羊五万馀头，良封亲属并诣(实)〔贤〕降。[48]贤复进击锺羌且昌，且昌等率诸种十馀万诣凉州刺史降。永和元年，马续迁度辽将军，复以马贤代为校尉。初，武都塞上白马羌攻破屯官，反叛连年。二年春，广汉属国都尉击破之，斩首六百馀级，马贤又击斩其渠帅饥指累祖等三百级，于是陇右复平。明年冬，烧当种那离等三千馀骑寇金城塞，马贤将兵赴击。斩首四百馀级，获马千四百匹。那离等复西招羌胡，杀伤吏民。

四年，马贤将湟中义从兵及羌胡万馀骑掩击那离等，斩之，获首虏千二百馀级，得马骡羊十万馀头。征贤为弘农太守，以来机为并州刺史，刘秉为凉州刺史，[49]并当之职。大将军梁商谓机等曰："戎狄荒服，蛮夷要服，①言其荒忽无常。而统领之道，亦无常法，临事制宜，略依其俗。今三君素性疾恶，[50]欲分明白黑。孔子曰：'人而不仁，疾之已甚，乱也。'②况戎狄乎！其务安羌胡，防其大故，忍其小过。"机等天性虐刻，遂不能从。③到州之日，多所扰发。

① 荒服,在九州之外也,言其荒忽无常。要服,在九州之内,侯卫之外,言以文德要来之。

② 论语文也。郑玄注云:"不仁之人,当以风化之,疾之已甚,是又使之为乱行。"

③ "虐"或作"庸"。庸,薄也。

五年夏,且冻、傅难种羌等遂反叛,攻金城,与西塞及湟中杂种羌胡大寇三辅,杀害长吏。机、秉并坐征。于是发京师近郡及诸州兵讨之,拜马贤为征西将军,以骑都尉耿叔副,将左右羽林、五校士及诸州郡兵十万人屯汉阳。又于扶风、汉阳、陇道作坞壁三百所,[51]置屯兵,以保聚百姓。且冻分遣种人寇武都,烧陇关,掠苑马。六年春,马贤将五六千骑击之,到射姑山,①贤军败,贤及二子皆战殁。顺帝愍之,赐布三千匹,穀千斛,封贤孙光为舞阳亭侯,租入岁百万。遣侍御史督录征西营兵,存恤死伤。

① 射音夜。

于是东西羌遂大合。巩唐种三千馀骑寇陇西,又烧园陵,掠关中,杀伤长吏,邠阳令任頵追击,战死。①遣中郎将庞浚募勇士千五百人顿美阳,为凉州援。武威太守赵冲[52]追击巩唐羌,斩首四百馀级,得马牛羊驴万八千馀头,羌二千馀人降。诏冲督河西四郡兵为节度。罕种羌千馀寇北地,[53]北地太守贾福与赵冲击之,不利。秋,诸种八九千骑寇武威,凉部震恐。于是复徙安定居扶风,北地居冯翊,遣行车骑将军执金吾张乔将左右羽林、五校士及河内、南阳、汝南兵万五千屯三辅。汉安元年,以赵冲为护羌校尉。冲招怀叛羌,罕种乃率邑落五千馀户诣冲降。于是罢张乔军屯。唯烧何种三千馀落据参䜌北界。②三年夏,[54]赵冲与汉阳太守张贡掩击之,斩首千五百级,得牛羊驴十八万头。冬,冲击诸种,斩首四千馀级。诏冲一子为郎。冲复追击于阿阳,斩首八百级。③于是诸种前后三万馀户诣凉州刺史降。

①郃阳,〔今〕同州县也。[55] 郃音於筠反。

②参䜌,县名,属安定郡。[56] 䜌音力全反。

③阿阳,县,属汉阳郡。

建康元年春,护羌从事马玄遂为诸羌所诱,将羌众亡出塞,领护羌校尉卫瑶[57]追击玄等,斩首八百馀级,得牛马羊二十馀万头。赵冲复追叛羌到建威鹯阴河。①军度〔未〕竟,[58]所将降胡六百馀人叛走,冲将数百人追之,遇羌伏兵,与战殁。冲虽身死,而前后多所斩获,羌由是衰耗。永嘉元年,封冲子恺义阳亭侯。以汉阳太守张贡代为校尉。左冯翊梁并稍以恩信招诱之,于是离湳、狐奴等五万馀户诣并降,陇右复平。并,大将军冀之宗人。封为鄠侯,邑二千户。

①续汉书"建威"作"武威"。鹯阴,县名,属安定郡。[59]

自永和羌叛,至乎是岁,十馀年间,费用八十馀亿。诸将多断盗牢禀,私自润入,①皆以珍宝货赂左右,上下放纵,不恤军事,士卒不得其死者,白骨相望于野。

①前书音义曰:"牢,价直。"

桓帝建和二年,白马羌寇广汉属国,杀长吏。是时西羌及湟中胡复畔为寇,益州刺史率板楯蛮讨破之,斩首招降二十万人。

永寿元年,校尉张贡卒,以前南阳太守第五访代为校尉,甚有威惠,西垂无事。延熹二年,访卒,以中郎将段颎代为校尉。时烧当八种寇陇右,颎击大破之。四年,零吾复与先零及上郡沈氏、牢姐诸种并力寇并、凉及三辅。会段颎坐事征，以济南相胡闳代为校尉。闳无威略，羌遂陆梁，覆没营坞，寇患转盛，中郎将皇甫规击破之。五年，沈氐诸种复寇张掖、酒泉，皇甫规招之，皆降。事已具规传。鸟吾种复寇汉阳，陇西、金城诸郡兵共击破之，各还降附。至冬，滇那等五六千人复攻武威、张掖、酒泉，烧民庐舍。六年，陇西太守孙羌击破之，斩首溺死三千馀人。胡闳疾，复以段颎为校尉。

永康元年，东羌岸尾等胁同种连寇三辅，中郎将张奂追破斩之，事已具奂传。当煎羌寇武威，破羌将军段颎复破灭之，馀悉降散。事已具颎传。灵帝建宁三年，烧当羌奉使贡献。中平元年，北地降羌先零种因黄巾大乱，乃与(汉)〔湟〕中羌、义从胡北宫伯玉等反，[60]寇陇右。事已具董卓传。兴平元年，冯翊降羌反，寇诸县，郭汜、樊稠击破之，斩首数千级。

自爰剑后，子孙支分凡百五十种。其九种在赐支河首以西，及在蜀、汉徼北，前史不载口数。唯参狼在武都，胜兵数千人。其五十二种衰少，不能自立，分散为附落，或绝灭无后，或引而远去。其八十九种，唯钟最强，胜兵十馀万。其馀大者万馀人，小者数千人，更相钞盗，盛衰无常，无虑顺帝时胜兵合可二十万人。①发羌、唐旄等绝远，未尝往来。牦牛、白马羌在蜀、汉，其种别名号，皆不可纪知也。建武十三年，广汉塞外白马羌豪楼登等率种人五千馀户内属，光武封楼登为归义君长。至和帝永元六年，蜀郡徼外大牂夷种羌豪造头等率种人五十馀万口内属，拜造头为邑君长，赐印绶。至安帝永初元年，蜀郡徼外羌龙桥等六种万七千二百八十口内属。明年，蜀郡徼外羌薄申等八种三万六千九百口复举土内属。冬，广汉塞外参狼种羌二千四百口复来内属。桓帝建和二年，白马羌千馀人寇广汉属国,杀长吏,益州刺史率板楯蛮讨破之。

①无虑犹都凡也。

湟中月氏胡,其先大月氏之别也,旧在张掖、酒泉地。月氏王为匈奴冒顿所杀,馀种分散,西踰葱领。其赢弱者南入山阻,依诸羌居止,遂与共婚姻。及骠骑将军霍去病破匈奴,取西河地,开湟中,于是月氏来降,与汉人错居。虽依附县官,而首施两端。其从汉兵战斗,随埶强弱。被服饮食言语略与羌同,亦以父名母姓为种。其大种有七,胜兵合九千馀人,分在湟中及令居。又数百户在张掖,号曰义从胡。中平元年,与北宫伯玉等反,杀护羌校尉泠徵、[61]金城太守陈懿,遂寇乱陇右焉。

论曰:羌戎之患,自三代尚矣。汉世方之匈奴,颇为衰寡,而中兴以后,边难渐大。朝规失绥御之和,戎帅骞然诺之信。其内属者,或倥偬于豪右之手,或屈折于奴仆之勤。塞候时清,则愤怒而思祸;桴革暂动,则属鞬以鸟惊。①故永初之间,群种蜂起。遂解仇嫌,结盟诅,招引山豪,转相啸聚,揭木为兵,负柴为械。(毂)〔毂〕马扬埃,[62]陆梁于三辅;建号称制,恣睢于北地。②东犯赵、魏之郊,南入汉、蜀之鄙,塞湟中,断陇道,烧陵园,剽城市,伤败踵系,羽书日闻。③并、凉之士,特衔残毙,壮悍则委身于兵场,女妇则徽缧而为虏,④发冢露胔,死生涂炭。⑤自西戎作逆,未有陵斥上国若斯其炽也。和熹以女君亲政,威不外接。朝议惮兵力之损,情存苟安。或以边州难援,宜见捐弃;或惧疽食浸淫,莫知所限。谋夫回遑,猛士疑虑,遂徙西河四郡之人,杂寓关右之县。发屋伐树,塞其恋土之心,燔破赀积,[63]以防顾还之思。于是诸将邓骘、[64]任尚、马贤、皇甫规、张奂之徒,争设雄规,更奉征讨之命,征兵会众,以图其隙。驰骋东西,奔救首尾,摇动数州之境,日耗千金之资。至于假人增赋,借奉侯王,引金钱缣彩之珍,征粮粟盐铁之积。所以赂遗购赏,转输劳来之费,前后数十巨万。或枭剐酋健,摧破附落,降俘载路,牛羊满山。军书未奏其利害,而离叛之状已言矣。⑥故得不酬失,功不半劳。暴露师徒,连年而无所胜。官人屈竭,烈士愤丧。段颎受事,专掌军任,资山西之猛性,练戎俗之态情,穷武思尽飙锐以事之。被羽前登,身当百死之陈,⑦蒙没冰雪,经履千折之道,始珍西种,卒定东寇。若乃陷击之所歼伤,追走之所崩籍,头颅断落于万丈之山,支革判解于重崖之上,不可校计。⑧其能穿窜草石,自脱于锋镞者,百不一二。而张奂盛称“戎狄一气所生,不宜诛尽,流血污野,伤和致妖”。是何言之迂乎!羌虽外患,实深内疾,若攻之不根,是养疾疴于心腹也。⑨惜哉寇敌略定矣,而汉祚亦衰焉。呜呼!昔先王疆理九土,判别畿荒,知夷貊殊性,难以道御。故斥远诸华,薄其贡职,唯与辞要而已。若二汉御戎之方,失其本矣。何则?先零侵境,赵充国迁之内地;⑩(当)煎〔当〕作寇,[65]马文渊徙之三辅。贪其暂安之埶,信其驯服之情,计日用之权宜,忘经世之远略,岂夫识微者之为乎?故微子垂泣于象箸,⑪辛有浩叹于伊川也。⑫

2332

①桴,击鼓槌也。革,甲也。鞬,箭服也。左传晋文公曰:“右属(櫜)〔櫜〕鞬。”[66]鞬音纪言反。

②前书班固曰:“乃始恣睢,奋其威诈。”恣睢,肆怒之貌也。睢音火季反。

③羽书即檄书也。魏武奏事曰“边有警急,即插羽以示急”也。

④说文曰:"徽,纠绳也。纆,索也。"

⑤觜音才赐反。

⑥奏犹上也。

⑦前书扬雄曰"蒙盾负羽"也。

⑧胹音卢。广雅曰:"胹,颥颣也。"支谓四支。革,皮也。

⑨根谓尽其根本。

⑩宣帝时,后将军赵充国击先零,还,于金城郡置属国,以处降羌。

⑪帝王纪曰:"纣作象箸,[67] 箕子为父师,叹曰:'象箸不施于土簋,不盛于菽藿,必须犀玉之杯,食熊蹯豹胎。'"臣贤案:史记及韩子并云"箕子",今云"微子",盖误。

⑫左传曰:"周平王之东迁也,大夫辛有适伊川,见被发而祭于野者,曰:'不及百年,此其戎乎!'"后秦迁陆浑戎于伊川。言中国之地不宜徙戎狄居之,后将为患也。

赞曰:金行气刚,播生西羌。氐豪分种,遂用殷强。虔刘陇北,假僭泾阳。①朝劳内谋,兵愈外攘。②

①泾阳,县,属安定郡。

②愈,疾亟也,音白拜反。

【校勘记】

〔一〕西北〔接〕鄯善车师诸国　据通志补。

〔二〕金(玉)〔王〕之域　据汲本改,与今本素问合。

〔三〕帝武乙即武丁(五)〔三〕代孙　按:武丁子为祖庚,祖庚弟为祖甲,祖甲子为廪辛,廪辛弟为庚丁,庚丁子为武乙,则武乙乃武丁三世孙,"五"当作"三",各本皆未正,今改。

〔四〕西落鬼戎　按:"戎"原误"成",径改正。

〔5〕太丁武(丁)〔乙〕子也 据殿本、集解本改。按:殿本考证王会汾谓武丁三世孙为武乙,武乙子为太丁,诸本俱误,今改正。

〔6〕晋人败北戎于汾隰 按:王念孙读书杂志馀编谓汾隰谓汾水旁下泾之地,李注以为二水名,非也。并举左桓三年"逐翼侯于汾隰",杜注"汾隰,汾水边"为证。今依王说标点,"隰"字不加标号,"汾"与"隰"之间不加顿号。

〔7〕单浮馀(国)〔围〕蛮氏 按:左传哀公四年"单浮馀围蛮氏"。"围"作"国",形近而讹,各本皆未正,今据改。

〔8〕事并见左传僖公十(二)〔一〕年 据汲本改。

〔9〕事见僖〔公〕二十二年 据殿本补。

〔10〕见左传 按:汲本注末无此三字。又按:注"允姓阴戎之祖"云云,语见左传杜预注。

〔11〕义渠侵秦至渭阴 按:沈家本谓史记表作"渭阳",纪作"渭南"。

〔12〕即厉公二十三年伐也 按:据史记秦本纪及六国年表,"二十三"当"三十三"。

〔13〕事见史记 按"史记"原作"左传"。秦惠王时事不得见于左传,事见史记六国年表,据改。

〔14〕徒泾县名属西河郡 王先谦谓"泾"当作"经"。按:校补引柳从辰说,谓正文所谓"徒泾二十五城",疑即在今甘肃泾州境,非前汉西河郡之徒经。

〔15〕众羌遂还据〔西海〕为寇 据汲本、殿本补。

〔16〕又数遣使驿通动静 按:殿本"驿"作"译"。校补谓通志作"驿",与汲本同,或作"译"者,当是依刘攽说改之耳。然东夷传序"使驿不绝",何义门虽以刘说为正,并未改其字,则此亦不须改字。且译驿古通作,孝经注"越裳重译",释文"译"本作"驿"是也。又按:校补引钱大昭说,谓闽本"通"下有"导"字。

〔17〕属金城郡 按:"郡"原讹"乡",径据殿本、集解本改。

〔18〕故度辽将军吴棠　按:集解引惠栋说,谓袁纪作"吴裳"。

〔19〕迷吾遂与诸众聚兵　按:张森楷校勘记谓诸即是众,不当縄有,疑
"众"字当作"种"。

〔20〕秋号吾先轻入寇陇西界　按:沈家本谓纪在冬十月。

〔21〕狃(忕)〔忕〕边利　据汲本改。注同。

〔22〕纡因自击伏兵起　按:刊误谓案文当云"自击鼓起伏兵"。

〔23〕和帝永元四年　按:集解引钱大昕说,谓上文已有永元元年,此又
举永元,词之赘也。以传例推之,"和帝"二字应移前文"永元元
年"之上。

〔24〕乃遣驿使招呼迷唐　按:汲本、殿本"驿"作"译",下"乃遣驿使搆
离诸种"同。

〔25〕越骑校尉赵代　集解引惠栋说,谓代,赵憙子,和帝纪作"赵世"。
又来历传有侍中赵代,别是一人。

〔26〕累姐种附汉　按:汲本无"种"字,通志同。

〔27〕恃其权勇　通志、通鉴"权"并作"拳",通鉴胡注引毛诗"无拳无
勇"释之。今按:权拳通。

〔28〕户不满数十　按:汲本、殿本"十"并作"千",通志同。

〔29〕先零别种　按:集解引惠栋说,谓通典此下有"归南濠"三字。

〔30〕战于平襄　按:集解引惠栋说,谓"襄"一作"壤"。

〔31〕汉中太守郑勤　按:集解引惠栋说,谓华阳国志"勤"作"廑",晋灼
云廑古勤字。

〔32〕右辅都尉都郿也　按:下"都"字当作"治",此避唐讳改。

〔33〕刺客杜习　按:集解引惠栋说,谓东观记云"故吏杜习"。

〔34〕收金(钱)〔银〕彩帛一亿已上　据汲本、殿本改。

〔35〕杜〔季〕贡亡从滇零　据汲本、殿本补。下同。

〔36〕七年夏骑都尉马贤与侯霸掩击零昌别部牢羌于安定　按:沈家本
谓纪在秋。

〔37〕督右扶风仲光 按:集解引惠栋说,谓东观记作"种光",见段颎传注,袁纪云"扶风太守种暠。"

〔38〕安定太守杜恢 按:集解引惠栋说,谓袁纪云"南安太守杜佐"。

〔39〕光〔等〕并没 校补引钱大昭说,谓闽本"光"下有"等"字。今据补。

〔40〕日行数百 按:通鉴"百"下有"里"字,是,此脱。

〔41〕战于富平〔上〕河(上) 按:殿本考证谓以本纪参校,"河上"应作"上河"。今据改。

〔42〕封遵武阳侯 按:集解引惠栋说,谓邓骘传作"舞阳"。

〔43〕上郡沈氏种羌 按:汲本无"氏"字,通志亦作"沈种羌",安纪则作"沈氏羌"。校补谓"种"字或即"氏"字之误,作"沈氏种羌",乃别增一字矣。

〔44〕大豪饥〔五〕等 据汲本、殿本补。

〔45〕诣凉州刺史宗汉降 按:集解引惠栋说,谓宗汉即宋汉。

〔46〕(鸢)〔鸟〕音爵 按:惠栋谓段颎传云"鸟音爵",通鉴胡注"鸟读曰雀",今据改。

〔47〕马贤亦发陇西吏士及羌胡兵击杀良封 汲本"亦"作"以",通志同。按:校补谓疑皆"因"字之讹。如作"亦",则下当云"击良封杀之",不当云"击杀良封"。

〔48〕良封亲属并诣(实)〔贤〕降 据殿本改。

〔49〕刘秉为凉州刺史 按:集解引惠栋说,谓袁纪"刘秉"作"刘康"。

〔50〕今三君素性疾恶 刊误谓时与二人语,何缘得三,明是"二"字。按:集解引惠栋说,谓袁纪作"二君"。

〔51〕又于扶风汉阳陇道作坞壁三百所 按:校补引钱大昭说,谓本纪作"令扶风、汉阳筑陇道坞三百所",据此则"作"字当在"陇道"上。

〔52〕武威太守赵冲 按:"冲"原作"冲",径据汲本改,下同。

〔53〕罕种羌千馀寇北地 按:集解引惠栋说,谓顺帝纪作"巩唐羌"。

〔54〕三年夏 集解引惠栋说,谓帝纪"二年夏四月"。按:张森楷谓汉安三年夏四月改元建康,未改以前,得称"三年",然不得有"夏","三"当依帝纪作"二"。

〔55〕邰阳〔今〕同州县也 据集解引洪亮吉说补。

〔56〕参䜌县名属安定郡 按:校补谓续志参䜌属北地,云故属安定。此在顺帝末年,应已改属,则"安定"当作"北地"。

〔57〕护羌校尉卫瑶 集解引钱大昕说,谓顺帝纪作"卫琚"。按:通鉴亦作"卫琚"。

〔58〕军度〔未〕竟 据汲本、殿本补。

〔59〕鹯阴县名属安定郡 集解引惠栋说,谓前志"鹯阴"作"鹑阴"。按:校补谓续志鹯阴属武威,云故属安定。此在顺帝末年,应已改属,则"安定"当作"武威"。

〔60〕乃与(汉)〔湟〕中羌义从胡北宫伯玉等反 钱大昭云"汉中"当作"湟中"。校补谓钱说是,各本皆失正。今据改。

〔61〕护羌校尉泠徵 集解引惠栋说,谓帝纪"泠"作"伶",古文泠伶通。

〔62〕(毂)〔毂〕马扬埃 据汲本改。

〔63〕燔破赍积 按:汲本、殿本"赍"讹"觜"。李慈铭谓当作"燔赍破积",破赍二字误倒。

〔64〕于是诸将郑鹭 按:李慈铭谓"邓鹭"当是"邓遵"。鹭出师不久即还,且非诸将伍也。

〔65〕(当)煎〔当〕作寇 据集解引惠栋说改。

〔66〕右属(橐)〔囊〕鞬 据汲本、殿本改。

〔67〕纣作象箸 按:"箸"原讹"著",径改正。注同。

后汉书卷八十八

西域传第七十八

武帝时，西域内属，有三十六国。汉为置使者、校尉领护之。①
宣帝改曰都护。②元帝又置戊己二校尉，屯田于车师前王庭。③哀
平间，自相分割为五十五国。王莽篡位，贬易侯王，由是西域怨
叛，④与中国遂绝，并复役属匈奴。匈奴敛税重刻，诸国不堪命，建
武中，皆遣使求内属，愿请都护。光武以天下初定，未遑外事，竟不
许之。会匈奴衰弱，莎车王贤诛灭诸国，贤死之后，遂更相攻伐。
小宛、精绝、戎庐、且末为鄯善所并。⑤渠勒、皮山为于寘所统，悉有
其地。郁立、单桓、孤胡、[1]乌贪訾离为车师所灭。后其国并复立。
永平中，北虏乃胁诸国共寇河西郡县，城门昼闭。十六年，明帝乃
命将帅，北征匈奴，取伊吾卢地，⑥置宜禾都尉以屯田，遂通西域，
于寘诸国皆遣子入侍。西域自绝六十五载，乃复通焉。明年，始置
都护、戊己校尉。及明帝崩，焉耆、龟兹⑦攻没都护陈睦，[2]悉覆其

众,匈奴、车师围戊己校尉。建初元年春,酒泉太守段彭大破车师于交河城。章帝不欲疲敝中国以事夷狄,乃迎还戊己校尉,不复遣都护。二年,复罢屯田伊吾,匈奴因遣兵守伊吾地。时军司马班超留于窴,绥集诸国。和帝永元元年,大将军窦宪大破匈奴。二年,宪因遣副校尉阎槃[3]将二千馀骑掩击伊吾,破之。三年,班超遂定西域,因以超为都护,居龟兹。复置戊己校尉,领兵五百人,居车师前部高昌壁,又置戊部候,居车师后部候城,相去五百里。六年,班超复击破焉耆,于是五十馀国悉纳质内属。其条支、安息诸国至于海濒四万里外,皆重译贡献。九年,班超遣掾甘英穷临西海而还。⑧皆前世所不至,山经所未详,莫不备其风土,传其珍怪焉。于是远国蒙奇、兜勒皆来归服,遣使贡献。

①前书曰,自李广利征讨大宛之后,屯田渠犁,置使者领护营田,以供使外国也。

②宣帝时,郑吉以侍郎田渠犁,发兵攻车师,迁卫司马,使护鄯善以西南道。其后匈奴日逐王降吉,汉以吉前破车师,后降日逐,遂并令护车师以西北道,号曰都护。都护之置,始自于吉也。

③汉官仪曰:"戊己中央,镇覆四方,又开渠播种,以为厌胜,故称戊己焉。"车师有前王、后王国也。

④前书曰,莽即位,改匈奴单于印玺为章,和亲遂绝,西域亦瓦解焉。

⑤且音子余反。

⑥在今伊州伊吾县也。

⑦龟兹读曰丘慈,下并同。

⑧续汉书"甘英"作"甘菟"。

及孝和晏驾,西域背畔。安帝永初元年,频攻围都护任尚、段禧等,①朝廷以其险远,难相应赴,诏罢都护。自此遂弃西域。北匈奴即复收属诸国，共为边寇十馀岁。敦煌太守曹宗患其暴害，元初六年，乃上遣行长史索班，将千馀人屯伊吾以招抚之，于是车师前王及鄯善王来降。数月，北匈奴复率车师后部王共攻没班等，遂击走其前王。鄯善逼急，求救于曹宗，[4]宗因此请出兵击匈奴，报索班之耻，复欲进取西域。邓太后不许，但令置护西域副校尉，居敦煌，复部营兵三百人，羁縻而已。其后北虏连与车师入寇河西，朝廷不能禁，议者因欲闭玉门、阳关，以绝其患。②

①禧音喜基反。

②玉门、阳关，二关名也，在敦煌西界。

延光二年，敦煌太守张珰上书陈三策，以为“北虏呼衍王常展转蒲类、秦海之间，①专制西域，共为寇钞。今以酒泉属国吏士二千馀人集昆仑塞，②先击呼衍王，绝其根本，因发鄯善兵五千人胁车师后部，此上计也。若不能出兵，可置军司马，将士五百人，四郡供其犁牛、穀食，出据柳中，此中计也。③如又不能，则宜弃交河城，收鄯善等悉使入塞，此下计也”。朝廷下其议。尚书陈忠上疏曰：“臣闻八蛮之寇，莫甚北虏。汉兴，高祖窘平城之围，太宗屈供奉之耻。④故孝武愤怒，深惟久长之计，命遣虎臣，浮河绝漠，穷破虏庭。⑤当斯之役，黔首陨于狼望之北，财币縻于卢山之壑，⑥[5]府库单竭，杼柚空虚，筹至舟车，赀及六畜，⑦夫岂不怀，虑久故也。⑧遂开河西四郡，以隔绝南羌，⑨收三十六国，断匈奴右臂。是以单于孤特，鼠窜远藏。至于宣、元之世，遂备蕃臣，⑩关徼不闭，羽檄不行。由此察之，[6]戎狄可以威服，难以化狎。西域内附日久，区区东望扣关[7]者数矣，此其不乐匈奴慕汉之效也。今北虏已破车师，势必南攻鄯善，弃而不救，则诸国从矣。若然，则虏财贿益增，胆埶

2341

益殖,⑪威临南羌,与之交连。如此,河西四郡危矣。河西既危,不得不救,则百倍之役兴,不訾之费发矣。议者但念西域绝远,恤之烦费,不见先世苦心勤劳之意也。方今边境守御之具不精,内郡武卫之备不脩,敦煌孤危,远来告急,复不辅助,内无以慰劳吏民,外无以威示百蛮。蹙国减土,经有明诫。⑫臣以为敦煌宜置校尉,案旧增四郡屯兵,以西抚诸国。庶足折衝万里,震怖匈奴。"⑬帝纳之,乃以班勇⑭为西域长史,将弛刑士五百人,西屯柳中。勇遂破平车师。自建武至于延光,西域三绝三通。顺帝永建二年,勇复击降焉耆。于是龟兹、疏勒、于寘、莎车等十七国皆来服从,而乌孙、葱领已西遂绝。六年,帝以伊吾旧膏腴之地,傍近西域,匈奴资之,以为钞暴,复令开设屯田如永元时事,置伊吾司马一人。自阳嘉以后,朝威稍损,诸国骄放,转相陵伐。元嘉二年,长史王敬为于寘所没。永兴元年,车师后王复反攻屯营。虽有降首,⑮曾莫惩革,自此浸以疏慢矣。班固记诸国风土人俗,皆已详备前书。今撰建武以后其事异于先者,以为西域传,皆安帝末班勇所记云。

①大秦国在西海西,故曰秦海也。

②前书敦煌郡广至县有昆仑障也,宜禾都尉居也。[8]广至故城在今瓜州常乐县东。

③武帝初置酒泉、武威、张掖、敦煌,列四郡,据两关焉。柳中,今西州县也。

④窘,困也。高帝自击匈奴至平城,为冒顿单于围于白登,七日乃得解。太宗,文帝也。贾谊上疏曰:"匈奴嫚侮侵掠,而汉岁致金絮缯彩以奉之。夷狄征令,〔是〕人主之操。[9]天子供贡,是臣下之礼。"故云耻也。

⑤沙土曰漠,直度曰绝也。

⑥狼望,匈奴中地名也。前书杨雄曰:"前代岂乐无量之费,快心于狼望

之北,填卢山之壑,而不悔也。"

⑦武帝时国用不足,算至车舟,租及六畜,言皆计其所得以出算。轺车一算,商贾车二算,船五丈以上一算。六畜无文。以此言之,无物不算。

⑧怀,思也。

⑨前书云起敦煌、酒泉、张掖,以隔婼羌,裂匈奴之右臂也。

⑩宣帝、元帝时,呼韩邪单于数入朝,称臣奉贡。

⑪殖,生也。

⑫毛诗曰"昔先王受命,有如邵公,日辟国百里,今也日蹙国百里"也。

⑬淮南子曰"脩政于庙堂之上,而折衝千里之外"也。

⑭班勇,班超之子。

⑮首犹服也,音式救反。

西域内属诸国,东西六千馀里,南北千馀里,东极玉门、阳关,西至葱领。其东北与匈奴、乌孙相接。南北有大山,中央有河。其南山东出金城,与汉南山属焉。其河有两源,一出葱领东流,①一出于寘南山下北流,与葱领河合,东注蒲昌海。蒲昌海一名盐泽,去玉门三百馀里。[10]

①葱领,山名也。西河旧事云:"其山高大,生葱,故名。"

自敦煌西出玉门、阳关,涉鄯善,北通伊吾千馀里,[11]自伊吾北通车师前部高昌壁千二百里,自高昌壁北通后部金满城[12]五百里。此其西域之门户也,故戊己校尉更互屯焉。伊吾地宜五穀、桑麻、蒲萄。其北又有柳中,皆膏腴之地。故汉常与匈奴争车师、伊吾,以制西域焉。

自鄯善踰葱领出西诸国,有两道。傍南山北,陂河西行①至莎车,为南道。南道西踰葱领,则出大月氏、安息之国也。自车师前王庭随北山,陂河西行至疏勒,为北道。北道西踰葱领,出大宛、康居、奄蔡焉(耆)。[13]

①循河曰陂,音彼义反。次下亦同。史记曰:"陂山通道。"

出玉门,经鄯善、且末、精绝三千馀里至拘弥。[14]

拘弥国居宁弥城,去长史所居柳中四千九百里,①去洛阳万二千八百里。领户二千一百七十三,口七千二百五十一,胜兵千七百六十人。

①续汉书曰:"宁弥国王本名拘弥。"

顺帝永建四年,于寘王放前杀拘弥王兴,自立其子为拘弥王,而遣使者贡献于汉。敦煌太守徐由[15]上求讨之,帝赦于寘罪,令归拘弥国,放前不肯。阳嘉元年,徐由遣疏勒王臣槃发二万人击于寘,破之,斩首数百级,放兵大掠,更立兴宗人成国为拘弥王而还。至灵帝熹平四年,于寘王安国攻拘弥,大破之,杀其王,死者甚众,戊己校尉、西域长史各发兵辅立拘弥侍子定兴为王。时人众裁有千口。其国西接于寘三百九十里。

于寘国居西城,去长史所居五千三百里,去洛阳万一千七百里。领户三万二千,口八万三千,胜兵三万馀人。[16]

建武末,莎车王贤强盛,攻并于寘,徙其王俞林为骊归王。明帝永平中,于寘将休莫霸反莎车,自立为于寘王。休莫霸死,兄子广德立,后遂灭莎车,其国转盛。从精绝西北至疏勒十三国皆服从。而鄯善王亦始强盛。自是南道自葱领以东,唯此二国为大。

顺帝永建六年，于寘王放前遣侍子诣阙贡献。元嘉元年，长史赵评在于寘病痈死，评子迎丧，道经拘弥。拘弥王成国与于寘王建素有隙，乃语评子云："于寘王令胡医持毒药著创中，故致死耳。"评子信之，还入塞，以告敦煌太守马达。明年，以王敬代为长史，达令敬隐覈其事。敬先过拘弥，成国复说云："于寘国人欲以我为王，今可因此罪诛建，于寘必服矣。"敬贪立功名，且受成国之说，前到于寘，设供具请建，而阴图之。或以敬谋告建，建不信，曰："我无罪，王长史何为欲杀我？"旦日，建从官属数十人诣敬。坐定，建起行酒，敬叱左右执之，吏士并无杀建意，官属悉得突走。时成国主簿秦牧随敬在会，持刀出曰："大事已定，何为复疑？"即前斩建。于寘侯将输僰等遂会兵攻敬，敬持建头上楼宣告曰："天子使我诛建耳。"于寘侯将遂焚营舍，烧杀吏士，上楼斩敬，悬首于市。输僰欲自立为王，国人杀之，而立建子安国焉。马达闻之，欲将诸郡兵出塞击于寘，桓帝不听，征达还，而以宋亮代为敦煌太守。亮到，开募于寘，令自斩输僰。时输僰死已经月，乃断死人头送敦煌，而不言其状。亮后知其诈，而竟不能出兵。于寘恃此遂骄。

自于寘经皮山，至西夜、子合、德若焉。

西夜国一名漂沙，去洛阳万四千四百里。户二千五百，口万馀，胜兵三千人。地生白草，有毒，国人煎以为药，傅箭镞，所中即死。汉书中误云西夜、子合是一国，[17]今各自有王。①

①前书云西夜国王号子合王。

子合国居呼鞬谷。①[18]去疏勒千里。领户三百五十，口四千，胜兵千人。

①鞬音九言反。

德若国领户百馀,口六百七十,胜兵三百五十人。东去长史居
三千五百三十里,去洛阳万二千一百五十里,与子合相接。其俗
皆同。

自皮山西南经乌秅,①[19] 涉悬度,历罽宾,六十馀日行至乌弋
山离国,地方数千里,时改名排持。

①前书音义音鹥挈。又云:"乌音一加反,秅音直加反,急言之如鹥挈
(反)〔也〕。"[20]

复西南马行百馀日至条支。

条支国城在山上,周回四十馀里。临西海,海水曲环其南及东
北,三面路绝,唯西北隅通陆道。土地暑湿,出师子、犀牛、封牛、孔
雀、大雀。大雀其卵如瓮。

转北而东,复马行六十馀日至安息。后役属条支,为置大将,
监领诸小城焉。

安息国居和椟城,去洛阳二万五千里。北与康居接,南与乌弋
山离接。地方数千里,小城数百,户口胜兵最为殷盛。其东界木鹿
城,号为小安息,去洛阳二万里。

章帝章和元年,遣使献师子、符拔。符拔形似麟而无角。和帝
永元九年,都护班超遣甘英使大秦,抵条支。临大海欲度,而安息
西界船人谓英曰:"海水广大,往来者逢善风三月乃得度,若遇迟
风,亦有二岁者,故入海人皆赍三岁粮。海中善使人思土恋慕,数
有死亡者。[21]"英闻之乃止。十三年,安息王满屈复献师子及条支

大鸟,时谓之安息雀。

自安息西行三千四百里至阿蛮国。从阿蛮西行三千六百里至斯宾国。从斯宾南行度河,又西南至于罗国九百六十里,安息西界极矣。自此南乘海,乃通大秦。其土多海西珍奇异物焉。

大秦国一名犁鞬,[22]以在海西,亦云海西国。地方数千里,有四百馀城。小国役属者数十。以石为城郭。列置邮亭,皆垩塈之。① 有松柏诸木百草。人俗力田作,多种树蚕桑。皆髡头而衣文绣,乘辎軿白盖小车,出入击鼓,建旌旗幡帜。

① 塈,饰也,音火既反。郭璞曰:"垩,白土也,音恶。"

所居城邑,周圜百馀里。城中有五宫,相去各十里。宫室皆以水精为柱,食器亦然。其王日游一宫,听事五日而后徧。常使一人持囊随王车,人有言事者,即以书投囊中,王至宫发省,理其枉直。各有官曹文书。置三十六将,皆会议国事。其王无有常人,皆简立贤者。国中灾异及风雨不时,辄废而更立,受放者甘黜不怨。其人民皆长大平正,有类中国,故谓之大秦。

土多金银奇宝,有夜光璧、明月珠、骇鸡犀、①珊瑚、虎魄、琉璃、琅玕、朱丹、青碧。刺金缕绣,织成金缕罽、杂色绫。作黄金涂、火浣布。又有细布,或言水羊毳,野蚕茧所作也。合会诸香,煎其汁以为苏合。凡外国诸珍异皆出焉。

① 沖朴子曰:"通天犀有一白理如綖者,以盛米,置群鸡中,鸡欲往啄米,至辄惊却,故南人名为'骇鸡'。"

以金银为钱,银钱十当金钱一。与安息、天竺交市于海中,利有十倍。其人质直,市无二价。穀食常贱,国用富饶。邻国使到其界首者,乘驿诣王都,至则给以金钱。其王常欲通使于汉,而安息欲以汉缯彩与之交市,故遮阂不得自达。①至桓帝延熹九年,大秦王安敦[23]遣使自日南徼外献象牙、犀角、玳瑁,始乃一通焉。其所表贡,并无珍异,疑传者过焉。

①阂音五代反。

或云其国西有弱水、流沙,近西王母所居处,几于日所入也。汉书云“从条支西行二百馀日,近日所入”,则与今书异矣。前世汉使皆自乌弋以还,莫有至条支者也。又云“从安息陆道绕海北行出海西至大秦,人庶连属,十里一亭,三十里一置,①终无盗贼寇警。而道多猛虎、师子,遮害行旅,不百馀人,赍兵器,辄为所食”。又言“有飞桥数百里可度海北”。诸国所生奇异玉石诸物,谲怪多不经,故不记云。②

①置,驿也。
②鱼豢魏略曰:“大秦国俗多奇幻,口中出火,自缚自解,跳十二丸,巧妙非常。”

大月氏国①居蓝氏城,②西接安息,四十九日行,东去长史所居六千五百三十七里,去洛阳万六千三百七十里。户十万,口四十万,胜兵十馀万人。

①氏音支。下并同。
②前书“蓝氏”作“监氏”。

初,月氏为匈奴所灭,遂迁于大夏,分其国为休密、双靡、贵霜、肸顿、都密,凡五部翕侯。后百馀岁,贵霜翕侯丘就郤攻灭四翕侯,自立为王,国号贵霜(王)。[24]侵安息,取高附地。又灭濮达、罽宾,悉有其国。丘就郤年八十馀死,子阎膏珍代为王。复灭天竺,置将一人监领之。月氏自此之后，最为富盛，诸国称之皆曰贵霜王。汉本其故号，言大月氏云。

高附国在大月氏西南，亦大国也。其俗似天竺，而弱，易服。善贾贩，内富于财。所属无常，天兰、罽宾、安息三国强则得之，弱则失之，而未尝属月氏。汉书以为五翎侯数，非其实也。后属安息。及月氏破安息，始得高附。

天竺国一名身毒，在月氏之东南数千里。俗与月氏同，而卑湿暑热。其国临大水。乘象而战。其人弱于月氏，俏浮图道，不杀伐，遂以成俗。① 从月氏、高附国以西，南至西海，东至磐起国，[25] 皆身毒之地。身毒有别城数百，城置长。别国数十，国置王。虽各小异，而俱以身毒为名，其时皆属月氏。月氏杀其王而置将，令统其人。土出象、犀、玳瑁、金、银、铜、铁、铅、锡，西与大秦通，有大秦珍物。又有细布、好罽毹、②诸香、石蜜、胡椒、姜、黑盐。

①浮图即佛也。

②罽音它阗反。毹音登。埤苍曰："毛席也。"释名曰："施之承大床前小榻上，登以上床也。"

和帝时，数遣使贡献，后西域反畔，乃绝。至桓帝延熹二年、四年，频从日南徼外来献。

世传明帝梦见金人，长大，顶有光明，以问群臣。或曰："西方有神，名曰佛，其形长丈六尺而黄金色。"帝于是遣使天竺问佛道法，遂于中国图画形像焉。楚王英始信其术，中国因此颇有奉其道者。后桓帝好神，数祀浮图、老子，百姓稍有奉者，后遂转盛。

2349

东离国[26]居沙奇城,在天竺东南三千馀里,大国也。其土气、物类与天竺同。列城数十,[27]皆称王。大月氏伐之,遂臣服焉。男女皆长八尺,而怯弱。乘象、骆驼,往来邻国。有寇,乘象以战。

栗弋国属康居。出名马牛羊、蒲萄众果,其土水美,故蒲萄酒特有名焉。

严国在奄蔡北,属康居,出鼠皮以输之。

奄蔡国改名阿兰聊国,居地城,属康居。土气温和,多桢松、白草。①民俗衣服与康居同。

①前书音义曰:"白草,草之白者。"又云:"似莠而细,熟时正白,牛马所食焉。"

莎车国西经蒲犁、无雷至大月氏,东去洛阳万九百五十里。

匈奴单于因王莽之乱,略有西域,唯莎车王延最强,不肯附属。元帝时,尝为侍子,长于京师,慕乐中国,亦复参其典法。常敕诸子,当世奉汉家,不可负也。天凤五年,延死,谥忠武王,子康代立。

光武初,康率傍国拒匈奴,拥卫故都护吏士妻子千馀口,檄书河西,问中国动静,自陈思慕汉家。建武五年,河西大将军窦融乃承制立康为汉莎车建功怀德王、西域大都尉,五十五国皆属焉。

九年,康死,谥宣成王。弟贤代立,攻破拘弥、西夜国,皆杀其王,而立其兄康两子为拘弥、西夜王。十四年,贤与鄯善王安并遣使诣阙贡献,于是西域始通。葱领以东诸国皆属贤。十七年,贤复遣使奉献,请都护。天子以问大司空窦融,以为贤父子兄弟相约事汉,款诚又至,宜加号位以镇安之。帝乃因其使,赐贤西域都护印绶,及车旗黄金锦绣。敦煌太守裴遵上言:"夷狄不可假以大权,又令诸国失望。"诏书收还都护印绶,更赐贤以汉大将军印绶。其使不肯易,遵迫夺之,贤由是始恨。而犹诈称大都护,移书诸国,诸国悉服属焉,号贤为单于。贤浸以骄横,重求赋税,数攻龟兹诸国,诸国愁惧。

二十一年冬,车师前王、鄯善、焉耆等十八国俱遣子入侍,献其珍宝。及得见,皆流涕稽首,愿得都护,天子以中国初定,北边未服,皆还其侍子,厚赏赐之。是时贤自负兵强,欲并兼西域,攻击益甚。诸国闻都护不出,而侍子皆还,大忧恐,乃与敦煌太守檄,愿留侍子以示莎车,言侍子见留,都护寻出,冀且息其兵。裴遵以状闻,天子许之。二十二年,贤知都护不至,遂遣鄯善王安书,令绝通汉道。安不纳而杀其使。贤大怒,发兵攻鄯善。安迎战,兵败,亡入山中。贤杀略千馀人而去。其冬,贤复攻杀龟兹王,遂兼其国。鄯善、焉耆诸国侍子久留敦煌,愁思,皆亡归。鄯善王上书,愿复遣子入侍,更请都护。都护不出,诚迫于匈奴。天子报曰:"今使者大兵未能得出,如诸国力不从心,东西南北自在也。"〔28〕于是鄯善、车师复附匈奴,而贤益横。

妫塞王自以国远,遂杀贤使者,贤击灭之,立其国贵人驷鞬为妫塞王。贤又自立其子则罗为龟兹王。贤以则罗年少,乃分龟兹为乌垒国,徙驷鞬为乌垒王,又更以贵人为妫塞王。数岁,龟兹国人共杀则罗、驷鞬,而遣使匈奴,更请立王。匈奴立龟兹贵人身毒为龟兹王,龟兹由是属匈奴。

贤以大宛贡税减少。自将诸国兵数万人攻大宛,大宛王延留迎降，贤因将还国，徙拘弥王桥塞提为大宛王。而康居数攻之，桥塞提在国岁馀，亡归，贤复以为拘弥王，而遣延留还大宛，使贡献如常。贤又徙于阗王俞林为骊归王，立其弟位侍为于寘王。岁馀，贤疑诸国欲畔，召位侍及拘弥、姑墨、子合王，尽杀之，不复置王，但遣将镇守其国。位侍子戎亡降汉，封为守节侯。

莎车将君得在于寘暴虐，百姓患之。明帝永平三年，其大人都末出城，见野豕，欲射之。[29]豕乃言曰："无射我，[30]我乃为汝杀君得。"都末因此即与兄弟共杀君得。而大人休莫霸复与汉人韩融等杀都末兄弟，自立为于寘王，复与拘弥国人攻杀莎车将在皮山者，引兵归。于是贤遣其太子、国相，将诸国兵二万人击休莫霸，霸迎与战，莎车兵败走，杀万馀人。贤复发诸国数万人，自将击休莫霸，霸复破之，斩杀过半，贤脱身走归国。休莫霸进围莎车，中流矢死，兵乃退。

于寘国相苏榆勒等共立休莫霸兄子广德为王。匈奴与龟兹诸国共攻莎车，不能下。广德承莎车之敝，使弟辅国侯仁将兵攻贤。贤连被兵革，乃遣使与广德和。先是广德父拘在莎车数岁，于是贤归其父，而以女妻之，结为昆弟，广德引兵去。明年，莎车相且运等①患贤骄暴，密谋反城降于寘。②于寘王广德乃将诸国兵三万人攻莎车。贤城守，使使谓广德曰："我还汝父，与汝妇，汝来击我何为？"广德曰："王，我妇父也，久不相见，愿各从两人会城外结盟。"贤以问且运，且运曰："广德女婿至亲，宜出见之。"贤乃轻出，广德遂执贤。而且运等因内于寘兵，虏贤妻子而并其国。锁贤将归，岁馀杀之。

①且音子余反。下同。

②反音番。

匈奴闻广德灭莎车,遣五将发焉耆、尉黎、^[31]龟兹十五国兵三万馀人围于窴,广德乞降,以其太子为质,约岁给罽絮。冬,匈奴复遣兵将贤质子不居徵立为莎车王,广德又攻杀之,更立其弟齐黎为莎车王,章帝元和三年〔也〕。^[32]时长史班超发诸国兵击莎车,大破之,由是遂降汉。事已具班超传。

莎车东北至疏勒。^[33]

疏勒国去长史所居五千里,去洛阳万三百里。领户二万一千,^[34]胜兵三万馀人。

明帝永平十六年,龟兹王建攻杀疏勒王成,自以龟兹左侯^[35]兜题为疏勒王。冬,汉遣军司马班超劫缚兜题,而立成之兄子忠为疏勒王。忠后反畔,超击斩之。事已具超传。

安帝元初中,疏勒王安国以舅臣磐有罪,徙于月氏,月氏王亲爱之。后安国死,无子,母持国政,与国人共立臣磐同产弟子遗腹为疏勒王。臣磐闻之,请月氏王曰:"安国无子,种人微弱,若立母氏,我乃遗腹叔父也,我当为王。"月氏乃遣兵送还疏勒。国人素敬爱臣磐,又畏惮月氏,即共夺遗腹印绶,迎臣磐立为王,更以遗腹为磐槁城侯。后莎车〔连〕畔于窴,^[36]属疏勒,疏勒以强,故得与龟兹、于窴为敌国焉。

顺帝永建二年,臣磐遣使奉献,帝拜臣磐为汉大都尉,兄子臣勋为守国司马。五年,臣磐遣侍子与大宛、莎车使俱诣阙贡献。阳嘉二年,臣磐复献师子、封牛。至灵帝建宁元年,疏勒王汉大都尉于猎中为其季父和得所射杀,和得自立为王。(五)〔三〕年,^[37]凉州刺史孟佗遣从事任涉将敦煌兵五百人,与戊(己)〔己〕司马曹宽^[38]、西域长史张晏,将焉耆、龟兹、车师前后部,合三万馀人,讨疏勒,攻桢中城,四十馀日不能下,引去。其后疏勒王连相杀害,朝廷亦不能禁。

东北经尉头、温宿、姑墨、龟兹至焉耆。

焉耆国王居南河城,[39]北去长史所居八百里,东去洛阳八千二百里。户万五千,口五万二千,胜兵二万馀人。其国四面有大山,与龟兹相连,道险厄易守。有海水曲入四山之内,周匝其城三十馀里。

永平末,焉耆与龟兹共攻没都护陈睦、副校尉郭恂,杀吏士二千馀人。至永元六年,都护班超发诸国兵讨焉耆、危须、尉黎、山国,遂斩焉耆、尉黎二王首,传送京师,县蛮夷邸。①超乃立焉耆左(侯)〔候〕元孟为王,[40]尉黎、危须、山国皆更立其王。至安帝时,西域背畔。延光中,超子勇为西域长史,复讨定诸国。元孟与尉黎、危须不降。永建二年,勇与敦煌太守张朗击破之,元孟乃遣子诣阙贡献。

①蛮夷皆置邸以居之,若今鸿胪寺也。

蒲类国居天山西疏榆谷,东南去长史所居千二百九十里,去洛阳万四百九十里。户八百馀,口二千馀,胜兵七百馀人。庐帐而居,逐水草,颇知田作。有牛、马、骆驼、羊畜。能作弓矢。国出好马。

蒲类本大国也,前西域属匈奴,而其王得罪单于,单于怒,徙蒲类人六千馀口,内之匈奴右部阿恶地,因号曰阿恶国。南去车师后部马行九十馀日。人口贫羸,逃亡山谷间,故留为国云。

移支国居蒲类地。户千馀,口三千馀,胜兵千馀人。其人勇猛敢战,以寇钞为事。皆被发,随畜逐水草,不知田作。所出皆与蒲类同。

东且弥国东去长史所居八百里,去洛阳九千二百五十里。户三千馀,口五千馀,胜兵二千馀人。庐帐居,逐水草,颇田作。其所出有亦与蒲类同。所居无常。

车师前王居交河城。河水分流绕城,故号交河。去长史所居柳中八十里,东去洛阳九千一百二十里。领户千五百馀,口四千馀,胜兵二千人。

后王居务涂谷,去长史所居五百里,去洛阳九千六百二十里。领户四千馀,口万五千馀,胜兵三千馀人。

前后部及东且弥、卑陆、蒲类、移支,是为车师六国,北与匈奴接。前部西通焉耆北道,后部西通乌孙。

建武二十一年,与鄯善、焉耆遣子入侍,光武遣还之,乃附属匈奴。明帝永平十六年,汉取伊吾卢,通西域,车师始复内属。匈奴遣兵击之,复降北房。和帝永元二年,大将军窦宪破北匈奴,车师震慑,前后王各遣子奉贡入侍,并赐印绶金帛。八年,戊己校尉索颇欲废后部王涿鞮,立破房侯细致。涿鞮忿前王尉卑大卖己,[41]因反击尉卑大,获其妻子。明年,汉遣将兵长史王林,发凉州六郡兵及羌(房)胡二万馀人,[42]以讨涿鞮,[43]获首房千馀人。涿鞮入北匈奴,汉军追击,斩之,立涿鞮弟农奇为王。至永宁元年,后王军就及母沙麻反畔,杀后部司马及敦煌行事。[①]至安帝延光四年,长史班勇击军就,大破,斩之。

①司马即属戊校尉所统也。和帝时,置戊己校尉,镇车师后部。行事谓前行长史索班。

顺帝永建元年,勇率后王农奇子加特奴及八滑等,发精兵击北虏呼衍王,破之。勇于是上立加特奴为后王,八滑为后部亲汉侯。阳嘉三年夏,车师后部司马率加特奴等千五百人,掩击北匈奴于阊吾陆谷,坏其庐落,斩数百级,获单于母、季母及妇女数百人,[①]牛羊十馀万头,车千馀两,兵器什物甚众。四年春,北匈奴呼衍王率兵侵后部,帝以车师六国接近北虏,为西域蔽扞,乃令敦煌太守发诸国兵,及玉门关候、伊吾司马,合六千三百骑救之,掩击北虏于勒山,汉军不利。秋,呼衍王复将二千人攻后部,破之。桓帝元嘉元年,呼衍王将三千馀骑寇伊吾,伊吾司马毛恺遣兵五百人于蒲类海东与呼衍王战,悉为所没,呼衍王遂攻伊吾屯城。夏,遣敦煌太守司马达[44]将敦煌、酒泉、张掖属国吏士四千馀人救之,出塞至蒲类海,呼衍王闻而引去,汉军无功而还。

①季母,叔母也。

永兴元年,车师后部王阿罗多与戊部候严皓不相得,遂忿戾反畔,攻围汉屯田且固城,杀伤吏士。后部候炭遮领馀人畔阿罗多诣汉吏降。阿罗多迫急,将其母妻子从百馀骑亡走北匈奴中,敦煌太守宋亮上立后部故王军就质子卑君为后部王。后阿罗多复从匈奴中还,与卑君争国,颇收其国人。戊校尉阎详虑其招引北虏,将乱西域,乃开信告示,许复为王,阿罗多乃诣详降。于是收夺所赐卑君印绶,更立阿罗多为王,仍将卑君还敦煌,以后部人三百帐别属役之,食其税。帐者,犹中国之户数也。

论曰:<u>西域</u>风土之载,前古未闻也。<u>汉</u>世<u>张骞</u>怀致远之略,①<u>班超</u>奋封侯之志,②终能立功西遐,羁服外域。自兵威之所肃服,财赂之所怀诱,莫不献方奇,纳爱质,露顶肘行,东向而朝天子。故设戊己之官,分任其事;建都护之帅,总领其权。先驯则赏篜金而赐龟绶,③后服则系头颡而衅北阙。立屯田于膏腴之野,列邮置于要害之路。驰命走驿,[45]不绝于时月;商胡贩客,日款于塞下。其后<u>甘英</u>乃抵<u>条支</u>而历<u>安息</u>,临<u>西海</u>以望<u>大秦</u>,拒<u>玉门</u>、<u>阳关</u>者四万馀里,靡不周尽焉。若其境俗性智之优薄,产载物类之区品,川河领障之基源,气节凉暑之通隔,梯山栈谷绳行沙度之道,身热首痛风灾鬼难之域,④莫不备写情形,审求根实。至于佛道神化,兴自<u>身毒</u>,而二<u>汉</u>方志莫有称焉。<u>张骞</u>但著地多暑湿,乘象而战,<u>班勇</u>虽列其奉浮图,不杀伐,而精文善法导达之功靡所传述。余闻之后说也,其国则殷乎中土,玉烛和气,⑤灵圣之所〔降〕集,[46]贤懿之所挺生,⑥神跡诡怪,则理绝人区,⑦感验明显,则事出天外。⑧而<u>骞</u>、<u>超</u>无闻者,岂其道闭往运,数开叔叶乎? 不然,何诬异之甚也!<u>汉</u>自<u>楚英</u>始盛斋戒之祀,<u>桓帝</u>又脩华盖之饰。将微义未译,而但神明之邪? 详其清心释累之训,空有兼遣之宗,道书之流也。⑨且好仁恶杀,蠲敝崇善,所以贤达君子多爱其法焉。然好大不经,奇谲无已,⑩虽<u>邹衍</u>谈天之辩,<u>庄周</u>蜗角之论,⑪尚未足以概其万一。又精灵起灭,因报相寻,若晓而昧者,故通人多惑焉。⑫盖导俗无方,适物异会,取诸同归,措夫疑说,则人道通矣。

①<u>前书</u><u>张骞</u>,<u>汉中</u>人,为<u>博望侯</u>。<u>武帝</u>时,上言<u>大夏</u>及<u>安息</u>、<u>大宛</u>之属,大国奇物,诚得而以义属之,则地广万里。帝从之。

② 超少时家贫,投笔叹曰:"丈夫当如傅介子、张骞,立功西域,以取封侯,安能久事笔砚乎!"语见超传。

③ 龟谓印文也。汉旧仪曰:"银印皆龟纽,其文刻曰'某官之章'。"

④ 前书杜钦曰:"罽宾本汉所立,杀汉使者,今悔过来顺,使者送至悬度,历大头痛、小头痛之山,赤土身热之阪,临峥嵘不测之深,[47]行者骑步相持,绳索相引。"释法显游天竺记云:"西度流沙,屡有热风恶鬼,过之必死。葱领冬夏有雪。有毒龙,若犯之,则风雨晦冥,飞砂扬砾。(过)〔遇〕此难者,[48]万无一全也。"

⑤ 天竺国记云:"中天竺人殷乐无户籍,耕王地者输地利。又其土和适,无冬夏之异,草木常茂,种田无时节。"尔雅曰:"四时和谓之玉烛。"

⑥ 本行经曰:"释迦菩萨在兜率陁天,为诸天无量无边诸众说法。又观我今何处成道,利益众生。乃观见宜于南阎浮提生有大利益。"又云"谁中与我为父母者。观见宜于天竺刹利种迦毗罗城白净王摩邪夫人,可为父母"。又云"四生之中,何生利益。观见同众生、胎生、我若化生,诸外道等即诽谤我是幻术也。尔时菩萨观己,示同诸天五衰相现。命诸同侣,波斯匿王等诸王中生,皆作国王,与我为檀越。命阿难及诸人等,同生为弟子。命舍利弗等,外道中生我,成道时当受我化,回邪入正。又有无量众生,同随菩萨于天竺受生,多所利益"也。

⑦ 维摩经曰:"以四大海水入一毛孔,不挠鱼鳖等,而彼大海本相如故。又舍利弗住不思议菩萨,断取三千大千国界,如陶家轮著右掌中,掷过恒河沙国界之外,其中众生不觉不知,又复还本处,都不使人有往来相。"

⑧ 涅槃经曰:[49]"阿阇王令醉象蹋佛,佛以慈善根力,舒其五指,遂为五师子见,尔时醉象惶惧而退。又五百群贼劫夺人庶,波斯匿王收捉,剜其两目,弃入坑中。尔时群贼苦痛不已,同时发声念南无佛。陁达摩佛以慈善根力,雪山吹药,令入贼眼,皆悉平复如本。"

⑨ 清心谓忘思虑也。释累谓去贪欲也。不执著为空,执著为有。兼遣

谓不空不有，虚实两忘也。维摩诘云："我及涅槃，此二皆空。"老子云："常无，欲观其妙；常有，欲观其徼。"故曰道书之流也。

⑩维摩经曰："尔时毗邪离有长者子名曰宝积。与五百长者子，俱持七宝盖来诣佛所，头面礼足，各以其盖共供养佛。佛威神力令诸宝盖合成一盖，徧覆三千大千国界诸须弥山，乃至日月星宿，并十方诸佛说法，皆现于宝盖中。"又维摩诘三万二千师子坐，高八万四千由旬，高广严净，来入维摩方丈室，包容无所妨碍。又四大海水入毛孔，须弥山入芥子等也。

⑪史记曰："谈天衍。"刘向别录曰："邹衍之所言五德终始，天地广大，其书言天事，故曰谈天。"庄子曰："有国于蜗之左角者曰触氏，有国于蜗之右角者曰蛮氏，相与争地而战，伏尸数万，逐北旬有五日而后反。"郭璞注尔雅云："蜗牛，音瓜。"谈天言大，蜗角喻小也。

⑫精灵起灭谓生死轮回无穷已。因报相寻谓行有善恶，各缘业报也。

赞曰：邈矣西胡，天之外区。①土物琛丽，人性淫虚。不率华礼，莫有典书。若微神道，何恤何拘。②

①邈，远也，音它狄反。尚书曰："邈矣西土之人。"

②言无神道以制胡人，则匈猛之性，何所忧惧，何所拘忌也。

【校勘记】

〔1〕孤胡 "胡"原作"湖"，径据汲本、殿本改正。按：本卷原本讹字特多，以下凡极明显之讹字，皆径改正，不出校记。

〔2〕都护陈睦 按：集解引惠栋说，谓袁纪作"陈穆"。

〔3〕副校尉阎槃 集解引惠栋说，谓"槃"和纪作"磐"，窦宪传作"盘"，字通。今按：通鉴作"磐"；一本又作"礜"，则形近而讹。

〔4〕求救于曹宗 按：集解引惠栋说，谓通典作"曹崇"。

2359

〔5〕财币縻于卢山之壑　按:王先谦谓"縻"是"糜"之误字,谓腐烂也。

〔6〕由此察之　按:集解引惠栋说,谓"察"一作"观"。

〔7〕东望扣关　按:集解引惠栋说,谓"望"一作"向"。

〔8〕宜禾都尉居也　按:刊误谓"也"当作"之"。

〔9〕〔是〕人主之操　据汲本、殿本补。

〔10〕去玉门三百馀里　按:王先谦谓"玉门"下夺"阳关"二字。"三百
　　馀里"据水经河水注当作"千三百馀里",前、后书皆脱去"千"字。

〔11〕北通伊吾千馀里　按:集解引惠栋说,谓袁纪云"五千里"。

〔12〕金满城　按:集解引惠栋说,谓"满"一作"蒲"。

〔13〕北道西踰葱领出大宛康居奄蔡焉(者)　王先谦谓由疏勒而西为大
　　宛,在大月氏北,亦葱岭西国,其北为康居,为奄蔡,又极西北为条
　　支,是为葱岭西北诸国。焉耆在葱岭东,明"耆"字衍。今据删。

〔14〕至拘弥　按:王先谦谓前书"拘弥"作"杆弥",此更名。

〔15〕敦煌太守徐由　集解引惠栋说,谓续汉志作"徐白"。今按:见续天
　　文志。

〔16〕胜兵三万馀人　按:王先谦谓"万"为"千"之误。前书胜兵二千四
　　百人,新唐书胜兵四千人,后汉时何得独有三万馀。

〔17〕汉书中误云西夜子合是一国　刊误谓"汉"当作"前"。按:如刊误
　　言,则下二九二〇页四行"汉书云"及二九二一页六行"汉书以为"
　　之"汉"字皆当作"前"。

〔18〕子合国居呼鞬谷　按:王先谦谓前书"鞬"作"犍"。

〔19〕自皮山西南经乌秅　"秅"原作"耗",径据前书改正。注同。按:
　　前书刘攽刊误云"秅"当作"耗",耗无拏音,刘说非。

〔20〕急言之如鹦拏(反)〔也〕　据殿本改。

〔21〕海中善使人思土恋慕数有死亡者　按:校补谓通志作"海中善使人
　　悲怀思土,故数有死亡者"。此下复有"若汉使不恋父母妻子者可
　　入"十二字。

〔22〕大秦国一名黎鞬　集解引惠栋说，谓魏略作"黎靬"，案此即前汉黎靬国也。今按：袁纪作"黎靬"。

〔23〕大秦王安敦　按：集解引惠栋说，谓袁纪"安敦"作"安都"。

〔24〕国号贵霜(王)　据刊误删。

〔25〕东至磐起国　按：校补谓通志"起"作"越"。

〔26〕东离国　按：校补谓通志作"车离国"，东车易讹，未详孰是。

〔27〕列城数十　按：校补谓通志"列"作"别"。

〔28〕东西南北自在也　按：王先谦谓疑"在"为"任"之讹，言任所归向也。

〔29〕欲射之　按：类聚九十四引张璠汉纪，"射"作"搏"。

〔30〕无射我　按：类聚九十四、御览九百三引张璠汉纪，"射"并作"杀"。

〔31〕尉黎　按：王先谦谓前书郑吉传作"尉黎"，馀皆作"尉犂"。

〔32〕章帝元和三年〔也〕　据刊误补。

〔33〕莎车东北至疏勒　按：丁谦后汉书西域传地理考证谓前书言西至疏勒，疏勒传作南至莎车，两传互证，则当云西北至疏勒，此作"东北"，误。

〔34〕领户二万一千　按："户"原讹"兵"，径改正。又按：王先谦谓下脱口数。

〔35〕左侯　按：王先谦谓据前书，疏勒但有左右将、左右骑君，而无左侯，此"左侯"疑"左将"之误。若以焉耆传例之，或亦当作"左候"。

〔36〕后莎车〔连〕畔于寘　据汲本、殿本补。按：通志亦有"连"字。

〔37〕(五)〔三〕年　据汲本、殿本改。

〔38〕与戊(己)司马曹宽　据刊误删。按：集解引惠栋说，谓据曹全碑，全字景完，拜西域戊部司马，讨疏勒，无"己"字，与刘说合。王先谦谓其名是"全"，碑有墙证。范去汉二百馀年，而传录文字脱落，完宽字形相似，故"完"误为"宽"也。

〔39〕王居南河城　按:集解引惠栋说,谓前书云治员渠城,袁纪作"河南城"。

〔40〕超乃立焉耆左(侯)〔候〕元孟为王　王先谦谓当据班超传作"候",今据改。

〔41〕涿鞮忿前王尉卑大卖己　集解引惠栋说,谓"尉卑大"通鉴作"尉毕大"。通鉴异字,大要本袁宏纪也。

〔42〕发凉州六郡兵及羌(虏)胡二万馀人　据王先谦说删。按:通志无"虏"字。

〔43〕以讨涿鞮　"鞮"原讹"韃",径改正。

〔44〕敦煌太守司马达　按:张森楷校勘记谓案于阗传无"司"字,疑此衍文。

〔45〕驰命走驿　按:刊误谓"驿"当作"译"。

〔46〕灵圣之所〔降〕集　据汲本、殿本补。

〔47〕临峥嵘不测之深　按:殿本"深"作"渊",校补谓系后人回改。

〔48〕(过)〔遇〕此难者　据刊误改。

〔49〕涅槃经曰　按:涅槃"之"槃"原皆作"盘",径据汲本、殿本改。

后 汉 书 卷 八 十 九

南匈奴列传第七十九

前书直言匈奴传,不言南北,今称南者,明其为北生义也。以南单于向化尤深,故举其顺者以冠之。东观记称匈奴南单于列传,范晔因去其"单于"二字。

南匈奴醢落尸逐鞮单于比者,①呼韩邪单于之孙,②乌珠留若鞮单于之子也。③自呼韩邪后,诸子以次立,至比季父孝单于舆时,[1]以比为右薁鞬日逐王,部领南边及乌桓。④

①醢音火今反。

②前书曰:"单于者,广大之貌也,言其象天单于然也。"呼韩邪即冒顿单于八代孙,虚闾权渠单于〔子〕也,[2]名稽侯狦。狦音山谏反。东观记曰:"单于比,匈奴头曼十八代孙。"臣贤案:头曼即冒顿单于父,自头曼单于至比,父子相承十代,以单于相传乃十八代也。[3]

③匈奴谓孝为若鞮。自呼韩邪单于降后,与汉亲密,见汉帝谥常为孝,慕之。至其子复珠累单于以下皆称若鞮,南单于比以下直称鞮也。

2363

④莫音于六反。鞮音九言反。下并同。

建武初,彭宠反畔于渔阳,单于与共连兵,因复权立卢芳,使入居五原。①光武初,方平诸夏,未遑外事。②至六年,始令归德侯刘飒使匈奴,匈奴亦遣使来献,汉复令中郎将韩统报命,赂遗金币,^[4]以通旧好。③而单于骄踞,自比冒顿,④对使者辞语悖慢,⑤帝待之如初。初,使命常通,而匈奴数与卢芳共侵北边。九年,遣大司马吴汉等击之,经岁无功,而匈奴转盛,钞暴日增。十三年,遂寇河东,州郡不能禁。于是渐徙幽、并边人于常山关、居庸关已东,⑥匈奴左部遂复转居塞内。朝廷患之,增缘边兵郡数千人,大筑亭候,脩烽火。匈奴闻汉购求卢芳,贪得财帛,乃遣芳还降,望得其赏。而芳以自归为功,不称匈奴所遣,单于复耻言其计,故赏遂不行。由是大恨,入寇尤深。二十年,遂至上党、扶风、天水。二十一年冬,复寇上谷、中山,杀略钞掠甚众,^[5]北边无复宁岁。⑦

①东观记:"芳,安定人。属国胡数千畔,在参蛮,芳从之,诈姓刘氏,自称西平王。会匈奴句林王将兵来降参蛮胡,芳因随入匈奴,留数年。单于以中国未定,欲辅立之,遣毋楼且王求入五原,与假号将军李兴等结谋,兴北至单于庭迎芳。芳外倚匈奴,内因兴等,故能广略边郡。"

②遑,暇也。

③旧好谓宣帝、元帝之代与国和亲。

④冒顿,匈奴单于头曼之子也,即夏后氏之苗裔也,其先曰淳维。自淳维至头曼千有馀岁。冒顿当始皇之时,为鸣镝弑头曼,代立,控弦三十馀万,强盛,与诸夏为敌国,踞嫚无礼,窘厄高祖,戏侮吕后。事具前书。

⑤前书:"更始二年冬,遣中郎将归德侯飒、大司马护军陈遵使匈奴,授

单于汉旧制玺绶。单于舆骄,谓遵、飒曰:'匈奴本与汉为兄弟。匈奴中乱,孝宣帝辅立呼韩邪单于,故称臣以尊汉。今汉亦大乱,为王莽篡位,匈奴亦出击莽,空其边境。今天下骚动思汉,莽卒以败而汉复兴,亦我力也,当复尊我。'遵与相定距,单于终持此论。"语词悖慢,即此类也。

⑥前书代郡有常山关,上谷郡居庸县有关。

⑦言缘边之郡无安宁之岁。

初,单于弟右谷蠡王伊屠知牙师①以次当〔为〕左贤王。[6]左贤王即是单于储副。单于欲传其子,遂杀知牙师。知牙师者,王昭君之子也。昭君字嫱,南郡人也。②初,元帝时,以良家子选入掖庭。时呼韩邪来朝,帝敕以宫女五人赐之。昭君入宫数岁,不得见御,积悲怨,乃请掖庭令求行。呼韩邪临辞大会,帝召五女以示之。昭君丰容靓饰,光明汉宫,顾景裴回,竦动左右。帝见大惊,意欲留之,而难于失信,遂与匈奴。生二子。及呼韩邪死,其前阏氏子代立,欲妻之,昭君上书求归,成帝敕令从胡俗,遂复为后单于阏氏焉。

①谷音鹿。蠡音离。
②前书曰:"南郡秭归人。"

比见知牙师被诛,出怨言曰:"以兄弟言之,右谷蠡王次当立;以子言之,我前单于长子,我当立。"遂内怀猜惧,庭会稀阔。单于疑之,乃遣两骨都侯监领比所部兵。二十二年,单于舆死,子左贤王乌达鞮侯立为单于。复死,弟左贤王蒲奴立为单于。比不得立,既怀愤恨。而匈奴中连年旱蝗,亦地数千里,草木尽枯,人畜饥疫,死耗太半。①单于畏汉乘其敝,乃遣使诣渔阳求和亲。于是遣中郎将李茂报命。而比密遣汉人郭衡奉匈奴地图,二十三年,诣西河太守求内附。两骨都侯颇觉其意,会五月龙祠,②因白单于,言莫鞬日逐凤来欲为不善,若不诛,且乱国。时比弟渐将王在单于帐下,[7]闻之,驰以报比。比惧,遂敛所主南边八部众四五万人,待两骨都侯还,欲杀之。骨都侯且到,知其谋,皆轻骑亡去,以告单于。单于遣万骑击之,见比众盛,不敢进而还。

①三分损二为太半。

②前书曰:"匈奴法,岁正月诸长小会单于庭祠,五月大会龙城,祭其先天地鬼神,八月大会蹛林,课校人畜计。"蹛音带,又音多。

二十四年春,八部大人共议立比为呼韩邪单于,以其大父尝依汉得安,故欲袭其号。于是款五原塞,愿永为蕃蔽,扞御北虏。帝用五官中郎将耿国议,乃许之。其冬,比自立为呼韩邪单于。①

①东观记曰:"十二月癸丑,匈奴始分为南北单于。"

二十五年春,遣弟左贤王莫将兵万馀人击北单于弟莫鞬左贤王,生获之;又破北单于帐下,并得其众合万馀人,马七千匹、牛羊万头。北单于震怖,却地千里。初,帝造战车,可驾数牛,上作楼橹,置于塞上,以拒匈奴。①时人见者或相谓曰:"谶言汉九世当却北狄地千里,岂谓此邪?"及是,果拓地焉。北部莫鞬骨都侯与右骨都侯率众三万馀人来归南单于,南单于复遣使诣阙,奉藩称臣,献国珍宝,求使者监护,遣侍子,脩旧约。

①橹即楼也。释名曰:"楼无屋为橹也。"

二十六年,遣中郎将段郴,①副校尉王郁使南单于,立其庭,去五原西部塞八十里。单于乃延迎使者。使者曰:"单于当伏拜受诏。"单于顾望有顷,乃伏称臣。拜讫,令译晓使者曰:"单于新立,诚惭于左右,愿使者众中无相屈折也。"骨都侯等见,皆泣下。郴等反命,诏乃听南单于入居云中。遣使上书,献骆驼二头,文马十匹。②夏,南单于所获北虏薁鞬左贤王将其众及南部五骨都侯合三万馀人畔归,去北庭三百馀里,共立薁鞬左贤王为单于。月馀日,更相攻击,五骨都侯皆死,左贤王遂自杀,诸骨都侯子各拥兵自守。秋,南单于遣子入侍,奉奏诣阙。诏赐单于冠带、衣裳、黄金玺、盩绲绶,③安车羽盖,华藻驾驷,宝剑弓箭,黑节三,驸马二,黄金、锦绣、缯布万匹,絮万斤,乐器鼓车,棨戟甲兵,饮食什器。④又转河东米糒二万五千斛,牛羊三万六千头,以赡给之。令中郎将置安集掾(吏)〔史〕将[8]弛刑五十人,持兵弩随单于所处,参辞讼,察动静。单于岁尽辄遣奉奏,[9]送侍子入朝,中郎将从事一人将领诣阙。汉遣谒者送前侍子还单于庭,交会道路。元正朝贺,拜祠陵庙毕,汉乃遣单于使,令谒者将送,赐彩缯千匹,锦四端,金十斤,太官御食酱及橙、橘、龙眼、荔支;赐单于母及诸阏氏、单于子及左右贤王、左右谷蠡王、骨都侯有功善者,缯彩合万匹。岁以为常。

①丑吟反。

②杜预注左传曰:"文马,画马为文也。"

③盩音戾,草名。以戾草染绶,因以为名,则汉诸侯王制。戾,绿色。绲,古蛙反。又说文曰"紫青色"也。

④有衣之戟曰棨。

匈奴俗,岁有三龙祠,常以正月、五月、九月戊日祭天神。南单于既内附,兼祠汉帝,因会诸部,议国事,走马及骆驼为乐。其大臣贵者左贤王,次左谷蠡王,次右贤王,次右谷蠡王,谓之四角;次左右日逐王,次左右温禺鞮王,次左右渐将王,是为六角;皆单于子弟,次第当为单于者也。异姓大臣左右骨都侯,次左右尸逐骨都侯,其馀日逐、且渠、[10]当户诸官号,①各以权力优劣、部众多少为高下次第焉。单于姓虚连题。②异姓有呼衍氏、须卜氏、丘林氏、兰氏③四姓,为国中名族,常与单于婚姻。呼衍氏为左,兰氏、须卜氏为右,主断狱听讼,当决轻重,口白单于,无文书簿领焉。

①且音子余反。

②前书曰:"单于姓挛鞮氏,其国称之曰'撑犁孤屠'。匈奴谓天为撑犁,谓子为孤屠。"与此不同也。

③前书冒顿单于时,大姓有呼衍氏、兰氏、须卜氏三姓,贵种也。

冬,前畔五骨都侯子复将其众三千人归南部,北单于使骑追击,悉获其众。南单于遣兵拒之,逆战不利。于是复诏单于徙居西河美稷,因使中郎将段郴及副校尉王郁留西河拥护之,为设官府、从事、掾史。令西河长史岁将骑二千,弛刑五百人,助中郎将卫护单于,冬屯夏罢。自后以为常,及悉复缘边八郡。[11]

南单于既居西河,亦列置诸部王,助为扞戍。使韩氏骨都侯屯北地,右贤王屯朔方,当于骨都侯屯五原,呼衍骨都侯屯云中,郎氏骨都侯屯定襄,左南将军屯雁门,栗籍骨都侯屯代郡,皆领部众为郡县侦罗耳目。①北单于惶恐,颇还所略汉人,以示善意。钞兵每到南部下,还过亭候,辄谢曰:"自击亡虏莫鞬日逐耳,非敢犯汉人也。"

①侦音丑政反。罗音力贺反。犹今言探候侦罗也。

二十七年,北单于遂遣使诣武威求和亲,天子召公卿廷议,不决。皇太子言曰:"南单于新附,北虏惧于见伐,故倾耳而听,争欲归义耳。今未能出兵,而反交通北虏,臣恐南单于将有二心,北虏降者且不复来矣。"帝然之,告武威太守勿受其使。

二十八年,北匈奴复遣使诣阙,贡马及裘,更乞和亲,并请音乐,又求率西域诸国胡客与俱献见。帝下三府议酬答之宜。司徒掾班彪奏曰:

臣闻孝宣皇帝敕边守尉曰:"匈奴大国,多变诈。交接得其情,则却敌折衝;应对入其数,则反为轻欺。"今北匈奴见南单于来附,惧谋其国,故数乞和亲,又远驱牛马与汉合市,重遣名王,多所贡献,斯皆外示富强,以相欺诞也。臣见其献益重,知其国益虚,归亲愈数,为惧愈多。然今既未获助南,则亦不宜绝北,羁縻之义,礼无不答。谓可颇加赏赐,略与所献相当,明加晓告以前世呼韩邪、郅支行事。①

①呼韩单于称臣受赏,郅支单于背德被诛,以此二者行事晓告之也。郅支即呼韩兄,名呼屠吾斯,自立为单于,击走呼韩邪单于者也。

报答之辞,令必有适。①今立稿草并上,曰:"单于不忘汉恩,追念先祖旧约,欲脩和亲,以辅身安国,计议甚高,为单于嘉之。往者,匈奴数有乖乱,呼韩邪、郅支自相仇隙,并蒙孝宣皇帝垂恩救护,故各遣侍子称藩保塞。其后郅支忿戾,自绝皇泽,而呼韩附亲,忠孝弥著。及汉灭郅支,②遂保国传嗣,子孙相继。今南单于携众南向,款塞归命。自以呼韩嫡长,次第当立,而侵夺失职,猜疑相背,数请兵将,归埽北庭,策谋纷纭,无所不至。惟念斯言不可独听,又以北单于比年贡献,欲脩和亲,故拒而未许,将以成单于忠孝之义。汉秉威信,总率万国,日月所照,皆为臣妾。殊俗百蛮,义无亲疏,服顺者褒赏,畔逆者诛罚,善恶之效,呼韩、郅支是也。今单于欲脩和亲,款诚已达,何嫌而欲率西域诸国俱来献见?西域国属匈奴,与属汉何异？单于数连兵乱，国内虚耗，贡物裁以通礼，何必献马裘？今赏杂缯五百匹，弓鞬韇丸一，矢四发，遣遗单于。③又赐献马左骨都侯、右谷蠡王杂缯各四百匹，斩马剑各一。④单于前言先帝时所赐呼韩邪竽、瑟、空侯皆败，愿复裁〔赐〕。⑤〔12〕念单于国尚未安，方厉武节，以战攻为务，竽瑟之用不如良弓利剑，故未以赉。⑥朕不爱小物于单于，便宜所欲，遣驿以闻。"〔13〕

①适犹所也，言报答之辞必令得所也。

②元帝时，郅支坐杀使者谷吉，都护甘延寿与副陈汤发西域兵诛斩之。

③鞬音居言反。方言云："臧弓为鞬，臧箭为韇。"韇丸即箭籣也。矢十二曰发，见汉书音义。〔14〕

④尚方，少府属官。作供御器物，故有斩马剑。言剑利可以斩马。

⑤言更请裁赐也。

⑥言不赉，持往遗也。

帝悉纳从之。二十九年，赐南单于羊数万头。三十一年，北匈奴复遣使如前，乃玺书报答，赐以彩缯，不遣使者。

单于比立九年薨，中郎将段郴〔15〕将兵赴吊，祭以酒米，分兵卫护之。比弟左贤王莫立，帝遣使者赍玺书镇慰，拜授玺绶，遗冠帻，绛单衣三袭，童子佩刀、绲带各一，①又赐缯彩四千匹，令赏赐诸王、骨都侯已下。其后单于薨，吊祭慰赐，以此为常。②

①童子刀谓小刀也。说文曰："绲，织成带也。"音古本反。

②吊祭其薨者，慰其新立者。

丘浮尤鞮单于莫，中元元年立，一年薨，弟汗立。

伊伐於虑鞮单于汗，中元二年立。永平二年，北匈奴护于丘率众千馀人来降。南部单于汗立二年薨，单于比之子适立。

醢僮尸逐侯鞮单于适，永平二年立。五年冬，北匈奴六七千骑入于五原塞，遂寇云中至原阳，南单于击却之，①西河长史马襄赴救，虏乃引去。

①原阳，县名，属云中郡。

单于適立四年薨，单于莫子苏立，是为丘除车林鞮单于。数月复薨，单于適之弟长立。

胡邪尸逐侯鞮单于长，[16]永平六年立。时北匈奴犹盛，数寇边，朝廷以为忧。会北单于欲合市，遣使求和亲，显宗冀其交通，不复为寇，乃许之。

八年，遣越骑司马郑众北使报命，而南部须卜骨都侯等知汉与北虏交使，怀嫌怨欲畔，密因北使，令遣兵迎之。郑众出塞，疑有异，伺候果得须卜使人，乃上言宜更置大将，以防二虏交通。由是始置度辽营，以中郎将吴棠[17]行度辽将军事，副校尉来苗、左校尉阎章、右校尉张国将黎阳虎牙营士屯五原曼柏。①又遣骑都尉秦彭将兵屯美稷。其年秋，北虏果遣二千骑候望朔方，作马革船，欲度迎南部畔者，以汉有备，乃引去。复数寇钞边郡，焚烧城邑，杀略甚众，河西城门昼闭。帝患之。

①汉官仪曰："光武以幽、冀、并兵克定天下，故于黎阳立营，以谒者监领兵骑千人。"

十六年，乃大发缘边兵，遣诸将四道出塞，北征匈奴。南单于遣左贤王信随太仆祭肜[18]及吴棠出朔方高阙，攻皋林温禺犊王[19]于涿邪山。虏闻汉兵来，悉度漠去。肜、棠坐不至涿邪山免，以骑都尉来苗行度辽将军。其年，北匈奴入云中，遂至渔阳，太守廉范击却之。[20]诏遣使者高弘发三郡兵追之，无所得。

建初元年，来苗迁济阴太守，以征西(大)将军耿秉[21]行度辽将

军。时皋林温禺犊王复将众还居涿邪山,南单于闻知,遣轻骑与缘
边郡及乌桓兵出塞击之,斩首数百级,降者三四千人。其年,南部
苦蝗,大饥,肃宗禀给其贫人三万馀口。七年,耿秉迁执金吾,以张
掖太守邓鸿行度辽将军。八年,北匈奴三木楼訾大人稽留斯等率
三万八千人、马二万匹、牛羊十馀万,款五原塞降。

元和元年,武威太守孟云上言北单于复愿与吏人合市,诏书听
云遣驿使迎呼慰纳之。[22]北单于乃遣大且渠伊莫訾王[23]等,①驱
牛马万馀头来与汉贾客交易。诸王大人或前至,所在郡县为设官
邸,赏赐待遇之。南单于闻,乃遣轻骑出上郡,遮略生口,钞掠牛
马,驱还入塞。

①且音子余反。下并同。

二年正月,北匈奴大人车利、涿兵等亡来入塞,凡七十三辈。
时北虏衰耗,党众离畔,南部攻其前,丁零寇其后,鲜卑击其左,西
域侵其右,不复自立,乃远引而去。

单于长立二十三年薨,单于汗之子宣立。

伊屠於闾鞮单于宣,元和二年立。其岁,单于遣兵千馀人猎至
涿邪山,卒与北虏温禺犊王遇,①因战,获其首级而还。冬,孟云上
言:"北虏以前既和亲,而南部复往钞掠,北单于谓汉欺之,谋欲犯
塞,谓宜还南所掠生口,以慰安其意。"肃宗从太仆袁安议,许之。
乃下诏曰:"昔猃狁、獯粥之敌中国,其所由来尚矣。②往者虽有和
亲之名,终无丝发之劾。境埸之人,屡婴涂炭,③父战于前,子死于
后。弱女乘于亭障,孤儿号于道路。老母寡妻设虚祭,饮泣泪,想
望归魂于沙漠之表,岂不哀哉!④传曰:'江海所以能长百川者,以
其下之也。'⑤少加屈下,尚何足病?况今与匈奴君臣分定,辞顺约

明，贡献累至，岂宜违信，自受其曲。其敕度辽及领中郎将庞奋倍雇南部所得生口，以还北虏。⑥其南部斩首获生，计功受赏如常科。"于是南单于复令奠鞬日逐王[24]师子将轻骑数千出塞掩击北虏，复斩获千人。北虏众以南部为汉所厚，又闻取降者岁数千人。[25]

①卒音七忽反。

②周曰猃狁，尧曰熏粥，秦曰匈奴。

③峣塉谓险要之地。荼，苦也。[26]峣音苦交反。塉音苦角反。

④"父战于前"已下，前书贾捐之之辞，诏增损用之也。

⑤老子曰："江海所以能为百谷王者，以其善下也。"

⑥雇，赏报也。

章和元年，鲜卑入左地击北匈奴，大破之，斩优留单于，取其匈奴皮而还。[27]北庭大乱，屈兰、储卑、胡都须等[28]五十八部，口二十万，胜兵八千人，诣云中、五原、朔方、北地降。

单于宣立三年薨，单于长之弟屯屠何立。

休兰尸逐侯鞮单于屯屠何，章和二年立。时北虏大乱，加以饥蝗，降者前后而至。南单于将并北庭，会肃宗崩，窦太后临朝。其年七月，单于上言："臣累世蒙恩，不可胜数。孝章皇帝圣思远虑，遂欲见成就，故令乌桓、鲜卑讨北虏，斩单于首级，破坏其国。今所新降虚渠等诣臣自言：'去岁三月中发虏庭，北单于创刈南兵，又畏丁令、鲜卑，①遁逃远去，依安侯河西。[29]今年正月，骨都侯等复共立单于异母兄右贤王为单于，其人以兄弟争立，并各离散。'臣与诸王骨都侯及新降渠帅杂议方略，皆曰宜及北虏分争，出兵讨伐，破北成南，并为一国，令汉家长无北念。又今月八日，新降右须日逐鲜堂轻从虏庭远来诣臣，言北虏诸部多欲内顾，但耻自发遣，故未有至者。若出兵奔击，必有响应。今年不往，恐复并壹。臣伏念先父归汉以来，被蒙覆载，严塞明候，大兵拥护，积四十年。臣等生长汉地，开口仰食，岁时赏赐，动辄亿万，虽垂拱安枕，慙无报效之(义)〔地〕。[30]愿发国中及诸部故胡新降精兵，遣左谷蠡王师子、左呼衍日逐王须訾将万骑出朔方，左贤王安国、右大且渠王交勒苏将万骑出居延，期十二月同会虏地。臣将馀兵万人屯五原、朔方塞，以为拒守。臣素愚浅，又兵众单少，不足以防内外。愿遣执金吾耿秉、度辽将军邓鸿及西河、云中、五原、朔方、上郡太守并力而北，令北地、安定太守各屯要害，冀因圣帝威神，一举平定。臣国成败，要在今年。已敕诸部严兵马，讫九月龙祠，悉集河上。唯陛下裁哀省察！”太后以示耿秉。秉上言：“昔武帝单极天下，欲臣虏匈奴，未遇天时，事遂无成。宣帝之世，会呼韩来降，故边人获安，中外为一，生人休息六十馀年。及王莽篡位，变更其号，②耗扰不止，单于乃畔。光武受命，复怀纳之，缘边坏郡得以还复。乌桓、鲜卑咸胁归义，威镇(西)〔四〕夷，[31]其效如此。今幸遭天授，北虏分争，以夷伐夷，国家之利，宜可听许。”秉因自陈〔受〕恩，[32]分当出命效用。太后从之。

①令音零。

②汉赐单于印文曰“匈奴单于玺”，无“汉”字。王莽改曰“新匈奴单于章”。

永元元年，以秉为征西将军，与车骑将军窦宪率骑八千，与度辽兵及南单于众三万骑，出朔方击北虏，大破之。北单于奔走，首虏二十馀万人。[33]事已具窦宪传。

二年春，邓鸿迁大鸿胪，以定襄太守皇甫棱行度辽将军。南单于复上求灭北庭，于是遣左谷蠡王<u>师子</u>等将左右部八千骑出<u>鸡鹿塞</u>，①中郎将<u>耿谭</u>遣从事将护之。至<u>涿邪山</u>，乃留辎重，分为二部，各引轻兵两道袭之。左部北过<u>西海</u>至<u>河云北</u>，②右部从<u>匈奴河</u>[34]水西绕<u>天山</u>，南度<u>甘微河</u>，二军俱会，夜围北单于。〔单于〕大惊，[35]率精兵千馀人合战。单于被创，堕马复上，将轻骑数十遁走，仅而免脱。得其玉玺，获阏氏[36]及男女五人，斩首八千级，生虏数千口而还。是时南部连克获纳降，党众最盛，领户三万四千，口二十三万七千三百，胜兵五万一百七十。故(从)事中郎将置从事二人，[37]<u>耿谭</u>以新降者多，上增从事十二人。

①塞在朔方郡窳浑县北。窳音愈。

②河云，匈奴中地名也。

三年，北单于复为右校尉<u>耿夔</u>[38]所破，逃亡不知所在。其弟右谷蠡王<u>於除鞬</u>自立为单于，将右温禺鞬王、骨都侯已下众数千人，止<u>蒲类海</u>，遣使款塞。大将军<u>窦宪</u>上书，立<u>於除鞬</u>为北单于，朝廷从之。四年，遣<u>耿夔</u>即授玺绶，赐玉剑四具，羽盖一驷，[39]使中郎将<u>任尚</u>持节卫护屯<u>伊吾</u>，如南单于故事。方欲辅归北庭，会<u>窦宪</u>被诛。五年，<u>於除鞬</u>自畔还北，帝遣将兵长史<u>王辅</u>以千馀骑与<u>任尚</u>共追诱将还斩之，破灭其众。

单于<u>屯屠何</u>立六年薨，单于<u>宣</u>弟<u>安国</u>立。

单于<u>安国</u>，永元五年立。<u>安国</u>初为左贤王而无称誉。左谷蠡王<u>师子</u>素勇黠多知，前单于<u>宣</u>及<u>屯屠何</u>皆爱其气决，故数遣将兵出塞，掩击北庭，还受赏赐，天子亦加殊异。是以国中尽敬<u>师子</u>，而不附<u>安国</u>。〔安国〕由是疾<u>师子</u>，[40]欲杀之。其诸新降胡初在塞外，数为<u>师子</u>所驱掠，皆多怨之。<u>安国</u>因是委计降者，与同谋议。<u>安国</u>

既立为单于,师子以次转为左贤王,觉单于与新降者有谋,乃别居五原界。单于每龙会议事,师子辄称病不往。皇甫棱知之,亦拥护不遣,单于怀愤益甚。

六年春,皇甫棱免,以执金吾朱徽行度辽将军。时单于与中郎将杜崇不相平,乃上书告崇,崇讽西河太守令断单于章,无由自闻。而崇因与朱徽上言:"南单于安国疏远故胡,亲近新降,欲杀左贤王师子及左台且渠刘利等。又右部降者谋共迫胁安国,起兵背畔,请西河、上郡、安定为之儆备。"和帝下公卿议,皆以为"蛮夷反覆,虽难测知,然大兵聚会,必未敢动摇。今宜遣有方略使者之单于庭,与杜崇、朱徽及西河太守并力,观其动静。如无它变,可令崇等就安国会其左右大臣,责其部众横暴为边害者,共平罪诛。若不从命,令为权时方略,事毕之后,裁行客赐,①亦足以威示百蛮"。帝从之。于是徽、崇遂发兵造其庭。安国夜闻汉军至,大惊,弃帐而去,因举兵及将新降者欲诛师子。师子先知,乃悉将庐落入曼柏城。安国追到城下,门闭不得入。朱徽遣吏晓譬和之,安国不听。城既不下,乃引兵屯五原。崇、徽因发诸郡骑追赴之急,众皆大恐,安国舅骨都侯喜为等虑并被诛,乃格杀安国。

①言以主客之礼裁量赐物,不多与也。

安国立一年,单于适之子师子立。

亭独尸逐侯鞮单于师子,永元六年立。降胡五六百人夜袭师子,安集掾王恬将卫护士与战,破之。于是新降胡遂相惊动,十五部二十余万人皆反畔,胁立前单于屯屠何子奥鞬日逐王逢侯为单于,遂杀略吏人,燔烧邮亭庐帐,将车重向朔方,欲度漠北。于是遣行车骑将军邓鸿、越骑校尉冯柱、行度辽将军朱徽将左右羽林、北军五校士及郡国积射、缘边兵，[1]乌桓校尉任尚将乌桓、鲜卑，合四万人讨之。时南单于及中郎将杜崇屯牧师城，逢侯将万馀骑攻围之，未下。冬，邓鸿等至美稷，逢侯乃乘冰度隘，向满夷谷。南单于遣子将万骑，及杜崇所领四千骑，与邓鸿等追击逢侯于大城塞，斩首三千馀级，得生口及降者万馀人。冯柱复分兵追击其别部，斩首四千馀级。任尚率鲜卑大都护苏拔廆、[2]乌桓大人勿柯八千骑，要击逢侯于满夷谷，复大破之。前后凡斩万七千馀级。逢侯遂率众出塞，汉兵不能追。七年正月，军还。

①汉有跡射士，言寻跡而射之。积亦与跡同，古字通也。

②胡罪反。

冯柱将虎牙营留屯五原，罢遣鲜卑、乌桓、羌胡兵，封苏拔廆为率众王，又赐金帛。邓鸿还京师，坐逗留失利，下狱死。[1]后帝知朱徽、杜崇失胡和，又禁其上书，以致反畔，皆征下狱死，以雁门太守庞奋行度辽将军。逢侯于塞外分为二部，自领右部屯涿邪山下，左部屯朔方西北，相去数百里。八年冬，左部胡自相疑畔，还入朔方塞，庞奋迎受慰纳之。其胜兵四千人，弱小万馀口悉降，以分处北边诸郡。南单于以其右温禺犊王乌居战[2]始与安国同谋，欲考问之。乌居战将数千人遂复反畔，出塞外山谷间，为吏民害。秋，庞奋、冯柱与诸郡兵击乌居战，其众降，于是徙乌居战众及诸还降者二万馀人于安定、北地。冯柱还，迁将作大匠。逢侯部众饥穷，又为鲜卑所击，无所归，窜逃入塞者骆驿不绝。

①按军法，逗留畏懦者斩。逗音豆。

②温禺犊王名乌居战也。

单于师子立四年薨，单于长之子檀立。

万氏尸逐鞮单于<u>檀</u>,<u>永元</u>十年立。十二年,<u>庞奋</u>迁河南尹,以朔方太守<u>王彪</u>行度<u>辽</u>将军,南单于比岁遣兵击<u>逢侯</u>,多所虏获,收还生口前后以千数,<u>逢侯</u>转困迫。十六年,北单于遣使诣阙贡献,愿和亲,脩<u>呼韩邪</u>故约。<u>和帝</u>以其旧礼不备,未许之,而厚加赏赐,不答其使。<u>元兴</u>元年,重遣使诣<u>敦煌</u>贡献,辞以国贫未能备礼,愿请大使,当遣子入侍。①时<u>邓太后</u>临朝,亦不答其使,但加赐而已。

①天子降大使至国,即遣子随大使入侍。

<u>永初</u>三年①夏,汉人<u>韩琮</u>随南单于入朝,既还,说南单于云:"关东水潦,人民饥饿死尽,可击也。"单于信其言,遂起兵反畔,攻中郎将<u>耿种</u>于<u>美稷</u>。秋,<u>王彪</u>卒。冬,遣行车骑将军<u>何熙</u>、副中郎〔将〕<u>庞雄</u>[41]击之。四年春,<u>檀</u>遣千余骑寇<u>常山</u>、<u>中山</u>,以<u>西域</u>校尉<u>梁慬</u>行度<u>辽</u>将军,②与<u>辽东</u>太守<u>耿夔</u>击破之。事已具<u>慬</u>、<u>夔</u>传。单于见诸军并进,大恐怖,顾让<u>韩琮</u>曰:"汝言汉人死尽,今是何等人也?"③乃遣使乞降,许之。单于脱帽徒跣,对<u>庞雄</u>等拜陈,道死罪。于是赦之,遇待如初,乃还所钞汉民男女及<u>羌</u>所略转卖入匈奴中者合万馀人。④五年,<u>梁慬</u>免,以<u>云中</u>太守<u>耿夔</u>行度<u>辽</u>将军

①<u>安帝</u>即位之二年也。[42]

②慬音勤。

③顾,反也。让,责也。反顾责<u>韩琮</u>也。

④南单于<u>檀</u>信<u>韩琮</u>之言,起兵反,既被击败,陈谢死罪,还所钞之男女。

<u>元初</u>元年,①<u>夔</u>免,以乌桓校尉<u>邓遵</u>为度<u>辽</u>将军。<u>遵</u>,皇太后之从弟,故始为真将军焉。②

①<u>安帝</u>永初(六)〔八〕年,[43]改为<u>元初</u>元年。

②自置度<u>辽</u>将军以来,皆权行其事,今始以<u>邓遵</u>为正度<u>辽</u>将军,此后更

无行者也。

四年,逢侯为鲜卑所破,部众分散,皆归北虏。五年春,逢侯将百馀骑亡还,诣朔方塞降,邓遵奏徙逢侯于颍川郡。①

①逢侯本是前单于屯屠何子,右莫鞮日逐王诸降胡馀万人,[44]胁立为单于。既被鲜卑所破,部众分散,[45]若留在匈奴,或恐更相招引,故徙于颍川郡也。

建光元年,①邓遵免,复以耿夔代为度辽将军。时鲜卑寇边,夔与温禺犊王呼尤徽[46]将新降者连年出塞,讨击鲜卑。还,复各令屯列冲要。②而耿夔征发烦剧,新降者皆悉恨谋畔。

①安帝元初七年改为永宁元年,永宁二年改为建光元年。

②还使新降者屯列冲要。

单于檀立二十七年薨,弟拔立。[47]耿夔复免,以太原太守法度代为将军。[48]

乌稽侯尸逐鞮单于拔,延光三年立。夏,新降一部大人阿族等遂反畔,[49]胁呼尤徽欲与俱去。呼尤徽曰:"我老矣,受汉家恩,宁死不能相随!"众欲杀之,有救者,得免。阿族等遂将妻子辎重亡去,中郎将马翼遣兵与胡骑追击,破之,斩首及自投河死者殆尽,①获马牛羊万馀头。冬,法度卒。四年,汉阳太守傅众代为将军。其冬,傅众复卒。永建元年,②以辽东太守庞参代为将军。

①殆,近也。欲死尽,所馀无几。

②顺帝即位之年。

先是朔方以西障塞多不修复,鲜卑因此数寇南部,杀渐将王。①单于忧恐,上言求复障塞,顺帝从之。乃遣黎阳营兵出屯中山北界,②增置缘边诸郡兵,列屯塞下,教习战射。

①匈奴有左右渐将王。

②黎阳先置营兵，以南单于求复障塞，恐入侵扰乱，置屯兵于中山北界。

旧中山郡，今之定州是也。定州者，则在河北也。

单于拔立四年薨，弟休利立。

去特若尸逐就单于休利，永建三年立。四年，庞参迁大鸿胪，以东平相宋汉代为度辽将军。阳嘉二年，汉迁太仆，以乌桓校尉耿晔代为度辽将军。永和元年，①晔病征，以护羌校尉马续代为度辽将军。

①阳嘉五年，改为永和元年。

五年夏，南匈奴左部句龙王[50]吾斯、车纽等背畔，率三千馀骑寇西河，因复招诱右贤王，合七八千骑围美稷，杀朔方、代郡长史。马续与中郎将梁并、乌桓校尉王元发缘边兵及乌桓、鲜卑、羌胡合二万馀人，掩击破之。吾斯等遂更屯聚，攻没城邑。天子遣使责让单于，开以恩义，令相招降。单于本不豫谋，乃脱帽避帐，诣并谢罪。并以病征，五原太守陈龟代为中郎将。龟以单于不能制下，①逼迫之，单于及其弟左贤王皆自杀。单于休利立十三年。龟又欲徙单于近亲于内郡，而降者遂更狐疑。龟坐下狱免。②大将军梁商以羌胡新反，党众初合，难以兵服，宜用招降，乃上表曰："匈奴寇畔，自知罪极，穷鸟困兽，皆知救死，况种类繁炽，不可单尽。③今转运日增，三军疲苦，虚内给外，非中国之利。窃见度辽将军马续素有谋谟，且典边日久，深晓兵要，每得续书，与臣策合。宜令续深沟高壁，以恩信招降，宣示购赏，明其期约。如此，则丑类可服，④国家无事矣。"帝从之，乃诏续招降畔虏。商又移书续等曰："中国安宁，忘战日久。良骑野合，交锋接矢，决胜当时，戎狄之所长，而中国之所短也。强弩乘城,坚营固守,以待其衰,中国之所长(也),[51]而戎狄之所短也。⑤宜务先所长,以观其变,设购开赏,宣示反悔,勿贪小功,以乱大谋。"续及诸郡并各遵行。于是右贤王部抑鞮等万三千口诣续降。

①吾斯等攻没城邑,单于虽不预谋,然不能制下,即是不堪其任。

②陈龟逼迫单于及弟皆令自杀,又欲徙其近亲者,遂致狐疑,此则陈龟之由也。[52]

③单亦尽也。犹书云"谟谋"。[53]孔安国曰:"谟亦谋也。"即是古书之重语。

④丑,等也,言等类可服也。

⑤若夫平原易地,轻车突骑,则匈奴之众易桡乱也。劲弩长戟,射疏及远,则匈奴之弓不能格也。坚甲利刃,长短相杂,游弩往来,什伍俱前,〔则〕匈奴之兵不能当也。[54]材官驺发,矢道同的,则匈奴之革笥木荐不能支也。下马地斗,[55]剑戟相接,去就相薄,[56]则匈奴之足不能给也。此中国之长技也。以此观之,匈奴之长技三,中国之长技五。并具朝错三章之兵体。因梁商论其长短,故备录之。此乃兵家之要。

秋,句龙吾斯等立句龙王车纽为单于。东引乌桓,西收羌戎及诸胡等数万人,攻破京兆虎牙营,①杀上郡都尉及军司马,遂寇掠并、凉、幽、冀四州。乃徙西河治离石,②上郡治夏阳,朔方治五原。③冬,遣中郎将张耽将幽州乌桓诸郡营兵,击畔虏车纽等,战于马邑,斩首三千级,获生口及兵器牛羊甚众。车纽等将诸豪帅骨都侯乞降,而吾斯犹率其部曲与乌桓寇钞。六年春,马续率鲜卑五千骑到谷城击之,斩首数百级。张耽性勇锐,而善抚士卒,军中皆为用命。遂绳索相悬,上通天山,大破乌桓,悉斩其渠帅,还得汉民,获其畜生财物。夏，马续复免，以城门校尉吴武代为将军。

①虎牙营即京兆虎牙都尉也。西羌传云："置虎牙都尉于长安，扶风都尉于雍。"汉官仪曰"凉州近羌，数犯三辅，京兆虎牙、扶风都尉将兵卫护园陵"也。

②离石即西河之属县也。

③移朔方就五原郡。

汉安元年①秋，吾斯与薁鞬台耆、且渠伯德等复掠并部。②

①顺帝永和七年改为汉安元年也。

②薁鞬或作"薁鞬"，[57]前书两字通，今依前书不改也。

呼兰若尸逐就单于兜楼储先在京师，汉安二年立之。天子临轩，大鸿胪持节拜授玺绶，引上殿。赐青盖驾驷、鼓车、安车、驸马骑、玉具刀剑、什物，①给彩布二千匹。赐单于阏氏以下金锦错杂具，軿车马二乘。遣行中郎将持节护送单于归南庭。诏太常、大鸿胪与诸国侍子于广阳城门外②祖会，飨赐作乐，角抵百戏。③顺帝幸胡桃宫临观之。冬，中郎将马寔募刺杀句龙吾斯，送首洛阳。建康元年，④进击馀党，斩首千二百级。乌桓七十万馀口皆诣寔降，车重牛羊不可胜数。

①玉具，摽首镡卫尽用玉为之。

②广阳，洛阳城西面南头门。

③角抵之戏则鱼龙爵马之属。言两两相当，亦角而为抵对，即今之斗(用)〔朋〕，[58]古之角抵也。

④汉安三年改为建康元年。

单于兜楼储立五年薨。

伊陵尸逐就单于居车儿，建和元年立。①至永寿元年，②匈奴左薁鞬台耆、且渠伯德等复畔,寇钞美稷、安定,属国都尉张奂击破降之。事已具奂传。

①桓帝即位之年。

②桓帝永兴三年改为永寿元年。

延熹元年,①[59]南单于诸部并畔,遂与乌桓、鲜卑寇缘边九郡,以张奂为北中郎将讨之,单于诸部悉降。奂以单于不能统理国事,乃拘之,上立左谷蠡王。②桓帝诏曰:"春秋大居正,③居车儿一心向化,何罪而黜! 其遣还庭。"

①桓帝之年。

②张奂上书请立左谷蠡王为单于也。

③春秋法五始之要,故经曰"元年春王正月"。言王者即位之年,宜大开
　恩宥。其居车儿即是桓帝即位之建和元年立,自立以来,一心向化,
　宜宽宥之。

单于居车儿立二十五年薨,子某立。①

①凡言"某"者,史失其名,故称"某"以记之。夷狄无字,[60]既无典诰,
　故某者即是其名。

屠特若尸逐就单于某,熹平元年立。①六年,单于与中郎将臧
旻出雁门击鲜卑檀石槐,大败而还。是岁,单于薨,子呼徵立。

①熹平,灵帝之元年。[61]

单于呼徵,[62]光和元年①立。二年,中郎将张脩与单于不相
能,脩擅斩之,更立右贤王羌渠为单于。脩以不先请而擅诛杀,槛
车征诣廷尉抵罪。②

①灵帝熹平七年改为光和元年。

②前书注曰:"抵,至也。"杀人者死。张脩擅斩单于呼徵,故至其罪也。

单于羡渠,[63]光和二年立。中平四年,①前中山太守张纯反畔,遂率鲜卑寇边郡。灵帝诏发南匈奴兵,配幽州牧刘虞讨之。单于遣左贤王将骑诣幽州。国人恐单于发兵无已,五年,右部醢落与休著各[64]胡白马铜等十馀万人反,攻杀单于。

①灵帝光和七年改为中平。

单于羡渠立十年,子右贤王於扶罗立。①

①於扶罗即是前赵刘元海之祖也。其元海为乱晋之首。

持至尸逐侯单于於扶罗,中平五年立。国人杀其父者遂畔,共立须卜骨都侯为单于,而於扶罗诣阙自讼。会灵帝崩,天下大乱,单于将数千骑与白波贼合兵寇河内诸郡。时民皆保聚,钞掠无利,而兵遂挫伤。复欲归国,国人不受,乃止河东。①须卜骨都侯为单于一年而死,南庭遂虚其位,以老王行国事。

①遂止河东平阳也。

单于於扶罗立七年死,弟呼厨泉立。①

①於扶罗即刘元海之祖。呼厨泉即元海之叔祖。

单于呼厨泉,兴平二年①立。以兄被逐,不得归国,数为鲜卑所钞。建安元年,献帝自长安东归,右贤王去卑与白波贼帅韩暹等侍卫天子,拒击李傕、郭氾。及车驾还洛阳,又徙迁许,[65]然后归国。②二十一年,单于来朝,曹操因留于邺,③而遣去卑归监其国焉。

①献帝初平五年改为兴平元年。

②谓归河东平阳也。

③留呼厨泉于邺,而遣去卑归平阳,监其五部国。

论曰:汉初遭冒顿凶黠,种众强炽。高祖威加四海,而窘平城之围。①太宗政邻刑措,不雪愤辱之耻。②逮孝武叆兴边略,有志匈奴,赫然命将,戎旗星属,③候列郊甸,火通甘泉,④而犹鸣镝扬尘,出入畿内,⑤至于穷竭武力,单用天财,⑥历纪岁以攘之。寇虽颇折,而汉之疲耗略相当矣。⑦宣帝值虏庭分争,呼韩邪来臣,乃权纳怀柔,因为边卫,⑧罢关徼之儌,息兵民之劳。⑨龙驾帝服,鸣锺传鼓于清渭之上,⑩南面而朝单于,朔、易无复匹马之踪,⑪六十馀年矣。后王莽陵篡,扰动戎夷,⑫续以更始之乱,方夏幅裂。⑬自是匈奴得志,狼心复生,乘间侵佚,害流傍境。及中兴之初,更通旧好,⑭报命连属,金币载道,⑮而单于骄踞益横,内暴滋深。⑯世祖以用事诸华,未遑沙塞之外,⑰忍愧思难,徒报谢而已。⑱因徙幽、并之民,增边屯之卒。⑲及关东稍定,陇、蜀已清,其猛夫扞将,莫不顿足攘手,争言卫、霍之事。⑳帝方厌兵,间脩文政,未之许也。㉑其后匈奴争立,日逐来奔,愿脩呼韩之好,以御北狄之冲,㉒奉藩称臣,永为外扞。天子总揽群策,和而纳焉。㉓乃诏有司开北鄙,择肥美之地,量水草以处之。驰中郎之使,尽法度以临之。制衣裳,备文物,加玺绂之绶,正单于之名。于是匈奴分破,始有南北二庭焉。仇衅既深,互伺便隙,控弦抗戈,觇望风尘,云屯鸟散,更相驰突,至于陷溃创伤者,靡岁或宁,而汉之塞地晏然矣。㉔后亦颇为出师,并兵穷讨,命窦宪、耿夔之徒,前后并进,皆用果谲,设奇数,异道同会,究掩其窟穴,[66]蹑北追奔㉕三千馀里,㉖遂破龙祠,焚罽幕,阬十角,梏阏氏,㉗铭功封石,倡呼而还。㉘单于震慑屏气,蒙毡遁走于乌孙之地,而漠北空矣。㉙若因其时势,及其虚旷,还南虏于阴山,归(河)西〔河〕于内地,㉚[67]上申光武权宜之略,下防戎羯乱华之变，㉛使耿国之算不谬于当世，㉜袁安之议见从于后王，㉝平易正直，若此其弘也。㉞而窦宪矜三捷之效，忽经世之规，狼戾不端，专行威惠。㉟遂复更立北虏，反其故庭，㊱并恩两护，以私己福，弃蔑天公，㊲坐树大鲠。永言前载，何恨愤之深乎！㊳自后经纶失方，畔服不一，其为疢毒，胡可单言！㊴降及后世，靡为常俗，终于吞噬神乡，丘墟帝宅。呜呼！千里之差，兴自毫端，失得之源，百世不磨矣。㊵

①前书云，高祖自将兵三十二万击韩王信，先至平城，冒顿纵兵三十万骑围帝于白登，七日，汉兵中外不得相救饷。故歌曰："平城之事甚大苦，七日不得食，不能弯弓弩。"得陈平秘计，然后得免也。

②前书赞曰："断狱四百，几致刑措。"几，近也。今言"政邻刑措"，邻亦近也。

③如众星之相连属，言其多。

④列置候兵于近郊畿，天子在甘泉宫，而烽火时到甘泉宫也。

⑤鸣镝即匈奴之箭也。谓匈奴、白羊、楼烦王在河南，去京师一千余里，古者王畿千里，言匈奴寇边即出入畿内。世宗逐楼烦、白羊，始得河南之地以筑朔方，今夏州是也。按夏州去京师一千二百里。

⑥单，尽也。言尽用天下之财。

⑦汉武好征，户口减半，即是死亡与杀匈奴相当也。

⑧虏庭分争谓五单于〔争〕国，[68]呼韩邪遂来臣服，因请款关，永为边卫。前书云日逐王薄胥堂为屠耆单于，呼揭王为呼揭单于，莫羁王为车犁单于，乌籍都尉为乌籍单于，并呼韩邪凡五单于也。

⑨匈奴既降，北庭不儆备，劳者并得休息也。

⑩案前书，宣帝甘露二年正月，呼韩邪朝甘泉宫，汉宠以殊礼，位在诸侯王上。赞谒（者）称臣而不名。[69]礼毕，使者导单于宿长平。上自甘泉宿池阳宫，诏单于毋谒。左右当户及群臣皆列观，及诸蛮夷君长〔王〕侯数万人，[70]咸迎于渭桥下，夹道陈。上登渭桥，咸称万岁。

⑪匈奴既降，[71]朔方、易水之地更无匈奴匹马之踪也。

⑫自宣帝甘露二年至平帝末年，北边无匈奴之盗。王莽陵篡之后，狼心复生。前书赞曰："三世称〔藩〕，[72]宾于汉庭。是时边城晏闭，[73]牛马布野，三世无犬吠之警，黎庶忘干戈之役。后六十馀岁之间，遭王莽篡位，始开边隙。"三世谓元帝、成帝各为一世，哀平二帝皆元帝之孙，共为一世，故三世也。王莽执政，始开边隙也。

⑬更始无道，扰乱方内，诸夏如布帛之裂也。

⑭及光武中兴，更通宣、元之旧好。

⑮报命相属，言其往来不绝。金帛常载于道，言其赏遗常行。

⑯世祖二年，令中郎将韩统报命，[74]赂遗金帛以通旧好。而单于骄踞，自比冒顿，对使者辞语悖慢也。

⑰遑，暇也。

⑱虽得骄踞悖慢之词，而忍其羞愧，思其患难，但以善言报谢而已。徒，但也。

⑲移徙幽、并之人，增益边屯之戍卒。

⑳争言卫青、霍去病，世宗之代北伐匈奴之事也。

㉑帝厌其用兵，欲脩文政，未许猛夫扞将之事。

㉒比季父孝单于舆以比为右薁鞬日逐王，日逐即南匈奴单于比也。

㉓总览群臣之策，善均从众，与之和同，而纳其降款也。

㉔由南北二庭自相驰突，而汉之塞地晏然无事矣。

㉕军走曰北也。

㉖北虏(乌孙)遂奔〔乌孙〕，[75]漠北乃空，其地三千馀里也。

㉗械在手曰梏，音古督反。

㉘为刻石立铭于燕然山，犹前书霍去病登临瀚海，封狼居胥山也。

㉙漠北既空，宜即迁南虏以居之。

㉚河西虏众居之，于时遂为边境，若还南虏于阴山，即为内地也。

㉛戎羯之乱，兴于永嘉之年；即勒燕然，[76]乃居永元之岁。中人以上，始

可预其将来;窦宪庸才,宁可责其谋虑。

㉜建武二十四年,八部大人共立比为呼韩邪单于,款五原塞,愿永为蕃蔽,扦御北方。帝用五官中郎将耿国议,乃许之也。

㉝窦宪欲立北单于,安议不许也。

㉞若从耿国、袁安之议,即言平易正直之道如此之弘远也。

㉟三捷言胜也。自矜功伐,专行威惠,为臣不忠,即其人也。又章和二年,窦太后临朝。单于屯屠何上言:"宜及北虏分争,出兵讨伐,破北成南,并为一国,令汉家长无北念。"既威北边,即宜奖成南部,[77]更请存立,其何惑哉。

㊱永元三年,将军窦宪上书,请立於除鞬为北单于,朝廷从之。四年即授玺绶,方欲辅归北庭,会窦宪被诛。五年,於除鞬自畔还北,帝遣将兵长史王辅诱诛之。

㊲言窦宪斩日逐,刊石纪功,即宜灭其北庭,以资南部。重存胤绪,滋生尊戎[78]。南北俱存,即是并恩两护。以私己福,乃招其祸。斯则弃蔑天公之事也。天公谓天子也。前书云"共尧翁何为首鼠两端",[79]尧翁即乃翁也。[80]高祖云"几败乃公事",乃公即汝公也。惇史直笔,时复存其质言也。

㊳由窦宪请立北庭,遂使匈奴滋蔓,即是坐树大鲠,永言前事,深可恨哉。载,事也。

㊴单,尽也。单与殚同也。

㊵既勒燕然之后,若复南虏于漠北,引侍子于京师,混并匈奴之区,使得专为一部,则荒服无怨争之迹,边服息征戍之勤。此之不行,遂为巨蠹。自单于比入居西河美稷之后,种类繁昌,难以驱逼。魏武虽分其众为五部,然大率皆居晋阳。暨乎左贤王豹之子刘元海,假称天号,纵盗中原,吞噬神乡,丘墟帝宅。愍怀二帝沈没虏庭,差之毫端,一至于此。百代无灭,诚可痛心也。

赞曰:匈奴既分,①羽书稀闻。②野民难悔,终亦纷纭。③

①谓分为南北庭也。

②檄书有急,即插鸟羽其上也。

③纷纭之事,具如上解。

【校勘记】

〔1〕至比季父孝单于舆时　汲本、殿本无"孝"字。按前书匈奴传云:"单于咸立五岁,天凤五年死,弟左贤王舆立,为呼都而尸道皋若鞮单于。匈奴谓孝曰若鞮。"范书意译为"孝单于",后人不晓,灭去此"孝"字耳。下"以御北狄之冲"注亦称"孝单于"。

〔2〕虚闾权渠单于〔子〕也　据汲本、殿本补。

〔3〕以单于相传乃十八代也　按:李慈铭谓"相传"上当脱"兄弟"二字。

〔4〕赂遗金币　汲本"币"作"帛"。按:通志亦作"帛"。

〔5〕杀略钞掠其众　按:校补谓掠即略,不当杀略钞掠并言,通志无"钞掠"二字可证,二字当衍。

〔6〕以次当〔为〕左贤王　据校补引钱大昭说补。按:通志有"为"字。

〔7〕时比弟渐将王在单于帐下　殿本改"渐"作"斩"。按:通鉴胡注谓"渐"当作"斩",传写误加水旁耳。校补谓匈奴言语文字不与华同,其王号非译不晓,渐将亦未尝无义。观晋书作"左渐尚王"、"右渐尚王",将尚一音之转,安知"斩"不正当作"渐"耶?

〔8〕令中郎将置安集掾(吏)〔史〕　据汲本、殿本改。

〔9〕单于岁尽辄遣奉奏　按:刊误谓案文少一"使"字。

〔10〕且渠　按:集解引惠栋说,谓史记作"且居"。

〔11〕及悉复缘边八郡　按:张森楷校勘记谓"及"字于此义无所施,盖当为"又"。

〔12〕愿复裁〔赐〕 据汲本、殿本补。

〔13〕遣驿以闻 按:殿本"驿"作"译"。

〔14〕矢十二曰发见汉书音义 按:汲本、殿本作"发四矢曰发,见仪礼也"。

〔15〕中郎将段郴 按:"郴"原讹"彬",径据汲本、殿本改正。

〔16〕胡邪尸逐侯鞮单于长 按:"胡"原作"湖",径据汲本、殿本改。

〔17〕中郎将吴棠 按:校补谓袁纪"棠"作"常"。

〔18〕随太仆祭肜 按:"肜"原作"彤",径据汲本、殿本改。

〔19〕皋林温禺犊王 按:丁谦南匈奴传地理考证谓"温禺犊王"前书作"温偶䮰王",上加"皋林"字者,似分数部也,故下有右温禺犊王。

〔20〕北匈奴入云中遂至渔阳太守廉范击却之 按:集解引钱大昕说,谓范为云中太守,"太守"上当有"云中"二字。

〔21〕征西(大)将军耿秉 刊误谓案秉传不为大将军,此多一"大"字。今据删。

〔22〕诏书听云遣驿使迎呼慰纳之 按:刊误谓"驿"当作"译"。

〔23〕大且渠伊莫訾王 按:"大"原讹"夫",径改正。

〔24〕奠鞬日逐王 按:汲本、殿本"鞬"作"鞬"。

〔25〕又闻取降者岁数千人 按:王先谦谓语气不了,疑夺文。

〔26〕荼苦也 殿本"荼"作"涂",集解本从之,然涂不训苦。张森楷校勘记谓疑本作"涂炭言苦也","涂"下脱"炭言"二字。按:张说亦言之成理。此殆后人以涂不训苦,遂改"涂"为"荼"耳。又按:注与正文不相应。校补谓此传之注复沓纰缪,至于不可究诘,疑章怀本皆无注,而妄人附益之,且又不出一手也。

〔27〕取其匈奴皮而还 按:刊误谓匈奴一种,安能尽取其皮,明多"匈奴"二字,或云取其胸皮。

〔28〕屈兰储卑胡都须等 按:集解引钱大昕说,谓章帝纪"屈"作"屋"。

〔29〕依安侯河西 按:校补引钱大昭说,谓鲁恭传作"史侯河西",安侯

史侯未知孰是。

〔30〕懃无报效之(义)〔地〕　据殿本改。按:钱大昭谓闽本作"地"。校补谓通志亦作"地"。

〔31〕威镇(西)〔四〕夷　据殿本改。

〔32〕秉因自陈〔受〕恩　据汲本、殿本补。

〔33〕首虏二十馀万人　按:刊误谓案文多一"人"字。

〔34〕匈奴河　刊误谓"奴"字衍。按:匈奴河或省称匈河耳,"奴"字非衍,参阅窦融传校记。

〔35〕夜围北单于〔单于〕大惊　据刊误补。

〔36〕获阏氏　按:校补谓据和纪,此阏氏,单于母也。纪亦言"获",而耿秉传独言"斩"。

〔37〕故(从)事中郎将置从事二人　刊误谓案文多一"从"字,言故事如此。今据删。

〔38〕右校尉耿夔　按:集解引钱大昕说,谓"右"当作"左"。

〔39〕赐玉剑四具羽盖一驷　按:刊误谓当云"玉具剑四",又衍一"驷"字。

〔40〕而不附安国〔安国〕由是疾师子　据通志补。

〔41〕副中郎〔将〕庞雄　据刊误补。

〔42〕安帝即位之二年也　按:安帝于殇帝延平元年即位,至永初三年,即位已四年矣,"二"乃"四"之讹。

〔43〕安帝永初(六)〔八〕年　据集解引洪亮吉说改。

〔44〕诸降胡馀万人　按:汲本、殿本"馀万人"作"万馀人"。

〔45〕部众分散　按:"散"原讹"明",径改正。

〔46〕温禺犊王呼尤徽　按:校补谓通志"徽"作"徵",下并同。

〔47〕弟拔立　集解引惠栋说,谓凡单于立皆载号谥。下云"乌稽侯尸逐鞮单于",乃拔号谥也。"弟拔立"已下当接此文,今错出"耿夔复免"以下十五字,未知所属,当有脱误。按:校补谓案通志"耿夔复

免"以下十五字在"乌稽侯尸逐鞮单于拔延光三年立"下,"耿夔"
上并有"是岁"二字,知今本皆涉上"立"字误倒,又脱二字也。

〔48〕以太原太守法度代为将军　按:刊误谓一传中处处皆云"度辽将
军",惟三处没"度辽"字,以后又复举之,明此三处脱漏也。

〔49〕新降一部大人阿族等遂反畔　按:集解引钱大昕说,谓安帝纪云南
匈奴左日逐王叛。

〔50〕句龙王　按:顺帝纪作"句龙大人"。钱大昕谓王与大人皆匈奴尊
称,译语小异。

〔51〕中国之所长(也)　据殿本删。按:校补谓钱校本据闽本亦无"也"
字,通志同。

〔52〕此则陈龟之由也　按:据张元济校勘记"由"原作"同",然今商务
影印本亦作"由",殆依殿本描改。又按:"同"字当误。"之由"上
疑脱"获罪"二字。

〔53〕犹书云谟谋　汲本"谟谋"作"谋谟"。按:校补谓今案尚书,无"谋
谟""谟谋"连文之处,疑皆"谋猷"之误,猷本亦训谋也。注或涉下
文"谋谟"而误。又按:注"犹书云"至"古书之重语"应在正文"马
续素有谋谟"句下,然各本皆同,故不改。

〔54〕〔则〕匈奴之兵不能当也　据殿本补。

〔55〕下马地斗　按:殿本"地"作"步"。

〔56〕去就相簿　汲本、殿本"簿"作"薄"。按:薄簿通。

〔57〕莫鞬或作莫鞮　按:沈家本谓顺帝纪作"莫鞮"。

〔58〕即今之斗(用)朋　据刊误改。

〔59〕延熹元年　按:"元"原讹"九",迳改正。

〔60〕夷狄无字　按:刊误谓此上当有"一说"二字。

〔61〕熹平灵帝之元年　按:校补引柳从辰说,谓应作"灵帝建宁五年改
为熹平元年"。

〔62〕单于呼徵　按:集解引惠栋说,谓袁纪作"呼演"。

〔63〕单于羌渠　按:集解引惠栋说,谓袁纪作"羌深"。

〔64〕休著各　按:集解引钱大昕说,谓灵帝纪作"休屠各"。屠音储,而
著亦音直虑切,译语有重轻,其实一也。乌桓鲜卑传俱云"休著屠
各",此必读范史者音著为屠,后遂搀入正文耳。

〔65〕又徙迁许　按:张森楷校勘记谓"徙"当作"从"。

〔66〕究掩其窟穴　按:校补谓究掩二字各一义,不能连文,疑衍一字。

〔67〕归(河)西〔河〕于内地　集解引陈景云说,谓"河西"当作"西河",
时南单于屯西河美稷县也,正与上句"南庭"相对。今据改。

〔68〕虏庭分争谓五单于〔争〕国　据校补补。

〔69〕赞谒(者)称臣而不名　据刊误删。

〔70〕及诸蛮夷君长〔王〕侯数万人　据汲本、殿本补。

〔71〕匈奴既降　按:"既"原讹"即",径改正。

〔72〕三世称〔藩〕　据前书赞补。

〔73〕是时边城晏闭　汲本"闭"作"闲"。按:校补谓晏闲即安闲,以后
文"塞地晏然"证之,说亦可通。

〔74〕世祖二年令中郎将韩统报命　按:沈家本谓韩统报命乃六年事,云
"二年",误。

〔75〕北庭(乌孙)遂奔〔乌孙〕　据校补改。

〔76〕即勒燕然　汲本、殿本"即"作"绩"。按:疑原作"既勒燕然",
"既"与"即"形近而讹,下文注有"既勒燕然之后"云云,可证也。

〔77〕即宜奖成南部　按:汲本"奖"作"櫂",殿本作"搆"。

〔78〕滋生孳栽　按:"栽"原作"裁",径据汲本、殿本改。

〔79〕共秃翁何为首鼠两端　汲本、殿本"共"作"老"。今按:前书云"与
长孺共一秃翁,何为首鼠两端",史记则作"与长孺共一老秃翁,何
为首鼠两端",此注"共"下脱一"一"字,而"共"作"老",或后人依
史记改也。

〔80〕秃翁即乃翁也　殿本、集解本"乃翁"作"天翁"。按:王应麟困学

纪闻卷十三,略谓刘赣父东汉刊误谓列传第七十九注最浅陋,章怀
注书,分与诸臣,疑其将终篇,故特草草耳。今观注引前书,谓秃翁
即天翁,其谬甚矣。是王氏所见本亦作"天翁"也。

后汉书卷九十

乌桓鲜卑列传第八十

乌桓者,本东胡也。[1]汉初,匈奴冒顿灭其国,馀类保乌桓山,因以为号焉。俗善骑射,弋猎禽兽为事。随水草放牧,居无常处。以穹庐为舍,东开向日。食肉饮酪,以毛毳为衣。①贵少而贱老,其性悍塞。②[2]怒则杀父兄,而终不害其母,以母有族类,父兄无相仇报故也。有勇健能理决斗讼者,推为大人,无世业相继。邑落各有小帅,数百千落自为一部。大人有所召呼,则刻木为信,虽无文字,而部众不敢违犯。氏姓无常,以大人健者名字为姓。大人以下,各自畜牧营产,不相徭役。其嫁娶则先略女通情,③或半岁百日,然后送牛马羊畜,以为娉币。婿随妻还家,妻家无尊卑,旦旦拜之,而不拜其父母。为妻家仆役,一二年间,妻家乃厚遣送女,居处财物一皆为办。其俗妻后母,报寡嫂,死则归其故夫。计谋从用妇人,唯斗战之事乃自决之。父子男女相对踞蹲。以髡头为轻便。妇人

2395

至嫁时乃养发,分为髻,著句决,饰以金碧,犹中国有簂步摇。④[3]妇人能刺韦作文绣,织氀毼。⑤男子能作弓矢鞍勒,⑥锻金铁为兵器。其土地宜穄及东牆。东牆似蓬草,实如穄子,[4]至十月而熟。见鸟兽孕乳,以别四节。

①郑玄注周礼曰:"毛之缛细者为毦也。"

②说文曰:"悍,勇也。"塞谓不通。

③杜预注左传曰:"不以道取为略。"

④簂音(吉)〔古〕诲反。[5]字或为"帼",妇人首饰也。续汉舆服志曰:"公卿列侯夫人绀缯帼。"释名云"皇后首饰,上有垂珠,步则摇之"也。

⑤广雅曰:"氀毼属也。"氀音力于反。毼音胡达反。

⑥勒,马衔也。

俗贵兵死,敛尸以棺,有哭泣之哀,至葬则歌舞相送。肥养一犬,以彩绳缨牵,并取死者所乘马衣物,皆烧而送之,言以属累犬,①使护死者神灵归赤山。赤山在辽东西北数千里,如中国人死者魂神归岱山也。②敬鬼神,祠天地日月星辰山川及先大人有健名者。祠用牛羊,毕皆烧之。其约法:违大人言者,罪至死;若相贼杀者,令部落自相报,不止,诣大人告之,听出马牛羊以赎死;其自杀父兄则无罪;若亡畔为大人所捕者,邑落不得受之,皆徙逐于雍狂之地,沙漠之中。其土多蝮蛇,在丁令西南,乌孙东北焉。③

①属累犹付托也。属音之欲反。累音力瑞反。

②博物志:"泰山,天帝孙也,主召人魂。东方万物始,故知人生命。"

③前书音义曰:"丁令,匈奴别种也。令音零。"

乌桓自为冒顿所破,众遂孤弱,常臣伏匈奴,岁输牛马羊皮,过时不具,辄没其妻子。及武帝遣骠骑将军霍去病击破匈奴左地,因徙乌桓于上谷、渔阳、右北平、辽西、辽东五郡塞外,为汉侦察匈奴动静。①其大人岁一朝见，于是始置护乌桓校尉，秩二千石，拥节监领之，使不得与匈奴交通。

①侦，觇也，音丑政反。

昭帝时，乌桓渐强，乃发匈奴单于冢墓，以报冒顿之怨。匈奴大怒，乃东击破乌桓，大将军霍光闻之，因遣度辽将军范明友将二万骑出辽东邀匈奴，而虏已引去。明友乘乌桓新败，遂进击之，斩首六千馀级，获其三王首而还。由是乌桓复寇幽州，明友辄破之。宣帝时，乃稍保塞降附。

及王莽篡位，欲击匈奴，兴十二部军，使东域将严尤领乌桓、丁令兵屯代郡，皆质其妻子于郡县。乌桓不便水土，惧久屯不休，数求谒去。莽不肯遣，遂自亡畔，[6]还为抄盗，而诸郡尽杀其质，由是结怨于莽。匈奴因诱其豪帅以为吏，馀者皆羁縻属之。

光武初，乌桓与匈奴连兵为寇，代郡以东尤被其害。居止近塞，朝发穹庐，暮至城郭，五郡民庶，家受其辜，至于郡县损坏，百姓流亡。其在上谷塞外白山者，最为强富。

建武二十一年，遣伏波将军马援将三千骑出五阮关掩击之。①乌桓逆知，悉相率逃走，追斩百级而还。乌桓复尾击援后，援遂晨夜奔归，比入塞，马死者千馀匹。

①关在代郡。

二十二年，匈奴国乱，乌桓乘弱击破之，匈奴转北徙数千里，漠南地空，帝乃以币帛赂乌桓。二十五年，辽西乌桓大人郝旦等九百二十二人率众向化，诣阙朝贡，献奴婢牛马及弓虎豹貂皮。

是时四夷朝贺，络驿而至，天子乃命大会劳飨，赐以珍宝。乌桓或愿留宿卫，于是封其渠帅为侯王君长者八十一人，[7]皆居塞内,布于缘边诸郡,令招来种人,给其衣食,遂为汉侦候,助击匈奴、鲜卑。时司徒掾班彪上言:"乌桓天性轻黠,好为寇贼,若久放纵而无总领者,必复侵掠居人,但委主降掾史,①恐非所能制。臣愚以为宜复置乌桓校尉,诚有益于附集,省国家之边虑。"帝从之。于是始复置校尉于上谷宁城,②开营府,并领鲜卑,赏赐质子,岁时互市焉。

①盖当时权置也。下兵马掾亦同也。

②宁城,县名。前书宁县作"宁",史记宁城亦作"宁",宁宁两字通也。

及明、章、和三世,皆保塞无事。安帝永初三年夏,渔阳乌桓与右北平胡千馀寇代郡、上谷。秋,雁门乌桓率众王无何(允),[8]与鲜卑大人丘伦等,及南匈奴骨都侯,合七千骑寇五原,与太守战于九原高渠谷,①汉兵大败,杀郡长吏。乃遣车骑将军何熙、度辽将军梁慬等击,大破之。无何乞降,鲜卑走还塞外。是后乌桓稍复亲附,拜其大人戎朱廆为亲汉都尉。②[9]

①九原,县名,属五原郡。

②廆音胡罪反。

顺帝阳嘉四年冬,乌桓寇云中,遮截道上商贾车牛千馀两,度辽将军耿晔率二千馀人追击,不利,又战于沙南,斩首五百级。①乌桓遂围晔于兰池城,于是发积射士二千人,度辽营千人,配上郡屯,以讨乌桓,乌桓乃退。永和五年,乌桓大人阿坚、羌渠等与南匈奴左部句龙吾斯反畔,中郎将张耽击破斩之,馀众悉降。桓帝永寿中,朔方乌桓与休著屠各并畔,[10]中郎将张奂击平之。延熹九年夏,乌桓复与鲜卑及南匈奴(鲜卑)寇缘边九郡,[11]俱反,张奂讨之,皆出塞去。

①沙南,县,属云中郡,有兰池城。

灵帝初,乌桓大人上谷有难楼者,众九千馀落,辽西有丘力居者,众五千馀落,皆自称王;又辽东苏仆延,众千馀落,自称峭王;①右北平乌延,众八百馀落,自称汗鲁王:并勇健而多计策。中平四年,前中山太守张纯畔,入丘力居众中,自号弥天安定王,遂为诸郡乌桓元帅,寇掠青、徐、幽、冀四州。五年,以刘虞为幽州牧,虞购募斩纯首,北州乃定。

①峭音七笑反。

献帝初平中,丘力居死,子楼班年少,从子蹋顿有武略,代立,①总摄三郡,众皆从其号令。建安初,冀州牧袁绍与前将军公孙瓒相持不决,蹋顿遣使诣绍求和亲,遂遣兵助击瓒,破之。绍矫制赐蹋顿、难楼、苏仆延、乌延等,皆以单于印绶。后难楼、苏仆延率其部众奉楼班为单于,蹋顿为王,然蹋顿犹秉计策。广阳人阎柔,少没乌桓、鲜卑中,为其种人所归信,柔乃因鲜卑众,杀乌桓校尉邢举而代之。袁绍因宠慰柔,以安北边。及绍子尚败,奔蹋顿。时幽、冀吏人奔乌桓者十万馀户,尚欲凭其兵力,复图中国。会曹操平河北,阎柔率鲜卑、乌桓归附,操即以柔为校尉。建安十二年,曹操自征乌桓,[12]大破蹋顿于柳城,斩之,首房二十馀万人。袁尚与楼班、乌延等皆走辽东,辽东太守公孙康并斩送之。其馀众万馀落,悉徙居中国云。

①蹋音大蜡反。

鲜卑者,亦东胡之支也,别依鲜卑山,故因号焉。其言语习俗与乌桓同。唯婚姻先髡头，以季春月大会于饶乐水上，①饮宴毕，然后配合。又禽兽异于中国者，野马、原羊、[13]角端牛，以角为弓，俗谓之角端弓者。②又有貂、豽、鼲子，皮毛柔蝡，③故天下以为名裘。

①水在今营州北。

②郭璞注尔雅曰："原羊似吴羊而大角，出西方。"前书音义曰："角端似牛，角可为弓。"

③豽音女滑反。豽鼲音胡昆反。貂、鼲并鼠属。豽，猴属也。

汉初，亦为冒顿所破，远窜辽东塞外，与乌桓相接，未常通中国焉。光武初，匈奴强盛，率鲜卑与乌桓寇抄北边，杀略吏人，无有宁岁。建武二十一年，鲜卑与匈奴入辽东，辽东太守祭肜击破之，斩获殆尽，事已具肜传，由是震怖。及南单于附汉，北虏孤弱，二十五年，鲜卑始通驿使。[14]

其后都护偏何等诣祭肜求自效功，因令击北匈奴左伊育訾部，[15]斩首二千馀级。其后偏何连岁出兵击北虏，还辄持首级诣辽东受赏赐。三十年，[16]鲜卑大人於仇贲、满头等率种人诣阙朝贺，慕义内属。帝封於仇贲为王，满头为侯。时渔阳赤山乌桓歆志贲[17]等数寇上谷。永平元年，祭肜复略偏何击歆志贲，破斩之，于是鲜卑大人皆来归附，并诣辽东受赏赐，青徐二州给钱岁二亿七千万为常。明章二世，保塞无事。

和帝永元中，大将军窦宪遣右校尉耿夔击破匈奴，北单于逃走，鲜卑因此转徙据其地。匈奴馀种留者尚有十馀万落，皆自号鲜卑，鲜卑由此渐盛。九年，辽东鲜卑攻肥如县，①太守祭参坐沮败，下狱死。十三年，辽东鲜卑寇右北平，因入渔阳，渔阳太守击破之。

延平元年，[18]鲜卑复寇渔阳，太守张显率数百人出塞追之。兵马掾严授谏曰："前道险阻，贼势难量，宜且结营，先令轻骑侦视之。"显意甚锐，怒欲斩之。因复进兵，遇虏伏发，士卒悉走，唯授力战，身被十创，手杀数人而死。显中流矢，主簿卫福、功曹徐咸皆自投赴显，俱殁于阵。邓太后策书褒叹，赐显钱六十万，以家二人为郎；授、福、咸各钱十万，除一子为郎。

①肥如县，故城在今平州也。

安帝永初中，鲜卑大人燕荔阳诣阙朝贺，邓太后赐燕荔阳王印绶，赤车参驾，令止乌桓校尉所居宁城下，通胡市，因筑南北两部质馆。①鲜卑邑落百二十部，各遣入质。是后或降或畔，与匈奴、乌桓更相攻击。

①筑馆以受降质。

元初二年秋，辽东鲜卑围无虑县，①州郡合兵固保清野，鲜卑无所得。②复攻扶黎营，杀长吏。③四年，辽西鲜卑连休等遂烧塞门，寇百姓。乌桓大人於秩居等与连休有宿怨，共郡兵奔击，大破之，斩首千三百级，悉获其生口牛马财物。五年秋，代郡鲜卑万馀骑遂穿塞入寇，分攻城邑，烧官寺，杀长吏而去。乃发缘边甲卒、黎阳营兵，屯上谷以备之。冬，鲜卑入上谷，攻居庸关，复发缘边诸郡、黎阳营兵、积射士步骑二万人，屯列冲要。六年秋，鲜卑入马城塞，杀长吏，④度辽将军邓遵发积射士三千人，及中郎将马续率南单于，与辽西、右北平兵马会，出塞追击鲜卑，大破之，获生口及牛羊财物甚众。又发积射士二千人，马三千匹，诣度辽营屯守。

①无虑县属辽东郡。

②清野谓收敛积聚，不令寇得之也。

③扶黎,县,属辽东属国,故城在今营州东〔南〕。[19]

④马城,县名,属代郡也。

永宁元年,辽西鲜卑大人乌伦、其至鞬率众诣邓遵降,奉贡献。诏封乌伦为率众王,其至鞬为率众侯,赐彩缯各有差。

建光元年秋,其至鞬复畔,寇居庸,云中太守成严击之,兵败,功曹杨穆以身捍严,与俱战殁。鲜卑于是围乌桓校尉徐常于马城。度辽将军耿夔与幽州刺史庞参发广阳、渔阳、涿郡甲卒,分为两道救之;常夜得潜出,与夔等并力并进,攻贼围,解之。鲜卑既累杀郡守,胆意转盛,控弦数万骑。延光元年冬,复寇雁门、定襄,遂攻太原,掠杀百姓。二年冬,其至鞬自将万馀骑入东领候,分为数道。攻南匈奴于曼柏,①奠鞬日逐王战死,杀千馀人。三年秋,复寇高柳,击破南匈奴,杀渐将王。[20]

①县名,属五原郡也。

顺帝永建元年秋,鲜卑其至鞬寇代郡,太守李超战死。明年春,中郎将张国遣从事将南单于兵步骑万馀人出塞,击破之,获其资重二千馀种。[21]时辽东鲜卑六千馀骑亦寇辽东玄菟,乌桓校尉耿晔发缘边诸郡兵及乌桓率众王出塞击之,斩首数百级,大获其生口牛马什物,[22]鲜卑乃率种众三万人诣辽东乞降。三年,四年,鲜卑频寇渔阳、朔方。六年秋,耿晔遣司马将胡兵数千人,出塞击破之。冬,渔阳太守又遣乌桓兵击之,斩首八百级,获牛马生口。乌桓豪人扶漱官勇健,①每与鲜卑战,辄陷敌,诏赐号“率众君”。

①漱音所救反。

阳嘉元年冬,耿晔遣乌桓亲汉都尉戎朱廆率众王侯咄归等,[23]出塞抄击鲜卑,大斩获而还,赐咄归等已下为率众王、侯、长,赐彩缯各有差。鲜卑后寇辽东属国,于是耿晔乃移屯辽东无虑城拒之。二年春,匈奴中郎将赵稠[24]遣从事将南匈奴骨都侯夫沈等,出塞击鲜卑,破之,斩获甚众,诏赐夫沈金印紫绶及缣彩各有差。秋,鲜卑穿塞入马城,代郡太守击之,不能克。后其至鞬死,鲜卑抄盗差稀。

桓帝时,鲜卑檀石槐者,其父投鹿侯,初从匈奴军三年,其妻在家生子。投鹿侯归,怪欲杀之。妻言尝昼行闻雷震,仰天视而雹入其口,因吞之,遂妊身,十月而产,此子必有奇异,且宜长视。投鹿侯不听,遂弃之。妻私语家令收养焉,名檀石槐。年十四五,勇健有智略。异部大人抄取其外家牛羊,檀石槐单骑追击之,所向无前,悉还得所亡者,由是部落畏服。乃施法禁,平曲直,无敢犯者,遂推以为大人。檀石槐乃立庭于弹汗山[25]歠仇水上,①去高柳北三百馀里,兵马甚盛,东西部大人皆归焉。因南抄缘边,北拒丁零,东却夫馀,西击乌孙,尽据匈奴故地,东西万四千馀里,南北七千馀里,网罗山川水泽盐池。

①歠音昌悦反。

永寿二年秋,檀石槐遂将三四千骑寇云中。延熹元年,鲜卑寇北边。冬,使匈奴中郎将张奂率南单于出塞击之,斩首二百级。二年,复入雁门,杀数百人,大抄掠而去。六年夏,千馀骑寇辽东属国。九年夏,遂分骑数万人入缘边九郡,并杀掠吏人,于是复遣张奂击之,鲜卑乃出塞去。朝廷积患之,而不能制,遂遣使持印绶封檀石槐为王,欲与和亲。檀石槐不肯受,而寇抄滋甚。乃自分其地为三部,从右北平以东至辽东,接夫馀、濊貊二十馀邑为东部,从右北平以西至上谷十馀邑为中部,从上谷以西至敦煌、乌孙二十馀邑为西部,各置大人主领之,皆属檀石槐。

灵帝立,幽、并、凉三州缘边诸郡无岁不被鲜卑寇抄,杀略不可胜数。熹平三年冬,鲜卑入北地,太守夏育率休著屠各追击破之。迁育为护乌桓校尉。五年,鲜卑寇幽州。六年夏,鲜卑寇三边。秋,夏育上言:"鲜卑寇边,自春以来,三十馀发,请征幽州诸郡兵出塞击之,一冬二春,必能禽灭。"朝廷未许。先是护羌校尉田晏坐事论刑被原,欲立功自效,乃请中常侍王甫求得为将,甫因此议遣兵与育并力讨贼。帝乃拜晏为破鲜卑中郎将。大臣多有不同,乃召百官议朝堂。议郎蔡邕议曰:

书戒猾夏,易伐鬼方,①周有猃狁、蛮荆之师,②汉有圂颜、瀚海之事。③征讨殊类,所由尚矣。然而时有同异,势有可否,故谋有得失,事有成败,不可齐也。

①尚书舜典曰:"蛮夷猾夏,寇贼奸宄。"猾,乱也。易既济九三爻辞曰:"高宗伐鬼方,三年而克之。"前书淮南王安曰:"鬼方,小蛮夷也。"音义曰:"鬼方,远方也。"

②诗小雅曰:"显允方叔,征伐猃狁,蛮荆来威。"

③武帝使大将军卫青击匈奴,至圂颜山,斩首万馀级。使霍去病击匈奴,封狼居胥山,登临瀚海也。

武帝情存远略,志辟四方,南诛百越,北讨强胡,西伐大宛,东并朝鲜。因文、景之蓄,藉天下之饶,数十年间,官民俱匮。乃兴盐铁酒榷之利,设告缗重税之令,①民不堪命,起为盗贼,关东纷扰,道路不通。②绣衣直指之使,奋铁钺而并出。③既而觉悟,乃息兵罢役,〔封〕丞相为富民侯。④〔26〕故主父偃曰:"夫务战胜,穷武事,未有不悔者也。"⑤夫以世宗神武，[27]将相良猛，[28]财赋充实，所拓广远，犹有悔焉。况今人财并乏，事劣昔时乎！

①武帝使东郭咸阳等领天下盐铁，敢私铸钱卖盐者钛左趾。[29]榷，专也。官自卖酒，人不得卖也。又算缗钱，率缗钱二千而算一，令各以其物自占。占不悉，听人告缗，以半与之。音义曰："缗，丝也。用以贯钱，故曰缗钱。一算百二十也。"

②武帝天汉二年，泰山、琅邪群贼徐勃等阻山攻城，道路不通。

③武帝使直指使者暴胜之等衣绣仗斧，分部逐捕也。

④封丞相车千秋为富民侯，以明休息，思富养人。

⑤武帝时，齐相主父偃谏伐匈奴之辞。

自匈奴遁逃，鲜卑强盛，据其故地，称兵十万，才力劲健，意智益生。加以关塞不严，禁网多漏，精金良铁，皆为贼有；汉人逋逃，为之谋主，兵利马疾，过于匈奴。昔段颎良将，习兵善战，有事西羌，犹十馀年。今育、晏才策，未必过颎，鲜卑种众，不弱于曩时。而虚计二载，自许有成，若祸结兵连，岂得中休？当复征发众人，转运无已，是为耗竭诸夏，并力蛮夷。夫边垂之患，手足之蚧搔；中国之困，胸背之瘭疽。①方今郡县盗贼尚不能禁，况此丑虏而可伏乎！

①蚧音介。搔音新到反。埤苍曰："瘭音必烧反。"杜预注左传曰："疽，恶创也。"

昔高祖忍平城之耻，吕后弃慢书之诟，①方之于今，何者为甚？

①诟，耻也，音许豆反。

天设山河，[30]秦筑长城，汉起塞垣，所以别内外，异殊俗也。苟无蠆国内侮之患则可矣,①岂与虫蚁(校)〔狡〕寇计争往来哉![31]虽或破之,岂可殄尽,而方(今)〔令〕本朝为之旰食乎?②[32]

①蠆国,解见西域传。

②旰,晚也。左传伍子胥曰:“楚君大夫,其旰食乎!”

夫专胜者未必克,挟疑者未必败,众所谓危,圣人不任,朝议有嫌,明主不行也。昔淮南王安谏伐越曰:“天子之兵,有征无战。言其莫敢校也。①如使越人蒙死以逆执事,厮舆之卒,②有一不备而归者,虽得越王之首,而犹为大汉羞之。”而欲以齐民易丑虏,皇威辱外夷,就如其言,犹已危矣,况乎得失不可量邪!昔珠崖郡反,孝元皇帝纳贾捐之言,而下诏曰:“珠崖背畔,今议者或曰可讨,或曰弃之。朕日夜惟思,羞威不行,则欲诛之;通于时变,复忧万民。夫万民之饥与远蛮之不讨,何者为大?宗庙之祭,凶年犹有不备,况避不嫌之辱哉![33]今关东大困,无以相赡,又当动兵,[34]非但劳民而已。其罢珠崖郡。”此元帝所以发德音也。夫恤民救急,虽成郡列县,尚犹弃之,况障塞之外,未尝为民居者乎!守边之术,李牧善其略,③[35]保塞之论,严尤申其要,④遗业犹在,文章具存,循二子之策,守先帝之规,臣曰可矣。

①校,报也。

②前书音义曰:“厮,微也。舆,众也。”

③史记曰:李牧,赵之北边良将也。常居代、雁门备匈奴,以便宜置吏,市租不入幕府,为士卒费,谨烽火,边无失亡也。

④前书王莽发三十万众,十道出击匈奴。莽将严尤谏曰:“匈奴为害,所从来久,未闻上代有征之者也。后世三家周、秦、汉征之,然皆未有得

上策者也。周宣王时猃狁内侵,至于泾阳,命将出征之,尽境而还,是得中策。武帝选将练兵,深入远戍,兵连祸结三十馀年,是为下策。秦始皇不忍小耻,筑长城之固,以丧社稷,是为无策。"班固曰:"若乃征伐之功,秦、汉行事,严尤论之当也。"

帝不从。① 遂遣夏育出高柳,田晏出云中,匈奴中郎将臧旻率南单于出雁门,各将万骑,三道出塞二千馀里。檀石槐命三部大人各帅众逆战,育等大败,丧其节传辎重,各将数十骑奔还,[36]死者十七八。三将槛车征下狱,赎为庶人。冬,鲜卑寇辽西。光和元年冬,又寇酒泉,缘边莫不被毒。种众日多,田畜射猎不足给食,檀石槐乃自徇行,见乌侯秦水广从数百里,水停不流,②其中有鱼,不能得之。闻倭人善网捕,于是东击倭人国,[37]得千馀家,徙置秦水上,令捕鱼以助粮食。

①左传曰:楚大夫莲启疆对楚灵王曰:"晋之事君,臣曰可矣。"
②从音子用反。

光和中,檀石槐死,时年四十五,子和连代立。和连才力不及父,亦数为寇抄,性贪淫,断法不平,众畔者半。后出攻北地,廉人善弩射者①射中和连,即死。其子骞曼年小,兄子魁头立。后骞曼长大,与魁头争国,众遂离散。魁头死,弟步度根立。自檀石槐后,诸大人遂世相传袭。

①廉,县名,属北地郡。

论曰:四夷之暴,其势互强矣。匈奴炽于隆汉,西羌猛十中兴。而灵献之间,二虏迭盛,石槐骁猛,尽有单于之地,蹋顿凶桀,公据辽西之土。其陵跨中国,结患生人者,靡世而宁焉。然制御上略,历世无闻;周、汉之策,仅得中下。将天之冥数,以至于是乎?

赞曰:二虏首施,鲠我北垂。道畅则驯,时薄先离。

【校勘记】

〔1〕乌桓者本东胡也　按:魏志"桓"皆作"丸"。

〔2〕其性悍塞　按:集解引惠栋说,谓魏书"悍塞"作"悍骜"。

〔3〕簏步摇　按:三国志注引魏书作"冠步摇"。

〔4〕实如稯子　按:三国志注引魏书"稯"作"葵"。

〔5〕簏音(吉)〔古〕诲反　按:张森楷校勘记谓吉簏不同母,不得用为反切。据广韵古对切,集韵古获切,疑此"吉"字亦"古"字之误。今据改。

〔6〕遂自亡畔　"自"原作"皆",径据汲本、殿本改。按:通志亦作"自"。

〔7〕郝旦等九百二十二人率众向化诣阙朝贡至于是封其渠帅为侯王君长者八十一人　按:魏志乌丸传注引魏书,云"乌丸大人郝旦等九千馀人,率众诣阙,封其渠帅为侯王者八十馀人",与此异。"郝旦"作"郝旦",旦且形近,未知孰是。

〔8〕雁门乌桓率众王无何(允)　据刊误删。按:校补谓通志亦无"允"字。

〔9〕拜其大人戎朱廆为亲汉都尉　集解引惠栋说,谓续汉书及魏书"朱"作"末"。按:校补谓通志亦作"末"。

〔10〕朔方乌桓与休著屠各并畔　按:"休著屠各"灵帝纪作"休屠各",南匈奴传作"休著各",此作"休著屠各"者,钱大昕谓乃读范史者音著为屠,后遂搀入正文耳。参阅南匈奴传校勘记。

〔11〕延熹九年夏乌桓复与鲜卑及南匈奴(鲜卑)寇缘边九郡　按:校补引

钱大昭说,谓下"鲜卑"二字疑衍。本纪是年六月南匈奴及乌桓、鲜卑寇缘边九郡。今删。

〔12〕建安十二年曹操自征乌桓　集解引惠栋说,谓魏书作"十一年"。今按魏志武纪在建安十二年夏,魏志乌丸传作"十一年",误。

〔13〕原羊　按:殿本考证谓何焯校本"原"改"羱"。

〔14〕鲜卑始通驿使　按:刊误谓"驿"当作"译"。

〔15〕北匈奴左伊育訾部　按:集解引惠栋说,谓祭肜传"育"作"秩"。

〔16〕三十年　按:集解引惠栋说,谓袁纪作"三十一年"。

〔17〕歆志贲　按:殿本考证谓魏志注"歆"作"钦"。

〔18〕延平元年　按:集解引王补说,谓"延平"上应有"殇帝"二字。

〔19〕故城在今营州东〔南〕　据汲本、殿本补。

〔20〕杀渐将王　按:殿本"渐"作"斩"。参阅南匈奴传校勘记。

〔21〕获其资重二千馀种　按:校补谓"种"疑当作"辆"。

〔22〕牛马什物　按:殿本作"牛羊财物"。

〔23〕耿晔遣乌桓亲汉都尉戎朱廆率众王侯咄归等　按:刊误谓魏志此"众"字作"将"字,言率将胡王等出塞,后乃封为率众王侯长也。

〔24〕匈奴中郎将赵稠　按:沈家本谓"赵稠"纪作"王稠"。"匈奴"上夺"使"字。

〔25〕弹汗山　按:集解引惠栋说,谓"汗"通鉴作"汙"。

〔26〕〔封〕丞相为富民侯　据汲本、殿本补。

〔27〕夫以世宗神武　张森楷校勘记谓群书治要"世宗"作"武帝",是知范书原文"武帝",后人妄以武帝本是世宗,唐避讳改,遂回改为"世宗",而不知非也。今按:邕集作"世宗"。

〔28〕将相良猛　按:汲本、殿本"相"作"帅"。

〔29〕钦方卧　按:"钦"原作"钦",径据殿本、集解本改。

〔30〕天设山河　按:校补谓通志"山河"作"沙漠"。

〔31〕岂与虫蚁(校)〔狡〕寇计争往来哉　校补谓"校"为"狡"之讹。并

2409

引柳从辰说,谓蔡邕集"校"作"狡"。今据改。

〔32〕而方(今)〔令〕本朝为之旰食乎　刊误谓"今"当作"令"。张森楷校勘记谓治要作"令"。今据改。

〔33〕况避不嫌之辱哉　按:校补谓柳从辰云蔡邕集"嫌"作"逊",今案前书本作"嫌"。

〔34〕又当动兵　集解引惠栋说,谓邕集"当"作"议"。今按:前书作"以"。

〔35〕守边之术李牧善其略　按:校补谓通志"守"作"备","略"作"宜"。

〔36〕各将数十骑奔还　汲本、殿本"数十"作"数千"。按:殿本考证谓"数千"通鉴作"数十"为是。

〔37〕闻倭人善网捕于是东击倭人国　按:魏志鲜卑传注引魏书"倭"作"汗"。

后 汉 书 志 第 一

律 历 上

律准　候气

古之人论数也，曰"物生而后有象，象而后有滋，滋而后有数"。然则天地初形，人物既著，则筹数之事生矣。记称大桡作甲子，①隶首作数。②二者既立，以比日表，③以管万事。夫一、十、百、千、万，所同用也；律、度、量、衡、历，其别用也。故体有长短，检以度；④物有多少，受以量；⑤量有轻重，平以权衡；⑥声有清浊，协以律吕；三光运行，纪以历数：然后幽隐之情，精微之变，可得而综也。⑦

①吕氏春秋曰："黄帝师大桡。"博物记曰："容成氏造历，黄帝臣也。"月令章句："大桡探五行之情，占斗纲所建，于是始作甲乙以名日，谓之干，作子丑以名(日)〔月〕，[1]谓之枝，枝干相配，以成六旬。"

②博物记曰："隶首，黄帝之臣。"一说，隶首，善算者也。

2411

③表即晷景。

④说苑曰:"以粟生之,(十)〔一〕粟为一分,[2]十分为一寸,十寸为一尺,十尺为一丈。"

⑤说苑曰:"千二百粟为一籥,十籥为一合,十合为一升,十升为一斗,十斗为一斛。"

⑥说苑曰:"十粟重一圭,十圭重一铢,[3]二十四铢重一两,十六两重一斤,三十斤重一钧,四钧重一石。"

⑦前志曰:"夫推历生律,制器规圆矩方,权重衡平,准绳嘉量,探赜索隐,钩深致远,莫不用焉。度长短者不失毫厘,量多少者不失圭撮,权轻重者不失黍累。纪于一,协于十,长于百,大于千,广于万。"[4]

汉兴,北平侯张苍首治律历。孝武正乐,置协律之官。至元始中,博征通知锺律者,考其意义,羲和刘歆典领条奏,前史班固取以为志。而元帝时,郎中京房(房字君明)知五声之音,六律之数。[5]上使太子太傅(韦)玄成(字少翁)、[6]谏议大夫章,杂试问房于乐府。房对:"受学故小黄令焦延寿。六十律相生之法:以上生下,皆三生二,以下生上,皆三生四,阳下生阴,阴上生阳,终于中吕,而十二律毕矣。中吕上生执始,执始下生去灭,上下相生,终于南事,六十律毕矣。夫十二律之变至于六十,犹八卦之变至于六十四也。宓羲作易,纪阳气之初,以为律法。建日冬至之声,以黄锺为宫,太蔟为商,姑洗为角,林锺为徵,南吕为羽,应锺为变宫,蕤宾为变徵。①此声气之元,五音之正也。故各(终)〔统〕一日。[7]其馀以次运行,当日者各自为宫,而商徵以类从焉。②礼运篇曰'五声、六律、十二管还相为宫',此之谓也。③以六十律分期之日,黄锺自冬至始,及冬至而复,阴阳寒燠风雨之占生焉。于以检摄群音,考其高下,苟非(草)〔革〕木之声,[8]则无不有所合。虞书曰'律和声',此之谓也。"房又曰:"竹声不可以度调,故作准以定数。准之状如瑟,长丈而十三弦,隐间九尺,以应黄锺之律九寸;中央一弦,下有画分寸,以为六十律清浊之节。"房言律详于歆所奏,其术施行于史官,候部用之。文多不悉载。故总其本要,以续前志。

①月令章句曰:"以姑洗为角,南吕为羽,则微浊也。"

②月令章句曰:"律,率也,声之管也。上古圣人本阴阳,别风声,审清浊,而不可以文载口传也。于是始铸金作锺,以主十二月之声,然后以效升降之气。锺难分别,乃截竹为管,谓之律。律者,清浊之率法也。声之清浊,以(制)〔律〕长短为制。"〔9〕

③郑玄曰:"宫数八十一,黄锺长九寸,九九八十一也。三分宫去一生微,微数五十四,林锺长六寸,六九五十四也。三分微益一生商,商数七十二,太蔟长八寸,八九七十二也。三分商去一生羽,羽数四十八,南吕长五寸三分寸之一,五九四十五又三分寸之一,为四十八也。三分羽益一生角,角数六十四,姑洗长七寸九分寸之一,七九六十三又九分寸之一,为六十四也。三分角去一生变宫,三分变宫益一生变微。自此已后,则随月而变,所谓'还相为宫'。"

律术曰:阳以圆为形,其性动。阴以方为节,其性静。动者数三,静者数二。以阳生阴,倍之;以阴生阳,四之:皆三而一。阳生阴曰下生,阴生阳曰上生。上生不得过黄锺之(清)浊,下生不得及黄锺之(数实)〔清〕。〔10〕皆参天两地,圆盖方覆,六耦承奇之道也。黄锺,律吕之首,而生十一律者也。①〔11〕其相生也,皆三分而损益之。是故十二律之,得十七万七千一百四十七,〔12〕是为黄锺之实。②又以二乘而三约之,是为下生林锺之实。又以四乘而三约之,是为上生太蔟之实。推此上下,以定六十律之实。以九三之,(数)〔得〕万九千六百八十三为法。〔13〕〔于〕律为寸,〔14〕于准为尺。

不盈者十之,所得为分。又不盈十之,所得为小分。以其馀正其强弱。

①前书曰:"黄帝使伶伦,自大夏之西,昆仑之阴,取竹之嶰谷生,其窍厚均者,断两节间而吹之,以为黄锺之管。[15]制十二箫以听凤之鸣,其雄鸣为六,雌鸣亦六,此黄锺之音,[16]而皆可以生之,是为律本。至治之世,天地之气合以生风。天地之风气正,十二律乃定。"

②前书曰:"太极元气,含三为一。极,中也。元,始也。行于十二辰,始动于子。参之于丑,得三。又参之于寅,得九。又参之于卯,得二十七。又参之于辰,得八十一。又参之于巳,得二百四十三。又参之于午,得七百二十九。又参之于未,得二千一百八十七。又参之于申,得六千五百六十一。又参之于酉,得万九千六百八十三。又参之于戌,得五万九千四十九。又参之于亥,得十七万七千一百四十七。此阴阳合德,气锺于子,化生万物者也。故滋萌于子,[17]纽牙于丑,引达于寅,冒茆于卯,振美于辰,[18]已盛于巳,咢布于午,昧暧于未,[19]申坚于申,留孰于酉,毕入于戌,该阂于亥,出甲于甲,奋轧于乙,明炳于丙,大成于丁,[20]丰茂于戊,[21]理纪于己,敛更于庚,悉新于辛,怀任于壬,陈揆于癸。故阴阳之施化,万物之终始,既类旅于律吕,又经历于日辰,而变化之情则可见矣。"[22]

黄锺,十七万七千一百四十七。

下生林锺。 黄锺为宫,太蔟商,林锺徵。

一日。 律,九寸。 准,九尺。

色育,[23]十七万六千七百七十六。

下生谦待。[24] 色育为宫,未知南,谦待徵。

六日。 律,八寸九分小分八微强。 准,八尺九寸万五千九百七十三。

执始,十七万四千七百六十二。

下生去灭。　执始为宫,时息商,去灭徵。

六日。　律,八寸八分小分七大强。[25]　准,八尺八寸万五千五
百一十六。

丙盛,十七万二千四百一十。

下生安度。　丙盛为宫,屈齐商,安度徵。

六日。　律,八寸七分小分六微弱。　准,八尺七寸万一千六百
七十九。

分动,[26]十七万八十九。

下生归嘉。　分动为宫,随期商,归嘉徵。

六日。　律,八寸六分小分四强。　准,八尺六寸八千一百五
十二。

质末,[27]十六万七千八百。

下生否与。　质末为宫,形晋[28]商,否与徵。

六日。　律,八寸五分小分二〔半〕强。[29]　准,八尺五寸四千九
百四十五。

大吕,十六万五千八百八十八。

下生夷则。　大吕为宫,夹锺商,夷则徵。

八日。　律,八寸四分小分三弱。　准,八尺四寸五千五百八。

分否,十六万三千六百五十四。

下生解形。[30]　分否为宫,开时商,解形徵。

八日。　律,八寸三分小分一强。　准,八尺三寸二千八百五
十一。

凌阴,[31]十六万一千四百五十二。

下生去南。 凌阴为宫,族嘉[32]南,去商徵。

八日。 律,八寸二分小分一弱。 准,八尺二寸五百一十四。

少出,十五万九千二百八十。

下生分积。 少出为宫,争南商,分积徵。

六日。 律,八寸小分九强。 准,八尺万八千一百六十。

太蔟,十五万七千四百六十四。

下生南吕。 太蔟为宫,姑洗商,南吕徵。

一日。 律,八寸。 准,八尺。

未知,十五万七千一百三十四。

下生白吕。 未知为宫,南授商,白吕徵。

六日。 律,七寸九分小分八强。 准,七尺九寸万六千三百八十三。

时息,十五万五千三百四十四。

下生结躬。 时息为宫,变虞商,结躬徵。

六日。 律,七寸八分小分九少强。 准,七尺八寸万八千一百六十六。

屈齐,十五万三千二百五十三。

下生归期。 屈齐为宫,路时商,归期徵。

六日。 律,七寸七分小分九弱。 准,七尺七寸万六千九百三十九。

随期,十五万一千一百九十。

下生未卯。[33] 随期为宫,形始商,未卯徵。

六日。 律,七寸六分小分八强。 准,七尺六寸万五千九百九十二。

形晋，十四万九千一百五十(五)〔六〕。[34]

下生夷汗。[35]　形晋为宫，依行商，夷汗徵。

六日。　律，七寸五分小分八弱。　准，七尺五寸万五千三百(二)〔三〕十五。[36]

夹锺，十四万七千四百五十六。

下生无射。　夹锺为宫，中吕商，无射徵。

六日。　律，七寸四分小分九强。　准，七尺四寸万八千一十八。

开时，十四万五千四百七十。

下生闭掩。[37]　开时为宫，南中商，闭掩徵。

八日。　律，七寸三分小分九微(弱)〔强〕。[38]　准，七尺三寸万七千八百四十一。

族嘉，十四万三千五百一十三。

下生邻齐。　族嘉为宫，内负[39]商，邻齐徵。

八日。　律，七寸二分小分九微强。　准，七尺二寸万七千九百五十四。

争南，十四万一千五百八十二。

下生期保。　争南为宫，物应商，期保徵。

八日。　律，七寸一分小分九强。　准，七尺一寸万八千三百二十七。

姑洗，十三万九千九百六十八。

下生应锺。　姑洗为宫，蕤宾商，应锺徵。

一日。　律，七寸一分小分一微强。　准，七尺一寸二千一百八十七。

南授,十三万九千六百七十〔四〕。[40]

下生分乌。[41]　南授为宫,南事商,分乌徵。

六日。　律,七寸小分九大强。　准,七尺万八千九百三十。

变虞,十三万八千八十四。

下生迟内。　变虞为宫,盛变商,迟内徵。

六日。　律,七寸小分一半强。　准,七尺三千三十。

路时,十三万六千二百二十五。

下生未育。　路时为宫,离宫商,未育徵。

六日。　律,六寸九分小分二微强。　准,六尺九寸四千一百二十三。

形始,[42]十三万四千三百九十二。

下生迟时。　形始为宫,制时商,迟时徵。

五日。　律,六寸八分小分三弱。　准,六尺八寸五千四百七十六。

依行,十三万二千五百八十二。

上生色育。　依行为宫,谦待商,色育徵。

七日。　律,六寸七分小分三(大)〔半〕强。[43]　准,六尺七寸七千五十九。

中吕,十三万一千七十二。

上生执始。　中吕为宫,去灭商,执始徵。

八日。　律,六寸六分小分六弱。　准,六尺六寸万一千六百四十二。

南中,十二万九千三百八。

上生丙盛。　南中为宫,安度商,丙盛徵。

七日。　律，六寸五分小分七微弱。　准，六尺五寸万三千六百八十五。

内负，十二万七千五百六十七。

上生分动。　内负为宫，归嘉商，分动徵。

八日。　律，六寸四分小分八〔微〕强。[44]　准，六尺四寸万五千九百五十八。

物应，十二万五千八百五十。

上生质末。　物应为宫，否与商，质末徵。

七日。　律，六寸三分小分九强。　准，六尺三寸万八千四百七十一。

蕤宾，十二万四千四百一十六。

上生大吕。　蕤宾为宫，夷则商，大吕徵。

一日。　律，六寸三分小分二微强。　准，六尺三寸四千一百三十一。

南事，十二万四千一百五十四。

（下）〔不〕生。[45]　南事穷，无商、徵，不为宫。

七日。　律，六寸三分小分一弱。　准，六尺三寸一千五百（三）〔一〕十一。[46]

盛变，十二万二千七百四十一。

上生分否。　盛变为宫，解形商，分否徵。

七日。　律，六寸二分小分三（大）〔半〕强。[47]　准，六尺二寸七千六十四。

离宫，十二万一千八（百一）十九。[48]

上生凌阴。　离宫为宫，去南商，凌阴徵。

七日。　律,六寸一分小分五微强。　准,六尺一寸万二百二十七。

制时,十一万九千四百六十。

上生少出。　制时为宫,分积商,少出徵。

八日。　律,六寸小分七弱。　准,六尺万三千六百二十。

林锺,十一万八千九十八。

上生太蔟。　林锺为宫,南吕商,太蔟徵。

一日。　律,六寸。　准,六尺。

谦待,十一万七千八百五十一。

上生未知。　谦待为宫,白吕商,未知徵。

五日。　律,五寸九分小分九弱。　准,五尺九寸万七千二百一十三。

去灭,十一万六千五百八。

上生时息。　去灭为宫,结躬商,时息徵。

七日。　律,五寸九分小分二弱。　准,五尺九寸三千七百八十三。

安度,十一万四千九百四十。

上生屈齐。　安度为宫,归期商,屈齐徵。

六日。　律,五寸八分小分四〔微〕弱。[49]　准,五尺八寸七千七百八十六。

归嘉,十一万三千三百九十三。

上生随期。　归嘉为宫,未卯商,随期徵。

六日。　律,五寸七分小分六微强。　准,五尺七寸万一千九百九十九。

否与,十一万一千八百六十七。

上生形晋。 否与为宫,夷汗商,形晋徵。

五日。 律,五寸六分小分八强。 准,五尺六寸万六千四百二十二。

夷则,十一万五百九十二。

上生夹锺。 夷则为宫,无射商,夹锺徵。

八日。 律,五寸六分小分二弱。 准,五尺六寸三千六百七十二。

解形,十(一)万九千一百三。[50]

上生开时。 解形为宫,闭掩商,开时徵。

八日。 律,五寸五分小分四强。 准,五尺五寸八千四百六十五。

去南,十万七千六百三十五。

上生族嘉。 去南为宫,邻齐商,族嘉徵。

八日。 律,五寸四分小分六大强。 准,五尺四寸万三千四百六十八。

分积,十万六千一百八十(八)〔七〕。[51]

上生争南。 分积为宫,期保商,争南徵。

七日。 律,五寸三分小分九半强。[52] 准,五尺三寸万八千六百(八)〔七〕十一。[53]

南昌,十万四千九百七十六。

上生姑洗。 南昌为宫,应锺商,姑洗徵。

一日。 律,五寸三分小分三强。 准,五尺三寸六千五百六十一。

白吕,十万四千七百五十六。

上生南授。 白吕为宫,分乌商,南授徵。

五日。 律,五寸三分小分二强。 准,五尺三寸四千三百(七)〔六〕十一。^[54]

结躬,十万三千五百六十三。

上生变虞。 结躬为宫,遅内商,变虞徵。

六日。 律,五寸二分小分六(少)强。^[55] 准,五尺二寸万二千一百一十四。

归期,十万二千一百六十九。

上生路时。 归期为宫,未育商,路时徵。

六日。 律,五寸一分小分九微强。 准,五尺一寸万七千八百五十七。

未卯,十万七百九十四。

上生形始。 未卯为宫,遅时商,形始徵。

六日。 律,五寸一分小分二微强。 准,五尺一寸四千(八十)〔一百〕七。^[56]

夷汗,九万九千四百三十七。

上生依行。 夷汗为宫,色育商,依行徵。

七日。 律,五寸小分五强。 准,五尺万二百二十。

无射,九万八千三百四。

上生中吕。 无射为宫,执始商,中吕徵。

八日。 律,四寸九分小分九强。 准,四尺九寸万八千五百七十三。

闭掩,九万六千九百八十。

上生南中。　闭掩为宫,丙盛商,南中徵。

八日。　律,四寸九分小分三弱。　准,四尺九寸五千三百三
十三。

邻齐,九万五千六百七十五。

上生内负。　邻齐为宫,分动商,内负徵。

七日。　律,四寸八分小分六微强。　准,四尺八寸万一千九百
六十六。

期保,九万四千三百八十八。

上生物应。　期保为宫,质末商,物应徵。

八日。　律,四寸七分小分九(微)〔半〕强。[57]　准,四尺七寸万
八千七百七十九。

应锺,九万三千三百一十二。

上生蕤宾。　应锺为宫,大吕商,蕤宾徵。

一日。　律,四寸七分小分四微强。　准,四尺七寸八千八十九。

分乌,九万三千一百一十(七)〔六〕。[58]

上生南事。　分乌穷次,无徵,不为宫。

七日。　律,四寸七分小分三微强。　准,四尺七寸六千五
十九。

迟内,九万二千五十六。

上生盛变。　迟内为宫,分否商,盛变徵。

八日。　律,四寸六分小分八弱。　准,四尺六寸万五千一百四
十二。

未育,九万八百一十七。

上生离宫。　未育为宫,凌阴商,离宫徵。

八日。　律,四寸六分小分一少强。　准,四尺六寸二千七百五十二。

迟时,八万九千五百九十五。

上生制时。　迟时为宫,少出商,制时徵。

六日。　律,四寸五分小分五强。　准,四尺五寸万二百一十五。

截管为律,吹以考声,列以物气,[59]道之本也。①术家以其声微而体难知,其分数不明,故作准以代之。准之声,明畅易达,分寸又粗。然弦以缓急清浊,[60]非管无以正也。均其中弦,令与黄锺相得,案画以求诸律,无不如数而应者矣。

①前书注曰:"章帝时,零陵文学奚景于泠道县[61]舜祠下得白玉琯。古以玉为琯。"

音声精微,综之者解。元和元年,待诏候锺律殷彤上言:"官无晓六十律以准调音者。故待诏严崇[62]具以准法教子男宣,宣通习。愿召宣补学官,主调乐器。"诏曰:"崇子学审晓律,别其族,协其声者,审试。不得依托父学,以聋为聪。声微妙,独非莫知,独是莫晓。以律错吹,能知命十二律不失一,方为能传崇学耳。"[63]太史丞弘试十二律,其二中,其四不中,其六不知何律,宣遂罢。自此律家莫能为准施弦,候部莫知复见。①熹平六年,东观召典律者太子舍人张光等问准意。光等不知,归阅旧藏,乃得其器,形制如房书,犹不能定其弦缓急,音不可书以(时)〔晓〕人,[64]知之者欲教而无从,心达者体知而无师,故史官能辨清浊者遂绝。其可以相传者,唯大推常数及候气而已。

①薛莹书曰,上以太常乐丞鲍邺等上乐事,下车骑将军马防。防奏言:

"建初二年七月,邺上言:'王者饮食,必道须四时五味,故有食举之乐,所以顺天地,养神明,求福应也。移风易俗,莫善于乐。乐者天地之和,不可久废。今官乐但有太蔟,皆不应(日)〔月〕律。[65]可作十二月均,各应其月气,乃能顺天地,[66]和气宜应。明帝始令灵台六律候,而未设其门。乐经曰十二月行之,所以宣气丰物也。月开斗建之门,而奏歌其律。诚宜施行。愿与待诏严崇及能作乐器者共作治,考工给所当。'诏下太常。太常上言:'作乐器直钱百四十六万,请太仆作成上。'奏寝。今明诏下臣防,臣辄问邺及待诏知音律者,皆言圣人作乐,所以宣气致和,顺阴阳也。臣愚以为可顺上天之明(待)〔时〕,[67]因岁首令正,发太蔟之律,奏雅颂之音,以立太平,以迎和气。其条贯甚备。"诏书以防言下三公。

夫五音生于阴阳,分为十二律,转生六十,皆所以纪斗气[68]效物类也。天效以景,地效以响,即律也。阴阳和则景至,律气应则灰除。是故天子常以日冬夏至御前殿,合八能之士,陈八音,听乐均,度晷景,候锺律,权土(灰)〔炭〕,[69](放)〔效〕阴阳。[70]冬至阳气应,则乐均清,景长极,黄锺通,土(灰)〔炭〕轻而衡仰。夏至阴气应,则乐均浊,景短极,蕤宾通,土(灰)〔炭〕重而衡低。①进退于先后五日之中,八能各以候状闻,太史封上。效则和,否则占。②候气之法,为室三重,户闭,涂衅必周,密布缇缦。室中以木为案,每律各一,内庳外高,从其方位,加律其上,以葭莩灰抑其内端,③案历而候之。气至者灰(去)〔动〕。[71]其为气所动者其灰散,人及风所动者其灰聚。殿中候,用玉律十二。惟二至乃候灵台,用竹律六十。候日如其历。④

2425

①淮南子曰:"水胜故夏至湿,火胜故冬至燥。燥故(灰)〔炭〕轻,湿故(灰)〔炭〕重。"

②易纬曰:"冬至人主不出宫,寝兵,从乐五日,击黄锺之磬。公卿大夫列士之意得,则阴阳之晷如度数。夏至之日,如冬至之礼。冬至之日,树八尺之表,日中视其晷。晷如度者其岁美,人民和顺。晷不如度者则岁恶,人民多讹言,政令为之不平。晷进则水,晷退则旱。进一尺则日食,退一尺则月食。月食则正臣下之行,日食则正人主之道。"

③葭莩出河内。

④月令章句曰:"古之为锺律者,以耳齐其声。后不能,则假数以正其度,度数正则音亦正矣。锺以斤两尺寸中所容受升斗之数为法,律亦以寸分长短为度。故曰黄锺之管长九寸,〔孔〕径三分,[72]围九分,其馀皆(补)〔渐〕短,[73](虽)〔惟〕大小围数无增减。[74]以度量者可以文载口传,与众共知,然不如耳决之明也。"

【校勘记】

〔1〕作子丑以名(日)〔月〕 集解引卢文弨说,谓"日"当为"月"。案子丑等亦谓十二辰,则当系于月明矣。后人因下有枝干相配,以成六旬,遂改为"日",泥甚。今据改。

〔2〕以粟生之(十)〔一〕粟为一分 集解引卢文弨说,谓"以粟"说苑作"以黍",无"十粟"二字。按:校补谓"十"当作"一",粟犹黍也。虽说苑亦无"一黍"二字,然不别出数,即是就一黍言。前书律历志云"一黍之广,度之九十分,黄锺之长。一为一分"。夫黄锺长九寸,一黍之广当之长九十分之一,亦即是一黍为一分,故知此一粟为一分矣。今据校补说改。

〔3〕十粟重一圭十圭重一铢 按:集解引卢文弨说,谓说苑"十粟"作"十六黍","十圭"作"六圭"。

〔4〕广于万 按:集解引卢文弨说,谓前志"广"作"衍"。

〔5〕郎中京房(房字君明)知五声之音六律之数 "房字君明"四字据集解引卢文弨说删，卢说见下。又集解引卢文弨说，谓"五声之音，六律之数"通典作"五音六十律之数"。王先谦谓晋、宋志并作"五音六十律"，此文讹也。今按："六律"一词于此泛用作律吕解亦可通，今不改。

〔6〕上使太子太傅(韦)玄成(字少翁) 按：集解引卢文弨说，谓甄鸾五经算术无"韦"字，与下王章亦不书姓名。下"字少翁"三字亦无。盖阅者偶作旁记，而误写入正文，与上"房字君明"并当删去，不可以史记有"解扬字子虎"相比例。今据删。

〔7〕故各(终)〔统〕一日 按：集解引惠栋说，谓"终"礼记正义引作"统"，北史牛宏传同。又引卢文弨说，谓算术亦作"统"。今据改。

〔8〕苟非(草)〔革〕木之声 集解引卢文弨说，谓"草"当依算术作"革"。今据改。按：王先谦谓晋志作"草"。

〔9〕以(制)〔律〕长短为制 据汲本改。

〔10〕上生不得过黄锺之(清)浊下生不得及黄锺之(数实)〔清〕 集解引卢文弨说，谓"清"字衍。"之数实"当作"之清"，依算术改正。今据改。卢又谓"及"上脱"不"字。今按：上生不得过黄锺之浊者，意即所生之音不得低于黄锺本律，下生不得及黄锺之清者，意即所生之音不得高于或等于黄锺半律，"过"与"及"字异而义同，非有脱字也。今不改。

〔11〕而生十一律者也 "十一"汲本、殿本作"十二"。集解引卢文弨说，谓通鉴注引"十二"作"十一"。今按：作"十二"者讹，参阅下条校记自明。

〔12〕是故十二律之得十七万七千一百四十七 按："十二律之"语意不明，疑有脱讹。依文当作"十一三之"，盖以三自乘十一次，所得之数为十七万七千一百四十七也。

〔13〕(数)〔得〕万九千六百八十三为法 据集解引卢文弨说改。

〔14〕〔于〕律为寸　集解引卢文弨说,谓"律"上脱"于"字,算术有。今据补。

〔15〕以为黄锺之管　按:集解引卢文弨说,谓前志"管"作"宫"。

〔16〕此黄锺之音　按:集解引卢文弨说,谓前志"音"作"宫"。

〔17〕故滋萌于子　按:王先谦谓前志"滋"作"孳"。

〔18〕振羡于辰　前志"羡"作"美"。按:王念孙谓"美"当为"羡",字之讹也。

〔19〕昧暖于未　按:王先谦谓前志"暖"作"薆"。

〔20〕大成于丁　按:集解引卢文弨说,谓前志"成"作"盛"。

〔21〕丰茂于戊　按:王先谦谓前志"茂"作"楙"。

〔22〕而变化之情则可见矣　按:王先谦谓前志无"则"字。

〔23〕色育　集解引卢文弨说,谓"色"隋志及律吕新书俱作"包",当是也。算术、礼记正义并作"色"。

〔24〕下生谦待　按:隋志"谦待"作"谦侍"。下同。

〔25〕律八寸八分小分七大强　集解引惠栋说,谓"七大强"一作"八弱"。今按:礼记正义作"小分八弱"。又按:集解引卢文弨说,谓"大"当作"太"。

〔26〕分动　集解引惠栋说,谓"动"一作"勋"。今按:隋志作"动"。下同。

〔27〕质末　集解引卢文弨说,谓隋志、礼运正义"末"作"未"。按:殿本作"未"。下同。

〔28〕形晋　按:隋志"形"作"刑"。下同。

〔29〕小分二〔半〕强　集解引卢文弨说,谓算术"强"上有"半"字,是。今据补。

〔30〕下生解形　按:隋志"解形"作"解刑"。下同。

〔31〕凌阴　按:集解引卢文弨说,谓隋志、正义"凌"俱作"陵"。

〔32〕族嘉　按:隋志作"佚喜"。下同。

〔33〕下生未卯　按:隋志"未卯"作"未卬"。

〔34〕十四万九千一百五十(五)〔六〕　集解引卢文弨说,谓"五十五"算术作"五十六",是。今据改。

〔35〕下生夷汗　按:隋志"夷汗"作"夷污"。下同。又按:"夷"原讹"无",径改正。

〔36〕七尺五寸万五千三百(二)〔三〕十五　按:各本并作"二十五",今据算理改。

〔37〕下生闭掩　按:隋志"闭掩"作"闭奄"。下同。

〔38〕小分九微(弱)〔强〕　按:集解引卢文弨说,谓算术作"微强",是。今据改。

〔39〕内负　按:隋志"负"作"贞"。下同。

〔40〕十三万九千六百七十〔四〕　集解引钱大昕说,谓当作"七十四",脱"四"字。又引卢文弨说,谓算术有"四"字。今据补。

〔41〕下生分乌　按:隋志"分乌"作"分焉"。下同。

〔42〕形始　按:隋志"形"作"刑"。

〔43〕小分三(大)〔半〕强　集解引卢文弨说,谓算术作"半强",是。今据改。

〔44〕小分八〔微〕强　集解引卢文弨说,谓算术作"微强",是。今据补。

〔45〕(下)〔不〕生　集解引钱大昕说,谓十二律之变穷于南事,安得云下生乎? 疑"下"为"不"字之讹。又引卢文弨说,谓"下生"当作"不生"。今据改。

〔46〕六尺三寸一千五百(三)〔一〕十一　按:各本作"三十一",今据算理改。

〔47〕小分三(大)〔半〕强　集解引卢文弨说,谓算术作"半强",是。今据改。

〔48〕十二万一千八(百一)十九　集解引钱大昕说,谓当云"一千八十九"。又引卢文弨说,谓"百一"二字误衍,算术无。今据删。

〔49〕小分四〔微〕弱　集解引卢文弨说,谓算术作"微弱",是。今据补。

〔50〕十(一)万九千一百三　集解引钱大昕说,谓当云"十万"。又引卢文弨说,谓"十"下"一"字衍,算术无。今据删。

〔51〕十万六千一百八十(八)〔七〕　集解引钱大昕说,谓当云"八十七"。又引卢文弨说,谓"八"讹,算术"七"。今据改。

〔52〕小分九半强　集解引卢文弨说,谓算术无"半"字,当作"少强"。今按:依算理当作"半弱"。

〔53〕五尺三寸万八千六百(八)〔七〕十一　按:各本作"八十一",今据算理改。

〔54〕五尺三寸四千三百(七)〔六〕十一　按:各本作"七十一",今据算理改。

〔55〕小分六(少)强　集解引卢文弨说,谓算术作"微强",案止当作"强"。今据删。

〔56〕五尺一寸四千(八十)〔一百〕七　按:各本作"四千八十七",今据算理改。

〔57〕小分九(微)〔半〕强　集解引卢文弨说,谓算术作"半强",是。今据改。

〔58〕九万三千一百一十(七)〔六〕　集解引钱大昕说,谓当作"一十六"。又引卢文弨说,谓算术作"六"。今据改。

〔59〕列以物气　集解引惠栋说,谓晋志"物"作"效"。今按:作"效"似合。

2430

〔60〕然弦以缓急清浊　集解引张文虎说,谓"弦以"之"以"疑当作"之",或"缓急"下脱"为"字。

〔61〕泠道县　按:"泠"原讹"冷",径改正。

〔62〕故待诏严崇　按:晋、宋志"崇"并作"嵩",魏志亦作"嵩"。集解引钱大昕说,谓古文崇嵩通,汉武帝改嵩高山为"崇高"。

〔63〕方为能传崇学耳　"方"原讹"力",径改正。按:晋、宋志

并作"乃"。

〔64〕音不可书以(时)〔晓〕人　王先谦谓晋志作"音不可书以晓",宋志作"音不可以书晓",盖"书以"误倒,明"时"字误。按:王氏以"晓"字为句,"人"字连下读。今依晋志改"时"为"晓",而以"人"字属上读。

〔65〕皆不应(日)〔月〕律　据汲本、殿本改。

〔66〕乃能顺天地　按:汲本、殿本"顺"作"感"。

〔67〕可顺上天之明(待)〔时〕　隋书音乐志下引"待"作"时"。今据改。

〔68〕皆所以纪斗气　按:"斗"字疑有误,或当作"卦"。

〔69〕权土(灰)〔炭〕　集解引惠栋说,谓晋灼引蔡邕律历记作"土炭",汉书律历志亦云"悬土炭"。今据改,下同。

〔70〕(放)〔效〕阴阳　集解引惠栋说,谓"放"一作"效",晋志作"效"。今据改。

〔71〕气至者灰(去)〔动〕　集解引钱大昭说,谓闽本作"动"。王先谦谓殿本作"动",晋志作"去"。今按:下云"其为气所动者其灰散",则作"去"者非,今据改。

〔72〕〔孔〕径三分　据御览十六补。

〔73〕其馀皆(补)〔渐〕短　集解引惠栋说,谓李氏本"补"作"渐"。今据改。按:御览十六"补"作"稍"。

〔74〕(虽)〔惟〕大小围数无增减　集解引惠栋说,谓李氏本"虽"作"惟"。今据改。按:御览十六作"唯"。

后汉书志第二

律 历 中

贾逵论历　　永元论历　　延光论历

汉安论历　　熹平论历　　论月食

自<u>太初</u>元年始用<u>三统历</u>,施行百有馀年,历稍后天,朔先〔于〕历,[1]朔或在晦,月〔或朔〕见。[2]考其行,日有退无进,月有进无退。<u>建武</u>八年中,[3]太仆<u>朱浮</u>、太中大夫<u>许淑</u>等数上书,言历〔朔〕不正,[4]宜当改更。时分度觉差尚微,上以天下初定,未遑考正。至<u>永平</u>五年,官历署七月十六日〔月〕食。[5]待诏<u>杨岑</u>见时月食多先历,即缩用筹上为日,〔因〕上言"月当十五日食,[6]官历不中"。诏书令<u>岑</u>普〔候〕,与官〔历〕课。[7]起七月,尽十一月,弦望凡五,官历皆失,<u>岑</u>皆中。庚寅,诏〔书〕令<u>岑</u>署弦望月食官,[8]复令待诏<u>张盛</u>、<u>景防</u>、<u>鲍邺</u>等以四分法与<u>岑</u>课。岁馀,<u>盛</u>等所中多<u>岑</u>六事。十二年十一月丙子,诏书令<u>盛</u>、<u>防</u>代<u>岑</u>署弦望月食加时。<u>四分</u>之术,

2433

始颇施行。是时盛、防等未能分明历元,综校分度,故但用其弦望而已。

先是,九年,太史待诏董萌上言历不正,事下三公、太常知历者杂议,讫十年四月,无能分明据者。至元和二年,太初失天益远,日、月宿度相觉浸多,而候者皆知冬至之日日在斗二十一度,未至牵牛五度,而以为牵牛中星,(从)〔后〕天四分日之三,[9]晦朔弦望差天一日,宿差五度。章帝知其谬错,以问史官,虽知不合,而不能易,故召治历编䜣、李梵等综校其状。①二月甲寅,遂下诏曰:"朕闻古先圣王,先天而天不违,后天而奉天时。河图曰:'赤九会昌,十世以光,十一以兴。'又曰:'九名之世,帝行德,封刻政。'朕以不德,奉承大业,夙夜祇畏,不敢荒宁。予末小子,托在于数终,曷以续兴,崇弘祖宗,拯济元元?尚书璇玑钤曰:'述尧世,放唐文。'帝命验曰:'〔顺〕尧考德,(顺)〔题〕期立象。'[10]且三、五步骤,优劣殊轨,况乎顽陋,无以克堪,虽欲从之,末由也已。每见图书,中心恧焉。间者以来,政治不得,阴阳不和,灾异不息,疠疫之气,流伤于牛,农本不播。夫庶征休咎,五事之应,咸在朕躬,信有阙矣,将何以补之?书曰:'惟先假王正厥事。'又曰:'岁二月,东巡狩,至岱宗,柴,望秩于山川。遂觐东后,叶时月正日。'祖尧岱宗,同律度量,考在玑衡,以正历象,庶乎有益。春秋保乾图曰:'三百年斗历改宪。'史官用太初邓平术,有馀分一,在三百年之域,行度转差,浸以谬错。璇玑不正,文象不稽。冬至之日日在斗二十(二)〔一〕度,[11]而历以为牵牛中星。先立春一日,则四分数之立春日也。以折狱断大刑,于气已迕;用望平和随时之义,盖亦远矣。今改行四分,以遵于尧,以顺孔圣奉天之文。冀百君子越有民,同心敬授,

〔悦〕获咸（喜）〔熙〕，[12]以明予祖之遗功。”于是四分施行。而䜣、梵犹以为元首十一月当先大，欲以合耦弦望，命有常日，而十九岁不得七闰，晦朔失实。行之未期，章帝复发圣思，考之经谶，使左中郎将贾逵问治历者卫承、李崇、太尉属梁鲔、司徒〔掾〕严勖[13]、太子舍人徐震、钜鹿公乘苏统及䜣、梵等十人。以为月当先小，据春秋经书朔不书晦者，朔必有明晦，不朔必在其月也。[14]即先大，则一月再朔，后月无朔，是明不可必。[15]梵等以为当先大，无文正验，取欲谐耦十六日〔望〕，[16]月朓昏，晦当灭而已。又晦与合同时，不得异日。又上知䜣、梵穴见，敕毋拘历已班，天元始起之月（常）〔当〕小。[17]定，后年历数遂正。永元中，复令史官以九道法候弦望，验无有差跌。逵论集状，后之议者，用得折衷，故详录焉。

①蔡邕议云：“梵，清河人。”

逵论曰：“太初历冬至日在牵牛初者，牵牛中星也。古黄帝、夏、殷、周、鲁冬至日在建星，建星即今斗星也。太初历斗二十六度三百八十五分，牵牛八度。案行事史官注，冬、夏至日常不及太初历五度，冬至日在斗（一）〔二〕十一度四分度之一。[18]石氏星经曰：‘黄道规牵牛初直斗二十度，去极二十五度。’于赤道，斗二十一度也。四分法与行事候注天度相应。尚书考灵曜‘斗二十二度，无馀分，冬至在牵牛所起’。又编䜣等据今日所在〔未至〕牵牛中星五度[19]于斗二十一度四分一，与考灵曜相近，即以明事。元和二年八月，诏书曰‘石不可离’，令两候，上得算多者。太史令玄等候元和二年至永元元年，五岁中课日行及冬（夏）至斗（一）〔二〕十一度四分一，[20]合古历建星考灵曜日所起，其星间距度皆如石氏故事。他术以为冬至日在牵牛初者，自此遂黜也。”

逵论曰:"以<u>太初历</u>考<u>汉</u>元尽<u>太初</u>元年日(朔)〔食〕二十三事,[21]其十七得朔,四得晦,二得二日;新历七得朔,十四得晦,二得(三)〔二〕日。[22]以<u>太初历</u>考<u>太初</u>元年尽<u>更始</u>二年二十四事,十得晦;以新历十六得朔,七得二日,一得晦。以<u>太初历</u>考<u>建武</u>元年尽<u>永元</u>元年二十三事,五得朔,十八得晦;以新历十七得朔,三得晦,三得二日。又以新历上考<u>春秋</u>中有日朔者二十四事,失不中者二十三事。天道参差不齐,必有馀,馀又有长短,不可以等齐。治历者方以七十六岁断之,[23]则馀分(稍)〔消〕长[24]稍得一日。故<u>易</u>金火相革之卦象曰:'君子以治历明时。'又曰:'<u>汤</u>、<u>武</u>革命,顺乎天应乎人。'言圣人必历象日月星辰,明数不可贯数千万岁,其间必改更,先距求度数,取合日月星辰所在而已。故求度数,取合日月星辰,有异世之术。<u>太初历</u>不能下通于今,新历不能上得<u>汉</u>元。一家历法必在三百年之间。故谶文曰'三百年<u>斗</u>历改宪'。<u>汉</u>兴,当用<u>太初</u>而不改,下至<u>太初</u>元年百二岁乃改。故其前有先晦一日合朔,下至<u>成</u>、<u>哀</u>,以二日为朔,故合朔多在晦,此其明效也。"

逵论曰:"臣前上<u>傅安</u>等用黄道度日月弦望多近。史官一以赤道度之,不与日月同,于今历弦望至差一日以上,辄奏以为变,至以为日却缩退行。于黄道,自得行度,不为变。愿请太史官日月宿簿及星度课,与待诏星象考校。奏可。臣谨案:前对言冬至日去极一百一十五度,夏至日去极六十七度,春秋分日去极九十一度。<u>洪范</u>'日月之行,则有冬夏'。<u>五纪论</u>'日月循黄道,南至<u>牵牛</u>,北至<u>东井</u>,率日日行一度,月行十三度十九分度七'也。今史官一以赤道为度,不与日月行同,其<u>斗</u>、<u>牵牛</u>、〔<u>东井</u>〕、<u>舆鬼</u>,[25]赤道得十五,而黄道得十三度半;行<u>东壁</u>、[26]<u>奎</u>、<u>娄</u>、<u>轸</u>、<u>角</u>、<u>亢</u>,赤道(十)〔七〕

度，[27]黄道八度；或月行多而日月相去反少，谓之日却。案黄道值牵牛，出赤道南二十五度，[28]其直东井、舆鬼，出赤道北〔二十〕五度。[29]赤道者为中天，去极俱九十度，[30]非日月道，而以遥准度日月，失其实行故也。以今太史官候注考元和二年九月已来月行牵牛、东井四十九事，无行十一度者；行娄、角三十七事，无行十五六度者，如安言。问典星待诏姚崇、井毕等十二人，皆曰'星图有规法，日月实从黄道，官无其器，不知施行'。案甘露二年大司农中丞耿寿昌奏，以图仪度日月行，考验天运状，日月行至牵牛、东井，日过〔一〕度，[31]月行十五度，至娄、角，日行一度，月行十三度，赤道使然，此前世所共知也。如言黄道有验，合天，日无前却，弦望不差一日，比用赤道密近，宜施用。上中多臣校。"案逯论，永元四年也。至十五年七月甲辰，诏书造太史黄道铜仪，以角为十三度，亢十，氐十六，房五，心五，尾十八，箕十，斗二十四四分度之一，牵牛七，须女十一，虚十，危十六，营室十八，东壁十，奎十七，娄十二，胃十五，昴十二，毕十六，觜三，参八，东井三十，舆鬼四，柳十四，星七，张十七，翼十九，轸十八，凡三百六十五度四分度之一。冬至日在斗十九度四分度之一。史官以(郭)〔部〕日月行，参弦望，[32]虽密近而不为注日。仪，黄道与度转运，难以候，是以少循其事。

逯论曰："又今史官推合朔、弦、望、月食加时，率多不中，在于不知月行迟疾意。永平中，诏书令故太史待诏张隆以四分法署弦、望、月食加时。隆言能用易九、六、七、八(支)〔爻〕知月行多少。[33]今案隆所署多失。臣使隆逆推前手所署，不应，或异日，不中天乃益远，至十馀度。梵、统以史官候注考校，月行当有迟疾，不必在牵牛、东井、娄、角之间，又非所谓朓、侧匿，乃由月所行道有远近出入所生,率一月移故所疾处三度,九岁九道一复,凡九章,百七十一岁,复十一月合朔旦冬至,合春秋、三统九道终数,可以知合朔、弦、望、月食加时。据官注天度为分率,以其术法上考建武以来月食凡三十八事,差密近,有益,(宣)〔宜〕课试上。"[34]

案史官旧有九道术,废而不修。熹平中,故治历郎梁国宗整上九道术,诏书下太史,以参旧术,相应。部太子舍人冯恂课校,恂亦复作九道术,增损其分,与整术并校,差为近。太史令飏上以恂术参弦、望。然而加时犹复先后天,远则十馀度。①

①杜预长历曰:"书称'期三百有六旬有六日,以闰月定四时成岁,允釐百工,庶绩咸熙'。是以天子必置日官,诸侯必置日御,世修其业,以考其术。举全数而言,故曰六日,其实五日四分之一。日日行一度,而月日行十三度十九分度之〔七〕有畸。[35]日官当会集此之遟疾,以考成晦朔,错综以设闰月。闰月无中气,而北斗邪指两辰之间,所以异于他月也。积此以相通,四时八节无违,乃得成岁。其微密至矣。得其精微,以合天道,事叙而不悖。[36]故传曰:'闰以正时,时以作事,事以厚生,生民之道,于是乎在。'然阴阳之运,随动而差,差而不已,遂与历错。故仲尼、丘明每于朔闰发文,盖矫正得失,因以宣明历数也。桓十七年,日食得朔,而史阙其日,单书朔。僖十五年,日食〔亦得朔〕,[37]而史阙朔与日。故传因其得失,并起时史之谬,兼以明其馀日食,或历失其正也。庄二十五年,经书'六月辛未朔,日有食之,鼓用牲于社'。周之六月,夏之四月,所谓正阳之月也。而时历误,实是七月之朔,非六月。故传云:'非常也。唯正月之朔,慝未作,日有食之,于是乎有用币于社,伐鼓于朝。'〔明〕此〔食〕非用币伐鼓常月,[38]因变而起,历误也。文十五年经文皆同,而更复发,传曰'非礼'。明前传欲以审正阳之月,后传发例,欲以明诸侯之礼也。此乃圣贤之微旨,〔而〕先儒所未喻也。[39]昭十七年夏六月,日有食之,而平子言非

正阳之月,以诬一朝,近于指鹿为马。故传曰'不君君',且因以明此月为得天正也。刘子骏造三统历,以修春秋。春秋日食有甲乙者三十四,而三统历唯〔得〕一食,[40]历术比诸家既最疏。又六千馀岁辄益一日。凡岁当累日为次,而无故益之,此不可行之甚者。班固前代名儒,而谓之最密。非徒班固也,自古以来,诸论春秋者,多述谬误,或造家术,或用黄帝以来诸历,以推经传朔日,皆不〔得〕谐合。[41]日食于朔,此乃天验,经传又书其朔食,可谓得天,而刘、贾诸儒说,皆以为月二日或三日,公违圣人明文。其蔽在于守一元,不与天消息也。余感春秋之事,尝著历论,极言历之通理。其大指曰:天行不息,日月星辰,各运其舍,皆动物也。物动则不一,虽行度大量,可得有限。累日为月,〔累月为岁〕,[42]以新故相序,不得不有毫毛之差,此自然〔之〕理也。[43]故春秋日有频月而食者,〔有〕旷年不食者,[44]理不得一,而算守(从)〔恒〕数,[45]故历无不有差失也。始失于毫毛,而尚未可觉,积而成多,以失弦望朔晦,则不得不改宪以从之。书所谓'钦若昊天,历象日月星辰',易所谓'治历明时',言当顺天以求合,非为合以验天(者)也。[46]推此论之,春秋二百馀年,其治历变通多矣。虽数术绝灭,还寻经传微旨,大量可知。时之违谬,则经传有验。学者固当曲循经传月日日食,以考朔晦(也),[47]以推时验。而〔见〕皆不然,[48]各据其学以推春秋。此无异度己之迹,而欲削他人之足也。余为历论之后,至咸宁中,善算李修、夏显,[49]依论体为术,名乾度历,表上朝廷。其术合日行四分之数,而微增月行。用三百岁改宪之意,二元相推,七十馀岁,承以强弱,强弱之差盖少,而适足以远通盈缩。时尚书及史官以乾度与(太)〔泰〕始历参校古今记注,[50]乾度历殊胜〔泰始历,上胜官历四十五事〕,[51]今〔其〕术具存。[52]时又并考古今十历,以验春秋,知三统历之最疏也。今具列其(叫)得失之数,[53]又据经传微旨(证据及失闰旨),考日辰朔晦,[54]以相发明,为经传长历。诸经传证据,及失闰〔违〕时,[55]文字谬误,皆甄发之。虽未必其得天,盖〔是〕春秋当时之历也。[56]学者览焉。"

永元十四年,待诏太史霍融上言:"官漏刻率九日增减一刻,不与天相应,或时差至二刻半,不如夏历密。"诏书下太常,令史官与融以仪校天,课度远近。太史令舒、承、梵等对:"案官所施漏法令甲第六常符漏品,孝宣皇帝三年十二月乙酉下,建武十年二月壬午诏书施行。漏刻以日长短为数,率日南北二度四分而增减一刻。一气俱十五日,日去极各有多少。今官漏率九日移一刻,不随日进退。夏历漏〔刻〕随日南北为长短,[57]密近于官漏,分明可施行。"其年十一月甲寅,诏曰:"告司徒、司空:漏所以节时分,定昏明。昏明长短,起于日去极远近,日道周〔圜〕,[58]不可以计率分,当据仪度,下参晷景。今官漏以计率分昏明,九日增减一刻,违失其实,至为疏数以耦法。太史待诏霍融上言,不与天相应。太常史官运仪下水,官漏失天者至三刻。以晷景为刻,少所违失,密近有验。今下晷景漏刻四十八箭,立成斧官府当用者,计吏到,班予四十八箭。"文多,故魁取二十四气日所在,[59]并黄道去极、晷景、漏刻、昏明中星刻于下。

昔太初历之兴也,发谋于元封,启定于(天)〔元〕凤,积(百)三十年,是非乃审。[60]及用四分,亦于建武,施于元和,[61]讫于永元,七十馀年,然后仪式备立,司候有准。天事幽微,若此其难也。中兴以来,图谶漏泄,而考灵曜、命历序皆有甲寅元。其所起在四分庚申元后百一十四岁,朔差却二日。学士修之于草泽,信向以为得正。及太初历以后(大)〔天〕为疾,[62]而修之者云"百四十四岁而太岁超一(表)〔辰〕,[63]百七十一岁当弃朔馀六十三,中馀千一百九十七,乃可常行"。自太初元年至永平十一年,百七十一,当去分而不去,故令益有疏阔。此二家常挟其术,庶几施行,每有讼者,百寮会议,群儒骋思,论之有方,益于多闻识之,故详录焉。

安帝延光二年,中谒者亶诵言当用甲寅元,河南梁丰言当复用太初。尚书郎张衡、周兴皆能历,数难通、丰,或不对,[64]或言失误。衡、兴参案仪注(者),[65]考往校今,以为九道法最密。诏书下公卿详议。太尉恺等上侍中施延等议:"太初过天,日一度,弦望失正,月以晦见西方,食不与天相应;元和改从四分,四分虽密于太初,复不正,皆不可用。甲寅元与天相应,合图谶,可施行。"博士黄广、大行令任金议,如九道。河南尹祉、太子舍人李泓[66]等四十人议:"即用甲寅元,当除元命苞天地开辟获麟中百一十四岁,推闰月六直其日,[67]或朔、晦、弦、望,二十四气宿度不相应者非一。用九道为朔,月有比三大二小,皆疏远。元和变历,以应保乾图'三百岁斗历改宪'之文。四分历本起图谶,最得其正,不宜易。"恺等八十四人议,宜从太初。尚书令忠上奏:"诸从太初者,皆无他效验,徒以世宗攘夷廓境,享国久长为辞。或云孝章改四分,灾异卒甚,[68]未有善应。臣伏惟圣王兴起,各异正朔,以通三统。汉祖受命,因秦之纪,十月为年首,闰常在岁后。不稽先代,违于帝典。太宗遵修,三阶以平,黄龙以至,刑犴以错,五是以备。①[69]哀平之际,同承太初,而妖孽累仍,痾祸非一。议者不以成数相参,考真求实,而泛采妄说,归福太初,致咎四分。太初历众贤所立,是非已定,永平不审,复革其弦望。四分有谬,不可施行。元和凤鸟不当应历而翔集。远嘉前造,则(丧)〔表〕其休;[70]近讯后改,则隐其福。漏见曲论,未可为是。臣辄复重难衡、兴,以为五纪论推步行度,当时比诸术为近,然犹未稽于古。及向子歆欲以合春秋,横断年数,损夏益周,考之表纪,差谬数百。两历相课,六千一百五十六岁,而太初多一日。冬至日直斗,而云在牵牛。迁阔不可复用,昭然如此。史官所共见,非独衡、兴。前以为九道密近,今议者以为有阙,及甲寅元复多违失,皆未可取正。昔仲尼顺假马之名,以崇君之义。况天之历数,不可任疑从虚,以非易是。"上纳其言,遂〔寝〕改历事。[71]

①洪范:"庶征,曰雨,曰旸,曰燠,曰寒,曰风。五者来备,各以其叙。"

顺帝汉安二年,尚书侍郎边韶上言:"世微于数亏,道盛于得常。数亏则物衰,得常则国昌。孝武皇帝摅发圣思,因元封七年十一月甲子朔旦冬至,乃诏太史令司马迁、治历邓平等更建太初,改元易朔,行夏之正,乾凿度八十〔一〕分之四十三为日法。[72]设清台之候,验六异,课效㵅密,太初为最。其后刘歆研机极深,验之春秋,参以易道,以河图帝览嬉、雒书(甄)〔乾〕曜度[73]推广九道,百七十一岁进退六十三分,百四十四岁一超次,与天相应,少有阙谬。从太初至永平十一年,百七十〔一〕岁,[74]进退馀分六十三,治历者不知处之。推得十二度弦望不效,挟废术者得窜其说。至(永)〔元〕和二年,[75]小终之数浸过,馀分稍增,月不用晦朔而先见。孝章皇帝以保乾图'三百年斗历改宪',就用四分。以太白复枢甲子为癸亥,引天从算,耦之目前。更以庚申为元,既无明文;托之于获麟之岁,又不与感精符单阏之岁同。史官相代,因成习疑,少能钩深致远;案弦望足以知之。"诏书下三公、百官杂议。太史令虞恭、治历宗䜣等议:"建历之本,必先立元,元正然后定日法,法定然后度周天以定分至。三者有程,则历可成也。四分历仲纪之元,起于

2442

孝文皇帝后元三年，岁在庚辰。上四十五岁，岁在乙未，则汉兴元年也。又上二百七十五岁，岁在庚申，则孔子获麟。二百七十六万岁，寻之上行，复得庚申。岁岁相承，从下寻上，其执不误。此四分历元明文图谶所著也。太初元年岁在丁丑，上极其元，当在庚戌，而曰丙子，言百四十四岁超一辰，凡九百九十三超，岁有空行八十二周有奇，乃得丙子。案岁所超，于天元十一月甲子朔旦冬至，日月俱超。日行一度，积三百六十五度四分度一而周天一匝，名曰岁。岁从一辰，日不得空周天，则岁无由超辰。案百七十〔一〕岁二蔀一章，[76]小馀六十三，自然之数也。夫数出于秒智，以成毫氂，毫氂积累，以成分寸。两仪既定，日月始离。初行生分，积分成度。日行一度，一岁而周，故为术者，各生度法，或以九百四十，或以八十一。法有细麤，以生两科，其归一也。日法者，日之所行分也。日垂令明，行有常节，日法所该，通远无已，损益毫氂，差以千里。自此言之，数无缘得有亏弃之意也。今欲饰平之失，断法垂分，恐伤大道。以步日月行度，终数不同，四章更不得朔馀一。虽言九道去课进退，恐不足以补其阙。且课历之法，晦朔变弦，以月食天验，昭著莫大焉。今以去六十三分之法为历，验章和元年以来日变二十事，①月食二十八事，与四分历更失，定课相除，四分尚得多，而又便近。孝章皇帝历度审正，图仪暑漏，与天相应，不可复尚。文曜钩曰：‘高辛受命，重黎说文。唐尧即位，羲和立（禅）〔浑〕。[77]夏后制德，昆吾列神。成周改号，苌弘分官。’运斗枢曰：‘常占有经，世史所明。’洪范五纪论曰：‘民间亦有黄帝诸历，不如史官记之明也。’自古及今，圣帝明王，莫不取言于羲和、常占之官，定精微于暑仪，正众疑，秘藏中书，改行四分之原。及光武皇帝数下诏书,草创其端,孝明皇帝课校其实,孝章皇帝宣行其法。君更三圣,年历数十,信而征之,举而行之。其元则上统开辟,其数则复古四分。宜如甲寅诏书故事。"奏可。

①案五行志,章和元年讫汉安二年日变二十三事,古今注又长一。

灵帝熹平四年,五官郎中冯光、沛相上计掾陈晃言:"历元不正,故妖民叛寇益州,盗贼相续为〔害〕。[78]历〔当〕用甲寅为元而用庚申,[79]图纬无以庚〔申〕为元者。[80]近秦所用代周之元。太史治治历中郭香、刘固意造妄说,乞(与)本庚申元经纬(有)明〔文〕,[81]受虚欺重诛。"[82]乙卯,诏书下三府,与儒林明道者详议,务得道真。以群臣会司徒府议。①

①蔡邕集载:"三月九日,百官会府公殿下,东面,校尉南面,侍中、郎将、大夫、千石、六百石重行北面,议郎、博士西面。户曹令史当坐中而读诏书,公议。蔡邕前坐侍中西北,近公卿,与光、晃相难问是非焉。"

议郎蔡邕议,以为:

历数精微,去圣久远,得失更迭,术(术)无常是。[83]〔汉兴〕(以)承秦,[84]历用颛顼,元用乙卯。①百有二岁,孝武皇帝始改正朔,历用太初,元用丁丑,行之百八十九岁。孝章皇帝改从四分,元用庚申。今光、晃各以庚申为非,甲寅为是。案历法,黄帝、颛顼、夏、殷、周、鲁,凡六家,各自有元。光、晃所据,则殷历元也。他元虽不明于图谶,各〔自一〕家〔之〕术,皆当有效于(其)当时。[85](黄)〔武〕帝始用太初丁丑之元,(有)六家纷错,[86]争讼是非。太史令张寿王挟甲寅元以非汉历,杂候清台,课在下第,卒以疏阔,连见劾奏,太初效验,无所漏失。是则虽非图谶之元,而有效于前者也。及用四分以来,考之行度,密于太初,是又新元〔有〕效于今者也。[87]延光元年,中谒者亶诵亦非四分庚申,上言当用命历序甲寅元。公卿百寮参议正处,竟不施行。且三光之行,迟速进退,不必若一。术家以算追而求之,取合于当时而已。故有古今之术。今〔术〕之不能上通于古,[88]亦犹古术之不能下通于今也。元命苞、乾凿度皆以为开辟至获麟二百七十六万岁;及命历序积获麟至汉,起庚(子)〔午〕蔀之二十三岁,[89]竟己酉、戊子及丁卯蔀六十九岁,合为二百七十五岁。汉元年岁在乙未,上至获麟则岁在庚申。推此以上,上极开辟,则(不)〔元〕在庚申。[90]谶虽无文,其数见存。而光、晃以为开辟至获麟二百七十五万九千八百八十六岁,获麟至汉百六十(二)〔一〕岁,[91]转差少一百一十四岁。云当满足,则上违乾凿度、元命苞,中使获麟不得在哀公十四年,下不及命历序获麟〔至〕汉相去四蔀年数[92],与奏记谱注不相应。

①蔡邕(命)〔月令〕论曰:[93]"颛顼历术曰:'天元正月己巳朔旦立春,俱以日月起于天庙营室五度。'今月令孟春之月,日在营室。"

当今历正月癸亥朔,光、晃以为乙丑朔。乙丑之与癸亥,无题勒款识可与众共别者,须以弦望晦朔光魄亏满可得而见者,考其符验。而光、晃历以考灵曜〔为本〕,[94]二十八宿度数及冬至日所在,与今史官甘、石旧文错异,不可考校;以今浑天图仪检天文,亦不合于考灵曜。光、晃诚能自依其术,更造望仪,以追天度,远有验于图书,近有效于三光,叴以易夺甘、石,穷服诸术者,实宜用之。难问光、晃,但言图谶,所言不服。元和二年二月甲寅制书曰:'朕闻古先圣王,先无而天不违,后天

2445

而奉天时。史官用太初邓平术,冬至之日,日在斗二十(二)〔一〕度,[95]而历以为牵牛中星,先立春一日,则四分数之立春也,而以折狱断大刑,于气已违,用望平和,盖亦远矣。今改行四分,以遵于尧,以顺孔圣奉天之文。'是始用四分历庚申元之诏也。深引河雒图谶以为符验,非史官私意独所兴构。而光、晃以为〔香〕、固意造妄说,[96]违反经文,谬之甚者。昔尧命羲和历象日月星辰,舜叶时月正日,汤、武革命,治历明时,可谓正矣,且犹遇水遭旱,戒以'蛮夷猾夏,寇贼奸宄'。而光、晃以为阴阳不和,奸臣盗贼,皆元之咎,诚非其理。元和二年乃用庚申,至今九十二岁,而光、晃言秦所用代周之元,不知从秦来,汉三易元,不常庚申。光、晃区区信用所学,亦妄虚无造欺语之愆。[97]至于改朔易元,往者寿王之术已课不效,亶诵之议不用,元和诏书文备义著,非群臣议者所能变易。

太尉耽、司徒隗、司空训以邕议劾光、晃不敬,正鬼薪法。诏书勿治罪。①

①臣昭曰:不有君子,其能国乎?观蔡邕之议,可以言天机矣。贤明在朝,弘益远哉!公卿结正,足惩浅妄之徒,诏书勿治,亦深"盍各"之致。

2446

太初历推月食多失。四分因太初法,以河平癸巳为元,施行五年。永元元年,天以七月后闰食,术以八月。其(十)二年正月十二日,[98]蒙公乘宗绀上书言:"今月十六日月当食,而历以二月。"至期如绀言。太史令巡上绀有益官用,除待诏。甲辰,诏书以绀法署。施行五十六岁。至本初元年,天以十二月食,历以后年正月,于是始差。到熹平三年，二十九年之中，先历食者十六事。常山长史刘洪上作七曜术。甲辰诏属太史部郎中刘固、舍人冯恂等课效，复作八元术，固等作月食术，并已相参。固术与七曜术同。月食所失，皆以岁在己未当食四月，恂术以三月，官历以五月。太史上课，到时施行中者。丁巳，诏书报可。

其四年，绀孙诚上书言："受绀法术，当复改，今年十二月当食，而官历以后年正月。"到期如言，拜诚为舍人。丙申，诏书听行诚法。

光和二年岁在己未，三月、五月皆阴，太史令修、部舍人张恂[99]等推计行度，以为三月近，四月远。诚以四月。奏废诚术，施用恂术。其三年，诚兄整前后上书言："去年三月不食，当以四月。史官废诚正术，用恂不正术。"整所上（五）〔正〕属太史，[100]太史主者终不自言三月近，四月远。食当以见为正，无远近。诏书下太常："其详案注记，平议术之要，效验虚实。"太常就耽上选侍中韩说、博士蔡邕、谷城门候刘洪、右郎中陈调于太常府，覆校注记，平议难问。恂、诚各对。恂术以五千六百四十（日）〔月〕有九百六十一食为法，[101]而除成分，空加县法，推建武以来，俱得三百二十七食，其十五食错。案其官素注，天见食九十八，与两术相应，其错辟二千一百。诚术以百三十五月二十三食为法，乘除成月，从建康以上减四十一，建康以来减三十五，以其俱不食。恂术改易旧法，诚术中复减损，论其长短，无以相踰。各引书纬自证，文无义要，取追天而已。夫日月之术，日循黄道，月从九道。以赤道仪，日冬至去极俱一百一十五度。其入宿也，赤道在斗二十一，而黄道在斗十九。两仪相参，日月之行，曲直有差，以生进退。故月行井、牛，十四度以上;其在角、娄,十二度以上。皆不应率不行。以是言之,则术不差不改,不验不用。天道精微,度数难定,术法多端,历纪非一,未验无以知其是,未差无以知其失。失然后改之,是然后用之,此谓允执其中。今诚术未有差错之谬,恂术未有独中之异,以无验改未失,是以检将来为是者也。诚术百三十五月月二十三食,其文在书籍,学者所修,施行日久,官守其业,经纬日月,厚而未愆,信于天文,述而不作。恂久在候部,详心善意,能搜仪度,定立术数,推前校往,亦与见食相应。然协历正纪,钦若昊天,宜率旧章,如甲辰、丙申诏书,以见食为比。今宜施用诚术,弃放恂术,史官课之,后有效验,乃行其法,以审术数,以顺改易。耽以说等议奏闻,诏书可。恂、整、诚各复上书,恂言不当施诚术,整言不当复(弃)恂术。〔102〕为洪议所侵,事下永安台覆实,皆不如恂、诚等言。劾奏谩欺。诏书报,恂、诚各以二月奉赎罪,整适作左校二月。〔103〕遂用洪等,〔104〕施行诚术。

光和二年,万年公乘王汉上月食注。自章和元年到今年凡九十三岁,合百九十六食;与官历河平元年月错,以己巳为元。事下太史令修,上言"汉所作注不与见食相应者二事,以同为异者二十九事"。尚书召谷城门候刘洪,敕曰:"前郎中冯光、司徒掾陈晃各讼历,故议郎蔡邕共补续其志。今洪其诣修,与汉相参,推元(谓)〔课〕分,〔105〕考校月食。审己巳元密近,有师法,洪便从汉受;不能,对。"洪上言:"推(元)汉己巳元,〔106〕则考灵曜旃蒙之岁乙卯元也,与光、晃甲寅元相经纬。于以追天作历,校三光之步,今为疏阔。孔子纬一事见二端者,明历兴废,随天为节。甲寅历于孔子时效;己巳颛顼秦所施用,汉兴草创,因而不易,至元封中,迁阔不审,更用太初，应期三百改宪之节。甲寅、己巳谶虽有文，略其年数，是以学人各传所闻，至于课校，罔得厥正。夫甲寅元天正正月甲子朔旦冬至，七曜之起，始于牛初。乙卯之元人正己巳朔旦立春，三光聚天庙五度。课两元端，闰馀差〔自〕〔百〕五十〔二〕分〔二〕之三，〔107〕朔三百四，中节之馀二十九。以效信难聚，汉不解说，但言先人有书而已。以汉成注参官施行，术不同二十九事，不中见食二事。案汉习书，见己巳元，谓朝不闻，不知圣人独有兴废之义，史官有附天密术。甲寅、己巳，前已施行，效后格而〔已〕不用。〔108〕河平疏阔，史官已废之，而汉以去事分争，殆非其意。虽有师法，与无同。课又不近密。其说蔀数，术家所共知，无所采取。"遣汉归乡里。①

① 袁山松书曰："刘洪字元卓，泰山蒙阴人也。鲁王之宗室也。延熹中，以校尉应太史征，拜郎中，迁常山长史，以父忧去官。后为上计掾，拜郎中，检东观著作律历记，迁谒者，谷城门候，会稽东部都尉。征还，未至，领山阳太守，卒官。洪善算，当世无偶，作七曜术。及在东观，与蔡邕共述律历记，考验天官。及造乾象术，十馀年，考验日月，与象相应，皆传于世。"博物记曰："洪笃信好学，观乎六艺群书意，以为天文数术，探赜索隐，钩深致远，遂专心锐思。为曲城侯相，政教清均，吏民畏而爱之，为州郡之所礼异。"

【校勘记】

〔1〕朔先〔于〕历　集解引卢文弨说，谓"先"下脱"于"字，依御览补。今据补。

〔2〕月〔或朔〕见　集解引卢文弨说，谓"月"下脱"或朔"二字，依御览补。今据补。

〔3〕建武八年中　按:集解引惠栋说,谓北宋本无"中"字。

〔4〕历〔朔〕不正　集解引卢文弨说,谓"言"下脱"朔"字,依御览补。今据补。

〔5〕官历署七月十六日〔月〕食　集解引卢文弨说,谓"日"下脱"月"字,依御览补。王先谦谓以下文证之,当有"月"字。今据补。按:印影宋本御览"月"讹"日"。

〔6〕〔因〕上言月当十五日食　集解引卢文弨说,谓御览"上言"上有"因"字。今据补。

〔7〕诏书令岑普〔候〕与官〔历〕课　集解引卢文弨说,谓"普"下脱"候"字,"官"下脱"历"字,御览有。今据补。

〔8〕诏〔书〕令岑署弦望月食官　集解引卢文弨说,谓"诏"下脱"书"字,依御览补。今据补。

〔9〕(从)〔后〕天四分日之三　集解引李锐说,谓"后天"误"从天",当改。今据改。

〔10〕〔顺〕尧考德(顾)〔题〕期立象　集解引惠栋说,谓"顾"一作"题"。又引卢文弨说,谓纬书所载作"顺尧考德,题期立象"。按:曹褒传作"顺尧考德,题期立象",今据以补改。

〔11〕日在斗二十(二)〔一〕度　据集解引卢文弨说改。

〔12〕〔悦〕获咸(喜)〔熙〕　集解引惠栋说,谓"获"上有一"悦"字,"喜"作"熙",宋志同。又引卢文弨说,谓南宋本有"悦"字。今据以补改。

〔13〕司徒〔掾〕严勤　集解引钱大昕说,谓此严勤亦司徒之掾属,非司徒也,史脱文。今据补。

〔14〕朔必有明晦不朔必在其月也　按:集解引卢文弨说,谓"明"字衍,"不朔"当作"朔不"。

〔15〕是明不可必　按:集解引卢文弨说,谓唐一行大衍历议引"明"作"朔"。

〔16〕十六日〔望〕　按各本俱无"望"字，今依历理及文义补。

〔17〕天元始起之月(常)〔当〕小　据汲本、殿本改。

〔18〕冬至日在斗(一)〔二〕十一度四分度之一　据汲本、殿本改。

〔19〕日所在〔未至〕牵牛中星五度　集解引卢文弨说，谓"在"下当脱"未至"二字。今据补。

〔20〕五岁中课日行及冬(夏)至斗(一)〔二〕十一度四分一　集解引惠栋说，谓李本"一十"作"二十"。按：上屡见冬至日在斗二十一度，明作"一十"者讹，今据改。又按文义"夏"字当衍，今删。

〔21〕日(朔)〔食〕二十三事　据集解引卢文弨说改。

〔22〕二得(三)〔二〕日　按：各本并作"三日"，于历理为舛，今改正。

〔23〕治历者方以七十六岁断之　按：集解引卢文弨说，谓"方"疑当作"乃"。

〔24〕则馀分(稍)〔消〕长　集解引惠栋说，谓"稍"李本作"消"。今按：依文义作"消"是，各本作"稍"，盖涉下"稍"字而误，今据改。

〔25〕其斗牵牛〔东井〕舆鬼　集解引钱塘说，谓"牵牛"下脱"东井"二字。斗、牵牛冬至日所在，东井、舆鬼夏至日所在也。今据补。

〔26〕行东壁　按：于文义"行"字当衍。

〔27〕赤道(十)〔七〕度　集解引李光地说，谓"十"当作"七"。今按：壁、奎、娄、轸、亢间在黄道斜交赤道之附近，以赤道标准度之，则赤道得度多而黄道得度少，其大较为七与八之比，李说是，今据改。

〔28〕出赤道南二十五度　按："五"当作"四"，说详下。

〔29〕出赤道北〔二十〕五度　据集解引李光地说补。按：当作"二十四度"，说详下。

〔30〕去极俱九十度　当作"九十一度"，脱"一"字。按：四分历以周天为三百六丨五度又四分一，赤道去极为其四分之一，约为九十一度。张衡浑仪谓"赤道横带浑天之腹，去极九十一度十六分之五，黄道斜带其腹，出赤道表里各二十四度，故夏至去极六十七度而

强,冬至去极百一十五度亦强也"。上文亦言"冬至日去极一百十

五度,夏至日去极六十七度,春秋分日去极九十一度"。并足证当

时以赤道去极为九十一度,黄道于牵牛及东井各距赤道南北二十

四度也。

〔31〕日过〔一〕度　据殿本考证补。

〔32〕史官以(郭)〔部〕日月行参弦望　按:集解引齐召南说,谓"郭"当作
"部"。今据改。

〔33〕能用易九六七八(支)〔爻〕知月行多少　据集解引卢文弨说改。

〔34〕(宣)〔宜〕课试上　据集解引卢文弨说改。

〔35〕而月日行十三度十九分度之〔七〕有畸　据集解引卢文弨说补。

〔36〕事叙而不悖　按:集解引惠栋说,谓杜集"事"上有"则"字,
"悖"作"㦽"。

〔37〕日食〔亦得朔〕　据集解引卢文弨说补。

〔38〕〔明〕此〔食〕非用币伐鼓常月　据集解引卢文弨说补。

〔39〕〔而〕先儒所未喻也　据集解引卢文弨说补。

〔40〕而三统历唯〔得〕一食　据集解引卢文弨说补。

〔41〕皆不(得)谐合　据集解引卢文弨说删。

〔42〕累日为月〔累月为岁〕　据集解引卢文弨说补。

〔43〕以新故相序不得不有毫毛之差此自然〔之〕理也　集解引惠栋说,
谓"序"原作"涉","毛"作"末","然"下有"之"字。按:晋志引长
历与惠校同,今以"相序"与"相涉","毫毛"与"毫末",文异而义
同,故但补一"之"字。

〔44〕〔有〕旷年不食者　据集解引卢文弨说补。

〔45〕而筹守(从)〔恒〕数　据汲本、殿本改。

〔46〕非为合以验天(者)也　据集解引卢文弨说删。

〔47〕以考朔晦(也)　据集解引卢文弨说删。

〔48〕而〔见〕皆不然　据集解引卢文弨说补。

〔49〕善筭李修夏显　按:集觧引卢文弨说,谓"善算"本作"有善算者"。又引惠栋说,谓"夏"杜集作"卜"。

〔50〕以乾度与(太)〔泰〕始历参校古今记注　据卢文弨群书拾补校改。

〔51〕乾度历殊胜〔泰始历上胜官历四十五事〕　集觧引卢文弨说,谓"胜"下脱"泰始历上胜官历四十五事"十一字,依晋志补。今据补。

〔52〕今〔其〕术具存　据汲本、殿本补。

〔53〕今具列其(时)得失之数　据集觧引卢文弨说删。

〔54〕又据经传微旨(证据及失闰旨)考日辰朔晦　据集觧引卢文弨说删。

〔55〕及失闰〔违〕时　据集觧引卢文弨说补。

〔56〕盖〔是〕春秋当时之历也　据集觧引卢文弨说补。按:"之"原讹"文",径改正。

〔57〕夏历漏〔刻〕随日南北为长短　集觧引惠栋说,谓"漏"下脱"刻"字,当依隋志增。今据补。

〔58〕日道周〔圜〕　集觧引惠栋说,谓"周"下宋志有"圜"字。今据补。

〔59〕立成斧官府当用者计吏到班予四十八篝文多故魁取二十四气日所在　集觧引卢文弨说,谓"立成"至"魁取"二十二字宋志无。今按:文有讹夺,难句读。疑诏书至"班予四十八篝"止,下为史官叙述之文。"魁"字衍。言文多,故仅取二十四气日所在等刻于下也。

〔60〕发谋于元封启定于(天)〔元〕凤积(百)三十年是非乃审　集觧引李锐说,谓前志云"自汉历初起,至元凤六年,而是非坚定"。案自太初元年至元凤六年,正得三十年,此文"天凤"当作"元凤","百"字衍。今据改。按:依前书则"启"当作"坚"。

〔61〕亦于建武施于元和　按:集觧引张文虎说,谓"亦"下疑脱一字,谓始于建武,而施行于元和也。

〔62〕及太初历以后(大)〔天〕为疾　据集觧引李锐说改。

〔63〕百四十四岁而太岁超一(表)〔辰〕　据集觧引钱大昕说改。

〔64〕或不对　按:集解引惠栋说,谓"不"下宋志有"能"字。

〔65〕衡兴参案仪注(者)　集解引惠栋说,谓"者"字衍,从宋志删。今据删。

〔66〕太子舍人李泓　按:殿本"泓"作"弘"。

〔67〕推闰月六直其日　按:寻文义,疑"六"为"不"之讹,"日"为"月"之讹。

〔68〕灾异卒甚　汲本、殿本"卒"作"率"。按:卢文弨云北宋本作"卒"。

〔69〕五是以备　按:汲本、殿本"是"作"者"。集解引钱大昕说,谓洪范"五者来备"一作"五是",盖汉儒传本异也。闽本、汲古阁本作"五者",则后人据今本尚书易之。李云传"五氏来备",氏古是字。荀爽传"五趡来备",趡亦训是。

〔70〕则(丧)〔表〕其休　集解引卢文弨说,谓钱氏改"丧"为"表"。按:详文义当作"表",表与丧形近,今据改。

〔71〕遂〔寝〕改历事　集解引钱大昕说,谓详文义,是安帝纳尚书令忠言,仍用四分,不复议改。宋志亦云"亶等遂寝"。此文"遂"下当有"罢"字,或是"寝"字。今据钱说并参宋志,补一"寝"字。

〔72〕乾凿度八十〔一〕分之四十三为日法　据集解引钱大昕说补。

〔73〕雒书(甄)〔乾〕曜度　据殿本改。按:集解引惠栋说,谓"乾"作"甄"当是避太子承乾讳改。

〔74〕从太初至永平十一年百七十〔一〕岁　据集解引钱大昕说补。

〔75〕至(永)〔元〕和二年　据集解引钱大昕说改。

〔76〕案百七十〔一〕岁二部一章　据集解引钱大昕说补。

〔77〕羲和立(禅)〔浑〕　集解引卢文弨说,谓"禅"乃"浑"之讹,浑谓浑仪,与韵协。今据改。

〔78〕盗贼相续为〔害〕　王先谦谓"为"下疑有"害"字。宋志作"历元不正,故盗贼为害"。今据王说参宋志,补一"害"字。

〔79〕历〔当〕用甲寅为元而用庚申　王先谦谓宋志作"历当以甲寅为

元,不用庚申"。今依宋志补一"当"字。

〔80〕图纬无以庚〔申〕为元者　据集解引卢文弨说补。

〔81〕乞(与)本庚申元经纬(有)明〔文〕　据集解引卢文弨说删补。

〔82〕受虚欺重诛　按:集解引卢文弨说,谓此句上亦有脱文。

〔83〕术(术)无常是　据集解引惠栋说删。

〔84〕〔汉兴〕(以)承秦　集解引惠栋说,谓"以"字误,宋志作"汉兴承秦"。今据宋志改。按:卢文弨群书拾补改作"汉承秦正"。

〔85〕各〔自一〕家(之)术皆当有效于(其)当时　据集解引卢文弨说补删。今按:御览卷十六引作"各自一家之说,皆当有效于当时"。

〔86〕(黄)〔武〕帝始用太初丁丑之元(有)六家纷错　据卢文弨群书拾补校改。按:宋志作"昔始用太初丁丑之后"。御览一六引作"昔太初始用丁丑之后"。

〔87〕是又新元〔有〕效于今者也　据宋志及御览一六补。

〔88〕今〔术〕之不能上通于古　集解引惠栋说,谓"今"下宋志有"术"字。今据补。

〔89〕起庚(子)〔午〕蔀之二十三岁　据集解引钱大昕说改。

〔90〕则(不)〔元〕在庚申　集解引钱大昕说,谓自获麟至开辟二百七十六万岁,以六十除之,恰尽获麟之岁,既是庚申,则开辟之始亦必庚申矣。当云"元在庚申","不"乃"元"字之讹。又引李锐说,谓上文云二百七十六万岁,寻之上行,复得庚申,"不"当作"复"。按:钱、李两家之说并是,今从钱说改"不"字为"元"字。

〔91〕获麟至汉百六十(二)〔一〕岁　集解引李锐说,谓邕于甲寅元开辟至汉元年数内减去庚申元开辟至获麟年数,馀一百六十一为获麟至汉元年数,因谓光、晃差少一百一十四岁。今按:甲寅元开辟至获麟积年二百七十五万九千八百八十岁,获麟至汉二百七十五岁,共二百七十六万一百六十一岁,邕以庚申元开辟至获麟积年二百七十六万岁减之,则获麟至汉为百六十一岁,明"百六十二岁"之

"二"字当作"一",今据改。

〔92〕下不及命历序获麟〔至〕汉相去四蔀年数　据集解引卢文弨说补。

〔93〕蔡邕(命)〔月令〕论曰　集解引惠栋说,谓"命论"未详。案邕明堂月令论有之,"令"误"命",落"月"字也。今据改。

〔94〕而光晃历以考灵曜〔为本〕　集解引惠栋说,谓"曜"下宋志有"为本"二字。今据补。

〔95〕日在斗二十(二)〔一〕度　按:二〇四八页一四行"日在斗二十二度",已据卢文弨说改"二十二"为"二十一",此与上同。

〔96〕而光晃以为〔香〕固意造妄说　据集解引卢文弨说补。

〔97〕亦妄虚无造欺语之愆　按:集解引卢文弨说,谓"亦"下文有讹。

〔98〕其(十)二年正月十二日　集解引李锐说,谓"十二年"当作"二年",与下"十二日"相涉,误衍"十"字。案下文云"以绁法署施行五十六岁",自永元二年至本初元年,正得五十六年,故知"十"字衍也。今据删。

〔99〕部舍人张恂　按:"张恂"疑当作"冯恂"。上文言"熹平中,故治历郎梁国宗整上九道术,诏书下太史,以参旧术,相应。部太子舍人冯恂课校,恂亦复作九道术,增损其分,与整术并校,差为近。太史令飏上以恂术参朔望"。此处虽言课校恂、诚二术,整为诚兄,且先后上书为诚术辨,则所谓整术、诚术实同一事,而参与推计行度者为冯恂也。

后汉书志第二

〔100〕整所上(五)〔正〕属太史　据汲本改。按:"五属太史"不可解,寻文义以"正属太史"为长。

〔101〕恂术以五千六百四十(日)〔月〕有九百六十一食为法　据集解引钱大昕说改。按:"法"原讹"注",径改正。

〔102〕恂言不当施诚术整言不当复(弃)恂术　按:整、恂各挟己术相攻讦,恂言不当施诚术,整言不当复恂术,"弃"字当涉上"弃放恂术"而讹衍,今删。

〔103〕整适作左校二月　殿本"適"作"输"。按:适同谪,原不讹,殿本
　　以意改也。

〔104〕遂用洪等　按:下疑脱一"议"字。

〔105〕推元(谓)〔课〕分　据集解引卢文弨说改。

〔106〕推(元)汉己巳元　集解引卢文弨说,谓"推"下"元"字衍,汉即王
　　汉。今据删。

〔107〕闰馀差(自)〔百〕五十〔二〕分(二)之三　集解卢文弨说,谓"自"当
　　作"百",又引李锐说,谓当作"百五十二分之三"。今据改。

〔108〕后格而(已)不用　据集解引卢文弨说删。

后汉书志第三

律 历 下

历　法

昔者圣人之作历也,观琁玑之运,三光之行,道之发敛,景之长短,斗纲(之)〔所〕建,[1]青龙所躔,参伍以变,错综其数,而制术焉。

天之动也,一昼一夜而运过周,星从天而西,日违天而东。日之所行与运周,在天成度,在历成日。居以列宿,终于四七,受以甲乙,终于六旬。日月相推,日舒月速,当其同〔所〕,[2]谓之合朔。舒先速后,近一远三,谓之弦。相与为衡,分天之中,谓之望。以速及舒,光尽体伏,谓之晦。晦朔合离,斗建移辰,谓之〔月〕。[3]日月之(术)〔行〕,[4]则有冬有夏;冬夏之间,则有春有秋。是故日行北陆谓之冬,西陆谓之春,南陆谓之夏,东陆谓之秋。日道发南,去极弥远,其景弥长,远长乃极,冬乃至焉。日道敛北,去极弥近,其景弥短,近短乃极,夏乃至焉。二至之中,道齐景正,春秋分焉。

日周于天，一寒一暑，四时备成，万物毕改，摄提迁次，青龙移辰，谓之岁。岁首至也，月首朔也。至朔同日谓之章，同在日首谓之蔀，蔀终六旬谓之纪，岁朔又复谓之元。是故日以实之，月以闰之，时以分之，岁以周之，章以明之，蔀以部之，纪以记之，元以原之。然后虽有变化万殊，赢朒无方，莫不结系于此而禀正焉。

极建其中，道营于外，琁衡追日，以察〔发〕敛，[5]光道生焉。孔壶为漏，浮箭为刻，下漏数刻，以考中星，昏明生焉。日有光道，月有九行，九行出入而交生焉。朔会望衡，邻于所交，亏薄生焉。月有晦朔，星有合见，月有弦望，星有留逆，其归一也，步术生焉。金、水承阳，先后日下，速则先日，迟而后留，留而后逆，逆与日违，违而后速，速与日竞，竞又先日，迟速顺逆，晨夕生焉。日、月、五纬各有终原，而七元生焉。见伏有日，留行有度，而率数生焉。参差齐之，多少均之，会终生焉。引而伸之，触而长之，探赜索隐，钩深致远，无幽辟潜伏，而不以其精者然。故阴阳有分，寒暑有节，天地贞观，日月贞明。

若夫祐术开业，淳燿天光，重黎其上也。①承圣帝之命若昊天，典历象三辰，以授民事，立闰定时，以成岁功，羲和其隆也。②取象金火，革命创制，治历明时，应天顺民，汤、武其盛也。③及王德之衰也，无道之君乱之于上，顽愚之史失之于下。夏后之时，羲和淫湎，废时乱日，胤乃征之。纣作淫虐，丧其甲子，武王诛之。夫能贞而明之者，其兴也勃焉；回而败之者，其亡也忽焉。巍巍乎若道天地之纲纪，帝王之壮事，是以圣人宝焉，君子勤之。

①颛顼曰重黎。

②唐、虞、夏、商曰羲和。

③月令章句曰："帝舜叶时月正日，汤、武革命，治历明时。言承平者叶

之，承乱者革之。"

夫历有圣人之德六焉：以本气者尚其体，以综数者尚其文，以考类者尚其象，以作事者尚其时，以占往者尚其源，以知来者尚其流。大业载之，吉凶生焉，是以君子将有兴焉，咨焉而以从事，受命而莫之违也。若夫用天因地，揆时施教，颁诸明堂，以为民极者，莫大乎月令。帝王之大司备矣，天下之能事毕矣。过此而往，群忌苟禁，君子未之或知也。

斗之二十一度，去极至远也，日在焉而冬至，群物于是乎生。故律首黄锺，历始冬至，月先建子，时平夜半。当汉高皇帝受命四十有五岁，阳在上章，阴在执徐，冬十有一月甲子夜半朔旦冬至，日月闰积之数皆自此始，立元正朔，谓之汉历。又上两元，而月食五星之元，并发端焉。

历数之生也，乃立仪、表，[6]以校日景。景长则日远，天度之端也。日发其端，周而为岁，然其景不复，四周千四百六十一日，而景复初，是则日行之终。以周除日，得三百六十五四分度之一，为岁之日数。日日行一度，亦为天度。察日月俱发度端，①日行十九周，月行二百五十四周，复会于端，是则月行之终也。以日周除月周，得一岁周天之数。以日一周减之，馀十二二十九分之七，则月行过周及日行之数也，为一岁之月。以除一岁日，为一月之数。[7]月之馀分积满其法，得一月，月成则其岁〔大〕。月(大)四时推移，[8]故置十二中以定月位。有朔而无中者为闰月。中之始(日)〔日〕节，[9]与中为二十四气。以除一岁日，为一气之日数也。其分积而成日为没，并岁气之分，如法为一岁没。没分于终中，中终于冬至，冬至之分积如其法得一日，四岁而终。月分成闰，闰七而尽，其岁十九,名之曰章。章首分尽,四之俱终,名之曰蔀。以一岁日乘之,为蔀之日数也。以甲子命之,二十而复其初,是以二十蔀为纪。纪岁青龙未终,三终岁后复青龙为元。

①即是起舍合朔。

元法,四千五百六十。①

①乐叶图征曰:"天元以甲子朔旦冬至,日月起于牵牛之初,右行二十八宿,以考王者终始。或尽一,其历数或不能尽一,以四千五百六十为纪,甲寅穷。"宋均曰:"纪即元也。四千五百六十者,五行相代,一终之大数也。王者即位,或遇其统,或不尽其数,故一(共)〔元〕以四千五百六十为甲寅之终也。[10]王者起,必易元,故不复沿前而终言之也。"韩子曰:"四千五百六十岁为一元,元中有厄,故圣人有九岁之畜以备之也。"

纪法,千五百二十。①

①月令章句曰:"纪,还复故历。"

纪月,万八千八百。

蔀法,七十六。①

①月令章句曰:"七十六岁为蔀首。"

蔀月,九百四十。

章法,十九。

章月,二百三十五。①

①月令章句曰:"十九岁七闰月为一章。"

周天,千四百六十一。

日法,四。

蔀日,二万七千七百五十九。

没数,二十一。(为章闰)[11]

通法,四百八十七。

没法,七,因为章闰。

日馀,百六十八。

中法,(四)[三]十二。[12]

大周,三十四万三千三百三十五。

月周千一十六。

月食数之生也,乃记月食之既者。率二十三食而复既,其月(食)百三十五,[13]率之相除,得五(百)[月]二十三之二十而一食。[14]以除一岁之月,得岁有再食五百一十三分之五十[五]也。[15]分终其法,因以与蔀相约,得四与二十七,互之,会二千五十二,[16]二十而与元会。

元会,四万一千四十。

蔀会,(三)[二]千五十(三)[二]。[17]

岁数,五百一十三。

食数,千八十一。

月数,百(二)[三]十五。[18]

食法,二十(二)[三]。[19]

推入蔀术曰:以元法除去上元,其馀以纪法除之,所得数从天纪,筹外则所入纪也。不满纪法者,入纪年数也。以蔀法除之,所得数从甲子蔀起,筹外,所入纪岁名命之,算上,即所求年太岁所在。[20]

推月食所入蔀会年,以元会除去上元,其馀以蔀会除之,所得以(七)[二]十(二)[七]乘之,[21]满六十除去之,馀以二十除所得数,从天纪,算(之起)外,所(以)入纪,[22]不满二十者,数从甲子蔀起,算外,所入蔀会也。其初不满蔀会者,入蔀会年数也,各以(不)〔所〕入纪岁名命之,[23]算上,即所求年(蔀)〔太岁所在〕。[24]

天纪岁名	地纪岁名	人纪岁名	蔀　首[25]
庚辰	庚子	庚申	甲子一
丙申	丙辰	丙子	癸卯二
壬子	壬申	壬辰	壬午三
戊辰	戊子	戊申	辛酉四
甲申	甲辰	甲子	庚子五
庚子	庚申	庚辰	己卯六
丙辰	丙子	丙申	戊午七
壬申	壬辰	壬子	丁酉八
戊子	戊申	戊辰	丙子九
甲辰	甲子	甲申	乙卯十
庚申	庚辰	庚子	甲午十一
丙子	丙申	丙辰	癸酉十二
壬辰	壬(午)〔子〕[26]	壬申	壬子十三
戊申	戊辰	戊子	辛卯十四
甲子	甲申	甲辰	庚午十五
庚辰	庚子	庚申	(乙)〔己〕酉十六[27]
丙申	丙辰	丙子	戊子十七
壬子	壬申	壬辰	丁卯十八
戊辰	戊子	戊申	丙午十九
甲申	甲辰	甲子	乙酉二十

推天正术,置入蔀年减一,以章月乘之,满章法得一,名为积

月,不满为闰馀,十二以上,其岁有闰。

推天正朔日,置入蔀积月,以蔀日乘之,满蔀月得一,名为积日,不满为小馀,积日以六十除去之,其馀为大馀,以所入蔀名命之,筭尽之外,则前年天正十一月朔日也。小馀四百四十一以上,其月大。求后月朔,加大馀二十九,小馀四百九十〔九〕,[28]小馀满蔀月得一,上加大馀,命之如前。

一术,以大周乘年,周天乘〔闰馀〕减之,馀满蔀(日)〔月〕,则天正朔日也。[29]

推二十四气术曰:置入蔀年减一,以(月)〔日〕馀乘之,[30]满中法得一,名曰大馀,不满为小馀,大馀满六十除去之,其馀以蔀名命之,算尽之外,则前年冬至之日也。

求次气,加大馀十五,小馀七,除命之如前,小寒日也。

推闰月所在,以闰馀减章法,馀以十二乘之,满章闰数得一,满四以上亦得一算之数,从前年十一月起,算尽之外,闰月也。或进退,以中气定之。

推弦、望日,因其月朔大小馀之数,皆加大馀七,小馀三百五十九四分三,小馀满蔀月得一,加大馀,大馀命如法,得上弦。又加得望,次下弦,又后月朔。其弦、望小馀二百六十以下,每以百刻乘之,满蔀月得一刻,不满其(数)〔所〕近节气夜漏之半者,[31]以算上为日。

推没灭术,置入蔀年减一,以没数乘之,满日法得一,名为积没,不尽为没馀。以通法乘积没,满没法得一,名为大馀,不尽为小馀。大馀满六十除去之,其馀以蔀名命之,算尽之外,前年冬至前没日也。求后没,加大馀六十九,小馀四,小馀满没法,从大馀,命之如前,无分为灭。

一术,以(为)〔十〕五乘冬至小馀,[32]以减通法,馀满没法得一,则天正后没也。

推合朔所在度,置入蔀积(月)〔日〕以(日)〔蔀月〕乘之,[33]满大周除去之,其馀满蔀月得一,名为积度,不尽为馀分。积度加斗二十一度,加二百三十五分,以宿次除之,不满宿,则日月合朔所在星度也。求后合朔,加度二十九,加分四百九十九,分满蔀月得一度,经斗除二百三十五分。

一术,以闰馀乘周天,以减大周馀,满蔀月得一,合以斗二十一度四分一,则天正合朔日月所在度。

推日所在度,置入蔀积日之数,以蔀法乘之,满蔀日除去之,其馀满蔀法得一,为积度,不尽为馀分。积度加斗二十一度,加十九分,以宿次除去之,则夜半日所在宿度也。

求次日,加一度。求次月,大加三十度,小加二十九度,经斗除十〔九〕分。[34]

一术,以朔小馀减合〔朔〕度分,[35]即日夜半所在。其分(三)〔二〕百(二)〔三〕十五约之,[36]十九乘之。

推月所在度,置入蔀积日之数,以月周乘之,满蔀日除去之,其馀满蔀法得一,为积度,不尽为馀分。积度加斗二十一十〔九〕分,[37]除如上法,则所求之日夜半月所在宿度也。

求次日,加十三度二十八分。求次月,大加三十五度六十一分,月小二十二度三十三分,分满法得一度,经斗除十九分。其冬下旬月在张、心署之,谓(尽)〔昼〕漏分后尽漏尽也。[38]

一术,以蔀法除朔小馀,所得以减日半度也。馀以减分,即月夜半所在度也。

推日明所入度分术曰：置其月节气夜漏之数，以蔀法乘之，二百除之，得一分，即夜半到明所行分也。以增夜半日所在度分，为明所在度分也。

求昏日所入度，以夜半到明日所行分(分)减蔀法，[39]其馀即夜半到昏所行分也。以加夜半所在度分，为昏日所在度也。

推月明所入度分术曰：置其节气夜(半)〔漏〕之数，[40]以月周乘之，以二百除之，为积分。积分满蔀法得一，以增夜半度，即(明)月〔明〕所在度也。[41]

求昏月所入度：以明积分减月周，其馀满蔀法得一度，加夜半，则昏月所在度也。

推弦、望日所入星度术曰：置合朔度分之数，加七度三百五十九分四分(之)三，[42]〔以〕宿次除之，[43]即得上弦日所入宿度分也。

求望、下弦，加除如前法，小分〔满〕四从大分，〔大分〕满蔀月从度。[44]

推弦、望月所入星度术曰：置月合朔度分之数，加度九十八，加分六百五十三半，以宿次除之，即上弦月所入宿度分也。

求望、下弦，加除如前分，满蔀月从度。

推月食术曰：置入蔀会年数，减一，以食数乘之，满岁数得一，名曰积食，不满为食馀。以月数乘积〔食〕，[45]满食法得一，名为积月，不满为月馀分。积月以章月除去之，其馀为入章月数。当先除入章闰，乃以十二除去之，不满者命以十一月，筹尽之外，则前年十一月前食月也。求入章闰者，置入章月，以章闰乘之，满章月得一，则入章闰数也。馀分满二百二十四以上至二百三十一，为食在闰

月。闰或进退，以朔日定之。求后食，加五(百)〔月〕二十分，[46]满
法得一月数，命之如法，其分尽食筭上。

推月食朔日术曰：置食积月之数，以二十九乘之，为积日。又
以四百九十〔九〕乘积月，[47]满蔀月得一，以并积日，以六十除之，
其馀以所会蔀名命之，筭尽之外，则前年天正前食月朔日也。

求食日，加大馀十四，小馀七百一十九半，小馀满蔀月为大馀，
大馀命如前，则食日也。

求后食朔及日，皆加大馀二十七，小馀六百一十五。其月馀分
不满二十者，又加大馀二十九，小馀四百九十九。其食小馀者，当
以漏刻课之，夜漏未尽，以筭上为日。

一术，以岁数去上元，馀以为积月，[48]以百一十二乘之，满月
数去之，馀满食法得一，则天正后食。

推诸加时，以十二乘小馀，先减如法之半，得一时，其馀乃以法
除之，所得筭之数从夜半子起，筭尽之外，则所加时也。

推诸上水漏刻：以百乘其小馀，满其法得一刻；不满法(法)什
之，[49]满法得一分。积刻先减所入节气夜漏之半，其馀为昼上水
之数。过昼漏去之，馀为夜上水数。其刻不满夜漏半者，乃减之，
馀为昨夜未(昼)〔尽〕，[50]其弦望其日。

五星数之生也，各记于日，与周天度相约而为率。以章法乘周
率为(用)〔月〕法，[51]章月乘日率，如月法，为积月月馀。以月之
(月)〔日〕乘积〔月〕，为朔大小馀。[52]乘为入月日馀。[53]以日法乘
周率为日度法，以〔周〕率去日率，[54]馀以乘周天，如日度法，为
〔积〕度(之)〔度〕馀也。[55]日率相约取之，得二千九百九十万一千

六百二十一亿五十八万二千三百,而五星终,如蔀之数,与元通。

　　木,周率,四千三百二十七。　日率,四千七百二十五。　合积月,十三。　月馀,四万一千六百六。　月法,八万二千二百一十三。　大馀,二十三。　小馀,八百四十七。　虚分,九十三。

　　入月日,十五。　日馀,万四千六百四十(七)〔一〕。[56]　日度法,万七千三百八。　积度,三十三。　度馀,万三百一十四。

　　火,周率,八百七十九。　日率,千八百七十六。　合积月,二十六。　月馀,六千六百三十四。　月法,万六千七百一。　大馀,四十七。　小馀,七百五十四。　虚分,一百八十六。　入月日,十(一)〔二〕。[57]　日馀,千八百七十二。　日度法,三千五百一十六。　积度,四十九。　度馀,一百一十四。

　　土,周率,九千九十六。　日率,九千四百一十五。　合积月,十二。　月馀,十三万八千六百三十七。　月法,十七万二千八百二十四。　大馀,五十四。　小馀,三百四十八。　虚分,五百九十二。　入月日,二十(三)〔四〕。[58]　日馀,二千一百六十三。　日度法,三万六千三百八十四。　积度,十二。　度馀,二万九千四百五十一。

　　金,周率,五千八百三十。　日率,四千六百六十一。　合积月,九。　月馀,九万八千四百五。　月法,十〔一〕万七百七十。[59]　大馀,二十五。　小馀,七百三十一。　虚分,二百九。

　　入月日,二十六。　日馀,二百八十一。　日度法,二万三千三百二十。　积度,二百九十二。　度馀,二百八十一。

　　水,周率,万一千九百八。　日率,千八百八十九。　合积月,一。月馀,二十一万七千六百六十〔三〕。[60]　月法,二十二万六千二百五十二。　大馀,二十九。　小馀,四百九十九。　虚分,四百四十(九)〔一〕。[61]　入月日,二十(七)〔八〕。[62]　日馀,四万四千八百五。　日度法,四万七千六百三十(一)〔二〕。[63]　积度,五十七。　度馀,四万四千八百五。

推五星术,置上元以来,尽所求年,以周率乘之,满日率得一,名为积合;不尽名〔为〕合馀。[64]〔合〕馀以周率除之,[65]不得焉退岁;无所得,星合其年,得一合前年,二合前二年。金、水积合奇为晨,偶为夕。其不满周率者反减之,馀为度分。

推星合月,以合积月乘积合为小积,又以月馀乘积合,满其月法得一,从小积〔为积月,不尽〕为月馀。[66]积月满纪月去之,馀为入纪月。每以章闰乘之,满章月得一为闰;不尽为闰馀。以闰减入纪月,其馀以十二去之,馀为入岁月数,从天正十一月起,筭外,星合所在之月也。其闰〔馀〕满二百二十四以上[67]至二百三十一星合闰月。闰或进退,以朔制之。

推朔日,以蔀日乘(之)入纪月,[68]满蔀月得一为积日,不尽为小馀。积日满六十去之,馀为大馀,命以甲子,筭外,星合月朔日也。

推入月日,以蔀日乘月馀,以其月法乘朔小馀,从之,以四千四百六十五约之,所得(得)满日度法得一,[69]为入月日,不尽为日馀。以朔命入月日,筭外,星合日也。

推合度,以周天乘度分,满日度法得一为积度,不尽为度馀。以斗二十一四分一命度,筭外,星合所在度也。

一术,加退岁一,以减上元,满八十除去之,馀以没数乘之,满日法得一,为大馀,不尽为小馀。以甲子命大馀,则星合岁天正冬至日也。以周率〔乘〕小馀,[70]并度馀,馀满日度法从度,即(正)

〔至〕后星合日数也,[71]命以冬至。求后合月,加合积月于入岁月,加月馀于月馀,满其月法得一,从入岁月。入岁月满十二去之,有闰计焉,馀命如前,筹外,后合月也。(馀一)〔金、水〕加晨得夕,[72]加夕得晨。

求朔日,以大小馀加今所得,其月馀得一月者,又〔加大〕馀二十,〔小馀四百九十九,〕[73]小馀满蔀月得一,(如)〔加〕大馀,[74]大馀命如前。

求入月日,以入月日〔日〕馀加今所得,[75]馀满日度法得一,从日。其前合月朔小馀(不)满其虚分者,[76]空加一日。日满月先去二十九,其后合月朔小馀不满四百九十九,又减一日,其馀命如前。

求合度,以积度度馀加今所得,馀满日度法得一从度,命如前,经斗除如周率矣。

木,晨伏,十六日七千(二)〔三〕百二十分半,[77]行二度万三千八百一十一分,在日后十三度有奇,而见东方。见顺,日行五十八分度之十一,五十八日行十一度。微迟,日行九分,五十八日行九度。留不行,二十五日。旋逆,日行七分度之一,八十四日(进)〔退〕十二度。[78]复留,二十五日。复顺,五十八日行九度,又五十八日行十一度,在日前十三度有奇,而夕伏西方。除伏逆,一见三百六十六日,行二十八度。伏复十六日七千(二)〔三〕百二十分半,[79]行二度万三千八百一十一分,而与日合。凡一终,三百九十八日有万四千六百四十一分,行星三十(二)〔三〕度与万三百一十四分,[80]通率日行四千七百二十五分之三百九十八。

火,晨伏,七十一日二千六百九十四分,行五十五度二千二百五十四分半,在日后十六度有奇,而见东方。见顺,日行二十三分度之十四,〔百〕八十四日行〔百〕一十二度。[81]微遲,日行十二分,九十二日行四十八度。留不行,十一日。旋逆,日行六十二分度之十七,六十二日退十七度。復留,十一日。復順,九十二日,行四十八度,又百八十四日行百一十二度,在日前十六度有奇,而夕伏西方。除伏逆,一見六百三十六日,行〔三〕百三度。[82]伏復,七十一日二千六百九十四分,行五十五度二千二百五十四分半,而與日合。凡一終,七百七十九日有千八百七十二分,行星四百一十四度與九百九十三分。通率日行千八百七十六分之九百九十七。[83]

土,晨伏,十九日千八十一分半,行三度萬四千七百二十五分半,在日後十五度有奇,而見東方。見順,日行四十三分度之三,八十六日行六度。留不行,三十三日。旋逆,日行十七分度之一百二,日退六度。復留,三十三日。復順,八十六日,行六度,在日前十五度有奇,而夕伏西方。除伏逆,〔一〕見三百四十日,[84]行六度。伏復,十九日千八十一分半,行三度萬四千七百二十五分半,與日合。凡一終,三百七十八日有二千一百六十三分,行星十二度與二萬九千四百五十一分。通率日行九千四百一十五分之三百一十九。

金,晨伏,五日,退四度,在日後九度,而見東方。見逆,日行五分度之三,十日,退六度。留不行,八日。〔旋〕順,[85]日行(行)四十六分度之三十三,[86]四十六日行三十三度。而〔疾〕,日行一度九十〔一〕分度之十五,[87]九十一日行百六度。益疾,日行一度二十二分,九十一日行百一十三度,在日後九度,而晨伏東方。除伏逆,一見二百四十六日,行二百四十六度。伏四十一日二百八十一分,行五十度二百八十一分,而與日合。一合二百九十二日〔二〕

百八十一分,[88]行星如之。

金,夕伏,四十一日二百八十一分,行五十度二百八十一分,在日前九度,而见西方。见顺,疾,日行一度九十一分度之二十二,九十一日行百一十三度。微遲,日行一度十五分,九十一日行百六度。而(进)〔遲〕,[89]日行四十六分度之三十三,四十六日行三十三度。留不行,八日。旋逆,日行五分度之三,十日退六度,在日前九度,而夕伏西方。除伏逆,一见二百四十六日,行二百四十六度,伏五日,退四度而(后)〔复〕合。[90]凡(三)〔再〕合一终,[91]五百八十四日有五百六十二分,行星如之。通率日行一度。

水,晨伏,九日,退七度,在日后十六度,而见东方。见逆,一日退一度。留不行,二日。旋顺,日行九分度之八,九日行八度。而疾,日行一度四分度之一,二十日行二十五度,在日后十六度,而晨伏东方。除伏逆,一见三十二日,行三十二度,伏十六日四万四千八百五分,行三十二度四万四千八百五分,而与日合。一合五十七日有四万四千八百五分,行星如之。

水,夕伏,十六日四万四千八百五分,行三十二度四万四千八百五分,在日前十六度,而见西方。见顺,疾,日行一度四分度之一,二十日行二十五度。而遲,日行九分度之八,九日行八度。留不行,二日。〔旋〕逆,[92]一日退一度,在日前十六度,而夕伏西方。除伏逆,一见三十二日,行三十〔二〕度,[93]伏九日,退七度而复合。凡再合一终,百一十五日有四万一千九百七十八分,行星如之。通率日行一度。

步术,以步法伏日度分,(如)〔加〕星合日度馀,[94]命之如前,得星见日度也。(术)〔行〕分母乘之,[95]分(日)如〔日〕度法而一,^[96]分不尽如(法)半〔法〕以上,^[97]亦得一,而日加所行分,满其母得一度。逆顺母不同,以当行之母乘故分,如故母,如一也。留者承前,逆则减之,伏不书度。经<u>斗</u>除如行母,四分具一。其分有损益,前后相放。其以赤道命度,进加退减之。其步以黄道。

(日)〔月〕名^[98]

天正十一月	冬至		五　月	夏至
十二月	大寒		六　月	大暑
正　月	雨水		七　月	处暑
二　月	春分		八　月	秋分
三　月	谷雨		九　月	霜降
四　月	小满		十　月	小雪①

①月令章句:"孟春以立春为节,惊蛰为中。中必在其月,节不必在其月。据孟春之惊蛰在十六日以后,立春在正月;惊蛰在十五日以前,立春在往年十二月。"

斗二十六四	牛八	女十二进(二)	虚十进(三)
分〔一〕退二^[99]		〔一〕^[100]	〔二〕^[101]
危十(六)〔七〕	室十六进	壁(十)〔九〕进	
进二^[102]	(二)〔三〕^[103]	(三)〔一〕^[104]	

北方九十八度四分一

奎十六	娄十二(进)	胃十四(进二)	昴十一(进)
	〔退〕一^[105]	〔退一〕^[106]	〔退〕二^[107]

毕十六（进）　　　　觜二退三　　　　参九退四
〔退〕三〔108〕

　　西方八十度

井三十三退三　　　鬼四　　　　　柳十五　　　　　星七进一

张十八进一　　　　翼十八进（一）　轸十七进一
　　　　　　　　　〔二〕〔109〕

　　南方百一十二度

角十二　　　　　　亢九退一　　　　氐十五退二　　　房五退三

心五退三　　　　　尾十八（进）　　箕十一退三
　　　　　　　　　〔退〕三〔110〕

　　　东方七十五度

　　　右赤道度周天三百六十五度四分一

斗二十四（进一）　生七　　　　　女十一　　　　　虚十
〔四分一〕〔111〕

危十六　　　　　　室十八　　　　壁十

　　　北方九十六度四分一

奎十七　　　　　　娄十二　　　　胃十五　　　　　昴十二

毕十六　　　　　　觜三　　　　　参八

　　　西方八十三度

井三十　　　　　　鬼四　　　　　柳十四　　　　　星七

张十七　　　翼十九　　　轸十八

　南方百九度

角十三　　　亢十　　　氐十六　　　房五
心五　　　尾十八　　　箕十

　东方七十七度

　右黄道度三百六十五四分一

　黄道去极，日景之生，据仪、表也。漏刻之生，以去极远近差乘节气之差。如远近而差一刻，以相增损。昏明之生，以天度乘昼漏，夜漏减(三)〔之，二〕百而一，[112]为定度。以减天度，馀为明；加定度一为昏。其馀四之，如法为少。〔二为半，三为太，〕[113]不尽，三之，如法为强，馀半法以上以成强。强三为少，少四为度，其强二为少弱也。又以日度馀为少强，而各加焉。①

　①张衡浑仪曰："赤道横带浑天之腹，去极九十一度十〔六〕分之五。[114]黄道斜带其腹，出赤道表里各二十四度。故夏至去极六十七度而强，冬至去极百一十五度亦强也。然则黄道斜截赤道者，则春分、秋分之去极也。今此春分去极九十少，秋分去极九十一少者，就夏历景去极之法以为率也。[115]上头横行第一行者，黄道进退之数也。本当以铜仪日月度之，则可知也。以仪一岁乃竟，而中间又有阴雨，难卒成也。是以作小浑，尽赤道黄道，乃各调赋三百六十五度四分之一，从冬至所在始起，令之相当值也。取北极及衡各(诚)〔针〕掠之为轴，[116]取薄竹篾，穿其两端，令两穿中间与浑半等，以贯之，令察之与浑相切摩也。乃从减半起，以为〔百〕八十二度八分之五，[117]尽衡减之半焉。又中分其篾，掎去其半，令其半之际正直，与两端减半相直，令篾半之际从冬至起，一度一移之，视篾之半际(夕)多〔少〕黄赤道几也。[118]其

所多少,则进退之数也。从(此)〔北〕极数之,^[119](无)〔去〕极之度

所多少,则进退之数也。从(此)〔北〕极数之,[119](无)〔去〕极之度也。[120]各分赤道黄道为二十四气,一气相去十五度十六分之七,每一气者,黄道进退一度焉。所以然者,黄道直时,去南北极近,其处地小,而横行与赤道且等,故以箟度之,于赤道多也。设一气令十六日者,皆常率四日差少半也。令一气十五日不能半耳,故使中道三日之中(若)〔差〕少半也。[121]三气一节,故四十六日而差今三度也。至于差三之时,而五日同率者一,其实节之间不能四十六日也。今残日居其策,故五日同率也。其率虽同,先之皆强,后之皆弱,不可胜计。取至于三而复有进退者,黄道稍斜,于横行不得度故也。春分、秋分所以退者,黄道始起更斜矣,于横行不得度故也。亦每一气一度焉,三气一节,亦差三度也。至三气之后,稍远而直,故横行得度而稍进也。立春、立秋横行稍退矣,而度犹云进者,以其所退减其所进,犹有盈馀,未尽故也。立夏、立冬横行稍进矣,而度犹〔云〕退者,[122]以其所进,增其所退,犹有不足,未毕故也。以此论之,日行非有进退,而以赤道(重广)〔量度〕黄道[123]使之然也。本二十八宿相去度数,以赤道为(强)〔距〕耳,[124]故于黄道亦〔有〕进退也。[125]冬至在斗二十一度少半,最远时也,而此历斗二十度,俱百一十五,强矣,冬至宜与之同率焉。夏至在井二十一度半强,最近时也,而此历井二十三度,俱六十七度,强矣,夏至宜与之同率焉。"

律历下

二十四气	日所在	黄道去极	晷	景	昼漏刻	夜漏刻	昏中星①	旦中星
冬至②	斗二十一度八分退二[126]	百一十五度	丈三尺		四十五	五十五	奎六弱	亢二少强退一
小寒	女二度七分进一[127]	百一十三强	丈二尺三寸		四十五八分	五十四二分	娄六半强退一	氐七少弱退二
大寒	虚五度十四分进二[128]	百一十太弱	丈丈一尺八分		四十六八分	五十二八分	胃十一半强退一	心半太弱退三
立春	危十度[129]一分进二	百六少强二十[130]	九尺六寸		四十八六分	五十一四分	毕五少弱退[131]三	尾七半弱退三

2477

雨水	室八度二十八分[132]进三	百一强	七尺九寸五分	五十八分	四十九二分	参六半弱退四 ／ 箕大弱退三[133]
惊蛰	壁八度三分进一	九十五强	六尺五寸	五十三三分	四十六七分	井十七少弱退三 ／ 斗少退二
春分	奎十四度十分[134]	八十九强	五尺二寸五分	五十五八分	四十四二分	鬼四 ／ 斗十一弱退二[135]
清明	胃一度十七分退一[136]	八十三少弱	四尺五寸	五十八三分	四十一七分	星四大进[137] ／ 斗二十一半退二
谷雨	昴二度二十四分退二	七十七大强	三尺二寸	六十五分	三十九五分	张十七进一[138] ／ 牛六半
立夏	毕六度[139]一分退三	三十·七十三少弱	二尺五寸二分	六十二四分	三十七六分	翼十七大进二 ／ 女十少进一[140]
小满	参四度六分退四	六十九大弱	尺九寸八分	六十三九分	三十六一分	角大弱[141] ／ 危大弱进二
芒种	井十度十三分退三	六十七少弱	尺六寸八分	六十四九分	三十五一分	亢五大退一 ／ 危十四强进二
夏至③	井二十五度十分退三	二六十七强	尺五寸	六十五	三十五	氐十二少弱退二 ／ 室十二少弱进三[142]
小暑	柳三度二十七分	六十七大强	尺七寸	六十四七分	三十五三分	尾一大强退三 ／ 奎二大强
大暑	星四度二分进一[143]	七十	二尺	六十三八分	三十六二分	尾十五半弱退三 ／ 娄三大退一
立秋	张十二度九分进一	七十三半强	二尺五寸五分	六十二三分	三十七七分	箕九大强退三 ／ 胃九大弱退一[144]
处暑	翼九度十六分进二[145]	七十八半强	三尺三寸三分	六十二八分	三十九[146]	斗十少退二 ／ 毕三大退三
白露	轸六度二十三分进二[147]	八十四少强	四尺三寸五分	五十七八分	四十二二分	斗二十一强退二[148] ／ 参五半弱退四
秋分	角四度三十分	九十半强	五尺五寸	五十五二分	四十四八分	牛五少 ／ 井十六少强退三
寒露	亢八度五分退一[149]	九十六大[150]	六尺五寸五分	五十二六分	四十七四分	女七大进一 ／ 鬼三少强
霜降	氐十四度十二分退二[151]	百二少强	八尺四寸	五十三分	四十九七分	虚六大进二[152] ／ 星三大强进一

立冬	尾四度[153]十九分退三	百七少强	丈[154]	四十八二分	五十一八分	危八强进二[155]	张十五大强进[一]
小雪	箕一度二十六分退三	百一十一弱	丈一尺四寸	四十六七分	五十三三分	室三[156]半强进三	翼十五大强进二
大雪	斗六度一分退二[157]	百二十三大强	丈二尺五寸六分④	四十五五分	五十四五分	壁半强进一	轸十五弱进一[158]

①月令章句曰:"中星当中而不中,日行迟也。未当中而中,日行疾也。"

②月令章句曰:"冬至之为极有三意焉:昼漏极短,去极极远,晷景极长。极者,至而还之辞也。"

③月令章句曰:"夏至之为极有三意焉:昼漏极长,去极极近,晷景极短。"

④易纬所称晷景长短,不与相应,今列之于后,并至与不至各有所候,以参广异同。 冬至,晷长一丈三尺。当至不至,则旱,多温病。未当至而至,则多病暴逆心痛,应在夏至。 小寒,晷长一丈二尺四分。当至不至,先小旱,后小水,丈夫多病喉痹。未当至而至,多病身热,来年麻不为耳。 大寒,晷长一丈一尺八分。当至不至,则先大旱,后大水,麦不成,病厥逆。未当至而至,多病上气、嗌肿。 立春,晷长一丈一寸六分。当至不至,兵起,麦不成,民疲癃。未当至而至,多病燥、疾疫。 雨水,晷长九尺一寸六分。当至不至,旱麦不成,多病心痛。未当至而至,多病蓑。 惊蛰,晷长八尺二寸。当至不至,则雾,稚禾不成,老人多病嚏。未当至而至,多病痈疽、胫肿。 春分,晷长七尺二寸四分。当至不至,先旱后水,岁恶,米不成,多病耳痒。

清明,晷长六尺二寸八分。当至不至,菽豆不熟,多病嚏、振寒(温)、[洞]泄。[159]未当至而至,多温病、暴死。 谷雨,晷长五尺三寸六分。当至不至,水物杂稻等不为,多病疾疟、振寒、霍乱。未当至而至,老人多病气肿。 立夏,晷长四尺三寸六分。当至不至,旱,五谷伤,牛畜疾。未当至而至,多病头痛、肿嗌、喉痹。 小满,晷长三尺四寸。当至不至,凶言,〔国〕有大丧,^[160]先水后旱,多病筋急、痹痛。未当至而至,多燥、噎肿。　　　芒种,晷长二尺四寸四分。当至不至,凶言,国有狂令。未当至而至,多病厥眩、头痛。　　　夏至,晷长一尺四寸八分。当至不至,国有大殃,旱,阴阳并伤,草木夏落,有大寒。未当至而至,病眉肿。　　　小暑,晷长二尺四寸四分。当至不至,前小水,后小旱,有兵,多病泄注、腹痛。未当至而至,病胪肿。　　　大暑,晷长三尺四寸。当至不至,外兵作,来年饥,多病筋痹、胸痛。未当至而至,多病胫痛、恶气。　　　立秋,晷长四尺三寸六分。当至不至,暴风为灾,来年黍不为。未当至而至,多病咳上气、咽肿。　　　处暑,晷长五尺三寸二分。当至不至,国多浮令,兵起,来年麦不为。未当至而至,病胀,耳热不出行。　　　白露,晷长六尺二寸八分。当至不至,多病瘘、疽、泄。未当至而至,多病水、腹闭疝瘕。　　　秋分,晷长七尺二寸四分。当至不至,草木复荣,多病温,悲心痛。未当至而至,多病胸鬲痛。　　　寒露,晷长八尺二寸。当至不至,来年谷不成,六畜鸟兽被殃,多病疝瘕、腰痛。未当至而至,多病疢热中。　　　霜降,晷长九尺一寸六分。当至不至,万物大耗,年多大风,人病腰痛。未当至而至,多病胸胁支满。　　　立冬,晷长丈一寸二分。当至不至,地气不藏,来年立夏反寒,早旱,晚水,万物不成。未当至而至,多病臂掌痛。小雪,晷长一丈一尺八分。当至不至,来年蚕麦不成,多病脚腕痛。未当至而至,亦为多肘腋痛。　　　大雪,晷长一丈二尺四分。当至不至,温气泄,夏蝗虫生,大水,多病少气、五疸、^[161]水肿。未当至而至,多病痈疽痛,应在芒种。　　　月令章句曰:"周天三百六十五度四分度之一,分为十二次,日月之所躔也。地有十二分,王侯之所国也。每次三十(二)度三十(三)〔二〕分之十四,^[162]日至其初为节,至其中为中气。

自危十度至壁(八)〔九〕度^[163]谓之豕韦之次,立春、惊蛰居之,^[164]卫之分野。　　　自壁(八)〔九〕度至胃一度,谓之降娄之次,雨水、春分居之,鲁之分野。　　　自胃一度至毕六度,谓之大梁之次,清明、穀雨居之,[165]赵之分野。

满居之,晋之分野。

至居之,秦之分野。

暑居之,周之分野。

分居之,郑之分野。

降居之,宋之分野。

雪居之,燕之分野。

冬至居之,越之分野。

寒、大寒居之,齐之分野。”

自毕六度至井十度,谓之实沈之次,立夏、小满居之,晋之分野。

自井十度至柳三度,谓之鹑首之次,芒种、夏至居之,秦之分野。

自柳三度至张十二度,谓之鹑火之次,小暑、大暑居之,周之分野。

自张十二度至轸六度,谓之鹑尾之次,立秋、处暑居之,楚之分野。

自轸六度至亢八度,谓之寿星之次,白露、秋分居之,郑之分野。

自亢八度至尾四度,谓之大火之次,寒露、霜降居之,宋之分野。

自尾四度至斗六度,谓之析木之次,立冬、小雪居之,燕之分野。

自斗六度至须女二度,谓之星纪之次,大雪、冬至居之,越之分野。

自须女二度至危十度,谓之玄枵之次,小寒、大寒居之,齐之分野。”

蔡邕分星次度数与皇甫谧不同,兼明气节所在,故载焉。谧所列在郡国志。

中星以日所在为正,日行四岁乃终,置所求年二十四气小馀四之,如法为少、大,馀不尽,三之,如法为强、弱,以减节气昏明中星,而各定莫。强,正;弱,(直)〔负〕也。[166]其强弱相减,同名相去,异名从之。从强进少为弱,从弱退少而强。从上元太岁在庚辰以来,尽熹平三年,岁在甲寅,积九千四百五十五岁也。①

①宋世治历何承天曰:“历数之术,若心所不达,虽复通人前识,无救其弊。是以多历年岁,犹未能有定。四分于天,出三百年而盈一日,积世不悟,徒云建历之本必先立元,假托谶纬,遂开治乱。此之为弊,亦以甚矣。刘歆三统法尤复疏阔,方于四分,六千馀年又益一日。杨雄心惑其说,采为太玄,班固谓之最密,著于汉志。司马彪曰:‘自太初元年始用三统历,施行百有馀年。’曾不忆刘歆之生不逮太初,二三君子为历,几乎不知而安言者欤!兀和中谷城门候刘洪始悟四分于天疏阔,更以五百八十九为纪法,百四十五为斗分,而造乾象法,又制迟疾历以步月行,方于太初、四分,转精密矣。”

论曰:易有太极,是生两仪。两仪之分尚矣,乃有皇犧。皇犧之有天下也,未有书计。历载弥久,暨于黄帝,班示文章,重黎记注,象应著名,始终相验,准度追元,乃立历数。天难谌斯,是以五、三迄于来今,各有改作,不通用。故黄帝造历,元起辛卯,而颛顼用乙卯,虞用戊午,夏用丙寅,殷用甲寅,周用丁巳,鲁用庚子。汉兴承秦,初用乙卯,至武帝元封,不与天合,乃会术士作太初历,元以丁丑。王莽之际,刘歆作三统,追太初前(世)〔卅〕一元,[167]得五星会庚戌之岁,以为上元。太初历到章帝元和,旋复疏阔,征能术者课校诸历,定朔稽元,追汉(三)〔四〕十五年庚辰之岁,[168]追朔一日,乃与天合,以为四分历元。加六百五元一纪,上得庚申。有近于纬,而岁不摄提,以辨历者得开其说,而其元鲜与纬同,同则或不得于天。然历之兴废,以疏密课,固不主于元。光和元年中,议郎蔡邕、郎中刘洪补续律历志,邕能著文,清浊锺律,洪能为算,述叙三光。今考论其业,义指博通,术数略举,是以集录为上下篇,放续前志,以备一家。①

①蔡邕戍边上章曰:“朔方髡钳徒臣邕稽首再拜上书皇帝陛下:臣邕被受陛下尤异大恩,初由宰府备数典城,以叔父故卫尉质时为尚书,召拜郎中,受诏诣东观著作,遂与群儒并拜议郎。沐浴恩泽,承答圣问,前后六年。质奉机密,趋走目下,遂竟端右,出相好藩,[169]还尹挚毂,旬日之中,登蹑上列。父子一门兼受恩宠,不能输写心力,以效丝发之功,一旦(披)〔被〕章,[170]陷没辜戮。陛下天地之德,不忍刀锯截臣首领,得就平罪,父子家属徙充边方,完全躯命,喘息相随。非臣无状所敢〔复〕望,[171]非臣罪恶所当复蒙,非臣辞笔所能复陈。臣初决罪雒阳诏狱,生出牢户,顾念元初中故尚书郎张俊,坐漏泄事,当伏重刑,已出谷门,复听读鞫,诏书驰救,〔减罪〕一等,[172]输作左校。俊上

书谢恩,遂以转徙。〔邕为〕郡县促遣,[173]偪于吏手,[174]不得顷息,含辞抱悲,无由上达。既到徙所,乘塞守烽,职在候望,忧怖焦灼,无心复能操笔成草,致章阙庭。诚知圣朝不责臣谢,但〔怀〕愚心,[175]有所不竟。臣自在布衣,常以为汉书十志,下尽王莽,而世祖以来,唯有纪传,无续志者。臣所师事故太傅胡广,知臣颇识其门户,略以所有旧事〔与臣〕,[176]虽未备悉,粗见首尾,积累思惟,二十馀年。不在其位,非外吏庶人所得擅述。天诱其衷,得备著作郎,建言十志皆当撰录,遂与议郎张华等分受之,(所使元顺)〔其〕难者皆以付臣。[177]先治律历,以筹算为本,天文为验,请太(师)〔史〕旧注,[178]考校连年,往往颇有差舛,当有增损,乃可施行,为无穷法。道至深微,不敢独议。郎中刘洪,密于用算,故臣表上洪,与共参思图牒。寻绎适有头角,[179]会臣被罪,(遂)〔逐〕放边野。[180]臣窃自痛,一为不善,使史籍所阙,(故)〔胡〕广所校,[181]二十年之思,中道废绝,不得究竟。惨惨之情,犹以结心,不能违望。[182]臣初欲须刑竟,乃因县道,具以状闻。今年七月九日,匈奴始攻郡盐池县,其时鲜卑连犯云中、五原,一月之中,烽火不绝。不(言四)〔意西〕夷相与合谋,[183]所图广远,恐遂为变,不知所济。郡县咸惧,不守朝旦。臣所在孤危,悬命锋镝,湮灭土灰,呼吸无期。诚恐所怀随躯腐朽,抱恨黄泉,遂不设施,谨先颠踣。[184]科条诸志,臣欲(制)删定者一,[185]所当接续者四,前志所无,臣欲著者(三)〔五〕,[186]及经典群书所宜捃摭,本奏诏书所当依据,分别首目,并书章左。臣初被考,妻子迸窜,亡失文书,无所案请。加以惶怖愁恐,思念荒散,十分不得识一,所识者又恐谬误。触冒死罪,披(散)〔沥〕愚情,[187]愿下东观,推求诸奏,参以玺书,以补缀遗阙,昭明国体。章闻之后,虽肝脑流离,白骨剖破,无所复恨。惟陛下省察。谨因临戎长霍圉封上。臣顿首死罪稽首再拜以闻。"其所论志,志家未以成书,如有异同,今随事注之于本志也。

赞曰:象因物生,数本杪曶。律均前起,准调后发。该覈衡璇,
检会日月。

【校勘记】

〔1〕斗纲(之)〔所〕建　集解引卢文弨说,谓"之"御览作"所"。按:与
下"青龙所缠"相对成文,作"所"是,今据改。又按:"纲"原讹
"刚",径改正。

〔2〕当其同〔所〕　集解引卢文弨说,谓"同"下脱"所"字,御览有。今
据补。

〔3〕斗建移辰谓之〔月〕　据集解引李锐说补。

〔4〕日月之(术)〔行〕　据集解引李锐说改。按:殿本作"行"。

〔5〕以察〔发〕敛　据集解引钱大昕说补。

〔6〕乃立仪表　按:集解引李锐说,谓仪谓浑仪,表谓圭表。今于仪表
之间加顿号。

〔7〕为一月之数　按:依文义当云"为一月之日数",疑脱"日"字。

〔8〕月成则其岁(大)月(大)四时推移　集解引张文虎说,谓"月大"二
字讹倒,"大"字绝句,"月"字当属下。此谓有闰之年为大岁也。
岁之馀分满月法而置闰谓之大岁,与月之馀分满日法而成日谓之
大月正同。然闰月四时推移或有进退,故置中气以定之。今据改。

〔9〕中之始(日)〔日〕节　据集解本改。

〔10〕故一(共)〔元〕以四千五百六十为甲寅之终也　据汲本改。

〔11〕没数二十一(为章闰)　据集解引李锐说删。

〔12〕中法(四)〔三〕十二　据集解引钱大昕说改。

〔13〕其月(食)百三十五　据集解引钱大昕说删。

〔14〕得五(百)〔月〕二十三之二十而一食　据集解引钱大昕说改。

〔15〕得岁有再食五百一十三分之五十〔五〕也　据集解引钱大昕说补。

〔16〕得四与二十七互之会二千五十二　按："互"殿本作"五"。集解引钱大昕说,谓"五之"两字难解,闽本、汲古阁本作"互",亦非是。当云"名之曰蔀会",传写脱讹耳。又引李锐说,谓"互之"者互乘之也。四为七十六约数,以乘五百一十三,得二千五十二;二十七为五百一十三约数,以乘七十六,亦得二千五十二,为蔀会。

〔17〕蔀会(三)〔二〕千五十(三)〔二〕　据集解引钱大昕说改。

〔18〕月数百(二)〔三〕十五　据集解引钱大昕说改。

〔19〕食法二十(二)〔三〕　据集解引钱大昕说改。

〔20〕筭外所入纪岁名命之筭上即所求年太岁所在　集解引李锐说,谓"筭外"下有脱文,当云"筭外,所入蔀也。不满蔀法者,入蔀年数也,各以所入纪岁名命之,筭上,即所求年太岁所在"。按:如李说,则"筭外"下当补"所入蔀也不满蔀法者入蔀年数也各以"十六字。

〔21〕所得以(七)〔二〕十(二)〔七〕乘之　据集解引李锐说改。

〔22〕筭(之起)外所(以)入纪　集解引钱大昕说,谓"之""起""以"三字皆衍文。今据删。

〔23〕各以(不)〔所〕入纪岁名命之　据集解引钱大昕说改。

〔24〕即所求年(蔀)〔太岁所在〕　据集解引李锐说删补。

〔25〕蔀首　张文虎舒艺室随笔云:"案此表首行序题,各本误以'天纪岁名'对蔀名'甲子''癸卯'为第一列,'地纪岁名'对'庚辰''丙申'为第二列,'人纪岁名'对'庚子''丙辰'为第三列,'蔀首'二字对'庚申一''丙子二'为第四列。李尚之四分术注依钱少詹说更正,以天、地、人三纪序题各降一列,而以'蔀首'二字独对一、二、三、四数目,今局中新刊本从之。其实蔀名'甲子'、'癸卯'一列当移末列,与数目字相属,王氏太岁考改如此。或移蔀首数目为第一列,与蔀名相属,庶为明白。"今依张说移正。

〔26〕壬(午)〔子〕　据集解引卢文弨说改。

〔27〕(乙)(己)酉　据集解引卢文弨说改。

〔28〕小馀四百九十〔九〕　据集解引钱大昕、李锐说补。

〔29〕以大周乘年周天乘〔闰馀〕减之馀满蔀(日)〔月〕则天正朔日也　据集解引钱大昕说补改。

〔30〕以(月)〔日〕馀乘之　据集解引钱大昕说改。

〔31〕不满其(数)〔所〕近节气夜漏之半者　集解引李锐说,谓"数"当作"所",声之讹。今据改。

〔32〕以(为)〔十〕五乘冬至小馀　据集解引钱大昕说改。

〔33〕置入蔀积(月)〔日〕以(日)〔蔀月〕乘之　据集解引钱大昕说改。

〔34〕经斗除十(九)分　据集解引钱大昕说补。

〔35〕以朔小馀减合〔朔〕度分　据集解引卢文弨说补。

〔36〕其分(三)〔二〕百(二)〔三〕十五约之　据汲本、殿本改。

〔37〕积度加斗二十一十〔九〕分　据集解引钱大昕说补。

〔38〕谓(尽)〔昼〕漏分后尽漏尽也　集解引李锐说,谓"谓尽漏"当作"谓昼漏"。昼漏分后者,昼漏与夜漏分之后,谓自夜上水后至夜漏尽,月在张、心,则注于术。今据改。

〔39〕以夜半到明日所行分(分)减蔀法　据集解引李锐说删。

〔40〕置其节气夜(半)〔漏〕之数　据集解引钱大昕说改。

〔41〕即(明)月〔明〕所在度也　据集解引卢文弨说改。

〔42〕加七度三百五十九分四分(之)三　据集解引卢文弨说删。

〔43〕〔以〕宿次除之　据集解引卢文弨说补。

〔44〕小分〔满〕四从大分〔大分〕满蔀月从度　据集解引李锐说补。

〔45〕以月数乘积〔食〕　据集解引钱大昕说补。

〔46〕加五(百)〔月〕二十分　据集解引钱大昕说改。

〔47〕又以四百九十〔九〕乘积月　据集解引钱大昕说补。

〔48〕馀以为积月　按:集解引李锐说,谓此省文也。以术为之,当以章月乘馀年,满章法得一为积月,不满为闰馀。

〔49〕不满法(法)什之　据集解引钱大昕说删。

〔50〕餘为昨夜未(昼)〔尽〕　据集解引李锐说改。

〔51〕以章法乘周率为(用)〔月〕法　据集解引钱大昕说改。

〔52〕以月之(月)〔日〕乘积〔月〕为朔大小餘　据集解引李锐说改。

〔53〕乘为入月日餘　按:集解引钱大昕说,谓此处有脱讹。今以筹术求之,当以蔀日乘积月,如蔀月而一,为积日,不尽为小餘;积日满六十去之,餘为大餘也。又以蔀日乘月餘,以月法乘朔小餘,并之,以四千四百六十五约之,所得如日度法而一,为入月日,不尽为日餘也。又引李锐说,谓以筹求之,当以蔀日乘月餘,以月法乘朔小餘,从之,章法乘章月,得数约之,如日度法,为入月日、日餘。

律
历
下

〔54〕以〔周〕率去日率　据集解引钱大昕说补。

〔55〕如日度法为〔积〕度(之)〔度〕餘也　集解引钱大昕说,谓"为度之餘"当云"为积度度餘"。又引李锐说,谓"如日度法,为度之餘也",当云"如日度法为积度,不尽为度之餘也"。今按:钱、李二氏之说皆合理,局本依钱说改,今从之。

〔56〕日餘万四千六百四十(七)〔一〕　据集解引钱大昕说改。

〔57〕入月日十(一)〔二〕　集解引钱大昕说改。

〔58〕入月日二十(三)〔四〕　据集解引钱大昕说改。

〔59〕月法十〔一〕万七百七十　据汲本、殿本补。

〔60〕月餘二十一万七千六百六十〔三〕　据集解引钱大昕说补。

〔61〕虚分四百四十(九)〔一〕　据集解引钱大昕说改。

〔62〕入月日二十(七)〔八〕　据集解引钱大昕说改。

〔63〕日度法四万七千六百三十(一)〔二〕　据集解引钱大昕说改。

2487

〔64〕不尽名〔为〕合餘　集解引惠栋说,谓"名"下乾象历有"为"字,应增入。今据补。

〔65〕〔合〕餘以周率除之　据集解引李锐说补。

〔66〕从小积〔为积月不尽〕为月餘　据集解引李锐说补。

〔67〕其闰〔餘〕满二百二十四以上　据集解引李锐说补。

〔68〕以蔀日乘(之)入纪月　据集解引钱大昕说删。

〔69〕所得(得)满日度法得一　据集解引钱大昕说删。

〔70〕以周率〔乘〕小馀　据集解引卢文弨说补。

〔71〕即(正)〔至〕后星合日数也　据集解引李锐说改。

〔72〕(馀一)〔金水〕加晨得夕　据集解引钱大昕说改。

〔73〕又〔加大〕馀二十九〔小馀四百九十九〕　集解引钱大昕说,谓"又"
下疑有脱文,当云"加大馀二十九,小馀四百九十九"。今据补。
按:此即上求后合月中所谓"加月馀于月馀,满其月法得一"也,故
应再加大馀二十九,小馀四百九十九。

〔74〕(如)〔加〕大馀　据集解引钱大昕说改。

〔75〕以入月日〔日〕馀加今所得　据集解引卢文弨说补。

〔76〕其前合月朔小馀(不)满其虚分者　据集解引李锐说删。

〔77〕木晨伏十六日七千(二)〔三〕百二十分半　据集解引钱大昕说改。

〔78〕八十四日(进)〔退〕十二度　据集解引钱大昕说改。

〔79〕伏复十六日七千(二)〔三〕百二十分半　据集解引钱大昕说改。

〔80〕行星三十(二)〔三〕度与万三百一十四分　据集解引钱大昕说改。

〔81〕〔百〕八十四日行〔百〕一十二度　据集解引钱大昕说补。

〔82〕行〔三〕百三度　据集解引钱大昕说补。

〔83〕通率日行千八百七十六分之九百九十七　"九十七"原讹"九十
六",据张元济校勘记谓"六"字原作"大",影印上板时描改也。

〔84〕〔一〕见三百四十日　据集解引卢文弨说补。

〔85〕〔旋〕顺　按:依文义当脱一"旋"字,今补。

〔86〕日行(行)四十六分度之三十三　据集解引钱大昕说删。

〔87〕而〔疾〕日行一度九十〔一〕分度之十五　据集解引钱大昕说补。

〔88〕一合二百九十二日(二)百八十一分　据集解引钱大昕说补。

〔89〕而(进)〔迟〕　据集解引钱大昕说改。

〔90〕退四度而(后)〔复〕合　据集解引钱大昕说改。

〔91〕凡(三)〔再〕合一终　据集解引钱大昕说改。

〔92〕〔旋〕逆　据集解引钱大昕说补。

〔93〕行三十(二)度　据集解引钱大昕说补。

〔94〕(如)〔加〕星合日度馀　据集解引钱大昕说改。

〔95〕(术)〔行〕分母乘之　据集解引李锐说改。

〔96〕分(日)如〔日〕度法而一　据集解引李锐说改。

〔97〕不尽如(法)半〔法〕以上　据集解引卢文弨说改。

〔98〕(日)〔月〕名　据集解引李锐说改。按：下表排列依李锐汉四分术
　　改定。

〔99〕斗二十六四分〔一〕退二　据集解引李锐说补。

〔100〕女十二进(二)〔一〕　据集解引李锐说改。

〔101〕虚十进(三)〔二〕　据集解引李锐说改。

〔102〕危十(六)〔七〕进(二)　据集解引李锐说改。

〔103〕室十六进(二)〔三〕　据集解引李锐说改。

〔104〕壁(十)〔九〕进(三)〔一〕　汲本、殿本"进三"作"进二"。集解引李
　　锐说，谓"壁十"当作"壁九"，"进二"作"进一"。今据改。按：集
　　解引李锐说，谓案此赤道度即太初星距见于三统术者是也。自汉
　　以后相沿承用，至唐大衍术始改毕、觜、参、鬼四宿，后汉施行四
　　分，未尝改测，则二宿度数不得与三统术异。今本作"危十六"
　　"壁十"者，与下文黄道度相涉而误也。

〔105〕娄十二(进)〔退〕一　汲本、殿本"进一"作"进二"。集解引李锐
　　说，谓当作"退一"。今据改。

〔106〕胃十四(进二)〔退一〕　据集解引李锐说改。

〔107〕昴十一(进)〔退〕二　据集解引李锐说改。

〔108〕毕十六(进)〔退〕三　汲本、殿本"进三"作"进二"。集解引李锐
　　说，谓当作"退三"。今据改。

〔109〕翼十八进(一)〔二〕 据集解引李锐说改。

〔110〕尾十八(进)〔退〕三 据集解引李锐说改。

〔111〕斗二十四(进一)〔四分一〕 据集解引李锐说改。

〔112〕夜漏减(三)〔之二〕百而一 据集解引李锐说改。

〔113〕如法为少〔二为半三为太〕 据集解引李锐说补。

〔114〕赤道横带浑天之腹去极九十一度十〔六〕分之五 御览无"浑"字。又"分"上原无"六"字;占经、御览作"十九分",亦非是。今依算理补。

〔115〕就夏历景去极之法以为率也 按:"夏历景"开元占经作"夏至历景",影印宋本御览引作"夏历晷景",鲍刻本作"夏至晷景"。

〔116〕取北极及衡各(诚)〔针〕椓之为轴 据严可均辑全后汉文改。

〔117〕以为〔百〕八十二度八分之五 据开元占经补。

〔118〕视篾之半际(夕)多〔少〕黄赤道几也 集解引卢文弨说,谓"夕"字衍。今按:"夕"乃"少"字之形讹,又颠倒其文耳。下云"其所多少",可证也。开元占经引作"视篾半之际多少黄赤道几何也"。

〔119〕从(此)〔北〕极数之 据汲本、殿本改。

〔120〕则(无)〔去〕极之度也 据开元占经引改。

〔121〕故使中道三日之中(若)〔差〕少半也 据开元占经改。

〔122〕而度犹〔云〕退者 集解引卢文弨说,谓"犹"下当有"云"字。今据补。

〔123〕而以赤道(重广)〔量度〕黄道 据开元占经引改。

〔124〕以赤道为(强)〔距〕耳 据开元占经引改。

〔125〕故于黄道亦〔有〕进退也 据开元占经补。

〔126〕斗二十一度八分退二 原作斗二十度百一十分八分退二,讹,径据集解引钱大昕说改正。按:钱云因下有"百一十五"之文而重出耳。此以三十二为度法,分满法即进为度,无有过三十一分者。

〔127〕女二度七分进一 "进"下原脱"一"字,王先谦谓李本作"进一",今

径补。

〔128〕百一十　原作“百一十一”，讹。王先谦谓李本作“百一十”，径据改。

〔129〕危十度　原作“危七度”，讹，径据集解引钱大昕说改正。

〔130〕百六少强　“少强”原作“少弱”，讹。王先谦谓李本作“少强”，径据改。

〔131〕毕五少弱退三　“少弱”原作“少强”，讹，径据汲本改正。

〔132〕室八度二十八分进三　“进三”原作“退三”，讹。王先谦谓李本“退”作“进”，径据改。

〔133〕箕大弱退三　“箕”下原有大字“六”，讹。王先谦谓李本无“六”字，径据删。

〔134〕八十九强　“强”原作“少强”，讹。王先谦谓李本无“少”字，径据删。

〔135〕斗十一弱退二　“弱”原作“强”，讹。王先谦谓李本作“弱”，径据改。

〔136〕胃一度十七分退一　“退一”原作“退二”，讹。王先谦谓李本作“退一”，径据改。

〔137〕星四大进一　“进”下原脱“一”字，王先谦谓李本“进”下有“一”字，径据补。

〔138〕张十七进一　“进一”原讹“进二”，径据汲本改正。按：王先谦谓李本作“大进一”。

〔139〕毕六度　“六”原作“八”，讹，径据汲本改正。

〔140〕女十少进一　“进”原作“弱”，讹。王先谦谓李本“弱”作“进”，径据改。

〔141〕角人弱　“人”原作“六”，大字，讹。王先谦谓李本“六”作“大”，小字，径据改。

〔142〕室十二少弱进三　“进三”原作“退三”，讹。王先谦谓李本作“进

律历下

2491

三”,径据改。

〔143〕星四度二分进一 “二分进一”原作“三分进二”,讹。王先谦谓李本作“二分进一”,径据改。

〔144〕胃九大弱退一 “退一”原作“退二”,讹。王先谦谓李本作“退一”,径据改。

〔145〕翼九度十六分进二 “进二”原作“退二”,讹。李本作“进一”,亦误。依算理应为“进二”,今径改。

〔146〕斗十少退二 “退”下原脱“二”字,王先谦谓李本作“退二”,径据补。

〔147〕轸六度二十三分进一 “进一”原作“退一”,讹。王先谦谓李本作“进一”,径据改。

〔148〕斗二十一强退二 “退”下原脱一字。汲本、殿本作“退一”,讹。王先谦谓李本作“退二”,径据补。

〔149〕亢八度五分退一 “退一”原作“退三”,讹。王先谦谓李本作“退一”,径据改。

〔150〕九十六大强 “大强”原作“少强”,讹。王先谦谓李本作“大强”,径据改。

〔151〕氐十四度十二分退二 “十二分”原作“十三分”,讹。钱大昕谓“三”当作“二”,王先谦谓李本作“十二分”,径据改。

〔152〕虚六大进二 “进二”原作“进一”,讹。王先谦谓李本作“进二”,径据改。

〔153〕尾四度 “尾”原作“房”,讹。王先谦谓李本作“尾”,径据改。

〔154〕丈 “丈”下原有“四寸二分”四字。集解引李锐说,谓案祖冲之术二至暑景与此同。其至前后各气暑景,以此至前后暑景两两相加,折半得之。如此术大雪景丈二尺五寸六分,小寒景二尺三寸,相加半之,得冲之术大雪、小寒景一丈二尺四寸三分是也。覆检此文,惟立冬一气不合。案祖冲之称四分志立冬中景长一丈,立

春中景九尺六寸,相加半之,得九尺八寸,与冲之术立春、立冬景正合。然则此文立冬暑景丈四寸二分,误衍"四寸二分"四字耳。今径据删。

〔155〕张十五大强进一 "进一"原作"进二",汲本无"进一"二字。王先谦谓李本多"进一"二字,殿本同,径据改。

〔156〕室三 原作"室二",讹。王先谦谓李本"室二"作"室三",径据改。

〔157〕斗六度一分退二 "退二"原作"退三",讹。王先谦谓李本作"退二",径据改。

〔158〕轸十五弱进一 "弱"原作"少强",讹。李本作"少弱",亦讹。依算理应作"弱",径改。

〔159〕振寒(温)〔洞〕泄 据汲本、殿本改。

〔160〕〔国〕有大丧 据汲本、殿本补。

〔161〕五疸 "疸"原讹"疽",径据殿本、集解本改正。

〔162〕每次三十(二)度三十(三)〔二〕分之十四 据集解引钱大昕说删改。

〔163〕自危十度至壁(八)〔九〕度 据集解引钱大昕说改。下"自壁八度至胃一度"同。

〔164〕立春惊蛰居之 按:殿本"惊蛰"作"雨水",下"雨水"作"惊蛰"。集解引钱大昕说,谓此以惊蛰为正月中气,雨水为二月节,依古法也。四分术以雨水为正月中气。

〔165〕清明穀雨居之 集解引卢文弨说,谓清明谷雨当互易。今按:证以月令问答,惟惊蛰、雨水用三统,馀皆用四分,易之非是。

〔166〕强正弱(直)〔负〕也 集解引李锐说,谓"直"当作"负",负犹背也。今据改。

〔167〕追太初前(丗)〔卅〕一元 据集解引卢文弨说改。按:前志谓太初元年距上元十四万三千一百二十七岁,正为太初前卅一元,"卅"与"世"形近而讹。

〔168〕追汉(三)〔四〕十五年庚辰之岁　据集解引钱大昕说改。

〔169〕趋走目下遂竟端右出相好藩　按:集解引惠栋说,谓邕集"目"作"陛","竟"作"由","好"作"外"。

〔170〕一旦(披)〔被〕章　据汲本、殿本改。

〔171〕非臣无状所敢〔复〕望　据汲本、殿本补。

〔172〕〔减罪〕一等　"一等"上疑有脱文,今据严可均辑全后汉文补"减罪"二字。

〔173〕〔邕为〕郡县促遣　集解引卢文弨说,谓脱"邕为"二字。今据补。
　　按:惠栋补注谓"郡县"上邕集有"邕为"二字。

〔174〕徧于吏手　按:集解引惠栋说,谓"徧"邕集作"迫"。

〔175〕但〔怀〕愚心　据集解引卢文弨说补。

〔176〕略以所有旧事〔与臣〕　据集解引卢文弨说补。

〔177〕(所使元顺)〔其〕难者皆以付臣　集解引惠栋说,谓邕集无"所使元顺"四字,有"其"字。今据改。

〔178〕请太(师)〔史〕旧注　据集解引卢文弨说改。

〔179〕寻绎适有头角　集解引卢文弨说,谓"寻绎"下脱"度数"二字。
　　按:如卢说增"度数"二字,则当于"寻绎度数"绝句。

〔180〕(遂)〔逐〕放边野　集解引惠栋说,谓邕集"遂"作"逐"。今据改。

〔181〕(故)〔胡〕广所校　据汲本、殿本改。

〔182〕不能违望　按:集解引卢文弨说,谓"违望"一作"自达"。

〔183〕不(言四)〔意西〕夷相与合谋　据集解引卢文弨说改。

〔184〕谨先颠踣　按:集解引惠栋说,谓"谨"邕集作"恐"。

〔185〕臣欲(制)删定者一　据集解引卢文弨说删。

〔186〕臣欲著者(三)〔五〕　集解引惠栋说,谓"三"邕集作"五"。卢文弨亦谓"三"当作"五"。今据改。

〔187〕披(散)〔沥〕愚情　集解引惠栋说,谓"散"邕集作"沥"。卢文弨亦谓"散"当作"沥"。今据改。

后汉书志第四

礼 仪 上

合朔　立春　五供　上陵　冠　夕牲

耕　　高禖　养老　先蚕　祓禊

夫威仪,所以与君臣,序六亲也。若君亡君之威,臣亡臣之仪,上替下陵,此谓大乱。大乱作,则群生受其殃,可不慎哉! 故记施行威仪,以为礼仪志。①

①谢沈书曰:"太傅胡广博综旧仪,立汉制度,蔡邕依以为志,[1]谯周后改定以为礼仪志。"

2495

礼威仪,每月朔旦,太史上其月历,有司、侍郎、尚书见读其令,奉行其政。朔前后各二日,皆牵羊酒全社下以祭日。日有变,割羊以祠社,用救日(曰)变。[2]执事者冠长冠,衣皂单衣,绛领袖(绿)〔缘〕中衣,[3]绛袴袜,以行礼,如故事。①

①公羊传曰:"日有食之,鼓,用牲于社,求乎阴之道也。以朱丝萦社,或曰胁之,或曰为暗。[4]恐人犯之,故萦之也。"何休曰:"胁之与责求同义。[5]社者,土地之主也。月者,土地之精也。上系于天而犯日,[6]故鸣鼓而攻之,胁其本也。朱丝萦之,助阳抑阴也。或曰为暗者,社者土地之主尊也,为日光尽,天暗冥,恐人犯历之,故萦之。然此说非也。先言鼓,后言用牲者,明先以尊者命责之,后以臣子礼接之,所以为顺也。"白虎通曰:"日食必救之,阴侵阳也。[7]鼓攻之,以阳责阴也。故春秋'日食,鼓,用牲于社'。所以必用牲者,(土)〔社〕地别神也,[8]尊之,不敢虚责也。日食、大水则鼓,用牲,大旱则雩祭求雨,非虚言也。助阳责下,求阴之道也。"决疑要注曰:"凡救日食,皆著赤帻,以助阳也。日将食,天子素服避正殿,内外严。日有变,伐鼓闻音,侍臣著赤帻,带剑入侍,三台令史巳(下)〔上〕[9]皆持剑立其户前,卫尉卿驱驰绕宫,察巡守备,周而复始。日复常,乃皆罢(之)。"[10]

立春之日,夜漏未尽五刻,京师百官皆衣青衣,郡国县道官下至斗食令史皆服青帻,立青幡,施土牛耕人于门外,以示兆民,至立夏。唯武官不。立春之日,下宽大书曰:"制诏三公:方春东作,敬始慎微,动作从之。罪非殊死,且勿案验,皆须麦秋。退贪残,进柔良,下当用者,如故事。"①

①月令曰:"命相布德和令。"蔡邕曰:"即此诏之谓也。"献帝起居注曰:"建安二十二年二月壬申,诏书绝,立春宽缓诏书不复行。"

正月上丁,祠南郊。①礼毕,次北郊,明堂,高庙,世祖庙,谓之五供。五供毕,以次上陵。

①白虎通曰:"春秋传曰'以正月上辛';尚书曰'丁巳,用牲于郊,牛二'。先甲三日,辛也,后甲三日,丁也,皆可接事昊天之日。"

西都旧有上陵。东都之仪，百官、四姓亲家妇女、公主、诸王大夫、①外国朝者侍子、郡国计吏会陵。昼漏上水，大鸿胪设九宾，随立寝殿前。②锺鸣，谒者治礼引客，群臣就位如仪。乘舆自东厢下，太常导出，西向拜，(止)〔折〕旋升阼阶，〔11〕拜神坐。退坐东厢，西向。侍中、尚书、陛者皆神坐后。公卿群臣谒神坐，太官上食，太常乐奏食举，〔舞〕文始、五行之舞。③〔12〕(礼)乐阕，(君)〔群〕臣受赐食毕，〔13〕郡国上计吏以次前，当神轩占其郡〔国〕穀价，〔14〕民所疾苦，欲神知其动静。孝子事亲尽礼，敬爱之心也。周徧如礼。④最后亲陵，遣计吏，赐之带佩。八月饮酎，上陵，礼亦如之。⑤

①蔡邕独断曰："凡与先后有瓜葛者。"

②薛综曰："九宾谓王、侯、公、卿、二千石、六百石下及郎、吏、匈奴侍子，凡九等。"

③前书志曰："文始舞者，本韶舞也，高祖六年更名文始，以示不相袭也。五行舞者，本周舞也，秦始皇二十六年更名五行之舞也。"

④谢承书曰："建宁五年正月，车驾上原陵，蔡邕为司徒掾，从公行，到陵，见其仪，怆然谓同坐者曰：'闻古不墓祭。朝廷有上陵之礼，始(为)〔谓〕可损。〔15〕今见(咸)〔其〕仪，〔16〕察其本意，乃知孝明皇帝至孝恻隐，不可易旧。'或曰：'本意云何？'〔17〕'昔京师在长安时，其礼不可尽得闻也。光武即世，始葬于此。明帝嗣位踰年，群臣朝正，感先帝不复闻见此礼，乃帅公卿百僚，就园陵而创焉。〔18〕尚书(陛)〔阶〕西(陛为)〔祭设〕神坐，〔19〕天子事亡如事存之意。苟先帝有瓜葛之属，男女毕会，王、侯、大夫、郡国计吏，各向神坐而言，庶几先帝神魂闻之。今者日月久远，后生非时，人但见其礼，不知其衰。以明帝圣孝之心，亲服三年，久在园陵，〔20〕初兴此仪，仰察几筵，下顾群臣，悲切之心，必不可堪。'邕见太傅胡广曰：'国家礼有烦而不可省者，不知先帝用心周密

之至于此也。'广曰：'然。子宜载之，以示学者。'邕退而记焉。"鱼豢曰："孝明以正月旦，百官及四方来朝者，上原陵朝礼，是谓甚违古不墓祭之义。"臣昭以为邕之言然。

⑤丁孚汉仪曰："酎金律，文帝所加，以正月旦作酒，八月成，名酎酒。因(合)〔令〕诸侯助祭贡金。"〔21〕汉律金布令曰："皇帝斋宿，亲帅群臣承祠宗庙，群臣宜分奉请。诸侯、列侯各以民口数，率千口奉金四两，奇不满千口至五百口亦四两，皆会酎，少府受。又大鸿胪食邑九真、交阯、日南者，用犀角长九寸以上若玳瑁甲一，郁林用象牙长三尺以上若翡翠各二十，准以当金。"汉旧仪曰："皇帝惟八月酎，车驾夕牲，牛以绛衣之。〔22〕皇帝暮视牲，以鉴燧取水于月，以火燧取火于日，〔23〕为明水火。左袒，以水沃牛右肩，手执鸾刀，以切牛毛荐之，〔24〕而即更衣，(巾)侍〔中〕上熟，乃祀(之)。"〔25〕

凡斋，天地七日，宗庙、山川五日，小祠三日。斋日内有污染，解斋，副倅行礼。先斋一日，有污秽灾变，斋祀如仪。大丧，唯天郊越绋而斋，地以下皆百日后乃斋，如故事。①

①魏文帝诏曰："汉氏不拜日于东郊，〔26〕而旦夕常于殿下东面拜日，烦亵似家人之事，非事天交神之道也。"于是朝日东门之外，将祭必先夕牲，其仪如郊。

正月甲子若丙子为吉日，可加元服，仪从冠礼。乘舆初〔加〕缁布进贤，〔27〕次爵弁，次武弁，次通天。(以据)〔冠讫〕，〔28〕皆于高祖庙如礼谒。①王公以下，初加进贤而已。②

①冠礼曰："成王冠，周公使祝雍〔祝王〕，〔29〕曰：'辞达而勿多也。'祝雍曰：'〔使王〕近于民，远于年，〔30〕远于佞，近于义，〔31〕啬于〔时，惠于〕财，〔32〕任贤使能。'"博物记曰："孝昭帝冠辞曰：'陛下摛显先帝之光耀，以承皇天之嘉禄，钦奉仲春之吉辰，普尊大道之郊域，〔33〕秉率百福

之休灵,始加昭明之元服。推远冲孺之幼志,蕴积文武之就德,肃勤高祖之清庙,六合之内,靡不蒙德,[34]永永与天无极。'"[35]献帝传曰"兴平元年正月甲子,帝加元服,司徒淳于嘉为宾,加赐玄纁驷马,〔赐〕贵人、(公主)〔王、公〕、卿、司隶〔校尉〕、城门五校[36]及侍中、尚书、给事黄门侍郎各一人为太子舍人"也。

②献帝起居注曰:"建安十八年正月壬子,济北王加冠户外,以见父母。给事黄门侍郎刘瞻兼侍中,假貂蝉加济北王,给之。"

正月,天郊,夕牲。①昼漏未尽十八刻初纳,夜漏未尽八刻初纳,②进熟献,太祝送,旋,皆就燎位,宰祝举火燔柴,火然,天子再拜,兴,有司告事毕也。明堂、五郊、宗庙、太社稷、六宗夕牲,皆以昼漏〔未尽〕十四刻初纳,[37]夜漏未尽七刻初纳,进熟献,送神,还,有司告事毕。六宗燔燎,火大然,有司告事毕。

①周礼"展牲",干宝曰"若今夕牲"。[38]又郊仪,先郊日未晡五刻夕牲,公卿京尹众官悉至坛东就位,太祝吏牵牲入,到榜,[39]廪牺令跪曰:"请省牲。"举手曰:"腯。"太祝令绕牲,举手曰:"充。"太史令牵牲就庖,〔以二陶〕豆酌毛血,[40]其一奠天神坐前,其一奠太祖坐前。今之郊祀然也。

②干宝周官注曰:"纳,亨纳。牲将告杀,谓向祭之(辰)〔晨〕也。"[41]

正月始耕。①昼漏上水初纳,执事告祠先农,已享。②耕时,有司请行事,就耕位,天子、三公、九卿、诸侯、百官以次耕。③力田种各耰讫,有司告事毕。④是月令曰:"郡国守相皆劝民始耕,如仪。诸行出入皆鸣锺,皆作乐。其有灾眚,有他故,若请雨、止雨,皆不鸣锺,不作乐。"⑤

① 月令曰:"天子亲载耒耜,措之参保介之御间,帅三公、九卿,躬耕帝藉。"卢植注曰:"帝,天也。藉,耕也。"

② 贺循藉田仪曰:"汉耕日,以太牢祭先农于田所。"春秋传曰:"耕藉之礼,唯斋三日。"左传曰:"鄏人藉稻。"杜预注曰:"藉稻,履行之。"薛综注二京赋曰:"为天神借民力于此田,故名曰帝藉。田在国之辰地。"干宝周礼注曰:"古之王者,贵为天子,富有四海,而必私置藉田,盖其义有三焉:一曰,以奉宗庙,亲致其孝也;二曰,以训于百姓在勤,勤则不匮也;三曰,闻之子孙,躬知稼穑之艰难无(违)〔逸〕也。"[42]

③ 郑玄注周礼曰:"天子三推,公五推,卿、诸侯九推,庶人终于千亩。庶人谓徒三百人也。"月令章句曰:"卑者殊劳,故三公五推。礼,自上以下,降杀以两,劳事反之。诸侯上当有孤卿七推,大夫十二,士终亩,可知也。"卢植注礼记曰:"天子耕藉,一发九推耒。周礼,二耜为耦,一耜之伐,广尺深尺。伐,发也。天子及三公,坐而论道,参五职事,故三公以五为数。卿、诸侯当究成天子之职事,故以九为数。伐皆三者,礼以三为文。"

④ 史记曰:汉文帝诏云:"农,天下之本。其开藉田,朕躬耕,以给宗庙粢盛。"应劭曰:"古者天子耕藉田千亩,为天下先。藉者,帝王典藉之常也。"而应劭风俗通又曰:"古者使民如借,故曰藉田。"郑玄曰:"藉之言借也。王一耕之,使庶人耘芓终之。"卢植曰:"藉,耕也。春秋传曰'鄏人藉稻',故知藉为耕也。"韦昭曰:"借民力以治之,以奉宗庙;且以劝率天下,使务农也。"杜预注曰:"鄏人藉稻,其君自出藉稻,盖履行之。"瓒曰:"藉,蹈藉也。本以躬亲为义,不得以假借为称也。"汉旧仪曰:"春始东耕于藉田,官祠先农。先农即神农炎帝也。祠以一太牢,百官皆从,大赐三辅二百里孝悌、力田、三老帛。种百穀万斛,为立藉田仓,置令、丞。穀皆以给祭天地、宗庙、群神之祀,以为粢盛。皇帝躬秉耒耜而耕,古为甸师官。"贺循曰:"所种之穀,黍、稷、穜、稑。稑,早也。穜,晚也。"干宝周礼注曰:"穜,晚〔穀〕,秔稻之属。稑,

(陵)〔早〕穀,黍稷之属。"〔43〕

⑤春秋释痾曰:"汉家郡守行大夫礼,鼎俎笾豆,工歌县。"何休曰:"汉家法陈师,〔44〕置守相,故行其乐也。"

仲春之月,立高禖祠于城南,祀以特牲。①

①月令:"玄鸟至之日,以太牢祠。"诗曰:"克禋克祀,以弗无子。"毛苌传曰:"弗,去无子求有子。"〔45〕古者必立郊禖焉。玄鸟至之日,以太牢祀于郊禖,天子亲往,后妃帅九嫔御,乃礼天子所御,带以弓韣,授以弓矢,于郊禖之前。"郑玄注云:"弗之言袚也。禋祀上帝于郊禖,以袚无子之疾而得福也。"月令章句曰:"高,尊也。禖,祀也。吉事先见之象也。盖为人所以祈子孙之祀。玄鸟感阳而至,其来主为孚乳蕃滋,〔46〕故重其至日,因以用事。契母简狄,盖以玄鸟至日有事高禖而生契焉。故诗曰:'天命玄鸟,降而生商。'韣,弓衣也。祀以高禖之命,饮之以醴,带以弓衣,尚使得男也。"离骚曰:"简狄在台誉何宜?玄鸟致(胎)〔贻〕女何嘉?"〔47〕王逸曰:"言简狄侍帝誉于台上,有飞燕堕其卵,嘉而吞之,因生契。"郑玄注礼记曰:"后王以为禖官嘉祥,而立其祠。"卢植注云:"玄鸟至时,阴阳中,万物生,故于是以三牲请子于高禖之神。居明显之处,故谓之高。因其求子,故谓之禖。以为古者有媒氏之官,因以为神。"晋元康中,高禖坛上石破,诏问出何经典,朝士莫知。博士束晳答曰:"汉武帝晚得太子,始为立高禖之祠。高禖者,人之先也。故立石为主,祀以太牢。"

2501

明帝永平二年三月,上始帅群臣躬养三老、五更于辟雍。①行大射之礼。②郡、县、道行乡饮酒于学校,皆祀圣师周公、孔子,牲以犬。③于是七郊礼乐三雍之义备矣。

①孝经援神契曰:"尊三老者,父象也。谒者奉几,安车软轮,供绥执

〔授,兄〕事五更,[48]宠以度,接礼交容,谦恭顺貌。"宋均曰:"三老,老人知天、地、人事者也。奉几,授三老也。安车,坐乘之车。辖轮,蒲裹轮。供绥,三老就车,天子亲执绥授之。五更,老人知五行更代之事者。度,法也。度以宠异之也。"郑玄注礼记曰:"皆年老更事致仕者也。名三五者,取象三辰五星,天所因以照明天下者。"玄又一注:"皆老人更知三德五事者也。"应劭汉官仪曰:"三老、五更,三代所尊也。安车辖轮,送迎至家,天子独拜于屏。三者,道成于天、地、人。老者,久也,旧也。五者,训于五品。更者,五世长子,更更相代,言其能以善道改更已也。三老、五更皆取有首妻,男女完具。"臣昭案:桓荣五更,后除兄子二人补四百石,则荣非长子矣。蔡邕曰:"五更,长老之称也。"

②袁山松书曰:"天子皮弁素积,亲射大侯。"

③郑玄注仪礼曰"狗取择人",孟冬亦如之。石渠论曰:"乡射合乐,而大射不,何也? 韦玄成曰:'乡人本无乐,故于岁时合乐以同其意。诸侯故自有乐,故不复合乐。'"郑玄注乡饮酒礼曰:"今郡国十月行乡饮酒礼,党正每岁邦索鬼神而祭祀,则以礼属民而饮酒于序,以正齿位之礼。凡乡党饮酒,必于民聚之时,欲其见化知尚贤尊长也。玄冠衣皮弁服,与礼异。"服虔、应劭曰:汉家郡县缯射祭祀,皆假士礼而行之。乐县笙磬箎俎,皆如士制。

养三老、五更之仪,先吉日,司徒上太傅若讲师故三公人名,用其德行年耆高者一人为老,次一人为更也。①皆服都纻大袍单衣,皁缘领袖中衣,冠进贤,扶(玉)〔王〕杖。[49]五更亦如之,不杖。皆斋于太学讲堂。②其日,乘舆先到辟雍礼殿,御坐东厢,遣使者安车迎三老、五更。天子迎于门屏,交礼,道自阼阶,三老升自宾阶。至阶,[50]天子揖如礼。三老升,东面,三公设几,九卿正履,天子亲袒割牲,执酱而馈,执爵而酳,祝鲠在前,祝馇在后。③五更南面,公进供礼，[51]亦如之。④明日皆诣阙谢恩，以见礼遇大尊显故也。⑤

①卢植礼记注曰："选三公老者为三老，卿大夫中之老者为五更，亦参五之也。"

②月令章句曰："三老，国老也。五更，庶老也。"

③礼记曰："天子适馔省醴，养老之珍具，遂发咏焉。退，修之以孝养；反，升歌清庙。"孝养之诗也。

④谯周五经然否曰："汉初或云三老答天子拜，遭王莽之乱，法度残缺。汉中兴，定礼仪，群臣欲令三老答拜。城门校尉董钧驳曰：'养三老，所以教事父之道也。若答拜，是使天下答子拜也。'诏从钧议。"谯周论之曰："礼，尸服上服，犹以非亲之故答子拜，士见异国君亦答拜，是皆不得视犹子也。"虞喜曰："且据汉仪，于门屏交礼，交礼即答拜。中兴谬从钧议，后革之，深得其意。"

⑤前书礼乐志曰："显宗(囧)〔宗〕祀光武皇帝于明堂，[52]养三老、五更于辟雍，威仪既盛矣；[53]德化未流洽者，以其礼乐未具，群下无所诵说，而庠序尚未设之故也。孔子曰：'譬如为山，未成一篑，止，吾止也。'"

是月，皇后帅公卿诸侯夫人蚕。①祠先蚕，礼以少牢。②

①丁孚汉仪[54]曰："皇后出，乘鸾辂，青羽盖，驾驷马，龙旗九斿，大将军妻参乘，太仆妻御，前鸾旂车，皮轩鸾戟，雒阳令奉引，亦千乘万骑。车府令设卤簿驾，公、卿、五营校尉、司隶校尉、河南尹妻皆乘其官车，带夫本官绶，从其官属导从皇后。置虎贲、羽林骑，戎头、黄门鼓吹，五帝车，女骑夹毂，执法御史在前后，亦有金钲黄钺，五将导。桑于蚕宫，手三盆于茧馆，毕，还宫。"月令曰："禁妇人无观。"案谷永对称"四月壬子，皇后桑之日也"，则汉桑亦用四月。

②汉旧仪曰："春桑生而皇后(视)〔亲〕桑于苑中。[55]蚕室养蚕千薄以上。祠以中牢羊豕，(今)〔祭〕蚕神曰菀窳妇人、寓氏公主，[56]凡二神。群

2503

臣妾从桑还,献于茧观,皆赐从桑者(乐)〔丝〕。^[57]皇后自行。凡蚕丝絮,织室以作祭服。祭服者,冕服也。天地宗庙群(臣)〔神〕五时之服。^[58]其皇帝得以作缕缝衣,〔皇后〕得以作巾絮而已。^[59]置蚕官令、丞,诸天下官〔下法〕皆诣蚕室,(亦)〔与〕妇人从事,故旧有东西织室作(法)〔治〕。"^[60]晋后祠先蚕。先蚕坛高一丈,方二丈,为四出陛,陛广五尺,在采桑坛之东南。

是月上巳,官民皆絜于东流水上,曰洗濯祓除去宿垢疢为大絜。絜者,言阳气布畅,万物讫出,始絜之矣。①

①谓之禊也。风俗通曰:"周礼'女巫掌岁时以祓除疾病'。禊者,絜也。春者,蠢也,蠢〔蠢〕摇动也。^[61]尚书'以殷仲春,厥民析',言人解析也。"蔡邕曰:"论语'暮春者,春服既成,冠者五六人,童子六七人,浴乎沂,风乎舞雩,咏而归'。自上及下,古有此礼。今三月上巳,祓禊于水滨,盖出于此。"杜笃祓禊赋曰"巫咸之徒,秉火祈福",则巫祝也。一说云,后汉有郭虞者,^[62]三月上巳产二女,^[63]二日中并不育,俗以为大忌,至此月日讳止家,皆于东流水上为祈禳自絜濯,谓之禊祠。引流行觞,遂成曲水。韩诗曰:"郑国之俗,三月上巳,之溱、洧两水之上,招魂续魄,秉兰草,祓除不祥。"汉书"八月祓灞水",^[64]亦斯义也。后之良史,亦据为正。臣昭曰:郭虞之说,良为虚诞。假有庶民旬内夭其二女,^[65]何足惊彼风俗,^[66]称为世忌乎?杜笃乃称"王、侯、公主暨于富商,用事伊、雒,帷幔玄黄"。本传大将军梁商,亦歌泣于雒禊也。自魏不复用三日水宴者焉。

【校勘记】

〔1〕蔡邕依以为志　按:汲本、殿本"依"作"因"。

〔2〕用救日(日)变　据卢文弨群书拾补下简称"卢校"删。按:晋志不重

“日”字。

〔3〕绛领袖(绿)〔缘〕中衣　据卢校改。

〔4〕或曰为暗　按:“暗”原讹“间”,径改正。

〔5〕胁之与责求同义　按:“责”原讹“卖”,径改正。

〔6〕上系于天而犯日　按:“而”原讹“陌”,径改正。

〔7〕日食必救之阴侵阳也　按:卢云此下本书云“鼓,用牲于社。社者众阴之主,以朱丝萦之,鸣鼓攻之,以阳责阴也”。今删去十七字,欠分析。

〔8〕(土)〔社〕地别神也　据卢校改。按:今白虎通作“社”。

〔9〕三台令史已(下)〔上〕　据卢校改。按:晋志引决疑作“上”。

〔10〕日复常乃皆罢(之)　据卢校删。按:晋志引决疑无“之”字。

〔11〕太常导出西向拜(止)〔折〕旋升阼阶　据卢校改。按:通典“止”作“折”,无“阼”字。

〔12〕〔舞〕文始五行之舞　据卢校补。按:通典有“舞”字。

〔13〕(礼)乐阕(君)〔群〕臣受赐食毕　据卢校改,与通典合。

〔14〕当神轩占其郡〔国〕穀价　据卢校补。按:通典有“国”字,“占”作“告”。

〔15〕始(为)〔谓〕可损　据卢校改。按:通典亦作“为”,谓为古通。

〔16〕今见(威)〔其〕仪　据卢校改。按:通典作“其”。

〔17〕或曰本意云何　卢云此下应有一“曰”字,古或可省。今按:袁纪有“曰”字。

〔18〕就园陵而创焉　集解引惠栋说,谓“创”宋本作“朝”。今按:袁纪作“朝”。

〔19〕尚书(陛)〔阶〕西(陛为)〔祭设〕神坐　据卢校改。按:卢以通典校,通志无“祭”字。

〔20〕久在园陵　集解引惠栋说,谓"久"宋本作"又"。今按:通典作"久"。

〔21〕因(合)〔令〕诸侯助祭贡金　据卢校改。按:通典作"令"。

〔22〕牛以绛衣之　按:御览二十五引"绛"作"绣"。

〔23〕以鉴燧取水于月以火燧取火于日　按:御览引"鉴燧"作"阴燧","火燧"作"阳燧"。

〔24〕以切牛毛荐之　按:"以切牛毛"殿本作"以切牛尾",通志同。御览引及孙辑汉旧仪并作"以切牛毛血",通典引作"以切牛尾之毛"。

〔25〕而即更衣(巾)侍〔中〕上熟乃祀(之)　据卢校补删。按:卢云从通典、通志。

〔26〕汉氏不拜日于东郊　按:汲本"氏"作"时"。

〔27〕乘舆初〔加〕缁布进贤　据卢校补。按:通典、通志并有"加"字。

〔28〕次通天(以据)〔冠讫〕　据卢校改。按:通典、通志并作"冠讫",惠栋亦谓当从五礼新仪作"冠讫"。

〔29〕周公使祝雍〔祝王〕　据卢校补。按:卢以大戴礼、家语校。

〔30〕〔使王〕近于民远于年　据卢校补。按:卢以大戴礼、家语校。

〔31〕远于佞近于义　按:卢云文不类,又韵不谐,大戴礼及家语皆无,疑妄增也。

〔32〕啬于〔时惠于〕财　据卢校补。按:卢以大戴礼、家语校。

〔33〕普尊大道之郊域　汲本"尊"作"遵"。按:遵尊同。

〔34〕靡不蒙德　按:卢云通典"德"作"福"。

〔35〕永永与天无极　按:卢云通典作"承天无极"。

〔36〕〔赐〕贵人(公主)〔王公〕卿司隶〔校尉〕城门五校　据卢校补改。按:卢以通典、通志校。

〔37〕皆以昼漏〔未尽〕十四刻初纳　　据卢校补。按:卢云依文义当有
　　　　"未尽"二字。

〔38〕周礼展牲干宝曰若今夕牲　　按:卢云此乃郑康成注周礼之言,曰
　　　　今,正指汉时,取以证汉制极合。干宝乃晋人,夕牲不始于晋,何云
　　　　今邪? 此援引之失。

〔39〕太祝吏牵牲入到榜　　按:卢云宋志"吏"作"史"。

〔40〕太史令牵牲就庖〔以二陶〕豆酌毛血　　据卢校补。按:卢云宋志有
　　　　"以二陶"三字,"史"作"祝"。

〔41〕谓向祭之(辰)〔晨〕也　　据卢校改。按:卢云亦康成注。

〔42〕躬知稼穑之艰难无(违)〔逸〕也　　据卢校改。按:黄山谓此本尚书
　　　　无逸为说也。在勤以训百姓,无逸以示子孙,义各有当。

〔43〕穜晚〔穀〕秔稻之属稑(陵)〔早〕穀黍稷之属　　据卢校补改。

〔44〕汉家法陈师　　按:卢云疑有脱讹。

〔45〕弗去无子求有子　　按:应作"弗,去也。去无子求有子"。"去"下
　　　　脱"也去"二字。

〔46〕其来主为孚乳蕃滋　　按:汲本"孚"作"字"。

〔47〕玄鸟致(胎)〔贻〕女何嘉　　据卢校改。按:今本楚辞天问"嘉"一
　　　　作"喜"。

〔48〕供绶执〔授兄〕事五更　　据卢校补。

〔49〕扶(玉)〔王〕杖　　集解引惠栋说,谓"玉杖"当作"王杖",惠说是,今
　　　　据改。以下径改。

〔50〕至阶　　按:集解引惠栋说,谓"至"下应有"神"字。

〔51〕公进供礼　　按:校补引钱大昭说,谓"公"本又作"三公"。

〔52〕显宗(囚)〔宗〕祀光武皇帝于明堂　　据卢校改,与前志合。

〔53〕威仪既盛矣　　按:前志"盛"下有"美"字。

〔54〕丁孚汉仪　按:"仪"原讹"义",径改正。

〔55〕春桑生而皇后(视)〔亲〕桑于菀中　据汲本改。按:"菀"各本作
　　"苑",苑与菀同。

〔56〕(今)〔祭〕蚕神曰菀窳妇人寓氏公主　据卢校改,与孙星衍校汉旧
　　仪合。

〔57〕皆赐从桑者(乐)〔丝〕　据卢校改,与孙校汉旧仪合。

〔58〕天地宗庙群(臣)〔神〕五时之服　据卢校改,与孙校汉旧仪合。

〔59〕〔皇后〕得以作巾絮而已　孙校汉旧仪及御览布帛部、服用部引并
　　有"皇后"二字,今据补。按:御览服用部引作"皇后得以作絮巾",
　　布帛部作"皇后间以作巾絮而已"。

〔60〕诸天下官〔下法〕皆诣蚕室(亦)〔与〕妇人从事故旧有东西织室作
　　(法)〔治〕　据卢校补改,与孙校汉旧仪合。

〔61〕蠢〔蠢〕摇动也　据今本风俗通补。

〔62〕后汉有郭虞者　按:卢云案晋书束皙传云武帝尝问挚虞三日曲水
　　之义,虞对曰:"汉章帝时,平原徐肇以三月初生三女,至三日俱亡"
　　云云,皙以为起自周公。今此云郭虞,得无因挚虞致误邪?

〔63〕三月上巳产二女　按:通典作"三月三日上辰产二女,上巳日产一
　　女"。通志同。

〔64〕八月袯灞水　按:通典、通志"水"作"上"。

〔65〕旬内夭其二女　按:通典、通志"二"作"三"。

〔66〕何足惊彼风俗　按:通典、通志"惊"作"警"。

后汉书志第五

礼 仪 中

立夏　请雨　拜皇太子　拜王公　桃印

黄郊　立秋　䔉刘　案户　祠星　立冬

冬至　腊　大傩　土牛　遣卫士　朝会

立夏之日,夜漏未尽五刻,京都百官皆衣赤,至季夏衣黄,郊。其礼:祠特,祭灶。

自立春至立夏尽立秋,郡国上雨泽。若少,(府)郡县各扫除社稷;[1]其旱也,公卿官长以次行雩礼求雨。①闭诸阳,衣皂,兴土龙,②立土人舞僮二佾,七日一变如故事。③反拘朱索〔萦〕社,[2]伐朱鼓,④祷赛以少牢如礼。⑤

①公羊传曰:"大雩,旱祭也。"何休注曰:"君亲之南郊,以六事谢过自责曰:'政不善与? 民失职与?[3]宫室崇与? 妇谒盛与? 苞苴行与? 谗

2509

夫倡与?'使童男女各八人舞而呼雩,故谓之雩。"春秋繁露曰:"大旱雩祭而请雨,大水鸣鼓而攻社,天地之所为,阴阳之所起也。或请焉,或(怒)〔攻〕焉,何(如)也?[4]曰:大旱,阳灭阴也。阳灭阴者,尊厌卑也。固其义也,虽大甚,拜请之而已,敢有加也?大水者,阴灭阳也。阴灭阳者,卑胜尊也。以贱陵贵者逆节,故鸣鼓而攻之,朱丝而胁之,为其不义,此亦春秋之不畏强御也。变天地之位,正阴阳之序,(贞)〔直〕行其道而不(忘)〔忌〕其难,[5]义之至也。"又仲舒奏江都王云:"求雨之方,损阳益阴。愿大王无收广陵女子为人祝者一月租,赐诸巫者;诸巫毋大小皆相聚于郭门,为小坛,以脯酒祭;女独择宽大便处移市,[6]市使无内丈夫,丈夫无得相从饮食;令吏妻各往视其夫,皆到即起,雨注而已。"服虔注左传曰:"大雩,夏祭天名。[7]雩,远也,远为百穀求膏雨也。龙见而雩。龙,角、亢也。谓四月昏,龙星体见,万物始盛,待雨而大,故雩祭以求雨也。"一说,大雩者,祭于帝而祈雨也。一说,郊,祀天祈农事;雩,祭山川而祈雨也。汉旧仪:"求雨,太常祷天地、宗庙、社稷、山川以赛,各如其常牢,礼也。四月立夏,乃求雨祷雨而已;后旱,复重祷而已;讫立秋,虽旱不得祷求雨也。"

②山海经曰:"大荒东北隅中有山,名曰凶犁土丘。应龙处南极,杀蚩尤与夸父,不得复上,故下数旱。旱而为应龙之状,乃得大雨。"郭璞曰:"今之土龙,本此气应,自然冥感,非人所能为也。"董仲舒云:"春旱求雨,令县邑以水日令民祷社稷,家人祠户。[8]毋伐名木,毋斩山林。暴巫聚蛇八日。于邑东门之外为四通之坛,方八尺,植苍缯八。其神共工。祭之以生鱼八,玄酒,具清酒(搏)〔膊〕脯。[9]择巫之絜清辩口利辞者以为祝。祝斋三日,服苍衣。先再拜,乃跪陈,陈已,复再拜,乃起。祝曰:'昊天生五穀以养人。今五穀病旱,恐不成。敬进清酒(搏)〔膊〕脯,再拜请雨。雨幸大澍,奉牲祷。'以甲、乙日为大青龙一,长八丈,居中央;为小龙七,各长四丈,于东方,皆东向,其间相去八尺。小僮八人,皆斋三日,服青衣舞之。田啬夫亦斋三日,服青衣而立之。

(诸里)〔凿〕社通之于间外之沟。[10]取五虾蟆,错置社之中。池方八尺,深一尺,置水虾蟆焉。[11]具清酒(搏)〔膊〕脯。祝斋三日,服苍衣,拜跪、陈祝如初。取三岁雄鸡与三岁豭猪,皆燔之于四通神宇。令民阖邑里南门,置水其外,开里北门。具老豭猪一,置之里北门之外。市中亦置一豭猪。闻(彼)鼓声,[12]皆烧猪尾,取死人骨埋之,[13]开山渊积薪而焚之。决通道桥之壅塞不行者决渎之。[14]幸而得雨,报以豚一,酒、盐、黍财足。以茅为席,毋断。夏求雨,令县邑以水日家人祀灶,毋举土功。更大浚井。[15]暴釜于坛,杵臼于术,七日。为四通之坛于邑南门之外,方七尺,植赤缯七。其神蚩尤。祭之以赤雄鸡七,玄酒,具清酒(搏)〔膊〕脯。祝斋三日,服赤衣,拜跪、陈祝如春。以丙、丁日为赤大龙一,长七丈,居中;又为小龙六,〔各〕长三丈五尺,[16]于南方,皆南向,其间相去七尺。壮者七人,皆斋三日,服赤衣而舞之。司空啬夫亦斋三日,服赤衣而立之。凿社而通之间外之沟。取五虾蟆,错置社之中。池方七尺,深一尺。酒脯祭。斋衣赤,拜跪、陈祝如初。取三岁雄鸡、豭猪,燔之四通神宇。开阴闭阳如春也。季夏,祷山陵以助之。令县邑一徙市[17]于邑南门之外,五日,禁男子无得行入市。家人祠中霤。毋举土功。聚巫市旁,为之结盖。为四通之坛于中央,植黄缯五。其神后稷。祭之以(毋)〔母〕𫝄五,[18]玄酒,具清酒(搏)〔膊〕脯。令各为祝斋三日,衣黄衣,皆如春祠。以戊、己日为大黄龙一,长五丈,居中央;又为小龙四,各长二丈五尺,于中央,皆南向,其间相去五尺。丈夫五人,皆斋三日,服黄衣而舞之。老者亦斋三日,衣黄衣而立之。亦通社中于间外沟。虾蟆池方五尺,深一尺。他皆如前。秋,暴巫𬀫至九日。毋举火事,煎金器。家人祠门。为四通之坛于邑西门之外,方九尺,植白缯九。其神(太)〔少〕昊。[19]祭之桐木鱼九,玄酒,具清酒(搏)〔膊〕脯。衣白衣。他如春。以庚、辛日为大白龙一,长九丈,居中央;为小龙八,各长四丈五尺,于西方,皆西向,其间相去九尺。鳏者九人,皆斋三日,服白衣而舞之。司马亦斋三日,衣白衣而立之。虾蟆池方九尺,深一尺。他如前。冬,舞龙六日,祷于名山以助之。家人祠井。毋壅水。为四通之坛于邑北门之外,方六尺,植黑缯六。其神玄冥。祭之以黑狗子六,玄酒,具清酒(搏)〔脯〕脯。祝斋三日,衣玄衣。祝礼如春。以壬、癸日为大黑龙一,长六丈,居中央;又为小龙五,各长三丈,于北方,皆北向,其间相去六尺。老者六人,皆斋三日,衣黑衣而舞之。尉亦斋三日,服黑衣而立之。虾蟆池皆如春。四时皆庚子日,令吏民夫妇皆偶处。凡求雨,大体丈夫欲藏而居,女子欲和而乐。"应龙有翼。法言曰:"象龙之致雨。艰矣哉,龙乎!龙乎!"新论曰:"刘歆致雨,具作土龙,吹律,及诸方术,无不备设。谭问:'求雨所以为土龙,何也?'曰:'龙见者,辄有风雨兴起,以迎送之,故缘其象类而为之。'"

③周礼曰:"望舞,帅而舞旱暵之事。"郑玄曰:"望,赤皂染羽为之也。"[20]旱暵,注:"阳也,用假色者,欲其有时而去之。"

④汉旧仪曰:"成帝三年六月,始命诸官止雨,[21]朱绳反萦社,击鼓攻之,是后水旱常不和。"干宝曰:"朱丝萦社。社,太阴也。朱,火色也。丝,(维)〔离〕属。[22]天子伐鼓于社,责群阴也;诸侯用币于社,请上公也;伐鼓于朝,退自攻也。此圣人之厌胜之法也。"

⑤汉旧仪曰:"武帝元封日到七月毕赛之,秋冬春不求雨。"古今注曰:"武帝元封六年五月旱,女及巫丈夫不入市也。"

拜皇太子之仪:百官会,位定,谒者引皇太子当御坐殿下,北面;司空当太子西北,东面立。读策书毕,中常侍持皇太子玺绶东向授太子。太子再拜,三稽首。谒者赞皇太子臣某,(甲)〔中〕谒者称制曰"可"。[23]三公升阶上殿,贺寿万岁。因大赦天下。供赐礼毕,罢。

拜诸侯王公之仪：百官会，位定，谒者引光禄勋前。①谒者引当拜〔者〕前，[24]当坐伏殿下。光禄勋前，一拜，举手曰："制诏其以某为某。"②读策书毕，谒者称臣某再拜。尚书郎以玺印绶付侍御史。侍御史前，东面立，授玺印绶。王公再拜顿首三(下)。[25]赞谒者曰："某王臣某新封，某公某初〔除〕，谢。"[26]中谒者报谨谢。赞者立曰："(谢)皇帝为公兴。"(皆冠)〔重坐，受策者拜〕谢，起就位。[27]供赐礼毕，罢。③

①丁孚汉仪曰"太常住盖下，东向读文"，与此异也。

②丁孚汉仪有夏勤策文，[28]曰："维元初六年三月[29]甲子，制诏以大鸿胪勤为司徒。曰：'朕承天序惟稽古，建尔于位为汉辅。往率旧职，敬敷五教，五教在宽。左右朕躬，宣力四表，保乂皇家。於戏！实惟秉国之均，旁祗厥绪，时亮天工，可不慎与！勤(而)〔其〕戒之！'"[30]

③臣昭曰：汉立皇后，国礼之大，而志无其仪，良未可了。案蔡质所记立宋皇后仪，今取以备阙。云："尚书令臣嚣、仆射臣鼎、尚书臣旭、臣乘、臣滂、臣谟、臣诣稽首言：'伏惟陛下履乾则坤，动合阴阳。群臣大小咸以长秋宫未定，遵旧依典，章表仍闻，历时乃听。今月吉日，以宋贵人为皇后，应期正位，群生兆庶莫不式舞。易称"受兹介祉"，诗云"干禄百福，子孙千亿"，万方幸甚。今吉日以定，臣请太傅、太尉、司徒、司空、太常条列礼仪正处上，群臣妾无得上寿，如故事。臣嚣、臣鼎、臣旭、臣乘、臣滂、臣谟、臣诣愚闇不达大义，诚惶诚恐，顿首死罪，稽首再拜以闻。'制曰：'可。'[31]维建宁四年七月乙未，[32]制诏：'皇后之尊，与帝齐体，供奉天地，祗承宗庙，母临天下。故有莘兴殷，姜任母周，二代之隆，盖有内德。长秋宫阙，中宫旷位，宋贵人(乘)〔秉〕淑媛之懿，[33]体河山之仪，威容昭曜，德冠后庭。群寮所咨，(人)〔金〕曰宜哉。[34]卜之蓍龟，卦得承乾。有司奏议，宜称绶组，以(临)〔母〕兆民。[35]今使太尉袭使持节奉玺绶[36]，宗正祖为副，立贵人为皇后。后

2513

其往践尔位,敬宗礼典,肃慎中馈,无替朕命,永终天禄。'皇后初即位章德殿,太尉使持节奉玺绶,天子临轩,百官陪位。皇后北面,太尉住盖下,[37]东向,宗正、大长秋西向。宗正读策文毕,皇后拜,称臣妾,毕,住位。太尉袭授玺绶,中常侍长(乐)〔秋〕太仆[38]高乡侯览长跪受玺绶,奏于殿前,女史授婕妤,婕妤长跪受,以授昭仪,昭仪受,长跪以带皇后。皇后伏,起拜,称臣妾。讫,黄门鼓吹三通。鸣鼓毕,群臣次出。后即位,大赦天下。皇后秩比国王,即位威仪,赤绂玉玺。"

仲夏之月,万物方盛。日夏至,阴气萌作,恐物不楙。其礼:以朱索连荤菜,弥牟〔朴〕蛊锺。[39]以桃印长六寸,方三寸,[40]五色书文如法,以施门户。代以所尚为饰。夏后氏金行,作苇茭,言气交也。①殷人水德,以螺首,慎其闭塞,[41]使如螺也。周人木德,以桃为更,言气相更也。汉兼用之,故以五月五日,朱索五色印为门户饰,以难止恶气。②日夏至,禁举大火,止炭鼓铸,消石冶皆绝止。[42]至立秋,如故事。是日浚井改水,日冬至,钻燧改火云。

①风俗通曰:"传曰'雀苇有丛'。吕氏春秋曰'〔汤〕始得伊尹,[43]祓之于庙,薰以雀苇'。周礼'卿大夫之子名曰门子'。论语曰'谁能出不由户(者)',[44]故用苇者,欲人之子孙蕃(植)〔殖〕,[45]不失其类,有如雀苇。茭者交易,阴阳代兴者也。"

②桃印本汉制,所以辅卯金,魏除之也。

2514

先立秋十八日,郊黄帝。是日夜漏未尽五刻,京都百官皆衣黄。至立秋,迎气于黄郊,乐奏黄锺之宫,歌帝临,冕而执干戚,舞云翘、育命,所以养时训也。

立秋之日,夜漏未尽五刻,京都百官皆衣白,施皂领缘中衣,迎气〔于〕白郊。[46]礼毕,皆衣绛,至立冬。

立秋之日,(自)〔白〕郊礼毕,[47]始扬威武,斩牲于郊东门,以荐陵庙。其仪:乘舆御戎路,白马朱鬣,躬执弩射牲。牲以鹿麛。①太宰令、谒者各一人,载〔以〕获车,驰(驷)送陵庙。[48]〔于是乘舆〕还宫,[49]遣使者赍束帛以赐武官。②武官肄兵,习战阵之仪、斩牲之礼,名曰貙刘。兵、官皆肄孙、吴兵法六十四阵,名曰乘之。③立春,遣使者赍束帛以赐文官。④貙刘之礼:祠先虞,执事告先虞已,烹鲜时,有司〔告〕,[50]乃逡巡射牲。获车毕,有司告事毕。⑤

① 月令曰:"天子乃厉(敕)〔饰〕,[51]执弓挟矢以猎。"月令章句曰:"亲执弓以射禽,所以教兆民(载)战事也。[52]四时闲习,以救无辜,以伐有罪,所以强兵保民,安不忘危也。"

② 汉官名秩曰:"赐太尉、将军各六十四,执金吾、诸校尉各三十四,武官倍于文官。"

③ 月令,孟冬天子讲武,习射御,角力。卢植注曰:"角力,如汉家乘之,引(阅)〔关〕蹋踘之属也。"[53]今月令,季秋天子乃教田猎,以习五戎。月令章句曰:"寄戎事之教于田猎。武事不可空设,必有以诚,故寄教于田猎,闲肄五兵。天子、诸侯无事而不田为不敬,田不以礼为暴天物。"周礼:"司马以旗致民,平列阵,如战之阵。王执路鼓,诸侯执贲鼓,军将执晋鼓,师帅执提,旅帅执鼙,卒长执铙,两司马执铎,公司马执镯,以教坐作进退疾徐疏数之节。"士卒听声视旗,随而前却,故曰帅之耳目,在吾旗鼓。春教振旅以搜田,夏教茇舍以苗田,秋教治兵以狝田,冬教大阅以狩田。春夏示行礼,取禽供事而已。秋者杀时,田猎之正,其礼盛。独断曰:"巡狩〔校〕猎还,[54]公卿以下陈雒阳都

亭前街上,乘舆到,公卿以下拜,天子下车,公卿〔亲〕识颜色,[55]然后还宫。古语曰'在车为下',唯此时施行。"魏书曰:"建安二十一年三月,曹公亲耕藉田。有司奏:'四时讲武于农隙。汉承秦制,三时不讲,唯十月车驾幸长安水南门,会五营士,为八阵进退,名曰乘之。今金革未偃,士民素习,可无四时讲武,但以立秋择吉日大朝车骑,号曰治兵。上合礼名,下承汉制也。'"

④汉官名秩曰:"赐司徒、司空帛四十匹,九卿十五匹。"古今注曰:"建武八年立春,赐公十五匹,卿十匹。"

⑤古今注曰:"永平元年六月乙卯,初令百官貙膢,白幕皆霜。"风俗通称"韩子书山居谷汲者,膢腊而寘水。[56]楚俗常以十二月祭饮食也。又曰(当)〔尝〕新始杀〔也〕。食〔新〕曰貙膢。"[57]

仲秋之月,县道皆案户比民。年始七十者,授之以玉杖,铺之糜粥。八十九十,礼有加赐。王杖长〔九〕尺,[58]端以鸠鸟为饰。鸠者,不噎之鸟也。欲老人不噎。是月也,祀老人星于国都南郊老人庙。

季秋之月,祠星于城南坛心星庙。

立冬之日,夜漏未尽五刻,京都百官皆衣皂,迎气于黑郊。礼毕,皆衣绛,至冬至绝事。

冬至前后,君子安身静体,百官绝事,不听政,择吉辰而后省事。绝事之日,夜漏未尽五刻,京都百官皆衣绛,至立春。诸五时变服,执事者先后其时皆一日。

日冬至、夏至，阴阳暑景长短之极，微气之所生也。^①故使八能之士八人，或吹黄锺之律间竽；或撞黄锺之锺；或度暑景，权水轻重，水一升，冬重十三两；或击黄锺之磬；或鼓黄锺之瑟，轸间九尺，二十五弦，宫处于中，左右为商、徵、角、羽；或击黄锺之鼓。先之三日，太史谒之。至日，夏时四孟，冬则四仲，其气至焉。

①白虎通曰："至日所以休兵，不兴事，闭关，商旅不行何？此日阴阳气微，王者承天理物，故率天下静，不复行役，以扶助微气，成万物也。夏至阴气始动，冬至阳气始萌。易曰：'先王以至日闭关，商旅不行。'夏至阴始起，反大热何？阴气始起，阳气推而上，故大热也。冬至阳始起，阴气推而上，故大寒也。"

先气至五刻，太史令与八能之士(郎)〔即〕坐于端门左塾。^{〔59〕}(太子)〔大予〕具乐器，^{〔60〕}夏赤冬黑，列前殿之前西上，锺为端。守宫设席于器南，北面东上，正德席，鼓南西面，令暑仪东北。三刻，中黄门持兵，引太史令、八能之士入自端门，就位。二刻，侍中、尚书、御史、谒者皆陛。一刻，乘舆亲御临轩，安体静居以听之。太史令前，当轩溜北面跪。举手曰："八能之士以备，请行事。"制曰"可"。太史令稽首曰"诺"。起立少退，顾令正德曰："可行事。"正德曰"诺"。皆旋复位。正德立，命八能士曰："以次行事，间音以竽。"八能曰"诺"。五音各三十为阕。正德曰："合五音律。"先唱，五音并作，二十五阕，皆音以竽。^{①〔61〕}讫，正德曰："八能士各言事。"八能士各书板言事。文曰："臣某言，今月若干日甲乙日冬至，黄锺之音调，君道得，孝道褒。"商臣，角民，徵事，羽物，各一板。否则召太史令各板书，^{〔62〕}封以皂囊，送西陛，跪授尚书，施当轩，北面稽首，^{〔63〕}拜上封事。尚书授侍中常侍迎受，报闻。以小黄门幡麾节度。太史令前(曰)〔白〕礼毕。^{〔64〕}制曰"可"。太史令前稽首曰"诺"。太史命八能士诣太官受赐。陛者以次罢。日夏至礼亦如之。②

①乐叶图徵曰："夫圣人之作乐,不可以自娱也,所以观得失之效者也。故圣人不取备于一人,必从八能之士。故撞锺者当知锺,击鼓者当知鼓,吹管者当知管,吹竽者当知竽,击磬者当知磬,鼓琴者当知琴。故八士(日)或调阴阳,[65]或调律历,或调五音。故撞锺者以知法度,鼓琴者以知四海,击磬者以知民事。锺音调,则君道得;君道得,则黄锺、蕤宾之律应。君道不得,则锺音不调;锺音不调,则黄锺、蕤宾之律不应。鼓音调,则臣道得;臣道得,则太蔟之律应。管音调,则律历正;律历正,则夷则之律应。磬音调,则民道得;民道得,则林锺之律应。竽音调,则法度得;法度得,则无射之律应。琴音调,则四海合岁气,百川一合德。[66]鬼神之道行,祭祀之道得,如此,则姑洗之律应。五乐皆得,则应锺之律应。天地以和气至,则和气应;和气不至,则天地和气不应。锺音调,下臣以法贺主。鼓音调,主以法贺臣。磬音调,主以德施于百姓。琴音调,主以德及四海。八能之士常以日冬至成天文,日夏至成地理。作阴乐以成天文,作阳乐以成地理。"

②蔡邕独断曰:"冬至阳气始动,夏至阴气始起,麋鹿角解,故寝兵鼓。身欲宁,志欲静,故不听事,迎送(凡田猎)〔五日。腊〕者,岁终大祭,[67]纵吏民宴饮。非迎气,故但送不迎。正月岁首,亦如腊仪。冬至阳气起,君道长,故贺。夏至阴气起,君道衰,故不贺。鼓以动众,锺以止众,故夜漏尽,鼓鸣则起;昼漏尽,锺鸣则息。"

季冬之月,星回岁终,阴阳以交,劳农大享腊。①

①高堂隆曰:"帝王各以其行之盛而祖,以其终而腊。火生于寅,盛于午,终于戌,故火家以午祖,以戌腊。"秦静曰:[68]"古礼,出行有祖祭,岁终有蜡腊,无正月必祖之祀。汉氏以午祖,以戌腊。午南方,故以祖。冬者,岁之终,物毕成,故以戌腊。而小数之学者,因为之说,非

典文也。"

先腊一日,大傩,①谓之逐疫。②其仪:选中黄门子弟年十岁以上,十二以下,百二十人为侲子。皆赤帻皂制,执大鼗。③方相氏黄金四目,蒙熊皮,玄衣朱裳,执戈扬盾。十二兽有衣毛角。中黄门行之,从仆射将之,以逐恶鬼于禁中。夜漏上水,朝臣会,侍中、尚书、御史、谒者、虎贲、羽林郎将执事,皆赤帻陛卫。乘舆御前殿。黄门令奏曰:"侲子备,请逐疫。"于是中黄门倡,侲子和,曰:"甲作食䣇,胇胃食虎,雄伯食魅,腾简食不祥,揽诸食咎,伯奇食梦,强梁、祖明共食磔死寄生,委随食观,错断食巨,穷奇、腾根共食蛊。凡使十二神追恶凶,赫女躯,拉女干,节解女肉,抽女肺肠。女不急去,后者为粮!"④因作方相与十二兽舞。嚾呼,周徧前后省三过,持炬火,送疫出端门;⑤门外驺骑传炬出宫,司马阙门门外[69]五营骑士传火弃雒水中。⑥百官官府各以木面兽能为傩人师讫,设桃梗、鬱櫑、[70]苇茭毕,执事陛者罢。⑦苇戟、桃杖以赐公、卿、将军、特侯、诸侯云。⑧

①谯周论语注曰:"傩,却之也。"

②汉旧仪曰:"颛顼氏有三子,生而亡去为疫鬼。一居江水,是为(虎)〔虐鬼〕;[71]一居若水,是为罔两蜮鬼;一居人宫室区隅(沤庚)〔漚庾〕,[72]善惊人小儿。"月令章句曰:"日行北方之宿,北方大阴,恐为所抑,故命有司大傩,所以扶阳抑阴也。"卢植礼记注云:"所以逐衰而迎新。"

③汉旧仪曰:"方相帅百隶及童(女)〔子〕,[73]以桃弧、棘矢、土鼓,鼓且射之,以赤丸、五穀播洒之。"谯周论语注曰:"以苇矢射之。"薛综曰:"侲之言善,善童幼子也。"

④东京赋曰:"(捐)〔揖〕魑魅,[74]斩犭区狂。斩委蛇,脑方良。囚耕父于清

泠,溺女魃于神潢。残夔魖与罔象,殪墏仲而奸游光。"注曰:"魑魅,山泽之神。猸狂,恶鬼。委蛇,大如车毂。方良,草泽神。耕父、女魃皆旱鬼。恶水,故囚溺于水中,使不能为害。夔魖、罔象,木石之怪。墏仲、游光,兄弟八人,恒在人间作怪害也。"孔子曰:"木石之怪夔、罔两,水之怪龙、罔象也。"(臣)〔韦〕昭曰:"木石〔谓〕山(怪)也。[75]夔一足,越人谓〔之〕山猱。[76]罔两,山精,好学人声,[77]而迷惑人。龙,神物也,非所常见,故曰怪。罔象,食人,一名沐腫。"[78]埤苍曰:"猸狂,无头鬼。"

⑤东京赋曰:"煌火驰而星流,逐赤疫于四裔。"注曰:"煌,火光。逐,惊走。煌然火光如星驰。赤疫,疫鬼恶者也。"侲子合三行,从东序上,西序下。

⑥东京赋注曰:"卫士千人在端门外,五营千骑在卫士外,为三部,更送至雒水,凡三辈,逐鬼投雒水中。仍上天池,绝其桥梁,使不复度还。"

⑦山海经曰:"东海中有度朔山,上有大桃树,蟠屈三千里,其卑枝门曰东北鬼门,万鬼出入也。上有二神人,一曰神荼,一曰郁櫑,主阅领众鬼之恶害人者,执以苇索,而用食虎。"于是黄帝法而象之。驱除毕,因立桃梗于门户上,画郁櫑持苇索,以御凶鬼,画虎于门,当食鬼也。史记曰:"东至于蟠木。"风俗通曰:"黄帝〔书〕'上古之时,有神荼与郁櫑兄弟二人,性能执鬼。'桃梗,梗者更也,岁终更始,受介祉也。苏秦说孟尝君曰:'土偶人语桃梗,今子东国之桃木,削子为人。'虎者阳物,百兽之长,能击鸷牲食魑魅者也。"

⑧汉官名秩曰:"大将军、三公,腊赐钱各三十万,牛肉二百斤,粳米二百斛;特侯十五万;卿十万;校尉五万;尚书丞、郎各万五千;千石、六百石各七千;侍御史、谒者、议郎、尚书令各五千;[79]郎官、兰台令史三千;中黄门、羽林、虎贲士二人共三千:以为当祠门户直,[80]各随多少受也。"

是月也,立土牛六头于国都郡县城外丑地,以送大寒。①

①月令章句曰:"是月之(会)〔昏〕建丑,[81]丑为牛。寒将极,是故出其物类形象,以示送达之,且以升阳也。"

餪遣故卫士仪:百官会,位定,谒者持节引故卫士入自端门。卫司马执幡钲护行。行定,侍御史持节慰劳,以诏恩问所疾苦,受其章奏所欲言。毕餪,赐作乐,观以角抵。乐阕罢遣,劝以农桑。①

①周礼(曰)府史以下,[82]则有胥有徒。郑玄注曰:"此谓民给徭役,若今卫〔士〕矣。"蔡邕曰:"见客平乐、餪卫士,瑰伟壮观也。"

礼仪中

每(月朔)岁首〔正月〕,[83]为大朝受贺。其仪:夜漏未尽七刻,锺鸣,受贺。及贽,公、侯璧,中二千石、二千石羔,千石、六百石雁,四百石以下雉。①百官贺正月。②二千石以上上殿称万岁。③举觞御坐前。司空奉羹,大司农奉饭,奏食举之乐。百官受赐宴餪,大作乐。④其每朔,唯十月旦从故事者,高祖定秦之月,元年岁首也。⑤

①献帝起居注曰:"旧典,市长执雁,建安八年始令执雉。"

②决疑要注曰:"古者朝会皆执贽,侯、伯执圭,子、男执璧,孤执皮帛,卿执羔,大夫执雁,士执雉。汉、魏粗依其制,正旦大会,诸侯执玉璧,荐以鹿皮,公卿已下所执如古礼。古者衣皮,故用皮帛为币。玉以象德,璧以称事。不以货没礼,庶羞不踰牲,宴衣不踰祭服,轻重之宜也。"

③蔡邕独断曰:"三公奉璧上殿,向御坐,北面,太常赞曰:'皇帝为君兴。'三公伏,皇帝坐,乃进璧。古语曰'御坐则起',此之谓也。"

④蔡质汉仪曰:"正月旦,天子幸德阳殿,临轩。公、卿、将、大夫、百官各陪〔位〕朝贺。[84]蛮、貊、胡、羌朝贡毕,见属郡计吏,皆〔陛〕觐,[85]庭燎。宗室诸刘(杂)〔亲〕会,万人以上,[86]立西面。位(公纳荐太官赐食酒

西入东出)既定,上寿。[87][群]计吏中庭北面立,[88]太官上食,赐群臣酒食,[西入东出]。[89](贡事)御史四人执法殿下,[90]虎贲、羽林[张](孤)弓(攝)[挟]矢,[91]陛戟左右,戎头逼胫陪前向后,左右中郎将(住)[位]东(西)[南],[92]羽林、虎贲将(住)[位]东北,五官将(住)[位]中央,悉坐就赐。作九宾(徹)[散]乐。[93]舍利(兽)[兽]从西方来,[94]戏于庭极,乃毕入殿前,激水化为比目鱼,跳跃嗽水,作雾障日。毕,化成黄龙,长八丈,出水遨戏于庭,炫耀日光。以两大丝绳系两柱(中头)间,[95]相去数丈,两倡女对舞,行于绳上,对面道逢,切肩不倾,又踏局出身,藏形于斗中。锺磬并作,[倡]乐毕,作鱼龙曼延。[96]小黄门吹三通,谒者引公卿群臣以次拜,微行出,罢。卑官在前,尊官在后。德阳殿周旋容万人。陛高二丈,[97]皆文石作坛。激沼水于殿下。[98]画屋朱梁,玉阶金柱,[99]刻镂作宫掖之好,厕以青翡翠,一柱三带,韬以赤缇。天子正旦节,会朝百僚于此。自到偃师,去宫四十三里,望朱雀五阙、德阳,其上郁律与天连。”雒阳宫阁薄云:“德阳宫殿南北行七丈,东西行三十七丈四尺。”

⑤蔡邕曰:“群臣朝见之仪,视不晚朝十月朔之故,以问胡广。广曰:‘旧仪,公卿以下每月常朝,先帝以其频,故省,唯六月、十月朔朝。后复以六月朔盛暑,省之。’”蔡邕礼乐志曰:“汉乐四品:一曰大予乐,典郊庙、上陵、殿诸食举之乐。郊乐,易所谓‘先王以作乐崇德,殷荐上帝’,周官‘若乐六变,则天神皆降,可得而礼也’。宗庙乐,虞书所谓‘琴瑟以詠,祖考来假’,诗云‘肃雍和鸣,先祖是听’。食举乐,王制谓‘天子食举以乐’,周官‘王大食则令奏锺鼓’。二曰周颂雅乐,典辟雍、飨射、六宗、社稷之乐。辟雍、飨射,孝经所谓‘移风易俗,莫善于乐’,礼记曰‘揖让而治天下者,礼乐之谓也’。社稷,[诗]所谓‘琴瑟击鼓,[100]以御田祖’者也。礼记曰‘夫乐施于金石,越于声音,用乎宗庙、社稷,事乎山川、鬼神’,此之谓也。三曰黄门鼓吹,天子所以宴乐群臣,诗所谓‘坎坎鼓我,蹲蹲舞我’者也。其短箫、铙歌,军乐也。其

传曰'黄帝、岐伯所作,以建威扬德,风劝士'也。盖周官所谓'王〔师〕大(捷)〔献〕则令凯乐,^[101]军大献则令凯歌'也。^[102]孝章皇帝亲著歌诗四章,列在食举,又制云台十二门诗,各以其月祀而奏之。熹平四年正月中,出云台十二门新诗,下大予乐官习诵,被声,与旧诗并行者,皆当撰录,以成乐志。"

【校勘记】

〔1〕郡国上雨泽若少(府)郡县各扫除社稷　校补引侯康说,谓"府"字衍。按:通典无"府郡县"三字,通志无"府"字。卢校并删"郡县"二字,则下"各"字无所属。今依侯康说,删"府"字。

〔2〕反拘朱索〔萦〕社　据卢校补。按:通典有"萦"字。

〔3〕政不善与民失职与　按:今本公羊传何注"善"作"一",与"职"叶韵。

〔4〕或(怒)〔攻〕焉何(如)也　据卢校改删。按:通典作"或攻焉"。御览五百二十五引"何如也"作"何也"。卢云"如"字可省。

〔5〕(贞)〔直〕行其道而不(忘)〔忌〕其难　据卢校改,与通典合。

〔6〕女独择宽大便处移市　按:卢云"女"字疑衍。又按:"大"原讹"太",径改正。

〔7〕大雩夏祭天名　按:"大"原讹"天",径改正。

〔8〕家人祠户　按:"户"原讹"同",径改正。

〔9〕具清酒(搏)〔膊〕脯　据卢校改,下同。按:通考作"搏",通典作"膊"。校补谓搏与膊通,说文作"脯膊"。

〔10〕(诸里)〔凿〕社通之丁闾外之沟　据卢校改。

〔11〕置水虾蟆焉　按:苏舆春秋繁露义证云通典无此五字,疑衍文。

〔12〕闻(彼)鼓声　据卢校删。按:通考有"彼"字,通典作"闻鼓",无

礼仪中

2523

"彼"字、"声"字。

〔13〕取死人骨埋之　按:通考"人"作"灰"。

〔14〕决通道桥之壅塞不行者决渎之　按:苏舆云疑当作"决渎之不行者",通典作"通桥道之壅塞"。

〔15〕更大浚井　按:"大"一本作"火"。苏舆云艺文类聚"火"作"水",疑是。

〔16〕〔各〕长三丈五尺　据卢校补。按:通典有"各"字。

〔17〕令县邑一徙市　按:通典"令县邑"下有"十日"二字。

〔18〕祭之以(毋)〔母〕饣五　据汲本改。按:通考作"母",注云"母音模,礼谓之淳母"。

〔19〕其神(太)〔少〕昊　据卢校改。按:卢依通典改。

〔20〕罺赤皂染羽为之也　汲本"皂"作"草"。按:卢云此注全是后人妄补缀。考地官舞师"皇舞",康成不从故书作"罺",又春官乐师注亦作"皇"。惟考工记"锺氏染羽,以朱湛丹秫",郑司农云"丹秫,赤粟",今此注作康成,亦是误记。"皂"毛本作"草",是古皂字,然亦误,当作"粟"。

〔21〕成帝三年六月始命诸官止雨　汲本、殿本"三"作"二"。按:惠栋谓北宋本作"五"。卢云通典、通志皆作"五",但成帝屡改元,无五年。

〔22〕丝(维)〔离〕属　据卢校改。按:卢云通典、通志俱作"属离"。

〔23〕谒者赞皇太子臣某(甲)〔中〕谒者称制曰可　据汲本改。按:卢云"谒者赞皇太子臣某"句,"甲"乃"中"之讹。又校补引柳从辰说,谓成帝建始四年罢中书官,以中书为中谒者令,见汉旧仪,作"甲"非。

〔24〕谒者引当拜〔者〕前　据卢校补。按:通典有"者"字。

〔25〕王公再拜顿首三(下)　据卢校删。按:卢云通典"王公"作"当受策者"。

〔26〕某公某初〔除〕谢　据卢校补。按:通典有"除"字。

〔27〕赞者立曰(谢)皇帝为公兴(皆冠)〔重坐受策者拜〕谢起就位　据卢校删补,与通典合。

〔28〕丁孚汉仪有夏勤策文　按:"勤"原讹"动",径改正。

〔29〕维元初六年三月　按:卢云案安帝纪,永初三年四月丙寅大鸿胪夏勤为司徒。若元初时,刘恺乃代勤者。

〔30〕勤(而)〔其〕戒之　据卢校改,与通典合。

〔31〕制曰可　按:"可"下原衍"之"字,径删。

〔32〕维建宁四年七月乙未　集解引钱大昕说,谓灵帝纪作"七月癸丑"。今按:灵帝建宁四年七月己未朔,无乙未、癸丑。

〔33〕宋贵人(乘)〔秉〕淑媛之懿　据汲本改。

〔34〕(人)〔金〕曰宜哉　据汲本改,与通典合。

〔35〕以(临)〔母〕兆民　据卢校改,与通典合。

〔36〕今使太尉袭使持节奉玺绶　按:集解引钱大昕说,谓案灵帝纪,太尉闻人袭以三月免官,此立后乃在七月,或纪所书月日误。

〔37〕太尉住盖下　"住"原讹"注",径据汲本、殿本改正。按:通典作"太尉立阶下"。

〔38〕长(乐)〔秋〕太仆　据卢校改。按:卢云通典"乐"作"秋",是。

〔39〕弥牟〔朴〕蛊锺　据汲本、殿本补。按:集解引钱大昕说,谓弥牟五字未详。

〔40〕以桃印长六寸方三寸　按:卢云宋志"印"作"卯"。

〔41〕慎其闭塞　按:"塞"原讹"寒",径改正。

〔42〕消石冶皆绝止　按:"冶"原讹"治",径改正。

〔43〕〔汤〕始得伊尹 据汲本、殿本补。

〔44〕谁能出不由户(者) 据汲本、殿本删。

〔45〕欲人之子孙蕃(植)〔殖〕 据殿本改。

〔46〕迎气〔于〕白郊 据汲本、殿本补。

〔47〕立秋之日(自)〔白〕郊礼毕 据卢校改。按:卢云通典同,今从宋志。

〔48〕载〔以〕获车驰(驷)送陵庙 据卢校补删。按:卢云通典有"以"字,此脱。"驷"字衍,宋志无。

〔49〕〔于是乘舆〕还宫 据集解引惠栋说补。

〔50〕烹鲜时有司〔告〕 据卢校改。

〔51〕天子乃厉(救)〔饰〕 卢云"救"当作"饰",月令正义云俗本作"饬",此又转讹。今据改。

〔52〕所以教兆民(载)战事也 据卢校删。

〔53〕引(阒)〔关〕蹰踟之属也 据卢校改。

〔54〕巡狩〔校〕猎还 据汲本、殿本补。

〔55〕公卿〔亲〕识颜色 据汲本、殿本补。

〔56〕縢腊而賨水 按:校补谓今风俗通"賨"作"买",今韩非子"賨水"作"相遗以水"。

〔57〕又曰(当)〔尝〕新始杀〔也〕食〔新〕曰貙膢 据卢校删补,与今风俗通合。

〔58〕王杖长〔九〕尺 据卢校补。按:卢云据御览七百十补。

〔59〕(郎)〔即〕坐于端门左塾 据汲本改。

〔60〕(太子)〔大予〕具乐器 据卢校改。按:集解引钱大昕说,谓"太子"当作"大予",又引惠栋说,谓当作"太常"。观下文引蔡邕礼乐志,汉乐四品,一曰大予乐,则钱说是。

〔61〕皆音以竽　按:集解引黄山说,谓此承上"间音以竽"言,"皆"下当脱"间"字。

〔62〕否则召太史令各板书　按:校补引钱大昭说,谓"板书"闽本作"书板"。

〔63〕施当轩北面稽首　按:卢云"施"疑"旋"之讹。

〔64〕太史令前(曰)〔白〕礼毕　据卢校改。按:集解引惠栋说,谓北宋本作"白"。

〔65〕故八士(曰)或调阴阳　据卢校删。

〔66〕琴音调则四海合岁气百川一合德　按:卢云"一"或作"以"。

〔67〕迎送(凡田猎)〔五日腊〕者岁终大祭　据殿本改,与卢校本独断合。

〔68〕秦静曰　按:"秦"原讹"泰",径改正。

〔69〕司马阙门门外　按:集解引黄山说,谓秦蕙田据旧本,"门外"作"之外"。

〔70〕鬱櫑　汲本、殿本"櫑"作"儡",注同。文选东京赋作"垒"。按:鬱儡之"儡"或作"垒",无作"櫑"者,疑此误。

〔71〕是为(虎)〔虐鬼〕　据卢校改。按:虐即疟字,虎与虐形近而讹。文选东京赋注正作"疟鬼"。

〔72〕一居人宫室区隅(沤庾)　按:文选东京赋注无"沤庾"二字,当即"区隅"之音注,而误入正文者,今删。

〔73〕方相帅百隶及童(女)〔子〕　据卢校改。按:文选注作"子"。

〔74〕(捐)〔捎〕魑魅　据卢校改。按:文选注作"捎"。

〔75〕(臣)〔韦〕昭曰木石〔谓〕山(怪)也　据卢校改。按:此刘昭引韦昭注国语文,"臣"当作"韦"。"木石山怪也"今国语韦昭注作"木石谓山也",卢依韦注改。

〔76〕越人谓〔之〕山獏　据汲本、殿本补。按:"獏"今国语韦注

作"繰"。

〔77〕好学人声　按:今国语韦注"学"作"斅"。

〔78〕一名沐腥　按:汲本、殿本"腥"作"臕",卢文弨依国语韦注改
　　　为"肿"。

〔79〕尚书令各五千　按:卢云"令"下疑脱"史"字。

〔80〕以为当祠门户直　按:"当"原讹"富",径据汲本、殿本改正。

〔81〕是月之(会)〔昏〕建丑　据卢校改。

〔82〕周礼(日)府史以下　据卢校删。

〔83〕每(月朔)岁首〔正月〕　据卢校改。按:卢云"每月朔岁首"讹,今从
　　　通典。

〔84〕百官各陪〔位〕朝贺　据卢校补,与通典合。

〔85〕皆〔陛〕觐　据汲本、殿本补。

〔86〕宗室诸刘(杂)〔亲〕会万人以上　据卢校改,与通典合。

〔87〕位(公纳荐太官赐食酒西入东出)既定　据卢校删,与通典合。

〔88〕〔群〕计吏中庭北面立　据卢校补。按:通典无"立"字。

〔89〕太官上食赐群臣酒食〔西入东出〕　据卢校补。按:通典作"太官
　　　赐酒食,西入东出"。

〔90〕(贡事)御史四人执法殿下　据卢校删。

〔91〕虎贲羽林〔张〕(弧)弓(撮)〔挟〕矢　据卢校改,与通典合。

〔92〕左右中郎将(住)〔位〕东(西)〔南〕　据卢校改,与通典合。

〔93〕作九宾(彻)〔散〕乐　据卢校改,与通典合。

〔94〕舍利〔兽〕从西方来　据卢校补,与通典合。

〔95〕以两大丝绳系两柱(中头)间　按:通典作"又以丝绳系两柱间",无
　　　"中头"二字,今据删。

〔96〕〔倡〕乐毕作鱼龙曼延　据卢校补,与通典合。

〔97〕陛高二丈　按:通典"二丈"作"一丈"。

〔98〕激沼水于殿下　按:卢云此六字衍,通典无。

〔99〕玉阶金柱　按:通典"阶"作"陛"。

〔100〕〔诗〕所谓琴瑟击鼓　据殿本补。

〔101〕王〔师〕大(捷)〔献〕则令凯乐　据卢校改。按:周礼"令"下有
　　"奏"字。

〔102〕军大献则令凯歌也　按:周礼"令"作"教"。

后汉书志第六

礼仪下

大丧　诸侯王列侯始封贵人公主薨

不豫，太医令丞将医入，就进所宜药。尝药监、近臣中常侍、小黄门皆先尝药，过量十二。公卿朝臣问起居无间。太尉告请南郊，司徒、司空告请宗庙，告五岳、四渎、群祀，并祷求福。疾病，公卿复如礼。

登遐，皇后诏三公典丧事。百官皆衣白单衣，白帻不冠。闭城门、宫门。近臣中黄门持兵，虎贲、羽林、郎中署皆严宿卫，宫府各警，北军五校绕宫屯兵，黄门令、尚书、御史、谒者昼夜行陈。三公启手足色肤如礼。皇后、皇太子、皇子哭踊如礼。沐浴如礼。守宫令兼东园匠将女执事，黄緜、缇缯、金缕玉柙如故事。①饭唅珠玉如礼。②槃冰如礼。③百官哭临殿下。是日夜，下竹使符告郡国二千石、诸侯王。④竹使符到，皆伏哭尽哀。⑤小敛如礼。东园匠、考工令奏东园秘器,表里洞赤,虡文画日、月、鸟、龟、龙、虎、连璧、偃月,牙桧梓宫如故事。大敛于两楹之间。五官、左右虎贲、羽林五将,各将所部,执虎贲戟,屯殿端门陛左右厢,中黄门持兵陛殿上。夜漏,群臣入。昼漏上水,大鸿胪设九宾,随立殿下。谒者引诸侯王立殿下,西面北上;宗室诸侯、四姓小侯在后,西面北上。治礼引三公就位,殿下北面;特进次中二千石;列侯次二千石;六百石、博士在后;群臣陪位者皆重行,西上。位定,大鸿胪言具,谒者以闻。皇后东向,贵人、公主、宗室妇女以次立后;皇太子、皇子在东,西向;皇子少退在南,北面:皆伏哭。大鸿胪传哭,群臣皆哭。三公升自阼阶,安梓宫内珪璋诸物,近臣佐如故事。嗣子哭踊如礼。⑥东园匠、武士下钉衽,截去牙。⑦太常上太牢奠,太官食监、中黄门、尚食次奠,执事者如礼。太常、大鸿胪传哭如仪。

①汉旧仪曰:"帝崩,晗以珠,缠以缇缯十二重。以玉为襦,如铠状,连缝之,以黄金为缕。腰以下以玉为札,长一尺,〔广〕二寸半,[1]为柙,下至足,亦缝以黄金缕。(请)诸衣衿敛之。[2]凡乘舆衣服,已御,辄藏之,崩皆以敛。"

②礼稽命征曰:"天子饭以珠,晗以玉。诸侯饭以珠,晗以(珠)〔璧〕。[3]卿大夫、士饭以珠,晗以贝。"

③周礼:"凌人,天子丧,供夷槃冰。"郑玄曰:"夷之言尸也,实冰于槃中,置之尸床之下,所以寒尸也。"汉礼器制度:"大槃广八尺,长一丈二尺,深三尺,漆赤中。"

④应劭曰:"凡与郡国守相竹使符,皆以竹箭五枚,长五寸,镌刻篆书第一至第五。"张晏曰:"符以代古之珪璋,从简易也。"此下大丧符,亦犹斯比。

⑤汉旧制,发兵皆以铜虎符,其馀征调,竹使而已。符第合会为大信,见杜诗传。

⑥周礼："驵珪、璋、璧、琮、琥、璜之渠眉,疏璧、琮以敛尸。"郑司农曰:"驵,外有捷卢也。谓珪、璋、璧、琮、琥、璜皆为开渠,为眉瑑,沙除以敛尸,令汁得流去也。"郑玄曰:"以敛尸者,以大敛焉加之也。渠眉,玉饰之沟瑑也,以组穿联六玉沟瑑之中以敛尸。珪在左,璋在首,琥在右,璜在足,璧在背,琮在腹,盖取象方明神之也。疏璧、琮者,通于天地。"

⑦丧大记曰:"君盖用漆,三衽三束。"郑玄注曰:"衽,小腰。"

三公奏尚书顾命,太子即日即天子位于柩前,请太子即皇帝位,皇后为皇太后。奏可。群臣皆出,吉服入会如仪。太尉升自阼阶,当柩御坐北面稽首,读策毕,以传国玉玺绶东面跪授皇太子,即皇帝位。中黄门掌兵以玉具、随侯珠、斩蛇宝剑授太尉,告令群臣,群臣皆伏称万岁。或大赦天下。遣使者诏开城门、宫门,罢屯卫兵。群臣百官罢,入成丧服如礼。兵官戎。①[4]三公,太常如礼。

①文帝遗诏:"无布车及兵器。"应劭曰:"不施轻车介士。"

故事:百官五日一会临,故吏二千石、刺史、在京都郡国上计掾史皆五日一会。天下吏民发丧临三日。①先葬二日,皆旦晡临。既葬,释服,无禁嫁娶、祠祀。②佐史以下,布衣冠帻,绖带无过三寸,临庭中。③武吏布帻大冠。大司农出见钱穀,给六丈布直。以葬,大红十五日,小红十四日,纤七日,释。④部刺史、二千石、列侯在国者及关内侯、宗室长吏及因邮奉奏,[5]诸侯王遣大夫一人奉奏,吊臣请驿马露布,奏可。

①文帝遗诏:"其令天下吏民,令到,出临三日,释服。"

②文帝遗诏文[6]有"饮酒食肉自当给,丧事服临者皆无践"。践,徒跣也。

③文帝遗诏:"殿中当临者,以旦夕各十五举音,礼毕罢。非旦夕临时,

禁无得擅哭临。"

④应劭曰:"红者,(中)〔小〕祥、大祥以红为领缘〔也〕。[7]纤〔者〕,禫也。凡三十六日而释〔服〕。"[8]

以木为重,高九尺,广容八历,裹以苇席。巾门、丧帐皆以簟。车皆去辅辎,疏布恶轮。走卒皆布褠帻。太仆〔驾〕四轮辒为宾车,[9]大练为屋幪。中黄门、虎贲各二十人执绋。司空择土造穿。太史卜日。谒者二人,中谒者仆射、中谒者副将作,油缇帐以覆坑。方石治黄肠题凑便房如礼。①

①汉旧仪略载前汉诸帝寿陵曰:"天子即位明年,将作大匠营陵地,用地七顷,方中用地一顷。深十三丈,堂坛高三丈,坟高十二丈。武帝坟高二十丈,明中高一丈七尺,四周二丈,内梓棺柏黄肠题凑,以次百官藏毕。其设四通羡门,容大车六马,皆藏之内方,外陟车石。外方立,先闭剑户,户设夜龙、莫邪剑、伏弩,设伏火。已营陵,馀地为西园后陵,馀地为婕妤以下,次赐亲属功臣。"汉书音义曰:"题,头也。凑,以头向内,所以为固也。便房,藏中便坐也。"皇览曰:"汉家之葬,方中百步,已穿筑为方城。其中开四门,四通,足放六马,然后错浑杂物,抒漆缯绮金宝米穀,及埋车马虎豹禽兽。发近郡卒徒,置将军尉候,以后宫贵幸者皆守园陵。元帝葬,乃不用车马禽兽等物。"

大驾,太仆御。方相氏黄金四目,蒙熊皮,玄衣朱裳,执戈扬盾,立乘四马先驱。①旐之制,长三仞,[10]十有二游,曳地,画日、月、升龙,书旐曰"天子之柩"。谒者二人立乘六马为次。大驾甘泉卤簿,金根容车,兰台法驾。丧服大行载饰如金根车。皇帝从送如礼。太常上启奠。夜漏二十刻,太尉冠长冠,衣斋衣,乘高车,诣殿止车门外。使者到,南向立,太尉进伏拜受诏。太尉诣南郊。未尽九刻,大鸿胪设九宾随立,群臣入位,太尉行礼。执事皆冠长冠,

后汉书志第六

2534

衣斋衣。太祝令跪读谥策,太尉再拜稽首。治礼告事毕。太尉奉谥策,还诣殿端门。太常上祖奠。中黄门尚衣奉衣登容根车。东园武士载大行,司徒却行道立车前。治礼引太尉入就位,大行车西少南,东面奉〔谥〕策,[11]太史令奉哀策立后。太常跪曰"进",皇帝进。太尉读谥策,藏金匮。皇帝次科藏于庙。太史奉哀策茔篋诣陵。太尉旋复公位,再拜立(哭)。[12]太常跪曰"哭",大鸿胪传哭,十五举音,止哭。太常行遣奠皆如礼。请哭止哭如仪。

①周礼曰:"方相氏,大丧先柩,及墓入圹,以戈击四隅,(殴)〔驱〕方良。"[13]郑玄曰:"方相,放想也,可畏怖之貌。圹,穿地中也。方良,罔两也。天子之椁,柏,黄肠为里,表以石焉。国语曰'木石之怪夔、罔两'。"

昼漏上水,请发。司徒、河南尹先引车转,太常跪曰"请拜送"。载车著白系参缪绋,[14]长三十丈,大七寸为挽,六行,行五十人。公卿以下子弟凡三百人,皆素帻委貌冠,衣素裳。校尉三〔百〕人,[15]皆赤帻不冠,绛科单衣,持幢幡。候司马丞为行首,皆衔枚。羽林孤儿、巴俞擢歌者六十人,[16]为六列。铎司马八人,执铎先。大鸿胪设九宾,随立陵南羡门道东,北面;诸侯、王公、特进道西,北面东上;中二千石、二千石、列侯(宜)〔直〕九宾东,北面西上。[17]皇帝白布幕素里,夹羡道东,西向如礼。容车幄坐羡道西,南向,车当坐,南向,中黄门尚衣奉衣就幄坐。车少前,太祝进醴献如礼。司徒跪曰"大驾请舍",太史令自车南,北面读哀策,掌故在后,已哀哭。太常跪曰"哭",大鸿胪传哭如仪。司徒跪曰"请就下位",东园武士奉下车。司徒跪曰"请就下房",都导东园武士奉车入房。司徒、太史令奉谥、哀策。①

①晋时有人嵩高山下得竹简一枚,上有两行科斗书之,台中外传以相

礼仪下

2535

示，莫有知者。司空张华以问博士束晳。晳曰："此明帝显节陵中策也。"检校果然。是知策用此书也。

东园武士执事下明器。①筲八盛，容三升，②黍一，稷一，麦一，粱一，稻一，麻一，菽一，小豆一。甕三，容三升，醯一，醢一，屑一。③黍饴。载以木桁，覆以疏布。瓾二，容三升，醴一，酒一。载以木桁，覆以功布。瓦镫一。彤矢四，轩輖中，亦短卫。彤矢四，骨，短卫。④彤弓一。匜八，牟八，⑤豆八，笾八，形方酒壶八。槃匜一具。⑥杖、几各一。盖一。锺十六，无虡。镈四，无虡。⑦磬十六，无虡。⑧埙一，箫四，笙一，簴一，柷一，敔一，瑟六，琴一，〔18〕竽一，筑一，坎侯一。⑨干、戈各一，笮一，甲一，胄一。⑩挽车九乘，刍灵三十六匹。⑪瓦灶二，瓦釜二，瓦甑一。瓦鼎十二，容五升。匏勺一，容一升。瓦案九。瓦大杯十六，容三升。瓦小杯二十，容二升。瓦饭槃十。瓦酒樽二，容五斗。匏勺二，容一升。

①礼记曰："明器，神明之也。孔子谓为明器知丧道矣，备物而不可用也。"郑玄注既夕曰："陈明器，以西行南端为上。"

②郑玄注既夕曰："筲，畚种类也，其容盖与簋同。"

③郑玄注既夕曰："屑，姜桂之屑。"

④既夕曰："骲矢一乘，骨镞短卫。"郑玄曰："骲犹候也，候物而射之矢也。四矢曰乘。骨镞短卫，亦示不用也。生时骲矢金镞，凡为矢，五分笴长而羽其一。"通俗文曰："细毛骲也。"

⑤郑玄注既夕曰："牟，盛汤浆。"

⑥郑玄注既夕曰："槃匜，盥器也。"

⑦尔雅曰："大锺谓之镛。"郭璞注曰："书曰'笙镛以间'。亦名镈。"

⑧礼记曰："有锺磬而无簨虡。"郑玄曰："不悬之也。"

⑨礼记曰："琴瑟张而不平，竽笙备而不和。"

⑩既夕谓之役器。郑玄曰:"笮,矢箙。"

⑪郑玄注礼记曰:"刍灵,束茅为人马,谓之刍灵,神之类。"

祭服衣送皆毕,东园匠曰"可哭",在房中者皆哭。太常、大鸿
胪请哭止〔哭〕如仪。[19]司徒曰"百官事毕,臣请罢",从入房者皆
再拜,出,就位。太常导皇帝就赠位。司徒跪曰"请进赠",侍中奉
持鸿洞。赠玉珪长尺四寸,荐以紫巾,广袤各三寸,缇里,赤纁周
缘;赠币,玄三纁二,各长尺二寸,广充幅。皇帝进跪,临羡道房户,
西向,手下赠,投鸿洞中,三。东园匠奉封入藏房中。太常跪曰"皇
帝敬再拜,请哭",大鸿胪传哭如仪。太常跪曰"赠事毕",皇帝促
就位。①容根车游载容衣。司徒至便殿,并辇骑皆从容车玉帐下。
司徒跪曰"请就幄",导登。尚衣奉衣,以次奉器衣物,藏于便殿。
太祝进醴献。凡下,用漏十刻。礼毕,司空将校复土。

①续汉书曰:"明帝崩,司徒鲍昱典丧事,葬日,三公入安梓宫,还,至羡
道半,逢上欲下,昱前叩头言:'礼,天子鸿洞以赠,所以重郊庙也。陛
下奈何冒危险,不以义割哀?'上即还。"

皇帝、皇后以下皆去麤服,服大红,还宫反庐,立主如礼。桑木
主尺二寸,不书谥。虞礼毕,祔于庙,如礼。①

①汉旧仪曰:"高帝崩三日,小敛室中牖下。[20]作栗木主,长八寸,前方
后圆,围一尺,置牖中,望外,内张绵絮以障外,以皓木大如指,长三
尺,四枚,缠以皓皮四方置牖中,主居其中央。七日大敛棺,以黍饭羊
舌祭之牖中。已葬,收主。为木函,藏庙太室中西墙壁坎中,望内,外
不出宣堂之上。坐为五时衣、冠、履、几、杖、竹笥。为俑人,无头,坐
起如生时。皇后主长七寸,围九寸,在皇帝主右旁。高皇帝主长九
寸。上林给栗木,长安祠庙作神主,东园秘器作梓棺,素木长丈三尺,

崇广四尺。"

　　先大驾日游冠衣于诸宫诸殿,群臣皆吉服从会如仪。皇帝近臣丧服如礼。醳大红,服小红,十一升都布练冠。醳小红,服纤。醳纤,服留黄,冠常冠。近臣及二千石以下皆服留黄冠。百官衣皁。每变服,从哭诣陵会如仪。祭以特牲,不进毛血首。司徒、光禄勋备三爵如礼。①

①古今注具载帝陵丈尺顷亩,今附之后焉。　光武原陵,山方三百二十三步,高六丈六尺。垣四出司马门。寝殿、锺虡皆在周垣内。堤封[21]田十二顷五十七亩八十五步。帝王世记[22]曰:"在临平亭之南,西望平阴,东南去雒阳十五里。"　明帝显节陵,山方三百步,高八丈。无周垣,为行马,四出司马门。石殿、锺虡在行马内。寝殿、园省在东。园寺吏舍在殿北。堤封田七十四顷五亩。帝王世记曰:"故富寿亭也,西北去雒阳三十七里。"　章帝敬陵,山方三百步,高六丈二尺。无周垣,为行马,四出司马门。石殿、锺虡在行马内。寝殿、园省在东。园寺吏舍在殿北。堤封田二十五顷五十五亩。帝王世记曰:"在雒阳东南,去雒阳三十九里。"　和帝慎陵,山方三百八十步,高十丈。无周垣,为行马,四出司马门。石殿、锺虡在行马内。寝殿、园省在东。园寺吏舍在殿北。堤封田三十一顷二十亩二百步。帝王世记曰:"在雒阳东南,去雒阳四十一里。"　殇帝康陵,山周二百八步,高五丈五尺。行马四出司马门。寝殿、锺虡在行马中。因寝殿为庙。园吏寺舍在殿北。堤封田十三顷十九亩二百五十步。帝王世记曰:"高五丈四尺。去雒阳四十八里。"　安帝恭陵,山周二百六十步,高十五丈。无周垣,为行马,四出司马门。石殿、锺虡在行马内。寝殿、园吏舍在殿北。堤封田一十四顷五十六亩。帝王世记曰:"高十一丈。在雒阳西北,去雒阳十五里。"　顺帝宪陵,山方三百步,高八丈四尺。无周垣,为行马,四出司马门。石殿、锺虡在司马门

内。寝殿、园省寺吏舍在殿东。堤封田十八顷十九亩三十步。帝王世记曰："在雒阳西北,去雒阳十五里。" 冲帝怀陵,山方百八十三步,高四丈六尺。为寝殿行马,四出门。园寺吏舍在殿东。堤封田五顷八十亩。帝王世记曰："〔在雒阳〕西北,[23]去雒阳十五里。"

质帝静陵,山方百三十六步,高五丈五尺,为行马,四出〔司马〕门。[24]寝殿、锺虡在行马中,园寺吏舍在殿北。堤封田十二顷五十四亩。因寝为庙。帝王世记曰："在雒阳东,去雒阳三十二里。" 桓帝宣陵,帝王世记曰:"山方三百步,高十二丈。在雒阳东南,去雒阳三十里。" 灵帝文陵,帝王世记曰:"山方三百步,高十二丈。在雒阳西北,去雒阳二十里。" 献帝禅陵,帝王世记曰:"不起坟,深五丈,前堂方一丈八尺,后堂方一丈五尺,角广六尺。在河内山阳之浊城西北,去浊城直行十一里,斜行七里,去怀陵百一十里,去山阳五十里,南去雒阳三百一十里。"蔡质汉仪曰:"十二陵令见河南尹无敬也。" 魏文帝终制略曰:"汉文帝之不发霸陵,无求也。光武之掘原陵,封树也。霸陵之完,功在释之;原陵之掘,罪在明帝。是释之忠以利君,明帝爱以害亲也。忠臣孝子,宜思释之之言,察明帝之戒,存于所以安君定亲,使魂灵万载无危,斯则贤圣之忠孝矣。自古及今,未有不亡之国,亦无不掘之墓也。丧乱以来,汉氏诸陵无不发掘,至乃烧取玉柙金缕,[25]骸骨并尽,是焚如之刑也,岂不重痛哉!祸由乎厚葬封树,桑、霍为我戒,不亦明乎!"臣昭案:董卓传:"卓使吕布发诸帝陵及公卿以下冢墓,收其珍宝。"卓别传曰:"发成帝陵,解金缕,探含玑焉。"吕氏春秋略曰:"审知生,圣人之要也;审知死,圣人之极也。知生者,不以物害生;知死者,不以物害死。凡生于天地之间,其必有死。孝子之重其亲者,若亲之爱其子,不弃于沟壑,故有葬送之义。葬者,藏也。以生人心为之虑,则莫如无动,无动莫如无利。葬浅则狐狸掘之,深则及水泉,故必高陵之上,以避二害。然而忘奸寇之变,岂不惑哉!民之于利也,犯白刃,涉危难以求之;忍亲戚,欺知交以求之。今无此危,无此丑,而为利甚厚,固难禁也。国弥大,家弥富,其葬弥厚,珠玉金铜,不可胜计。奸人闻之,转以相告,虽有严刑重罪,不能止也。且死者弥久,生者弥疏,弥疏则守之弥怠。藏器如故而守之有怠,其势固必掘矣。世(至)〔主〕为丘陇,[26]其高若山陵,树之若林薮,或设阙庭、都邑。以此示富则可矣,以此为死者则惑矣!大凡死者,其视万世犹一(瞑)〔瞚〕也。[27]人之寿,久者不过百,中者六十。以百与六十为无穷者虑,其情固不相当矣。必以无穷为虑,然后为可。今有铭其墓曰,‘此中有金宝甚厚,不可掘也’,必为世笑矣。而为之阙庭以自表,此何异彼哉!自古及今,未有不亡之国也。无不亡之国,是无不掘之墓。以耳目之所闻见,则齐、荆、燕尝亡矣;宋、中山已亡矣;赵、韩、魏皆失其故国矣。自此以上,亡国不可胜数,故其大墓无不掘也。而犹皆争为之,岂不悲哉!今夫君之不令民,父之不(教)〔孝〕子,[28]兄之不悌弟,皆乡邑之所遗,而惮耕耒之劳者也。仍不事耕农,而好鲜衣侈食。智巧穷匮,则合党连众,而谋名丘大墓。上曾不能禁也,此有葬自表之祸也。昔尧葬谷林,通树之;舜葬纪市,不变肆;禹葬会稽,不变人徒。非爱其费,以为死者〔虑〕也。[29]先王之所恶,恶死者之辱。以为俭则不发,不发则不辱,故必以俭而合乎山原也。宋未亡而东冢掘,齐未亡而庄公〔冢〕掘。[30]国存而乃若此,[31]又况灭名之后乎!此爱而厚葬之故也。欲爱而反害之,欲安而反危之,忠臣孝子亦不可以厚葬矣。昔季孙以玙璠敛,孔子历级而止之,为无穷虑也。”

太皇太后、皇太后崩,司空以特牲告谥于祖庙如仪。长乐太仆、少府、大长秋典丧事,三公奉制度,他皆如礼仪。①

① 丁孚汉仪曰:“永平七年,阴太后崩,晏驾诏曰:‘枢将发于殿,群臣百官陪位,黄门鼓吹三通,鸣锺鼓,天子举哀。女侍史官三百人皆著素,

参以白素,引棺挽歌,下殿就车,黄门宦者引以出宫省。太后魂车,鸾路,青羽盖,驷马,龙旂九斿,前有方相,凤皇车,大将军妻参乘,太仆妻御,〔女骑夹毂〕悉道。[32]公卿百官如天子郊卤簿仪。'后和熹邓后葬,案以为仪,自此皆降损于前事也。"

合葬:羡道开通,皇帝谒便房,太常导至羡道,去杖,中常侍受,至枢前,谒,伏哭止如仪。辞,太常导出,中常侍授杖,升车归宫。已下,反虞立主如礼。诸郊庙祭服皆下便房。五时朝服各一袭在陵寝,其馀及宴服皆封以箧笥,藏宫殿后阁室。

诸侯王、列侯、始封贵人、公主薨,皆令赠印玺、玉柙银缕;大贵人、长公主铜缕。诸侯王、贵人、公主、公、将军、特进皆赐器,官中二十四物。使者治丧,穿作,柏椁,百官会送,如故事。诸侯王、公主、贵人皆樟棺,洞朱,云气画。公、特进樟棺黑漆。中二千石以下坎侯漆。①朝臣中二千石、将军,使者吊祭,郡国二千石、六百石以至黄绶,皆赐常车驿牛赠祭。宜自佐史以上达,大敛皆以朝服。君临吊若遣使者,主人免绖去杖望马首如礼。免绖去杖,不敢以戚凶服当尊者。②自王、主、贵人以下至佐史,送车骑导从吏卒,各如其官府。载饰以盖,龙首鱼尾,华布墙,缥上周,交络前后,云气画帷裳。中二千石以上有辒,左龙右虎,朱鸟玄武;公侯以上加倚鹿伏熊。千石以下,缁布盖墙,[33]鱼龙首尾而已。二百石黄绶以下至于处士,皆以簟席为墙盖。其正妃、夫人、妻皆如之。诸侯王,傅、相、中尉、内史典丧事,大鸿胪奏谥,天子使者赠璧帛,载日命谥如礼。下陵,群臣醳粗服如仪,主人如礼。

①丁孚汉仪曰:"孝灵帝葬马贵人,赠步摇、赤绂葬,青羽盖、驷马。枢下殿,女侍史二百人著素衣挽歌,引木下就车,黄门宦者引出宫门。"

2541

②前书贾山上书曰："古之贤君于臣也,尊其爵禄而亲之,疾则临视之无数,死则往吊哭之,临其小敛、大敛。已棺涂而后为之服,锡衰绖而三临其丧。未敛而不饮酒食肉,未葬不举乐。当可谓尽礼矣。服法服,端容貌,正颜色,然后见之。故臣下莫敢不竭力尽死以报其上,功德立于世,而令问不忘也。"晋起居注曰:"太尉贾充薨,皇太子妃之父,又太保也,有司奏依汉元明二帝亲临师保故事,皇太子素服为发哀,又临其丧。"

赞曰:大礼虽简,鸿仪则容。天尊地卑,君庄臣恭。质文通变,哀敬交从。元序斯立,家邦乃隆。

【校勘记】

〔1〕〔广〕二寸半　据卢校补,与通典合。

〔2〕(请)诸衣衿敛之　卢云"请"字衍。今据删。

〔3〕诸侯饭以珠哈以(珠)〔璧〕　据卢校改。按:卢依礼檀弓正义引改,钱大昭亦谓当作"璧"。

〔4〕兵官戎　按:卢云此三字衍,通典无。集解引黄山说,谓此三字为文既不可得解,合下"三公太常"为文,辞亦不相属,注何以涉及车器介士,知此文必有误脱矣。

〔5〕及因邮奉奏　按:集解引黄山说,谓"及"乃"各"形近之误,谓皆得不遣人奉奏也。

〔6〕文帝遗诏文　按:卢校下"文"字改"又"。

〔7〕红者(中)〔小〕祥大祥以红为领缘〔也〕　据卢校改"中"为"小"。据惠栋说补"也"字。

〔8〕纤者襸也凡三十六日而释〔服〕　据集解引惠栋说补。

〔9〕太仆〔驾〕四轮辒为宾车　集解引钱大昕说,谓"仆"下脱"驾"字,当依献帝纪注增。今据补。

〔10〕长三仞　按:"仞"原讹"刃",径据汲本、殿本改正。

〔11〕东面奉〔谥〕策　据卢校补。

〔12〕再拜立(哭)　据卢校删。按:卢云"哭"字衍,下方云太常跪曰哭。

〔13〕(殴)〔毆〕方良　据殿本改。

〔14〕载车著白系参缪绋　按:卢云通典"系"作"丝"。

〔15〕校尉三〔百〕人　集解引钱大昕说,谓"三"下脱"百",当依献帝纪注增。今据补。

〔16〕巴俞擢歌者六十人　按:卢云巴俞擢即巴渝擢,何焯校本改"欋"。古乐府有欋歌行。欋,徒了切。钱大昕云献帝纪注作"耀",音徒了反。又按:"六十人"原讹"六十九",径改正。

〔17〕列侯(宜)〔直〕九宾东北面西上　据卢校改。

〔18〕瑟六琴一　按:卢云通典作"琴六瑟一",似是。

〔19〕太常大鸿胪请哭止〔哭〕如仪　据卢校补。

〔20〕小敛室中牖下　按:"牖"原讹"墉",径据汲本、殿本改正。下同。

〔21〕堤封　按:汲本、殿本"堤"皆作"提"。

〔22〕帝王世记　汲本、殿本"记"作"纪",下同。按:诸志刘昭注所引帝王世纪之"纪"字,绍兴本皆作"记"。

〔23〕〔在雒阳〕西北　据集解引黄山说补。

〔24〕四出〔司马〕门　据集解引黄山说补。

〔25〕至乃烧取玉柙金缕　按:汲本、殿本作"镂",误。

〔26〕丗(坔)〔土〕为上陇　卢校依吕览改"至"为"之"。校补谓"至"当作"主"。今按:吕览作"世之",就大概言也,就本文文势,作"世主"亦得。且至与主形近易讹,疑刘昭注本作"主"也。今依校补

改为“主”。

〔27〕其视万世犹一(瞑)〔瞚〕也　据卢校改。按:卢云瞚同瞬,作“瞑”
讹。又校补引钱大昭说,谓今吕览“瞑”作“瞚”。

〔28〕父之不(教)〔孝〕子　据卢校改,与吕览合。

〔29〕以为死者〔虑〕也　据卢校补,与吕览合。

〔30〕齐未亡而庄公〔冢〕掘　据卢校补,与吕览合。

〔31〕国存而乃若此　按:“乃”原讹“力”,径改正。

〔32〕太仆妻御〔女骑夹毂〕悉道　据集解引惠栋说补。按:卢校改“道”
为“导”,今以道导通,故不改。

〔33〕千石以下缁布盖墙　按:“缁”原讹“韬”,径据汲本、殿本改正。

后汉书志第七

祭祀上

光武即位告天　郊　封禅

祭祀之道,自生民以来则有之矣。豺獭知祭祀,而况人乎! 故
人知之至于念想,犹豺獭之自然也,顾古质略而后文饰耳。自古以
来王公所为群祀,至于王莽,汉书郊祀志既著矣,故今但列自中兴
以来所修用者,以为祭祀志。①

①谢沈书曰"蔡邕引中兴以来所修者为祭祀〔意",此〕志即邕之
意也。[1]

建武元年,光武即位于鄗,为坛营于鄗之阳。①祭告天地,采用
元始中郊祭故事。六宗群神皆从,木以祖配。天地共犊,馀牲尚
约。②其文曰:"皇天上帝,后土神祇,眷顾降命,属秀黎元,为民父
母,秀不敢当。群下百僚,不谋同辞。咸曰王莽篡弑窃位,秀发愤

兴义兵,破王邑百万众于昆阳,诛王郎、铜马、赤眉、青犊贼,平定天下,海内蒙恩,上当天心,下为元元所归。谶记曰:'刘秀发兵捕不道,卯金修德为天子。'秀犹固辞,至于再,至于三。群下曰:'皇天大命,不可稽留。'敢不敬承。"

① 春秋保乾图曰:"建天子于酆之阳,名曰行皇。"

② 黄图载元始仪最悉,曰:"元始四年,宰衡莽奏曰:'帝王之义,莫大承天;承天之序,莫重于郊祀。祭天于南,就阳位;祠地于北,主阴义。圆丘象天,方泽则地。圆方因体,南北从位。燔燎升气,瘗埋就类。牲欲茧栗,味尚清玄。器成匏勺,贵诚因质。天地神所统,故类乎上帝,禋于六宗,望秩山川,班于群神。皇天后土,随王所在而事祐焉。甘泉太阴,河东少阳,咸失厥位,不合礼制。圣王之制,必上当天心,下合地意,中考人事。故曰:"恺悌君子,求福不回。"回而求福,厥路不通。(正月)〔在易〕泰卦,[2] 乾坤合体,天地交通,万物聚出,其律太蔟。天子亲郊天地。先祖配天,先妣配地,阴阳之别。以日冬至祀天,夏至祀后土,君不省方而使有司。六宗,日、月、星、山、川、海,星则北辰,川即河,山岱宗,三光众明山阜百川众流渟污皋泽,以类相属,各数秩望相序。'于是定郊祀,祀长安南北郊,罢甘泉、河东祀。"

上帝坛圆八觚,径五丈,高九尺。茅营去坛十步,竹宫径三百步,土营径五百步。神灵坛各于其方面三丈,去茅营二十步,广(坐)〔三〕十五步。[3] 合祀神灵以璧琮。用辟神道(以)〔八〕通,[4] 广各三十步。竹宫内道广三丈,有阙,各九十一步。坛方三丈,拜位坛亦如之。为周道郊营之外,广九步。营(六甘泉)北辰于南门之外,[5] 日、月、海东门之外,河北门之外,岱宗西门之外。　为周道前望之外,广九步,列望(遂)〔道〕乃近前望道外,[6] 径六十二步。坛方二丈五尺,高三尺五寸。　为周道列望之外,径九步。卿望亚列望外,径四十步。坛广三丈,高二尺。　为周道卿望之外,径九步。大夫望亚卿望道外,径二十步。坛广一丈五尺,高一尺五寸。　　为周道大夫望之外,径九步。士望亚大夫望道外,径十五步。坛广一丈,高一尺。为周道士望之外,径九步。庶望亚士望道外,径九步。坛广五尺,高五寸。　　为周道庶望之外,径九步。凡天宗上帝宫坛营,径三里,周九里。营三重。通八方。　　后土坛方五丈六尺。茅营去坛十步外,土营方二百步限之。其五零坛(土)〔去〕茅营,[7]如上帝五神去营步数,神道四通,广各十步。宫内道广各二丈,有阙。　　为周道后土宫外,径九步。营岱宗西门之外,河北门之外,海东门之外,径各六十步。坛方二丈,高二尺。　　为周道前望之外,径六步。列望亚前望道外,〔径〕三十六步。[8]坛广一丈五尺,高一尺五寸。　　为周道列望之外,径六步。卿望亚列望道外,径三十五步。[9]坛广〔一〕丈,[10]高一尺。　　为周道卿望之外,径六步。大夫望亚卿望道(之)外,径十九步。[11]坛广八尺,高八寸。　　为周道大夫望之外,径(九)〔六〕步。[12]士望亚大夫望道外,径十二步。坛广六尺,高六寸。　　为周道士望之外,径六步。凡地宗后土宫坛营,方二里,周八里。营再重,道四通。常以岁之孟春正月上辛若丁,亲郊祭天南郊,以地配,望秩山川,偏于群神。天地位皆南乡同席,地差在东,共牢而食。太祖高皇帝、高后配于坛上,西乡,后在北,亦同席,共牢而食。日冬至,使有司奉祭天神于南郊,高皇帝配而望群阳。夏至,使有司奉祭地祇于北郊,高皇后配而望群阴。天地用牲二,燔燎瘗埋用牲一,先祖先妣用牲一。天以牲左,地以牲右,皆用黍稷及乐。

二年正月,初制郊兆于雒阳城南七里,依鄗。采元始中故事。为圆坛八陛,中又为重坛,天地位其上,皆南乡,西上。其外坛上为五帝位。青帝位在甲寅之地,赤帝位在丙巳之地,黄帝位在丁未之地,白帝位在庚申之地,黑帝位在壬亥之地。其外为壝,重营皆紫,以像紫宫;有四通道以为门。日月在中营内南道,日在东,月在西,北斗在北道之西,皆别位,不在群神列中。八陛,陛五十八醊,合四百六十四醊。五帝陛郭,帝七十二醊,合三百六十醊。中营四门,门五十四神,合二百一十六神。外营四门,门百八神,合四百三十二神。皆背营内乡。中营四门,门封神四,外营四门,门封神四,合三十二神。凡千五百一十四神。营即墙也。封,封土筑也。背中营神,五星也,及中(宫)〔官〕宿五官神[13]及五岳之属也。背外营神,二十八宿外(宫)〔官〕星,[14]雷公、先农、风伯、雨师、四海、四渎、名山、大川之属也。

至七年五月,诏三公曰:“汉当郊尧。其与卿大夫、博士议。”时侍御史杜林上疏,以为“汉起不因缘尧,与殷周异宜,而旧制以高帝配。方军师在外,且可如元年郊祀故事”。上从之。语在林传。①

① 东观书载杜林上疏,悉于本传。曰:“臣闻营河、雒以为民,刻肌肤以为刑,封疆画界以建诸侯,井田什一以供国用,三代之所同。及至汉兴,因时宜,趍世务,省烦苛,取实事,不苟贪高亢之论。是以去土中之京师,就关内之远都。除肉刑之重律,用髡钳之轻法。郡县不置世禄之家,农人三十而税一。政卑易行,礼简易从。民无愚智,思仰汉德,乐承汉祀。基业特起,不因缘尧。尧远于汉,民不晓信,言提其耳,终不悦谕。后稷近于周,民户知之。世据以兴,基由其祚,本与汉异。郊祀高帝,诚从民望,得万国之欢心,天下福应,莫大于此。民奉种祀,且犹世主,不失先俗。群臣金荐鲧,考绩不成,九载乃殛。宗庙至重,众心难违,不可卒改。诗云‘不愆不忘,率由旧章’,明当尊用祖宗之故文章也。宜如旧制,以解天下之惑,合于易之所谓‘先天而天不违,[15]后天而奉天时’义。方军师在外,祭可且如元年郊祭故事。”

陇、蜀平后,乃增广郊祀,高帝配食,位在中坛上,西面北上。①天、地、高帝、黄帝各用犊一头,青帝、赤帝共用犊一头,白帝、黑帝共用犊一头,凡用犊六头。②日、月、北斗共用牛一头,四营群神共用牛四头,凡用牛五头。凡乐奏青阳、朱明、西皓、玄冥,及云翘、育命舞。中营四门,门用席十八枚,外营四门,门用席三十六枚,凡用席二百一十六枚,皆莞簟,率一席三神。日、月、北斗无陛郭酝。既送神,(燔)〔燎〕俎实于坛南巳地。③〔16〕

①汉旧仪曰:"祭天(祭)〔居〕紫坛幄帷。高皇帝(祭)〔配〕天,居堂下西向,绀帷帐,绀席。"〔17〕钧命决曰:"自外至者,无主不止;自内出者,无匹不行。"

②汉旧仪曰:"祭天,养牛五岁,至三千斤。"案:礼记曰"天地之牛角茧栗",而此云五岁,本志用犊是也。

③周礼:"凡以神仕者,掌三辰之法,以犹鬼神祇之居,辨其名物。"郑玄曰:"犹,图也。居谓坐也。天者群神之精,日月星辰其著位也。以此图天神人鬼地祇之坐者,谓布祭众寡,与其居句。孝经说郊祀之礼曰:'燔燎扫地,祭牲茧栗,或象天酒旗坐星,厨仓具黍稷布席,极敬心也。'言郊之布席,象五帝坐。礼祭宗庙,序昭穆,亦有似虚、危,则祭天圆丘象北极,祭地方泽象后妃,及社稷之席,皆有明法焉。"

建武三十年二月,群臣上言,即位三十年,宜封禅泰山。①诏书曰:"即位三十年,百姓怨气满腹,吾谁欺,欺天乎?曾谓泰山不如林放,何事污七十二代之编录!②桓公欲封,管仲非之。若郡县远遣吏上寿,盛称虚美,必髡,兼令屯田。"从此群臣不敢复言。三月,上幸鲁,③过泰山,告太守以上过故,承诏祭山及梁父。时虎贲中郎将梁松等议:"记曰'齐将有事泰山,先有事配林',盖诸侯之礼也。河岳视公侯，王者祭焉。宜无即事之渐，不祭配林。"④

① 服虔注汉书曰："封者，增天之高，归功于天。"张晏注云："天高不可
及，于泰山上立封，禅而祭之，冀近神灵也。"项威注曰："封泰山，告太
平，升中和之气于天。祭土为封，谓负土于泰山为坛而祭也。"礼记
曰："因名山升中于天。"卢植注曰："封泰山，告太平，升中和之气于天
也。"东观书载太尉赵憙上言曰："自古帝王，每世之隆，未尝不封禅。
陛下圣德洋溢，顺天行诛，拨乱中兴，作民父母，修复宗庙，救万姓命，
黎庶赖福，海内清平。功成治定，群司礼官咸以为宜登封告成，为民
报德。百王所同，当仁不让。宜登封岱宗，正三雍之礼，以明灵契，望
秩群神，以承天心也。"

② 庄子曰："易姓而王，封于泰山，禅于梁父者，七十有二代。其有形兆
垠堮勒石，凡千八百馀处。"许慎说文序曰："苍颉之初作书，盖依类象
形，故谓之文。其有形声相益，即谓之字。字者，言孳乳而滋多也。
著于竹帛谓之书，书者如也。以迄五帝、三王之世，改易殊体，封于泰
山者七十有二代，靡有同焉。"

③ 汉祀令曰："天子行有所之，出河，沈用白马珪璧各一，衣以缯缇五尺，
祠用脯二束，酒六升，盐一升。涉渭、灞、泾、雒它名水如此者，沈珪璧
各一。律，在所给祠具；及行，沈祠它川水，先驱投石，少府给珪璧。
不满百里者不沈。"

④ 卢植注曰："配林，小山林麓配泰山者也。谓诸侯不郊天，泰山巡省所
考五岳之宗，故有事将祀之，先即其渐。天子则否矣。"泰山庙在博
县。风俗通曰："博县十月祀岱宗，名曰合冻，十二月涸冻，正月解冻。
太守絜斋，亲自执事，作脯广一尺，长五寸。既祀讫，取泰山君夫人坐
前脯三十朐，太守拜章，县次驿马，传送雒阳。"

三十二年正月，上斋，夜读河图会昌符，曰"赤刘之九，会命岱
宗。不慎克用，何益于承。诚善用之，奸伪不萌"。感此文，乃诏松

等复案索河雒谶文言九世封禅事者。松等列奏,乃许焉。①

> ① 东观书曰:"群臣奏言:'登封告成,为民报德,百王所同。陛下辄拒绝
> 不许,臣下不敢颂功述德业。河雒谶书,赤汉九世,当巡封泰山,凡三
> 十六事,傅奏左帷。[18]陛下遂以仲月令辰,遵岱岳之正礼,奉图雒之明
> 文,以和灵瑞,以为兆民。'上曰:'至泰山乃复议。国家德薄,灾异仍
> 至,图谶盖如此!'"

初,孝武帝欲求神仙,以扶方者言黄帝由封禅而后仙,于是欲
封禅。封禅不常,时人莫知。元封元年,上以方士言作封禅器,以
示群儒,多言不合古,[19]于是罢诸儒不用。三月,上东上泰山,①
乃上石立之泰山颠。②遂东巡海上,求仙人,无所见而还。四月,封
泰山。③恐所施用非是,乃秘其事。语在汉书郊祀志。④

> ① 郭璞注山海经曰:"泰山从山下至头,四十八里二百步。"
> ② 风俗通曰:"石高二丈一尺,刻之曰'事天以礼,立身以义,事父以孝,
> 成民以仁。四海之内,莫不为郡县,四夷八蛮,咸来贡职。与天无极,
> 人民蕃息,天禄永得'。"
> ③ 风俗通曰:"封广丈二尺,高九尺,下有玉牒书也。"
> ④ 东观书曰:"上至泰山,有司复奏河、雒图记表章赤汉九世尤著明者,
> 前后凡三十六事。与博士充等议,以为'殷统未绝,黎庶继命,高宗久
> 劳,犹为中兴。武王因父,受命之列,据三代郊天,因孔子甚美其功,
> 后世谓之圣王。汉统中绝,王莽盗位,一民莫非其臣,尺土靡不其有,
> 宗庙不祀,十有八年。陛下无十室之资,奋振于匹夫,除残去贼,兴复
> 祖宗,集就天下,海内治平,夷狄慕义,功德盛于高宗、(宣)〔武〕王。[20]
> 宜封禅为百姓祈福。请亲定刻石纪号文,太常奏仪制'。诏曰:'许。
> 昔小白欲封,[21]夷吾难之;季氏欲旅,仲尼非焉。盖齐诸侯,季氏大
> 夫,皆无事于泰山。今予末小子,巡祭封禅,德薄而任重,一则以喜,
> 一则以惧。喜于得承鸿业,帝尧善及子孙之餘赏,盖应图篆,当得是

2551

当。惧于过差,执德不弘,信道不笃,为议者所诱进,后世知吾罪深矣。'"

上许梁松等奏,乃求元封时封禅故事,议封禅所施用。有司奏当用方石再累置坛中,皆方五尺,厚一尺,用玉牒书藏方石。[22]牒厚五寸,长尺三寸,广五寸,有玉检。又用石检十枚,列于石傍,东西各三,南北各二,皆长三尺,广一尺,厚七寸。检中刻三处,深四寸,方五寸,有盖。检用金缕五周,以水银和金以为泥。玉玺一方寸二分,一枚方五寸。方石四角又有距石,皆再累。枚长一丈,厚一尺,广二尺,皆在圆坛上。其下用距石十八枚,皆高三尺,厚一尺,广二尺,如小碑,环坛立之,去坛三步。距石下皆有石跗,入地四尺。又用石碑,高九尺,广三尺五寸,厚尺二寸,立坛丙地,去坛三丈以上,以刻书。上以用石功难,又欲及二月封,故诏松欲因故封石空检,更加封而已。①松上疏争之,以为"登封之礼,告功皇天,垂后无穷,以为万民也。承天之敬,尤宜章明。奉图书之瑞,尤宜显著。今因旧封,窜寄玉牒故石下,恐非重命之义。受命中兴,宜当特异,以明天意"。遂使泰山郡及鲁趣石工,宜取完青石,无必五色。时以印工不能刻玉牒,欲用丹漆书之;会求得能刻玉者,遂书。书秘刻方石中,命容玉牒。

　　①欲及二月者,虞书"岁二月,东巡狩,至于岱宗,柴"。范宵曰:"巡狩者,巡行诸侯所守。二月直卯,故以东巡狩也。祭山曰燔柴,积柴加牲于其上而燔之也。"

二月,上至奉高,①遣侍御史与兰台令史,将工先上山刻石。文曰:"维建武三十有二年二月,皇帝东巡狩,至于岱宗,柴,②望秩于山川,③班于群神,④遂觐东后。从臣太尉熹、行司徒事特进高密侯禹等。汉宾二王之后在位。孔子之后襃成侯，序在东后，蕃王十二，咸来助祭。河图赤伏符曰：'刘秀发兵捕不道，四夷云集龙斗野，四七之际火为主。'河图会昌符曰：'赤帝九世，巡省得中，治平则封，诚合帝道孔矩，则天文灵出，地祇瑞兴。帝刘之九，会命岱宗，诚善用之，奸伪不萌。赤汉德兴，九世会昌，巡岱皆当。天地扶九，崇经之常。汉大兴之，道在九世之王。封于泰山，刻石著纪，禅于梁父，退省考五。'河图合古篇曰：'帝刘之秀，九名之世，帝行德，封刻政。'河图提刘予[23]曰：'九世之帝，方明圣，持衡拒，九州平，天下予。'[24]雒书甄曜度曰：'赤三德，昌九世，会修符，合帝际，勉刻封。'孝经钩命决曰：'予谁行，赤刘用帝，三建孝，九会修，专兹竭行封岱青。'河雒命后，经谶所传。昔在帝尧，聪明密微，让与舜庶，后裔握机。王莽以舅后之家，三司鼎足冢宰之权势，依托周公、霍光辅幼归政之义，遂以篡叛，僭号自立。宗庙堕坏，社稷丧亡，不得血食，十有八年。杨、徐、青三州首乱，兵革横行，延及荆州，豪杰并兼，百里屯聚，往往僭号。北夷作寇，千里无烟，无鸡鸣狗吠之声。皇天眷顾皇帝，以匹庶受命中兴，年二十八载兴兵，（起是）以（中）次诛讨，[25]十有馀年，罪人（则）斯得。[26]黎庶得居尔田，安尔宅。书同文，车同轨，人同伦。舟舆所通，人迹所至，靡不贡职。建明堂，立辟雍，起灵台，设庠序。同律、度、量、衡。⑤修五礼，⑥五玉，⑦三帛，⑧二牲，⑨一死，⑩贽。⑪吏各修职，复于旧典。在位三十有二年，年六十二。乾乾日昊，不敢荒宁，涉危历险，亲巡黎元，恭肃神祇，惠恤耆老，理庶遵占，聪允明恕。皇帝唯慎河图、雒书正文，是月辛卯，柴，登封泰山。甲午，禅于梁阴。以承灵瑞，以为兆民，永兹一宇，垂于后昆。百寮从臣，郡守师尹，咸蒙祉福，永永无极。秦相李斯燔诗书，乐崩礼坏。建武元年已前，文书散亡，旧典不具，不能明经文，以章句细微相况八十一卷，明者为验，又其十卷，皆不昭晰。子贡欲去告朔之饩羊，子曰：'赐也，尔爱其羊，我爱其礼。'后有圣人，正失误，刻石记。"⑫

①应劭汉官马第伯封禅仪记曰："车驾正月二十八日发雒阳宫，二月九日到鲁，遣守谒者郭坚伯将徒五百人治泰山道。十日，鲁遣宗室诸刘及孔氏、瑕丘丁氏上寿受赐，皆诣孔氏宅，赐酒肉。十一日发，十二日宿奉高。是日遣虎贲郎将先上山，三案行。还，益治道徒千人。十五日，始斋。国家居太守府舍，诸王居府中，诸侯在县庭中斋。诸卿、校尉、将军、大夫、黄门郎、百官及宋公、卫公、褒成侯、东方诸侯、雒中小侯斋城外汶水上。太尉、太常斋山虞。马第伯自云，某等七十人先之山虞，观祭山坛及故明堂宫郎官等郊肆处。入其幕府，观治石。石二枚，状博平，圆九尺，此坛上石也。其一石，武帝时石也。时用五车不能上也，因置山下为屋，号五车石。四维距石长丈二〔尺〕，〔27〕广二尺，厚尺半所，四枚。检石长三尺，广六寸，状如封箧。长检十枚。一纪号石，高丈二尺，广三尺，厚尺二寸，名曰立石。一枚，刻文字，纪功德。是朝上山骑行，往往道峻峭，(不)〔下〕骑，步牵马，〔28〕乍步乍骑，且相半，至中观留马。去平地二十里，南向极望无不睹。仰望天关，如从谷底仰观抗峰。其为高也，如视浮云。其峻也，石壁窅窱，如无道径。遥望其人，端如行朽兀，或为白石或雪，久之白者移过树，乃知是人也。殊不可上，四布僵卧石上，有顷复苏。亦赖赍酒脯，处处有泉水，目辄为之明。复勉强相将行，到天关，自以已至也，问道中人，言尚十馀里。其道旁山胁，大者广八九尺，狭者五六尺。仰视岩石松树，郁郁苍苍，若在云中。俯视溪谷，碌碌不可见丈尺。遂至天门之下。仰视天门，窔辽如从穴中视天。直上七里，赖其羊肠逶迤，名曰环道，往往有絙索，可得而登也。两从者扶挟，前人相率，后人见前人

履底,前人见后人顶,如画重累人矣,所谓磨胸舁石,扪天之难也。初上此道,行十馀步一休,稍疲,咽唇燋,五六步一休。牒牒据顿,地不避湿暗,前有燥地,目视而两脚不随。早食上,(脯)〔晡〕后到天门。[29]郭使者得铜物。铜物形状如锺,又方柄有孔,莫能识也,疑封禅具也。得之者汝南召陵人,姓阳名通。[30]东上一里馀,得木甲。木甲者,武帝时神也。东北百馀步,得封所,始皇立石及阙在南方,汉武在其北。二十馀步得北垂圆台,高九尺,方圆三丈所,有两陛。人不得从,上从东陛上。台上有坛,方一丈二尺所,上有方石,四维有距石,四面有阙。向坛再拜谒,人多置钱物坛上,亦不扫除。国家上见之,则诏书所谓酢梨酸枣狼藉,散钱处数百,币帛具,道是武帝封禅至泰山下,未及上,百官为先上跪拜,置梨枣钱于道以求福,即此也。东山名曰日观,日观者,鸡一鸣时,见日始欲出,长三丈所,秦观者望见长安,吴观者望见会稽,周观者望见(齐西)〔嵩山〕。[31]北有石室。坛以南有玉盘,中有玉龟。山南胁神泉,饮之极清美利人。日入下去,行数环。日暮时颇雨,不见其前,一人居其道,先知蹈有人,乃举足随之。比至天门下,夜人定矣。”

②风俗通曰:“岱者,胎也。[32]宗者,长也。万物之始,阴阳之交,〔云〕触石〔而出〕,[33]肤寸而合,不崇朝而徧雨天下,惟泰山乎! 故为五岳之长耳。”

③孔安国书注曰:“九州名山、大川、五岳、四渎之属,皆一时望祭之。”安国又曰:“喻以尊卑祭之也。五岳视三公,四渎视诸侯,其馀小者或卿、大夫、伯、子、男。”[34]

④孔安国曰:“群神谓丘陵坟衍,古之圣贤皆祭之矣。”

⑤孔安国书注曰:“同(阴)〔音〕律也。”[35]度,丈尺;量,斗斛;衡,斤两也。

⑥孔安国曰:“公、侯、伯、子、男朝聘之礼。”范宵曰:“吉、凶、宾、军、嘉也。”

⑦范甯曰:"五等诸侯之瑞,珪璧也。"

⑧孔安国曰:"诸侯世子执缥,公之孤执玄,附庸之君执黄。"范甯曰:"玄、缥、黄,三孤所执。"

⑨范甯曰:"羔、雁也。卿执羔,大夫执雁。"

⑩雉也,士所执。

⑪范甯曰:"总谓上所执之以为贽者也。"

⑫封禅仪曰:"车驾十九日之山虞,国家居亭,百官(布)〔列〕野。[36]此日山上云气成宫阙,百官并见之。二十一日夕牲时,白气广一丈,东南极望致浓厚。时天清和无云。瑞命篇'岱岳之瑞,以日为应'也。"

二十二日辛卯晨,燎祭天于泰山下南方,群神皆从,用乐如南郊。①诸王、王者后二公、孔子后褒成君,皆助祭位事也。②事毕,将升封。或曰:"泰山虽已从食于柴祭,今亲升告功,宜有礼祭。"于是使谒者以一特牲于常祠泰山处,告祠泰山,如亲耕、躬刘、先祠、先农、先虞故事。至食时,御辇升山,③日中后到山上更衣,④早晡时即位于坛,北面。群臣以次陈后,西上,毕位升坛。⑤尚书令奉玉牒检,皇帝以寸二分玺亲封之,讫,太常命人发坛上石,⑥尚书令藏玉牒已,复石覆讫,尚书令以五寸印封石检。⑦事毕,皇帝再拜,群臣称万岁。⑧命人立所刻石碑,乃复道下。⑨

①封禅仪曰:"晨祭也。日高三丈所,燔燎(燔燎)烟正北(也)〔向〕。"[37]

②封禅仪曰:"百官各以次上。[38]郡储辇三百,为贵臣、诸公、王、侯、卿、大夫、百官皆步上,少用辇。"辇者,干宝周礼注曰"对举曰辇"。

③封禅仪曰:"国家御首辇,人挽升山,至中观休,须臾复上。"

④封禅仪曰:"须臾,群臣毕就位。"

⑤封禅仪曰:"国家台上北面,虎贲陛戟台下。"

⑥封禅仪曰:"骖骑三千余人发坛上方石。"

⑦封禅仪曰:"以金为绳,以石(三)〔为〕检。[39]东方西方各三检。检中石泥及坛土,色赤白黑,各依如其方色。"

⑧封禅仪曰:"称万岁,音动山谷。有气属天,遥望不见山巅,山巅人在气中,不知也。"

⑨封禅仪曰:"封毕有顷,诏百官以次下,国家随后。数百人维持行,相逢推,百官连延二十馀里。道迫小,深溪高岸数百丈。步从匍匐邪上,起近炬火,止亦骆驿。步从触击大石,石声正讙,但谨石无相应和者。肠不能已,口不能默。夜半后到,百官明旦乃讫。其中老者气劣不行,正卧岩石下。[40]明日,太医令复遵问起居。[41]国家云:'昨上下山,欲行迫前人,欲休则后人所蹈,道峻危险,恐不能度。国家不劳,百官已下露卧水饮,无一人蹉跌,无一人疾病,岂非天邪!'泰山率多暴雨,如今上直下柴祭封登,清晏温和。明日上寿,赐百官省事。事毕发,暮宿奉高三十里。明日发,至梁甫九十里夕牲。"

二十五日甲午,禅,祭地于梁阴,以高后配,山川群神从,如元始中北郊故事。①

①服虔曰:"禅,广土地。"[42]项威曰:"除地为埠。后改埠曰禅,神之矣。"封禅仪曰:"功效如彼,天应如此,群臣上寿,国家不听。"

四月己卯,大赦天下,以建武三十二年为建武中元元年,复博、奉高、嬴勿出元年租、刍稿。以吉日刻玉牒书函藏金匮,玺印封之。乙酉,使太尉行事,以特告至高庙。①太尉奉匮以告高庙,藏于庙室西壁石室高主室之下。②

①尚书虞典曰:"归格于艺祖,用特。"

②袁宏曰:"夫天地者,万物之官府;山川者,云雨之丘墟。万物生遂,则官府之功大;云雨施润,则丘墟之德厚。故化洽天下,则功配于天地;泽流一国,则德合于山川。是以王者经略,必以天地为本;诸侯述职,

必以山川为主。体而象之,取其陶育;礼而告之,归其宗本。书曰:'东巡狩,至于岱宗,柴。'传曰:'郊祀后稷,以祈农事。'夫巡狩观化之常事,祈农抚民之定业,犹絜诚殷荐,以告昊天,况创制改物,人神易听者乎!夫揖让受终,必有至德于天下;征伐革命,则有大功于万物。是故王者初基,则有封禅之事,盖以其成功告于神明者也。夫东方者,万物之所始;山岳者,灵气之所宅。故求之物本,必于其始;取其所通,必于所宅。崇其坛场,则谓之封;明其代兴,则谓之禅。然则封禅者,王者开务之大礼也。德不周洽,不得辄议斯事;功不弘济,不得仿佛斯礼。旷代一有,其道至高。故自黄帝、尧、舜至三代,各一得封禅,未有中修其礼者也。虽继(职)〔体〕之君,[43] 时有功德,此盖率复旧业,增修其前政,不得仰齐造国,同符改物者也。夫神道贞一,其用不烦;天地易简,其礼尚质。故藉用白茅,贵其诚素;器用陶匏,取其易从。然封禅之礼,简易可也。若夫(白)〔石〕函玉牒,[44] 非天地之性也。"

【校勘记】

〔1〕蔡邕引中兴以来所修者为祭祀〔意此〕志即邕之意也　卢云案本传,邕撰十意,必补二字,语方明。今据补。

〔2〕(正月)〔在易〕泰卦　据汲本、殿本改。

〔3〕广(坐)〔三〕十五步　据殿本改。

〔4〕辟神道(以)〔八〕通　据卢校改。按:卢据史记封禅书索隐引改。

〔5〕营(六甘泉)北辰于南门之外　据卢校删。

〔6〕列望(遂)〔道〕乃近前望道外　据卢校改。

〔7〕其五零坛(土)〔去〕茅营　据汲本改。按:卢云"零"疑"帝"之讹。校补谓零与灵同,即神灵坛也。

〔8〕列望亚前望道外〔径〕三十六步　按:依文义当脱一"径"字,

2558

今补。

〔9〕卿望亚列望道外径三十五步　按:汲本、殿本"三十五步"作"二十五步"。

〔10〕坛广〔一〕丈　据汲本、殿本补。

〔11〕大夫望亚卿望道(之)外径十九步　据校补说删。

〔12〕为周道大夫望之外径(九)〔六〕步　据卢校改。

〔13〕及中(宫)〔官〕宿五官神　据集解引钱大昕说改,说详下。

〔14〕二十八宿外(宫)〔官〕星　集解引钱大昕说,谓"外宫"当作"外官"。汉书天文志"经星常宿中外官凡百一十八名"。今据改。

〔15〕先天而天不违　按:汲本、殿本"不"作"弗"。

〔16〕(燔)〔燎〕俎实于坛南巳地　据卢校改。按:通典作"燎"。

〔17〕祭天(祭)〔居〕紫坛幄帷高皇帝(祭)〔配〕天居堂下西向绀帷帐绀席　据卢校改。按:校补引柳从辰说,谓孙辑本汉旧仪"祭天"作"配天",御览五百二十六、书钞九十、初学记十三、类聚三十八同。又按:"幄帷"之"帷"通典作"帐","帷帐"之"帐"通典作"幄"。

〔18〕傅奏左帷　卢云"帷"字疑当作"惟"。今按:如卢说改"帷"为"惟",则"惟"字当属下读。

〔19〕多言不合古　按:汲本、殿本"古"上有"于"字。

〔20〕功德盛于高宗(宣)〔武〕王　据殿本、集解本改。

〔21〕许昔小白欲封　按:聚珍本东观记"许"作"在"。或谓许即可,谓可其奏也,当时之体如此。

〔22〕用玉牒书藏方石　按:集解引黄山说,谓后文梁松疏言"窜奇玉牒故石下",是此文当作"用玉牒书藏方石下",夺"下"字。

〔23〕河图提刘予　汲本、殿本"予"作"子"。

〔24〕天下予　汲本"予"作"子",殿本考证谓"予"本或作"子"。按:张

　　森楷校勘记谓上有"持衡拒",拒予为韵,作"子"不叶,非也。

〔25〕年二十八载兴兵(起是)以(中)次诛讨　据卢校删。

〔26〕罪人(则)斯得　据卢校删。

〔27〕四维距石长丈二〔尺〕　据卢校补。按:通典有"尺"字。

〔28〕(不)〔下〕骑步牵马　据卢校改。按:通典、通考并作"下"。

〔29〕(脯)〔晡〕后到天门　据殿本改。又"天"原讹"大",径改正。

〔30〕姓阳名通　按:汲本、殿本"阳"作"杨"。

〔31〕望见(齐西)〔嵩山〕　据卢校改。

〔32〕岱者胎也　按:卢云诸书引多作"始也",下云"万物之始",则"始"
　　　字是。

〔33〕〔云〕触石〔而出〕　据卢校补。

〔34〕其馀小者或卿大夫伯子男　汲本无"或"字。按:伪孔传无"或卿
　　　大夫"四字。

〔35〕同(阴)〔音〕律也　据汲本、殿本改。按:注引伪孔传多删节。今伪
　　　孔传作"律法制及尺丈斛斗斤两皆均同"。

〔36〕百官(布)〔列〕野　据惠栋补注改。

〔37〕燔燎(燔燎)烟正北(也)〔向〕　校补引柳从辰说,谓孙辑本汉官仪引
　　　此"燔燎"二字不重,书钞九十一引此亦不重,"也"作"向"。黄山
　　　谓"正北也"当作"正北向",祀天本北面。今据删补。

〔38〕百官各以次上　按:校补引柳从辰说,谓书钞引此下有"国家时御
　　　辇,人挽升车也"二句,详文义,与下"郡储御辇三百"正相接。

〔39〕以石(三)〔为〕检　校补谓案通考注"三"作"为",是。今据改。

〔40〕其中老者气劣不行正卧岩石下　按:汲本、殿本作"其中老者气劣
　　　不能行,卧岩石下"。

〔41〕明日太医令复遵问起居　按:汲本"明日"下有"早"字。

〔42〕禅广土地　按：卢校改"地"为"也"。

〔43〕虽继(职)〔体〕之君　据卢校改。据：集解引王补说，谓"职"袁纪作"体"。

〔44〕若夫(白)〔石〕函玉牒　据卢校改。按：通典作"石函玉牒"。汲本、殿本作"金函玉牒"，误。此作"白函玉牒"者，白与石形近而讹也。

后汉书志第八

祭 祀 中

北郊　明堂　辟雍　灵台　迎气

增祀　六宗　老子

是年初营北郊,明堂、①辟雍、②灵台未用事。③迁吕太后于园。上薄太后尊号曰高皇后,当配地郊高庙。语在光武纪。④

①周礼考工记曰:"周人明堂,度九尺之筵,东西九筵,南北七筵,堂崇一筵,五室,凡室二筵。"郑玄曰:"明堂者,明政教之堂。周度以筵,亦王者相改。周堂高九尺,殷三尺,则夏一尺矣。相参之数也。"孝经援神契曰:"明堂上圜下方,八窗四达,布政之宫,在国之阳。"晏子春秋曰:"明堂之制,下之温湿不能及也,上之寒暑不能入也。木工不镂,示民知节也。"吕氏春秋曰:"周明堂茅茨蒿柱,土阶三等,以见俭节也。"前志武帝欲治明堂奉高旁,未明其制度。济南人公玉带上黄帝时明堂图,图中有一殿,四面无壁,以茅盖,通水,水圜宫垣,为复道;上有楼,从西南入,名曰昆仑,以拜礼上帝。于是作明堂汶上,如带图。"新论

2563

曰:"天称明,故命曰明堂。上圆法天,下方法地,八窗法八风,四达法四时,九室法九州,十二坐法十二月,三十六户法三十六雨,七十二牖法七十二风。"东京赋曰:"复庙重屋,八达九房。"薛综注曰:"八达谓室有八窗也。堂后有九室,所以异于周制也。"王隆汉官篇曰:"是古者清庙茅屋。"胡广曰:"古之清庙,以茅盖屋,所以示俭也。今之明堂,茅盖之,乃加瓦其上,不忘古也。"

② 白虎通曰:"辟雍,所以行礼乐,宣德化也。辟者,象璧圆,以法天也。雍者,雍之以水,象教化流行也。辟之为言积也,积天下之道德;雍之为言壅也,壅天下之仪则:故谓辟雍也。王制曰:'天子辟雍,诸侯泮宫。'外圆者,欲使观者平均也。又欲言外圆内方,明德当圆,行当方也。"

③ 礼含文嘉曰:"礼,天子灵台,所以观天人之际,阴阳之会也。揆星度之验,征六气之端,应神明之变化,觐日气之所验,为万物获福于无方之原,招太极之清泉,以与稼穑之根。仓廪实,知礼节;衣食足,知荣辱。天子得灵台之〔礼〕,[1]则五车三柱,明制可行,不失其常。水泉川流,无滞寒暴暑之灾,陆泽山陵,禾尽丰穰。"故东京赋曰:"左制辟雍,右立灵台。"薛综注曰:"于(之)〔上〕班教曰明堂,[2]大合乐射飨者曰辟雍,司历记候节气者曰灵台。"蔡邕明堂论曰:"明堂者,天子太庙,所以崇礼其祖,以配上帝者也。夏后氏曰世室,殷人曰重屋,周人曰明堂。东曰青阳,南曰明堂,西曰总章,北曰玄堂,中曰太室。易曰离也者,明也,南方之卦也。圣人南面而听天下,向明而治。人君之位,莫正于此焉,故虽有五名而主以明堂也。其正中(焉)皆曰太庙。[3]谨承天随时之令,昭令德宗祀之礼,明前功百辟之劳,起尊老敬长之义,显教幼诲稚之学。朝诸侯选造士于其中,以〔明〕制度。[4]生者乘其能而至,死者论其功而祭。故为大教之宫,而四学具焉,官司备焉。譬如北辰,居其所而众星拱之,万象翼之。〔政〕教之所由生(专),[5](受作)〔变化〕之所(自)〔由〕来,[6]明一统也。故言明堂,事之大,义之深

也。取其宗祀之清貌,则曰清庙。取其正室之貌,则曰太庙。取其尊崇(矣),则曰太室。[7]取其(堂)〔向明〕,则曰明堂。[8]取其四门之学,则曰太学。取其四面周水圜如璧,则曰辟雍。异名而同事,其实一也。春秋因鲁取宋之奸赂,则显之太庙,以明圣王建清庙明堂之义。经曰:'取郜大鼎于宋,纳于太庙。'传曰:'非礼也。君人者,将昭德塞违,故昭令德以示子孙。是以清庙茅屋,昭其俭也。夫德,俭而有度,升降有数,文物以纪之,声明以发之,以临照百官,百官于是戒惧,而不敢易纪律。'所以(大)明〔大〕教也。[9]以周清庙论(日)〔之〕,[10]鲁太庙皆明堂也。鲁禘祀周公于太庙明堂,犹周宗祀文王于清庙明堂也。礼记檀弓曰'王斋禘于清庙明堂'也。孝经曰:'宗祀文王于明堂。'礼记明堂位曰:'太庙,天子曰明堂。'又曰:'成王幼弱,周公践天子位以治天下,朝诸侯于明堂,制礼作乐,颁度量,而天下大服。成王以周公为有勋劳于天下,命鲁公世(日)〔世〕禘祀周公于太庙,[11]以天子礼乐,升歌清庙,下管象舞,所以异鲁于天下〔也〕。'[12]取周清庙之歌歌于鲁太庙,明(堂)鲁之〔太〕庙犹周清庙也,[13]皆所以昭文王、周公之德,以示子孙者也。易传太初篇曰:'天子旦入东学,[14]昼入南学,暮入西学。在中央曰太学,天子之所自学也。'礼记保傅篇曰:'帝入东学,上亲而贵仁;入西学,上贤而贵德;入南学,上齿而贵信;入北学,上贵而尊爵;入太学,承师而问道。'与易同说。魏文侯孝经传曰:'太学者,中学明堂之位也。'礼记古大明堂之礼曰:'膳夫是相礼,日中出南闱,见九侯门子。[15]日侧出西闱,视五国之事。日闇出北闱,视帝节犹。[16]'尔雅曰:'宫中之门谓之闱。'王居明堂之礼,又别阴阳门,〔东〕南(门)称门,西(门)〔北〕称闱,[17]故周官有门闱之学。师氏教以三德守王门,保氏教以六艺守王闱。然则师氏居东门、南门,保氏居西门、北门也。知掌教国子,与易传、保傅王居明堂之礼参相发明,为四学焉。文王世子篇曰:'凡大合乐,则遂养老。天子至,乃命有司行事,兴秩节,祭先师、先圣焉。始之养也,适东序,释奠于先老,遂设三老、〔五更之席〕位焉。〔言教学始之于养老,由东方岁始也。又〕春夏学干戈,[18]秋冬学羽籥,皆于东序。凡祭与养老、乞言、合语之礼,皆小乐正诏之于东序。'又曰:'大司成论说在东序。'然则诏学皆在东序。东序,东之堂也,学者诏焉,故称太学。仲夏之月,令祀百辟卿士之有德于民者。礼记太学志曰:'礼,士大夫学于圣人、善人,祭于明堂,其无位者祭于太学。'礼记昭穆篇[19]曰:'祀先贤于西学,所以教诸侯之德也。'即所以显行国礼之处也。太学,明堂之东序也,皆在明堂辟雍之内。月令记曰:'明堂者,所以明天气,统万物。'明堂上通于天,象日辰,故下十二宫象日辰也。水环四周,言王者动作法天地,德广及四海,方此水也。〔礼记盛德篇曰:'明堂九室,以茅盖屋,上圆下方,此水〕名曰辟雍。'[20]王制曰:'天子出征,执有罪,反舍奠于学,以讯馘告。'乐记曰:'武王伐殷,(为)〔荐〕俘馘于京太室。'[21]诗鲁颂云:'矫矫虎臣,在泮献馘。'京,镐京也。太室,辟雍之中明堂太室也。与诸侯泮宫俱献馘焉,即王制所谓'以讯馘告'者也。礼记曰:'祀乎明堂,所以教诸侯之孝也。'孝经曰:'孝悌之至,通于神明,光于四海,无所不通。诗云:"自西自东,自南自北,无思不服。"'言行孝者则曰明堂,行悌者则曰太学,故孝经合以为一义,而称镐京之诗以明之。凡此皆明堂、太室、辟雍、太学事通〔文〕合之义也。[22]其制度数各有所法。堂方百四十四尺,坤之策也。屋圆屋径二百一十六尺,乾之策也。太庙明堂方三十六丈,通天屋径九丈,阴阳九六之变(且)〔也〕。[23]圆盖方载,(六)九〔六〕之道也。[24]八闼以象八卦,九室以象九州,十二宫以应辰。三十六户七十二牖,以四户(九)〔八〕牖乘九室之数也。[25]户皆外设而不闭,示天下不藏也。通天屋高八十一尺,黄锺九九之实也。二十八柱列于四方,亦七宿之象也。堂高三丈,(亦)〔以〕应三统。[26]四乡五色者,象其行。外广二十四丈,应一岁二十四气。四周以水,象四海。王者之大礼也。"

④袁宏纪曰:"夫越人而臧否者,非憎于彼也。亲戚而加誉者,非优于此

也。处情之地殊，故公私之心异也。圣人知其如此，故明彼此之理，开公私之涂，则隐讳之义著，而亲尊之道长矣。古之人以为先君之体，犹今君之体，推近以知远，则先后义钧也。而况彰其大恶，以为贬黜者乎！”

北郊在雒阳城北四里，为方坛四陛。① 三十三年正月辛未，郊。别祀地祇，位南面西上，高皇后配，西面北上，皆在坛上，地理群神从食，皆在坛下，如元始中故事。中岳在未，四岳各在其方孟辰之地，中营内。海在东；四渎河西，济北，淮东，江南；他山川各如其方，皆在外营内。四陛醊及中外营门封神如南郊。地祇、高后用犊各一头，五岳共牛一头，海、四渎共牛一头，群神共二头。奏乐亦如南郊。既送神，瘗俎实于坛北。

①张〔珰〕〔璠〕记云[27]："城北六里。"袁山松书曰："行夏之时，殷祭之日，牺牲尚黑耳。"

明帝即位，永平二年正月辛未，初祀五帝于明堂，光武帝配。①五帝坐位堂上，各处其方。黄帝在未，皆如南郊之位。光武帝位在青帝之南少退，西面。牲各一犊，奏乐如南郊。卒事，遂升灵台，以望云物。②

①孝经云"宗祀文王于明堂以配上帝"，故郑玄曰"上帝者，天之别名。神无二主，故异其处，避后稷也"。

②杜预注传曰："云物，气色灾变也。素察妖祥，逆为之备。"

2567

迎时气，五郊之兆。自永平中，以礼谶及月令有五郊迎气服色，因采元始中故事，兆五郊于雒阳四方。中兆在未，坛皆三尺，阶无等。

立春之日,迎春于东郊,祭<u>青帝句芒</u>。①车旗服饰皆青。歌<u>青阳</u>,八佾舞云翘之舞。及因赐文官太傅、司徒以下缣各有差。

①月令章句曰:"东郊去邑八里,因木数也。"

立夏之日,迎夏于南郊,祭<u>赤帝祝融</u>。①车旗服饰皆赤。歌<u>朱明</u>,八佾舞云翘之舞。

①月令章句曰:"南郊七里,[28]因火数也。"

先立秋十八日,迎黄灵于中兆,祭<u>黄帝后土</u>。①车旗服饰皆黄。歌<u>朱明</u>,[29]八佾舞<u>云翘</u>、<u>育命</u>之舞。②

①月令章句曰:"去邑五里,因土数也。"

②<u>魏氏缪袭</u>议曰:"汉有云翘、育命之舞,不知所出。旧以祀天,今可兼以云翘祀圆丘,兼以育命祀方泽。"

立秋之日,迎秋于西郊,祭<u>白帝蓐收</u>。①车旗服饰皆白。歌<u>西皓</u>,[30]八佾舞<u>育命</u>之舞。使谒者以一特牲先祭先虞于坛,有事,天子入囿射牲,以祭宗庙,名曰貙刘。语在<u>礼仪志</u>。

①月令章句曰:"西郊九里,因金数也。"

立冬之日,迎冬于北郊,祭<u>黑帝玄冥</u>。①车旗服饰皆黑。歌<u>玄冥</u>,八佾舞<u>育命</u>之舞。②

①月令章句曰:"北郊六里,因水数也。"

②献帝起居注曰:"建安八年,公卿迎气北郊,始复用八佾。"皇览曰:"迎礼春、夏、秋、冬之乐,又顺天道,是故距冬至日四十六日,则天子迎春于东堂,距邦八里,堂高八尺,堂阶(三)〔八〕等。[31]青税八乘,旗旄尚青,田车载矛,号曰助天生。唱之以角,舞之以羽翮,此迎春之乐也。自春分数四十六日,则天子迎夏于南堂,距邦七里,堂高七尺,堂阶(二)〔七〕等。[32]赤税七乘,[33]旗旄尚赤,田车载戟,号曰助天养。唱

之以徵，舞之以鼓鞗，此迎夏之乐也。自夏至数四十六日，则天子迎秋于西堂，距邦九里，堂高九尺，堂阶九等。白税九乘，旗旄尚白，田车载兵，号曰助天收。唱之以商，舞之以干戚，此迎秋之乐也。自秋分数四十六日，则天子迎冬于北堂，距邦六里，堂高六尺，堂阶六等。黑税六乘，旗旄尚黑，田车载甲铁鍪，号曰助天诛。唱之以羽，舞之以干戈，此迎冬之乐也。"

章帝即位，元和二年正月，[34]诏曰："山川百神，应祀者未尽。其议增修群祀宜享祀者。"①

①东观书，诏曰："经称'秩元祀，咸秩无文'。祭法'功施于民则祀之，以死勤事则祀之，以劳定国则祀之，能御大灾则祀之。〔以〕日月星辰，民所瞻仰也；[35]山林川谷丘陵，民所取财用也。非此族也，不在祀典'。传曰：'圣王先成民而致力于神。'又曰：'山川之神，则水旱疠疫之灾，于是乎禜之。日月星辰之神，则雪霜风雨之不时，于是乎禜之。'[36]孝文十二年令曰：'比年五穀不登，欲有以增诸神之祀。'王制曰：'山川神祇有不举者，为不敬。'今恐山川百神应典祀者尚未尽秩，其议增修群祀宜享祀者，以祈丰年，以致嘉福，以蕃兆民。诗不云乎：'怀柔百神，及河乔岳。'有年报功，不私幸望，岂嫌同辞，其义一焉。"

二月，上东巡狩，将至泰山，道使使者奉一太牢祠帝尧于济阴成阳灵台。上至泰山，修光武山南坛兆。辛未，柴祭天地群神如故事。壬申，宗祀五帝于孝武所作汶上明堂，光武帝配，如雒阳明堂（祀）〔礼〕。[37]癸酉，更告祀高祖、太宗、世宗、中宗、世祖、显宗于明堂，各一太牢。卒事，遂觐东后，飨赐王侯群臣。因行郡国，幸鲁，祠东海恭王，及孔子、七十二弟子。①四月，还京都。庚申，告至，祠高庙、世祖，各一特牛。又为灵台十二门作诗，各以其月祀而奏之。

和帝无所增改。

①汉晋春秋曰："阙里者,仲尼之故宅也。在鲁城中。帝升庙西面;群臣中庭
北面,皆再拜。帝进爵而后坐。"东观书曰："祠礼毕,命儒者论难。"

安帝即位,元初六年,以尚书欧阳家说,谓六宗者,在天地四方
之中,为上下四方之宗。以元始中故事,谓六宗易六子之气日、月、
雷公、风伯、山、泽者为非是。三月庚辰,初更立六宗,祀于雒阳西
北戌亥之地,礼比太社也。①

①月令:"孟冬祈于天宗。"卢植注曰:"天宗,六宗之神。"李氏家书曰:
"司空李郃侍祠南郊,不见六宗祠,奏曰:'案尚书"肆类于上帝,禋于
六宗"。六宗者,上不及天,下不及地,傍不及四方,在六合之中,助阴
阳,化成万物。汉初甘泉、汾阴天地亦禋六宗。孝成之时,匡衡奏立
南北郊祀,复祠六宗。及王莽谓六宗,易六子也。建武都雒阳,制祀
不道祭六宗,由是废不血食。今宜复旧制度。'制曰:'下公卿议。'五
官将行弘等三十一人议可祭,大鸿胪庞雄等二十四人议不(可)当
祭。[38]上从郃议,由是遂祭六宗。"六宗之义,自伏生及乎后代,各有
不同,今并抄集以证其论云。虞书曰:"肆类于上帝,禋于六宗,望于
山川。"伏生、马融曰:"万物非天不覆,非地不载,非春不生,非夏不
长,非秋不收,非冬不藏。禋于六宗,此之谓也。"欧阳和伯、夏侯建曰:
"六宗上不谓天,下不谓地,傍不谓四方,在六者之间,助阴阳变化者
也。"孔安国曰:"精意以享谓之禋。宗,尊也。所尊祭其祀有六:埋少
牢于太昭,祭时也;相近于坎坛,祭寒暑也;王宫,祭日也;夜明,祭月
也;幽禜,祭星也;雩禜,祭水旱也。禋于六宗,此之谓也。"孔丛曰:宰
我问六宗于夫子,夫子答如安国之说。臣昭以此解若果是夫子所说,
则后儒无复纷然。文秉案刘歆曰:"六宗谓水、火、雷、风、山、泽也。"
贾逵曰:"六宗谓日宗、月宗、星宗、岱宗、海宗、河宗也。"郑玄曰:"六

宗,星、辰、司中、司命、风伯、雨师也。星,五纬也。辰谓日月所会十二次也。司中、司命,文昌第五、第四星也。风师,箕也。雨师,毕也。"晋武帝初,司马绍统表驳之曰:"臣以为帝在于类,则禋者非天。山川属望,则海岱非宗。宗犹包山,则望何秩焉?伏与歆、遂失其义也。六合之间,非制典所及;六宗之数,非一位之名。阴阳之说,又非义也。并五纬以为一,分文昌以为二,箕、毕既属于辰,风师、雨师复特为位,玄之失也。安国案祭法为宗,而除其天地于上,遗其四方于下,取其中以为六宗。四时寒暑日月众星并水旱,所宗者八,非但六也。传曰:'山川之神,则水旱疠疫之灾,于是乎祭之。日月星辰之神,则雪霜风雨之不时,于是乎祭之。'又曰:'龙见而雩。'如此,祭者,祀日月星辰山川之名;雩者,周人四月祭天求雨之称也。雪霜之灾,非夫祭之所禳;雩祭之礼,非正月之所祈。周人之后说有虞之典,故于学者未尽喻也。且类于上帝,即礼天也。望于山川,祭所及也。案周礼云,昊天上帝,日月星辰,司中司命,风师雨师,社稷五祀五岳,山林川泽,四方百物。又曰:'兆五帝于四郊,四类四望亦如之。'无六宗之兆。祭法之祭天,祭地,祭时,祭寒暑日月星,祭水旱,祭四方,及山林川谷丘陵能出云为风雨、见怪物,皆是。有天下者祭百神,非此族也,不在祀典,复无六宗之文。明六宗所禋,即祭法之所及,周礼之所祀,即虞书之所宗,不宜特复立六宗之祀也。春官大宗伯之职,掌玉作六器,以礼天地四方。以苍璧礼天,以黄琮礼地,以青圭礼东方,以赤璋礼南方,以白琥礼西方,以玄璜礼北方。天宗,日月星辰寒暑之属也;地宗,社稷五祀之属也;四方之宗者,四时五帝之属也。如此,则群神咸秩而无废,百礼偏修而不渎,于理为通。"幽州秀才张髦又上疏曰:"禋于六宗,(礼)〔祀〕祖考所尊者六也。[39]何以考之?周礼及礼记王制,天子将出,类于上帝,宜于社,造于祢。巡狩四方,觐诸侯,归格于祖祢,用特。尧典亦曰:'肆类于上帝,禋于六宗,望于山川,偏于群神,班瑞于群后,肆觐东后。叶时月正日,同律度量衡。'巡狩一岁以周,[40]尔乃'归格于艺祖,用特'。臣以尚书与礼王制,同事一义,符契相合。禋于六宗,正谓祀祖考宗庙也。文祖之庙六宗,即三昭三穆也。若如十家之说,既各异义,上下违背,且没乎祖之礼。考之礼,考之祀典,尊卑失序。若但类于上帝,不禋祖祢而行,去时不(吉)〔告〕,[41]归何以格?以此推之,较然可知也。礼记曰:'夫政必本于天,殽以降命。命降于社之谓殽地,降于祖庙之谓仁义,降于山川之谓兴作,降于五祀之谓制度。'又曰:'祭帝于郊,所以定天位也;祀社于国,所以列地利也;祭祖于庙,所以本仁也;山川所以傧鬼神也;五祀所以本事也。'又曰:'礼行于郊,而百神受职焉;礼行于社,而百货可极焉;礼行于祖庙,而孝慈服焉;礼行于五祀,而正法则焉。故自郊、社、祖庙、五祀,义之修而礼之藏也。'凡此皆孔子所以祖述尧舜,纪三代之教,著在祀典。首尾相证,皆先天地,次祖宗,而后山川群神耳。故礼祭法曰:'七代之所更变者,禘郊宗祖。'明舜受终文祖之庙,察璇玑,考七政,审已天命之定,遂上郊庙,当义合尧典,则周公其人也。郊祀后稷以配天,宗祀文王于明堂以配上帝,是以四海之内各以其职来祭者也。居其位,摄其事,郊天地,供群神之礼,巡狩天下而遗其祖宗,恐非有虞之志也。五岳视三公,四渎视诸侯,皆以案先儒之说,而以水旱风雨先五岳四渎,后祖考而次上帝,错于肆类而乱祀典,臣以十一家皆非也。"太学博士吴商,以为"禋之言烟也。三祭皆积柴而实牲体焉,以升烟而报阳,非祭宗庙之名也。郑所以不从诸儒之说者,将欲据周礼禋祀皆天神也。日、月、星、辰、司中、司命、风师、雨师凡八,而日、月并从郊,故其馀为六宗也。以书'禋于六宗',与周礼事相符,故据以为说也。且文昌虽有大体,而星名异,其日不同,故随事祭之。而言文昌七星,不得偏祭其第四第五,此为周礼。复不知文昌之体,而又妄引以为司中、司命。箕、毕二星,既不系于辰,且同是随事而祭之例,又无嫌于所系者"。范宁注虞书曰:"考观众议,各有说难。郑氏证据最详,是以附之。案六宗众议,未知孰是。"虞喜别论云:"地有五色,太社象之。总五为一则成六,六为地数。推校经句,[42]阙无地祭,则祭地。"臣昭曰:六宗纷纭,众释互起,[43]竟无全通,亦难偏折。[44]历辨硕儒,终未挺正。康成见宗,是多附焉。盍各尔志,宣尼所许,显其一说,亦何伤乎!窃以为祭祀之敬,莫大天地,虞典首载,弥久弥盛,此宜学者各尽所求。臣昭谓虞喜以祭地,近得其实。而分彼五色,合五为六,又不通禋,更成疑昧。寻虞书所称"肆类于上帝",是祭天。天不言天而曰上帝,帝是天神之极,举帝则天神斯尽,日月星辰从可知也。'禋于六宗",是实祭地。地不言地而曰六宗,[六]是地数之中,[45]举中是以该数,[46]社稷等祀从可知也。天称神上,地表数中,仰观俯察,所以为异。宗者,崇尊之称,斯亦尽敬之谓也。禋也者,埋祭之言也,实瘗埋之异称,非周烟之祭也。[47]夫置字涉神,必以今之示,今之示即古之神,所以社稷诸字,莫不以神为体。虞书不同,祀名斯隔。周礼改烟,音形两异。虞书改土,正元祭义。此焉非疑,以为可了,岂六置宗更为傍祭乎?风俗通曰:"周礼以为槱燎,祀司(命)〔中〕、司命,[48]文昌上六星也。槱者,积薪燔柴也。今民犹祠司命耳,刻木长尺二寸为人像,行者署箧中,[49]居者别作小居。齐地大尊重之,汝南诸郡亦多有者,皆祀以猪,率以春秋之月。"

延光三年,上东巡狩,至泰山,柴祭,及祠汶上明堂,如元和(三)〔二〕年故事。[50]顺帝即位,修奉常祀。

桓帝即位十八年,好神僊事。延熹八年,初使中常侍之陈国苦县祠老子。九年,亲祠老子于濯龙。文罽为坛,饰淳金釦器,设华盖之坐,用郊天乐也。

【校勘记】

〔1〕天子得灵台之〔礼〕 据汉学堂辑本礼含文嘉补。

〔2〕于(之)〔上〕班教曰明堂 据殿本改。按:文选注作"谓于其上班教令曰灵台"。

〔3〕其正中(焉)皆曰太庙 据卢校删。

〔4〕以〔明〕制度 据卢校补。

〔5〕〔政〕教之所由生(专) 据殿本补删。

〔6〕(受作)〔变化〕之所(自)〔由〕来 据卢校改。

〔7〕取其尊崇(矣)则曰太室 据殿本删,与卢校合。

〔8〕取其(堂)〔向明〕则曰明堂 据殿本改,与卢校合。

〔9〕所以(大)明〔大〕教也 据卢校乙。

〔10〕以周清庙论(曰)〔之〕 据殿本改。

〔11〕命鲁公世(曰)〔世〕禘祀周公于太庙 据汲本、殿本改。

〔12〕所以异鲁于天下〔也〕 据殿本补。按:礼明堂位"异"作"广"。

〔13〕明(堂)鲁之〔太〕庙犹周清庙也 据殿本改。按:殿本考证谓"明"下衍"堂"字,"之"下脱"太"字,俱依宋本改。

〔14〕天子旦入东学 按:汲本、殿本"天"作"太"。

〔15〕见九侯门子 按:殿本作"见九侯反问于相"。

〔16〕视帝节犹 按:今本蔡邕集无"节"字,"犹"作"猷"。文选王融曲水诗序注引蔡邕月令论作"视帝猷"。

〔17〕〔东〕南(门)称门西(门)〔北〕称闱 据卢校改。

〔18〕遂设三老〔五更之席〕位焉〔言教学始之于养老由东方岁始也又〕春夏学干戈 据殿本补。

〔19〕礼记昭穆篇 按:卢校改"昭"为"政"。

〔20〕〔礼记盛德篇曰明堂九室以茅盖屋上圆下方此水〕名曰辟雍 据

殿本补。

〔21〕(为)〔荐〕俘馘于京太室　据殿本改。

〔22〕事通〔文〕合之义也　据殿本补。

〔23〕阴阳九六之变(且)〔也〕　据殿本改。

〔24〕(六)九〔六〕之道也　据卢校乙。按:殿本考证谓"六九"何焯校本
改"九六"。

〔25〕以四户(九)〔八〕牖乘九室之数也　据卢校改。

〔26〕(亦)〔以〕应三统　据卢校改。

〔27〕张(玙)〔璠〕记云　据殿本改。

〔28〕南郊七里　汲本、殿本"南郊"作"去邑"。按:下"祭黄帝后土"注
云"去邑五里",汲本、殿本"去邑"作"南郊"。

〔29〕车旗服饰皆黄歌朱明　卢校从礼仪志改"朱明"为"帝临"。按:黄
山谓武帝乐歌本别有帝临一篇,祀中央黄帝。王莽始作五郊迎气
之祭,中兆迎气祭黄帝,不歌帝临而歌朱明,盖别有用意,明帝不
察,妄仍之耳。说详集解。

〔30〕歌西皓　集解引钱大昕说,谓明帝纪注引此文云歌白藏,以上下文
青阳、朱明、玄冥例之,则作"白藏"为是。按:黄山谓青阳、朱明、西
颢、玄冥本武帝所造郊祀乐歌,全载前书礼乐志。王莽援尔雅"秋
为白藏"之文,改称西颢为白藏,后汉仍之,此特依班志用其原名
耳。说详集解。

2575

〔31〕堂阶(三)〔八〕等　据卢校改。按:集解引惠栋说,谓尚书大传作
"八等"。

〔32〕堂阶(二)〔七〕等　据卢校改。按:集解引惠栋说,谓尚书大传作
"七等"。

〔33〕赤税七乘　按:"七"原讹"十",径据汲本、殿本改正。

〔34〕元和二年正月　按:集解引钱大昕说,谓章帝纪作"二月"。

〔35〕〔以〕日月星辰民所瞻仰也　据汲本、殿本补。

〔36〕于是乎禜之　按:"禜"原讹"荣",径改正,下同。

〔37〕如雒阳明堂(祀)〔礼〕　据卢校改。按:通典、通志并作"礼"。

〔38〕议不(可)当祭　据卢校删。

〔39〕禋于六宗(礼)〔祀〕祖考所尊者六也　据殿本改。按:张森楷校勘记谓下文亦云"祀祖考",则"礼"字非也,当改。又按:"禋"原讹"礼",径改正。

〔40〕巡狩一岁以周　按:"一"原讹"万",径改正。

〔41〕去时不(吉)〔告〕　据汲本、殿本改。

〔42〕推校经句　按:汲本、殿本"校"作"案"。

〔43〕众释互起　按:"互"原讹"玄",径改正。

〔44〕亦难偏折　按:殿本"偏"作"徧"。

〔45〕〔六〕是地数之中　据卢校补。

〔46〕举中是以该数　按:殿本"是"作"足"。

〔47〕非周烟之祭也　汲本"烟"作"禋"。

〔48〕司(命)〔中〕司命　据汲本、殿本改。

〔49〕行者署篋中　按:殿本"署"作"置"。

〔50〕如元和(三)〔二〕年故事　"三"当作"二",各本皆未正,今从卢校改。

后汉书志第九

祭 祀 下

宗庙　社稷　灵星　先农　迎春

光武帝建武二年正月,立高庙于雒阳。①四时祫祀,高帝为太祖,文帝为太宗,武帝为世宗,如旧。馀帝四时春以正月,夏以四月,秋以七月,冬以十月及腊,一岁五祀。三年正月,立亲庙雒阳,祀父南顿君以上至舂陵节侯。时寇贼未夷,方务征伐,祀仪未设。至十九年,盗贼讨除,戎事差息,于是五官中郎将张纯与太仆朱浮奏议:"礼,为人子事大宗,降其私亲。礼之设施,不授之与自得之异意。当除今亲庙四。孝宣皇帝以孙后祖,为父立庙于奉明,曰皇考庙,独群臣侍祠。愿下有司议先帝四庙当代亲庙者及皇考庙事。"下公卿、博士、议郎。[1]大司徒涉等议:"宜奉所代,立平帝、哀帝、成帝、元帝庙,代今亲庙。兄弟以下,使有司祠。宜为南顿君立皇考庙,祭上至舂陵节侯,群臣奉祠。"时议有异,不著。上可涉等

2577

议,诏曰:"以宗庙处所未定,且袷祭高庙。其成、哀、平且祠祭长安故高庙。其南阳舂陵岁时各且因故园庙祭祀。②园庙去太守治所远者,在所令长行太守事侍祠。③惟孝宣帝有功德,其上尊号曰中宗。"于是雒阳高庙四时加祭孝宣、孝元,凡五帝。其西庙成、哀、平三帝主,四时祭于故高庙。东庙京兆尹侍祠,冠衣车服如太常祠陵庙之礼。南顿君以上至节侯,皆就园庙。南顿君称皇考庙,钜鹿都尉称皇祖考庙,郁林太守称皇曾祖考庙,节侯称皇高祖考庙,在所郡县侍祠。

①汉旧仪曰:"故孝武庙。"古今注曰:"于雒阳校官立之。"

②古今注曰:"建武十八年七月,使中郎将耿遵治皇祖庙旧庐稻田。"

③如淳曰:"宗庙在章陵,南阳太守称使者往祭。不使侯王祭者,诸侯不得祖天子,凡临祭宗庙,皆为侍祠。"

二十六年,有诏问张纯,禘袷之礼不施行几年。纯奏:"礼,三年一袷,五年一禘。毁庙之主,陈于太祖;未毁庙之主,皆升合食太祖;五年再殷祭。旧制,三年一袷,毁庙主合食高庙,存庙主未尝合。元始五年,始行禘礼。父为昭,南向;子为穆,北向。父子不并坐,而孙从王父。①禘之为言谛。谛谊昭穆,尊卑之义。以夏四月阳气在上,阴气在下,故正尊卑之义。袷以冬十月,五穀成熟,故骨肉合饮食。祖宗庙未定,且合祭。今宜以时定。"语在纯传。上难复立庙,遂以合祭高庙为常。后以三年冬袷五年夏禘之时,但就陈祭毁庙主而已,谓之殷。太祖东面,惠、文、武、元帝为昭,景、宣帝为穆。惠、景、昭三帝非殷祭时不祭。②光武皇帝崩,明帝即位,以光武帝拨乱中兴,更为起庙,尊号曰世祖庙。③以元帝于光武为穆,故虽非宗,不毁也。后遂为常。

①决疑要注曰:"凡昭穆,父南面,故曰昭。昭,明也。子北面,故曰穆。

穆,顺也。始祖特于北,其后以次夹始祖而南,昭在西,穆在东,相对。"

②汉旧仪曰:"宗庙三年大祫祭,子孙诸帝以昭穆坐于<u>高庙</u>,诸隳庙神皆合食,设左右坐。<u>高祖</u>南面,幄绣帐,望堂上西北隅。帐中坐长一丈,广六尺,绣绸厚一尺,著之以絮四百斤。曲几,黄金钿器。<u>高后</u>右坐,亦幄帐,却六寸。白银钿器。每牢中分之,左辨上帝,右辨上后。俎馀委肉积于前数千斤,名曰(惟)〔堆〕俎。^[2]子为昭,孙为穆。昭西面,曲屏风,穆东面,皆曲几,如<u>高祖</u>。馔陈其右,各配其左,^[3]坐如祖妣之法。太常导皇帝入北门。群臣陪者,皆举手班辟抑首伏。大鸿胪、大行令、九傧传曰:'起。'复位。(而)皇帝上堂盥,^[4]侍中以巾奉斛酒从。帝进拜谒。赞飨曰:'嗣曾孙皇帝敬再拜。'前上酒。却行,至昭穆之坐次上酒。子为昭,孙为穆,各父子相对也。毕,却西面坐,坐如乘舆坐。赞飨奉<u>高祖</u>赐寿,皇帝起再拜,即席以太牢之左辨赐皇帝,如祠。其夜半入行礼,平明上九卮,毕,群臣皆拜,因赐胙。皇帝出,即更衣(中)〔巾〕,^[5]诏罢,当从者奉承。"丁孚汉仪有<u>桓帝</u>祠<u>恭怀皇后</u>祝文曰:"孝曾孙皇帝<u>志</u>,使有司臣太常<u>抚</u>,夙兴夜处,小心畏忌,不堕其身,一不宁。敢用絜牲一元大武,柔毛刚鬣,商祭明视,芗萁嘉荐,普淖咸醝,丰本明粢,醪用荐酎,事于<u>恭怀皇后</u>。尚飨。"嘏辞赐皇帝福:"<u>恭怀皇后</u>命工祝承致多福无疆于尔孝曾孙皇帝,使尔受禄于天,宜稼于田,眉寿万年。介尔景福,俾守尔民,勿替引之。"太常再拜,太牢左辨以致皇帝。

③蔡邕表志曰:"<u>孝明</u>立<u>世祖庙</u>,以明再受命祖有功之义,后嗣遵俭,不复改立,皆藏主其中。圣明所制,一王之法也。自执事之吏,下至学士,莫能知其所以两庙之意,诚宜具录本事。建武乙未、元和丙寅诏书,卜宗庙仪及斋令,宜入郊祀志,永为典式。"东观书曰:"<u>永平三年</u>八月丁卯,公卿奏议<u>世祖庙</u>登歌八佾舞(功)名。^[6]<u>东平王苍</u>议,以为'<u>汉</u>制旧典,宗庙各奏其乐,不皆相袭,以明功德。<u>秦</u>为无道,残贼百

姓,高皇帝受命诛暴,元元各得其所,万国咸熙,作武德之舞。孝文皇帝躬行节俭,除诽谤,去肉刑,泽施四海,孝景皇帝制昭德之舞。孝武皇帝功德茂盛,威震海外,开地置郡,传之无穷,孝宣皇帝制盛德之舞。光武皇帝受命中兴,拨乱反正,武畅方外,震服百蛮,戎狄奉贡,宇内治平,登封告成,修建三雍,肃穆典祀,功德巍巍,比隆前代。以兵平乱,武功盛大。歌所以咏德,舞所以象功,世祖庙乐名宜曰大武之舞。元命包曰:"缘天地之所杂乐为之文典。"[7]文王之时,[8]民乐其兴师征伐,而诗人称其武功。(柜)〔琁〕机钤曰:[9]"有帝汉出,德洽作乐。"各与虞韶、禹夏、汤护、周武无异,不宜以名舞。叶图徵曰:"大乐必易。"诗传曰:"颂言成也,一章成篇,宜列德,故登歌清庙一章也。"汉书曰:"百官颂所登御者,一章十四句。"依书文始、五行、武德、昭真修之舞,[10]节损益前后之宜,六十四节为舞,曲副八佾之数。十月烝祭始御,用其文始、五行之舞如故。(勿)进武德舞歌诗曰:[11]'於穆世庙,肃雍显清,俊乂翼翼,秉文之成。越序上帝,骏奔来宁,建立三雍,封禅泰山,章明图谶,放唐之文。休矣惟德,罔射协同,本支百世,永保厥功。'诏书曰:'骠骑将军议可。'进武德之舞如故。"[12]

明帝临终遗诏,遵俭无起寝庙,藏主于世祖庙更衣。孝章即位,不敢违,以更衣有小别,上尊号曰显宗庙,间祠于更衣,四时合祭于世祖庙。语在章纪。①章帝临崩,遗诏无起寝庙,庙如先帝故事。和帝即位不敢违,上尊号曰肃宗。后帝承尊,皆藏主于世祖庙,积多无别,是后显宗但为陵寝之号。永元中,和帝追尊其母梁贵人曰恭怀皇后,陵〔曰西陵〕。[13]以窦后配食章帝,恭怀后别就陵寝祭之。和帝崩,上尊号曰穆宗。殇帝生三百馀日而崩,邓太后摄政,以尚婴(孙)〔孩〕,[14]故不列于庙,就陵寝祭之而已。安帝以清河孝王子即位,建光元年,追尊其祖母宋贵人曰敬隐后,陵曰敬北陵。亦就陵寝祭，太常领如西陵。追尊父清河孝王曰孝德皇，母曰孝德后，清河嗣王奉祭而已。安帝以谗害大臣，废太子，及崩，无上宗之奏。后以自建武以来无毁者，故遂常祭，因以其陵号称恭宗。顺帝即位，追尊其母曰恭愍后，陵曰恭北陵。就陵寝祭，如敬北陵。顺帝崩，上尊号曰敬宗。②冲质帝皆小崩，梁太后摄政，以殇帝故事，就陵寝祭。凡祠庙讫，三公分祭之。桓帝以河间孝王孙蠡吾侯即位，亦追尊祖考，王国奉祀。语在章和八王传。帝崩，上尊号曰威宗，无嗣。灵帝以河间孝王曾孙解犊侯即位，亦追尊祖考。语在章和八王传。灵帝时，京都四时所祭高庙五主，世祖庙七主，少帝三陵，追尊后三陵，凡牲用十八太牢，皆有副倅。故高庙三主亲毁之后，亦但殷祭之岁奉祠。③灵帝崩，献帝即位。初平中，相国董卓、左中郎将蔡邕等以和帝以下，功德无殊，而有过差，不应为宗，及馀非宗者追尊三后，皆奏毁之。④四时所祭，高庙一祖二宗，及近帝四，凡七帝。

①东观书曰："章帝初即位，赐东平宪王苍书曰：'朕夙夜伏思，念先帝躬履九德，对于八政劳谦克己终始之度，比放三宗诚有其美。今迫遗诏，诚不起寝庙，臣子悲结，朕以为虽于更衣，犹宜有所宗之号，以克配功德。宗庙至重，朕幼无知，窃寐忧惧。先帝每有著述典义之事，未尝不延问王，以定厥中。愿王悉明处，乃敢安之。公卿议驳，今皆并送。及有可以持危扶颠，宜勿隐。思有所承，公无困哉。'太尉憙等奏：'礼，祖有功，宗有德。孝明皇帝功德茂盛，宜上尊号曰显宗，四时祫食于世祖庙，如孝文皇帝在高庙之礼，奏武德、文始、五行之舞。'苍上言：'昔者孝文庙乐曰昭德之舞，孝武庙乐曰盛德之舞，今皆祫食于高庙，昭德、盛德之舞不进，与高庙同乐。今孝明皇帝主在世祖庙，当同乐，盛德之乐无所施；如自立庙当作舞乐者，不当与世（祖）〔宗〕庙

盛德之舞同名,〔15〕即不改作舞乐,当进武德之舞。臣愚戆鄙陋,庙堂之论,诚非所当闻所宜言。陛下体纯德之妙,奋至谦之意,猥归美于载列之臣,故不敢隐蔽愚情,披露腹心。诚知愚鄙之言,不可以仰四门宾于之议。伏惟陛下以至德当成康之隆,天下乂安刑措之时也。百姓盛歌元首之德,〔16〕股肱贞良,庶事宁康。臣钦仰圣化,嘉美盛德,危颠之备,非所宜称。'上复报曰:'有司奏上尊号曰显宗,藏主更衣,不敢违诏。祫食世祖,庙乐皆如王议。以正月十八日始祠。仰见榱桷,俯视几筵,眇眇小子,哀惧战栗,无所奉承。爱而劳之,所望于王也。'"谢沈书曰:"上以公卿所奏明德皇后在世祖庙坐位驳议示苍,上言:'文、武、宣、元祖祫食高庙,皆以配,先帝所制,典法设张。大雅曰:"昭哉来御,慎其祖武。"〔17〕又曰:"不愆不忘,帅由旧章。"明德皇后宜配孝明皇帝于世祖庙,同席而供馔。'"

②东观书曰:"有司奏言:'孝顺皇帝弘秉圣哲,龙兴统业,稽乾则古,钦奉鸿烈。宽裕晏晏,宣恩以极,躬自菲薄,以崇玄默。遗诏贻约,顾念万国。衣无制新,玩好不饰。茔陵损狭,不起寝庙,遵履前制,敬敕慎终,有始有卒。孝经曰:"爱敬尽于事亲,而德教加于百姓。"诗云:"敬慎威仪,惟民之则。"臣请上尊号曰敬宗庙。天子世世献奉,藏主祫祭,进武德之舞,如祖宗故事。'露布奏可。"

③决疑要注曰:"毁庙主藏庙外户之外,西牖之中。有石函,名曰宗祏。函中有笥,以盛主。亲尽则庙毁,毁庙之主藏于始祖之庙。一世为祧,祧犹四时祭之。二世为坛,三世为墠,四世为鬼,祫乃祭之,有祷亦祭之。祫于始祖之庙,祷则迎主出,陈于坛墠而祭之,事讫还藏故室。迎送皆跸,礼也。"

④袁山松书载邕议曰:"汉承亡秦灭学之后,宗庙之制,不用周礼。每帝即(位)世,辄立一庙,〔18〕不止于七,不列昭穆,不定迭毁。〔孝〕元皇帝时,〔19〕丞相匡衡、御史大夫贡禹始建大议,请依典礼。〔20〕孝文、孝武、孝宣皆以功德茂盛,为宗不毁。孝宣尊崇孝武,(历)〔庙〕称世宗。〔21〕

后汉书志第九

2582

中正大臣夏侯胜等犹执异议,不应为宗。至孝成皇帝,议犹不定。太仆王舜、中垒校尉刘歆据不可毁,〔22〕上从其议。古人据正重顺,〔23〕不敢私其君〔父〕,若此其至也。〔24〕后遭王莽之乱,光武皇帝受命中兴,庙称世祖。孝明皇帝圣德聪明,政参文、宣,庙称显宗。孝章皇帝至孝烝烝,仁恩博大,庙称肃宗。(皆)〔比〕方前世,〔25〕得礼之宜。自此以下,政事多衅,权移臣下,嗣帝殷勤,各欲褒崇至亲而已。臣下懦弱,莫能执夏侯之直。〔26〕今圣朝尊古复礼,〔27〕以求厥中,诚合(礼议)〔事宜〕。〔28〕元帝世在第八,光武世在第九,故以元帝为考庙,尊而奉之。孝明遵述,〔29〕亦不敢毁。孝和以下,穆宗、〔恭宗、敬宗〕、威宗之号皆〔宜〕省去。〔30〕五年而再殷,合食于太祖,〔31〕以遵先典。"议遂施行。

古不墓祭,汉诸陵皆有园寝,承秦所为也。说者以为古宗庙前制庙,后制寝,以象人之居前有朝,后有寝也。月令有"先荐寝庙",诗称"寝庙弈弈",言相通也。庙以藏主,以四时祭。寝有衣冠几杖象生之具,以荐新物。秦始出寝,起于墓侧,汉因而弗改,故陵上称寝殿,起居衣服象生人之具,古寝之意也。建武以来,关西诸陵以转久远,但四时特牲祠;帝每幸长安谒诸陵,乃太牢祠。自雒阳诸陵至灵帝,皆以晦望二十四气伏腊及四时祠。庙日上饭,〔32〕太官送用物,园令、食监典省,其亲陵所宫人随鼓漏理被枕,具盥水,陈严具。①〔33〕

2583

①蔡邕表志曰:"宗庙迭毁议奏,国家〔大〕体,〔34〕班固录汉书,乃置韦贤传末。〔35〕臣以问胡广,〔36〕广以为实宜在郊祀志,去中鬼神仙道之语,取贤传宗庙事置其中,既合孝明旨,又使祀事以类相从。"臣昭曰:国史明乎得失者也。至如孝武皇帝淫祀妄祭,举天下而从焉,疲耗苍生,费散国畜,后王深戒,来世宜惩,志之所取,于焉斯允。不先宗庙,

诚如广论;悉去仙道,未或易周也。

建武二年,立太社稷于雒阳,[37]在宗庙之右,①方坛,②无屋,有墙门而已。③二月八月及腊,一岁三祠,皆太牢具,使有司祠。④孝经援神契曰:"社者,土地之主也。稷者,五穀之长也。"⑤礼记及国语皆谓共工氏之子曰句龙,为后土官,能平九土,故祀以为社。烈山氏之子曰柱,能植百穀疏,自夏以上祀以为稷,至殷以柱久远,而尧时弃为后稷,亦植百穀,故废柱,祀弃为稷。⑥大司农郑玄说,古者官有大功,则配食其神。故句龙配食于社,弃配食于稷。⑦郡县置社稷,太守、令、长侍祠,牲用羊豕。唯州所治有社无稷,以其使官。古者师行平有载社主,不载稷也。⑧国家亦有五祀之祭,有司掌之,其礼简于社稷云。⑨

①马融周礼注曰:"社稷在右,宗庙在左。或曰,王者五社,太社在中门之外,惟松;东社八里,惟柏;西社九里,惟栗;南社七里,惟梓;北社六里,惟槐。"礼郊特牲曰:"社,祭土而主阴气也。"王肃注曰:"五行之主也,能吐生百穀者也。"马昭曰:[38]"列为五官,直一行之名耳,自不专主阴气。阴气地可以为之主,曰五行之主也;若社则为五行之主,何复言社稷五祀乎? 土自列于五祀,社亦自复有祀,不得同也。"昭又曰:"土地同也,焉得有二。书曰'禹敷土'。又曰'句龙能平九土'。九土,九州之土。地官是五行土官之名耳。"

②白虎通曰:"春秋文义,[39]天子社广五丈,诸侯半之。其色东方青,南方赤,西方白,北方黑,上冒以黄土。故将封东方诸侯,取青土,苴以白茅,各取其面以为封社,明土谨敬絜净也。祭社有乐乎? 礼记曰:'乐之施于金石,越于声音,用于宗庙社稷。'"独断曰:"天子太社,封诸侯者取其土,苞以白茅授之,以立社其国,故谓之受茅土。汉兴,唯皇子封为王者得茅土,其他功臣以户数租入为节,不受茅土,不立

社也。”

③礼记曰:“天子太社,必受霜露风雨,以达天地之气也。”卢植曰:“谓无屋。”

④礼记曰:“地载万物,天垂象。取财于地,取法于天,是以尊天而亲地,故教民美报焉。家主中霤而国主社,示本也。”卢植曰:“诸主祭以土地为本也。中霤,其神后土,即句龙也。既祀于社,又祀中霤。”古今注曰:“建武二十一年二月乙酉,徙立社稷上东门内。”汉旧仪“使者监祠,南向立,不拜”也。

⑤月令章句曰:“稷秋夏乃熟,(熟)〔40〕历四时,备阴阳,谷之贵者。”

⑥案前志,立官社以夏(为)〔禹〕配,〔41〕王莽奏立官稷,后稷配也。

⑦白虎通曰:“王者所以有社稷何? 为天下求福报功。人非土不立,非谷不食。土地广博,不可偏敬;五谷众多,不可一一而祭。故封土立社,示有土也。稷,五谷之长,故立稷而祭之也。稷者,得阴阳中和之气,而用又多,故稷为长也。岁再祭之何? 春求秋报也。祭社稷以三牲,重功也。天子社稷皆太牢,诸侯社稷皆少牢。王者诸侯所以俱两社何? 俱有土之君也。故礼三正记曰:‘王者二社,为天下立社曰太社,自为立社曰王社。诸侯为百姓立社曰国社,自为立社曰侯社。太社为天下报功,王社为京师报功也。’”孔晁云:“周祀一社一稷,汉及魏初亦一社一稷,至景初中,既立帝社二社,二社到于今是祀,而后诸儒论之,其文众矣。”

⑧自汉诸儒论句龙即是社主,或云是配,其议甚众。后荀或问仲长统以社所祭者何神也? 统答所祭者土神也。侍中邓义以为不然而难之,或令统答焉。统答(或且以)义曰:〔42〕“前见逮及,敢不敬对。退熟惟省,郊社之祭,国之大事,诚非学浅思薄者所宜兴论重复,亦以邓君难,事有先渐,议则既行,可谓辞而不可得,因而不可已者也。屯有经纶之义,睽有同异之辞,归乎建国立家,通志断类也。意则欲广其微以宗实,备其论以求真,先难而后易,出异而归同乎? 难曰:社祭土,

主阴气,正所谓句龙土行之官,为社则主阴明矣,不与记说有违错也?答曰:今记之言社,辄与郊连,体有本末,辞有上下,谓之不错不可得。礼运曰:'政必本于天,殽以降命,命降于社之谓殽地,参于天地,并于鬼神。'又曰:'祭帝于郊,所以定天位也;祀社于国,所以列地利也。'郊特牲曰:'社所以神,地之道也。地载万物,天垂象。取财于地,取法于天,是以尊天而亲地。家主中霤,国主社,示本也。'相此之类,尚不道配食者也。主以为句龙,无乃失欤?难曰:信(而)〔如〕此,[43]所以土尊,故以为首,在于上宗伯之体,所当列上下之叙。上句当言天神、地祇、人鬼,何反先人而后地?上文如此,至下何以独不可,而云社非句龙,当为地哉?答曰:此形成著体,数自上来之次言之耳,岂足(怀)〔据〕使从人鬼之例邪?[44]三科之祭,各指其体。今独擿出社稷,以为但句龙有烈山氏之子,恐非其本意也。案记言社土,而云何得之为句龙,则传虽言祀句龙为社,亦何嫌,反独不可谓之配食乎?祭法曰:'周人禘喾,郊稷,祖文王,宗武王。'皆以为配食者,若复可须,谓之不祭天乎?备读传者则真土,独据记者则疑句龙,未若交错参伍,致其义以相成之为善也。难曰:再特于郊牛者,后稷配故也。'社于新邑,牛一羊一豕一'。所以用二牲者,立社位祀句龙,缘人事之也。如此,非祀地明矣。以宫室新成,故立社耳。又曰'军行载社'者,当行赏罚,明不自专,故告祖而行赏,造社而行戮。二主明皆人鬼,人鬼故以告之。必若所云,当言载地主于斋车,又当言用命赏于天,不用命戮于地,非其谓也。所以有死社稷之义者,凡赐命受国,造建宫室,无不立社。是奉言所受立,不可弃捐苟免而去,当死之也。易句龙为其社,传有见文;今欲易神之相,令记附食,宜明其征。祀国大事,不可不重。据经依传,庶无咎悔。答曰:郊特牲者,天至尊,无物以称专诚,而社稷太牢者,土于天为卑,缘人事以牢祭也。社礼今亡,并特之义未可得明也。昭告之文,皆于天地,(可)〔何〕独人鬼?[45]此言则未敢取者也。郊社之次,天地之序也。今使句龙载冒其名,耦文于天,以度言之,不可谓安矣。土者,人所依以(国)〔固〕而最近者也。[46]故立以为守祀,居则事之时,军则告之以行戮,自顺义也。何为当平于社,不言用命赏于天乎?帝王两仪之参,宇中之莫尊者也。而盛一官之臣,以为土之贵神,置之宗庙之上,接之郊禘之次,[47]俾守之者有死无失,何圣人制法之参差,用礼之偏颇?其列在先王人臣之位,其于四官,爵伴班同,比之司徒,于数居二。纵复令王者不同,礼仪相变,或有尊之,则不过当。若五卿之与冢宰,此坐之上下,行之先后耳。不得同祖与社,言俱坐处尊位也。周礼为礼之经,而礼记为礼之传,案经传求索见文,在于此矣。钧之两者未知孰是。去本神而不祭,与贬句龙为土配,比其轻重,何谓为甚?经有条例,记有明义,先儒未能正,不可称是。(钧)〔钧〕校典籍,[48]论本考始,矫前易故,不从常说,不可谓非。孟轲曰:'予岂好辩哉,乃不得已也。'郑司农之正,此之谓也。"

⑨五祀:门、户、井、灶、中霤也。韦昭曰:"古者穴居,故名室中为中霤也。"

汉兴八年,有言周兴而邑立后稷之祀,于是高帝令天下立灵星祠。①言祠后稷而谓之灵星者,以后稷又配食星也。旧说,星谓天田星也。一曰,龙左角为天田官,主穀。②祀用壬辰位祠之。壬为水,辰为龙,就其类也。牲用太牢,县邑令长侍祠。③舞者用童男十六人。④舞者象教田,初为芟除,次耕种、芸耨、驱爵及获刈、舂簸之形,象其功也。⑤

①三辅故事:"长安城东十里有灵星祠。"

②张晏曰:"农祥晨见而祭也。"

③汉旧仪曰:"古时岁再祠灵星,(灵星)春秋(之太)〔用少〕牢礼也。"[49]

④服虔、应劭曰:"十六人,即古之二羽也。"

2587

⑤古今注曰："元和三年,初为郡国立〔社〕稷,及祠(社)灵星礼(器)也。"〔50〕

县邑常以乙未日祠先农于乙地,以丙戌日祠风伯于戌地,以己丑日祠雨师于丑地,用羊豕。

立春之日,皆青幡帻,迎春于东郭外。令一童男冒青巾,衣青衣,先在东郭外野中。迎春至者,自野中出,则迎者拜之而还,弗祭。三时不迎。

论曰:臧文仲祀爰居,而孔子以为不知。汉书郊祀志著自秦以来迄于王莽,典祀或有未修,而爰居之类众焉。世祖中兴,蠲除非常,修复旧祀,方之前事邈殊矣。尝闻儒言,三皇无文,结绳以治,自五帝始有书契。至于三王,俗化雕文,诈伪渐兴,始有印玺以检奸萌,然犹未有金玉银铜之器也。①〔51〕自上皇以来,封泰山者,至周七十二代。封者,谓封土为坛,柴祭告天,代兴成功也。礼记所谓"因名山升中于天"者也。易姓则改封者,著一代之始,明不相袭也。继世之王巡狩,则修封以祭而已。自秦始皇、孝武帝封泰山,本由好仙信方士之言,造为石检印封之事也。所闻如此。虽诚天道难可度知,然其大较犹有本要。天道质诚,约而不费者也。故牲(有)〔用〕犊,〔52〕器用陶匏,殆将无事于检封之间,而乐难攻之石也。②且唯封为改代,故曰岱宗。夏康、周宣,由废复兴,不闻改封。世祖欲因孝武故封,实继祖宗之道也。而梁松固争,以为必改。乃当夫既封之后,未有福,而松卒被诛死。虽罪由身,盖亦诬神之咎也。且帝王所以能大显于后者,实在其德加于民,不闻其在封矣。③言天地者莫大于易,易无六宗在中之象。若信为天地四方所宗,是至大也。而比太社,又为失所,难以为诚矣!

①臣昭曰:禹会群臣于涂山,执玉帛者万国。故已赞不同,圆方异等。周礼天地四方,璧、琮、琥、璋各有其玉,而云未有其器,斯亦何哉?

②臣昭曰:玉贵五德,金存不朽。有告有文,何败题刻。^[53]告厥成功,难可知者。

③臣昭曰:功成道懋,天下被化,德敷世治,所以登封。封由德兴,兴封所以成德。昭告师天,递以相感。若此论可通,非乎七十二矣。

赞曰:天地禋郊,宗庙享祀,咸秩无文,山川具止。淫乃国蠹,典惟皇纪。肇自盛敬,孰崖厥始?

【校勘记】

〔1〕下公卿博士议郎 　按:卢文弨谓下当有"议"字。

〔2〕名曰(惟)〔堆〕俎 　按:卢校"惟"改"帷",孙星衍校汉旧仪作"堆",今据孙校改。

〔3〕各配其左 　按:殿本"左"作"祖"。

〔4〕复位(而)皇帝上堂盥 　据卢校删。

〔5〕即更衣(中)〔巾〕 　据孙校汉旧仪改。

〔6〕公卿奏议世祖庙登歌八佾舞(功)名 　据卢校删。

〔7〕元命包曰缘天地之所杂乐为之文典 　按:卢文弨谓文有误,案御览五百六十六引云"作乐者必反天下之始乐于己为本"。

〔8〕文王之时 　按:卢云"文"疑当作"武"。

〔9〕(枢)〔琁〕机钤曰 　按:钱大昕谓"枢"当作"琁",卢文弨谓当作"旋",李善注文选东都赋引作"璇"。今依钱说改。

〔10〕依书文始五行武德昭真修之舞 按：卢校删"昭真修"三字，谓此三字疑衍。聚珍本东观汉记作"依书文始五行武德昭德盛德修之舞"。

〔11〕(勿)进武德舞歌诗曰 卢云"勿"字疑衍。今据删。

〔12〕进武德之舞如故 按：卢云似有脱文，"故"下疑当有"事"字。

〔13〕陵〔曰西陵〕 集解引钱大昕说，谓当云"陵曰西陵"，史脱去三字。今据补。

〔14〕以尚婴(孙)〔孩〕 据卢校改。按：袁纪作"孩"。

〔15〕不当与世(祖)〔宗〕庙盛德之舞同名 据卢校改。按：卢云"祖"字讹，世宗谓武帝也。

〔16〕百姓盛歌元首之德 汲本"百姓"作"陛下"。按：黄山谓书称"帝庸作歌"，歌本自帝倡之，而群臣和之。盛歌元首之德谓章帝之倡德于上，同符帝舜也。作"百姓"转似未合。

〔17〕昭哉来御慎其祖武 按：殿本考证杭世骏谓"昭兹来许，绳其祖武"，大雅文也。以"兹"为"哉"，汉碑有之。以"许"为"御"，以"绳"为"慎"，非有避讳，不知何自。

〔18〕每帝即(位)世辄立一庙 据卢校删。按：王先谦谓袁纪无"位"字，是。

〔19〕〔孝〕元皇帝时 王先谦谓邕集有"孝"字，是。今据补。

〔20〕始建大议请依典礼 惠栋依邕集校正为"始建斯议，罢黜典礼"。王先谦亦谓集作"始建斯议，罢黜典礼"。又谓袁纪"议"作"义"。按：海原阁本蔡中郎集不仅无此两句，且自"孝元皇帝时"至"不应为宗"一段文字亦与此注多异同。

〔21〕孝宣尊崇孝武(历)〔庙〕称世宗 据卢校改。

〔22〕据不可毁 王先谦谓袁纪作"据经传义，谓不可毁"。今按：海原阁本蔡中郎集亦作"据经传义，谓不可毁"。

〔23〕古人据正重顺　王先谦谓邕集"顺"作"慎",袁纪作"古人考据慎重"。按:海原阁本蔡中郎集亦作"古人考据慎重"。

〔24〕不敢私其君〔父〕若此其至也　据卢校补。王先谦谓袁纪"君"下有"父"字,邕集"若"作"如","至"下有"者"字。按:海原阁本蔡中郎集亦作"不敢私其君父若此其至也"。

〔25〕(皆)〔比〕方前世　据卢校改。王先谦谓袁纪"皆"作"比"。按:海原阁本蔡中郎集作"比方前事"。

〔26〕莫能执夏侯之直　王先谦谓邕集作"莫能执正夏侯之义,故遂僭滥,无有防限"。按:海原阁本蔡中郎集作"莫能执夏侯之直,故遂衍溢,无有方限"。

〔27〕尊古复礼　王先谦谓邕集作"遵复古礼"。

〔28〕诚合(礼议)〔事宜〕　据卢校改。王先谦谓邕集"礼议"作"事宜"。

〔29〕孝明遵述　王先谦谓袁纪"遵"作"尊",邕集"述"作"因循"。今按:海原阁本蔡中郎集作"孝明遵制"。

〔30〕穆宗〔恭宗敬宗〕威宗之号皆〔宜〕省去　据卢校补。按:海原阁本蔡中郎集作"穆宗、敬宗、恭宗之号皆宜省去",脱威宗,恭宗、敬宗误倒。又按:通典、通考并作"穆宗、威宗之号皆宜省去"。

〔31〕合食于太祖　按:汲本、殿本"合"作"祫"。

〔32〕庙日上饭　按:校补谓"庙"疑"朝"之误。

〔33〕陈严具　惠栋谓"严"汉官仪作"庄"。今按:东汉讳庄为严。钱大昕谓装古文本作庄,陈严具即陈装具也。

〔34〕国家〔大〕体　据汲本、殿本补。

〔35〕乃置市贤传末　按:"乃"原讹"及",径改正。

〔36〕臣以问胡广　按:"问"原讹"闻",径改正。

〔37〕立太社稷于雒阳　按:汲本、殿本"太"作"大"。

〔38〕马昭曰　殿本考证谓诸本皆作"马昄",何焯校本改"臣昭"。按:汲本亦作"马昭",何改"臣昭",不知何据。

〔39〕春秋文义　通典引作"春秋大义"。按:陈立白虎通疏证谓案汉志亦无春秋大义,未知出何书,卢文弨疑为亦出尚书逸篇,御览引作"佚礼",或可从也。

〔40〕稽秋夏乃熟(熟)　据汲本、殿本删。

〔41〕立官社以夏(为)〔禹〕配　据汲本、殿本改。

〔42〕统答(或且以)又曰　据汲本、殿本删。

〔43〕信(而)〔如〕此　据汲本、殿本改。

〔44〕岂足(怀)〔据〕使从人鬼之例邪　据汲本、殿本改。

〔45〕(可)〔何〕独人鬼　据汲本、殿本改。

〔46〕人所依以(国)〔固〕而最近者也　据殿本、集解本改。

〔47〕接之郊禘之次　按:"郊禘"原倒,径据汲本、殿本乙正。

〔48〕(钩)〔钧〕校典籍　据汲本、殿本改。

〔49〕古时岁再祠灵星(灵星)春秋(之太)〔用少〕牢礼也　据卢校删改。

〔50〕初为郡国立〔社〕稷及祠(社)灵星礼(器)也　据卢校改。

〔51〕然犹未有金玉银铜之器也　按:汲本、殿本"犹"作"而"。

〔52〕故牲(有)〔用〕犊　据卢校改。

〔53〕何败题刻　汲本、殿本"败"作"敢"。按:疑"取"字之讹。

后 汉 书 志 第 十

天 文 上

　　　　王莽三　　光武十二

　　易曰:"天垂象,圣人则之。庖牺氏之王天下,仰则观象于天,俯则观法于地。"观象于天,谓日月星辰。观法于地,谓水土州分。形成于下,象见于上。故曰天者北辰星,合元垂燿建帝形,运机授度张百精。三阶九列,二十七大夫,八十一元士,斗、衡、太微、摄提之属百二十官,二十八宿各布列,下应十二子。[1]天地设位,星辰之象备矣。①

2593

　　①星经曰:"岁星主泰山,徐州、青州、兖州。荧惑主霍山,杨州、荆州、交州。镇星主嵩高山,豫州。太白主华阴山,凉州、雍州、益州。辰星主恒山,冀州、幽州、并州。岁星主角、亢、氐、房、心、尾、箕。荧惑主舆鬼、柳、七星、张、翼、轸。镇星主东井。太白主奎、娄、胃、昴、毕、觜、参。辰星主斗、牛、女、虚、危、室、壁。璇、玑者,谓北极星也。玉衡

者,谓斗九星也。玉衡第一星主徐州,常以五子日候之,甲子为东海,丙子为琅邪、戊子为彭城,庚子为下邳,壬子为广陵,凡五郡。第二星主益州,常以五亥日候之,乙亥为汉中,丁亥为永昌,己亥为巴郡、蜀郡、牂柯,辛亥为广汉,癸亥为犍为,凡七郡。第三星主冀州,常以五戌日候之,甲戌为魏郡、勃海,丙戌为安平,戊戌为钜鹿、河间,庚戌为清河、赵国,壬戌为恒山,凡八郡。第四星主荆州,常以五卯日候之,乙卯为南阳,己卯为零陵,辛卯为桂阳,癸卯为长沙,丁卯为武陵,凡五郡。第五星主兖州,常以五辰日候之,甲辰为东郡、陈留,丙辰为济北,戊辰为山阳、泰山,庚辰为济阴,壬辰为东平、任城,凡八郡。第六星主扬州,常以五巳日候之,乙巳为豫章,辛巳为丹阳,己巳为庐江,丁巳为吴郡、会稽,癸巳为九江,凡六郡。第七星主豫州,常以五午日候之,甲午为颍川,壬午为梁国,丙午为汝南,戊午为沛国,庚午为鲁国,凡五郡。第八星主幽州,常以五寅日候之,甲寅为玄菟,丙寅为辽东、辽西、渔阳,庚寅为上谷、代郡,壬寅为广阳,戊寅为涿郡,凡八郡。第九星主并州,常以五申日候之,甲申为五原、雁门,丙申为朔方、云中,戊申为西河,庚申为太原、定襄,壬申为上党,凡八郡。琁、玑、玉衡占色,春青黄,夏赤黄,秋白黄,冬黑黄。此是常明;不如此者,所向国有兵殃起。凡有六十郡,九州所领,自有分而名焉。"

三皇迈化,协神醇朴,谓五星如连珠,日月若合璧。化由自然,民不犯慝。至于书契之兴,五帝是作。轩辕始受河图斗苞授,规日月星辰之象,[2]故星官之书自黄帝始。至高阳氏,使南正重司天,北正黎司地。唐、虞之时羲仲、和仲,[1]夏有昆吾,汤则巫咸,周之史佚、苌弘,宋之子韦,楚之唐蔑,鲁之梓慎,郑之裨灶,魏石申夫,[2]齐国甘公,皆掌天文之官。仰占俯视,以佐时政,步变擿微,通洞密至,采祸福之原,覩成败之势。秦燔诗书,以愚百姓,六经典籍,残为灰炭,星官之书,全而不毁。故秦史书始皇之时,彗孛大角,大角以亡,有大星与小星斗于宫中,是其废亡之征。至汉兴,景、武之际,司马谈、谈子迁,以世黎氏之后,为太史令,迁著史记,作天官书。成帝时,中垒校尉刘向,广洪范灾条作五纪皇极之论,以参往行之事。孝明帝使班固叙汉书,而马续述天文志。③今绍汉书作天文志,起王莽居摄元年,迄孝献帝建安二十五年,二百一十五载。言其时星辰之变,表象之应,以显天戒,明王事焉。④

①尚书曰:"帝在璇玑玉衡,以齐七政。"孔安国曰:"在,察也。璇,美玉也。玑衡,王者正天文之器,可运转者。七政,日月五星各异政。舜察天文,齐七政也。"

②或云石申父。

③谢沈书曰:"蔡邕撰建武已后,星验著明,以续前志,谯周接继其下者。"

④臣昭以张衡天文之妙,冠绝一代。所著灵宪、浑仪,略具辰耀之本,今写载以备其理焉。灵宪曰:"昔在先王,将步天路,用(之)〔定〕灵轨,[3]寻绪本元。先准之于浑体,是为正仪立度,而皇极有逌建也,枢运有逌稽也。乃建乃稽,斯经天常。圣人无心,因兹以生心,故灵宪作兴。曰:太素之前,幽清玄静,寂漠冥默,不可为象,厥中惟虚,[4]厥外惟无。如是者永久焉,斯谓溟涬,盖乃道之根也。道根既建,自无生有。太素始萌,萌而未兆,并气同色,浑沌不分。故道志之言云:'有物浑成,先天地生。'其气体固未可得而形,其迟速固未可得而纪也。如是者又永久焉,斯为庞鸿,盖乃道之干也。道干既育,有物成体。于是元气剖判,刚柔始分,清浊异位。天成于外,地定于内。天体于阳,故圆以动;地体于阴,故平以静。动以行施,静以合化,埒郁构精,时育庶类,斯谓太元,盖为道之实也。在天成象,在地成形。天有九位,地有九域;天有三辰,地有三形;有象可效,有形可度。情性万殊,旁通感薄,自然相生,莫之能纪。于是人之精者作圣,实始纪纲

而经纬之。八极之维,径二亿三万二千二百里,南北则短减千里,东西则广增千里。自地至天,半于八极,则地之深亦如之。通而度之,则是浑已。将覆其数,用重钩股,[5]悬天之景,薄地之义,皆移千里而差一寸得之。过此而往者,未之或知也。未之或知者,宇宙之谓也。宇之表无极,宙之端无穷。天有两仪,以儦道中。其可观,枢星是也,谓之北极。在南者不著,故圣人弗之名焉。其世之遆,九分而减二。阳道左迥,故天运左行。有验于物,则人气左赢,形左缭也。天以阳迥,地以阴淳。[6]是故天致其动,禀气舒光;地致其静,承施候明。[7]天以顺动,不失其中,则四序顺至,寒暑不减,[8]致生有节,故品物用生。地以灵静,作合承天,清化致养,四时而后育,故品物用成。凡至大莫如天,至厚莫若地。(地)至质者曰地而已。[9]至多莫若水,水精为汉,汉用于天而无列焉,[10]思次质也。地有山岳,以宣其气,精种为星。星也者,体生于地,精成于天,列居错跱,各有逌属。紫宫为皇极之居,太微为五帝之廷。明堂之房,大角有席,天市有坐。苍龙连蜷于左,白虎猛据于右,[11]朱雀奋翼于前,灵龟圈首于后,黄神轩辕于中。六扰既畜,而狼蚖鱼鳖闉有不具。在野象物,在朝象官,在人象事,于是备矣。悬象著明,莫大乎日月。其径当天周七百三十六分之一,地广二百四十二分之一。日者,阳精之宗。积而成鸟,象乌而有三趾。阳之类,其数奇。月者,阴精之宗。积而成兽,象兔。阴之类,其数耦。其后有冯焉者。羿请无死之药于西王母,姮娥窃之以奔月。[12]将往,枚筮之于有黄,有黄占之曰:'吉。翩翩归妹,独将西行,逢天晦芒,毋惊毋恐,后其大昌。'姮娥遂托身于月,是为蟾蠩。夫日譬犹火,月譬犹水,火则外光,水则含景。故月光生于日之所照,魄生于日之所蔽,当日则光盈,就日则光尽也。众星被燿,因水转光。当日之衝,光常不合者,蔽于(他)〔地〕也。[13]是谓暗虚。在星星微,月过则食。日之薄地,其明也。[14]繇暗视明,明无所屈,是以望之若火。[15]方于中天,天地同明。繇明瞻暗,暗还自夺,故望之若水。[16]火当夜而扬光,在昼则不明也。月之于夜,与日同而差微。星则不然,强弱之差也。众星列布,其以神著,有五列焉,是为三十五名。一居中央,谓之<u>北斗</u>。动变挺占,寔司王命。四布于方,为二十八宿。日月运行,历示吉凶,五纬经次,[17]用告祸福,则天心于是见矣。中外之官,常明者百有二十四,可名者三百二十,为星二千五百,而海人之占未存焉。微星之数,盖万一千五百二十。庶物蠢蠢,咸得系命。不然,何以总而理诸! 夫三光同形,有似珠玉,神守精存,丽其职而宣其明;及其衰,神歇精牧,于是乎有陨星。然则奔星之所坠,至[地]则石[矣]。[18]文曜丽乎天,其动者七,日、月、五星是也。周旋右回。天道者,贵顺也。近天则迟,远天则速,行则屈,屈则留回,留回则逆,逆则迟,[19]迫于天也。行迟者觌于东,觌于东属阳,行速者觌于西,觌于西属阴,日与月此配合也。[20]<u>摄提</u>、<u>荧惑</u>、<u>地候</u>见晨,[21]附于日也。<u>太白</u>、<u>辰星</u>见昏,附于月也。二阴三阳,参天两地,故男女取焉。方星巡镇,必因常度,苟或盈缩,不踰于次。故有列司作使,曰<u>老子四星</u>,<u>周伯</u>、<u>王逢</u>、<u>芮</u>各一,错乎五纬之间,其见无期,其行无度,实妖经星之所,然后吉凶宣周,其祥可尽。"蔡邕表志曰:"言天体者有三家:一曰<u>周髀</u>,二曰<u>宣夜</u>,三曰<u>浑天</u>。<u>宣夜</u>之学绝无师法。<u>周髀</u>数术具存,考验天状,多所违失,故史官不用。唯<u>浑天</u>者近得其情,今史官所用候台铜仪,则其法也。立八尺圆体之度,而具天地之象,以正黄道,以察发敛,以行日月,以步五纬。精微深妙,万世不易之道也。官有其器而无本书,前志亦阙而不论。臣求其旧文,连年不得。在<u>东观</u>,以治律未竟,未及成书,案略求索。窃不自量,卒欲寝伏仪下,思惟精意,案度成数,扶以文义,润以道术,著成篇章。罪恶无状,投畀有北,灰灭雨绝,世路无由。[22]宜博问群臣,下及岩穴,知<u>浑天</u>之意者,使述其义,以禅灵文志。撰<u>建武</u>以来星变彗孛占验著明者续其后。"

<u>王莽地皇</u>三年十一月,有星孛于<u>张</u>,东南行五日不见。孛星

者,恶气所生,为乱兵。①其所以孛德。孛德者,乱之象,不明之表。又参然孛焉,兵之类也,故名之曰孛。孛之为言,犹有所伤害,有所妨蔽。或谓之彗星,所以除秽而布新也。②张为周地。星孛于张,东南行即翼、轸之分。翼、轸为楚,是周、楚地将有兵乱。后一年正月,光武起兵春陵,会下江、新市贼张卬、[23]王常及更始之兵亦至,俱攻破南阳,斩莽前队大夫甄阜、属正梁丘赐等,杀其士众数万人。更始为天子,都雒阳,西入长安,败死。光武兴于河北,复都雒阳,居周地,除秽布新之象。

①星占曰:"其国内外用兵也。"

②宋均注钩命决曰"彗,五彗也。苍则王侯破,天子苦兵。赤则贼起,强国恣。黄则女害色,权夺于后妃。白则将军逆,二年兵大作。黑则水精赋,江河决,贼处处起"也。韩扬占曰:"其象若竹彗、树木条,长短无常。其长大见久,灾深;短小见不久,灾狭。"晏子春秋曰:"齐景公睹彗星,使伯常骞攘之。[24]晏子曰:'不可。此天教也。日月之气,风雨不时,彗星之出,天为民之乱见之。'"又一曰:"景公彗星出而泣,晏子问之。公曰:'寡人闻之,彗星出,其所向之国君当之。今彗星出而向吾国,我是以悲。'晏子曰:'君之行义(固应)〔回邪〕,[25]无德于国。穿(开)〔陂〕池,[26]则欲其深以广也,为台榭则欲其高且大也。赋敛如挩夺,诛戮如仇雠。自是观之,孛又将出。彗星之出,庸何(巨)〔惧〕乎?'"[27]案:如晏子之言,孛之与彗,如似匪同。

四年六月,汉兵起南阳,至昆阳。莽使司徒王寻、司空王邑将诸郡兵,号曰百万众,已至者四十二万人;能通兵法者六十三家,皆为将帅,持其图书器械。军出关东,牵从群象虎狼猛兽,放之道路,以示富强,用怖山东。至昆阳山,作营百馀,围城数重,或为衝车以撞城,[28]为云车高十丈以瞰城中,弩矢雨集,城中负户而汲。求降不听,请出不得。二公之兵自以必克,不恤军事,不协计虑。莽有覆败之变见焉。昼有云气如坏山,堕军上,军人皆厌,所谓营头之星也。占曰:"营头之所堕,其下覆军,流血三千里。"①是时光武将兵数千人赴救昆阳,奔击二公兵,并力焱发,号呼声动天地,虎豹惊怖败振。会天大风,飞屋瓦,雨如注水。二公兵乱败,自相贼,就死者数万人。竞赴滍水,死者委积,滍水为之不流。杀司徒王寻。军皆散走归本郡。王邑还长安,莽败,俱诛死。营头之变,覆军流血之应也。

①袁山松书曰:"怪星昼行,名曰营头,行振大诛也。"

四年秋,太白在太微中,烛地如月光。太白为兵,太微为天廷。太白赢而北入太微,是大兵将入天子廷也。是时莽遣二公之兵至昆阳,已为光武所破。莽又拜九人为将军,皆以虎为号。九虎将军至华阴,皆为汉将邓晔、李松所破。进攻京师,仓将军韩臣至长门。十月戊申,汉兵自宣平城门入。二日己酉,城中少年朱弟、张鱼等数千人起兵攻莽,烧作室〔门〕,[29] 斧敬法闼。商人杜吴杀莽渐台之上,校尉公宾就斩莽首。[30] 大兵蹈藉宫廷之中。仍以更始入长安,赤眉贼立刘盆子为天子,皆以大兵入宫廷,是其应也。

光武①建武九年七月乙丑,金犯轩辕大星。十一月乙丑,金又犯轩辕。②轩辕者,后宫之官,大星为皇后,金犯之为失势。是时郭后已失势见疏,后废为中山太后,阴贵人立为皇后。

①古今注曰:"建武六年九月丙戌,[31] 月犯太微西藩。十一月辛亥,月犯轩辕。七年九月庚子,土入鬼中。"汉史:"镇星逆行舆鬼,女主贵亲有忧。"巫咸曰:"有土功事。"是岁太白经太微。八年四月辛未,月犯房第二星,光芒不见。九年正月乙卯,金犯娄南星。甲子,月犯轩辕

第二星,壬寅,犯心大星。^[32]七月戊辰,月并犯昴。黄帝星占:"土犯鬼,皇后有忧,失亡其势。"河图:"月犯房,天子有忧,四足之虫多死。"汉史曰:"其国有忧,将军死。"又案严光传,光与帝卧,足加帝腹上,太史奏客星犯帝坐甚急。

②孟康曰:"犯,七寸以内光芒相及也。"韦昭曰:"自下往触之曰犯。"

十年三月癸卯,^[33]流星如月,从太微出,入北斗魁第六星,色白。旁有小星射者十馀枚,灭则有声如雷,食顷止。^①流星为贵使,星大者使大,星小者使小。太微天子廷,北斗魁主杀。星从太微出,抵北斗魁,是天子大使将出,有所伐杀。^②十二月己亥,大流星如缶,出柳西南行入轸。^[34]且灭时,分为十馀,如遗火状。须臾有声,隐隐如雷。柳为周,轸为秦、蜀。^[35]大流星出柳入轸者,是大使从周入蜀。是时光武帝使大司马吴汉发南阳卒三万人,乘船沂江而上,击蜀白帝公孙述。^③又命将军马武、刘尚、郭霸、岑彭、冯骏平武都、巴郡。十二年十月,汉进兵击述从弟卫尉永,遂至广都,杀述女婿史兴。威虏将军冯骏拔江州,^[36]斩述将田戎。吴汉又击述大司马谢丰,斩首五千馀级。臧宫破涪,杀述弟大司空恢。十一月丁丑,汉护军将军高午刺述洞胸,其夜死。明日,汉入屠蜀城,诛述大将公孙晃、^[37]延岑等,所杀数万人,夷灭述妻宗族万馀人以上。^[38]是大将出伐杀之应也。其小星射者,及如遗火分为十馀,皆小将随从之象。有声如雷隐隐者,兵将怒之征也。

①孟康曰:"流星,光迹相连也,绝迹而去为飞也。"

②古今注曰:"正月壬戌,月犯心后星。闰月庚辰,火入舆鬼,过轸北。庚申,月在斗,^[39]赤如丹者也。"

③臣昭曰:述虽以白承黄,而此遂号为白帝,于文繁长,书例未通。

十二年正月^①己未,^[40]小星流百枚以上,或西北,或正北,或

东北,二夜止。②六月戊戌晨,小流星百枚以上,四面行。小星者,
庶民之类。流行者,移徙之象也。或西北,或东北,或四面行,皆小
民流移之征。是时西北讨公孙述,[41]北征卢芳。匈奴助芳侵边,
汉遣将军马武、骑都尉刘纳、阎兴军下曲阳、临平、呼沱,以备胡。
匈奴入河东,中国未安,米穀荒贵,民或流散。后三年,吴汉、马武
又徙雁门、代郡、上谷、关西县吏民六万馀口,置常〔山〕关、居庸关
以东,[42]以避胡寇。是小民流移之应。③

①古今注曰:"丁丑,月乘轩辕大星。"

②古今注曰:"二月辛亥,月入氐,晕珥围角、亢、房。"

③古今注曰:"其年七月丁丑,月犯昴头两星。八月辛酉,水见东方翼
分。九月甲午,火犯舆鬼。十月丁卯,大星流,[43]有光,发东井西行,
声隆隆。十三年二月乙卯,火犯舆鬼西北。"黄帝占曰:"荧惑守舆鬼,
大人忧。"一曰贵人当之。巫咸曰:"水见翼,多火灾。"石氏曰:"为
旱。"郗萌占曰:"流星出东井,所之国大水。"

　　十五年正月丁未,彗星见昴,①稍西北行入营室,犯离宫,②三
月乙未,至东壁灭,见四十九日。彗星为兵入除秽,昴为边兵,彗星
出之为有兵至。十一月,定襄都尉阴承反,太守随诛之。卢芳从匈
奴入居高柳,至十六年十月降,上玺绶。一曰,昴星为狱事。是时
大司徒欧阳歙以事系狱,踰岁死。营室,天子之常宫;离宫,妃后之
所居。彗星入营室,犯离宫,是除宫室也。[44]是时郭皇后已疏,至
十七年十月,遂废为中山太后,立阴贵人为皇后,除宫之象也。③

①炎长三丈。韩扬占曰:"在昴,大国起兵也。"

②韩扬占曰:"彗出营室、东壁之间,为兵起也。"

③古今注曰:"十六年四月,土星逆行。十七年三月乙未,[45]火逆行,从
东门入太微,到执法星东,已酉,南出端门。十八年十二月壬戌,月犯

木星。十九年闰月戊申，火逆，从氐到亢。二十一年七月辛酉，月入毕。二十三年三月癸未，月食火星。"郗萌曰："荧惑逆行氐为失火。"

三十年闰月甲午，水在东井二十度，生白气，东南指，炎长五尺，为彗，东北行，至紫宫西藩止，五月甲子不见，凡见三十一日。水常以夏至放于东井，闰月在四月，尚未当见而见，是赢而进也。东井为水衡，水出之为大水。是岁五月及明年，郡国大水，坏城郭，伤禾稼，杀人民。白气为丧，有炎作彗，彗所以除秽。紫宫，天子之宫，彗加其藩，除宫之象。① 后三年，光武帝崩。

① 荆州星经曰："彗在东井，国大人死。七十日主当之，[46] 五十日相当之，三十日兵将当之。"

三十一年七月①戊午，火在舆鬼一度，入鬼中，出尸星南半度，十月己亥，犯轩辕大星。又七（日）〔星〕间有客星，[47] 炎二尺所，西南行，至明年二月二十二日，在舆鬼东北六尺所灭，凡见百一十三日。②荧惑为凶衰，舆鬼尸星主死亡，荧惑入之为大丧。轩辕为后宫。七星，周地。客星居之为死丧。其后二年，光武崩。

① 古今注曰："戊申，月犯心后星。"

② 舆鬼五星，天府也。黄帝占曰："舆鬼，天目也，朱雀头也，中央星如粉絮，鬼为变害，故言。一名天尸，斧钺，或以病亡，或以诛斩。火尅金，[48] 天以制法。其西南一星，主积布帛；西北一星，主积金玉；东北一星，主积马；东南一星，主积兵，一曰主领珠钱。"郗萌曰："舆鬼者，参之尸也，孤射狼，误中参左肩，举尸之东井治，留尸舆鬼，故曰天尸。鬼之为言归也。"又占："月、五星有入舆鬼，大臣诛，有干（鍼）〔钺〕乘质者，[49] 君贵人忧，金玉用，民人多疾，从南入为男子，从北入为女，从西入为老人，从东入为丁壮。棺木倍价。"

中元①二年八月丁巳，火犯太微西南角星，相去二寸。十月戊子,〔50〕大流星从西南东北行,声如雷。<u>火犯太微</u>西南角星,为将相。后太尉<u>赵憙</u>、司徒<u>李䜣</u>坐事免官。大流星为使。中郎将<u>窦固</u>、<u>扬虚侯马武</u>、<u>扬乡侯王赏</u>将兵征西也。〔51〕

　　①古今注曰:"元年三月甲寅,月犯心后星。"

【校勘记】

〔1〕下应十二子　按:校补谓"子"疑"野"之讹。

〔2〕轩辕始受河图斗苞授规日月星辰之象　按:集解引惠栋说,谓阘苞受,河图篇名,见<u>李善注文选</u>。"斗"当作"阘","授"当作"受","规"字属下读。<u>罗泌</u>以"斗苞"为黄帝臣名,非也。

〔3〕用(之)〔定〕灵轨　据<u>汲本</u>改。按:校补谓张衡传注作"定","之"字误。

〔4〕厥中惟虚　按:<u>汲本</u>、<u>殿本</u>"虚"作"灵"。

〔5〕用重钩股　按:<u>严可均</u>辑<u>全后汉文</u>"重"下有"差"字,此脱。

〔6〕地以阴淳　按:<u>开元占经</u>"淳"作"浮",是。<u>严</u>辑<u>全后汉文</u>同。

〔7〕承施候明　<u>严</u>辑<u>全后汉文</u>作"承候施明"。按:上言"禀气舒光",承候与禀气相对成文,似以作"承候施明"为是。

〔8〕寒暑不减　按:<u>开元占经</u>"减"作"忒",是。<u>严</u>辑<u>全后汉文</u>同。

〔9〕(地)至质者曰地而已　据<u>开元占经</u>及<u>严</u>辑<u>全后汉文</u>删。

〔10〕汉用于天而无列焉　按:<u>开元占经</u>"用"作"周",是。<u>严</u>辑<u>全后汉</u>文同。

〔11〕白虎猛据于右　按:"白"原讹"召",径据<u>汲本</u>、<u>殿本</u>改正。

〔12〕姮娥窃之以奔月　按:"姮"原讹"恒",径改正。

〔13〕蔽于(他)〔地〕也　据<u>汲本</u>改。

〔14〕日之薄地其明也　按:<u>隋书天文志</u>、<u>开元占经</u>及<u>严</u>辑<u>全后汉文</u>"其"

上并有"暗"字。

〔15〕是以望之若火　按:隋书天文志及严辑全后汉文"火"并作"大"。

〔16〕故望之若水　按:隋书天文志及严辑全后汉文"水"并作"小"。

〔17〕五纬经次　按:卢校谓晋志及史记正义"经次"皆作"躔次"。

〔18〕至〔地〕则石〔矣〕　据开元占经及严辑全后汉文补。

〔19〕逆则迟　按:"则"原讹"时",径据汲本、殿本改正。

〔20〕日与月此配合也　按:开元占经"此"作"以",严辑全后汉文
　　作"共"。

〔21〕地候见晨　按"候"原讹"侯",径改正。

〔22〕灰灭雨绝世路无由　按:殿本"雨"作"两"。卢校谓宋志"世"
　　作"势"。

〔23〕张卬　"卬"原讹"卯",径改正。按:惠栋补注本出"张卬"二字,谓
　　刘玄传注引续汉书"卬"作"印"。张森楷校刊记谓案光武纪作"张
　　卬",袁纪、通鉴亦是"卬"字,疑卬字是。然刘玄传注引续汉书
　　"卬"作"印",则范书自作"卬",本志自作"印"也。

〔24〕使伯常骞攘之　汲本"攘"作"禳",殿本作"穰"。按:攘可通禳,穰
　　则讹字也。

〔25〕君之行义(固应)〔回邪〕　按:卢校云"固应"讹,据本书改"回邪"。
　　今据改。

〔26〕穿(开)〔陂〕池　据汲本、殿本改。

〔27〕庸何(巨)〔惧〕乎　据汲本、殿本改。

〔28〕或为冲车以撞城　按:"撞"原讹"橦",径改正。

〔29〕烧作室〔门〕　校补谓案前书莽传作"烧作室门",此脱"门"字。今
　　据补。

〔30〕校尉公宾就斩莽首　按:校补引柳从辰说,谓袁纪及荀悦汉纪皆作

“公孙宾就斩莽首”，与班、范、本志异。

〔31〕建武六年九月丙戌　按:是年九月丁酉朔,无丙戌,当有讹。

〔32〕壬寅犯心大星　按:卢校谓上有甲子,此当是“丙寅”。

〔33〕十年三月癸卯　按:建武十年三月丁未朔,无癸卯,志文有讹。

〔34〕出柳西南行入轸　按:“轸”当作“井”,详下条。

〔35〕轸为秦蜀　按:集解引惠栋说,谓李殿学云,轸安得为秦、蜀,盖
　　　“井”字也,吴越音讹讹写耳,观上文西南行可见。

〔36〕威虏将军冯骏拔江州　按:殿本考证齐召南谓公孙述传作“破虏将
　　　军”,光武纪又作“威虏将军冯峻”。

〔37〕公孙晃　按:集解引惠栋说,谓“晃”一作“光”,述弟也。

〔38〕夷灭述妻宗族万馀人以上　按:“妻”下疑脱“子”字。

〔39〕闰月庚辰火入舆鬼过轸北庚申月在斗　按:此注系于建武十年三
　　　月之后,查建武十年无闰,十一年闰三月,辛未朔,有庚辰、庚寅而
　　　无庚申,注有讹。

〔40〕十二年正月己未　按:建武十二年正月丙寅朔,无己未,志文
　　　有讹。

〔41〕是时西北讨公孙述　按:集解引张永祚说,谓公孙述在西南,“北”
　　　字疑讹。

〔42〕置常〔山〕关居庸关以东　据卢校补。

〔43〕九月甲午火犯舆鬼十月丁卯大星流　按:建武十二年九月壬戌朔,
　　　无甲午,十月壬辰朔,无丁卯,注有讹。

〔44〕是除宫室也　按:“除”原讹“际”,径改正。

〔45〕十七年三月乙未　按:建武十七年三月丙申朔,乙未为二月晦,注
　　　有讹。

〔46〕七十日主当之　按:殿本“主”作“王”。

〔47〕又七（日）〔星〕间有客星　据卢校改。按：卢云"日"讹，李殿学据下
　　文改。

〔48〕火克金　按："尅"原为"刻"，径据汲本、殿本改正。

〔49〕有干（缄）〔钺〕乘质者　据汲本、殿本改。

〔50〕十月戊子　按：建武中元二年十月庚寅朔，无戊子，志有讹。

〔51〕将兵征西也　按：卢云通考"征西"作"西征"。

后汉书志第十一

天 文 中

明十二　章五　和三十三　殇一

安四十六　顺二十三　质三

孝明永平元年四月丁酉，流星大如斗，起天市楼，西南行，光照地。流星为外兵，西南行为西南夷。是时益州发兵击姑复蛮夷大牟替灭陵，斩首传诣雒阳。①

①古今注曰："闰九月辛未，[1]火在太微左执法星所，光芒相及。十一月辛未，土逆行，乘东井北轩辕第二星。二年十二月戊辰，月食火星。"

黄帝星经曰："出入井，为人主。一曰(阳)〔赐〕爵禄事。[2]"

2607

三年六月丁卯，彗星出天船北，辰二尺所，稍北行至亢南，(百)〔见〕三十五日去。[3]天船为水，彗出之为大水。是岁伊、雒水溢，到津城门，坏伊桥；郡七县三十二皆大水。

四年八月辛酉，客星出梗河，西北指贯索，七十日去。梗河为胡兵。至五年十一月,北匈奴七千骑入五原塞,十二月又入云中,至原阳。贯索,贵人之牢。其十二月,陵乡侯梁松坐怨望悬飞书诽谤朝廷下狱死,妻子家属徙九真。

七年正月戊子,流星大如杯,从织女西行,光照地。织女,天之真女,流星出之,女主忧。其月癸卯,光烈皇后崩。①

①古今注曰:"三月庚戌,客星光气二尺所,在太微左执法南端门外,凡见七十五日。"

八年六月壬午,长星出柳、张三十七度,犯轩辕,刺天船,陵太微,气至上阶,凡见五十六日去。柳,周地。是岁多雨水,郡十四伤稼。①

①古今注曰:"十二月戊子,客星出东方。"

九年正月戊申,客星出牵牛,长八尺,历建星至房南,①灭见至五十日。②牵牛主吴、越,房、心为宋。后广陵王荆与沈凉,楚王英与颜忠各谋逆,事觉,皆自杀。广陵属吴,彭城古宋地。③

①古今注曰:"历斗、建、箕、房,过角、亢至翼,芒东指。"

②郗萌占曰:"客星舍房,左右群臣有吞药死者。"又占"有夺地"。

③古今注曰:"十年七月甲寅,月犯岁星。十一年六月壬辰,火犯土星。"

十三年闰月丁亥,火犯舆鬼,为大丧,质星为大臣诛戮。①其十二月,楚王英与颜忠等造作妖〔书〕谋反,[4]事觉,英自杀,忠等皆伏诛。②

①晋灼曰:"鬼五星,其中白者为质。"

②古今注曰:"十一月,客星出轩辕四十八日。十二月戊午,月犯木星。"

十四年正月戊子,客星出昴,六十日,在轩辕右角稍灭。昴主边兵。后一年,汉遣奉车都尉显亲侯窦固、附马都尉耿秉、骑都尉耿忠、开阳城门候秦彭、太仆祭肜,将兵击匈奴。一曰,轩辕右角为贵相,昴为狱事,客星守之为大狱。是时考楚事未讫,司徒虞延与楚王英党与黄初、公孙弘等交通,皆自杀,或下狱伏诛。

十五年十一月乙丑,太白入月中,为大将戮,人主亡,不出三年。后三年,孝明帝崩。

十六年正月丁丑,岁星犯房右骖,北第一星不见,辛巳乃见。①房右骖为贵臣,岁星犯之为见诛。是后司徒邢穆,坐与阜陵王延交通知逆谋自杀。四月癸未,太白犯毕。毕为边兵。后北匈奴寇〔边〕,入云中,至(咸)〔渔〕阳。[5]使者高弘发三郡兵追讨,无所得。太仆祭肜坐不进下狱。

①石氏星经曰:“岁星守房,良马出厩。”古今注曰:“正月丁未,月犯房。”

十八年六月己未,彗星出张,长三尺,转在郎将,南入太微,皆属张。张,周地,为东都。太微,天子廷。彗星犯之为兵丧。其八月壬子,孝明帝崩。

孝章建初元年,正月丁巳,太白在昴西一尺。八月庚寅,彗星出天市,长二尺所,稍行入牵牛三度,积四十日稍灭。太白在昴为边兵,彗星出天市为外军,牵牛为吴、越。是时蛮夷陈纵等及哀牢王类〔牢〕反,[6]攻(蕉)〔嶲〕唐城。[7]永昌太守王寻走奔楪榆,安夷长宋延[8]为羌所杀。以武威太守傅育领护羌校尉,马防行车骑将军,征西羌。又阜陵王延与子男鲂谋反,大逆无道,得不诛,废为侯。

二(月)〔年〕九(日)〔月〕①[9]甲寅,流星过紫宫中,长数丈,散为三,灭。十二月戊寅,彗星出娄三度,长八九尺,稍入紫宫中,百六日稍灭。流星过,入紫宫,皆大人忌。后四年六月癸丑,明德皇后崩。②

　①古今注曰:"甲申,金入斗魁。"〔10〕

　②古今注曰:"五年二月戊辰,〔11〕木、火俱在参,五月戊寅,〔12〕木、水在东井。六年七月丁酉,夜有流星起轩辕,大如拳,历文昌,馀气正白句曲,西如文昌,久久乃灭。"黄帝星经曰:"木守东井,有土功之事。一曰大水。"郗萌曰:"岁星守参,后当之。荧惑守,大人当之。"

元和(元)〔二〕年四月丁巳,〔13〕客星晨出东方,在胃八度,长三尺,历阁道入紫宫,留四十日灭。阁道、紫宫,天子之宫也。客星犯入留久为大丧。后四年,孝章帝崩。

孝和永元元年正月辛卯,有流星起参,长四丈,①有光,色黄白。②二月,流星起天棓,东北行三丈所灭,色青白。壬申,夜有流星起太微东蕃,长三丈。三月③丙辰,流星起天津。④壬戌,有流星起天将军,〔14〕东北行。⑤参为边兵,天棓为兵,太微天廷,天津为水,天将军为兵,流星起之皆为兵。其六月,汉遣车骑将军窦宪、执金吾耿秉,与度辽将军邓鸿出朔方,并进兵临私渠北鞮海,〔15〕斩虏首万馀级,获生口牛马羊百万头。日逐王等八十一部降,凡三十馀万人。追单于至西海。是岁七月,又雨水漂人民,是其应。⑥

　①古今注曰:"大如拳,起参东南。"

　②古今注曰:"癸亥,镇在参。〔16〕又有流星大如桃,色赤,起太微东蕃。"

　　石氏曰:"镇守参,有土功事。"

　③古今注曰:"戊子,土在参。"

　④古今注曰:"星大如桃,起天津,东至斗,黄白颇有光。"

　⑤古今注曰:"色黄,无光。"

⑥古今注曰:"十一月壬申,镇星在东井。"石氏曰:"天下水,其大出,流杀人。"

二年正月乙卯,金、木俱在奎,丙寅,水又在奎。①奎主武库兵,三星会又为兵丧。辛未,水、金、木在娄,亦为兵,又为匿谋。②二月丁酉,有流星大如桃,起紫宫东蕃,西北行五丈稍灭。③四月丙辰,[17]有流星大如瓜,起文昌东北,西南行至少微西灭。有顷音如雷声,已而金在轩辕大星东北二尺所。④八月丁未,有流星如鸡子,起太微西,东南行四丈所消。十月癸未,有流星大如桃,起天津,西行六丈所消。十一月辛酉,有流星大如拳,起紫宫,西行到胃消。

①巫咸曰:"辰守奎,多水火灾,亦为旱。"古今注曰:"土在东井。"

②郗萌曰:"辰守娄,有兵兵罢,〔无兵〕兵起。[18]"巫咸、石氏云:"多火灾。"古今注曰:"丙寅,水在奎,土在东井,金在娄,木、火在昴。"

③古今注曰:"三月甲子,火在亢南端门第一星南。乙亥,金在东井。"

④古今注曰:"丁丑,火在氐东南星东南。"[19]

三年九月丁卯,有流星大如鸡子,起紫宫,西南至北斗柄间消。①紫宫天子宫,文昌、少微为贵臣,天津为水,北斗主杀。流星起,历紫宫、文昌、少微、天津,文昌为天子使,出有兵诛也。窦宪为大将军,宪弟笃、景等皆卿、校尉,宪女弟婿郭举为侍中、射声校尉,[20]与卫尉邓叠母元俱出入宫中,谋为不轨。至四年六月丙(寅)〔辰〕发觉,[21]和帝幸北宫,诏执金吾、五校勒兵屯南、北宫,闭城门,捕举。举父长乐少府璜及叠,叠弟步兵校尉磊,母元,皆下狱诛。宪弟笃、景等皆自杀。金犯轩辕,女主失势。窦氏被诛,太后失势。

2611

①星紫宫占曰:"有流星出紫宫,天子使也。色赤言兵,色白言(义)〔丧〕,[22]色黄言吉,色青言忧,色黑言水。出皆以所之野命东、西、

南、北。"

　　五年①四月癸巳，太白、荧惑、辰星俱在东井。②七月壬午，岁星犯轩辕大星。九月，金在南斗魁中。③火犯房北第一星。东井，秦地，为法。三星合，内外有兵，又为法令及水。金入斗口中，为大将将死。火犯房北第一星，为将相。其六年正月，司徒丁鸿薨。④七月水，大漂杀人民，伤五谷。许侯马光有罪自杀。[23]九月，行车骑将军事邓鸿、越骑校尉冯柱发左右羽林、北军五校士及八郡跡射、乌桓、鲜卑，合四万骑，与度辽将军朱徵、[24]护乌桓校尉任尚、中郎将杜崇征叛胡。十二月，车骑将军鸿坐追虏失利，下狱死；度辽将军徵、中郎将崇皆抵罪。

　　①古今注曰："正月甲戌，月乘岁星。"

　　②巫咸曰："太白守井，五谷不成。"黄帝经曰："五星及客星守井，皆为水。"石氏曰："为旱。"又曰："太白入东井，留一日以上乃占，大臣当之，期三月，若一年，远五年。"古今注曰："木在舆鬼。"

　　③为水。石氏曰："为旱。"

　　④古今注曰："六年六月丁亥，金在东井。闰月己丑，流星大如桃，起参北，西至参肩南，稍有光。"

　　七年正月丁未，有流星起天津，入紫宫中灭。色青黄，有光。二月癸酉，金、火俱在参。①戊寅，金、火俱在东井。②八月甲寅，水、土、金俱在轸。③十一月甲戌，[25]金、火俱在心。④十二月己卯，[26]有流星起文昌，入紫宫消。丙辰，火、金、水俱在斗。流星入紫宫，金、火在心，皆为大丧。三星合轸为白衣之会，金、火俱在参、东井，皆为外兵，有死将。三星俱在斗，有戮将，若有死相。八年四月乐成王党，七月乐成王宗[27]皆薨。将兵长史吴棼坐事征下狱诛。⑤十月，北海王威自杀。十二月，陈王羡薨。其九年闰月，皇太后窦氏崩。<u>辽东鲜卑</u>〔反〕,太守<u>祭参</u>不追虏,征下狱诛。[28]九月,司徒<u>刘方</u>坐事免官,自杀。<u>陇西羌</u>反,遣执金吾<u>刘尚</u>行征西将军事,越骑校尉<u>节乡侯</u><u>赵世</u>发北军五校、<u>黎阳</u>、<u>雍营</u>及边<u>胡</u>兵三万骑,征<u>西羌</u>。

①<u>巫咸占</u>曰:"<u>荧惑</u>守<u>参</u>,多火灾。"<u>海中占</u>曰:"为旱。<u>太白</u>守<u>参</u>,国有反臣。"<u>郗萌</u>曰"有攻战伐国"也。

②<u>郗萌</u>曰:"<u>荧惑</u>守<u>井</u>,百川皆满。<u>太白</u>又从舍,盖二十日流国。"又曰:"杂众贵。又将相死。"

③<u>春秋纬</u>曰:"五星有入<u>轸</u>者,皆为兵大起。"<u>巫咸占</u>曰:"五星入<u>轸</u>者,司其出日而数之,[29]期二十日皆为兵发。司始入处之率一日期,十日军罢。"<u>石氏星经</u>曰:"<u>辰星</u>守<u>轸</u>,岁水。"<u>郗萌</u>曰:"<u>镇星</u>出入留舍<u>轸</u>六十日不下,必有大丧。"<u>春秋纬</u>曰:"<u>太白</u>入<u>轸</u>,兵大起。"<u>郗萌</u>曰:"<u>太白</u>守<u>轸</u>,必有死王。"

④<u>雒书</u>曰:"<u>太白</u>守<u>心</u>,后九年大饥。"

⑤<u>古今注</u>曰:"八年九月辛丑,夜有流星,大如拳,起<u>娄</u>。"

十一年五月丙午,流星大如瓜,起<u>氐</u>,西南行,稍有光,白色。①占曰:"流星白,为有使客,大为大使,小亦小使。疾期疾,迟亦迟。大如瓜为近小,行稍有光为迟也。又正王日,边方有受王命者也。"明年二月,<u>蜀郡</u><u>旄牛</u>徼外夷<u>白狼楼薄种王</u>[30]<u>唐缯</u>等率种人口十七万归义内属,赐金印紫绶钱帛。

①<u>古今注</u>曰:"六月庚辰,月入<u>毕</u>中。"

十二年十一月癸酉,夜有苍白气,长三丈,起<u>天园</u>,东北指<u>军市</u>,见积十日。占曰:"兵起,十日期岁。"明年十一月,<u>辽东鲜卑</u>二千馀骑寇<u>右北平</u>。

十三年①十一月乙丑,<u>轩辕</u>第四星间有小客星,色青黄。<u>轩辕</u>

2613

为后宫,星出之,为失势。其十四年六月辛卯,阴皇后废。②

①古今注曰:"正月辛未,水乘舆鬼。十二月癸巳,犯轩辕大星。"

②古今注曰:"十四年正月乙卯,月犯轩辕,在太微中。二月十日丁
　酉,〔31〕水入太微西门。十一月丁丑,〔32〕有流星大如拳,起北斗魁中,
　北至阁道,稍有光,色赤黄,须臾西北有雷声。"

十六年四月丁未,紫宫中生白气如粉絮。戊午,客星出紫宫西
行至昴,五月壬申灭。七月庚午,水在舆鬼中。①十月辛亥,流星起
钩陈,北行三丈,有光,色黄。白气生紫宫中为丧。客星从紫宫西
行至昴为赵。舆鬼为死丧。钩陈为皇后,流星出之为中使。后一
年,元兴元年十〔二〕月(二日),和帝崩,〔33〕殇帝即位一年又崩,无
嗣,邓太后遣使者迎清河孝王子即位,是为孝安皇帝,是其应也。
清河,赵地也。

①黄帝占曰:"辰星犯鬼,大臣诛,国有忧。"郗萌曰:"多蝗虫。"

元兴元年二月庚辰,〔34〕有流星起角、亢五丈所。四月辛亥,有
流星起斗,东北行到须女。七月己巳,有流星起天市五丈所,光色
赤。闰月辛亥,〔35〕水、金俱在氐。①流星起斗,东北行至须女。须
女,燕地。天市为外军。水、金会为兵诛。其年,辽东貊人反,钞六
县,发上谷、渔阳、右北平、辽西乌桓讨之。

①巫咸曰:"辰星守氐,多水灾。"海中占曰:"天下大旱,所在不收。"荆州
　星占曰:"太白守氐,国君大哭。"

孝殇帝延平元年正月丁酉,金、火在娄。金、火合为烁,为大人
忧。①是岁八月辛亥,孝殇帝崩。

①古今注曰:"七月甲申,月在南斗中。"

孝安永初元年五月戊寅,荧惑逆行守心前星。①八月戊申,客星在东井、弧星西南。心为天子明堂,荧惑逆行守之,为反臣。②客星在东井,为大水。③是时,安帝未临朝,邓太后摄政,邓骘为车骑将军,弟弘、悝、阊皆以校尉封侯,秉国势。司空周章意不平,与王尊、叔元茂等谋,[36]欲闭宫门,捕将军兄弟,诛常侍郑众、蔡伦,劫刺尚书,[37]废皇太后,封皇帝为远国王。事觉,章自杀。东井、弧皆秦地。是时羌反,断陇道,汉遣骘将左右羽林、北军五校及诸郡兵征之。是岁郡国四十一县三百一十五雨水。四渎溢,伤秋稼,坏城郭,杀人民,是其应也。

①韩杨占曰:"多火灾。一曰地震。"检其年十八郡地震,明年汉阳火。

②雒书曰:"荧惑守心,逆臣起。"黄帝占曰:"逆行守心二十日,大臣乱。"

③荆州经曰:"客星干犯东井,则大臣诛。"

二年正月戊子,太白昼见。①

①古今注曰:"四月乙亥,[38]月入南斗魁中。八月己亥,[39]荧惑出入太微端门。"

三年正月庚戌,月犯心后星。①己亥,太白入斗中。②十二月,彗星起天苑南,东北指,长六七尺,色苍白。太白昼见,为强臣。③是时邓氏方盛,月犯心后星,不利子。心为宋。五月丁酉,沛王(牙)〔正〕薨,[40]太白入斗中,为贵相凶。④天苑为外军,彗星出其南为外兵。是后使羌、氐讨贼李贵,又使乌桓击鲜卑,又使中郎将任尚、护羌校尉马贤击羌,皆降。

①河图曰:"乱臣在旁。"

②古今注曰:"三月壬寅,荧惑入舆鬼中。五月丙寅,[41]太白入毕中。"

石氏经曰:"太白守毕,国多任刑也。[42]"

③前志曰:"太白昼见,强国弱,小国强,女主昌。"

④臣昭案:杨厚对曰"以为诸王子多在京师,容有非常,宜巫发遣还本
国",太后从之,星寻灭不见。以斯而言,太白入之,灾在贵相。

四年①六月甲子,[43]客星大如李,苍白,芒气长二尺,西南指
上阶星。癸酉,太白入舆鬼。指上阶,为三公。后太尉〔张禹、司
空〕张敏〔皆〕免官。[44]太白入舆鬼,为将凶。后中郎将任尚坐赃千
万,槛车征,弃市。②

①古今注曰:"二月丙寅,月犯轩辕大星。"

②韩扬占曰:"太白入舆鬼,乱臣在内。"臣昭以占为明〔堂〕,岂任尚所能
感也。[45]

五年六月辛丑,太白昼见,经天。①元初元年三月癸酉,荧惑入
舆鬼。二年九月辛酉,荧惑入舆鬼中。三年三月,荧惑入舆鬼中。
五月丙寅,太白入毕口。②七月甲寅,岁星入舆鬼。闰月己未,太白
犯太微左执法。十一月甲午,客星见西方,己亥在虚、危,南至胃、
昴。③四年正月丙戌,岁星留舆鬼中。④乙未,太白昼见丙上。四月
壬戌,太白入舆鬼中。⑤己巳,辰星入舆鬼中。⑥五月己卯,辰星犯
岁星。六月丙申,荧惑入舆鬼中,戊戌,[46]犯舆鬼大星。九月辛
巳,太白入南斗口中。⑦五年三月丙申,镇星犯东井钺星。五月庚
午,辰星犯舆鬼质星。丙戌,太白犯钺星。六年四月癸丑,太白入
舆鬼。⑧六月丙戌,荧惑在舆鬼中。⑨丁卯,镇星在舆鬼中。⑩辛巳,
太白犯左执法。自永初五年到永宁,十年之中,[47]太白一昼见经
天,再入舆鬼,一守毕,再犯左执法,入南斗,犯钺星。荧惑五入舆
鬼。镇星一犯东井钺星,一入舆鬼。岁星、辰星再入舆鬼。凡五星
入舆鬼中,皆为死丧。荧惑、太白甚犯钺、质星为诛戮。斗为贵将。
执法为近臣。客星在虚、危为丧。为哭泣。⑪昴、毕为边兵,又为狱

事。至建光元年三月癸巳,邓太后崩;五月庚辰,太后兄车骑将军骘等七侯皆免官,自杀,是其应也。

①春秋汉含孳曰:"阳弱,辰逆,太白经天。"注云:"阳弱,君柔不堪。"钩命决曰:"天失仁,太白经天。"

②黄帝占曰:"火攻,[48]近期十五日,远期四十日。"又曰:"大臣当之,乱国易主。"

③郗萌曰:"客星入虚,大人当之。"又曰:"客星守危,强臣执国命,在后族。又且大风,有危败。"黄帝星经曰:"客星入守若出危,大饥,民食贵。"

④石氏经曰:"岁星入留舆鬼五十日不下,民有大丧;百日不下,民半死。"黄帝经曰:"守鬼十日,金钱散诸侯。"郗萌曰:"五穀多伤,民以饥死者无数。"

⑤石氏占:"太白入鬼,一曰病在女主,一曰将戮死。"

⑥郗萌曰:"以罪诛大臣。一曰后疾。一曰大人忧。"

⑦黄帝经曰:"大人当之,国易政。"

⑧郗萌曰:"太白守舆鬼,疾在女主。"

⑨黄帝经曰:"荧惑犯守鬼,国有大丧,有女丧,大将有死者。"荆州星占曰:"荧惑犯鬼,忠臣戮死,不出一年中。"

⑩黄帝经曰:"镇入鬼中,大臣诛。"海中、石氏曰:"大人忧。"

⑪星占曰:"不一年,远期二年。"

延光①二年八月己亥,荧惑出太微端门。三年二月辛未,太白犯昴。②五月癸丑,太白入毕。③九月壬寅,镇星犯左执法。四年,太白入舆鬼中。④六月壬辰,太白出太微。九月甲子,太白入斗口中。十一月,客星见天市。荧惑出太微,为乱臣。太白犯昴、毕,为(近)〔边〕兵,[49]□大人当之。镇星犯左执法,有诛臣。太白入舆鬼中,为大丧。太白出太微,为中宫有兵;入斗口,为贵将相有诛者。客星见天市中,为贵丧。是时大将军耿宝、中常侍江京、樊丰、小黄门刘安与阿母王圣、圣子女永等并构谮太子保,并恶太子乳母男、厨监邴吉。三年九月丁酉,废太子为济阴王,以北乡侯懿代。杀男、吉,徙其父母妻子日南。四年三月丁卯,安帝巡狩,从南阳还,道寝疾,至叶崩,阎后与兄卫尉显、中常侍江京等共隐匿,不令群臣知上崩,遣司徒刘喜等[50]分诣郊庙,告天请命,载入北宫。庚午夕发丧,尊阎氏为太后。北乡侯懿病薨,京等又不欲立保,白太后,更征诸王子择所立。中黄门孙程、王国、王康等十九人,共合谋诛显、京等,立保为天子,是为孝顺皇帝。皆奸人强臣狂乱王室,其于死亡诛戮,兵起宫中,是其应。⑤

①古今注曰:"元年四月丙午,[51]太白昼见。"

②石氏星占:"太白守昴,兵从门阙入,主人走。"郗萌曰:"不有亡国,必有谋主。"又云:"入昴,大赦。"

③郗萌曰:"太白入毕口,马驰人走。"又曰:"有中丧。"

④古今注曰:"四月甲辰入。"

⑤古今注曰:"永建元年二月甲午,客星入太微。五月甲子,月入斗。"李氏家书曰:"时天有变气,李郃上书谏曰:'臣闻天不言,县象以示吉凶,挺灾变异以为谴诫。昔齐桓公遭虹贯牛、斗之变,纳管仲之谋,令齐去妇,无近妃宫。桓公听用,齐以大安。赵有尹史,见月生齿,龀毕大星,占有兵变。赵君曰:"天下共一毕,知为何国也?"下史于狱。其后公子牙谋弑君,血书端门,如史所言。乃月十三日,有客星气象彗孛,历天市、梗河、招摇、枪、栝,十六日入紫宫,迫北辰,十七日复过文昌、泰陵,至天船、积水间,稍微不见。客星一占曰:"鲁星历天市者为毂贵,梗河三星备非常,泰陵八星为凶丧,紫宫、北辰为至尊。"如占,恐宫庐之内有兵丧之变,千里之外有非常暴逆之忧。鲁星不得过历尊宿,行度从疾,应非一端,恐复有如王阿母母子贱妾之欲居帝旁耗乱政事者。诚令有之,宜当抑远,饶足以财。王者权柄及爵禄,人天

所重慎，诚非阿妾所宜干豫，天故挺变，明以示人。如不承慎，祸至变成，悔之靡及也。'"

孝顺永建二年二月癸未，<u>太白</u>昼见三十九日。①闰月乙酉，[52]太白昼见东南维四十一日。八月乙巳，<u>荧惑</u>入<u>舆鬼</u>。<u>太白</u>昼见，为强臣。荧惑为凶。舆鬼为死丧。质星为诛戮。是时中常侍<u>高梵</u>、<u>张防</u>、将作大匠<u>翟酺</u>、尚书令<u>高堂芝</u>、仆射<u>张敦</u>、尚书尹就、郎<u>姜述</u>、<u>杨凤</u>等，及<u>兖州</u>刺史<u>鲍就</u>、使<u>匈奴</u>中郎〔将〕<u>张国</u>、[53]<u>金城</u>太守<u>张笃</u>、<u>敦煌</u>太守<u>张朗</u>，相与交通，漏泄，<u>就</u>、<u>述</u>弃市，<u>梵</u>、<u>防</u>、<u>酺</u>、<u>芝</u>、<u>敦</u>、<u>凤</u>、<u>就</u>、<u>国</u>皆抵罪。又定远侯<u>班始</u>尚<u>阴城</u>公主<u>坚得</u>，斗争杀<u>坚得</u>，坐要斩<u>马市</u>，同产皆弃市。②

①古今注曰："丁巳，月犯<u>心</u>，[54]七月丁酉，犯<u>昴</u>。"

②古今注曰："其年九月戊寅，有白气，广三尺，长十馀丈，从<u>北落师门</u>南至<u>斗</u>。三年二月癸未，[55]月犯<u>心</u>后星。六月甲子，太白昼见。四年二月癸丑，月犯<u>心</u>后星。五年闰月庚子，<u>太白</u>昼见。六年，彗星出于<u>斗</u>、<u>牵牛</u>，灭于<u>虚</u>、<u>危</u>。<u>虚</u>、<u>危</u>为<u>齐</u>，<u>牵牛</u><u>吴</u>、<u>越</u>，故海贼浮于<u>会稽</u>，山贼捷于<u>济南</u>。五年夏，<u>荧惑</u>守<u>氐</u>，诸侯有斩者，是冬班始腰斩<u>马市</u>。"

六年四月，<u>荧惑</u>入<u>太微</u>中，犯<u>左</u>、右执法西北方六寸所。十月乙卯，<u>太白</u>昼见。十二月壬申，客星芒气长二尺馀，西南指，色苍白，在<u>牵牛</u>六度。客星芒气白为兵。<u>牵牛</u>为<u>吴</u>、<u>越</u>。后一年，<u>会稽</u>海贼<u>曾於</u>等千馀人烧<u>句章</u>，杀长吏，又杀<u>鄞</u>、<u>鄮</u>长，取官兵，拘杀吏民，攻东部都尉；<u>扬州</u>六郡逆贼<u>章何</u>等称将军，犯四十九县，大攻略吏民。

<u>阳嘉</u>元年闰月戊子，①客星气白，广二尺，长五丈，起<u>天苑</u>西南。主马牛，为外军，色白为兵。是时，<u>郭煌</u>太守<u>徐白</u>[56]使疏勒王

盘等兵二万人入于寘界，虏掠斩首三百馀级。乌桓校尉耿晔使乌桓亲汉都尉戎末瘣等出塞[57]，钞鲜卑，斩首，获生口财物；鲜卑怨恨，钞辽东、代郡，杀伤吏民。是后，西戎、北狄为寇害，以马牛起兵，马牛亦死伤于兵中，至十馀年乃息。②

①臣昭案：郎颉表云"十七日己丑"。

②臣昭案：郎颉传，阳嘉元年，太白与岁星合于房、心。二年，荧惑失度，盈缩往来，涉历舆鬼，环绕轩辕。古今注曰："二年四月壬寅，[58]太白昼见，五月癸巳，[59]又昼见，十一月辛未，[60]又昼见。十二月壬寅，[61]月犯太白。三年十二月辛未，太白昼见。四月乙卯，[62]太白、荧惑入舆鬼。永和元年正月丁卯，[63]太白犯牵牛大星。"

永和二年五月戊申，太白昼见。八月庚子，荧惑犯南斗。斗为吴。①明年五月，吴郡太守行丞事羊珍与越兵弟叶、吏民吴铜等[64]二百馀人起兵反，杀吏民，烧官亭民舍，攻太守府。太守王衡距守，吏兵格杀珍等。又〔九〕江贼蔡伯流等数百人攻广陵、九江，[65]烧城郭，杀〔江〕都长。[66]

①黄帝经曰："不期年，国有乱，有忧。"海中占："为多火灾。一曰旱。"古今注曰："九月壬午，[67]月入毕口中。"

三年二月辛巳，太白昼见，戊子，在荧惑西南，光芒相犯。辛丑，有流星大如斗，从西北东行，长八九尺，色赤黄，有声隆隆如雷。三月壬子，太白昼见。六月丙午，太白昼见。八月①乙卯，太白昼见。闰月甲寅，辰星入舆鬼。己酉，荧惑入太微。乙卯，太白昼见。②太白者，将军之官，又为西州。昼见，阴盛，与君争明。荧惑与太白相犯，为兵丧。流星为使，声隆隆，怒之象也。辰星入舆鬼，为大臣有死者。荧惑入太微，乱臣在廷中。是时，大将军梁商父子秉势,故太白常昼见也。其四年正月,祀南郊,夕牲,中常侍张逵、蓬政、(阳)〔杨〕定、^[68]内者令石光、尚方令傅福等与中常侍曹腾、孟贲争权,白帝言腾、贲与商谋反,矫诏命收腾、贲,贲自解说,顺帝寤,解腾、贲缚。逵等自知事不从,各奔走,或自刺,解貂蝉投草中逃亡,皆得免。其六年,征西将军马贤击西羌于北地(谢)〔射〕姑山下,^[69]父子为羌所没杀,是其应也。

①古今注曰:"己酉,荧惑入太微。"

②古今注曰:"十二月丁卯,月犯轩辕大星。"

四年七月壬午,荧惑入南斗犯第三星。五年四月戊午,太白昼见。八月己酉,荧惑入太微。斗为贵相,为扬州,荧惑犯入之为兵丧。其六年,大将军商薨。九江、丹阳贼周生、马勉等起兵攻没郡县。梁氏又专权于天廷中。

六年二月丁巳,彗星见东方,长六七尺,色青白,西南指营室及坟墓星。①丁丑,彗星在奎一度,长六尺,癸未昏见,②西北历昴、毕,甲申,在东井,遂历舆鬼、柳、七星、张,光炎及三台,至轩辕中灭。③营室者,天子常宫。坟墓主死。彗星起而在营室、坟墓,不出五年,天下有大丧。后四年,孝顺帝崩。昴为边兵,又为赵。羌周马父子后遂为寇。又刘文劫清河相射暠,欲立王蒜为天子,暠不听,杀暠,王闭门距文,官兵捕诛文,蒜以恶人所劫,废为尉氏侯,又徙为犍阳都乡侯,薨,^[70]国绝。历东井、舆鬼为秦,皆羌所攻钞。炎及三台,为三公。是时,太尉杜乔及故太尉李固为梁冀所陷入,坐文书死。及至柳、张为周,灭于轩辕中为后宫。其后懿献后以忧死,梁氏被诛,是其应也。

①郗萌占曰:"彗星出而中营室,天下乱,易政,以五色占之吉凶。"

②河图曰:"彗星出贯奎,库兵悉出,祸在强侯、外夷,胡应逆首谋也。"

③古今注曰:"五月庚寅,太白昼见。十一月甲午,太白昼见。"

汉安①二年,正月己亥,太白昼见。五月丁亥,辰星犯舆鬼。②六月乙丑,荧惑光芒犯镇星。七月甲申,太白昼见。辰星犯舆鬼为大丧。荧惑犯镇星为大人忌。明年八月,孝顺帝崩,孝冲③明年正月又崩。

①古今注曰:"元年二月壬午,[71] 岁星在太微中。八月癸丑,月犯南斗,入魁中。"

②古今注曰:"丙辰,月入斗中。"[72]

③古今注曰:"建康元年九月己亥,太白昼见。"韩扬占曰:"天下有丧。一日有白衣之会。"

孝质本初元年,①三月癸丑,荧惑入舆鬼,四月辛巳,太白入舆鬼,皆为大丧。五月庚戌,太白犯荧惑,为逆谋。闰月一日,孝质帝为梁冀所鸩,崩。

①古今注曰:"(三)〔二〕月丁丑,[73] 月入南斗。"

【校勘记】

〔1〕闰九月辛未　按:此注系永平元年下,查永平元年无闰,是年九月乙卯朔,有辛未,"闰"字当衍。

〔2〕(阳)〔赐〕爵禄事　卢校谓"阳"疑"赐"字之讹。按:今辑本开元占经作"赐"。今据改。

〔3〕(百)〔见〕三十五日去　按:校补引钱大昭说,谓本纪章怀注引伏侯古今注作"彗长三尺许,见三十五日乃去"。此"百"字疑当作"见"。今据改。

〔4〕其十二月楚王英与颜忠等造作妖〔书〕谋反　据卢校补。按:集解引洪亮吉说,谓"十二月"宜作"十一月"。

〔5〕后北匈奴寇〔边〕入云中至(咸)〔渔〕阳　据卢校补改。按:卢云"寇"下当有"边"字,"咸"当作"渔",何焯以南匈奴传校改。

〔6〕是时蛮夷陈纵等及哀牢王类〔牢〕反　按:南蛮传"陈纵"作"陈从"。又按:西南夷传"类"下有"牢"字,今据补。

〔7〕攻(蕉)〔巂〕唐城　殿本考证齐召南谓按文当作"巂唐城",巂唐,永昌郡属县也。又集解引惠栋说,谓"焦"西南夷传作"巂",当从传。今据改。

〔8〕安夷长宋延　按:西南夷传"宋延"作"宗延"。

〔9〕二(月)〔年〕九(日)〔月〕　殿本考证李良裘谓案书日例惟甲子,此兼言"九日",讹也。上书"八月庚寅彗星出天市",此不应更纪二月事。且上书"元年正月丁巳",则二月九日安得为甲寅乎?下云"十二月戊寅彗星出",考章帝纪在建初二年,此"二月九日"乃"二年九月"之讹也。又集解引洪亮吉说略同。今据改。

〔10〕甲申金入斗魁　按:建初二年九月乙未朔,无甲申,注有讹。

〔11〕五年二月戊辰　按:建初五年二月庚辰朔,无戊辰,注有讹。

〔12〕五月戊寅　按:汲本、殿本"五月"作"三月"。

〔13〕元和(元)〔二〕年四月丁巳　据卢校改。按:章帝崩于章和二年,下云"后四年章帝崩",自元和二年至章和二年,相距恰四年也。

2623

〔14〕壬戌有流星起天将军　按:永元元年三月丁亥朔,无壬戌,志文有讹。

〔15〕并进兵临私渠北鞮海　按:"北"当依范书窦宪传作"比"。

〔16〕癸亥镇在参　按:注系永元元年正月之后,查是年正月戊子朔,无癸亥,注有讹。

〔17〕四月丙辰　按:永元二年四月辛巳朔,无丙辰,志文有讹。

〔18〕有兵兵罢〔无兵〕兵起　卢校谓"兵起"上脱"无兵"二字,通考有。今据补。

〔19〕丁丑火在氐东南星东南　按:注系于永元二年四月之后,查是年四月辛巳朔,无丁丑,注有讹。

〔20〕宪女弟壻郭举为侍中射声校尉　按:窦宪传作"宪女壻",通鉴同,此云"宪女弟壻",未详孰是。

〔21〕至四年六月丙(寅)〔辰〕发觉　集解引洪亮吉说,谓案和帝纪云庚申幸北宫,诏收捕宪党,则此志"丙寅"应作"丙辰"为是。又案下五行志,丙辰地震,后五日诏收宪,丙辰至庚申正五日。今据改。

〔22〕色白言(义)〔丧〕　据汲本、殿本改。

〔23〕七月水大漂杀人民伤五谷许侯马光有罪自杀　按:校补谓案本书和纪,永元六年七月有旱无水,五行志亦不载是年七月水。又马光自杀,纪属二月,亦不在七月。

〔24〕与度辽将军朱徽　按:集解引钱大昕说,谓和帝纪、匈奴传俱作"朱徽"。

〔25〕十一月甲戌　按:永元七年十一月戊寅朔,无甲戌,志文有讹。

〔26〕十二月己卯　按:永元七年十二月戊申朔,无己卯。下云丙辰,则"己卯"乃"乙卯"之讹。

〔27〕乐成王宗　按:校补引钱大昭说,谓"宗"传作"崇"。

〔28〕辽东鲜卑〔反〕太守祭参不追虏征下狱诛　集解引钱大昕说,谓参考鲜卑传,当作"鲜卑寇肥如,辽东太守祭参不追虏,征下狱诛"。按:校补谓此"卑"下脱"反"字耳。辽东鲜卑者,鲜卑之种别。本书鲜卑传载参沮败事,亦原作"辽东鲜卑"。上已言辽东,则"太守"上自不必更出"辽东"字,史例然也。今依校补补"反"字。

〔29〕司其出日而数之　按:校补谓司读为伺。又按:汲本"日"作"人"。

〔30〕白狼楼薄种王　按:集解引惠栋说,谓"楼"和纪作"㙸"。

〔31〕二月十日丁酉　按:"十日"二字当衍。既书丁酉,不当更书某日,且永元十四年二月壬申朔,丁酉为二十六日,非十日也。

〔32〕十一月丁丑　按:永元十四年十一月戊戌朔,无丁丑,注有讹。

〔33〕元兴元年十〔二〕月(二日)和帝崩　据集解引钱大昕、洪亮吉说改。

〔34〕元兴元年二月庚辰　按:是月乙酉朔,无庚辰,志文有讹。

〔35〕闰月辛亥　按:元兴元年闰九月辛巳朔,无辛亥,志文有讹。

〔36〕与王尊叔元茂等谋　按:汲本"王尊"作"王遵"。

〔37〕劫刺尚书　按:"刺"疑"救"之讹。

〔38〕四月乙亥　按:注系永初二年下,查永初二年四月丙申朔,无乙亥,注有讹。

〔39〕八月己亥　按:是年八月甲子朔,无己亥,注有讹。

〔40〕沛王(牙)〔正〕薨　集解引惠栋说,谓"牙"当作"正",传写误也。今据改。按:沛王正,沛献王辅之孙,谥节。

〔41〕五月丙寅　按:注系永初三年下,查永初三年五月庚寅朔,无丙寅,注有讹。

〔42〕国多任刑也　按:汲本、殿本"任"作"淫"。

〔43〕四年六月甲子　按:汲本、殿本作"丙子"。

〔44〕后太尉〔张禹司空〕张敏〔皆〕免官　据卢校依御览八七五补。

〔45〕臣昭以占为明〔堂〕岂任尚所能感也　据卢校补。按:殿本有"堂"字,脱"岂"字。

〔46〕六月丙申至戊戌　按:元初四年八月癸卯朔,无丙申、戊戌,志文有讹。

〔47〕自永初五年到永宁十年之中　按:"十"原讹"七",径改正。

〔48〕黄帝占曰火攻　按:卢校谓"火攻"通考作"大败"。

〔49〕太白犯昴毕为(近)〔边〕兵　据卢校改。

〔50〕遣司徒刘喜等　按:集解引惠栋说,谓"喜"范书作"熹"。

〔51〕元年四月丙午　按:延光元年四月乙亥朔,无丙午,注有讹。

〔52〕闰月乙酉　按:永建二年闰六月乙巳朔,无乙酉,志文有讹。

〔53〕使匈奴中郎〔将〕张国　据卢校补。

〔54〕丁巳月犯心　按:注系永建二年二月下,查永元二年二月丁丑朔,
　　无丁巳,注有讹。

〔55〕三年二月癸未　按:永建三年二月辛丑朔,无癸未,注有讹。

〔56〕敦煌太守徐白　按:集解引惠栋说,谓西域传"白"作"由"。

〔57〕使乌桓亲汉都尉戎末瘣等出塞　按:集解引惠栋说,谓鲜卑传"末"
　　作"朱"。

〔58〕二年四月壬寅　按:阳嘉二年四月辛未朔,无壬寅,注有讹。

〔59〕五月癸巳　按:阳嘉二年五月庚子朔,无癸巳,注有讹。

〔60〕十一月辛未　按:阳嘉二年十一月戊戌朔,无辛未,注有讹。

〔61〕十二月壬寅　按:阳嘉二年十二月丁卯朔,无壬寅,注有讹。

〔62〕四月乙卯　按:"四月乙卯"不当置于"十二月辛未"之后,或"四
　　月"上脱"四年"二字,然阳嘉三年四月乙丑朔,四年四月庚申朔,
　　皆无乙卯,注显有讹。

〔63〕永和元年正月丁卯　按:汲本、殿本"正月"作"五月"。

〔64〕吴郡太守行丞事羊珍与越兵弟叶吏民吴铜等　按:顺帝纪作"吴郡
　　丞羊珍","太守"字当衍。

〔65〕又〔九〕江贼蔡伯流等数百人攻广陵九江　集解引钱大昕说,谓顺
　　帝纪作"九江贼",此脱"九"字。今据补。按:卢文弨云文法不顺,
　　纪云"攻郡界及广陵",得之。

〔66〕杀〔江〕都长　据集解引钱大昕说补。按:顺帝纪有"江"字。

〔67〕九月壬午　按:注系于永和二年下,查永和二年九月丙午朔,无壬午,注有讹。

〔68〕(阳)〔杨〕定　据集解引钱大昕说改。

〔69〕击西羌于北地(谢)〔射〕姑山下　据顺帝纪及西羌传改。

〔70〕废为尉氏侯又徙为犍阳都乡侯薨　按:清河王蒜坐贬为尉氏侯,不得云废,文有讹。集解引洪颐煊说,谓桓帝纪、清河孝王传并云蒜坐贬为尉氏侯,徙桂阳,自杀。

〔71〕元年二月壬午　按:汉安元年二月庚戌朔,无壬午,注有讹。

〔72〕丙辰月入斗中　按:注系于汉安二年五月之后,查汉安二年五月癸酉朔,无丙辰,注有讹。

〔73〕(三)〔二〕月丁丑　据卢校依通鉴目录改。按:是年二月丁巳朔,有丁丑,三月丙戌朔,无丁丑。

后汉书志第十二

天文下

桓三十八　灵二十　献九　陨石

孝桓建和元年八月壬寅,荧惑犯舆鬼质星。二年二月辛卯,荧惑行在舆鬼中。三年五月己丑,太白行入太微右掖门,留十五日,出端门。丙申,荧惑入东井。八月己亥,镇星犯舆鬼中南星。乙丑,彗星芒长五尺,见天市中,东南指,色黄白,九月戊辰不见。荧惑犯舆鬼为死丧,质星为戮臣,入太微为乱臣。镇星犯舆鬼为丧。彗星见天市中为(质)贵人。[1]至和平元年(十)二月甲寅,梁太后崩,[2]梁冀益骄乱矣。

元嘉元年二月戊子,太白昼见。永兴二年闰月丁酉,太白昼见。时上幸后宫采女邓猛,明年,封猛兄演为南顿侯。后四岁,梁皇后崩,梁冀被诛,猛立为皇后,恩宠甚盛。

永寿元年三月丙申,镇星逆行入太微中,七十四日去左掖门。

七月己未,辰星入太微中,八十日去左掖门。八月己巳,荧惑入太微,二十一日出端门。太微,天子廷也。镇星为贵臣妃后,逆行为匿谋。辰星入太微为大水,一日后宫有忧。是岁雒水溢至津门,南阳大水。荧惑留入太微中,又为乱臣。是时梁氏专政。九月己酉,昼有流星长二尺所,色黄白。癸巳,荧惑犯岁星,为奸臣谋,大将戮。

二年六月甲寅,[3]辰星入太微,遂伏不见。辰星为水,为兵,为妃后,八月戊午,太白犯轩辕大星,为皇后。其三年四月戊寅,荧惑入东井口中,为大臣有诛者。其七月丁丑,太白犯心前星,为大臣。后二年(四)〔七〕月,懿献皇后以忧死。[4]大将军梁冀使太仓令秦宫刺杀议郎邴尊,又欲杀邓后母宣,事觉,桓帝收冀及妻寿襄城君印绶,皆自杀。诛诸梁及孙氏宗族,或徙边。是其应也。

延熹四年三月甲寅,[5]荧惑犯舆鬼质星。五月辛酉,客星在营室,稍顺行,生芒长五尺所,至心一度,转为彗。荧惑犯舆鬼质星,大臣有戮死者。五年十月,南郡太守李肃坐蛮夷贼攻盗郡县,取财物一亿以上,入府取铜虎符,肃背敌走,不救城郭;又监黎阳谒者燕乔坐赃,重泉令彭良杀无辜,皆弃市。京兆虎牙都尉宋谦[6]坐赃,下狱死。客星在营室至心作彗,为大丧。后四年,邓后以忧死。

六年十一月丁亥,太白昼见。是时邓后家贵盛。

七年七月戊辰,[7]辰星犯岁星。八月庚戌,荧惑犯舆鬼质星。庚申,岁星犯轩辕大星。十月丙辰,太白犯房北星。丁卯,辰星犯太白。十二月乙丑,荧惑犯轩辕第二星。辰星犯岁星为兵。荧惑犯质星有戮臣。岁星犯轩辕为女主忧。太白犯房北星为后宫。其八年二月,太仆南乡侯左胜[8]以罪赐死,胜弟中常侍上蔡侯悺、北乡侯党皆自杀。癸亥，皇后邓氏坐执左道废，迁于（祠）〔桐〕宫死，[9]宗亲侍中沘阳侯邓康、河南尹邓万、[10]越骑校尉邓弼、虎贲中郎将安（乡）〔阳〕侯邓（鲁）〔会〕、[11]侍中监羽林左骑邓德、右骑邓寿、昆阳侯邓统、淯阳侯邓秉、议郎邓循皆系暴室，万、（鲁）〔会〕死，康等免官。又荆州刺史芝、交址刺史葛祗皆为贼所拘略，桂阳太守任胤背敌走，皆弃市，荧惑犯舆鬼质星之应也。

　　八年五月癸酉，太白犯舆鬼质星。壬午，荧惑入太微右执法。闰月己未，太白犯心前星。十月癸酉，岁星犯左执法。十一月戊午，岁星入太微，犯左执法。九年正月壬辰，岁星入太微中，五十八日出端门。六月壬戌，太白行入舆鬼。七月乙未，荧惑行舆鬼中，犯质星。九月辛亥，荧惑入太微西门，积五十八日。永康元年正月庚寅，荧惑逆行入太微东门，留太微中，百一日出端门。七月丙戌，太白昼见经天。太白犯心前星，太白犯舆鬼质星有戮臣。荧惑入太微为贼臣。太白犯心前星为兵丧。岁星入太微犯左执法，将相有诛者。岁星入守太微五十日，占为人主。太白、荧惑入舆鬼，皆为死丧，又犯质星为戮臣。荧惑留太微中百一日，占为人主。太白昼见经天为兵，忧在大人。其九年十一月，太原太守刘瓆、南阳太守成瑨皆坐杀无辜，荆州刺史李隗为贼所拘，尚书郎孟珰坐受金漏言，皆弃市。永康元年十二月丁丑，桓帝崩，太傅陈蕃，大将军窦武、尚书令尹勋、黄门令山冰等皆枉死，太白犯心，荧惑留守太微之应也。

　　孝灵帝建宁元年六月，太白在西方，入太微，犯西蕃南头星。太微，天廷也。太白行其中，宫门当闭，大将被甲兵，大臣伏诛。其八月,太傅陈蕃、大将军窦武谋欲尽诛诸宦者;其九月辛亥,[12]中常侍曹节、长乐五官史朱瑀觉之,矫制杀蕃、武等,家属徙日南比景。

熹平元年十月,荧惑入南斗中。占曰:"荧惑所守为兵乱。"斗为吴。其十一月,会稽贼许昭聚众自称大将军,昭父生为越王,攻破郡县。

二年四月,有星出文昌,入紫宫,蛇行,有首尾无身,赤色,有光焰垣墙。八月丙寅,太白犯心前星。辛未,[13]白气如一匹练,冲北斗第四星。占曰:"文昌为上将贵相。太白犯心前星,为大臣。"后六年,司徒刘(群)〔郃〕为中常侍曹节所谮,下狱死。[14]白气冲北斗为大战。明年冬,扬州刺史臧旻、丹阳太守陈寅,[15]攻盗贼苴康,斩首数千级。

光和元年四月癸丑,流星犯轩辕第二星,东北行入北斗魁中。八月,彗星出亢北,入天市中,长数尺,稍长至五六丈,赤色,经历十馀宿,八十馀日,乃消于天苑中。流星为贵使,轩辕为内宫,北斗魁主杀。流星从轩辕出抵北斗魁,是天子大使将出,有伐杀也。至中平元年,黄巾贼起,上遣中郎将皇甫嵩、朱儁等征之,斩首十馀万级。彗除天市,天帝将徙,帝将易都。至初平元年,献帝迁都长安。

三年冬,彗星出狼、弧,东行至于张乃去。张为周地,彗星犯之为兵乱。后四年,京都大发兵击黄巾贼。

五年四月,荧惑在太微中,守屏。七月,彗星出三台下,东行入太微,至太子、幸臣,二十馀日而消。十月,岁星、荧惑、太白三合于虚,相去各五六寸,如连珠。占曰:"荧惑在太微为乱臣。"是时中常侍赵忠、张让、郭胜、[16]孙璋等,并为奸乱。彗星入太微,天下易主。至中平六年,宫车晏驾。岁星、荧惑、太白三合于虚为丧。虚,齐(也)〔地〕。明年,琅邪王据薨。

光和中,国皇星东南角去地一二丈,如炬火状,十馀日不见。占曰:"国皇星为内乱,外内有兵丧。"其后黄巾贼张角烧州郡,朝廷遣将讨平,斩首十馀万级。中平六年,宫车晏驾,大将军何进令司隶校尉袁绍私募兵千馀人,阴蹲雒阳城外,窃呼并州牧董卓使将兵至京都,共诛中官,对战南、北宫阙下,死者数千人,燔烧宫室,迁都西京。及司徒王允与将军吕布诛卓,卓部曲将郭汜、李傕旋兵攻长安,公卿百官吏民战死者且万人。天下之乱,皆自内发。

中平二年十月癸亥,客星出南门中,大如半筵,五色喜怒稍小,至后年六月消。占曰"为兵。"至六年,司隶校尉袁绍诛灭中官,大将军部曲将吴匡攻杀车骑将军何苗,死者数千人。

三年四月,荧惑逆行守心后星。十月戊午,月食心后星。占曰:"为大丧。"后三年而灵帝崩。

五年二月,彗星出奎,逆行入紫宫,后三出,六十馀日乃消。六月丁卯,客星如三升椀,出贯索,西南行入天市,至尾而消。占曰:"彗除紫宫,天下易主。客星入天市,为贵人丧。"明年四月,宫车晏驾。中平中夏,流星赤如火,长三丈,起河鼓,入天市,抵触宦者星,色白,长二三丈,后尾再屈,食顷乃灭,状似枉矢。占曰:"枉矢流发,其宫射,所谓矢当直而枉者,操矢者邪枉人也。"中平六年,大将军何进谋尽诛中官,〔中官觉〕,[17] 于省中杀进:俱两破灭,天下由此遂大坏乱。

六年八月丙寅,太白犯心前星,戊辰犯心中大星。其日未冥四刻,大将军何进于省中为诸黄门所杀。己巳,车骑将军何苗为进部曲将吴匡所杀。

孝献初平(三)〔二〕年九月，蚩尤旗见，[18] 长十馀丈，色白，出角、亢之南。占曰："蚩尤旗见，则王征伐四方。"其后丞相曹公征讨天下且三十年。

四年十月，孛星出两角间，东北行入天市中而灭。占曰："彗除天市，天帝将徙，帝将易都。"是时上在长安，后二年东迁，明年七月，至雒阳，其八月，曹公迎上都许。

建安五年十月辛亥，有星孛于大梁，冀州分也。时袁绍在冀州。其年十一月，绍军为曹公所破。七年夏，绍死，后曹公遂取冀州。

九年十一月，有星孛于东井舆鬼，[19] 入轩辕太微。十一年正月，星孛于北斗，首在斗中，尾贯紫宫，及北辰。占曰："彗星扫太微宫，人主易位。"其后魏文帝受禅。

十二年十月辛卯，有星孛于鹑尾。荆州分也，时荆州牧刘表据荆州，(时)益州从事周群以〔为〕荆州牧将死而失土。[20] 明年秋，表卒，以小子琮自代。曹公将伐荆州，琮惧，举军诣公降。

十七年十二月，有星孛于五诸侯。周群以为西方专据土地者，皆将失土。是时益州牧刘璋据益州，汉中太守张鲁别据汉中，韩遂据凉州，(宋)〔宗〕建别据枹罕。[21] 明年冬，曹公遣偏将击凉州。十九年，获(宋)〔宗〕建；韩遂逃于羌中，病死。其年秋，璋失益州。二十年秋，〔曹〕公攻汉中，[22] 鲁降。

十八年秋，岁星、镇星、荧惑俱入太微，逆行留守帝坐百馀日。占曰："岁星入太微，人主改。"

二十三年三月，孛星晨见东方二十馀日，夕出西方，犯历五车、东井、五诸侯、文昌、轩辕、后妃、太微，锋炎指帝坐。[23] 占曰："除旧布新之象也。”

殇帝延平元年九月乙亥,陨石陈留四。春秋僖公十六年,陨石于宋五,传曰陨星也。董仲舒以为从高反下之象。或以为庶人惟星,陨,民困之象也。

桓帝延熹七年三月癸亥,[24]陨石右扶风一,鄠又陨石二,皆有声如雷。

【校勘记】

〔1〕彗星见天市中为(质)〔贵〕人　据卢校改。

〔2〕至和平元年(十)二月甲寅梁太后崩　集解引钱大昕说,谓桓帝纪在二月,此衍“十”字。今据删。

〔3〕二年六月甲寅　按:永寿二年六月丁巳朔,无甲寅,志文有讹。

〔4〕后二年(四)〔七〕月懿献皇后以忧死　集解引洪亮吉说,谓“四月”应作“七月”,志讹。今据改。

〔5〕延熹四年三月甲寅　按:延熹四年三月己未朔,无甲寅,志文有讹。

〔6〕京兆虎牙都尉宋谦　按:集解引钱大昕说,谓桓帝纪“宋谦”作“宗谦”。

〔7〕七年七月戊辰　按:延熹七年七月庚午朔,无戊辰,志文有讹。

〔8〕太仆南乡侯左胜　按:集解引钱大昕说,谓“左胜”桓帝纪、宦者传俱作“左称”。赵岐传作“左胜”,与此同。

〔9〕皇后邓氏坐执左道废迁于(祠)〔桐〕宫死　集解引陈景云说,谓“祠”当作“桐”,和帝阴皇后废迁桐宫事见皇后纪,可互证也。今据改。

〔10〕河南尹邓万　按:集解引钱大昕说,谓“万”下脱“世”字,盖唐人避讳去之。

〔11〕虎贲中郎将安(乡)〔阳〕侯邓(鲁)〔会〕　集解引钱大昕说,谓据皇后纪,"安乡"当作"安阳"。据桓帝纪及皇后纪,"鲁"当作"会"。今据改。

〔12〕其九月辛亥　按:集解引洪亮吉说,谓"辛亥"灵纪作"丁亥"。

〔13〕八月丙寅至辛未　按:熹平二年八月丁丑朔,无丙寅、辛未,志文有讹。

〔14〕后六年司徒刘(群)〔郃〕为中常侍曹节所谮下狱死　集解引钱大昕说,谓案熹平之世,司徒无下狱死者。惟光和二年刘郃以谋诛宦官下狱死,"群"当为"郃"之讹也。自熹平二年至光和二年,相距恰六载。又引惠栋说,谓"群"本纪作"郃"。今据改。

〔15〕丹阳太守陈寅　按:集解引惠栋说,谓灵帝纪"寅"作"龛"。

〔16〕郭胜　按:集解引惠栋说,谓袁纪"胜"作"脉"。

〔17〕大将军何进谋尽诛中官〔中官觉〕　卢校谓脱"中官觉"三字,通考有。今据补。按:汲本重"中官"二字,脱"觉"字。

〔18〕孝献初平(三)〔二〕年九月蚩尤旗见　据汲本、殿本改。按:献纪作"二年"。

〔19〕九年十一月有星孛于东井舆鬼　按:集解引洪亮吉说,谓献纪作"十月"。

〔20〕(时)益州从事周群以〔为〕荆州牧将死而失土　校补谓案文"时"字衍,"以"下脱"为"字。今据删补。

〔21〕(宋)〔宗〕建别据枹罕　殿本考证谓何焯校本"宋"改"宗"。今据改。

〔22〕二十年秋〔曹〕公攻汉中　据汲本、殿本补。

〔23〕锋炎指帝坐　按:集解引惠栋说,谓"指"一作"刺"。

〔24〕延熹七年三月癸亥　按:延熹七年三月壬申朔,无癸亥,志文有讹。

后汉书志第十三

五 行 一

貌不恭　淫雨　服妖　鸡祸　青眚

屋自坏　讹言　旱　谣　狼食人

五行传说及其占应,汉书五行志录之详矣。故泰山太守应劭、给事中董巴、散骑常侍谯周①并撰建武以来灾异。今合而论之,以续前志云。

①蜀志曰:"周字允南,巴西西充国人也。治尚书,兼通诸经及图纬。州郡辟请皆不应。耽古笃学,诵读典籍,欣然独笑,以忘寝食。蜀亡,魏征不至。"

2637

五行传曰:"田猎不宿,①饮食不享,②出入不节,③夺民农时,④及有奸谋,⑤则木不曲直。"⑥谓木失其性而为灾也。又曰:

"貌之不恭,是谓不肃。⑦厥咎狂,⑧厥罚恒雨,⑨厥极恶。⑩时则有服妖,⑪时则有龟孽,⑫时则有鸡祸,⑬时则有下体生上之痾,⑭时则有青眚、青祥,⑮惟金沴木。"⑯说云:气之相伤谓之沴。⑰

①郑玄注尚书大传曰:"不宿,不宿禽也。角主天兵。周礼四时习兵,因以田猎。礼志曰:'天子不合围,诸侯不掩群,过此则暴天物,为不宿禽。'角南有天库、将军、骑官。"汉书音义曰:"游田驰骋,不反宫室。"

②郑玄曰:"享,献也。礼志曰:'天子诸侯,无事则岁三田:一为乾豆,二为宾客,三为充君之庖。'周礼兽人,冬献狼,夏献麋,春秋献兽物,此献礼之大略也。"注五行称"郑玄曰",皆出注大传也。汉书音义曰:"无献享之礼。"

③郑玄曰:"角为天门,房有三道,出入之象也。"

④郑玄曰:"房、心,农时之候也。季冬之月,命农师计耦耕事,是时房、心晨中。春秋传曰:'辰为农祥,后稷之所经纬也。'"

⑤郑玄曰:"亢为朝廷,房、心为明堂,谋事出政之象。"

⑥郑玄曰:"君行此五者,为逆天东宫之政。东宫于地为木,木性或曲或直,人所用为器也。无故生不畅茂,多折槁,是为木不曲直。木、金、水、火、土谓之五材,春秋传曰:'天生五材,民并用之。'其政逆则神怒,神怒则材失性,不为民用。其他变异皆属沴,沴亦神怒。凡神怒者,日、月、五星既见适于天矣。"洪范:"木曰曲直。"孔安国曰:"木可以揉曲直。"

⑦郑玄曰:"肃,敬也。君貌不恭,则是不能敬其事也。"洪范曰:"貌曰恭。"

⑧郑玄曰:"君臣不敬,则倨慢如狂。"方储对策[1]曰:"君失制度,下不恭承,臣恣淫慢。"

⑨郑玄曰:"貌曰木,木主春,春气生;生气失则踰其节,故常雨也。"管子曰:"冬作土功,发地藏,则夏多暴雨,秋雨霖不止。"淮南子曰:"金不

收则多淫雨。"

⑩孔安国曰:"丑陋。"

⑪郑玄曰:"服,貌之饰也。"

⑫郑玄曰:"龟虫之生于水而游于春者,属木。"

⑬郑玄曰:"鸡畜之有冠翼者也,属貌。"洪范传曰:"妖者,败胎也,少小
之类,言其事之尚微也。至孽,则牙孽也,至乎祸则著矣。"

⑭郑玄曰:"痾,病也,貌气失之病也。"汉书音义曰:"若梁孝王之时,牛
足反出背上也。此下欲伐上之祸。"

⑮郑玄曰:"青,木色也。眚生于此,祥自外来也。"

⑯郑玄曰:"沴,珍也。凡貌、言、视、听、思、心,一事失,则逆人之心,人
心逆则怨,木、金、水、火、土气为之伤。伤则冲胜来乘珍之,于是神怒
人怨,将为祸乱。故五行先见变异,以谴告人也。及妖、孽、祸、痾、
眚、祥皆其气类,暴作非常,为时怪者也。各以物象为之占也。"

⑰尚书大传曰:"凡六沴之作,岁之朝,月之朝,日之朝,则后王受之。岁
之中,月之中,日之中,则正卿受之。岁之夕,月之夕,日之夕,则庶民
受之。"郑玄曰:"自正月尽四月为岁之朝,自五月尽八月为岁之中,自
九月尽十二月为岁之夕。上旬为月之朝,中旬为月之中,下旬为月之
夕。平旦至食时为日之朝,隅中至日跌为日之中,[2]晡时至黄昏为日
之夕。受之,受其凶咎也。"大传又云:"其二辰以次相将,其次受之。"
郑玄曰:"二辰谓日、月也。假令岁之朝也,日、月中则上公受之,日、
月夕则下公受之;岁之中也,日、月朝则孤卿受之,日、月夕则大夫受
之;岁之夕也,日、月朝则上士受之,日、月中则下士受之。其馀差以
尊卑多少,则悉矣。"管子曰:"明王有四禁:春无杀伐,无割大陵,伐大
木,斩大山,行大火,诛大臣,收榖赋钱;夏无遏水,达名川,塞大榖,动
土功,射鸟兽;秋无赦过,释罪,缓刑;冬无爵赏禄,伤伐五藏。故春政
不禁,则五榖不成;夏政不禁,则草木不荣;秋政不禁,则奸邪不胜;冬
政不禁,则地气不藏。四者俱犯,则阴阳不和,风雨不时,火流邑,大

风飘屋,折树木,地草夭,冬雷,草木夏落,而秋虫不藏,宜死者生,宜蛰者鸣,多腾墓虫也。六畜不蕃,民多夭死,国贫法乱,逆气下生。故曰台榭相望者,亡国之帘也;驰车充国者,追察之马也;翠羽朱饰者,斩生之斧也;五采纂组者,蕃功之室也。明主知其然,[3] 故远而不近,能去此取彼,则王道备也。"续汉书曰:"建武二年,尹敏上疏曰:'六沴作见,若是供御,帝用不差,神则大喜,五福乃降,用章于下。若不供御,六罚既侵,六极其下。明供御则天报之福,不供御则祸灾至。欲尊六事之体,则貌、言、视、听、思、心之用,合六事之揆以致乎太平,而消除坎坷尊害也。'"

建武元年,赤眉贼率樊崇、逢安等共立刘盆子为天子。然崇等视之如小儿,百事自由,初不恤录也。后正旦至,君臣欲共飨,既坐,酒食未下,群臣更起,乱不可整。时大司农杨音案剑怒曰:"小儿戏尚不如此!"其后遂破坏,崇、安等皆诛死。唯音为关内侯,以寿终。

光武崩,山阳王荆哭不哀,作飞书与东海王,劝使作乱。明帝以荆同母弟,太后在,故隐之。后徙王广陵,荆遂坐复谋反自杀也。[4]

章帝时,窦皇后兄宪以皇后甚幸于上,故人人莫不畏宪。宪于是强请夺沁水长公主田,公主畏宪,与之,宪乃贱顾之。后上幸公主田,觉之,问宪,宪又上言借之。上以后故,但谴敕之,不治其罪。后章帝崩,窦太后摄政,宪秉机密,忠直之臣与宪忤者,宪多害之,其后宪兄弟遂皆被诛。

桓帝时,梁冀秉政,兄弟贵盛自恣,好驱驰过度,至于归家,犹驰驱入门,百姓号之曰"梁氏灭门驱驰"。后遂诛灭。

和帝永元十年,十三年,十四年,十五年,皆淫雨伤稼。①

①古今注曰:"光武建武六年九月,大雨连月,苗稼更生,[5]鼠巢树上。
　十七年,雒阳暴雨,坏民庐舍,压杀人,伤害禾稼。"

安帝元(年)〔初〕四年秋,郡国十淫雨伤稼。①[6]

①方储对策曰:"雨不时节,妄赏赐也。"

永宁元年,郡国三十三淫雨伤稼。

建光元年,京都及郡国二十九淫雨伤稼。是时羌反久未平,百
姓屯戍,不解愁苦。

延光元年,郡国二十七淫雨伤稼。①

①案本传陈忠奏,以为王侯二千石为女使伯荣独拜车下,柄在臣妾。

二年,郡国五连雨伤稼。

顺帝永建四年,司隶、荆、豫、兖、冀部淫雨伤稼。

六年,冀州淫雨伤稼。

桓帝延熹二年夏,霖雨五十馀日。是时,大将军梁冀秉政,谋
害上所幸邓贵人母宣,冀又擅杀议郎邴尊。上欲诛冀,惧其持权日
久,威势强盛,恐有逆命,害及吏民,密与近臣中常侍单超等图其方
略。其年八月,冀卒伏罪诛灭。①

①案公沙穆传,永寿元年霖雨,大水,三辅以东莫不湮没。

灵帝建宁元年夏,霖雨六十馀日。是时大将军窦武谋变废中
官。其年九月,长乐五官史朱瑀等共与中常侍曹节起兵,先诛武,
交兵阙下,败走,追斩武兄弟,死者数百人。①

①案武死无兄弟,有兄子。

熹平元年夏,霖雨七十馀日。是时中常侍曹节等,共诬(曰)

〔白〕勃海王悝谋反，[7]其十月诛悝。

中平六年夏，霖雨八十馀日。是时灵帝新弃群臣，大行尚在梓宫，大将军何进与佐军校尉袁绍等共谋欲诛废中官。下文陵毕，中常侍张让等共杀进，兵战京都，死者数千。

更始诸将军过雒阳者数十辈，皆帻而衣妇人衣绣拥馤。[8]时智者见之，以为服之不中，身之灾也，乃奔入边郡避之。是服妖也。其后更始遂为赤眉所杀。

桓帝元嘉中，京都妇女作愁眉、啼糚、堕马髻、折要步、龋齿笑。所谓愁眉者，细而曲折。啼糚者，薄拭目下，若啼处。堕马髻者，作一边。①折要步者，足不在体下。龋齿笑者，若齿痛，乐不欣欣。始自大将军梁冀家所为，京都歙然，诸夏皆放效。此近服妖也。梁冀二世上将，婚媾王室，大作威福，将危社稷。天诚若曰：兵马将往收捕，妇女忧愁，踧眉啼泣，吏卒掣顿，折其要脊，令髻倾邪，虽强语笑，无复气味也。到延熹二年，举宗诛夷。

①梁冀别传曰："冀妇女又有不聊生髻。"

延熹中，梁冀诛后，京都帻颜短耳长，短上长下。时中常侍单超、左悺、徐璜、具瑗、唐衡在帝左右，纵其奸慝。海内愠曰：一将军死，五将军出。家有数侯，子弟列布州郡，宾客杂袭腾騭，上短下长，与梁冀同占。到其八年，桓帝因日蚀之变，乃拜故司徒韩寅为司隶校尉，[9]以次诛锄，京都正清。①

①臣昭案：本传，寅诛左悺贬具瑗，虽剡折奸首，群阉相蒙，京都未为正清。

延熹中，京都长者皆著木屐；妇女始嫁，至作漆画五采为系。

此服妖也。到九年，党事始发，传黄门北寺，临时惶惑，不能信天任命，多有逃走不就考者，九族拘系，及所过历，长少妇女皆被桎梏，应木屐之象也。

灵帝建宁中，京都长者皆以苇方笥为糗具，下士尽然。时有识者窃言：苇方笥，郡国谳箧也；今珍用之，此天下人皆当有罪谳于理官也。到光和三年癸丑赦令诏书，吏民依党禁锢者赦除之，有不见文，他以类比疑者谳。于是诸有党郡皆谳廷尉，人名悉入方笥中。

灵帝好胡服、胡帐、胡床、胡坐、胡饭、胡空侯、胡笛、胡舞，京都贵戚皆竞为之。此服妖也。其后董卓多拥胡兵，填塞街衢，虏掠宫掖，发掘园陵。

灵帝于宫中西园驾四白驴，躬自操辔，驱驰周旋，以为大乐。于是公卿贵戚转相放效，至乘辒辌以为骑从，互相侵夺，贾与马齐。案易曰："时乘六龙以御天。"行天者莫若龙，行地者莫如马。诗云："四牡骙骙，载是常服。""檀车煌煌，四牡彭彭。"〔10〕夫驴乃服重致远，上下山谷，野人之所用耳，何有帝王君子而骖服之乎！遲钝之畜，而今贵之。天意若曰：国且大乱，贤愚倒植，凡执政者皆如驴也。其后董卓陵虐王室，多援边人以充本朝，胡夷异种，跨蹈中国。

熹平中，省内冠狗带绶，以为笑乐。有一狗突出，走入司徒府门，或见之者，莫不惊怪。①京房易传曰："君不正，臣欲篡，厥妖狗冠出。"后灵帝宠用便嬖子弟，永乐宾客、鸿都群小，传相汲引，公卿牧守，比肩是也。又遣御史于西（乡）〔邸〕卖官，关内侯顾五百万者，赐与金紫；诣阙上书占令长，随县好丑，丰约有贾。强者贪如豺虎，弱者略不类物，实狗而冠者也。司徒古之丞相，壹统国政。天戒若曰:宰相多非其人,尸禄素餐,莫能据正持重,阿意曲从;今在位者皆如狗也,故狗走入其门。②

①袁山松书曰:"光和四年,又于西园弄狗以配人也。"

②应劭曰:"灵帝数以车骑将军过拜尊臣内尊,又赠亡人,显号加于顽凶,印绶污于腐尸。昔辛有睹被发之祥,知其为戎,今假号云集,不亦宜乎!"

灵帝数游戏于西园中,令后宫采女为客舍主人,身为商贾服。行至舍,采女下酒食,因共饮食以为戏乐。此服妖也。其后天下大乱。①

①风俗通曰:"时京师宾婚嘉会,皆作魁㯶,酒酣之后,续以挽歌。"魁㯶,丧家之乐。挽歌,执绋相偶和者。天戒若曰:国家当急殄悴,诸贵乐皆死亡也。自灵帝崩后,京师坏灭,户有兼尸,虫而相食,魁㯶、挽歌,斯之效乎?

献帝建安中,男子之衣,好为长躬而下甚短,女子好为长裙而上甚短。时益州从事莫嗣以为服妖,是阳无下而阴无上也,天下未欲平也。后还,遂大乱。①

①袁山松〔书〕曰:〔11〕"禅位于魏。"

灵帝光和元年,南宫侍中寺雌鸡欲化雄,一身毛皆似雄,但头冠尚未变。诏以问议郎蔡邕。邕对曰:"貌之不恭,则有鸡祸。宣帝黄龙元年,未央宫雌鸡化为雄,不鸣无距。是岁元帝初即位,立王皇后。至初元元年,丞相史家雌鸡化为雄,冠距鸣将。是岁后父禁为(平)阳〔平〕侯,〔12〕女立为皇后。至哀帝晏驾,后摄政,王莽以后兄子为大司马,由是为乱。臣窃推之,头,元首,人君之象;今鸡一身已变,未至于头,而上知之,是将有其事而不遂成之象也。若应之不精,政无所改,头冠或成,为患兹大。"是后张角作乱称黄巾,遂破坏。四方疲于赋役,多叛者。上不改政,遂至天下大乱。

桓帝永兴二年四月丙午,光禄勋吏舍壁下夜有青气,视之,得玉钩、玦各一。[13]钩长七寸二分,〔玦〕周五寸四分,[14]身中皆雕镂。此青祥也。玉,金类也。七寸二分,商数也。五寸四分,徵数也。商为臣,徵为事,盖为人臣引决事者不肃,将有祸也。是时梁冀秉政专恣,后四岁,梁氏诛灭也。

延熹五年,太学门无故自坏。襄楷以为太学前疑所居,①其门自坏,文德将丧,教化废也。是后天下遂至丧乱。

①本传楷书无"前疑"之言也。

永康元年十月壬戌,南宫平城门内屋自坏。金沴木,木动也。其十二月,宫车晏驾。

灵帝光和元年,南宫平城门内屋、武库屋及外东垣屋前后顿坏。[15]蔡邕对曰:"平城门,正阳之门,与宫连,郊祀法驾所由从出,门之最尊者也。武库,禁兵所藏。东垣,库之外障。易传曰:'小人在位,上下咸悖,厥妖城门内崩。'潜潭巴曰:'宫瓦自堕,诸侯强陵主。'此皆小人显位乱法之咎也。"其后黄巾贼先起东方,库兵大动。皇后同父兄何进为大将军,同母弟苗为车骑将军,兄弟并贵盛,皆统兵在京都。其后进欲诛废中官,为中常侍张让、段珪等所杀,兵战宫中阙下,更相诛灭,天下兵大起。

三年二月,公府驻驾庑自坏,南北三十馀间。[16]

中平二年二月癸亥,广阳城门外上屋自坏也。

献帝初平二年三月,长安宣平城门外屋无故自坏。[17]至三年夏,司徒王允使中郎将吕布杀太师董卓,夷三族。①

　①袁山松〔书〕曰:[18]"李傕等攻破长安城,害允等。"

兴平元年十月,长安市门无故自坏。至二年春,李傕、郭汜斗长安中,傕迫劫天子,移置傕坞,尽烧宫殿、城门、官府、民舍,放兵寇钞公卿以下。冬,天子东还雒阳,傕、汜追上到曹阳,虏掠乘舆辎重,杀光禄勋邓渊、廷尉宣璠、少府田邠等数十人。

五行传曰:"好攻战,①轻百姓,②饰城郭,③侵边境,④则金不从革。"⑤谓金失其性而为灾也。又曰:"言之不从,是谓不义。⑥厥咎僭,⑦厥罚恒阳,[19]⑧厥极忧。⑨时则有诗妖,⑩时则有介虫之孽,⑪时则有犬祸,⑫时则有口舌之痾,⑬时则有白眚、白祥,惟木沴金。"介虫,刘歆传以为毛虫。乂,治也。

　①郑玄注曰:"参、伐为武府,攻战之象。"

　②郑玄注曰:"轻之者,不重民命。春秋传曰:'师出不正反,战不正胜也。'"

　③郑玄注曰:"昴、毕间为天街。甘氏经曰:'天街保塞,孔涂道衢。'保塞,城郭之象也。月令曰:'四鄙入保。'"

　④郑玄曰:"毕主边兵。"

　⑤郑玄注曰:"君行此四者,为逆天西宫之政。西宫于地为金,金性从刑,[20]而革人所用为器者也,无故(治)〔冶〕之不销,[21]或入火飞亡,或铸之裂形,是为不从革。其他变异,皆属沴也。"洪范曰:"从革作辛。"马融曰:"金之性,从(人)〔火〕而更,[22]可销铄也。"汉书音义曰:"言人君言不见从,则金铁亦不从人意。"

⑥郑玄曰:"乂,治也。君言不从,则是不能治其事也。"

⑦郑玄曰:"君臣不治,则僭差矣。"

⑧郑玄曰:"金主秋,秋气杀,杀气失,故常阳也。"[23]春秋考异邮曰:"君
行非是,则言不见从;言不见从,则下不治;下不治,则僭差过制度,奢
侈骄泰。天子僭天,大夫僭人主,诸侯僭上,阳无以制。从心之喜,上
忧下,则常阳从之。推设其迹,考之天意,则大旱不雨,而民庶大灾
伤。"淮南子曰:"杀不辜则国赤地。"

⑨郑玄曰:"杀气失,故于人为忧。"

⑩郑玄曰:"诗之言志也。"

⑪郑玄曰:"蟓、螽、蜩、蝉之类,生于火而藏于秋者也,属金。"

⑫郑玄曰:"犬畜之以口吠守者,属言。"

⑬郑玄曰:"言气失之病。"

安帝永初元年十一月,民讹言相惊,司隶、并、冀州民人流移。
时邓太后专政。妇人以顺为道,故礼"夫死从子"之命。今专(王)
〔主〕事,[24]此不从而僭也。①

①古今注曰:"章帝建初五年,东海、鲁国、东平、山阳、济阴、陈留民讹言
相惊有贼,捕至京师,民皆入城也。"

世祖建武①五年夏,旱。京房传曰:"欲德不用,兹谓张,厥灾
荒,其旱阴云不雨,变而赤因四阴。众出过时,兹谓广,其旱不生。
上下皆蔽,兹谓隔,其旱天赤三月,时有雹杀飞禽。上缘求妃,兹谓
僭,其旱三月大温亡云。君高台府,兹谓犯,阴侵阳,其旱万物根
死,有火灾。庶位逾节,兹谓僭,其旱泽物枯,为火所伤。"②是时天
下僭逆者未尽诛,军多过时。③

①古今注曰:"建武三年七月,雒阳大旱,帝至南郊求雨,即日雨。"

②春秋考异邮曰:"国大旱,冤狱结。旱者,阳气移,精不施,君上失制,奢淫僭差,气乱感天,则旱征见。"又云:"阴厌阳移,君淫民恶,阴精不舒,阳偏不施。"又云:"阳偏,民怨征也。在所以感之者,上奢则求多,求多则下竭,下竭则溃,君不仁。"管子曰:"春不收枯骨伐枯木而起去之,则夏旱。"方储对策曰:"百姓苦,士卒烦碎,责租税失中,暴师外营,经历三时,内有怨女,外有旷夫。王者熟惟其祥,[25]揆合于天,图之事情,旱灾可除。夫旱者过日,天王无意于百姓,恩德不行,万民烦扰,故天应以无泽。"

③古今注曰:"建武六年六月,九年春,十二年五月,二十一年六月,明帝永平元年五月,八年冬,十一年八月,十五年八月,十八年三月,并旱。"

章帝章和二年夏,旱。时章帝崩后,窦太后兄弟用事奢僭。①

①古今注曰:"建初二年夏,雒阳旱。四年夏,元和元年春,并旱。"案杨终传,建初元年大旱,穀贵,终以为广陵、楚、淮阳、济南之狱徙者数万人,吏民怨旷,上疏云久旱。[26]孔丛曰:"建初元年大旱,天子忧之,侍御史孔子丰[27]乃上疏曰:'臣闻为不善而灾报,得其应也;为善而灾至,遭时运也。陛下即位日浅,视民如伤,而不幸耗旱,时运之会耳,非政教所致也。昔成汤遭旱,因自责,省畋散积,减御损食,而大有年。意者陛下未为成汤之事焉。'天子纳其言而从之,三日雨即降。转拜黄门郎,典东观事。"

和帝永元六年秋,京都旱。时雒阳有冤囚,和帝幸雒阳寺,录囚徒,理冤囚,(牧)〔收〕令下狱抵罪。[28]行未还宫,澍雨降。①

①古今注曰:"永元二年,郡国十四旱。十五年,(丹)〔雒〕阳郡国二十二并旱,[29]或伤稼。"

安帝①永初六年夏,旱。②[30]

①古今注曰："永初元年,郡国八旱,分遣议郎请雨。"案本纪二年五月,
　旱,皇太后幸雒阳寺,录囚徒,即日降雨。六月,京都及郡国四十大
　水。虽去旱得水,无救为灾。

②古今注曰："三年,郡国八,〔31〕四年、五年夏,并旱。"

七年夏,旱。

元初元年夏,旱。

二年夏,旱。①

①三年夏〔32〕,时西羌寇乱,军屯相继,连十馀年。

六年夏,旱。①

①古今注曰："建光元年,郡国四旱。延光元年,郡国五并旱,伤稼。"

顺帝永建三年夏,旱。

五年夏,旱。

阳嘉二年夏,旱。时李固对策,以为奢僭所致也。①

①臣昭案:本纪元年二月,京师旱。郎𫖮传:"人君恩泽不施于民,禄去
　公室,臣下专权所致也。"又周举传:"三年,河南、三辅大旱,五穀伤
　灾,天子亲自露坐德阳殿东厢请雨。"

冲帝永(嘉)〔熹〕元年夏,旱。〔33〕时冲帝幼崩,太尉李固劝太后
(及)兄梁冀立嗣帝,〔34〕择年长有德者,天下赖之,则功名不朽。年
幼未可知,如后不善,悔无所及。时太后及冀贪立年幼,欲久自专,
遂立质帝,八岁。此不用德。①

2649

①古今注曰："本初元年二月,京师旱。"

桓帝元嘉元年夏,旱。是时梁冀秉政,妻子并受封,宠踰节。

延熹元年六月,旱。①

①京房占曰："人君无施泽惠利于下,则致旱也。不救,必蝗虫害穀;其

救也,黄讉罚,行宽大,惠兆民,劳功吏,赐鳏寡,廪不足。"案陈蕃上疏:"宫女多聚不御,忧悲之感,以致水旱之困也。"

灵帝熹平五年夏,旱。①

①蔡邕作伯夷叔齐碑曰"熹平五年,天下大旱,祷请名山,求获答应。时处士平阳苏腾,[35]字玄成,梦陟首阳,有神马之使在道。明觉而思之,以其梦陟状上闻。天子开三府请雨使者,与郡县户曹掾吏登山升祠。手书要曰:'君况我圣主以洪泽之福。'天寻兴云,即降甘雨"也。

六年夏,旱。

光和五年夏,旱。

六年夏,旱。是时常侍、黄门僭作威福。

献帝兴平元年秋,长安旱。是时李傕、郭汜专权纵肆。①

①献帝起居注曰:"建安十九年夏四月,旱。"

更始时,南阳有童谣曰:"谐不谐,在赤眉。得不得,在河北。"是时更始在长安,世祖为大司马平定河北。更始大臣并僭专权,故谣妖作也。后更始遂为赤眉所杀,是更始之不谐在赤眉也。世祖自河北兴。

世祖建武六年,蜀童谣曰:"黄牛白腹,五铢当复。"是时公孙述僭号于蜀,时人窃言王莽称黄,述欲继之,故称白;五铢,汉家货,明当复也。述遂诛灭。王莽末,天水童谣曰:"出吴门,望缇群。见一塞人,言欲上天;令天可上,地上安得民!"时隗嚣初起兵于天水,后意稍广,欲为天子,遂破灭。嚣少病塞。吴门,冀郭门名也。缇群,山名也。

顺帝之末,京都童谣曰:"直如弦,死道边。曲如钩,反封侯。"

案顺帝即世，孝质短祚，大将军梁冀贪树疏幼，以为己功，专国号令，以赡其私。太尉李固以为清河王雅性聪明，敦诗悦礼，加又属亲，立长则顺，置善则固。而冀建白太后，策免固，征蠡吾侯，遂即至尊。固是日幽毙于狱，[36]暴尸道路，而太尉胡广封安乐乡侯、司徒赵戒厨亭侯、司空袁汤安国亭侯云。

桓帝之初，天下童谣曰："小麦青青大麦枯，谁当获者妇与姑。丈人何在西击胡，吏买马，君具车，请为诸君鼓咙胡。"案元嘉中凉州诸羌一时俱反，南入蜀、汉，东抄三辅，延及并、冀，大为民害。命将出众，每战常负，中国益发甲卒，麦多委弃，但有妇女获刈之也。吏买马，君具车者，言调发重及有秩者也。请为诸君鼓咙胡者，不敢公言，私咽语。

桓帝之初，京都童谣曰："城上乌，尾毕逋。公为吏，子为徒。一徒死，百乘车。车班班，入河间。河间姹女工数钱，以钱为室金为堂。石上慊慊春黄粱。梁下有悬鼓，我欲击之丞卿怒。"案此皆谓为政贪也。城上乌，尾毕逋者，处高利独食，不与下共，谓人主多聚敛也。公为吏，子为徒者，言蛮夷将畔逆，父既为军吏，其子又为卒徒往击之也。一徒死，百乘车者，言前一人往讨胡既死矣，后又遣百乘车往。①车班班，入河间者，言上将崩，乘舆班班入河间迎灵帝也。②河间姹女工数钱，③以钱为室金为堂者，灵帝既立，其母永乐太后好聚金以为堂也。石上慊慊春黄粱者，言永乐虽积金钱，慊慊常苦不足，[37]使人春黄粱而食之也。梁下有悬鼓，我欲击之丞卿怒者，言永乐主教灵帝，使卖官受钱，所禄非其人，天下忠笃之士怨望，欲击悬鼓以求见，丞卿土豉者，亦复诡顺，怒而止我也。

①臣昭曰：志家此释岂未尽乎？往徒一死，何用百乘？其后验竟为灵帝作。此言一徒，似斥桓帝，帝贵任群阉，参委机政，左右前后莫非刑

人,有同囚徒之长,故言寄一徒也。且又弟则废黜,身无嗣,魁然单独,非一而何?百乘车者,乃国之君。解犊后征,正膺斯数,继以班班,尤得以类焉。

②应劭释此句云:"征灵帝者,轮班拥节入河间也。"

③一本作"妖女"。

桓帝之初,京都童谣曰:"游平卖印自有平,不辟豪贤及大姓。"案到延熹之末,邓皇后以谴自杀,乃以窦贵人代之,其父名武字游平,拜城门校尉。及太后摄政,为大将军,与太傅陈蕃合心戮力,惟德是建,印绶所加,咸得其人,豪贤大姓,皆绝望矣。

桓帝之末,京都童谣曰:"茅田一顷中有井,四方纤纤不可整。嚼复嚼,今年尚可后年铙。"①案易曰:"拔茅茹以其汇,征吉。"茅喻群贤也。井者,法也。于时中常侍管霸、苏康憎疾海内英哲,与长乐少府刘嚣、太常许咏、尚书柳分、②寻穆、史佟、③司隶唐珍等,代作唇齿。河内牟川诣阙上书:[38]"汝、颍、南阳,上采虚誉,专作威福;甘陵有南北二部,三辅尤甚。"由是传考黄门北寺,始见废阁。茅田一顷者,言群贤众多也。中有井者,言虽阨穷,不失其法度也。四方纤纤不可整者,言奸慝大炽,不可整理。嚼复嚼者,京都饮酒相强之辞也。[39]言食肉者鄙,不恤王政,徒耽宴饮歌呼而已也。今年尚可者,言但禁锢也。后年铙者,陈、窦被诛,天下大坏。

①风俗通作"诙"。

②袁山松书曰,柳分权豪之党,为范滂所奏者。

③佟后亦为司隶。应劭曰,史佟,左官喻进者也。

桓帝之末,京都童谣曰:"白盖小车何延延。河间来合谐,河间来合谐!"案解犊亭属饶阳河间县也。①居无几何而桓帝崩,使者与解犊侯皆白盖车从河间来。延延,众貌也。是时御史刘儵建议立灵帝,以儶为侍中,中常侍侯览畏其亲近,必当间己,白拜儶泰山太守,因令司隶迫促杀之。朝廷(必)〔少〕长,思其功效,[40]乃拔用其弟郚,致位司徒,此为合谐也。

①臣昭案:郡国志饶阳本属涿,后属安平。灵帝既是河间王曾孙,谣言自是有征,无俟〔明〕河间之县为验。[41]

灵帝之末,京都童谣曰:"侯非侯,王非王,千乘万骑上北芒。"案到中平六年,史侯登蹑至尊,献帝未有爵号,为中常侍段珪等数十人所执,公卿百官皆随其后,到河上,乃得来还。此为非侯非王上北芒者也。①

①英雄记曰:"京师谣歌咸言'河腊丛进',献帝腊日生也。风俗通曰:'乌腊乌腊。'"案逆臣董卓滔天虐民,穷凶极恶,关东举兵欲共诛之,转相顾望,莫肯先进,处处停兵数十万,若乌腊虫,相随横取之矣。

灵帝中平中,京都歌曰:"承乐世董逃,游四郭董逃,蒙天恩董逃,带金紫董逃,行谢恩董逃,整车骑董逃,垂欲发董逃,与中辞董逃,出西门董逃,瞻宫殿董逃,望京城董逃,日夜绝董逃,心摧伤董逃。"①案"董"谓董卓也,言虽跋扈,纵其残暴,终归逃窜,至于灭族也。②

①杨孚卓传曰:"卓改为董安。"
②风俗通曰:"卓以董逃之歌主为己发,大禁绝之,死者千数。"灵帝之末,礼乐崩坏,赏刑失中,毁誉无验,竞饰伪服,以荡典制,远近翕然,咸名后生放声者为时人。有识者窃言:旧曰世人,次曰俗人,今更曰时人,此天促其期也。其间无几,天下大坏也。

献帝践祚之初,京都童谣曰:"千里草,何青青。十日卜,不得生。"案千里草为董,十日卜为卓。凡别字之体,皆从上起,左右离合,无有从下发端者也。今二字如此者,天意若曰:卓自下摩上,以臣陵君也。青青者,暴盛之貌也。不得生者,亦旋破亡。①

　①献帝初童谣曰:"燕南垂,赵北际,中央不合大如砺,唯有此中可避
　世。"公孙瓒以为易地当之,遂徙镇焉,乃修城积穀,以待天下之变。
　建安三年,袁绍攻瓒,瓒大败,缢其姊妹妻子,引火自焚,绍兵趣登台
　斩之。初,瓒破黄巾,杀刘虞,乘胜南下,侵据齐地。雄威大振,而不
　能开廓远图,欲以坚城观时,坐听围戮,斯亦自易地而去世也。

建安初,荆州童谣曰:"八九年间始欲衰,至十三年无孑遗。"言自中兴以来,荆州无破乱,及刘表为牧,〔民〕又丰乐,[42]至此逮八九年。[43]当始衰者,谓刘表妻当死,诸将并零落也。十三年无孑遗者,言十三年表又当死,民当移诣冀州也。①

　①干宝搜神记曰:"是时华容有女子忽啼呼云:'〔荆州将〕有大丧!'[44]
　言语过差,县以为妖言,系狱百馀日,忽于狱中哭曰:'刘荆州今日
　死。'华容去州数(日)〔百里〕,[45]即遣马吏验视,〔而刘〕表果死。[46]
　县乃出之。续又歌吟曰:'不意李立为贵人。'后无几,曹公平荆州,以
　涿郡李立,字建贤,为荆州刺史。"

顺帝阳嘉元年十月中,望都蒲阴狼杀童儿九十七人。时李固对策,引京房易传曰"君将无道,害将及人,去之深山〔以〕全身,[47]厥(灾)〔妖〕狼食人"。[48]陛下觉寤,比求隐滞,故狼灾息。①

　①东观书曰:"中山相朱遂到官,不出奉祠北岳。诏曰:'灾暴缘类,符验
　不虚,政失厥中,狼灾为应,至乃残食孩幼,朝廷愍悼,思惟咎征,博访
　其故。山岳尊灵,国所望秩,而遂比不奉祠,急慢废典,不务恳恻,淫
　刑放滥,害加孕妇,毒流未生,感和致灾。其详思改救,追复所失。有
　不遵宪,举正以闻。'"

2654

灵帝建宁中，群狼数十头入晋阳南城门齧人。①

①袁山松书曰："光和三年正月，虎见平乐观，又见宪陵上，齧卫士。蔡
邕封事曰：'政有苛暴，则虎狼食人。'"

【校勘记】

〔1〕方储对策　校补谓方储对策盖本储所箸书名，因对策而论次成编
者，非皆临时条对之辞也。按：校补说是，今加书名号。

〔2〕隅中至日跌为日之中　按：殿本"跌"作"昳"。校补谓案周礼司市
疏"昳者，差昳之言也"。左氏昭五年传疏"日昳谓蹉跌而下也"。
是差昳即是蹉跌，昳跌固通作矣。

〔3〕明主知其然　按："主"原讹"王"，下"则王道备也"之"王"字原讹
"主"，并径改正。

〔4〕荆遂坐复谋反自杀也　按："复"原讹"后"，径据汲本、殿本改正。

〔5〕苗稼更生　按："苗"原讹"昔"，径改正。

〔6〕安帝元(年)〔初〕四年秋郡国十淫雨伤稼　校补谓"元年"乃"元
初"之讹，各本皆失正。盖讹沿上和帝永元十年、十三年、十四年、
十五年迭举之例，不觉其讹。然自孝武建元以下，史无书元不著年
号者。况安帝屡改元，不书年号，何以辨之？且据本书安纪，亦惟
元初四年秋七月京师及郡国十雨水，而由元初元年秋上溯永初元
年秋，皆无此异，是其为讹亦显而易见也。今据改。

〔7〕共诬(曰)〔白〕勃海王悝谋反　据汲本改。

〔8〕皆帻而衣妇人衣绣拥髻　按：集解引钱大昕说，谓光武纪作"绣
䘏"。又引惠栋说，谓"髻"依续汉书当作"褊"。

〔9〕乃拜故司徒韩寅为司隶校尉　按：殿本考证谓"寅"当作"演"。

〔10〕四牡彭彭　按：校补引柳从辰说，谓今毛诗大明卒章作"驷
騵彭彭"。

2655

〔11〕袁山松〔书〕曰　据汲本补。

〔12〕后父禁为(平)阳〔平〕侯　据集解引钱大昕说改。

〔13〕视之得玉钩玦各一　按:集解引惠栋说,谓"视"东观记作"掘"。

〔14〕〔玦〕周五寸四分　据东观记及宋书符瑞志补。

〔15〕灵帝光和元年南宫平城门内屋武库屋及外东垣屋前后顿坏　按:
集解引惠栋说,谓灵帝纪以为熹平六年二月事。

〔16〕南北三十馀间　按:集解引洪亮吉说,谓案灵帝纪注引此志又云
"四十馀间",未知谁误。

〔17〕献帝初平二年三月长安宣平城门外屋无故自坏　按:校补谓本书
献纪书长安宣平城门外屋自坏事在初平四年三月。

〔18〕袁山松〔书〕曰　据汲本补。

〔19〕厥罚恒阳　按:殿本"阳"作"旸"。

〔20〕金性从刑　按:今尚书大传引郑注"刑"作"形"。

〔21〕无故(治)〔冶〕之不销　据汲本改。

〔22〕从(人)〔火〕而更　据集解引惠栋说改。

〔23〕故常阳也　按:殿本"阳"作"旸"。下"则常阳从之",同。

〔24〕今专(王)〔主〕事　据汲本、殿本改。

〔25〕王者熟惟其祥　按:汲本、殿本"惟"作"推"。

〔26〕上疏云久旱　按:此下有脱文。

〔27〕侍御史孔子丰　汲本、殿本"孔子丰"作"孔丰"。按:孔丰字子丰,
太常孔臧之后也。

〔28〕(牧)〔收〕令下狱抵罪　据汲本、殿本改。

〔29〕(丹)〔雒〕阳郡国二十二并旱　校补谓案古今注京师皆称雒阳,此
"丹阳"乃"雒阳"之讹,各本皆未正。今据改。

〔30〕安帝永初六年夏旱　按:此"安帝"二字原误作注文,与下注"古今
注曰"云云六十字并杂入上条注文下,今据校补说移正。

〔31〕三年郡国八　按:殿本"八"下有"旱"字。

〔32〕三年夏旱　按：校补谓刘昭补注之例，非引他书，则云"臣昭案"，亦
　　　有省言"案"者。若既不引书，又不言案，则明是转写脱误。"三年
　　　夏旱"上当有"臣昭案本纪"五字。

〔33〕冲帝永(嘉)〔熹〕元年夏旱　集解引何焯说，谓"嘉"当作"熹"。今
　　　据改。

〔34〕太尉李固劝太后(及)兄梁冀立嗣帝　校补谓"太后及兄"不成文，
　　　且固时不能亲言于太后，固传亦无固亲劝太后立长君事，当作"太
　　　后兄"，去"及"字。今据删。

〔35〕平阳苏腾　按：集解引惠栋说，谓案水经注，苏腾河南平县人，非平
　　　阳也。蔡邕集作"平原"，尤误。

〔36〕固是日幽毙于狱　按：张森楷校勘记谓案本纪，固以本初元年免
　　　官，建和元年下狱死，而云"是日"，非也。

〔37〕慊慊常苦不足　按：汲本、殿本"苦"作"若"。

〔38〕河内牢川诣阙上书　按：集解引钱大昕说，谓"牢川"党锢传
　　　作"牢修"。

〔39〕嚼复嚼者京都饮酒相强之辞也　按：王先谦谓既云饮酒相强之词，
　　　则"嚼"当为"釄"，言饮酒尽也。此自汉世俗传，以双声致误。其
　　　正字须知，否则不可通矣。

〔40〕朝廷(必)〔少〕长思其功效　据汲本、殿本改。

〔41〕无俟〔明〕河间之县为验　据汲本、殿本补。按："河"原讹"何"，径
　　　改正。

〔42〕及刘表为牧〔民〕又丰乐　据集解引惠栋说补。

〔43〕至此逮八九年　集解引惠栋说，谓"此"字衍，"逮"为"建"之讹，脱
　　　"安"字。张森楷校勘记谓案八安字形不近，且是释上"八九年"
　　　文，"八"字不当去，疑"八"上有"安"字；误夺。按：如惠说，当作
　　　"至建安九年"；如张说，当作"至建安八九年"。张说较长。

〔44〕〔荆州将〕有大丧　据集解引惠栋说补。

五行一

2657

〔45〕华容去州数(日)〔百里〕　据集解引惠栋说改。

〔46〕〔而刘〕表果死　据集解引惠栋说补。

〔47〕去之深山〔以〕全身　据集解引惠栋说补。

〔48〕厥(灾)〔妖〕狼食人　据集解引惠栋说改。

后汉书志第十四

五 行 二

灾火　草妖　羽虫孽　羊祸

五行传曰:"弃法律,①逐功臣,②杀太子,③以妾为妻,④则火不炎上。"⑤谓火失其性而为灾也。又曰:"视之不明,是谓不哲。⑥厥咎舒,⑦[1]厥罚常燠,⑧厥极疾。⑨时则有草妖,⑩时则有赢虫之孽,⑪时则有羊祸,⑫时则有赤眚、赤祥,惟水沴火。"赢虫,刘歆传以为羽虫。

①郑玄注尚书大传曰:"东井主法令也。"

②郑玄曰:"功臣制法律者也。或曰,喙主尚食、七星主衣裳,张为食厨,翼主天倡。经曰:'帝曰:臣作朕股肱耳目,予欲左右有民,汝翼。予欲观古人之象,日、月、星辰、山、龙、华虫,作缋宗彝,藻、火、粉、米、黼、黻,絺绣,以五采章施于五色作服,汝明。予欲闻六律、五声、八音,在治忽,以出纳五言,汝听。'是则食与服乐,臣之所用为大功也。

七星北有酒旗,南有天厨,翼南有器府。"

③郑玄曰:"五行火生土,天文以参继东井,四时以秋代夏,杀太子之象也。春秋传曰:'夫千乘之主,将废正而立不正,必杀正也。'"

④郑玄曰:"轩辕为后妃,属南宫。其大星女主之位。女御在前,妾为妻之象也。"

⑤郑玄曰:"君行此四者,为逆天南宫之政。南宫于地为火,火性炎上,然行人所用烹饪者也,无故因见作热,燔炽为害,是为火不炎上。其他变异,皆属沴。"春秋考异邮曰:"火者,阳之精也。人合天气五行阴阳,极阴反阳,极阳生阴,故应人行以灾不祥,在所以感之,萌应转旋,从逆殊心也。"

⑥郑玄曰:"视,了也。君视不明,则是不能了其事也。"洪范曰:"视日明。"

⑦谶曰:"君舒急,臣下有倦,白黑不别,贤不肖并,不能忧民急,气为之舒缓,草不摇。"郑玄曰:"君臣不了则舒缓矣。"

⑧郑玄曰:"视曰火,火主夏。夏气长,长气失,故常燠。"

⑨郑玄曰:"长气失,故于人为疾。"

⑩郑玄曰:"草,视之物可见者,莫众于草。"

⑪郑玄曰:"蚕螟虫之类。虫之生于火而藏于秋者也。"

⑫郑玄曰:"羊畜之远视者也,属视。"

建武中,渔阳太守彭宠被征。书至,明日潞县火,灾起城中,飞出城外,燔千馀家,杀人。京房易传曰:"上不俭,下不节,盛火数起,燔宫室。"儒说火以明为德而主礼。时宠与幽州牧朱浮有隙,疑浮见浸谮,故意狐疑,其妻劝无应征,遂反叛攻浮,卒诛灭。①

①古今注曰:"建武六年十二月,雒阳市火。二十四年正月戊子,雷雨霹雳,火灾高庙北门。明帝永平元年六月己亥,桂阳见火飞来,烧城寺。

章帝建初元年十二月,北宫火烧寿安殿,延及右掖门。元和三年六月丙午,雷雨,火烧北宫朱爵西阙。"

和帝永元八年十二月丁巳,南宫宣室殿火。是时和帝幸北宫,窦太后在南宫。明年,窦太后崩。

十三年八月己亥,北宫盛馔门阁火。是时和帝幸邓贵人,阴后宠衰怨恨,上有欲废之意。明年,会得阴后挟伪道事,遂废迁于桐宫,以忧死,立邓贵人为皇后。

十五年六月辛酉,汉中城固南城门灾。此孝和皇帝将绝世之象也。其后二年,宫车晏驾,殇帝及平原王皆早夭折,和帝世绝。

安帝①永初二年四月甲寅,汉阳(河)〔阿〕阳城中失火,[2]烧杀三千五百七十人。先是和帝崩,有皇子二人,皇子胜长,邓皇后贪殇帝少,欲自养长立之。延平元年,殇帝崩。胜有厥疾不笃,群臣咸欲立之,太后以前既不立胜,遂更立清河王子,是为安帝。司空周章等心不(掩)〔厌〕服,[3]谋欲诛邓氏,废太后、安帝,而更立胜。元年十一月,事觉,章等被诛。其后凉州叛羌为害大甚,凉州诸郡寄治冯翊、扶风界。及太后崩,邓氏被诛。

①古今注曰:"永初元年十二月,河南郡县火,烧杀百五人。二年,河南郡县又失火,烧五百八十四人。"

四年三月戊子,杜陵园火。

元初四年二月壬戌,武库火。①是时羌叛,大为寇害,发天下兵以攻御之,积十馀年未已,天下厌苦兵役。

①东观书曰:"烧兵物百(一)〔二〕十五种,[4]直千万以上。"

延光元年八月戊子,阳陵园寝殿火。凡灾发于先陵,此太子将废之象也。若曰:不当废太子以自翦,如火不当害先陵之寝也。明

2661

年,上以谗言废皇太子为济阴王。后二年,宫车晏驾。中黄门孙程等十九人起兵殿省,诛贼臣,立济阴王。

四年秋七月乙丑,渔阳城门楼灾。

顺帝永建三年七月丁酉,茂陵园寝灾。①

① 古今注曰:"二年五月戊辰,守宫失火,烧宫藏财物尽。四年,河南郡县失火,烧人六畜。"

阳嘉元年,恭陵庑灾,及东西莫府火。①太尉李固以为奢僭所致。陵之初造,祸及枯骨,规广治之尤饰。又上欲更造宫室,益台观,故火起莫府,烧材木。

① 古今注曰"十二月,河南郡国火烧庐舍,杀人"也。

永和元年十月丁未,[5]承福殿火。①先是爵号阿母宋娥为山阳君;后父梁商本国侯,又多益商封;商长子冀当继商爵,以商生在,复更封冀为襄邑侯;追号后母为开封君:皆过差非礼。②

① 臣昭案杨厚传是灾。

② 古今注曰:"六年十二月,雒阳酒市失火,烧肆,杀人。"

汉安元年三月甲午,雒阳刘汉等百九十七家为火所烧,①后四年,宫车比三晏驾,建和元年君位乃定。

① 东观书曰:"其九十家不自存,诏赐钱廪穀。"古今注曰:"火或从室屋间物中,不知所从起,数月乃止。十二月,雒阳失火。"

桓帝建和二年五月癸丑,北宫掖庭中德阳殿火,及左掖门。先是梁太后兄冀挟奸枉,以故太尉李固、杜乔正直,恐害其事,令人诬奏固、乔而诛灭之。是后梁太后崩,而梁氏诛灭。

延熹四年正月辛酉,南宫嘉德殿火。戊子,丙署火。二月壬辰,武库火。五月丁卯,原陵长寿门火。先是亳后因贱人得幸,[6]

号贵人,为后。上以后母宣为长安君,封其兄弟,爱宠隆崇,^[7]又多封无功者。去年春,白马令李云坐直谏死。至此彗除心、尾,火连作。

五年正月壬午,南宫丙署火。四月乙丑,恭北陵东阙火。戊辰,虎贲掖门火。五月,康陵园寝火。甲申,中藏府承禄署火。七月己未,南宫承善闼内火。

六年四月辛亥,康陵东署火。七月甲申,平陵园寝火。

八年二月己酉,南宫嘉德署、黄龙、千秋万岁殿皆火。四月甲寅,安陵园寝火。闰月,南宫长秋、和欢殿后钩盾、掖庭朔平署各火。十一月壬子,德阳前殿西阁及黄门北寺火,杀人。①

①袁山松书曰:"是时连月有火灾,诸(官)〔宫〕寺或一日再三发,^[8]又夜有讹言,击鼓相惊。陈蕃、刘(智)〔矩、刘〕茂上疏谏^[9]曰:'古之火皆君弱臣强,极阴之变也。前始春而狱刑惨,故火不炎上。前入春节连寒,木冰,暴风折树,又八九州郡并言陨霜杀菽。春秋晋执季孙行父,木为之冰。夫气弘则景星见,化错则五星开,日月蚀。灾为已然,异为方来,恐卒有变,必于三朝,唯善政可以已之。愿察臣前言,不弃愚忠,则元元幸甚。'书奏不省。"

九年三月癸巳,京都夜有火光转行,民相惊譟。①

①袁山松书曰:"是时宦竖专朝,钩党事起,上寻无嗣,陈蕃、窦武为曹节等所害,天下无复纪纲。"

2663

灵帝熹平四年五月,延陵园灾。

光和四年闰月辛酉,北宫东掖庭永巷署灾。①

①陈蕃谏云:"楚女悲而西宫灾,不御宫女,怨之所致也。"

五年五月庚申,德阳前殿西北入门内永乐太后宫署火。^[10]

中平二年二月己酉，南宫云台灾。庚戌，乐(城)〔成〕门灾，①[11]延及北阙，〔度〕道西烧嘉德、和欢殿。[12]案云台之灾自上起，榱题数百，同时并然，若就县华镫，其日烧尽，延及白虎、威兴门、尚书、符节、兰台。夫云台者，乃周家之所造也，图书、术籍、珍玩、宝怪皆所藏在也。京房易传曰："君不思道，厥妖火烧宫。"是时黄巾作慝，变乱天常，七州二十八郡同时俱发，命将出众，虽颇有所禽，然宛、广宗、曲阳尚未破坏，役起负海，杼柚空悬，百姓死伤已过半矣。而灵帝曾不克己复礼，虐侈滋甚，尺一雨布，驿骑电激，官非其人，政以贿成，内嬖鸿都，并受封爵。京都为之语曰："今兹诸侯岁也。"天戒若曰：放贤赏淫，何以旧典为？故焚其台门祕府也。其后三年，灵帝暴崩，续以董卓之乱，火三日不绝，京都为丘墟矣。②

①南宫中门。

②魏志曰："魏明帝青龙二年，崇华殿灾，诏问太史令高堂隆：'此何咎？于礼宁有祈禳之义乎？'对曰：'夫灾变之发，皆所以明教诫也，唯率礼修德可以胜之。易传曰："上不俭，下不节，孽火烧其室。"又曰："君高其台，天火为灾。"此人君苟饰宫室，不知百姓空竭，故天应之以旱，火从高殿起也。上天降监，故谴告陛下，陛下宜增崇人道，以答天意。昔太戊有桑穀生于朝，武丁有雊雉登于鼎，皆闻灾恐惧，侧身修德，三年之后，远夷朝贡，故号曰中宗、高宗。此则前代之明鉴也。今案旧占，灾火之发，皆以台榭宫室为诫。然今宫室之所以充广者，实由宫人猥多之故，宜简择留其淑懿，如周之制，罢省其馀。此则祖己之所以训高宗，高宗之所以享远号也。'诏问隆：'吾闻汉武帝时柏梁灾，而起宫殿以厌之，其义云何？'对曰：'臣闻西京柏梁既灾，越巫陈方，建章是营，以厌火祥，乃夷越之巫所为，非圣贤之明训也。五行志曰：

后汉书志第十四

2664

"柏梁灾，其后有江充巫蛊卫太子事。"如志之言，越巫建章无所厌也。孔子曰："灾者，修类应行，精禋相感，以戒人君。"是以圣主观灾责躬，退以修德，以消复之。今宜罢散民役，宫室之制务从约节，内足以待风雨，外足以讲礼仪，清扫所灾之处，不敢于此有所立作，蓍莛嘉禾，必生此地，以报陛下虔恭之德。疲民之力，竭民之财，实非所以致符瑞而怀远人也。'"臣昭曰：高堂隆之言灾，其得天心乎！虽与本志所明不同，灵帝之时有焉，故载其言，广灾异也。

献帝初平元年八月，霸桥灾。其后三年，董卓见杀。①

①臣昭案：刘焉传，兴平元年，天火烧其城府辎重，延及民家，馆邑无馀也。

庶征之恒燠，汉书以冬温应之。中兴以来，亦有冬温，而记不录云。①

①越绝范蠡曰："春燠而不生者，王者德不完也。夏寒而不长者，臣下不奉主令也。秋暑而复荣者，百官刑不断也。冬温而泄者，发府库赏无功也。此四者，邦之禁也。"管子曰："臣乘君威，则阴侵阳，盛夏雪降，冬不冰也。"

安帝元初三年，有瓜异本共生，(一)〔八〕瓜同蒂，[13] 时以为嘉瓜。或以为瓜者外延，离本而实，女子外属之象也。是时阎皇后初立，后阎后与外亲耿宝等共谮太子，废为济阴王，更外迎济北王子犊立之，草妖也。①

2665

①古今注曰："和帝永元七年三月，江夏县民舍柱生两枝，其一长尺五寸，分为八枝，其一长尺六寸，分为五枝，皆青也。"

桓帝延熹九年，雒阳城局竹柏叶有伤者。占曰："天子凶。"

灵帝熹平三年,右校别作中有两樗树,皆高四尺所,其一株宿夕暴长,长丈馀,大一围,作胡人状,头目鬓须发备具。京房易传曰:"王德衰,下人将起,则有木生人状。"①

　①臣昭以木生人状,下人将起,京房之占虽以证验,貌类胡人,犹未辨了。董卓之乱,实拥胡兵,催、氾之时,充斥尤甚,遂窥间宫嫔,剽虐百姓。鲜卑之徒,践藉繈封,胡之害深,亦已毒矣。

五年十月壬午,御所居殿后槐树,皆六七围,自拔,倒竖根在上。①

　①臣昭曰:"槐是三公之象,贵之也。灵帝授位,不以德进,贪愚是升,清贤斯黜,槐之倒植,岂以斯乎?"

中平元年夏,东郡、陈留济阳、长垣、济阴冤句、离狐县界,①有草生,其茎靡累肿大如手指,状似鸠雀龙蛇鸟兽之形,五色各如其状,毛羽头目足翅皆具。②近草妖也。是岁黄巾贼始起。皇后兄何进,异父兄朱苗,皆为将军,〔14〕领兵。后苗封济阳侯,进、苗遂秉威权,持国柄,汉遂微弱,自此始焉。③

　①风俗通曰:"西及城皇阳武城郭路边。"

　②风俗通曰:"亦作人状,操持兵弩,万万备具,非但仿佛,类良熟然也。"

　③应劭曰:"关东义兵先起于宋、卫之郊,东郡太守桥瑁负众怙乱,陵篾同盟,忿嫉同类,以殒厥命。陈留、济阴迎助,谓为离德,弃好即戎,吏民歼之。草妖之兴,岂不或信!"

中平中,长安城西北六七里空树中,有人面生鬓。①

　①魏志曰:"建安二十五年正月,曹公在雒阳,起建始殿,伐濯龙树而血出。又掘徙梨,〔15〕根伤而血出。曹公恶之,遂寝疾,是月薨。"

献帝兴平元年九月,桑复生椹,可食。①

①臣昭曰:桑重生椹,诚是木异,必在济民,安知非瑞乎?时苍生死败,周、秦奸尽,饿魂馁鬼,不可胜言,食此重椹,大拯危命,虽连理附枝,亦不能及。若以为怪,则建武野穀旅生,麻菽尤盛,复是草妖邪?

安帝延光三年二月戊子,有五色大鸟集济南台,十月,又集新丰,时以为凤皇。或以为凤皇阳明之应,故非明主,则隐不见。凡五色大鸟似凤者,多羽虫之孽。是时安帝信中常侍樊丰、江京、阿母王圣及外属耿宝等谗言,免太尉杨震,废太子为济阴王,不恶之异也。章帝末,号凤皇百四十九见。时直臣何敞以为羽孽似凤,翱翔殿屋,不察也。①记者以为其后章帝崩,以为验。案宣帝、明帝时,五色鸟群翔殿屋,贾逵以为胡降征也。帝多善政,虽有过,不及至衰缺,末年胡降二十万口,(尔)〔是〕其验也。[16]帝之时,羌胡外叛,谗慝内兴,羽孽之时也。乐叶图征说五凤皆五色,为瑞者一,为孽者四。②

①臣昭曰:已论之于敞传。

②叶图徵曰:"似凤有四,并为妖:一曰鹔鷞,鸠喙,圆目,身义戴信婴礼膺仁负智,至则旱役之感也;二曰发明,鸟喙,大颈,大翼,[17]大胫,身仁戴智婴义膺信负礼,至则丧之感也;三曰焦明,长喙,疏翼,圆尾,身义戴信婴仁膺智负礼,至则水之感也;四曰幽昌,兑目,小头,大身,细足,胫若鳞叶,身智戴信负礼膺仁,至则旱之感也。"国语曰:"周之兴也,鸑鷟鸣岐。"说文曰:"五方神鸟:东方曰发明,南方曰焦明,西方曰鹔鷞,北方曰幽昌,中央曰凤皇。"

桓帝元嘉元年十一月,五色大鸟见济阴己氏。时以为凤皇。此时政治衰缺,梁冀秉政阿枉,上幸亳后,皆羽孽时也。①

①臣昭案:魏朗对策,桓帝时雉入太常、宗正府。朗说见本传注。

灵帝光和四年秋，五色大鸟见于新城，众鸟随之，时以为凤皇。时灵帝不恤政事，常侍、黄门专权，羽孽之时也。众鸟之性，见非常班駮，好聚观之，至于小爵希见枭者，暴见犹聚。

中平三年八月中，怀陵上有万馀爵，先极悲鸣，已因乱斗相杀，皆断头，悬著树枝枳棘。到六年，灵帝崩，大将军何进以内宠外嬖，积恶日久，欲悉纠黜，以隆更始冗政，而太后持疑，事久不决。进从中出，于省内见杀，因是有司荡涤虔刘，后禄而尊厚者无馀矣。〔18〕夫陵者，高大之象也。天戒若曰：诸怀爵禄而尊厚者，还自相害至灭亡也。①

①古今注曰："建武九年，六郡八县鼠食稼。"张璠纪曰："初平元年三月，献帝初入未央宫，翟雉飞入未央宫，获之。"献帝春秋曰："建安七年，五色大鸟集魏郡，众鸟数千随之。"魏志曰："二十三年，秃鹙集邺宫文昌殿后池。"

桓帝建和三年秋七月，北地廉雨肉似羊肋，①或大如手。近赤祥也。是时梁太后摄政，兄梁冀专权，枉诛汉良臣故太尉李固、杜乔，天下冤之。其后梁氏诛灭。

①说文曰："肋，胁骨也。"

【校勘记】

〔1〕厥咎舒　按：集解引惠栋说，谓"舒"一作"荼"。

〔2〕汉阳(河)〔阿〕阳城中失火　据集解引钱大昕说改。

〔3〕司空周章等心不(掩)〔厌〕服　据汲本、殿本改。

〔4〕烧兵物百(一)〔二〕十五种　据汲本、殿本改，与聚珍版东观记合。

〔5〕永和元年十月丁未　按：校补谓纪作"丁亥"。

〔6〕先是亳后因贱人得幸　按:集解引钱大昕说,谓桓帝邓皇后初冒姓梁氏,帝恶梁氏,改姓为薄。而李云传云"立掖庭民女亳氏为皇后",此志亦云"亳后",盖古文亳与薄通。

〔7〕爱宠隆崇　按:校补谓案文"爱"当作"爵"。

〔8〕诸(官)〔宫〕寺或一日再三发　据汲本、殿本改。

〔9〕陈蕃刘(智)〔矩刘〕茂上疏谏　按:时无刘智茂其人。集解引惠栋说,谓当是刘矩、刘茂。矩为司徒,茂为司空,陈蕃时为太尉也。今据改。

〔10〕永乐太后宫署火　按:校补谓本书灵纪"火"作"灾",章怀注引志亦作"灾",疑此作"火"误。

〔11〕中平二年二月己酉南宫云台灾庚戌乐(城)〔成〕门灾　按:本书灵纪书"二月己酉,南宫大灾"。章怀注引志云"时烧灵台殿、乐成殿"。何焯以为此"云台"似当为"灵台"。惠栋谓御览八百三十三卷正作"灵台"。校补则谓灵台在北郊,与南宫云台无涉,纪注引续志文有误,御览文字转钞多谬,更不足证。惟"乐城"之"城",应从章怀注作"成"。志注既明言南宫中门,而纪注以为乐成殿,盖门系于殿,以殿言,则知是宫中之门,非城门,或纪注"殿"下原有"门"字,转写脱去耳。今据改。

〔12〕延及北阙(度)〔度〕道西烧嘉德和欢殿　集解引惠栋说,谓"阙"下御览有"度"字。按:灵纪章怀注引亦有"度"字,今据补。

〔13〕(一)〔八〕瓜同蒂　集解引惠栋说,谓符瑞志云"东平陵有瓜异处共生,八瓜同蒂"。"一"当作"八"。今据改。

〔14〕皇后兄何进异父兄朱苗皆为将军　按:集解引钱大昕说,谓案灵帝纪及何后纪皆称何苗,苗本姓朱,惟见于此。此称异父兄,而前卷称同母弟,亦小异。

〔15〕又掘徙梨　按:"徙"原讹"徒",径改正。

〔16〕(尔)〔是〕其验也　据汲本、殿本改。

2669

〔17〕大翼　原作“翼大”，径据汲本、殿本乙正。

〔18〕后禄而尊厚者无馀矣　按：校补谓据下文，“后”当作“怀”。

后汉书志第十五

五 行 三

大水　水变色　大寒　雹　冬雷
山鸣　鱼孽　蝗

五行传曰："简宗庙,不祷祠,①废祭祀,②逆天时,③则水不润下。"④谓水失其性而为灾也。⑤又曰："听之不聪,是谓不谋。⑥厥咎急,⑦厥罚恒寒,⑧厥极贫。⑨时则有鼓妖,⑩时则有鱼孽,⑪时则有豕祸,⑫时则有耳痾,⑬时则有黑眚、黑祥,惟火沴水。"鱼孽,刘歆传以为介虫之孽,谓蝗属也。⑭

①郑玄注曰:"虚、危为宗庙。"

②郑玄曰:"牵牛主祭祀之牲。"

③郑玄曰:"月在星纪,周以为正,月在玄枵,殷以为正,皆不得四时之正,逆天时之象也。春秋定十五年'夏五月辛(卯)〔亥〕郊',[1]讥运卜三正,以至失时,是其类也。"

2671

④郑玄曰:"君行此四者,为逆天北宫之政也。北宫于地为水。水性浸润下流,人所用灌溉者也。无故源流竭绝,川泽以涸,是为不润下。其他变异皆属沴。"

⑤太公六韬曰:"人主好破坏名山,壅塞大川,决通名水,则岁多大水,五穀不成也。"

⑥郑玄曰:"君听不聪,则是不能谋其事也。"洪范曰:"聪作谋。"孔安国曰:"所谋必成当。"马融曰:"上聪则下进其谋。"

⑦郑玄曰:"君臣不谋则急矣。"易传曰:"诛罚绝理,不云下也;颛事有知,不云谋也。"

⑧郑玄曰:"听曰水,水主冬,冬气藏,藏气失,故常寒。"

⑨郑玄曰:"藏气失,故于人为贫。"

⑩郑玄曰:"鼓听之应也。"

⑪郑玄曰:"鱼,虫之生水而游于水者也。"

⑫郑玄曰:"豕,畜之居闲卫而听者也,属听。"

⑬郑玄曰:"听气失之病。"

⑭月令章句:"介者,甲也。谓龟蟹之属也。"古今注曰:"光武建武四年,东郡以北伤水。[2]七年六月戊辰,雒水盛,溢至津城门,帝自行水,弘农都尉治(折)〔析〕为水所漂杀,[3]民溺,伤稼,坏庐舍。二十四年六月丙申,沛国睢水逆流,一日一夜止。章帝建初八年六月癸巳,东昏城下池水变赤如血。"臣昭案:诸史光武之时,郡国亦尝有水灾,而志不载。本纪"八年秋大水",又云"是岁大水",今据杜林之传,列之孝和之前。东观书曰:"建武八年间,郡国比大水,[4]涌泉盈溢。杜林以为仓卒时兵擅权作威,张氏虽皆降散,犹尚有遗脱,长吏制御无术,令得复炽,元元侵陵之所致也。上疏曰:'臣闻先王无二道,明圣用而治。见恶如农夫之务去草焉,芟夷蕴崇之,绝其本根,勿使能殖,畏其易也。古今通道,传其法于有根。[5]狼子野心,奔马善惊。成王深知其终卒之患,故以殷氏六族分伯禽,[6]七族分康叔,怀姓九宗分唐叔,

捡押其奸宄,又迁其馀于成周,旧地杂俗,旦夕拘录,所以挫其强御之力,诎其骄泆之节也。及汉初兴,上稽旧章,合符重规,徙齐诸田,楚昭、屈、景,燕、赵、韩、魏之后,以稍弱六国强宗。邑里无营利之家,[7]野泽无兼并之民,万里之统,海内赖安。后辄因衰蠹之痛,胁以送终之义,故遂相率而陪园陵,无反顾之心。追观往法,[8]政皆神道设教,强干弱枝,本支百世之要也。是以皆永享康宁之福,[9]无怵惕之忧,继嗣承业,恭己而治,盖此助也。其被灾害民轻薄无累重者,两府遣吏护送饶縠之郡。或惧死亡,卒为佣赁,亦所以消散其口数,[10]瞻全其性命也。昔鲁隐有贤行,将致国于桓公,乃留连贪位,不能早退。况草创兵长,卒无德能,直以扰乱,乘时擅权,作威玉食,(狙)〔狙〕猱之意,[11]徼幸之望,曼延无足,[12]张步之计是也。小民负县官不过身死,负兵家灭门殄世。陛下昭然独见成败之端,或属诸侯官府,元元少得举首仰视,而尚遗脱,二千石失制御之道,令得复昌炽从横,[13]比年大雨,水潦暴长,涌泉盈溢,灾坏城郭官寺,吏民庐舍,溃徙离处,[14]溃成坑坎。臣闻水,阴类也。易卦"地上有水比",言性不相害,[15]故曰乐也。而猥相毁垫沦失,常败百姓安居。殆阴下相为蠹贼,有小大胜负不齐,均不得其所,侵陵之象也。诗云:"畏天之威,于时保之。"唯陛下留神明察,往来惧思,天下幸甚。'谢承书曰:"陈宣子兴,沛国萧人也。刚猛性毅,博学,明鲁诗。遭王莽篡位,隐处不仕。光武即位,征拜谏议大夫。建武十年,雒水出造津,城门校尉欲奏塞之,宣曰:'昔周公卜雒以安宗庙,为万世基,水不当入城门。如为灾异,人主过而不可辞,塞之无益。昔东郡金堤大决,水欲没郡,令、吏、民散走;太守王尊亡身救以住立不动,水应时自消。尊人臣,尚修正弭灾,[16]岂况朝廷中兴圣主,天所挺授,水必不入。'言未绝,水夬。上善其言。后乘舆出,宣列引在前,行遟,乘舆欲驱,钩宣车盖使疾行,御者堕车下。宣前谏曰:'王者承天统地,动有法度,车则和鸾,步则佩玉,动静应天。昔孝文时,边方有献千里马者,还而不受。陛下宜上稽唐虞,下以文帝为法。’上纳其言,遂徐行按辔。迁为河堤谒者,以病免,卒于家。”

和帝永元元年七月,郡国九大水,伤稼。①京房易传曰:“颛事有知,诛罚绝理,厥灾水。其水也,(而)〔雨〕杀人,[17]阴霜,大风,天黄。饥而不损,兹谓泰,厥水水杀人。辟遏有德,兹谓狂,厥水水流杀人,已水则地生虫。归狱不解,兹谓追非,厥水寒杀人。追诛不解,兹谓不理,厥水五谷不收。大败不解,兹谓皆阴,厥水流入国邑,阴霜杀谷。”②是时和帝幼,窦太后摄政,其兄窦宪干事,及宪诸弟皆贵显,并作威虣虐,尝所怨恨,辄任客杀之。其后窦氏诛灭。③

①穀梁传曰:“高下有水灾曰大水。”

②春秋考异邮曰“阴盛臣逆,民悲情发,则水出河决”也。

③东观书曰:“十年五月丁巳,京师大雨,南山水流出至东郊,坏民庐舍。”

十二年六月,颍川大水,伤稼。是时和帝幸邓贵人,阴有欲废阴后之意,阴后亦怀恚怨。一曰,先是恭怀皇后葬礼有阙,窦太后崩后,乃改殡梁后,葬西陵,征舅三人皆为列侯,位特进,赏赐累千金。①

①广州先贤传曰:“和帝时策问阴阳不和,或水或旱,方正郁林布衣养奋,字叔高,对曰:‘天有阴阳,阴阳有四时,四时有政令。春夏则予惠布施宽仁,秋冬则刚猛盛威行刑。赏罚杀生各应其时,则阴阳和,四时调,风雨时,五谷升。今则不然,长吏多不奉行时令,为政举事干逆天气,上不恤下,下不忠上,百姓困乏而不卹哀,众怨郁积,故阴阳不和,风雨不时,灾害缘类。水者阴盛,小人居位,依公营私,谗言诵上。雨漫溢者,五谷有不升而赋税不为减,百姓虚竭,家有愁心也。’”

殇帝延平元年五月,郡国三十七大水,[18] 伤稼。董仲舒曰:"水者,阴气盛也。"是时帝在襁抱,邓太后专政。①

①臣昭案:本纪是年九月,六州大水。袁山松书曰:"六州河、济、渭、雒、汴水盛长,泛溢伤秋稼。

安帝永初元年冬十月辛酉,河南新城山水虣出,突坏民田,坏处泉水出,深三丈。是时司空周章等以邓太后不立皇太子胜[19]而立清河王子,故谋欲废置。十一月,事觉,章等被诛。是年郡国四十一水出,漂没民人。①讖曰:"水者,纯阴之精也。阴气盛洋溢者,小人专制擅权,妒疾贤者,[20]依公结私,侵乘君子,小人席胜,失怀得志,故涌水为灾。"

①谢沈书曰:"死者以千数。"

二年,大水。①

①臣昭案:本纪京师及郡国四十(有)〔大〕水。[21]周嘉传是夏旱,嘉收葬客死骸骨,[22]应时澍雨,岁乃丰稔,则水不为灾也。

三年,大水。①

①臣昭案:本纪京师及郡国四十一雨水。

四年,大水。①

①臣昭案:本纪云三郡。

五年,大水。①

①臣昭案:本纪郡国八。

六年,河东池水变色,皆赤如血。①是时邓太后犹专政。②

①水变。占曰:"水化为血者,好任残贼,杀戮不辜,延及亲戚,水当为血。"

②古今注曰:"元初二年,颍川襄城(临)〔流〕水化为血,〔不流〕。"[23]京

房占曰:"流水化为血,兵且起,以日辰占与其色。"博物记曰:"江河水赤。占曰,泣血道路,涉苏于何以处。[24]"

延光三年,大水,流杀民人,伤苗稼。是时安帝信江京、樊丰及阿母王圣等谗言,免太尉杨震,废皇太子。①

①臣昭案:左雄传顺帝永建四年,司冀二州大水,伤禾稼。杨厚传永和元年夏,雒阳暴水,杀(十)〔千〕馀人。[25]

质帝本初元年五月,海水溢乐安、北海,溺杀人物。是时帝幼,梁太后专政。①

①春秋汉含孳曰:"九卿阿党,挤排正直,骄奢僭害,则江河溃决。"方储对策曰:"民悲怨则阴类强,河决海澹,地动土涌。"

桓帝建和二年七月,京师大水。去年冬,梁冀枉杀故太尉李固、杜乔。

三年八月,京都大水。是时梁太后犹专政。

永兴元年秋,河水溢,漂害人物。①

①臣昭案:朱穆传云"漂害数(千)〔十〕万户"。[26]京房占曰:"江河溢者,天有制度,地有里数,怀容水泽,[27]浸溉万物。"今溢者,明在位者不胜任也,三公之祸不能容也,率执法者利刑罚,不用常法。

二年六月,鼓城泗水增长,逆流。①

①梁冀别传曰:"冀之专政,天为见异,众灾并凑,蝗虫滋生,河水逆流,五星失次,太白经天,[28]人民疾疫,出入六年,羌戎叛戾,盗贼略平〔民〕,[29]皆冀所致。"敦煌实录张衡对策曰:"水者,五行之首,滞而逆流者,人君之恩不能下及而教逆也。"潜潭巴曰:"水逆者,反命也,宜修德以应之。"

永寿元年六月,雒水溢至津阳城门,漂流人物。①是时梁皇后

2676

兄冀秉政,疾害忠直,威权震主。后遂诛灭。

①臣昭案:本纪又南阳大水。

延熹八年四月,济北〔河〕水清。[30]九年四月,济阴、东郡、济北、平原河水清。襄楷上言:"河者诸侯之象,清者阳明之征,岂独诸侯有规京都计邪?"其明年,宫车晏驾,征解犊亭侯为汉嗣,即尊位,是为孝灵皇帝。

永康元年八月,六州大水,勃海海溢,没杀人。是时桓帝奢侈淫祀,其十一月崩,无嗣。

灵帝建宁四年二月,河水清。①五月,山水大出,漂坏庐舍五百馀家。②

①袁山松书曰:"祷于龙堁。"
②袁山松书曰是河东水暴出也。

熹平二年六月,东莱、北海海水溢出,漂没人物。

三年秋,雒水出。

四年夏,郡国三水,[31]伤害秋稼。

光和六年秋,金城河溢,水出二十馀里。

中平五年,郡国六水大出。①[32]

①臣昭案:袁山松书曰"山阳、梁、沛、彭城、下邳、东海、琅邪",则是
    七郡。

献帝建安二年九月,汉水流,害民人。是时天下大乱。①

①袁山松书曰:"曹操专政。十七年七月,大水,洧水溢。"

十八年六月,大水。①

①献帝起居注曰:"七月,大水,上亲避正殿;八月,以雨不止,且还殿。"

二十四年八月,<u>汉水</u>溢流,害民人。^①

①<u>袁山松</u>书曰"明年禅位于<u>魏</u>"也。

庶征之恒寒。

<u>灵帝光和</u>六年冬,大寒,<u>北海</u>、<u>东莱</u>、<u>琅邪</u>井中冰厚尺馀。^①

①<u>袁山松</u>书曰:"是时群贼起,天下始乱。谶曰:'寒者,小人暴虐,专权
居位,无道有位,適罚无法,又杀无罪,其寒必暴杀。'"

<u>献帝初平</u>四年六月,寒风如冬时。^①

①<u>袁山松</u>书曰:"时帝流迁失政。"<u>养奋</u>对策曰:"当温而寒,刑罚惨也。"

<u>和帝永元</u>五年六月,郡国三雨雹,大如鸡子。^{①〔33〕}是时<u>和帝</u>用
酷吏<u>周纡</u>为司隶校尉,刑诛深刻。^②

①<u>春秋考异邮</u>曰:"阴气之专精凝合生雹。雹之为言合也。以妾为妻,
大尊重,九女之妃阙而不御,坐不离前,无由相去之心,同舆参驷,房
祍之内,^{〔34〕}欢欣之乐,专政夫人,施而不博,^{〔35〕}阴精凝而见〔灭〕
〔成〕。"^{〔36〕}<u>易谶</u>曰:"凡雹者,过由人君恶闻其过,抑贤不扬,^{〔37〕}内与
邪人通,取财利,蔽贤,施之,并当雨不雨,故反雹下也。"

②<u>古今注</u>曰:"<u>光武建武</u>十年十月戊辰,<u>乐浪</u>、<u>上谷</u>雨雹,伤稼。十二年,
<u>河南平阳</u>雨雹,大如杯,坏败吏民庐舍。十五年十二月乙卯,<u>钜鹿</u>雨
雹,伤稼。<u>永平</u>三年八月,郡国十二雨雹,伤稼。十年,郡国十八或雨
雹,蝗。"<u>易纬</u>曰:"夏雹者,治道烦苛,徭役急促,教令数变,无有常法。
不敕为兵,强臣逆谋,蝗虫伤穀。救之,举贤良,爵有功,务宽大,无诛
罚,则灾除。"

<u>安帝永初</u>元年,雨雹。二年,雨雹,大如鸡子。三年,雨雹,^{〔38〕}

大如雁子，伤稼。刘向以为雹，阴胁阳也。是时邓太后以阴专阳政。

元初四年六月戊辰，郡国三雨雹，大如杆杯[39]及鸡子，杀六畜。①

①古今注曰："乐安雹如杆，杀人。"京房占曰："夏雨雹，天下兵大作。"

延光元年四月，郡国二十一雨雹，大如鸡子，伤稼。是时安帝信谗，无辜死者多。①

①臣昭案：尹敏传是岁河西大雨雹，如斗。安帝见孔季彦，问其故，[40]对曰"此皆阴乘阳之征也。今贵臣擅权，母后党盛，陛下宜修圣德，虑此二者"也。

三年，雨雹，大如鸡子。①

①古今注曰："顺帝永建五年，郡国十二雨雹。[41]六年，郡国十二雨雹，伤秋稼。"

桓帝延熹四年五月己卯，京都雨雹，大如鸡子。是时桓帝诛杀过差，又宠小人。

七年五月己丑，京都雨雹。是时皇后邓氏僭侈，骄恣专幸。明年废，以忧死，其家皆诛。

灵帝建宁二年四月，雨雹。

四年五月，河东雨雹。

光和四年六月，雨雹，大如鸡子。是时常侍、黄门用权。

中平二年四月庚戌，雨雹，伤稼。

献帝初平四年六月，右扶风雹如斗。①

①袁山松书曰："雹杀人。前后雨雹，此最为大，时天下溃乱。"

和帝元兴元年冬十一月壬午,郡国四冬雷。是时皇子数不遂,皆隐之民间。是岁,宫车晏驾,殇帝生百馀日,立以为君;帝兄有疾,封为平原王,卒,皆夭无嗣。①

①古今注曰:"光武建武七年,辽东冬雷,[42]草木实。"

殇帝延平元年九月乙亥,陈留雷,有石陨地四。①

①臣昭案:天文志末已载石陨,未解此篇所以重记。石(以)〔与〕雷陨俱者,[43]九月雷未为异,桓帝亦有此陨,后不兼载,于是为(长)〔常〕。[44]古今注曰:"章帝建初四年五月戊寅,颍阴石从天坠,大如铁锁,色黑,始下时声如雷。"

安帝永初六年十月丙戌,郡六冬雷。①

①京房占曰:"天冬雷,地必震。"又曰:"教令扰。"又曰:"雷以十一月起黄锺,二月大声,八月闭藏。此以春夏杀无辜,不须冬刑致灾。蛰虫出行,不救之,则冬温风,以其来年疾病。其救也,恤幼孤,[45]振不足,议狱刑,赏谪罚,灾则消矣。"古今注曰:"明帝永平七年十月丙子,越嶲雷。"

七年十月戊子,郡国三冬雷。

元初元年十月癸巳,郡国三冬雷。

三年十月辛亥,汝南、乐浪冬雷。

四年十月辛酉,郡国五冬雷。

六年十月丙子,郡国五冬雷。

永宁元年十月,郡国七冬雷。

建光元年十月,郡国七冬雷。

延光四年,郡国十九冬雷。是时太后摄政,[46]上无所与。太后既崩,阿母王圣及皇后兄阎显兄弟更秉威权,上遂不亲万机,从容宽仁任臣下。①

①古今注曰:"顺帝永和四年四月戊午,雷震击高庙、世祖庙外槐树。"

桓帝建和三年六月乙卯,雷震宪陵寝屋。先是梁太后听兄冀枉杀李固、杜乔。

灵帝熹平六年冬十月,东莱冬雷。[47]

中平四年十二月晦,雨水,大雷电,雹。

献帝初平三年五月丙申,无云而雷。

四年五月癸酉,无云而雷。

建安七八年中,长沙醴陵县有大山常大鸣如牛响声,积数年。后豫章贼攻没醴陵县,杀略吏民。①

①干宝曰:"论语摘辅像曰:'山(亡)〔土〕崩,[48]川闭塞,漂沦移,山鼓哭,闭衡夷,庶桀合,兵王作。'时天下尚乱,豪桀并争:曹操事二袁于河北;孙吴创基于江外;刘表阻乱众于襄阳,南招零、桂,北割汉川,又以黄祖为爪牙,而祖与孙氏为深仇,兵革岁交。十年,曹操破袁谭于南皮;十一年,走袁尚于辽东。十三年,吴禽黄祖。是岁,刘表死。曹操略荆州,逐刘备于当阳。十四年,吴破曹操于赤壁。是三雄者,卒共参分天下,成帝王之业,是所谓'庶桀合,兵王作'者也。十六年,刘备入蜀,与吴再争荆州,于时战争四分五裂之地,荆州为剧,故山鸣之异作其域也。"

2681

灵帝熹平二年,东莱海出大鱼二枚,长八九丈,高二丈馀。明年,中山王畅、任城王博并薨。①

①京房易传曰:"海出巨鱼,邪人进,贤人疏。"臣昭谓此占符灵帝之世,巨鱼之出,于是为征,宁独二王之妖也!

和帝永元四年,蝗。①

①臣昭案:本纪光武建武六年诏称"往岁水旱蝗虫为灾。"古今注曰:"建
武二十二年三月,京师、郡国十九蝗。二十三年,京师、郡国十八大
蝗,旱,草木尽。二十八年三月,郡国八十蝗。〔49〕二十九年四月,武威、
酒泉、清河、京兆、魏郡、弘农蝗。三十年六月,郡国十二大蝗。三十
一年,郡国大蝗。中元元年三月,郡国十六大蝗。永平四年十二月,
酒泉大蝗,从塞外入。"谢承书曰:"永平十五年,蝗起泰山,弥行兖、
豫。"谢沈书锺离意讥起北宫表云:"未数年,豫章遭蝗,穀不收。民饥
死,县数千百人。"

八年五月,河内、陈留蝗。九月,京都蝗。九年,蝗从夏至秋。
先是西羌数反,遣将军将北军五校征之。

安帝永初四年夏,蝗。是时西羌寇乱,军众征距,连十餘年。①

①谶曰:"主失礼烦苛,则旱之,鱼螺变为蝗虫。"

五年夏,九州蝗。①

①京房占曰:"天生万物百穀,以给民用。天地之性人为贵。今蝗虫四
起,此为国多邪人,朝无忠臣,虫与民争食,居位食禄如虫矣。不救,
致兵起;其救也,举有道置于位,命诸侯试明经,此消灾也。"

六年三月,去蝗处复蝗子生。①

①古今注曰:"郡国四十八蝗。"

七年夏,蝗。

元初元年夏,郡国五蝗。

二年夏,郡国二十蝗。

延光元年六月,郡国蝗。

顺帝永建五年,郡国十二蝗。是时鲜卑寇朔方,用众征之。

永和元年秋七月,偃师蝗。去年冬,乌桓寇沙南,用众征之。

桓帝永兴元年七月,郡国三十二蝗。是时梁冀秉政无谋宪,[50]苟贪权作虐。①

①春秋考异邮曰:"贪扰生蝗。"

二年六月,京都蝗。

永寿三年六月,京都蝗。

延熹元年五月,京都蝗。①

①臣昭案:刘歆传"皆逆天时,听不聪之祸也"。[51]养奋对策曰:"佞邪以不正食禄缘所致。"谢沈书曰"九年,扬州六郡连水、旱、蝗害"也。

灵帝熹平六年夏,七州蝗。先是鲜卑前后三十馀犯塞,是岁护乌桓校尉夏育、破鲜卑中郎将田晏、使匈奴中郎将臧旻将南单于以下,三道并出讨鲜卑。大司农经用不足,殷敛郡国,以给军糧。三将无功,还者少半。

光和元年诏策问曰:"连年蝗虫至冬踊,其咎焉在?"蔡邕对曰:"臣闻易传曰:'大作不时,天降灾,厥咎蝗虫来。'河图秘征篇曰:'帝贪则政暴而吏酷,酷则诛深必杀,主蝗虫。'蝗虫,贪苛之所致也。"是时百官迁徙,皆私上礼西园以为府。①

①蔡邕对曰:"蝗虫出,息不急之作,省赋敛之费,进清仁,黜贪虐,分损承安,(居)〔屈〕省别藏,[52]以赡国用,则其救也。易曰'得臣无家',言有天下者何私家之有!"

献帝兴平元年夏,大蝗。是时天下大乱。

建安二年五月,蝗。

【校勘记】

〔1〕夏五月辛(卯)〔亥〕郊　据汲本、殿本改。

〔2〕东郡以北伤水　按:"东"原讹"来",径改正。

〔3〕弘农都尉治(折)〔析〕为水所漂杀　据集解本改。按:校补谓据前书地理志音义正。又校补引钱大昭说,谓前志弘农有析县,续志析属南阳,然前志弘农无都尉,析下亦不言都尉治,建武六年已省诸郡都尉,不应弘农独存。且本纪但云"是夏连雨水",亦无车驾亲往行水之事。疑古今注误。又按:"所"原讹"沂",径改正。

〔4〕建武八年间郡国比大水　按:汲本、殿本"比"皆作"七"。

〔5〕传其法于有根　按:"根"疑当作"汉",然各本皆作"根",聚珍本东观记亦作"根",惟严可均辑全后汉文作"汉",殆严氏以意改也。

〔6〕故以殷氏六族分伯禽　按:左传"氏"作"民"。校补谓"殷氏"与下"怀姓"对文,自属传本之异。

〔7〕邑里无营利之家　按:"营"原讹"管",径改正。

〔8〕追观往法　按:"观"原讹"即",径改正。

〔9〕是以皆永享康宁之福　按:"以皆"原讹倒,径乙正。

〔10〕亦所以消散其口救　按:"救"疑"数"之讹。

〔11〕(狃)〔狙〕猱之意　据何焯校改。

〔12〕曼延无足　按:校补谓案文"足"当作"定"。

〔13〕令得复昌炽从横　按:"令"原讹"合",径改正。

〔14〕溃徙离处　按:"徙"原讹"从",径改正。

〔15〕言性不相害　按:"相"原讹"用",径改正。

〔16〕尚修正弭灾　殿本"正"作"政"。按:正政通。

〔17〕其水也(而)〔雨〕杀人　校补谓以前志校之,"而"乃"雨"之讹,各本皆未正。今据改。

〔18〕郡国三十七大水　按:校补谓纪"大水"作"雨水"。

〔19〕不立皇太子胜　按:张森楷校勘记谓皇子胜未尝为太子,"太"字

衍，下卷大风条同讹。

〔20〕妒疾贤者　按："妒"原讹"治"，径据汲本、殿本改正。

〔21〕京师及郡国四十(有)〔大〕水　校补谓"有"乃"大"之讹，本纪可证，各本皆失正。今据改。

〔22〕嘉收葬客死骸骨　集解引惠栋说，谓案范书周嘉传，乃嘉弟畅也，注所据乃司马书。按：校补谓详观此注，实即约举本书独行传周嘉传文，"收葬"上"嘉"字盖本是"因"字，后人妄改，未见本传耳。既系约举，原不必定详收葬者何人。惠氏补注因此一字之疑，遂谓注所据为司马书。然注先举本纪，即范书本纪也；次举周嘉传，又别言，是本传也。

〔23〕(临)〔流〕水化为血〔不流〕　"临"汲本、殿本作"流"。今据改。又集解引惠栋说，谓"血"下脱"不流"二字。今据补。

〔24〕占曰泣血道路涉苏于何以处　按："占"殿本作"名"。"何"汲本作"河"。校补谓"涉苏于何以处"，亦属误文，不可强通。

〔25〕杀(十)〔千〕馀人　据汲本、殿本改。

〔26〕漂害数(千)〔十〕万户　校补引钱大昭说，谓朱穆传、桓帝纪并云数十万户，"千"当作"十"。今据改。

〔27〕怀容水泽　按："怀"原讹"坏"，径改正。

〔28〕太白经天　按："经"原讹"绝"，径据汲本、殿本改正。

〔29〕盗贼略平〔民〕　校补谓案文"平"下当有"民"字，或亦唐人因避讳去之。今据补。

〔30〕济北〔河〕水清　集解引钱大昕说谓"济北"下脱"河"字。又校补引钱大昭说，谓据本纪作"济阴、东郡、济北河水清"，是"济北"上亦脱四字。今按：纪志所记，容有不同；"济北"下则明脱"河"字，今补。

〔31〕四年夏郡国三水　按：校补谓纪作"七大水"。

〔32〕中平五年郡国六水大出　按：集解引惠栋说，谓帝纪作"七大水"。

〔33〕和帝永元五年六月郡国三雨雹大如鸡子　按:聚珍本东观记作"郡国大雨雹,大如雁子"。

〔34〕房衽之内　按:"衽"原作"任",径依汲本、殿本改。

〔35〕施而不博　按:"博"原讹"传",径改正。

〔36〕阴精凝而见(灭)〔成〕　据汲本、殿本改。

〔37〕抑贤不扬　按:"扬"原讹"易",径改正。

〔38〕三年雨雹　按:集解引惠栋说,谓纪作"京师及郡国四十一雨水雹"。

〔39〕大如杅杯　按:集解引惠栋说,谓"杅杯"东观记作"芋魁"。

〔40〕尹敏传是岁河西大雨雹如斗安帝见孔季彦问其故　按:集解引钱大昕说,谓季彦事今在孔僖传,或司马彪书以季彦附尹敏传。校补谓此注引季彦事,亦明为范书孔僖传文,当由尹敏同列儒林传,遂至误载。

〔41〕顺帝永建五年郡国十二雨雹　按:汲本、殿本"五"作"三"。

〔42〕光武建武七年辽东冬雷　按:汲本、殿本"七"作"十"。

〔43〕石(以)〔与〕雷陨俱者　据汲本、殿本改。

〔44〕于是为(长)〔常〕　据汲本、殿本改。

〔45〕恤幼孤　按:"恤"原讹"率",径据汲本、殿本改正。

〔46〕延光四年郡国十九冬雷是时太后摄政　按:和熹崩于建光元年,安得延光四年复言太后摄政?"是时"疑是"先是"之误。

〔47〕东莱冬雷　按:汲本、殿本"冬"作"大"。

〔48〕山(亡)〔土〕崩　据汲本、殿本改。

〔49〕二十八年三月郡国八十蝗　按:校补谓光武时郡国九十三,如八十蝗,蝗几徧全国矣。桓、灵之末,无此奇灾,况中兴盛时,何宜有此。"八十"盖是"十八"误倒。

〔50〕是时梁冀秉政无谋宪　按:校补谓"宪"疑是"虑"之讹。

〔51〕听不聪之祸也　按:汲本、殿本"祸"作"过"。

〔52〕(居)〔屈〕省別藏　　据汲本、殿本改。

五行
三

2687

后汉书志第十六

五 行 四

地震　山崩　地陷　大风拔树　蝗　牛疫

五行传曰:"治宫室,饰台榭,内淫乱,犯亲戚,侮父兄,则稼穑不成。"谓土失其性而为灾也。又曰:"思心不容,是谓不圣。厥咎霿,厥罚恒风,厥极凶短折。时则有脂夜之妖,时则有华孽,时则有牛祸,时则有心腹之痾,时则有黄眚、黄祥,惟金、水、木、火沴土。"华孽,刘歆传为蠃虫之孽,谓蝗属也。

2689

世祖建武二十二年九月,郡国四十二地震,南阳尤甚,地裂压杀人。其后武谿蛮夷反,为寇害,至南郡,发荆州诸郡兵,遣武威将军刘尚击之,为夷所围,复发兵赴之,尚遂为所没。

章帝建初元年三月甲(申)〔寅〕,[1]山阳、东平地震。

和帝永元四年六月丙辰,郡国十三地震。春秋汉含孳曰:"女主盛,臣制命,则地动坼,畔震起,山崩沦。"是时窦太后摄政,兄窦宪专权,将以是受祸也。后五日,诏收宪印绶,兄弟就国,逼迫皆自杀。

五年二月戊午,陇西地震。儒说民安土者也,将大动,行大震。九月,匈奴单于於除(难)鞬叛,[2]遣使发边郡兵讨之。

七年九月癸卯,京都地震。儒说奄官无阳施,犹妇人也。是时和帝与中常侍郑众谋夺窦氏权,德之,因任用之,及幸常侍蔡伦,二人始并用权。

九年三月庚辰,陇西地震。闰月,塞外羌犯塞,杀略吏民,使征西将军刘尚击之。[3]

安帝永初元年,郡国十八地震。李固曰:"地者阴也,法当安静。今乃越阴之职,专阳之政,故应以震动。"是时邓太后摄政专事,讫建光中,太后崩,安帝乃得制政,于是阴类并胜,西羌乱夏,连十馀年。

二年,郡国十二地震。

三年十二月辛酉,郡国九地震。

四年三月癸巳,郡国四地震。[4]

五年正月丙戌,郡国十地震。

七年正月壬寅,二月丙午,郡国十八地震。[5]

元初元年,郡国十五地震。

二年十一月庚申,郡国十地震。

三年二月,郡国十地震。十一月癸卯,郡国九地震。

四年,郡国十三地震。

五年,郡国十四地震。

六年二月乙巳,京都、郡国四十二地震,或地坼裂,涌水,坏败城郭、[6]民室屋,压人。冬,郡国八地震。

永宁元年,郡国二十三地震。

建光元年九月己丑,[7]郡国三十五地震,或地坼裂,坏城郭室屋,压杀人。是时安帝不能明察,信宫人及阿母圣等谗(云)〔言〕,[8]破坏邓太后家,于是专听信圣及宦者,中常侍江京、樊丰等皆得用权。[9]

延光元年七月癸卯,京都、郡国十三地震。九月戊申,郡国二十七地震。

二年,京都、郡国三十二地震。[10]

三年,京都、郡国二十三地震。是时以谗免太尉杨震,废太子。

四年十〔一〕月丁巳,[11]京都、郡国十六地震。时安帝既崩,阎太后摄政,兄弟阎显等并用事[12],遂斥安帝子,更征诸国王子,未至,中黄门遂诛显兄弟。

顺帝永建三年正月丙子,京都、汉阳地震。汉阳屋坏杀人,地坼涌水出。是时顺帝阿母宋娥及中常侍张昉等用权。

阳嘉二年四月己亥,京都地震。是时爵号宋娥为山阳君。

四年十二月甲寅,京都地震。

永和二年四月(庚)〔丙〕申,[13]京都地震。是时宋娥构奸诬罔,五月事觉,收印绶,归田里。十一月丁卯,京都地震。是时太尉王龚以中常侍张昉等专弄国权,欲奏诛之,时龚宗亲有以杨震行事谏之止云。

三年二月乙亥,京都、金城、陇西地震裂,城郭、室屋多坏,压杀人。闰月己酉,京都地震。十月,西羌二千馀骑入金城塞,为凉州害。

四年三月乙亥,京都地震。

五年二月戊申,京都地震。

建康元年正月,凉州(都)〔部〕郡六,地震。[14]从去年九月以来至四月,凡百八十(日)〔地〕震,[15]山谷坼裂,坏败城寺,伤害人物。三月,护羌校尉赵冲为叛胡所杀。九月丙午,京都地震。是时顺帝崩,梁太后摄政,欲为顺帝作陵,制度奢广,多坏吏民冢。尚书栾巴谏事,[16]太后怒,癸卯,诏书收巴下狱,欲杀之。丙午地震,于是太后乃出巴,免为庶人。

桓帝建和元年四月庚寅,京都地震。九月丁卯,京都地震。是时梁太后摄政,兄冀持权。至和平元年,太后崩,然冀犹秉政专事,至延熹二年,乃诛灭。

三年九月己卯,地震,庚寅又震。

元嘉元年十一月辛巳,京都地震。

二年正月丙辰,京都地震。十月乙亥,京都地震。

永兴二年二月癸卯,京都地震。

永寿二年十二月,京都地震。

延熹四年,京都、右扶风、凉州地震。

五年五月乙亥,京都地震。是时桓帝与中常侍单超等谋诛除梁冀,听之,[17]并使用事专权。又邓皇后本小人,性行无恒,苟有颜色,立以为后,后卒坐执左道废,以忧死。

八年九月丁未,京都地震。

灵帝建宁四年二月癸卯,地震。是时中常侍曹节、王甫等皆专权。

熹平二年六月,地震。

六年十月辛丑,地震。

光和元年二月辛未,[18]地震。四月丙辰。地震。灵帝时宦者专恣。

二年三月,京兆地震。

三年自秋至明年春,酒泉表氏地八十馀动,[19]涌水出,城中官寺民舍皆顿,县易处,更筑城郭。

献帝初平二年六月丙戌,地震。

兴平元年六月丁丑,地震。

和帝永元元年七月,会稽南山崩。会稽,南方大名山也。京房易传曰:"山崩,阴乘阳,弱胜强也。"刘向以为山阳,君也;水阴,民也;君道崩坏,百姓失所也。刘歆以为崩犹(地)〔弛〕也。[20]是时窦太后摄政,兄窦宪专权。

七年七月,赵国易阳地裂。京房易传曰:"地裂者,臣下分离,不肯相从也。"是时南单于众乖离,汉军追讨。

十二年夏,闰四月戊辰,南郡秭归山高四百丈,崩填谿,杀百馀人。明年冬,(至)〔巫〕蛮夷反,[21]遣使募荆州吏民万馀人击之。

元兴元年五月癸酉,右扶风雍地裂。是后西羌大寇凉州。

殇帝延平元年五月壬辰,河东(恒)〔垣〕山崩。[22]是时邓太后专政。秋八月,殇帝崩。

安帝永初元年六月丁巳,河东杨地陷,东西百四十步,南北百二十步,深三丈五尺。

六年六月壬辰,豫章员谿原山崩,各六十三所。

元初元年三月己卯，[23]日南地坼，长百八十二里。其后三年正月，苍梧、郁林、合浦盗贼群起，劫略吏民。[24]

二年六月，河南雒阳新城地裂。

延光二年七月，丹阳山崩四十七所。

三年六月庚午，巴郡阆中山崩。

四年十月丙午，蜀郡越巂山崩，杀四百馀人。丙午，天子会日也。是时阎太后摄政。其十一月，中黄门孙程等杀江京，立顺帝，诛阎后兄弟，明年，阎后崩。

顺帝阳嘉二年六月丁丑，雒阳宣德亭地坼，长八十五丈，近郊地。时李固对策，以为"阴类专恣，将有分离之象，所以附郊城者，(事)〔是〕上帝示象以诫陛下也"。[25]是时宋娥及中常侍各用权分争，后中常侍张逵、蘧政与大将军梁商争权，为商作飞语，欲陷之。

桓帝建和元年四月，郡国六地裂，水涌出，井溢，坏寺屋，杀人。时梁太后摄政，兄冀枉杀李固、杜乔。

三年，郡国五山崩。

和平元年七月，广汉梓潼山崩。

永兴二年六月，东海胸山崩。冬十二月，泰山、琅邪盗贼群起。

永寿三年七月，河东地裂，时梁皇后兄冀秉政，桓帝欲自由，内患之。

延熹元年七月乙巳，[26]左冯翊云阳地裂。

三年五月(戊申)〔甲戌〕，[27]汉中山崩。是时上宠恣中常侍单超等。

四年六月庚子，泰山、博尤来山判解。[28]

八年六月丙辰，缑氏地裂。

永康元年五月丙午，[29] 雒阳高平永寿亭、上党泫①氏地各裂。是时朝臣患中常侍王甫等专恣。冬，桓帝崩。明年，窦氏等欲诛常侍、黄门，[30] 不果，更为所诛。

①工玄反。

灵帝建宁四年五月，河东地裂十二处，裂合长十里百七十步，广者三十馀步，深不见底。

和帝永元五年五月戊寅，南阳大风，拔树木。

安帝永初元年，大风拔树。是时邓太后摄政，以清河王子年少，号精耳，[31] 故立之，是为安帝。不立皇太子胜，以为安帝贤，必当德邓氏也；后安帝亲谗，废免邓氏，令郡县迫切，死者八九人，家至破坏。此为籲霧也，是后西羌亦大乱凉州十有馀年。

二年六月，京都及郡国四十大风拔树。

三年五月癸酉，京都大风，拔南郊道梓树九十六枚。

七年八月丙寅，京都大风拔树。

元初二年二月癸亥，京都大风拔树。

六年夏四月，沛国、勃海大风，拔树三万馀枚。

延光二年三月丙申，河东、颍川大风拔树。六月壬午，郡国十一大风拔树。是时安帝亲谗，曲直不分。

三年，京都及郡国三十六大风拔树。

灵帝建宁二年四月癸巳，京都大风雨雹，拔郊道树十围已上百馀枚。其后晨迎气黄郊，[32] 道于雒水西桥，逢暴风雨，道卤簿车或发盖，百官沾濡，还不至郊，使有司行礼。迎气西郊，亦壹如此。

中平五年六月丙寅，大风拔树。

献帝初平四年六月,右扶风大风,发屋拔木。

中兴以来,脂夜之妖无录者。

章帝七八年间,郡县大螟伤稼,语在鲁恭传,而纪不录也。是时章帝用窦皇后谗,害宋、梁二贵人,废皇太子。

灵帝熹平四年六月,弘农、三辅螟虫为害。是时灵帝用中常侍曹节等谗言,禁锢海内清英之士,谓之党人。

中平二年七月,三辅螟虫为害。

明帝永平十八年,牛疫死。是岁遣窦固等征西域,置都护、戊己校尉。固等适还而西域叛,杀都护陈睦、戊己校尉关宠。于是大怒,[33]欲复发兴讨,会秋明帝崩,是思心不容也。

章帝建初四年冬,京都牛大疫。是时窦皇后以宋贵人子为太子,宠幸,令人求伺贵人过隙,以谗毁之。章帝不知窦太后不善,[34]厥咎霿也。或曰,是年六月马太后崩,土功非时兴故也。

【校勘记】

[1]章帝建初元年三月甲(申)[寅] 校补谓帝纪作"甲寅"。按:是年三月癸卯朔,无甲申,今依帝纪改。

[2]匈奴单于於除(难)鞬叛 集解引钱大昕说,谓"难"字衍。又引惠栋说,谓纪无"难"字。今据删。

[3]使征西将军刘尚击之 按:集解引钱大昕说,谓此又一刘尚,乃南阳宗室,袭封朝阳侯者。又引周寿昌说,谓袁纪作"执金吾刘尚"。

非<u>建武</u>二十二年之武威将军,彼前以击<u>夷</u>而败没矣。本纪作"行征西将军",此无"行"字。

〔4〕郡国四地震　按:集解引<u>洪亮吉</u>说,谓安纪"四"作"九"。

〔5〕七年正月壬寅二月丙午郡国十八地震　<u>钱大昭</u>云本纪但有二月丙午之事,此"正月壬寅"四字疑衍。按:<u>校补</u>谓当衍者乃"二月丙午"四字。是年四月丙申晦,日有食之,纪、志并同。四月晦为丙申,则二月不得有丙午。纪本有误,而此志"二月丙午"四字,疑后人据纪妄增也。

〔6〕坏败城郭　按:<u>汲本</u>、<u>殿本</u>"坏败"作"败坏"。

〔7〕建光元年九月己丑　按:集解引<u>洪亮吉</u>说,谓安纪作"十一月己丑"。

〔8〕信宫人及阿母圣等谗(云)〔言〕　据<u>何焯</u>校改。

〔9〕皆得用权　<u>校补</u>引<u>钱大昭</u>说,谓"用"<u>闽本</u>作"擅"。今案:殿本亦作"擅"。

〔10〕京都郡国三十二地震　按:集解引<u>钱大昕</u>说,谓安帝纪无"十二"字。

〔11〕四年十〔一〕月丁巳　集解引<u>钱大昕</u>说,谓顺帝纪作"十一月"。按:<u>延光</u>四年十月乙酉朔,无丁巳,今依纪改。

〔12〕兄弟<u>阎显</u>等并用事　按:"兄弟"原作"弟兄",径乙正。

〔13〕永和二年四月(庚)〔丙〕申　集解引<u>钱大昕</u>说,谓顺帝纪作"丙申"。按:是年四月戊寅朔,无庚申,今从帝纪改。

〔14〕凉州(都)〔部〕郡六地震　据集解引<u>陈景云</u>说改。

2697

〔15〕凡百八十(日)〔地〕震　集解引<u>洪亮吉</u>说,谓"日"字衍。又引<u>惠栋</u>说,谓纪云"地百八十震",非百八十日也。按:<u>校补</u>谓"日"乃"地"之讹。言震不言地,则尤以明其确为地震,故纪亦必云"地百八十震"也。今据<u>校补</u>说改。

〔16〕尚书<u>栾巴</u>谏事　按:集解引<u>王先谦</u>谓"事"疑"争"之误。

〔17〕听之　按:疑当作"德之",与上文和帝永元七年"和帝与中常侍郑众谋夺窦氏权,德之"同。

〔18〕光和元年二月辛未　按:集解引钱大昕说,谓灵帝纪作"己未"。

〔19〕酒泉表氏地八十馀动　按:集解引惠栋说,谓"氏"纪作"是",古字通。

〔20〕刘歆以为崩犹(地)〔弛〕也　校补谓"地"乃"弛"之讹,前志引刘歆说"崩,弛崩也"可证,各本皆失正。今据改。

〔21〕明年冬(至)〔巫〕蛮夷反　校补谓据纪"至"乃"巫"之讹。今据改。

〔22〕河东(恒)〔垣〕山崩　集解引洪亮吉说,谓恒山在上曲阳,不属河东,应如殇纪作"垣山"为是。今据改。

〔23〕元初元年三月己卯　校补谓纪作"二月己卯"。按:是年二月壬辰朔,无己卯,纪讹。

〔24〕劫略吏民　按:"吏民"原作"民吏",径据汲本、殿本乙正。

〔25〕(事)〔是〕上帝示象以诚陛下也　据汲本、殿本改。

〔26〕延熹元年七月乙巳　按:集解引洪亮吉说,谓案桓纪作"己巳",下云"甲子,太尉黄琼免",则宜以续志"乙巳"为是。

〔27〕三年五月(戊申)〔甲戌〕　集解引洪亮吉说,谓桓纪"戊申"作"甲戌"。按:是年五月甲子朔,有甲戌,无戊申,今据纪改。

〔28〕泰山博尤来山判解　按:校补谓纪作"岱山及博尤来山并颓裂"。就志言之,泰山郡名,博县名,尤来山名,判解是从中分裂,特指尤来一山。自纪言之,则岱山亦言山,与尤来山并颓裂,明是两山矣。

〔29〕永康元年五月丙午　按:集解引洪亮吉说,谓桓纪作"丙申"。

〔30〕窦氏等欲诛常侍黄门　按:"氏"疑当作"武"。

〔31〕以清河王子年少号精耳　校补谓"精耳"疑当作"精敏"。今按:"耳"疑"聪"字之讹,聪字脱其右半,遂成"耳"字也。

〔32〕其后晨迎气黄郊　按:汲本、殿本"黄"作"东",讹,此与礼仪志合。

〔33〕于是大怒　按:"于是"下疑脱"帝"字。

〔34〕章帝不知窦太后不善　按:<u>张森楷校勘记</u>谓<u>窦后</u>在<u>章帝</u>世不应称太后,"太"疑当作"皇"。

后 汉 书 志 第 十 七

五 行 五

射妖　龙蛇孽　马祸　人㾰

人化　死复生　疫　投蜺

五行传曰:"皇之不极,是谓不建。①厥咎眊,②厥罚恒阴,③厥极弱。④时则有射妖,⑤时则有龙蛇之孽,⑥时则有马祸,⑦时则有下人伐上之痾,⑧时则有日月乱行,星辰逆行。"⑨皇,君也。极,中也。眊,不明也。说云:此沴天也。不言沴天者,至尊之辞也。春秋"王师败绩",以自败为文。

①尚书大传"皇"作"王"。郑玄曰:"王,君也。不名体而言王者,五事象五行,则王极象天也。[1]天变化为阴为阳,覆成五行。经曰:'历象日月星辰,敬授民时。'论语曰:'为政以德,譬如北辰。'是则天之道于人政也。[2]孔子说春秋曰:'政以不由王出,不得为政。'则王君出政之号也。极,中也。建,立也。王象天,以情性覆成五事,为中和之政

2701

也。王政不中和,则是不能立其事也。"古文尚书:"皇极,皇建其有极。"孔安国曰:"大中之道,大立其有中,谓行九畴之义。"马融对策曰:"大中之道,在天为北辰,在地为人君。"

②尚书大传作"瞀"。郑玄曰:"瞀与思心之咎同耳,故〔子骏〕传曰眊。[3]眊,乱也。君臣不立,则上下乱矣。"字林曰:"目少精曰眊。"

③郑玄曰:"王极象天,天阴养万物,阴气失,[4]故常阴。"

④郑玄曰:"天为刚德,刚气失,故于人为弱。易说亢龙之行曰:'贵而无位,高而无民,贤人在下位而无辅。'此之谓弱。或云懦,不(毅)〔毅〕也。"[5]

⑤郑玄曰:"射,王极之度也。射人将发矢,必先于此仪之,发则中于彼矣。君将出政,亦先于朝廷度之,出则应于民心。射,其象也。"

⑥郑玄曰:"龙,虫之生于渊,行〔于〕无形,[6]游于天者也,属天。蛇,龙之类也,或曰龙无角者曰蛇。"

⑦郑玄曰:"天行健。马,畜之疾行者也,属王极。"

⑧郑玄曰:"夏侯胜说'伐'宜为'代',[7]书亦或作'代'。阴阳之神曰精气,情性之神曰魂魄,君行不由常,俟张无度,则是魂魄伤也,王极气失之病也。天于不中之人,恒耆其〔味,厚其〕毒,[8]增以为病,将以开贤代之也,春秋传所谓'夺伯有魄'者是也。不名病者,病不著于身体也。"

⑨郑玄曰:"乱谓薄食斗并见,逆谓〔嬴〕缩反明,经天守舍之类也。"[9]
太公六韬曰:"人主好武事兵革,则日月薄蚀,太白失行。"

恒阴,中兴以来无录者。①

①臣昭案:本传阳嘉二年,郎𫖮上书云:"正月以来,阴闇连日。久阴不雨,乱气也。得贤不用,犹久阴不雨也。"

灵帝光和中,雒阳男子<u>夜龙</u>以弓箭射北阙,吏收考问,辞"居贫负责,无所聊生,因买弓箭以射"。近射妖也。^①其后车骑将军<u>何苗</u>,与兄大将军<u>进</u>部兵还相猜疑,对相攻击,战于阙下。<u>苗死兵败,杀数千人,雒阳宫室内人烧尽</u>。^②

①<u>风俗通</u>曰:"龙从兄<u>阳</u>求腊钱,龙假取繁数,颇厌患之,<u>阳</u>与钱千,龙意不满,欲破<u>阳</u>家,因持弓矢射<u>玄武东阙</u>,三发,吏士呵缚首服。因是遣中常侍、尚书、御史中丞、直事御史、谒者、卫尉、司隶、<u>河南尹、雒阳令</u>悉会发所。<u>劭</u>时为太尉议曹掾,白公<u>邓盛</u>:'夫礼设阙观,所以饰门,章于至尊,悬诸象魏,示民礼法也。故车过者下,步过者趋。今<u>龙</u>乃敢射阙,意慢事丑,次于大逆。宜遣主者参问变状。'公曰:'府不主盗贼,当与诸府相候。'<u>劭</u>曰:'丞相<u>邴吉</u>以为道路死伤,既往之事,<u>京兆</u>、<u>长安</u>职所穷逐,而住车问牛喘吐舌者,岂轻人而贵畜哉,颇念阴阳不和,必有所害。掾史尔乃悦服,<u>汉书</u>嘉其达大体。今<u>龙</u>所犯,然中外奔波,<u>邴吉</u>防患大<u>豫</u>,^[10]况于已形昭晰者哉!明公既处宰相大任,加掌兵戎之职,凡在荒裔,谓之大事,何有近目下而致逆节之萌者?^[11]<u>孔子</u>摄<u>鲁</u>司寇,非常卿也。折僭溢之端,消纤介之渐,从政三月,恶人走境,邑门不闭,外收强<u>齐</u>侵地,内亏三桓之威。区区小国,尚于趣舍,<u>大汉</u>之朝,焉可无乎?明公恬然谓非己。^[12]诗云:"仪刑<u>文王</u>,万国作孚。"当为人制法,何必取法于人!'于是公意大悟,遣令史谢,申以钤下规应掾自行之,还具条奏。时<u>灵帝</u>诏报,恶恶止其身,<u>龙</u>以重论之,<u>阳</u>不坐。"

②<u>应劭</u>曰:"龙者阳类,君之象也。夜者,不明之应也。此其象也。"

<u>安帝延光</u>三年,<u>济南</u>言黄龙见<u>历城</u>,<u>琅邪</u>言黄龙见<u>诸</u>。是时<u>安帝</u>听谗,免太尉<u>杨震</u>,<u>震</u>自杀。又帝独有一子,以为太子,信谗废之。是皇不中,故有龙孽,是时多用佞媚,故以为瑞应。明年正月,

东郡又言黄龙二见濮阳。

桓帝①延熹七年六月壬子,河内野王山上有龙死,长可数十丈。②襄楷以为夫龙者为帝王瑞,易论大人。天凤中,黄山宫有死龙,汉兵诛莽而世祖复兴,此易代之征也。至建安二十五年,魏文帝代汉。③

①干宝搜神记曰:"桓帝即位,有大蛇见德阳殿上,雒阳市令淳于翼曰:'蛇有鳞,甲兵之象也。见于省中,将有椒房大臣受甲兵之诛也。'乃弃官遁去。到延熹二年,诛大将军梁冀,捕治宗属,扬兵京师"也。

②袁山松书曰:"长可百馀丈。"

③臣昭曰:夫屈申跃见,变化无方,非显死之体,横强之畜。易况大圣,实类君道。野王之异,岂桓帝将崩之表乎?妖等占殊,其例斯众。苟欲附会以同天凤,则帝涉三主,年踰五十,此为迂阔,将恐非征矣。

永康元年八月,巴郡言黄龙见。时吏傅坚以郡欲上言,内白事以为走卒戏语,不可。太守不听。尝见坚语云:"时民以天热,欲就池浴,见池水浊,因戏相恐'此中有黄龙',语遂行人间。闻郡,欲以为美,故言。"时史以书帝纪。桓帝时政治衰缺,而在所多言瑞应,皆此类也。又先儒言:瑞兴非时,则为妖孽,而民讹言生龙语,皆龙孽也。

2704　　熹平元年四月甲午,青蛇见御坐上。[13]是时灵帝委任宦者,王室微弱。①

①杨赐谏曰:"皇极不建,则有龙蛇之孽。诗云:'惟虺惟蛇,女子之祥。'宜抑皇甫之权,割艳妻之爱,则蛇变可消者也。"案张奂传,建宁二年夏,青蛇见御坐轩前。奂上疏:"陈蕃、窦氏未被明宥,[14]妖眚之来,皆由此也。"敦煌实录曰:"蛇长六尺,夜于御前当轩而见。"

更始二年二月，发雒阳，欲入长安，司直李松奉引，车奔，触北宫铁柱门，三马皆死。马祸也。时更始失道，将亡。

桓帝延熹五年四月，惊马与逸象突入宫殿。近马祸也。是时桓帝政衰缺。

灵帝光和元年，司徒长史冯巡马生人。① 京房易传曰："上亡天子，诸侯相伐，厥妖马生人。"后冯巡迁甘陵相，黄巾初起，为所残杀，而国家亦四面受敌。其后关东州郡各举义兵，卒相攻伐，天子西移，王政隔塞。其占与京房同。

① 风俗通曰："巡马生胡子，问养马胡苍头，乃好此马以生子。"〔15〕

光和中，雒阳水西桥民马逸走，遂齧杀人。是时公卿大臣及左右数有被诛者。

安帝永初元年十一月戊子，民转相惊走，弃什物，去庐舍。

灵帝建宁三年春，河内妇食夫，河南夫食妇。①

① 臣昭曰：案此二食，夫妻不同，在河南北，每见死异，斯岂怪妖复有征乎？河者，经天亘地之水也。河内，河之阳也。夫妇参配阴阳，判合成体。今以夫之尊，在河之阳，而阴承体卑，吞食尊阳，将非君道昏弱，无居刚之德，遂为阴细之人所能消毁乎？河南，河之阴。河视诸侯，夫亦惟家之主，而自食正内之人。时宋皇后将立，而灵帝一听阉官，〔16〕无所眉心。夫以宫房之爱恶，亦不全中怀抱，宋后终废，王甫挟奸，阴中列侯，实应厥位。天戒若曰，徒随嬖竖之意，〔17〕夫啖其妻乎？

熹平二年六月，雒阳民讹言虎贲寺东壁中有黄人，形容鬓眉良是，观者数万，省内悉出，道路断绝。① 到中平元年二月，张角兄弟起兵冀州，自号黄天，三十六方，四面出和，将帅星布，吏士外属，因其疲餧，牵而胜之。②

①应劭时为郎。风俗通曰："劭故往视之，何在其有人也！走漏污处，腻赭流漉，壁有他剥数寸曲折耳。劭又通之曰：季夏土黄，中行用事，又在壁中，壁亦土也。以见于虎贲寺者，虎贲国之秘兵，扞难御侮。必(是)〔示〕于东，[18]东者动也，言当出师行将，天下摇动也。天之以类告人，甚于影响也。"

②物理论曰："黄巾被服纯黄，不将尺兵，肩长衣，翔行舒步，所至郡县无不从，是日天大黄也。"

光和元年五月壬午，何人白衣欲入德阳门，辞"我梁伯夏，教我上殿为天子"。中黄门桓贤[19]等呼门吏仆射，欲收缚何人，吏未到，须臾还走，求索不得，不知姓名。时蔡邕以成帝时男子王褒绛衣入宫，上前殿非常室，曰"天帝令我居此"，后王莽篡位。今此与成帝时相似而有异，被服不同，又未入云龙门而觉，称梁伯夏，皆轻于言。以往况今，将有狂狡之人，欲为王氏之谋，其事不成。其后张角称黄天作乱，竟破坏。①

①风俗通曰："光和四年四月，南宫中黄門寺有一男子，长九尺，服白衣。中黄门解步呵问：'汝何等人？白衣妄入宫掖。'曰：'我梁伯夏后，天使我为天子。'步欲前收取，因忽不见。劭曰：尚书、春秋左传曰，伯益佐禹治水，封于梁。飂叔安有裔子曰董父，实甚好龙，龙多归之，帝舜嘉之，赐姓董氏。董氏之祖，与梁同焉。到光熹元年，董卓自外入，因间乘衅，废帝杀后，百官总己，号令自由，杀戮决前，威重于主。梁本安定，而卓陇西人，俱凉州也。天戒若曰，卓不当专制夺矫，如白衣无宜兰入宫也。[20]白衣见黄门寺，及卓之末，中黄门诛灭之际，事类如此，可谓无乎？"袁山松曰："案张角一时狡乱，不足致此大妖，斯乃曹氏灭汉之征也。"案劭所述，与

志或有不同,年月舛异,故俱载焉。臣昭注曰:检观前通,各有未直。寻梁即魏地之名,伯夏明于中夏,非溥天之称,以内臣孙(夫)〔未〕得称王,[21]征验有应,有若符契。复云“伯夏教我为天子”,后曹公曰“若天命在吾,吾为周文王矣”,此乃魏文帝受我成策而陟帝位也。风俗通云“见中黄门寺曹腾之家”,尤见其证。

二年,雒阳上西门外女子生儿,两头,异肩共胸,俱前向,以为不祥,堕地弃之。自此之后,朝廷霿乱,[22]政在私门,上下无别,二头之象。后董卓戮太后,被以不孝之名,放废天子,后复害之。汉元以来,祸莫逾此。

四年,魏郡男子张博送铁卢诣太官,博上书室殿山居屋后宫禁,落屋讙呼。上收缚考问,辞“忽不自觉知”。①

①臣昭曰:魏人入宫,既夺汉之征,至后宫而欢呼,终亦祸废母后。

中平元年六月壬申,雒阳男子刘仓居上西门外,妻生男,两头共身。

灵帝时,江夏黄氏之母,浴而化为鼋,入于深渊,其后时出见。初浴簪一银钗,及见,犹在其首。①

①臣昭曰:黄者,代汉之色。女人,臣妾之体。化为鼋,鼋者元也。入于深渊,水实制火。夫君德尊阳,利见九五,飞在于天,乃备光盛。俯等龟鼋,有愧潜跃;首从戴钗,卑弱未尽。后帝者(三)〔王〕,[23]不专权极,天德虽谢,蜀犹傍缋。推求斯异,女为晓著矣。

献帝初平中,长沙有人姓桓氏,死,棺敛月馀,其母闻棺中声,发之,遂生。占曰:“至阴为阳,下人为上。”其后曹公由庶士起。

　　建安四年二月，武陵充县女子李娥，年六十馀，物故，以其家杉木槽敛，瘗于城外数里上，已十四日，有行闻其冢中有声，[24]便语其家。家往视闻声，便发出，遂活。①

①干宝搜神记曰："武陵充县女子李娥，年六十馀，病死，埋于城外，已十四日。娥比舍有蔡仲，闻娥富，谓殡当有金宝，盗发冢剖棺。斧数下，娥于棺中言曰：'蔡仲，汝护我头。'惊遽，便出走。会为吏所见，遂收治，依法当弃市。娥儿闻，来迎出娥将去。武陵太守闻娥死复生，召见问事状。娥对曰：'闻谬为司命所召，[25]到得遣出，过西门，适见外兄刘伯文，为相劳问，涕泣悲哀。娥语曰："伯文，一日误见召，今得遣归，[26]既不知道，又不能独行，为我得一伴不？又我见召在此，已十馀日，形体又当见埋藏，归当那得自出？"伯文曰："当为问之。"即遣门卒与户曹相问："司命一日误召武陵大女李娥，今得遣还。娥在此积日，尸丧又当殡敛，当作何等得出？又女弱独行，岂当有伴邪？是吾外妹，幸为便安之。"答曰："今武陵西男民李黑，亦得遣还，便可为伴。"辄令黑过，教娥比舍蔡仲，令发出娥也。于是娥遂得出，与伯文别。伯文曰："书一封以与儿佗。"娥遂与黑俱归，事状如此。'太守慨然叹曰：'天下事真不可知也！'乃表以为'蔡仲虽发冢，为鬼神所使，虽欲无发，势不得已。宜加宽宥。'诏书报可。太守欲验语虚实，即遣马吏于西界推问李黑得之。黑语协，乃致伯文书与佗。佗识其纸，乃是父亡时送箱中文书也。表文字犹在也，而书不可晓。乃请费长房读之，曰：'告佗：当从府君出案行，当以八月八日日中时，武陵城南沟水畔顿，汝是时必往。'到期，悉将大小于城南待之。须臾果至，但闻人马隐隐之声，诣沟水，便闻有呼声曰：'佗来！汝得我所寄李娥书不邪？'曰：'即得之，故来至此。'伯文以次呼家中大小问之，悲伤断绝。曰：'死生异路，不能数得汝消息。吾亡后，儿孙乃

尔许人!'〔27〕良久谓佗曰:'来春大病,与此一丸药,以涂门户,则辟来年妖厉矣。'言讫忽去,竟不得见其形。至前春,武陵果大病,白日见鬼,唯伯文之家,鬼不敢向。费长房视药曰:'此方相临也。'"博物记曰:"汉末关中大乱,有发前汉宫人冢者,宫人犹活。既出,平复如旧。魏郭后爱念之,录置宫内,常在左右。问汉时宫中事,说之了了,皆有次绪。郭后崩,哭泣哀过,遂死。汉末,发范明友奴冢,奴犹活。明友,霍光女婿。说光家事,废立之际,多与汉书相应。此奴常(且)〔游〕走居民间,无(正)〔止〕住处,〔28〕遂不知所在。"

七年,越巂有男化为女子。时周群上言,哀帝时亦有此异,将有易代之事。至二十五年,献帝封于山阳。

建安中,女子生男,两头共身。

安帝元初六年夏四月,会稽大疫。①

①公羊传曰:"大灾者何?大瘠也。大瘠者?痢也。"何休曰:"民疾疫也,邪乱之气所生。"古今注曰:"光武建武十三年,扬徐部大疾疫,会稽江左甚。"案传,锺离意为督邮,建武十四年会稽大疫。案此则频岁也。古今注曰:"二十六年,郡国七大疫。"

延光四年冬,京都大疫。①

①张衡明年上封事:"臣窃见京师为害兼所及,民多病死,〔29〕(上并猥)死有灭户。〔30〕人人恐惧,朝廷燋心,以为至忧。臣官在于考变禳灾,思(在)〔任〕防救,〔31〕未知所由,夙夜征营。臣闻国之大事在祀,祀莫大于郊天奉祖。方今道路流言,佥曰'孝安皇帝南巡路崩,从驾左右行愿之臣欲征诸国王子,故不发丧,衣车还宫,(优)〔伪〕遣大臣,〔32〕并祷请命'。臣处外官,不知其审,然尊灵见罔,

2709

岂能无怨！且凡（夫私）〔大祀〕小有不躏，[33]犹为谴讁，况以大秽，用礼郊庙？孔子曰：'曾谓泰山不如林放乎！'天地明察，降祸见灾，乃其理也。又间者，有司正以冬至之后，奏开恭陵神道。陛下至〔孝〕，[34]不忍距逆，或发冢移尸。月令：'仲冬土事无作，慎无发盖，及起大众，以固而闭。地气上泄，是谓发天地之房，诸蛰则死，〔民必〕疾疫，[35]又随以丧。'厉气未息，恐其殆此二（年）〔事〕，[36]欲使知过改悔。五行传曰：'六沴作见，若时共御，帝用不差，神则不怒，五福乃降，[37]用章于下。'臣愚以为可使公卿处议，所以陈术改过，取媚神祇，自求多福也。"

桓帝元嘉元年正月，京都大疫。二月，九江、庐江又疫。

延熹四年正月，大疫。①

① 太公六韬曰："人主好重赋役，大宫室，多台游，则民多病温也。"[38]

灵帝建宁四年三月，大疫。

熹平二年正月，大疫。

光和二年春，大疫。

五年二月，大疫。

中平二年正月，大疫。

献帝建安二十二年，大疫。①

① 魏文帝书与吴质曰："昔年疾疫，亲故多离其灾。"魏陈思王常说疫气云："家家有强尸之痛，室室有号泣之哀，或阖门而殪，或举族而丧者。"

灵帝光和元年六月丁丑，有黑气堕北宫温明殿东庭中，黑如车盖，起奋讯，身五色，有头，体长十馀丈，形貌似龙。上问蔡邕，对曰："所谓天投蜺者也。不见足尾，不得称龙。易传曰：'蜺之比无德,以色亲也。'潜潭巴曰:'虹出,后妃阴胁王者。'又曰:'五色迭至,照于宫殿,有兵革之事。'演孔图曰:'天子外苦兵,威内夺,臣无忠,则天投蜺。'①变不空生,占不空言。"②先是立皇后何氏,皇后每斋,当谒祖庙,辄有变异不得谒。中平元年,黄巾贼张角等立三十六方,起兵烧郡国,山东七州处处应角。遣兵外讨角等,内使皇后二兄为大将统兵。其年,宫车宴驾,皇后摄政,二兄秉权。遣让帝母永乐后,令自杀。阴呼并州牧董卓欲共诛中官,中官逆杀大将军进,兵相攻讨,京都战者塞道。皇太后母子遂为太尉卓等所废黜,皆死。天下之败,兵先兴于宫省,外延海内,二三十岁,其殃祸起自何氏。③

① 案邕集称曰:"演孔图曰:'蜺者,斗之精也。失度投蜺见态,主惑于毁誉。'合诚图曰:'天子外苦兵者也。'"

② 邕对又曰:"意者陛下枢机之内,衽席之上,独有以色见进,陵尊踰制,以昭变象。若群臣有所毁誉,圣意低回,未知谁是。兵戎未息,威权渐移,忠言不闻,则虹蜺所生生也。抑内宠,任中正,决毁誉,分直邪,各得其所;勒守卫,整武备,威权之机不以假人,则其救也。"

③ 袁山松书曰:"是年七月,虹昼见御坐玉堂后殿前庭中,色青赤也。"

【校勘记】

〔1〕则王极象天也　校补引柳从辰说,谓今尚书大传此下有"人法天,元气纯,则不可以一体而言之也",凡十六字。

〔2〕譬如北辰是则天之道于人政也　今大传"道"作"通"。按:校补引柳从辰说,谓则天之道于人政,所谓"唯天为大,唯尧则之",则即法也。此正譬如之义。作"通"误。

〔3〕故〔子骏〕传曰眎　据文献通考补。按:皮锡瑞尚书大传疏证引陈

寿祺说,谓郑注引刘子骏五行传以昕释眢,续汉志此注脱"子骏"二字。

〔4〕阴气失　按:今大传"阴"作"养"。

〔5〕懦不（敬）〔毅〕也　据今大传郑注改。按:陈寿祺谓续汉志引此注"毅"作"敬",误。

〔6〕行〔于〕无形　据今大传郑注补。

〔7〕夏侯胜说伐宜为代　按:王先谦谓前书夏侯胜传作"伐",郑说未详所出。

〔8〕恒者其〔味厚其〕毒　据今大传郑注补。按:通考郊祀考亦有此三字。

〔9〕逆谓〔嬴〕缩反明经天守舍之类也　校补引柳从辰说,谓据大传郑注,"缩"上脱"嬴"字。今据补。

〔10〕令龙所犯然中外奔波邴吉防患大豫　汲本、殿本"令"作"今","大"作"太"。按:文有脱讹,不可强通。

〔11〕何有近目下而致逆节之萌者　按:"目下"疑"日下"之讹,日下谓京都也。

〔12〕明公恬然谓非己　按:"己"下疑脱一字。

〔13〕熹平元年四月甲午青蛇见御坐上　按:集解引钱大昕说,谓青蛇事张奂传作"建宁二年",谢弼传同,此志及杨赐传并作"熹平元年",非也。或云当作"建宁元年",然蕃、武之被害在建宁元年九月,而奂、弼之言灾异俱有诛陈、窦事,则非建宁元年之夏可知。从张、谢传是。

〔14〕陈蕃窦氏未被明宥　按:本书张奂传作"武、蕃忠贞,未被明宥"。又汲本、殿本"氏"作"武"。

〔15〕乃好此马以生子　汲本、局本"好"作"奸"。按:好与奸形近,疑作"奸"是。

〔16〕而灵帝一听阉官　按:汲本、殿本"官"作"宦"。

〔17〕徒随嬖竖之意　按:殿本"嬖"作"阉"。

〔18〕必(是)〔示〕于东　据汲本、殿本改。

〔19〕中黄门桓贤　按:殿本"桓"作"相",疑形近而讹。袁纪作"桓览",贤览亦形似易讹。

〔20〕如白衣无宜蘭入宫也　殿本"蘭"作"阑"。按:阑蘭古通作。

〔21〕以内臣孙(夫)〔未〕得称王　按:"夫"字不可解,何焯以北宋残本校,"夫"作"未",当是。今据改。

〔22〕朝廷霿乱　按:汲本"霿"作"瞀"。

〔23〕后帝者(三)〔王〕　据汲本、殿本改。

〔24〕冢中有声　按:集解引惠栋说,谓北宋本"有"下有"人"字。

〔25〕闻谬为司命所召　按:校补谓案文"闻"当是"閒"。

〔26〕今得遣归　按:"今"原讹"令",径改正。

〔27〕儿孙乃尔许人　按:校补谓案文"人"当是"大"。

〔28〕此奴常(且)〔游〕走居民间无(正)〔止〕住处　据汲本、殿本改。

〔29〕臣窃见京师为害兼所及民多病死　按:校补谓"害兼"二字当作"厉气"。

〔30〕(上并猥)死有灭户　据汲本、殿本删。

〔31〕思(在)〔任〕防救　据汲本、殿本改。

〔32〕(优)〔伪〕遣大臣　据殿本、集解本改。按:钱大昭云闽本作"伪"。又按:阎后纪云"伪云帝疾甚,诈遣司徒刘喜诣郊庙社稷告天请命",则作"伪"者是也。

〔33〕且凡(夫私)〔大祀〕小有不蠲　校补谓案文"夫私"二字当作"大祀"。今据改。

〔34〕陛下至〔孝〕　据汲本、殿本补。

〔35〕〔民必〕疾疫　据汲本、殿本补。

〔36〕恐其殆此二(年)〔事〕　校补谓案文"年"当作"事"。今据改。

〔37〕五福乃降　按:汲本、殿本"五"作"万"。

2713

〔38〕则民多病温也　按汲本、殿本"温"作"瘟"。

后汉书志第十八

五　行　六

日蚀　日抱　日赤无光　日黄珥

日中黑　虹贯日　月蚀非其月

光武帝①建武二年正月甲子朔,日有蚀之。在危八度。②[1] 日蚀说曰:"日者,太阳之精,人君之象。君道有亏,为阴所乘,故蚀。蚀者,阳不克也。"其候杂说,汉书五行志著之必矣。③儒说诸侯专权,则其应多在日所宿之国。④诸象附从,则多为王者事。人君改修其德,则咎害除。⑤是时世祖初兴,天下贼乱未除。虚、危,齐也。[2]贼张步拥兵据齐,上遣伏隆谕步,许降,旋复叛称王,至五年中乃破。

①古今注曰:"建武元年正月庚午朔,日有蚀之。"即更始三年。

②杜预曰:"历家之说,谓日光以望时遥夺月光,故月蚀。日月同会,月奄日,故日蚀。蚀有上下者,行有高下。日光轮存而中食者,相奄密,

故日光溢出。皆既者,正相当而相奄间疏也。然圣人不言月食日,而以自蚀为文,阙于所不见。"春秋潜潭巴云:"甲子蚀,有兵敌强。[3]"臣昭案:春秋纬六旬之蚀,各以甲子为说,此偏举一隅,未为通证,故于事验不尽相符。今依日例注,以广其候耳。京房占曰:"北夷侵,忠臣有谋,后大水在东方。"

③春秋纬曰:"日之将蚀,则斗第二星变色,微赤不明,七日而蚀。"

④春秋汉含孳曰:"臣子谋,日乃蚀。"孝经钩命决曰:"失义不德,白虎不出禁,或逆枉矢射,[4]山崩日蚀。"管子曰:"日掌阳,月掌阴,星掌和。阳为德,阴为刑,[5]和为事。是故日蚀,则失德之国恶之;月蚀,则失刑之国恶之;彗星见,则失和之国恶之。是故圣王日蚀则修德,月蚀则修刑,彗星见则修和。"

⑤孝经钩命决曰:"日蚀修孝,山崩理惑。"

三年五月乙卯晦,日有蚀之,①在柳十四度。柳,河南也。时世祖在雒阳,赤眉降贼樊崇谋作乱,其七月发觉,皆伏诛。②

①潜潭巴曰:"乙卯蚀,雷不行,雪杀草不长,奸人入宫。"[6]

②古今注曰:"四年五月乙卯晦,日有蚀之。"[7]

六年九月丙寅晦,日有蚀之。①史官不见,郡以闻。②在尾八度。③

①潜潭巴曰:"丙寅蚀,久旱,多有征。[8]"京房曰:"有小旱灾。"

②本纪"都尉诩以闻"。[9]

③朱浮上疏,以郡县数代,群阳骚动所致,见浮传。

七年三月癸亥晦,日有蚀之,①在毕五度。毕为边兵。秋,隗嚣反,侵安定。冬,卢芳所置朔方、云中太守各举郡降。②

①潜潭巴曰:"癸亥日蚀,天人崩。"[10]郑兴曰:"顷年日蚀,每多在晦,〔皆月〕行疾也。[11]君亢急,臣下促迫。"

②古今注曰："九年七月丁酉,十一年六月癸丑,十二月辛亥,并日有
蚀之。"〔12〕

十六年三月辛丑晦,日有蚀之,①在昴七度。昴为狱事。时诸
郡太守坐度田不实,世祖怒,杀十馀人,然后深悔之。

①潜潭巴曰："辛丑蚀,主疑(王)〔臣〕。"〔13〕

十七年二月乙未晦,日有蚀之,①在胃九度。胃为廪仓。时诸
郡新坐租之后,天下忧怖,以穀为言,故示象。或曰:胃,供养之官
也。其十月,废郭皇后,诏曰"不可以奉供养"。

①潜潭巴曰："乙未蚀,天下多邪气,郁郁苍苍。"京房曰："君责众庶暴
害之。"

二十二年五月乙未晦,日有蚀之,在柳七度,京都宿也。柳为
上仓,祭祀穀也。近舆鬼,舆鬼为宗庙。十九年中,有司奏请立近
帝四庙以祭之,有诏"庙处所未定,且就高庙祫祭之"。至此三年,
遂不立庙。有简堕心,奉祖宗之道有阙,故示象也。

二十五年三月戊申晦,日有蚀之,①在毕十五度。毕为边兵。
其冬十月,以武谿蛮夷为寇害,伏波将军马援将兵击之。②

①潜潭巴曰："戊申蚀,地动摇,侵兵强。"〔14〕一曰:主兵弱,诸侯(争)〔强〕。"〔15〕
②古今注曰："二十六年二月戊子,日有蚀之,〔16〕尽。"

二十九年二月丁巳朔,日有蚀之,①在东壁五度。东壁为文
章,一名娵訾之口。先是皇子诸王各招来文章谈说之士,去年中,
有人上奏:"诸王所招待者,或真伪杂,受刑罚者子孙,宜可分别。"
于是上怒,诏捕诸王客,皆被以苛法,死者甚多。世祖不早为明设
刑禁,一时治之过差,故天示象。世祖于是改悔,遣使悉理侵枉也。

①潜潭巴曰："丁巳蚀,下有败兵。"〔17〕

三十一年五月癸酉晦，日有蚀之，①在柳五度，京都宿也。自二十一年示象至此十年，后二年，宫车晏驾。

①潜潭巴曰："癸酉蚀，连阴不解，淫雨毁山，有兵。"[18]

中元元年十一月甲子晦，日有蚀之，在斗二十度。斗为庙，主爵禄。儒说十一月甲子，时王日也，又为星纪，主爵禄，其占重。[19]

明帝永平三年八月壬申晦，日有蚀之，①在氐二度。氐为宿宫，是时明帝作北宫。②

①潜潭巴曰："壬申蚀，水（灭）〔盛〕，阳溃阴欲翔。"[20]

②古今注曰："四年八月丙寅，时加未，日有蚀之。五年二月乙未朔，日有蚀之，京师候者不觉，河南尹、郡国三十一上。六年六月庚辰晦，日有蚀之，[21]时雒阳候者不见。"

八年十月①壬寅晦，日有蚀之，既，②在斗十一度。斗，吴也。广陵于天文属吴。后二年，广陵王荆坐谋反自杀。

①古今注曰十二月。[22]

②潜潭巴曰："壬寅蚀，天下苦兵，大臣骄横。[23]"

十三年十月①甲辰晦，日有蚀之，②[24]在尾十七度。③

①古今注曰闰八月。

②潜潭巴曰："甲辰蚀，四骑胁大水。"[25]

③京房占曰："主后寿命绝，[26]后有大水。"

十六年五月戊午晦，日有蚀之，①[27]在柳十五度。儒说五月戊午，犹十一月甲子也，又宿在京都，其占重。后二岁，宫车晏驾。

①潜潭巴曰："戊午蚀，久旱穀不伤。"

十八年十一月甲辰晦，日有蚀之，在斗二十一度。是时明帝既崩，马太后制爵禄，故阳不胜。

章帝建初五年二月庚辰朔，日有蚀之，①在东壁八度。例在前建武二十九年。是时群臣争经，多相非毁者。②

①潜潭巴曰："庚辰蚀，彗星东至，有寇兵。"[28]

②又别占云："庚辰蚀，大旱。"

六年六月辛未晦，日有蚀之，①在翼六度。翼主远客。冬，东平王苍等来朝，明年正月，苍薨。②

①潜潭巴曰："辛未蚀，大水。"[29]

②古今注曰："元和元年九月乙未，日有蚀之。"

(元)〔章〕和元年八月乙未晦，日有蚀之。[30]史官不见，佗官以闻。日在氐四度。①

①星占曰："天下灾，期三年。"

和帝永元二年二月壬午，日有蚀之。①史官不见，涿郡以闻。日在奎八度。②

①潜潭巴曰："壬午蚀，久雨，旬望。"

②京房占曰："三公与诸侯相贼，弱其君王，天应而日蚀。三公失国，后旱且水。"臣昭以为三公宰辅之位，即窦宪。

四年六月戊戌朔，日有蚀之，①在七星二度，主衣裳。又曰行近轩辕，在左角，为太后族。是月十九日，②上免太后兄弟窦宪等官，遣就国，选严能相，于国蹙迫自杀。

①潜潭巴曰："戊戌蚀，有土殃，[31]主后死，天下谅阴。"京房占曰："婚嫁家欲戮。"

②案本纪：庚申幸北宫，诏捕宪等。庚申是二十三日。

七年四月辛亥朔，日有蚀之，①在觜觿，为葆旅，主收敛。儒说葆旅宫中之象，收敛贪妬之象。是岁邓贵人始入。明年三月，阴皇后立,邓贵人有宠,阴后妒忌之,后遂坐废。一日是将入参,参、伐为斩刈。明年七月,越骑校尉冯柱捕斩匈奴温禺犊王乌居战。

　①潜潭巴曰:"辛亥蚀,子为雄。"[32]

　十二年秋七月辛亥朔,日有蚀之,在翼八度,荆州宿也。明年冬,南郡蛮夷反为寇。

　十五年四月甲子晦,日有蚀之,在东井二十二度。东井,主酒食之宿也。妇人之职,无非无仪,[33]酒食是议。去年冬,邓皇后立,有丈夫之性,与知外事,故天示象。是年水,雨伤稼。

　安帝永初元年三月二日癸酉,日有蚀之,在胃二度。胃主廪仓。是时邓太后专政,去年大水伤稼,仓廪为虚。①

　①古今注曰:"三年三月,日有蚀之。"[34]

　五年正月庚辰朔,日有蚀之,在虚八度。正月,王者统事之正日也。虚,空名也。是时邓太后摄政,安帝不得行事,俱不得其正,若王者位虚,故于正月阳不克,示象也。于是阴预乘阳,故夷狄并为寇害,西边诸郡皆至虚空。

　七年四月丙申晦,日有蚀之,①在东井一度。

　①潜潭巴曰:"丙申蚀,诸侯相攻。"[35]京房占曰:"君臣暴虐,臣下横恣,
　　上下相贼,后有地动。"

　元初元年十月戊子朔,日有蚀之,①[36]在尾十度。尾为后宫,继嗣之宫也。是时上甚幸阎贵人,将立,故示不善,将为继嗣祸也。明年四月,遂立为后。后遂与江京、耿宝等共谮太子废之。

　①潜潭巴曰:"戊子蚀,宫室内婬,雌必成雄。"[37]京房占曰:"妻欲害夫,
　　九族夷灭,后有大水。"

　二年九月壬午晦,日有蚀之,在心四度。心为王者,明久失

位也。

三年三月二日辛亥,日有蚀之,在娄五度。史官不见,辽东以闻。

四年二月乙(亥)〔巳〕朔,[38]日有蚀之,①在奎九度。史官不见,七郡以闻。奎主武库兵。其〔月〕十(月)八日[39]壬戌,武库火,烧兵器也。

①潜潭巴曰:"乙亥蚀,东国(发)兵。[40]"京房占曰:"诸侯上侵以自益,近臣盗窃以为积,天子未知,日为之蚀。"

五年八月丙申朔,日有蚀之,在翼十八度。史官不见,张掖以闻。①

①潜潭巴曰:"丙申蚀,夷狄内攘。"[41]石氏占曰:"王者失礼,宗庙不亲,其岁旱。"

六年十二月戊午朔,日有蚀之,几尽,地如昏状。①在须女十一度,女主恶之。后二岁三月,邓太后崩。②

①古今注曰:"星尽见。"春秋纬曰:"日蚀既,君行无常,公辅不修德,夷狄强侵,万事错。"

②李氏家书,司空李郃上书曰:"陛下祗畏天威,惧天变,克己责躬,博访群下。咎皆在臣,力小任重,招致咎征。去〔年〕二月,京师地震,[42]今月戊午日蚀。夫至尊莫过乎天,天之变莫大乎日蚀,地之戒莫重乎震动。今一岁之中,大异两见,日蚀之变,既为尤深,地动之戒,摇宫最丑。日者阳精,君之象也。戊者土主,任在中宫。午者火德,汉之所承。地道安静,法当(坤)〔由〕阳,[43]今乃专恣,摇动宫阙。祸在萧墙之内,臣恐宫中必有阴谋其阳,下图其上,造为逆也。灾变终不虚生,推原二异,日辰行度,甚为较明,譬犹指掌。宜察宫阙之内,如有所疑,急摧破其谋,无令得成。修政恐惧,以答天意。十月辛卯,日有

蚀之,周家所忌,乃为亡征,是时妃后用事,七子朝令。戊午之灾,近相似类。宜贬退诸后兄弟群从内外之宠,求贤良,征逸士,下德令,施恩惠,泽及山海。"时度辽将军邓遵多兴师重赋出塞妄攻之事,上深纳其言。建光元年,邓〔太〕后崩。[44]上收考中人赵任等,辞言地震日蚀,任〔在〕中(官)〔宫〕,[45]竟有废〔立〕之谋,[46]邻乃自知其言验也。

永宁元年七月乙酉朔,日有蚀之,①[47]在张十五度。史官不见,酒泉以闻。②

①潜潭巴曰:"乙酉蚀,仁义不明,贤人消。"[48]京房占曰:"君弱臣强,司马将兵,反征其王。"

②石氏占曰:"日蚀张,王者失礼。"

延光三年九月庚(寅)〔申〕晦,[49]日有食之,①在氐十五度。氐为宿宫。宫,中宫也。时上听中常侍江京、樊丰及阿母王圣等谗言,废皇太子。

①京房占曰:"骨肉相贼,后有水。"

四年三月戊午朔,日有蚀之,在胃十二度。陇西、酒泉、朔方各以状上,史官不觉。①

①案马融集,是时融为许令,[50]其四月庚申,自县上书曰:"伏读诏书,陛下深惟禹、汤罪己之义,归咎自责。寅畏天戒,详延百僚,博问公卿,知变所自,审得厥故,修复往术,以答天命。臣子远近,莫不延颈企踵,苟有隙空一介之知,事愿自效,贡纳圣听。臣伏见日蚀之占,自昔典籍‘十月之交’,春秋传记、汉注所载,史官占候,群臣密对,陛下所观览,左右所讽诵,可谓详悉备矣。虽复广问,(陷)〔昭〕在前志,[51]无以复加。乃者荥气干参,[52]臣前得敦朴之(人)〔征〕,[53]后三年二月,对策北宫端门。以为参者西方之位,其于分野,并州是也,殆谓西戎、北狄。[54]其后种羌叛戾,乌桓犯上郡,并、凉动兵,验略效

2722

〔矣〕。[55] 今复见大异，申诫重(讳)〔谴〕，[56] 于此二城，海内莫见。三月一日，合辰在娄。娄又西方之宿，众占显明者。羌及乌桓有悔过之辞，将吏策勋之名。[57] 臣恐受任典牧者，苟脱目前，皆粗图(身)〔伸〕一时之权，[58] 不顾为国百世之利。论者美近功，忽其远，则各相(不大)〔美其〕疢病。[59] 伏惟天象不虚。老子曰：'图难于其易也，为大于其细也。'消灾复异，宜在于今。诗曰：'日月告凶，不用其行。四国无政，不用其良。'传曰：'国无政，不用善，则自取谪于日月之灾，故政不可不慎也。务三而已：一曰择人，二曰安民，三曰从时。'臣融伏惟方今有道之世，汉典设张，侯甸采卫，司民之吏，案绳循墨，虽有殿最，所差无几。其陷罪辟，身自取祸，百姓未被其大伤。至边郡牧御失和，吉之与凶，败之与成，优劣相悬，不诚不可。审择其人，上以应天变，下以安民隶。窃见列将子孙，生长京师，食仰租奉，不知稼穑之艰，又希遭阨困，故能果毅轻财，施与孤弱，[60] 以获死生之用，此其所长也。不拘法禁，奢泰无度，功劳足以宣威，蹁滥足以伤化，此其所短也。州郡之士，出自贫苦，长于捡押，虽专赏罚，不敢越溢，此其所长也。拘文守法，遭遇非常，狐疑无断，[61] 畏首畏尾，威恩纤薄，外内离心，士卒不附，此其所短也。必得将兼有二长之才，无二短之累，参以吏事，任以兵法。有此数姿，然后能折冲厌难，致其功实，转灾为福。孔子曰：'十室之邑，必有忠信如丘者焉。'以天下之大，四海之众，云无若人，臣以为诬矣。宜特选详誉，审得其真，镇守二方，以应用良择人之义，以塞大异也。"

顺帝永建二年七月甲戌朔，日有蚀之，① 在翼九度。

① 潜潭巴曰："甲戌蚀，草木不滋，王命不行。"[62] 京房占曰："近臣欲戕，身及戕辱，后小旱。"

阳嘉四年闰月丁亥朔，日有蚀之，① 在角五度。史官不见，零陵以闻。②

①潜潭巴曰:"丁亥蚀,匪谋满玉堂。"京房占曰:"君臣无别。"

②案张衡为太史令,表奏云:"今年三月朔方觉日蚀,此郡惧有兵患。臣愚以为可敕北边须塞郡县,明烽火,远斥候,深藏固闭,无令毂畜外露。"不详是何年三月。

永和三年十二月戊戌朔,日有蚀之,在须女十一度。史官不见,会稽以闻。明年,中常侍张逵等谋潜皇后父梁商欲作乱,推考,逵等伏诛也。

五年五月己丑晦,日有蚀之,①在东井三十三度。东井,三辅宿。又近舆鬼,舆鬼为宗庙。其秋,西羌为寇,至三辅陵园。

①潜潭巴曰:"日蚀己丑,天下唱之。"[63]

六年九月辛亥晦,日有蚀之,在尾十一度。尾主后宫,继嗣之宫也。以为继嗣不兴之象。

桓帝建和元年正月辛亥朔,日有蚀之,在营室三度。史官不见;郡国以闻。是时梁太后摄政。

三年四月丁卯晦,日有蚀之,①在东井二十三度。例在永元十五年。东井主法,梁太后又听兄冀枉杀公卿,犯天法也。明年,太后崩。

①潜潭巴曰:"丁卯蚀,有旱有兵。"[64]京房占曰:"诸侯欲戮,后有裸虫之殃。"

元嘉二年七月二日庚辰,日有蚀之,[65]在翼四度。史官不见,广陵以闻。①翼主倡乐。时上好乐过。②

①京房占曰:"庚辰蚀,君易贤以刚,辛以自伤,后有水。"

②阮籍乐论曰:"桓帝闻琴,凄怆伤心,[66]倚床而悲,慷慨长息曰:'善乎哉! 为琴若此,一而足矣。'"

永兴二年九月丁卯朔，日有蚀之，在角五度。角，郑宿也。十一月，泰山盗贼群起，劫杀长吏。泰山于天文属郑。

永寿三年闰月庚辰晦，日有蚀之，在七星二度。史官不见，郡国以闻。例在永元四年。后二岁，梁皇后崩，冀兄弟被诛。

延熹元年五月甲戌晦，日有蚀之，在柳七度，京都宿也。①

①梁冀别传曰："常侍徐璜白言：'臣切见道术家常言，汉死在戌亥。今太岁在丙戌，五月甲戌，日蚀柳宿。朱雀，汉家之贵国，宿分周地，今京师是也。史官上占，去重见轻。'璜召太史陈授[67]诘问，乃以实对。冀怨授不为隐讳，使人阴求其短，发摘上闻。上以亡失候仪不肃，有司奏收杀狱中。"

八年正月丙申晦，日有蚀之，在营室十三度。营室之中，女主象也。其二月癸亥，邓皇后坐酖，上送暴室，今自杀，家属被诛。吕太后崩时亦然。

九年正月辛卯朔，[68]日有蚀之，①在营室三度。史官不见，郡国以闻。穀永以为三朝尊者恶之。其明年，宫车晏驾。

①潜潭巴曰："辛卯蚀，臣代其主。"[69]

永康元年五月壬子晦，日有蚀之，①在舆鬼一度。儒说壬子淳水日，而阳不克，将有水害。其八月，六州大水，勃海（盗贼）〔海溢〕。[70]

①潜潭巴曰："壬子蚀，妃后专恣，女谋主。"[71]

灵帝建宁元年五月丁未朔，日有蚀之。①冬十月甲辰晦，日有蚀之。

①潜潭巴曰："丁未蚀，王者崩。"

二年十月戊戌晦，日有蚀之。右扶风以闻。

三年三月丙寅晦,日有蚀之。[72]梁相以闻。

四年三月辛酉朔,日有蚀之。①

①潜潭巴曰:"辛酉蚀,女谋主。"[73]谷永上书:[74]"饮酒无节,君臣不
别,奸邪欲起。"传曰:"酒无节,兹谓荒,厥异日蚀,厥咎亡。"灵帝好
为商估,饮于宫人之肆也。

熹平二年十二月癸酉晦,日有蚀之,[75]在虚二度。是时中常
侍曹节、王甫等专权。①

①蔡邕上书曰:"四年正月朔,日体微伤,群臣服赤帻,赴宫门之中,无
救,乃各罢归。天有大异,[76]隐而不宣求御过,是已事之甚者。"

六年十月癸丑朔,日有蚀之。赵相以闻。①

①谷永上书:"赋敛滋重,不顾黎民,百姓虚竭,则日蚀,将有溃叛之变。"

光和元年二月辛亥朔,日有蚀之。[77]十月丙子晦,日有蚀之,
在箕四度。箕为后宫口舌。是月,上听谗废宋皇后。①

①案:本传卢植上书,丙子蚀自巳过午,既蚀之后,云雾晻暧,陈八事以
谏。蔡邕对问曰:"诏问践阼以来,灾眚屡见,频岁日蚀、地动,风雨不
时,疫疠流行,劲风折树,河、雒盛溢。臣闻阳微则日蚀,阴盛则地震,
思乱则风,貌失则雨,视闇则疾,简宗庙,(上)〔水〕不润下,[78]川流满
溢。明君臣,正上下,抑阴尊阳,修五事于圣躬。致精虑于共御,其救
之也。"[79]

2726

二年四月甲戌朔,日有蚀之。

四年九月庚寅朔,日有蚀之,①在角六度。

①潜潭巴曰:"庚寅蚀,将相诛,大水,多死伤。"

中平三年五月壬辰晦,日有蚀之。①

①潜潭巴曰:"壬辰蚀,河决海〔溢〕,久雾连阴。"[80]

六年四月丙午朔,日有蚀之。其月浹辰,宫车晏驾。

<u>献帝初平</u>四年正月甲寅朔,日有蚀之,在<u>营室</u>四度。①是时<u>李</u>
<u>傕</u>、<u>郭汜</u>专政。②

①潜潭巴曰:"甲寅蚀,雷电击杀,骨肉相攻。"[81]

②袁宏纪曰:"未蚀八刻,太史令王立奏曰:'日暮过度,无有变也。'于是
　朝臣皆贺。帝密令尚书候焉,未晡一刻而蚀。尚书贾诩奏曰:'立伺
　候不明,疑误上下;太尉周忠,职所典掌,请皆治罪。'诏曰:'天道远,
　事验难明,且灾异应政而至,虽探道知机,焉能无失,而欲归咎史官,
　益重朕之不德也。'弗从。于是避正殿,寝兵,不听事五日。"

<u>兴平</u>元年六月乙巳晦,日有蚀之。

<u>建安</u>五年九月庚午朔,日有蚀之。①。

①潜潭巴曰:"庚午蚀,后火烧官兵。"[82]

六年(十月癸未)〔二月丁卯〕朔,[83]日有蚀之。

十三年十月癸未朔,日有蚀之,①在<u>尾</u>十二度。

①潜潭巴曰:"癸未蚀,仁义不明。"

十五年二月乙巳朔,日有蚀之。

十七年六月庚寅晦,日有蚀之。

二十一年五月己亥朔,日有蚀之。①

①潜潭巴曰:"己亥蚀,小人用事,君子絷。"

二十四年二月壬子晦,日有蚀之。

凡<u>汉</u>中兴十二世,百九十六年,日蚀七十二:朔三十二,晦三十
七,月二日三。

<u>光武建武</u>七年四月丙寅,日有晕抱,白虹贯晕,在<u>毕</u>八度。①毕

2727

为边兵。秋,隗嚣反,侵安定。②

①古今注曰:"时日加卯,西面东面有抱,须臾成晕,中有两钩,(征)〔在〕南北面,[84]有白虹贯晕,在西北南面,有背在景,加巳皆解也。"

②皇德传史曰:[85]"白虹贯,下破军,晋分也。"古今注曰:"章帝建初元年正月壬申,白虹贯日。五年七月甲寅,夜白虹出乙丑地西北曲入。七年四月丙寅,日加卯,西面有抱,须臾成晕,有白虹贯日。殇帝延平元年六月丁未,日晕上有半晕,晕中外有偏,背两珥。十二月丙寅,日晕再重,中有背偏。顺帝永建二年正月戊午,白虹贯日。三年正月丁酉,日有白虹贯交晕中。六年正月丁卯,日晕两珥,白虹贯珥中。永和六年正月己卯,晕两珥,中赤外青,白虹贯晕中。"案郎颛传,阳嘉二年正月乙卯,白虹贯日。又唐檀传,永建五年,白虹贯日,檀上便宜三事,陈其咎征。春秋元命苞曰:"阴阳之气,聚为云气,立为虹蜺,离为倍偏,分为抱珥。"考异邮曰:"臣谋反,偏刺日。[86]"巫咸占曰:"臣不知则日月偏。"如淳曰:"蝃蝀谓之虹,雌谓之蜺,向外曰倍,刺日曰偏,在傍如半环向日曰抱,在傍直对曰珥。"孟康曰:"偏如偏也。"宋均曰:"黄气抱日,辅臣纳忠。"

灵帝时,日数出东方,正赤如血,无光,高二丈馀乃有景。且入西方,去地二丈,亦如之。①其占曰,事天不谨,则日月赤。是时月出入去地二三丈,皆赤如血者数矣。②

①京房占曰:"国有佞谗,朝有残臣,则日不光,闇冥不明。"孟康曰:"日月无光曰薄。"

②春秋感精符曰:"日无光,主势夺,群臣以谍术。色赤如炭,以急见伐,又兵马发。"礼斗威仪曰:"日月赤,君喜怒无常,轻杀不辜,戮于无罪,不事天地,忽于鬼神。时则天雨,[87]土风常起,日蚀无光,地动雷降。其时不救,兵从外来,为贼戮而不葬。"京房占曰:"日无故日夕无光,天下变枯,社稷移(亡)〔主〕。"[88]

光和四年二月己巳，黄气抱日，黄白珥在其表。①

①春秋感精符曰："日朝珥则有丧孽。"又云："日巳出，若其入，而云皆赤黄，名曰日空，不出三年，必有移民而去者也。"

中平四年三月丙申，黑气大如瓜，在日中。①

①春秋感精符曰："日黑则水淫溢。"

五年正月，日色赤黄，中有黑气如飞鹊，数月乃销。

六年二月乙未，白虹贯日。①

①春秋感精符曰："虹贯日，天下悉极，文法大扰，百官残贼，酷法横杀，下多相告，刑用及族，世多深刻，狱多怨宿，吏皆惨毒。"又曰："国多死孽，天子命绝，大臣为祸，主将见杀。"星占曰："虹蜺主内淫，土精填星之变。"易谶曰："聪明蔽塞，政在臣下，婚戚干朝，君不觉悟，虹蜺贯日。"

献帝初平元年二月壬辰，白虹贯日。①

①袁山松书曰："三年十月丁卯，日有重两倍。"吴书载韩馥与袁术书曰："凶出于代郡。"

桓帝永寿三年十二月壬戌，月蚀非其月。①

①古今注曰："光武建武八年三月庚子夜，月晕五重，紫微青黄似虹，有黑气如云，月星不见，丙夜乃解。中元元年十一月甲辰，月中星齿，往往出入。"

延熹八年正月辛巳，月蚀非其月。①

①袁山松书曰："兴平二年十二月，月在太微端门中重晕二珥，两白气广八九寸，贯月东西南北。"

赞曰：皇极惟建，五事剋端。罚咎入沴，逆乱浸干。火下水腾，木弱金酸。妖岂或妄，气炎以观。

【校勘记】

〔1〕在危八度　按:校补引钱大昭说,谓后汉纪作"十度"。

〔2〕虚危齐也　按:集解引惠栋说,谓"也"一作"地"。

〔3〕有兵敌强　按:集解引钱大昕说,谓开元占经引作"有兵狄强起"。

〔4〕或逆枉矢射　按:"矢"原讹"失",径改正。

〔5〕阴为刑　按:"刑"原讹"则",径改正。

〔6〕雷不行雪杀草不长奸人入宫　按:集解引钱大昕说,谓占经作"雷不行,霜不杀草,长人入宫"。

〔7〕四年五月乙卯晦日有蚀之　按:依当时行用之历,后简称时历。建武四年五月庚戌晦,非乙卯。今推是年六月合朔在庚戌晨夜,日蚀不能见。古今注误。

〔8〕丙寅蚀久旱多有征　按:集解引钱大昕说,谓占经作"丙寅日蚀,虫,久旱,多水征"。

〔9〕本纪都尉诣以闻　按:校补谓此本纪当是续汉书本纪。

〔10〕天人崩　按:集解引钱大昕说,谓占经引作"大人崩,王者忧之"。

〔11〕〔皆月〕行疾也　据集解引惠栋说补。

〔12〕九年七月丁酉十一年六月癸丑十二月辛亥并日有蚀之　按:依时历,建武九年七月辛亥朔,无丁酉。今推是年八月合朔己卯,即时历七月晦,日蚀可见。十一年六月己亥朔,癸丑非朔日。今推是年七月合朔戊辰,即时历六月晦晨夜,日蚀不能见。又是年十二月丁酉朔,辛亥亦非朔日。今推是月合朔丙申,时历十一月晦,日蚀可见。此处古今注皆误。

〔13〕主疑(王)〔臣〕　按:"主疑王"不词,集解引钱大昕说,谓占经引作"主疑臣,三公有免黜者"。今据改。

〔14〕地动摇侵兵强　按:集解引钱大昕说,谓占经引作"地动摇,宫室

摧,侵兵强"。

〔15〕主兵弱诸侯(争)〔强〕　据汲本、殿本改。

〔16〕二十六年二月戊子日有蚀之　按:依时历,建武二十六年二月甲辰朔,无戊子。今推是年二、三月均无日蚀,古今注误。

〔17〕下有败兵　按:集解引钱大昕说,谓占经引"败"作"聚"。

〔18〕淫雨毁山有兵　按:集解引钱大昕说,谓占经"毁山"作"数出"。又按:校补谓占经"兵"下有"起"字。

〔19〕其占重　按:集解引惠栋说,谓此下当有阙文。下永平十六年,日蚀,儒说其占重,后二岁,宫车晏驾。此条下当云"明年,宫车晏驾"。或蒙三十一年之占,不重出也?

〔20〕水(灭)〔盛〕阳溃阴欲翔　集解引钱大昕说,谓占经"灭"作"盛",是。今据改。

〔21〕六年六月庚辰晦日有蚀之　按:依时历,永平六年丁巳朔,丙戌晦,庚辰二十四日。今推是年七月合朔丙戌,即时历六月晦晨夜,日蚀不能见,古今注误。

〔22〕古今注曰十二月　按:志文作"八年十月壬寅晦",明帝纪同。今推永平八年十月壬寅晦日蚀,与志、纪合,古今注讹。

〔23〕天下苦兵大臣骄横　按:集解引钱大昕说,谓占经作"天下苦兵大起"。

〔24〕十三年十月甲辰晦日有蚀之　明帝纪作"十月壬辰晦",注引古今注作"闰八月"。按:依时历,是年闰七月,十月甲辰为朔,非晦,亦无壬辰。今推是年八月合朔甲辰,即时历闰七月晦,日蚀可见。纪、志与古今注皆讹。

〔25〕四骑胁大水　按:集解引钱大昕说,谓占经无"大水"二字,"胁"作"爵"。

〔26〕主后寿命绝　按:"主"原讹"王",径改正。

〔27〕日有蚀之　"蚀"原作"食",以前后皆作"蚀",今改归一律。

〔28〕彗星东至有寇兵　按:集解引钱大昕说,谓占经作"彗星东出,有寇兵,旱"。

〔29〕辛未蚀大水　按:集解引钱大昕说,谓占经"大水"下有"汤汤"二字。

〔30〕(元)〔章〕和元年八月乙未晦日有蚀之　校补引钱大昭说,谓"元和"当作"章和",闽本亦失正。按:推章和元年八月乙未晦日蚀,章帝纪亦书于章和元年,钱说是,今据改。

〔31〕有土祆　按:集解引钱大昕说,谓占经引无"土"字。

〔32〕子为雄　按:王先谦谓占经引"雄"下有"近臣忧"三字。

〔33〕无非无仪　殿本"仪"作"议"。按:此与毛诗合。校补引柳从辰说,谓列女传引诗正作"议",盖本鲁诗。

〔34〕三年三月日有蚀之　按:今推是年三月合朔辛卯,无日蚀,古今注误。

〔35〕丙申蚀诸侯相攻　集解引钱大昕说,谓占经引作"丙申日蚀,诸侯相攻,夷狄内侵,旱"。案本书注例,日名同者不更注,乃此引"诸侯相攻"句,后元初五年八月丙申朔下引"夷狄内攘"句,同日异占,不可晓。今按:校补谓钱氏以后注引"夷狄内攘"句为即"夷狄内侵"之异文,其说亦误。盖注所引潜潭巴丙申占验,本阙"夷狄内侵旱"五字,说另详后。

〔36〕元初元年十月戊子朔日有蚀之　集解引惠栋说,谓本纪三月癸酉朔日蚀。今按:元初元年三月合朔壬戌,无日蚀,纪误。

〔37〕雌必成雄　按:集解引钱大昕说,谓占经引作"必成雄,有忧"。

〔38〕四年二月乙(亥)〔巳〕朔　集解引洪亮吉说,谓案安纪作"乙巳",下云乙卯、壬戌,则日辰当以本纪为是。又引周寿昌说,谓下云"其月十八日壬戌,武库火",与纪同。计乙巳朔至壬戌正十八日,若是乙亥朔,则下不得有壬戌,宜从本纪。今按:推是年二月合朔乙巳,日蚀可见,洪、周说是,今据改。又按:刘注引春秋讳潜潭巴"乙亥"云

云,足证所见本原作"乙亥"。

〔39〕其〔月〕十(月)八日　据集解引周寿昌说改,与安纪合,说详上。

〔40〕乙亥蚀东国(发)兵　集解引钱大昕说,谓占经引作"乙亥日蚀,阳不明,冬无水,东国兵"。按:张森楷校勘记谓"东国"下无"发"字是,若有"发"字则与乙巳占同,非也。今据张说删"发"字。

〔41〕潜潭巴曰丙申蚀夷狄内攘　按:校补谓案占经"庚申日蚀,夷狄内攘",是"丙申蚀"乃"庚申蚀"之误。而此引"潜潭巴曰"十一字应在后"延光三年九月庚申晦日有蚀之"下,因"庚申"误为"庚寅",故注文亦误移于此。钱大昕氏偶忘"夷狄内攘"四字本为庚申蚀占验,故虽知前注所引潜潭巴丙申蚀占验有误,而仍不免误说也。

〔42〕去〔年〕二月京师地震　据汲本、殿本补。

〔43〕法当(坤)〔由〕阳　据汲本、殿本改。按:"法当坤阳"不可解,由有从义,当不误,今据改。

〔44〕建光元年邓〔太〕后崩　据汲本补。按:"元年"汲本、殿本并讹"二年"。

〔45〕辞言地震日蚀任〔在〕中(官)〔宫〕　汲本、殿本作"辞言地震日蚀在中宫"。按:上文言"戊者土主,任在中宫",足证原本"任"下脱"在"字,"宫"误"官",而汲本、殿本则"在"上脱一"任"字也。今据以改正。

〔46〕竟有废〔立〕之谋　据汲本、殿本补。

〔47〕永宁元年七月乙酉朔日有蚀之　安帝纪同。按:今推是年七月合朔乙酉,无日蚀。

〔48〕贤人消　按:集解引钱大昕说,谓占经引"消"下有"退"字。

〔49〕延光三年九月庚(寅)〔申〕晦　集解引洪亮吉说,谓案安纪作"庚申",上云丁酉、乙巳,则日辰当以本纪为是。今据改。

〔50〕案马融集是时融为许令　按:"马"原讹"焉","时"原讹"蚀",径

改正。

〔51〕(陷)〔昭〕在前志　据张森楷校勘记改。

〔52〕莤气干参　按:"干"原讹"于",径改正。

〔53〕臣前得敦朴之(人)〔征〕　校补谓"人"当作"征",今据改。按:融于顺帝阳嘉二年以敦朴征。

〔54〕殆谓西戎北狄　按:"北"原讹"此",径改正。

〔55〕验略效〔矣〕　据汲本、殿本补。

〔56〕申诚重(讳)〔谴〕　据汲本、殿本改。

〔57〕将吏策勋之名　按:"勋"原讹"动",径据汲本、殿本改正。

〔58〕皆粗图(身)〔伸〕一时之权　据校补说改。

〔59〕则各相(不大)〔美其〕疢病　据校补说改。

〔60〕施与孤弱　按:"孤"原讹"不",径据汲本、殿本改正。

〔61〕狐疑无断　按:"狐"原讹"孤",径据汲本、殿本改正。

〔62〕王命不行　按:集解引钱大昕说,谓占经"王命"作"主命"。

〔63〕日蚀己丑天下唱之　按:钱大昕考异谓占经引作"己丑日蚀,臣伐其主,天下皆亡"。又按:"日蚀己丑"汲本作"己丑蚀"。

〔64〕有旱有兵　按:集解引钱大昕说,谓占经"旱"上无"有"字。

〔65〕元嘉二年七月二日庚辰日有蚀之　桓帝纪同。按今推是年七月合朔己卯,无日蚀。

〔66〕凄怆伤心　按:"凄"原讹"连",径改正。

〔67〕太史陈援　按:集解引惠栋说,谓梁冀传"援"作"授"。

〔68〕九年正月辛卯朔　按:集解引洪亮吉说,谓案桓纪作"辛亥",下云己酉,则日辰当以续志为是。

〔69〕臣代其主　按:殿本"代"作"伐",与占经合。校补谓桓帝崩,灵帝由外藩入继而代其位,则作"代"亦自可通。

〔70〕勃海(盗贼)〔海溢〕　按:集解引惠栋说,谓"盗贼"误,案纪云"勃海海溢"也。今据改。

〔71〕壬子蚀妃后专恣女谋主　按:集解引钱大昕说,谓占经作"壬子日蚀,女谋王,女主忧"。

〔72〕三年三月丙寅晦日有蚀之　灵帝纪同。按今推是年四月合朔丁卯晨夜,日蚀不能见。

〔73〕辛酉蚀女谋主　按:集解引钱大昕说,谓占经作"辛酉日蚀,女谒且兴,奸邪欲起"。

〔74〕穀永上书　按:"穀"原讹"公",径改正。

〔75〕熹平二年十二月癸酉晦日有蚀之　灵帝纪同。按:是年十二月乙巳朔,晦为甲戌而非癸酉。今推三年正月合朔甲戌,即时历上年十二月晦,日蚀可见,纪、志俱讹。

〔76〕天有大异　按:"天"原作"夫",径据汲本、殿本改正。

〔77〕光和元年二月辛亥朔日有蚀之　灵帝纪同。按:今推是年二月合朔辛亥,无日蚀,纪、志俱讹。

〔78〕简宗庙(上)〔水〕不润下　据汲本、殿本改。按:"简宗庙"下疑脱一"则"字。

〔79〕其救之也　按:海原阁校刊本蔡中郎集作"则其救也"。

〔80〕河决海〔溢〕久雾连阴　集解引钱大昕说,谓占经作"河决海溢,久雾连阴"。今按:"河决海"不成语,据钱说补一"溢"字。

〔81〕雷电击杀骨肉相攻　按:集解引钱大昕说,谓占经作"雷击杀人,骨肉争功"。

〔82〕后火烧官兵　按:集解引钱大昕说,谓占经作"火烧后宫"。

〔83〕六年(十月癸未)〔二月丁卯〕朔　献帝纪作"三月丁卯"。集解引洪亮吉说,谓"十月癸未"应作"三月丁卯",此因下文十三年而误。今按:建安六年三月丁酉朔,无丁卯,十月甲子朔,非癸未,推是年二月合朔丁卯,八月合朔甲子,即时历七月晦,均有日蚀可见。足证志月日俱误,献帝纪"三月"则为"二月"之讹,今据以改正。

〔84〕(征)〔在〕南北面　据汲本、殿本改。

〔85〕皇德传史　按:<u>汲本</u>"皇"作"星"。

〔86〕徧剌日　按:<u>汲本</u>作"徧周日",殿本作"徧剌日"。

〔87〕时则天雨　按:<u>汲本</u>、殿本"天"作"大"。

〔88〕社稷移(亡)〔主〕　据<u>汲本</u>、殿本改。

后汉书志第十九

郡 国 一

　　河南　河内　河东　弘农　京兆　冯翊　扶风
　　右司隶

　　汉书地理志记天下郡县本末,及山川奇异,风俗所由,至矣。今但录中兴以来郡县改异,及春秋、三史会同征伐地名,①以为郡国志。②凡前志有县名,今所不载者,皆世祖所并省也。前无今有者,后所置也。凡县名先书者,郡所治也。③

　　①臣昭案:志犹有遗阙,今众书所载,不可悉记。其春秋土地,通儒所据而未备者,皆先列焉。

　　②本志唯郡县名为大书,其山川地名悉为细注,今进为大字。[1]新注证发,[2]臣刘昭采集。

　　③帝王世记[3]曰:"自天地设辟,未有经界之制。三皇尚矣。诸子称神农之王天下也,地东西九十万里,南北八十五万里。及黄帝受

2737

命,始作舟车,以济不通。乃推分星次,以定律度。自斗十一度[4]至婺女七度,一名须女,曰星纪之次,于辰在丑,谓之赤奋若,于律为黄锺,斗建在子,今吴、越分野。自婺女八度[5]至危十六度[6],曰玄枵之次,一名天鼋,于辰在子,谓之困敦,于律为大吕,斗建在丑,今齐分野。自危十七度[7]至奎四度,曰豕韦之次,一名娵訾,于辰在亥,谓之大渊献,于律为太蔟,斗建在寅,今卫分野。自奎五度[8]至胃六度,曰降娄之次,于辰在戌,谓之阉茂,于律为夹锺,斗建在卯,今鲁分野。自胃七度[9]至毕十一度,曰大梁之次,于辰在酉,谓之作噩,于律为姑洗,斗建在辰,今赵分野。自毕十二度[10]至东井十五度,曰实沈之次,于辰在申,谓之涒滩,于律为中吕,斗建在巳,今晋、魏分野。自井十六度[11]至柳八度,曰鹑首之次,于辰在未,谓之叶洽,于律为蕤宾,斗建在午,今秦分野。自柳九度[12]至张十七度[13],曰鹑火之次,于辰在午,谓之敦牂,一名大律,于律为林锺,斗建在未,[14]今周分野。自张十八度[15]至轸十一度,曰鹑尾之次,于辰在巳,谓之大荒落,于律为夷则,斗建在申,今楚分野。自轸十二度[16]至氐四度,曰寿星之次,于辰在辰,谓之执徐,于律为南吕,斗建在酉,今韩分野。[17]自氐五度[18]至尾九度,曰大火之次,于辰在卯,谓之单阏,于律为无射,斗建在戌,今宋分野。自尾十度[19]至斗十度[20]百三十五分而终,曰析木之次,于辰在寅,谓之摄提格,于律为应锺,斗建在亥,今燕分野。凡天有十二次,日月之所躔也;地有十二分,王侯之所国也。故四方方七宿,四七二十八宿,合百八十二星。东方苍龙三十二星,七十五度;北方玄武三十五星,九十八度(四分度之一);[21]西方白虎五十一星,八十度;南方朱雀六十四星,百一十二度。周天三百六十五度四分度之一。一度二千九百三十二里,分为十二次,一次三十度三十二分度之十四,各以附其七宿间。距周天积百七万九百一十三里,径三十五万六千九百七十一里。阳道左行,故太岁右转,凡中外官常明者百二十四,可以附其七宿间。距周天积百七万九百一十三里,径三十五万六千九百七十一里。阳道左行,故太岁右转,凡中外官常明者百二十四,可名者三百二十,合二千五百星。微星之数,凡万一千五百二十星,万物所受,咸系命焉。此黄帝创制之大略也。而佗说称日月所照三十五万里。考诸子所载,神农之地,过日月之表,近为虚诞。及少昊氏之衰,九黎乱德,其制无闻矣。洎颛顼之所建,帝喾受定,则孔子称其地北至幽陵,南暨交阯,西蹈流沙,东极蟠木,日月所照,莫不底焉,是以建万国而制九州。至尧遭洪水,分为十二州,今虞书是也。及禹平水土,还为九州,今禹贡是也。是以其时九州之地,凡二千四百三十万八千二十四顷,定垦者九百(一)〔三〕十万(八)〔六〕千二十四顷,[22]不垦者千五百万二千顷,[23]民口千三百五十五万三千九百二十三人。至于涂山之会,诸侯承唐虞之盛,执玉帛亦有万国。是以山海经称禹使大章步自东极,至于西垂,[24]二亿三万三千五百里七十一步。[25]又使竖亥步〔自〕南极,(北)尽于北垂,[26]二亿三万三千五百里七十五步。四海之内,则东西二万八千里,南北二万六千里,出水者[27]八千里,受水者八千里,〔经〕名山五千三百五十,(经)六万四千五十六里。[28]出铜之山四百六十七,出铁之山三千六百九。[29]以供财用,俭则有馀,奢则不足。以男女耕织,不夺其时,故公家有三十年之积,私家有九年之储。及夏之衰,弃稷弗务,有穷之乱,少康中兴,乃复禹跡。孔甲之至桀行暴,诸侯相兼,逮汤受命,其能存者三千馀国,方于涂山,十损其七。民离毒政,将亦如之。殷因于夏,六百馀载,其间损益,书策不存,无以考之。又遭纣乱,至周剋商,制五等之封,凡千七百七十三国,又减汤时千三百矣。民众之损,将亦如之。及周公相成王,致治刑错,民口千三百七十一万四千九百二十三人,多禹十六万一千人,周之极盛也。其后七十餘岁,天下无事,民弥以息。及昭王南征不反,穆王失荒,加以幽、厉之乱,平王东迁,三十餘载,至齐桓公二年,[30]周庄王之十三年,五千里内,非天王九侯之御,自世子公侯以下至于庶民,凡千一百八十四万七千人,除有土老疾,定受田者九百万四千人。其后诸侯相并,当春秋时,尚有千二百国。二百四十二年之中,杀君三十六,亡国五十二,诸侯奔走不得保社稷者,不可胜数。至于战国,存者十餘。于是纵横短长之说,相夺于时,残民诈力之兵,动以万计。故靖有匹马之祸,宋有易子之急,晋阳之(国)〔围〕,[31]县釜而炊,长平之战,血流漂卤。周之列国,唯有燕、卫、秦、楚而已。齐及三晋,皆以篡乱,南面称王。卫虽得存,不绝若线。然考苏、张之说,计秦及山东六国,戎卒尚存五百餘万,推民口数,尚当千餘万。及秦兼诸侯,置三十六郡,其所杀伤,三分居二;犹以餘力,行参夷之刑,收太半之赋,北筑长城四十餘万,南戍五岭五十餘万,阿房、骊山七十餘万,十餘年间,百姓死没,相踵于路。陈、项又肆其餘烈,故新安之坑,二十餘万,彭城之战,睢水不流。至汉祖定天下,民之死伤,亦数百万。是以平城之卒,不过三十万,[32]方之六国,五损其二。自孝惠至文、景,与民休息,六十餘岁,民众大增,是以太仓有不食之粟,都内有朽贯之钱。武帝乘其资畜,[33]军征三十餘岁,地广万里,天下之众亦减半矣。及霍光秉政,乃务省役,至于孝平,六世相承,虽时征行,不足大害,民户又息。元始二年,郡、国百三,县、邑千(四)〔五〕百八十七,[34]地东西九千三百二里,南北万三千三百六十八里,定垦田八百二十七万五千三十六顷,民户千三百二十三万三千六百一十二,[35]口五千九百一十九万四千九百七十八人,[36]多周成王四千五百四十八万五千五人,汉之极盛也。及王莽篡位,续以更始、赤眉之乱,至光武中兴,百姓虚耗,十有二存。中元二年,民户四百二十七万千六百三十四,口(三)〔二〕千一百万七千八百二十人。[37] 永平、建初之际，天下无事，务在养民，迄于孝和，民户滋殖。及孝安永初、元初之间，兵饥之苦，民人复损。至于孝桓，颇增于前。永寿二年，户千六百七万九千六，口五千六万六千八百五十六人，垦田亦多，单师屡征。及灵帝遭黄巾，献帝即位而董卓兴乱，大焚宫庙，劫御西迁，京师萧条，豪桀并争，郭汜、李傕之属，残害又甚，是以兴平、建安之际，海内凶荒，天子奔流，白骨盈野，故陕津之难，以箕撮指，安邑之东，后裳不完，遂有寇戎，雄雌未定，割剥庶民，三十馀年。及魏武皇帝克平天下，文帝(授)〔受〕禅，[38] 人众之损，万有一存。景元四年，与蜀通计民户九十四万三千四百二十三，口五百三十七万二千八百九十一人。又案正始五年，扬威将军朱照日所上吴之所领兵户凡十三万二千，推其民数，不能多蜀矣。昔汉永和五年，南阳户五十馀万，汝南户四十馀万，方之于今，三帝鼎足，加有食禄复除之民，凶年饥疾之难，见可供役，裁若一郡。以一郡之人，供三帝之用，斯亦勤矣。自禹至今二千馀载，六代损益，备于兹焉。"臣昭案：谥记云春秋时有千二百国，未知所出。班固云周之始，爵五而土三，盖千八百国。转相吞灭，数百年间，列国耗尽，至春秋时，尚有数十。[39]

河南尹 秦三川郡，高帝更名。世祖都雒阳，建武十五年改曰河南尹。① 二十一城，永和五年户二十万八千四百八十六，口百一万八百二十七。

> ① 应劭汉官曰："尹，正也。郡府听事壁诸尹画赞，[40] 肇自建武，讫于阳嘉，注其清浊进退，所谓不隐过，不虚誉，甚得述事之实。后人是瞻，足以劝惧，岂春秋采毫毛之善，罚纤厘之恶，[41] 不避王公，无以过此，尤著明也。"

雒阳 ① 周时号成周。② 有狄泉，在城中。③ 有唐聚。④ 有上程

2741

聚。⑤有土乡聚。⑥有褚氏聚。⑦有荣锜涧。⑧有前亭。⑨有围乡。⑩有大解城。⑪　　**河南**⑫周公时所城雒邑也,春秋时谓之王城。⑬东城门名鼎门,⑭北城门名乾祭。⑮又有甘城,⑯有鄼乡。⑰　　**梁**故国,伯翳后。⑱有霍阳山。⑲有注城。⑳　　**荥阳**[42]有鸿沟水。㉑有广武城。㉒有虢亭,虢叔国。有陇城。㉓有薄亭。有敖亭。㉔有(费)〔荥〕泽。㉕[43]　　**卷**㉖有长城,经阳武到密。㉗有垣雝城,或曰古衡雍。㉘有扈城亭。㉙　　**原武**

阳武㉚　　**中牟**㉛有圃田泽。㉜有清口水。㉝有管城。㉞有曲遇聚。㉟有蔡亭。　　**开封**㊱　　**菀陵**有棐林。㊲有制泽。㊳有琐侯亭。㊴　　**平阴**　　**穀城**瀍水[44]出。㊵有函谷关。㊶　　**緱氏**㊷有邬聚。㊸有轘辕关。㊹　　**巩**㊺有寻谷水。㊻有东訾聚,今名訾城。㊼有坎埳聚。㊽有黄亭。有湟水。㊾有明豂泉。㊿　　**成皋**[51][45]有㤪然水。[52]有瓶丘聚。有漫水。有汜水。[53]

京[54]　　**密**[55]有大騩山。[56]有梅山。[57]有陉山。[58]　　**新城**[59][46]有高都城。[60]有广成聚。[61]有鄵聚,古鄵氏,今名蛮中。[62][47]　　**匽师**[63][48]有尸乡,[64]春秋时曰尸氏。[65]　　**新郑**诗郑国,祝融墟。[66]　　**平**

①挚虞曰:"古之周南,今之雒阳。"魏氏春秋曰:"有委粟山,在阴乡,魏时营为圆丘。"皇览曰:"县东北山茖弘冢,县北芒山道西吕不韦冢。"

②公羊传曰:"成周者何? 东周也。"何休曰:"周道始成,王之所都也。"帝王世记曰:"城东西六里十一步,南北九里一百步。"晋元康地道记曰:"城内南北九里七十步,东西六里十步,为地三百(里)〔顷〕[49]一十二亩有三十六步。城东北隅周威烈王冢。"

③左传僖二十九年"盟于狄泉",杜预曰城内太仓西南池水。或曰本在

城外,定元年城成周乃绕之。案:此水晋时在东(官)〔宫〕西北。[50]帝
王世记曰:"狄泉本殷之墓地,在成周东北,今城中有殷王冢是也。又
太仓中大冢,周景王也。"

④左传昭二十三年"尹辛败刘师于唐"。

⑤古程国,史记曰重黎之后,伯休甫之国也。[51]关中更有程地。帝王世
记曰"文王居程,徙都丰",故此加为上程。

⑥冯异斩武勃(也)〔地〕。[52]

⑦左传昭二十六年"王宿褚氏",杜预曰县南有褚氏亭。

⑧左传周景王"崩于荣锜氏",杜预曰巩县西。

⑨杜预曰县西南有泉亭。即泉戎也。[53]

⑩左传昭二十二年单氏"伐东围",[54]杜预曰县东南有围乡。又西南有
戎城,伊雒之戎。

⑪左传昭二十三年晋师次于解,[55]杜预曰县西南有大解、小解。

⑫帝王世记曰:"城西有郏鄏陌,太康畋于有雒之表,今河之南。"本传有
(员)〔负〕黍山。[56]

⑬郑玄诗谱曰:"周公摄政五年,成王宅雒邑,使邵公先相宅,既成,谓之
王城。"博物记曰:"王城方七百二十丈,郭方(七)〔一〕十里,[57]南望
雒水,北至陕山。"地道记曰去雒城四十里。左传定八年"单子伐榖
城",杜预曰在县西。

⑭帝王世记曰:"东南门九鼎所从入。"又曰:"武王定鼎雒阳西南,雒水
北鼎中观是也。"

⑮左传昭二十四年"士伯立于乾祭"。皇览曰:"城西南柏亭西周山上周
灵王冢,民祠之不绝。"

⑯杜预曰县西南有甘泉。

⑰左传昭二十三年尹辛攻蒯。晋地道记曰:"在县西南,有蒯亭。"

⑱有阳人聚。史记曰:"秦灭东周,不绝其祀,以阳人地〔赐周君〕。"[58]

⑲左传哀四年"楚为一昔之期,袭梁及霍"。

⑳史记曰魏文侯(四)〔三〕十二年败秦于注。[59]博物记曰:"梁伯好土功,今梁多有城。"

㉑文颖曰:"于荥阳下引河东南为鸿沟,[60]即官度水也。"

㉒西征记曰:"有三皇山,或谓三室山,山上有二城,东者曰东广武,西者曰西广武,各在山一头,相去二百馀步,其间隔深涧,汉祖与项籍语处。"

㉓左传文(三)〔二〕年"盟于垂陇"。[61]

㉔周宣王狩于敖。左传宣十二年"晋师在敖、鄗之间"。秦立为敖仓。

㉕左传宣十二年楚潘党逐魏锜及荥,杜预曰县东荥泽也。

㉖左传成十年晋郑盟脩泽,杜预曰县东有脩武亭。

㉗史记苏秦说襄王曰:"大王之地,西有长城之界。"

㉘史记无忌谓魏王曰"王有郑地,得垣雍"者也。杜预曰即是衡雍。又今县所治城。

㉙左传庄二十三年"盟于扈",杜预曰在县西北。

㉚有武彊城。史记曰曹参攻武彊。秦始皇东游至阳武博浪沙中,为盗所惊。

㉛左传宣元年诸侯救郑,遇于北林,杜预曰县西南有林亭,在郑北。

㉜左传曰原圃。尔雅十薮,郑有圃田。

㉝左传闵二年遇于清,[62]杜预曰县有清阳亭。

㉞杜预曰管国也,在京县东北。汉书音义曰:"故管叔邑。"

㉟前书曹参破杨熊。

㊱左传哀十四年"逢泽有介麋",杜预曰在县东北,远,疑〔非〕。[63]徐广曰逢池也。

㊲左传宣元年诸侯会于棐林,杜预曰县东〔南〕有林乡。[64]徐齐民北征记曰:"县东南有大隧涧,郑庄公所阙。又大城东临濮水,水东漆水注于淯,城西临淯水。"

㊳左传(宣)〔成〕十〔六〕年诸侯迁于制田,[65]杜预曰县东有制(城)

〔泽〕。[66]

㊴左传襄十一年诸侯之师次于琐，杜预曰县西有琐侯亭。

㊵博物记曰："出潜亭山。"

㊶西征记曰："函谷左右绝岸十丈，中容车而已。"

㊷左传曰吕相绝秦伯，"殄灭我费、滑"，杜预曰滑国都于费，今缑氏县。案本纪，县有百坏山。干宝搜神记曰："县有延寿城。"

㊸左传王取邬、刘，杜预曰邬在县西南。

㊹瓒曰："险道名，在县东南。"

㊺鄩伯国。左传曰"商汤有景亳之命"，杜预曰县西南有汤亭。帝王世记曰："汤亭〔在〕偃师。[67]"又曰："夏太康五弟，须于雒汭，在县东北三十里。"

㊻左传昭二十三年王师、晋师围郏中。史记(日)张仪〔曰〕[68]"下兵三川，塞什谷之口"，徐广曰县有寻口。

㊼左传昭二十三年"单子取訾"，杜预曰在县西南。晋地道记曰在县之东。

㊽左(氏)〔传〕，[69]周襄王出，国人纳之坎埳，杜预曰在县东。地道记在南。[70]

㊾左传昭二十二年"王子猛居于皇"，[71]杜预曰有黄亭，在县西(北)〔南〕。[72]

㊿左传昭二十(三)〔二〕年[73]"贾辛军于谿泉"。

51史记曰，成皋北门名(王)〔玉〕门。[74]左传"破燕师于北制"，杜预曰"北制，一名虎牢"，亦即此县也。穆天子传曰："七萃之士，生搏虎而献天子，命为柙，而畜之东虢，是曰虎牢。"左传曰郑子皮劳晋韩宣子于索氏，杜预曰县东有大索城。尚书禹贡"至于大伾"，张揖云成皋县山。又有旋门坂，县西南十里，见东京赋(日)。[75]

52左传襄十八年楚伐郑，次旃然。

53左传曰周襄王处郑地汜。[76]

(54)郑共叔所居，左传云“谓之京城大叔”。应劭曰：“有索亭。楚汉战京、索。”北征记又有索水。

(55)春秋时曰新城，传曰新密。僖六年诸侯围新城，杜预曰一名密县。[77]

(56)山海经曰：“大騩之山，其阴多铁，多美垩。[78]有草焉，状如蓍而毛，青华而白实，其名曰(蒗)〔蓘〕，[79]服者不夭。”

(57)左传曰襄十八年楚伐郑，右回梅山，在县西北。[80]

(58)史记魏襄王六年伐楚，败之陉山。秦破魏华阳，地亦在县。杜预遗令曰：“山上有冢，或曰子产，邪东北向新郑城，不忘本也。”

(59)左传曰文十七年周败戎于邥垂，杜预曰县北有垂亭。史记秦迁西周公于䰞狐，徐广曰“与阳人聚相近，在雒阳南百五十里梁、新城之间”。

(60)史记苏代说韩相国以高都与周者。

(61)有广成苑。

(62)左传昭十六年楚杀郻子，[81]杜预曰县东南有蛮城。又祭遵获张满也。

(63)帝王世记曰：“帝喾所都，殷盘庚复南亳，是为西亳。”皇览曰“北有皋繇祠”，又曰“有汤亭，有汤祠”。

(64)帝王世记曰：“尸乡在县西二十里。”

(65)左传昭二十六年刘人败子朝之师于尸氏。前书田横自杀处。

(66)皇甫谧曰：“古有熊国，黄帝之所都。”

河内郡高帝置。雒阳北百二十里。十八城，户十五万九千七百七十，口八十万一千五百五十八。

怀有隰城。① **河阳**②有湛城。 **轵**③有原乡。④有溴梁。⑤ **波**有絺城。⑥[82] **沁水**⑦ **野王**有太行山。⑧有射犬聚。⑨有邘城。⑩ **温**苏子所都。济水出，王莽时大旱，遂枯绝。⑪ **州** **平皋**有邢丘，故邢国，周公子所封。⑫有李城。⑬ **山阳**邑。有雍城。⑭有蔡城。⑮ **武德**

获嘉侯国。　　　**修武**故南阳,秦始皇更名。有南阳城,⑯阳樊、攒茅田。⑰有小修武聚。⑱有隤城。⑲　　　**共**本国。淇水出。⑳有汎亭。㉑　　　**汲**㉒　　　**朝歌**㉓纣所都居,㉔南有牧野,㉕北有邶国,南有宁乡。㉖　　　**荡阴**有羑里城。㉗　·　**林虑**故隆虑,殇帝改。有铁。㉘

①左传曰王取郑隰城,[83]杜预曰在县西南。传又曰郤至与周争鄙田,杜预曰县西南有鄙人亭。

②左传曰王与郑盟,杜预曰县南孟津。

③左传曰王以苏忿生田向与郑,杜预曰县西北地名向上。

④左传曰王与郑原,杜预曰沁水西北有原城。

⑤左传曰襄十六年诸侯会湨梁。

⑥左传曰王与郑缔,杜预曰在野王县西南。

⑦山海经曰沁水出井陉东。

⑧山海经曰:"其上有金玉,下有碧。有兽焉,其状如麢而四角,马尾而有距,其名曰骐还。"郦食其说曰"杜太行之道",韦昭曰在县北。

⑨世祖破青犊也。

⑩史记曰纣以文王、九侯、鄂侯为三公,徐广曰"鄂"一作"邘"。武王子封在县西北。

⑪皇览曰:"县郭东济水南有虢公冢。"

⑫臣瓒曰:"丘名也,非国,在襄国西。"

⑬史记曰邯郸李同却秦兵,赵封其父李侯,徐广曰即此城。

⑭杜预曰古雍国,在县西。

⑮蔡叔邑此,犹郑管城之类乎?

⑯左传僖四年晋文公围南阳。[84]史记曰:"白起攻韩南阳,太行道绝之。"山海经曰:"太行之山,[85]清水出焉。"郭璞曰:"修武县北黑山亦出清水。"

⑰服虔曰:"樊仲山之所居,故名阳樊。"杜预曰县西北有(赞)〔攒〕城。[86] 左传曰定元年魏献子田大陆,杜预曰西北吴泽也。

⑱春秋曰宁。史记曰高祖得韩信军小修武,晋灼曰在城东。

⑲左传隐十一年"以隤与郑"。

⑳前志注曰水出北山。博物记曰:"有奥水,流入淇水,有绿竹草。"

㉑凡伯邑。

㉒晋地道记曰有铜关。

㉓有鹿腹山。

㉔帝王世记曰纣糟丘、酒池、肉林在城西。前书注曰鹿台在城中。

㉕去县十七里。

㉖史记无忌说魏安僖王曰"通韩上党于共宁",徐广曰有宁乡。左传曰襄二十三年"救晋,次雍榆",杜预曰县东有雍城是也。

㉗韦昭曰:"羑音酉。文王所拘处。"

㉘徐广曰:"洹水所出。[87] 苏秦合诸侯盟处。"班叔皮游居赋亦曰"漱余马乎洹泉,嗟西伯于牖城"。

河东郡 秦置,雒阳西北五百里。① 二十城,户九万三千五百四十三,口五十七万八百三。

①博物记曰:"有山泽近盐。沃土之民不才,汉兴少有名人,大衣冠三世皆衰绝也。"[88]

安邑 ① 有铁,有盐池。②　　**杨** 有高梁亭。③　　**平阳** 侯国。④ 有铁。尧都此。⑤　　**临汾** ⑥ 有董亭。⑦　　**汾阴** ⑧ 有介山。⑨　　**蒲坂** [89] 有雷首山。⑩ 有沙丘亭。⑪　　**大阳** 有吴山,上有虞城,⑫ 有下阳城,⑬ 有茅津,⑭ 有颠轮坂。⑮　　**解** ⑯ 有桑泉城,⑰ 有臼城,⑱ 有解城,⑲ 有瑕城。⑳　　**皮氏** 有耿乡,㉑ 有铁。有冀亭。㉒　　**闻喜** 邑,㉓ 本曲沃。㉔ 有董池陂,古董泽。㉕

有稷山亭。㉖有涑水。㉗有洮水。　　绛邑。㉘有翼城。㉙

永安故彘，㉚阳嘉二年更名。㉛有霍大山。㉜　　**河北**诗魏国。

有韩亭。　　**猗氏**㉝　　**垣**有王屋山，沇水出。㉞[90]有壶丘

亭。㉟有邵亭。㊱　　**襄陵**㊲　　**北屈**㊳有壶口山。㊴有采桑

津。㊵　　**蒲子**㊶　　**濩泽**侯国。有（祁）〔析〕城

山。㊷[91]　　**端氏**㊸

①帝王世记曰："县西有鸣条陌。汤伐桀，战昆吾亭。左传昆吾与桀同
　日亡。"地道记〔巫〕咸山在南。[92]

②前志曰池在县西南。魏都赋注曰在猗氏六十四里。杨佺期雒阳记
　曰："河东盐池长七十里，广七里，水气紫色。有别御盐，四面刻如印
　齿文章，字妙不可述。"

③左传曰僖（九）〔二十四〕年晋怀公死高梁，[93]杜预曰在县西南。地道
　记有梁城，去县五十里，叔嚮邑也。

④左传曰成七年诸侯盟马陵，杜预曰卫地也，平阳东南地名马陵。[94]又
　说在魏郡元城。

⑤晋地道记曰有尧城。

⑥博物记曰有贾乡，贾伯邑。

⑦左传曰晋改蒐于董，杜预曰县有董亭。[95]

⑧博物记曰："古之纶，少康邑。"[96]

⑨县西北有狐谷亭。郭璞尔雅注曰："县有水口，如车轮许，溃沸涌出，
　其深无限，名之为瀵。"

2749

⑩史记曰赵盾田首山，息桑下，有饿人祇弥明。县南二十里有历山，舜
　所耕处。又伯夷、叔齐隐于首阳山，马融曰在蒲坂华山之北，河曲
　之中。

⑪左传曰文十二年秦晋战河曲，杜预曰在县南。汤伐桀，孔安国曰河曲
　之南。

⑫杜预曰虞国也。帝王世记曰:"舜嫔于虞,虞城是也。"亦谓吴城,史记秦昭王伐魏取吴城,即此城也。皇览曰:"盗跖冢临河〔曲〕。"〔97〕博物记曰傅岩在县北。

⑬虢邑,左传僖二年虞、晋所灭。县东北三十里。

⑭左传曰"秦伐晋,遂自茅津济",杜预曰在县西。南有茅亭,即茅戎。

⑮左传曰"入自颠轮"。博物记曰在县盐池东,吴城之北,今之吴坂。杜预曰在县东北。

⑯左传曰咎犯与秦晋大夫盟于郇,杜预曰县西北有郇城。博物记曰有智邑。

⑰左传僖二十四年晋文公入桑泉,杜预曰在县西二十里。〔98〕

⑱左传曰晋文公入取白衰者也。杜预曰在县东南。博物记曰:"白季邑。县西北卑耳山。县西南齐桓公西伐所登。"

⑲左传僖十五年晋侯赂秦,内及解梁城。

⑳左传文十二年秦侵晋及瑕,杜预曰猗氏县东北有瑕城。〔99〕

㉑尚书祖乙徙耿。左传闵元年晋灭耿,杜预曰县东南有耿乡。博物记曰有耿城。

㉒左传僖二年,晋荀息曰"冀为不道",杜预曰国,在县东北。史记苏代说燕王曰:"下南阳,封冀。"

㉓博物记曰县治涑之川。史记曰伐韩到乾河。郭璞曰:"县东北有乾河口,但有故沟处,无复水。"左传僖三十一年"晋搜清原",杜预曰在县北。

㉔曲沃在县东北数里,与晋相去六七百里。见毛诗谱注。

㉕左传曰"改蒐于董","董泽之蒲"。

㉖县西五十里。左传曰宣十五年"晋侯治兵于稷"。

㉗左传吕相绝秦,曰"伐我涑川"。

㉘县西有绛邑城,杜预曰故绛也。

㉙左传隐五年曲沃伐翼,杜预曰在县东八十里。〔100〕

㉚史记曰周穆王封造父赵城，徐广曰在永安。博物记曰有吕乡，吕甥邑也。

㉛杜预曰县东北有瓮城。

㉜尔雅曰："西南之美者，有霍山之多珠玉焉。"左传曰闵元年晋灭霍，杜预曰"县东北有霍大山"。史记曰原过受神人书，称"余霍大山山阳侯天吏也"。又蜚廉于山得石椁，[101]仍葬也。

㉝地道记曰："左传文十三年'詹嘉处瑕'，在县东北。"

㉞史记曰："魏武侯二年，城王垣。"博物记曰："山在东，状如垣。"

㉟左传襄元年晋讨宋五大夫，寘诸瓠丘，杜预曰县东南有壶丘亭。

㊱博物记曰："县东九十里有郫邵之厄，贾季迎公子乐于陈，赵孟杀诸郫邵。"

㊲晋地道记曰晋武公〔自〕曲沃徙此。[102]

㊳左传曰"二屈"，杜预曰"二"当为"北"。传曰"屈产之乘"，有骏马。

㊴禹贡曰："壶口治梁及岐。"

㊵左传僖八年晋败狄于采桑，杜预曰县西南有采桑津。

㊶左传曰晋文公居蒲城，杜预曰今蒲子县。

㊷前志曰在县西南。

㊸史记曰：赵、韩、魏分晋，封晋端氏。

弘农郡武帝置。其二县，建武十五年属。雒阳西南四百五十里。九城，户四万六千八百一十五，口十九万九千一百一十三。

弘农故秦函谷关。①烛水出。②有枯枞山。③有桃丘聚，故桃林。④有务乡。⑤[103]有曹阳亭。⑥　　**陕**⑦本虢仲国。⑧有焦城。⑨有陕陌。⑩　　**黾池**穀水出。⑪有二崤。⑫　　**新安**涧水出。⑫　　**宜阳**⑬　　**陆浑**西有虢略地。⑭　　**卢氏**有熊耳山，⑮伊水、清水出。⑯　　**湖**故属京兆。⑰有阌乡。⑱　　**华阴**故属京兆。⑲有太华山。⑳

①左传曰"虢公败戎于桑田",杜预曰在县东北桑田亭。[104]

②前志出(衙)〔衡〕(山)岭下谷。[105]

③本传赤眉立盆子于郑北,古今注曰在此山下。

④左传曰守桃林之塞,博物记曰在湖县休与之山。

⑤赤眉破李松处。

⑥史记曰,章邯杀周章于曹阳,晋灼曰县东十三里。又献帝东归败处,
曹公改曰好阳。

⑦史记曰:"自陕以西,邵公主之;自陕以东,周公主之。"

⑧杜预曰虢都上阳,在县东〔南〕[106]有虢城。

⑨故焦国,史记曰武王封神农之后于焦。

⑩博物记:"二伯所分。"

⑪前志曰出穀阳谷。

⑫博物记曰:"西汉水出新安入雒。"又有孝水,见潘岳西征赋。

⑬有金门山,山竹为律管。

⑭左传僖十五年晋侯略秦,东尽虢略,杜预曰从河曲南行,而东尽
故虢。[107]

⑮山海经曰:"其上多漆,其下多椶。浮豪之水出焉,西北流注于雒,其
中多美玉,多人鱼。"

⑯晋地道记:"伊东北入雒。"

⑰前志有鼎湖。

⑱皇览曰:"庚太子南出,葬在閺乡南。"秦又改曰宁秦。[108]

⑲史记曰魏文侯三十六年齐侵阴晋。前志曰高帝改曰华阴。吕氏春秋
九薮云"秦之阳华",高诱曰"或在华阴西"。诱又曰"桃林县西长城
是也"。晋地道记曰"潼关是也"。

⑳左传晋略秦,南及华山。山海经曰:"太华之山,削成而四方,其高五
千仞,其广十里,鸟兽莫居。有蛇焉,名曰肥遗,[109]六足四翼,见则天
下大旱。"武王放马牛于桃林墟,孔安国曰在华山东。晋地道记山在

县西南。

京兆尹秦内史,武帝改。其四县,建武十五年属。雒阳西九百五十里。①十城,户五万三千二百九十九,口二十八万五千五百七十四。

①决录注曰:"京,大也。天子曰兆民。"

长安高帝所都。①镐在上林菀中。②有细柳聚。③有兰池。④有曲邮。⑤有杜邮。⑥ **霸陵**有枳道亭。⑦有长门亭。⑧ **杜陵**⑨鄠在西南。⑩ **郑**⑪ **新丰**有骊山,⑫东有鸿门亭⑬及戏亭。⑭有(严)〔掫〕城。〔110〕 **蓝田**出美玉。⑮ **长陵**故属冯翊。⑯ **商**故属弘农。⑰ **上雒**侯国。有冢领山,雒水出。故属弘农。⑱有菟和山。⑲有苍野聚。⑳ **阳陵**故属冯翊。

郡国一

①汉旧仪曰:"长安城方(赤)〔六〕十三里,〔111〕经纬各长十五里,十二城门,九百七十三顷。城中皆属长安令。"辛氏三秦记曰:"长安地皆黑壤,城中今赤如火,坚如石。父老所传,尽凿龙首山为城。"皇览曰:"卫思后葬城东南桐(松)〔柏〕园〔112〕,今千人聚是。"

②孟康曰:"长安西南有镐池。秦始皇江神反璧曰:'为吾遗镐池君。'"古史考曰:"武王迁镐,长安丰亭镐池也。"皇览曰:"文王、周公冢皆在镐聚东杜中。"

③前书周亚夫所屯处。

2753

④史记曰秦始皇微行夜出,逢盗兰池。三秦记曰:"始皇引渭水为长池,东西二百里,南北三十里,刻石为鲸鱼二百丈。"

⑤前书高帝征黥布,张良送至曲邮。

⑥史记曰白起死处。三秦记曰:"长安城西有九嵕山,西有杜山。"杜预曰:"毕国在西北。"

⑦前书秦王子婴降于轵道旁,地道记曰霸水西。

⑧前书文帝出长门,若见五人于道北,立五帝坛。

⑨杜预曰古唐杜氏也。

⑩杜预曰:"在鄠县东。"决录注曰:"镐在鄠水东,鄠在镐水西,相去二十五里。"

⑪史记杀商君郑黾池。郑桓公封于此。黄图云:"下邽县并郑,桓帝西巡复之。"

⑫杜预曰:"古骊戎国。"韦昭曰:"戎来居此山,故号骊戎。"三秦记曰:"始皇墓在山北,有始皇祠。不斋戒往,即疾风暴雨。人理欲上,则杳冥失道。县西有白鹿原,周平王时白鹿出。"案关中图,县南有新丰原,白鹿在霸陵。

⑬前书高帝见项羽处,孟康曰"在县东七十里,旧大道北下坂口名"。关中记云始皇陵北十馀里有谢聚。

⑭周幽王死处,苏林曰县东南四十里。

⑮三秦记曰:"有川,方三十里,其水北流。出玉、铜、铁、石。"地道记有虎候山。

⑯蔡邕作樊陵颂云:"前汉户五万,口有十七万,王莽后十不存一。永初元年,羌戎作虐。至光和,领户不盈四千。园陵蕃卫籞盛之供,百役出焉。民用匮乏,不堪其事。"

⑰帝王世商曰:"契所封也。"左传哀四年"将通于少习",杜预曰少习,县东之武关。

⑱山海经曰雚水出(护)〔讙〕举之山。[113]案(众)〔史〕记云[114]雚水出熊耳。山海经曰雚出王城南,至相谷西,东北流,去虎牢城西四十里,注河口,谓之雚汭。

⑲左传哀四年,楚司马军于菟和。

⑳左传曰(昭)〔哀〕四年楚(左)〔右〕师军苍野,[115]杜预曰在县南。[116]

左冯翊秦属内史,武帝分,改名。雒阳西六百八十八里。① 十三城,
户三万七千九十,口十四万五千一百九十五。②

①决录注曰:"冯,冯也。翊,明也。"

②潘岳关中记曰:"三辅旧治长安城中,长吏各在其县治民。光武东都
之后,扶风出治槐里,冯翊出治高陵。"

高陵　**池阳**①　**云阳**②　　**祋祤**永元九年复。　　**频阳**

万年③　　**莲勺**　　**重泉**　　**临晋**本大荔。有河水祠。

有**芮乡**。④有**王城**。⑤　　**郃阳**永平二年复。　　　**夏阳**有**梁**

山、⑥**龙门山**。⑦　　　**衙**⑧　　　**粟邑**永元九年复。

①尔雅十薮,周有焦获,郭璞曰县瓠中是也。地道记"有藏薜山,在北。
有鬼谷,生三所氏"。案:史记鬼谷在颍川阳城,与地记不同。

②有荆山。帝王世记曰:"禹铸鼎于荆山,在冯翊怀德之南,今其下荆
渠也。"

③帝王世记曰"秦献公都栎阳"是也。

④古芮国,与虞相让者。

⑤史记曰秦厉恭公伐大荔,取其王城,即此城也。左传晋阴饴甥与秦伯
盟王城,杜预曰后改为武乡,在县东。

⑥诗云:"弈弈梁山。"在县西北。公羊传曰河上之山也。杜预曰古梁
国。[117]史记曰本少梁。尔雅曰梁山,晋望也。

⑦书曰导河积石,历龙门。太史公曰"迁生龙门",韦昭曰在县北。博物
记曰:"有韩原,韩武子采邑。"

⑧左传文二年晋败秦于彭衙。皇览曰:"有苍颉冢,在利阳亭南,坟高
六丈。"

右扶风秦属内史,武帝分,改名。①十五城,户万七千三百五十二,
口九万三千九十一。

郡国一

2755

①决录曰:"扶风,化也。"

槐里周曰犬丘,①高帝改。　　**安陵**②　　**平陵**　　**茂陵**

鄠③丰水出。④有甘亭。⑤　　**郿**有邸亭。⑥　　**武功**永平八

年复。有太一山,本终南。垂山,本敦物。⑦有斜谷。⑧　　**陈**

仓⑨　　**汧**⑩有吴岳山,⑪本名汧,汧水出。有回城,名回

中。⑫　　**渝麋**侯国。　　**雍**⑬有铁。⑭　　**栒邑**有豳乡。⑮

美阳有岐山,⑯有周城。⑰　　**漆**有漆水。⑱有铁。⑲　　**杜**

阳永和二年复。⑳

①又名废丘,周懿王、章邯所都。

②皇览曰:"县西北毕陌,秦武王冢。"

③古扈国。

④左传曰"康有酆宫之朝",杜预曰有灵台,康王于是朝诸侯。

⑤帝王世记曰在县南。夏启伐扈,大战于甘。又南山有王季冢。

⑥史记曰封弃于邰,徐广曰今斄乡。又案王忳传,郿之斄亭,为冤鬼报

　雠故亭长者也。秦是荣县,后省。帝王世记曰:"秦出公徙平阳。"新

　论曰:"邰在漆县,其民有会日,以相与夜中市,如不为,则有灾咎。"

⑦前志在县东。

⑧西征赋注曰:"褒斜谷,在长安西南。南口褒,北口斜,长百七十里。

　其水南流。"

⑨三秦记曰:"秦武公都雍,陈仓城是也。有石鼓山。将有兵,此山

　则鸣。"

⑩尔雅(曰)十薮,[118]秦有杨纡,郭璞曰在县西。

⑪郭璞曰:"别名吴山,周礼所谓岳山者也。"

⑫来歙开道处。

⑬左传邵穆公采邑,史记有鸿冢。

⑭帝王世记曰秦德公徙都。

⑮郑玄诗谱曰:"豳者,公刘自邰而出,所徙戎狄之地名。"又有刘邑。

⑯左传椒举曰:"成王有岐阳之蒐。"山海经曰:"其上多白金,其下多铁,城水出焉,东南流注于江。"

⑰杜预曰城在县西北。帝王世记曰:"周太王所徙,南有周原。"

⑱山海经曰:"(翰)〔鹣〕次之山,漆水出焉。"郭璞曰:"漆水出岐山。诗云'自土沮、漆'。"地道记曰水在县西。皇览曰:"有师旷冢,名师旷山。"

⑲杜预曰豳国在东北。帝王世记曰有豳亭。

⑳诗谱曰:"周原者,岐山阳,地属杜阳,地形险阻而原田肥美。"

右司隶校尉部,郡七,县、邑、侯国百六。①

①汉(书)旧仪[119]曰:"司隶治所,故孝武庙。"魏(志)略曰[120]:"曹公分关中置汉兴郡,(国)〔用〕游楚为太守。"[121]献帝起居注曰:"中平六年,省扶风都尉置汉安郡,镇雍、渝麋、杜阳、陈仓、汧五县也。"

【校勘记】

〔1〕其山川地名悉为细注,今进为大字　按:细注既进为大字,则山川地名与郡县名同为大字,殊欠分晓,今郡县名悉用黑体字以别之。

〔2〕新注证发　汲本"新"作"细"。钱大昭谓闽本亦作"新"。

〔3〕帝王世记　按:别本"记"皆作"纪",今悉依原本。

〔4〕自斗十一度　按:集解引惠栋说,谓费直周易分野寿星起斗十度,蔡邕月令章句寿星起斗六度,陈卓云斗十二度。

〔5〕自婺女八度　按:惠栋谓费直起女六度,蔡邕起女二度。

〔6〕至危十六度　按:惠栋谓陈卓云十五度。

〔7〕自危十七度　按:惠栋谓费直起危十四度,蔡邕起危十度,陈卓云

十六度。

〔8〕自奎五度　按:惠栋谓费直起奎二度,蔡邕起奎八度。

〔9〕自胃七度　按:惠栋谓费直起娄十度,蔡邕起胃一度。

〔10〕自毕十二度　按:惠栋谓费直起毕九度,蔡邕起毕六度。

〔11〕自井十六度　按:惠栋谓费直起井十二度,蔡邕起井十度。

〔12〕自柳九度　按:惠栋谓费直起柳五度,蔡邕起柳三度。

〔13〕至张十七度　按:惠栋谓陈卓云十六度。

〔14〕斗建在未　按:"斗"原讹"中",径改正。

〔15〕自张十八度　按:惠栋谓费直起张十三度,蔡邕起张十二度,陈卓起张十七度。

〔16〕自轸十二度　按:惠栋谓费直起轸七度,蔡邕起轸六度。

〔17〕今韩分野　惠栋谓陈卓云郑之分野,郑玄案堪舆书,寿星,郑也,作"韩"者误。按:王先谦谓韩灭郑,故亦称郑,竹书可证,惠以"韩"为误字,非。

〔18〕自氐五度　按:惠栋谓费直起氐十一度,蔡邕起亢八度。

〔19〕自尾十度　按:惠栋谓费直起尾九度,蔡邕起尾四度。

〔20〕至斗十度　汲本、殿本"十"作"七"。按:惠栋谓陈卓云斗十一度。

〔21〕北方玄武三十五星,九十八度(四分度之一)　按:殿本考证齐召南谓苍龙、玄武、白虎、朱雀各言星度之数,下言周天三百六十五度四分度之一,不应于北方星度独言四分度之一也,"四分度之一"五字自是衍文。今据删。

〔22〕定垦者九百(一)〔三〕十万(八)〔六〕千二十四顷　据殿本改。按:以下不垦者之数合计九州之地数,殿本是。

〔23〕不垦者千五百万二千顷　按:"千"原讹"午",径改正。

〔24〕是以山海经称禹使大章步自东极,至于西垂　按:惠栋谓"垂"一作"极",下"北垂"同。又按:惠栋谓自"禹使大章"至下"二亿三万三

千五百里七十五步",山海经无此文,淮南子坠形训有之。

〔25〕二亿三万三千五百里七十一步　惠栋补注本"三千"作"二千",注云"二"一作"三"。汲本、殿本及惠栋补注本"五百里"皆作"三百里"。今按:淮南子坠形训作"二亿三万三千五百里七十五步。"

〔26〕又使竖亥步〔自〕南极(北)尽于北垂　王先谦谓以上文例之,"南极"上夺一"自"字,"北"字衍。今据删补。按:淮南子作"步自北极,至于南极"。

〔27〕出水者　按:惠栋谓一作"出水之山者"。

〔28〕〔经〕名山五千三百五十,(经)六万四千五十六里　惠栋谓"经"字当在"名山"上。今据改。

〔29〕出铁之山三千六百九　按:惠栋谓自"东西二万八千里"至此,皆山海经中山经之文,彼文"九"下有"十"字。

〔30〕平王东迁三十馀载至齐桓公二年　张森楷校勘记谓案东迁至齐桓公二年七十九年,非三十馀载,文有讹。今案:"三"疑"七"之讹。

〔31〕晋阳之(国)〔围〕　据殿本改。

〔32〕不过三十万　按:"三"字原讹"二",径改正。

〔33〕武帝乘其资畜　按:汲本、殿本"乘"作"承"。

〔34〕县邑千(四)〔五〕百八十七　殿本考证齐召南谓按前汉书地理志,县、邑千三百一十四,道三十二,侯国二百四十一,然则合计千五百八十七也,本文"四百"应是"五百"之讹。今据改。

〔35〕民户千三百二十三万三千六百一十二　按:前志作"千二百二十三万三千六十二"。

2759

〔36〕口五千九百一十九万四千九百七十八人　按:前志作"五千九百五十九万四千九百七十八"。

〔37〕口(三)〔二〕千一百万七千八百二十人　据汲本、殿本改。按:惠栋补注引李心传说,谓西汉户口至盛之时,率以十户为四十八口有奇,东汉户口率以十户为五十二口。此上云"民户四百二十七万千

六百三十四"，以十户为五十二口计之，祇二千一百万馀，则原作
"三千一百万"，讹也。

〔38〕文帝(授)〔受〕禅　据殿本改。

〔39〕尚有数十　按："十"字原空白，据汲本、殿本补。

〔40〕郡府听事壁诸尹画赞　按："郡"字原空白，据汲本、殿本补。"画"
原讹"盡"，径改正。

〔41〕罚纤厘之恶　按：汲本、殿本"罚"作"贬"，"厘"作"介"。

〔42〕荥阳　汲本、殿本"荥"作"荣"。按：段玉裁谓荥泽、荥阳，古无作
"荣"者，浅人任意窜易，以为水名当作"荣"，不知沇水名荥，自有
本义，于绝小水之义无涉也。

〔43〕有(费)〔荥〕泽　集解引惠栋说，谓"费泽"无考，案注及济水注当作
"荥泽"。今据改。

〔44〕穀城　前志作"穀成"。按：集解引惠栋说，谓古字通以"城"为
"成"，见刘宽碑阴及韩敕别碑。

〔45〕成皋　汲本"皋"作"睪"，殿本作"皋"，注同。按：集解引钱大昕
说，谓"睪"当作"皋"，字形相涉而讹。校补引柳从辰说，谓皋为皋
之或体字，作"睪"者，盖偶讹缺一笔，未可概指为讹。黄山谓睪亦
可通"皋"。

〔46〕新城　按：集解引惠栋说，谓前志"城"作"成"，古字通。

〔47〕今名蛮中　集解引惠栋说，谓说文"新城蠻中"，古蠻蠻字或相通。
按：黄山谓樊蠻相通，盖古本名樊中，故说文作"蠻中"耳，非蠻蠻字
相通也。说详校补。

〔48〕匽师　按：集解引惠栋说，谓前书"匽"作"偃"。

〔49〕为地三百(里)〔顷〕　据汲本、殿本改。

〔50〕在东(官)〔宫〕西北　据汲本、殿本改。

〔51〕伯休甫之国也　按："甫"原讹"川"，径改正。

〔52〕冯异斩武勃(也)〔地〕　据汲本、殿本改。

〔53〕即泉戎也　按:殿本"戎"作"城"。

〔54〕单氏伐东圉　按:"圉"原讹"园",径改正。

〔55〕昭二十三年晋师次于解　按:依左传"三"当作"二","晋"当作"王"。

〔56〕本传有(员)〔负〕犊山　集解引马与龙说,谓本书刘昆传,昆避难河南负犊山中,彼注云"郡国志河南郡有负犊山"。作"员"者,形近致讹,李贤所见本尚不误。今据改。按:"本"原讹"才",径改正。

〔57〕郭方(七)〔一〕十里　据汲本、殿本改。

〔58〕以阳人地〔赐周君〕　据殿本考证齐召南说补,与史记秦本纪合。

〔59〕魏文侯(四)〔三〕十二年败秦于注　按:魏文侯立三十八年卒,无四十二年。败秦于注,乃三十二年事。各本皆未正,今据史记改。

〔60〕于荥阳下引河东南为鸿沟　汲本、殿本"荥"作"荣"。按:荥阳之"荥"本从火,作"荣"者后人妄改,见前"荥阳"条校记。

〔61〕左传文(三)〔二〕年盟于垂陇　据汲本、殿本改。

〔62〕左传闵二年遇于清　"二"原作"一",径据汲本、殿本改。按:左传闵二年无此文。

〔63〕在县东北远疑〔非〕　据殿本补,与杜注合。

〔64〕县东〔南〕有林乡　惠栋谓诸本皆脱"南"字。今据补,与杜注合。

〔65〕左传(宣)〔成〕十(六)年诸侯迁于制田　集解引惠栋说,谓诸侯迁制田,成十六年事,注误。今据改。

〔66〕县东有制(城)〔泽〕　据集解引惠栋说改,与杜注合。

〔67〕汤亭〔在〕偃师　据集解引惠栋说补。

〔68〕史记(曰)张仪〔曰〕　按:注所引乃张仪说秦惠王之辞,"曰"字当在"张仪"下,今乙正。

〔69〕左(氏)〔传〕　王先谦谓"氏"例当作"传",此驳文。今据改。

〔70〕地道记在南　按:集解引惠栋说,谓依水经注"南"当作"西"。

〔71〕左传昭二十二年王子猛居于皇　按:"二十二年"原讹"一十二

年”,径改正。

〔72〕在县西(北)〔南〕　集解引惠栋说,谓“西北”今左传注云“西南”。
　　今据改。

〔73〕昭二十(三)〔二〕年　惠栋谓“三”当作“二”。今据改,与左传合。

〔74〕成睾北门名(王)〔玉〕门　据殿本改。按:前书及通鉴并作“玉”。

〔75〕见东京赋(曰)　汲本“曰”作“云”。按文此字当衍,殿本无,今
　　据删。

〔76〕周襄王处郑地氾　按:集解引钱大昕说,谓襄王所处在颍川之襄
　　城,注文重出,当去此存彼。

〔77〕一名密县　按:今左传杜注作“新郑,郑新密,今荥阳密县”。惠栋
　　云注文有脱误。

〔78〕多美垩　按:集解引惠栋说,谓今山海经云“多美玉青垩”。

〔79〕其名曰(蓤)〔蒗〕　据汲本、殿本改。

〔80〕在县西北　按:“在”上当脱“杜预曰”三字。又按:左传杜注“西
　　北”作“东北”。

〔81〕楚杀鄅子　校补引柳从辰说,谓今左昭十六年经传“鄅”均作
　　“蛮”,注误。

〔82〕有绨城　按:集解引惠栋说,谓“绨”说文作“郗”。

〔83〕王取郑隰城　按:“取”疑“与”之误。左隐十一年王以苏忿生田与
　　郑,有隰郏,杜注“在怀县西南”。僖二十五年传“隰郏”作“隰城”。

〔84〕左传僖四年晋文公围南阳　按:注有误。僖四年重耳方出亡,安
　　所谓“晋文公围南阳”事?

〔85〕太行之山　按:“行”原讹“时”,径改正。

〔86〕县西北有(赟)〔攒〕城　据汲本、殿本改。

〔87〕洹水所出　按:校补引柳从辰说,谓水经“洹水出上党泫氏县”,注
　　云“出洹山,在长子县也”。又“东过隆虑县北”,注云“县北有隆虑
　　山”。是隆虑非即洹水所出。

〔88〕少有名人大衣冠三世皆衰绝也　按:张森楷校勘记谓"大衣冠"不
词,疑"大"下有"族"字,"衣冠"属下为句。

〔89〕蒲坂　按:前志"坂"作"反"。

〔90〕兖水出　集解引惠栋说,谓"兖"当作"沇"。又引钱大昕说,谓兖
即沇字,古人从水字或横写,沇作兖,亦是以立水为横水,隶省为六
尔。兖州本以沇水得名,非两字也。按:说文"沇"下段注云,古文
作㕣,小篆作沇,隶变作兖,此同义而古今异形。

〔91〕有(祁)〔析〕城山　据殿本改。按:钱大昕谓"祁"当作"析"。

〔92〕〔巫〕咸山在南　王先谦谓"咸"上脱"巫"字,班志可证。今据补。

〔93〕僖(九)〔二十四〕年晋怀公死高梁　殿本考证齐召南谓注引左传纪
年多讹,晋文公入国而后杀怀公于高梁,是僖二十四年事。今
据改。

〔94〕卫地也平阳东南地名马陵　按:注引杜注有误。春秋成七年杜注
作"马陵,卫地。阳平元城有地名马陵"。又按:王先谦谓"卫"当
作"魏"。

〔95〕县有董亭　按:校补谓今左传注作"汾阴县有董亭"。考晋志无汾
阴县,此或据魏旧言之,而其时亭地已改隶汾阴耳。

〔96〕古之纶少康邑　按:集解引惠栋说,谓案梁国虞县有纶城,少康邑,
注失考。

〔97〕盗跖冢临河〔曲〕　集解引惠栋说,谓案皇览,冢临河曲,直宏农华
阴山潼乡,注脱"曲"字也。今据补。

〔98〕在县西二十里　按今左传杜注作"在河东解县西",不言"二十
里"。

〔99〕杜预曰猗氏县东北有瑕城　按:今左传僖十二年无此注。僖三十
年"许君焦、瑕",杜注"晋河外五城之二邑",即此,然不云"猗氏县
东北"也。

〔100〕在县东八十里　按:左传杜注云"在平阳绛邑县东",不言"八十

里”。

〔101〕得石椁　按:汲本、殿本“椁”作“棺”。

〔102〕晋武公〔自〕曲沃徙此　据集解引马与龙说补。按:马与龙谓注“曲沃”上脱“自”字。汉书地理志“河东郡绛,晋武公自曲沃徙此”。注地道记说盖即本班志,当在前“绛邑”下,不知何以置此。地道记不应若是之误,刘昭亦不应误引若是,当由后人传写误脱,因妄窜耳。

〔103〕有务乡　集解引钱大昕说,谓刘圣公传作“荔乡”,音莫老反。

〔104〕桑田亭　按:殿本考证齐召南谓此注错简,当在下“陕有陕陌”之下。杜预左传注云“桑田,虢地,在弘农陕县东北”。盖旧志陕有桑田亭,而刘昭引此文为注也。又按:注“桑田亭”原讹“桑里亭”,径改正。

〔105〕出(衡)〔衙〕(山)岭下谷　按:前志“衡”作“衙”,水经河水注及开山图亦作“衙”。集解引钱大昕说,谓“衡”当作“衙”。又前书补注引段玉裁说,谓“岭”误析为“山领”,古“岭”只作“领”字。王先谦谓段云“山”字衍,是。今据以改删。

〔106〕虢都上阳在县东〔南〕　按:左传僖五年“晋侯围上阳”,杜注“上阳,虢国都,在弘农陕县东南”。今据补。

〔107〕从河曲南行而东尽故虢　按:今左传杜注作“从河南而东尽虢界也”。

〔108〕秦又改曰宁秦　按:齐召南谓此注六字亦错简,当在下华阴注“高帝改曰华阴”之上,证以前志自明。

〔109〕名曰肥遗　殿本“遗”作“蘁”,与今山海经合。按:校补谓蘁后起字,疑本通作“遗”。

〔110〕有(严)〔掫〕城　按:集解引洪颐煊说,谓本书刘玄传注引续志作“掫城”,“严”是“掫”字之讹。今据改。

〔111〕长安城方(亦)〔六〕十三里　据校补引钱大昭说改。按:史记吕后

纪索隐引亦作"六十三里"。

〔112〕葬城东南桐(松)〔柏〕园　据集解引惠栋说改。

〔113〕雒水出(护)〔灌〕举之山　集解引惠栋说,谓"护举"山海经作"灌举"。校补引柳从辰说,谓水经亦作"灌举"。今据改。

〔114〕(众)〔史〕记云　据汲本、殿本改。

〔115〕左传曰(昭)〔哀〕四年楚(左)〔右〕师军苍野　据左传改。

〔116〕杜预曰在县南　按:今左传杜注云"在上雒县",不言"南"。

〔117〕杜预曰古梁国　按:左传文公十年,晋伐秦,取少梁,杜注"少梁,冯翊夏阳县"。与此异。

〔118〕尔雅(曰)十薮　按文"曰"字当衍,今删。

〔119〕汉(书)旧仪　按:"书"字衍,今删。

〔120〕魏(志)〔略〕曰　集解引陈景云说,谓今本魏志无此文,疑出魏略,"志"字偶误。按:游楚事见魏志张既传注,正引魏略,今据改。

〔121〕(国)〔用〕游楚为太守　集解引钱大昕说,谓"国"当作"以"。今按:何焯以宋残本校,"国"作"用",国用形近易误,今从何校改。

后 汉 书 志 第 二 十

郡 国 二

颍川　汝南　梁国　沛国　陈国　鲁国

　　右　豫　州

魏郡　钜鹿　常山　中山　安平　河间

清河　赵国　勃海

　　右　冀　州

颍川郡秦置。雒阳东南五百里。十七城,户二十六万三千四百四十,口百四十三万六千五百一十三。

2767

阳翟禹所都。①有钧台。②有高氏亭。③有雍氏城。④　　襄有养阴里。　　**襄城**⑤有西不羹。⑥有氾城。⑦[1]有汾丘。⑧有鱼齿山。⑨　　**昆阳**有湛水。⑩　　**定陵**有东不羹。⑪　　**舞阳**邑。　　**郾**　　**临颍**[2]　　**颍阳**　　**颍阴**⑫有狐宗乡,或曰古狐人亭。有岸亭。⑬　　**许**⑭　　**新汲**⑮　　**鄢陵**[3]春秋时曰隞。⑯　　**长社**有长葛城。⑰有向乡。⑱有蜀城，有蜀津。⑲

阳城⑳有嵩高山，㉑洧水、颍水出。㉒有铁。有负黍聚。㉓

父城有应乡。㉔　　**轮氏**[4]建初四年置。[5]

①汲冢书："禹都阳城。"古史考曰"郑厉公入栎"，即此也。晋地道记曰去雒阳二百八十六里，属河南。

②左传曰"夏启有钧台之享"，杜预曰有钧台陂。帝王世记云在县西。

③左传成十七年卫侵郑，至高氏，杜预曰县西南。

④左传襄十八年楚伐郑，侵雍梁，杜预曰在县东北。史记齐湣王十二年攻魏，楚围雍氏。

⑤左传定四年"盟皋鼬"，杜预曰县东南有城皋亭。

⑥杜预曰有不羹城。

⑦杜预曰在县南。周襄王所处。

⑧左传襄十八年楚治兵于汾，杜预曰县东北有汾丘城。

⑨左传谓鱼陵，杜预曰鱼齿山也，在犨县北。

⑩左传襄十六年，楚公子格与晋战于湛阪。

⑪杜预曰县西北有不羹亭。地道记曰："高陵山，汝水所出。"[6]

⑫左传文九年楚伐郑，师于狼渊，杜预曰县西有狼陂。献帝遣御史大夫张音奉皇帝玺绶策书，禅帝位于魏，是文帝继王位，[7]南巡在颍阴，有司乃为坛于颍阴。庚午，登坛，魏相国华歆跪受玺绶，以进于王。王既受毕，降坛视燎，成礼而反。帝王世记云："魏文皇帝登禅于曲蠡之繁阳亭，为县曰繁昌，亦禹贡豫州之域，今许之封内，今颍川繁昌是也。"北征记曰："城在许之南七十里。东有台，高七丈，方五十步，台南有坛高二丈，方三十步，即受终之坛也。"案北征记云是外黄县繁昌城，非也。

⑬史记魏哀王五年秦伐魏，走犀首岸门，徐广曰岸亭。[8]

⑭左传庄二十八年楚伐郑，郑奔桐丘，杜预曰县东北有桐丘城。献帝徙

都,改许昌。〔9〕

⑮左传文元年卫孔达侵郑,伐绵訾及匡,杜预曰县东北有匡城。成十七

年伐(齐)〔郑〕至曲洧,〔10〕杜预曰县治曲洧,城临洧水。

⑯春秋郑共叔所保,故曰"克段于鄢"。〔11〕又成十六年晋败楚于鄢陵。

李奇曰:"六国曰安陵。"

⑰左传隐五年宋伐郑,围长葛。县本名长葛。地道记曰:"社中树暴长,

汉改名。"

⑱左传襄十一年诸侯师于向,杜预曰在县东北。

⑲史记曰魏惠王元年韩、赵合军伐魏蜀泽。〔12〕

⑳帝王世记曰:"阳城有启母冢。"

㉑山海经谓为太室之山。禹贡有外方山,郑玄毛诗谱云外方之山即嵩

也。孟子曰"益避禹之子于箕山之阴",注云嵩高之北。

㉒晋地道记曰:"颍水出阳乾山。"

㉓史记曰周敬王十九年郑伐负黍。〔13〕冯敬通赋"遇许由于负黍

(山)"也。〔14〕

㉔杜预曰应国在西南。史记曰客谓周最,以应为秦王太后养地。

汝南郡高帝置。雒阳东南六百五十里。三十七城,户四十万四千

四百四十八,口二百一十万七百八十八。

平舆有沈亭,故国,姬姓。①　　**新阳**侯国。　　**西平**有铁。

有柏亭,故柏国。　　**上蔡**本蔡国。　　**南顿**本顿国。

汝阴本胡国。②　　**汝阳**　　**新息**〔侯〕国。〔15〕　　　**北宜春**

灈强〔16〕侯国。　　**灈阳**　　**期思**有蒋乡,故蒋国。　　　**阳**

安〔有〕道亭,　　**故国**。③〔17〕　　**项**④　　**西华**　　**细阳**

安城侯国。〔18〕有武城亭。　　**吴房**有棠谿亭。⑤　　　**鲖阳**

侯国。⑥　　**慎阳**〔19〕　　**慎**　　**新蔡**有大吕亭。⑦　　**安阳**侯

2769

国。有江亭,故国,嬴姓。　　富波侯国,永元中复。　　宜
禄永元中复。　　朗陵侯国。⑧　　弋阳侯国。有黄亭,故黄
国,嬴姓。　　召陵⑨有陉亭⑩有安陵乡。　　征羌侯国。
有安陵亭。⑪　　思善侯国。　　宋公国,周名郪丘,汉改为
新郪,章帝建初四年徙宋公于此。有繁阳亭。⑫　　褒信侯
国。有赖亭,故国。⑬　　原鹿侯国。⑭　　定颍侯国。
固始侯国。故寝也,光武中兴更名。有寝丘。⑮　　山桑侯
国,故属沛。有下城父聚。有垂惠聚。⑯　　城父故属沛,春
秋时曰夷。⑰有章华台。⑱

① 有(挚)[挚]亭,见说文。[20]

② 杜预曰县西北有胡城。地道记有陶丘乡。诗所谓"汝坟"。

③ 杜预曰在县南。袁山松书有朔山。魏氏春秋曰:"初平三年,分二县
置阳安都尉。"

④ 故国,左传僖十七年鲁所灭。地道记曰有公路城,袁术所筑。

⑤ 左传曰房国,楚灵王所灭。又楚封吴王夫概于棠谿。地道记有吴城。

⑥ 皇览曰:"县有葛陂乡。[21]城东北有楚武王冢,民谓之楚王岑。[22]永平
中,葛陂城北祝里社下于土中得铜鼎,而铭曰'楚武王之冢',民传言
秦、项、赤眉之时欲发之,辄颓坏[填]厌,[23]不得发。"

⑦ 地道记曰故吕侯国。左传昭四年吴伐楚,入栎,杜预曰县东北有
栎亭。

⑧ 左传成六年楚拒晋桑隧,杜预曰县东有桑里亭。[24]

⑨ 左传昭十三年楚蔡公与子干、子晳盟于邓,杜预曰县西南有邓城。

⑩ 左传僖四年齐伐楚,次陉,杜预曰在县南。苏秦说韩宣惠王曰:"南有
陉山。"

⑪ 史记无忌说魏安僖王[25]曰:"王之使者出,过而恶安陵氏于秦。"博物
记曰故安陵君也。

⑫左传襄四年楚师繁阳，杜预曰铜阳南有繁阳亭。[26]

⑬史记楚封王孙胜白公。[27]杜预曰褒信县有白亭。[28]

⑭春秋左氏传僖二十一年宋盟鹿上，杜预曰原鹿县也。

⑮史记曰楚庄王封孙叔敖子，又蒙恬破楚军。

⑯苏茂奔垂惠，王刘纡。

⑰夷属陈，左传僖二十三年楚所取。有乾谿，在县南。

⑱杜预曰："章华宫在华容县城内。"

梁国秦砀郡，高帝改。其三县，元和元年属。雒阳东南八百五十里。九城，户八万三千三百，口四十三万一千二百八十三。

下邑① **睢阳**②本宋国阏伯墟。有卢门亭。③有鱼门。④有阳梁聚。⑤ **虞**有空桐地，有桐地，有桐亭。⑥有纶城，少康邑。 **砀**山出文石。⑦ **蒙**⑧有蒙泽。⑨ **穀熟**[29]有新城。⑩有邘亭。⑪ **鄩**[30]故属陈留。 **宁陵**故属陈留。⑫有葛乡，故葛伯国。⑬ **薄**故属山阳，〔汤〕所都。⑭[31]

①左传哀七年筑黍丘，杜预曰县西南有黍丘亭。

②北征记曰："城周三十七里，南临汳水，凡二十四门。"地道记曰："梁孝王筑城十二里，小鼓唱节杵下而和之，称睢阳曲。"

③左传桓十四年宋伐郑，"取太宫之椽，为卢门之椽"。昭二十一年败吴鸿口，杜预曰县东〔南〕有鸿口亭。地道记曰："昭二十一年'御诸横'，横亭在县南。"

④左传僖二十二年邾人愬公胄于鱼门。[32]

⑤左传襄十二年楚伐宋，师杨梁，杜预曰有梁亭。[33]僖二十八年楚子玉梦河神谓己曰"吾赐汝孟诸之麋"，杜预曰在县东北。尔雅十薮，宋有孟诸。

⑥左传哀二十六年，宋景公死空桐。

⑦史记曰高祖隐于芒、砀山泽岩石之间。有陈胜墓。

⑧帝王世记曰有北亳,即景亳,汤所盟处。

⑨左传宋万杀宋闵公于蒙泽。[34]僖二年齐侯盟贯,杜预曰县西北有贳城,贳字与贯字相似。

⑩左传曰文十四年诸侯会新城。帝王世记有南亳。

⑪古邘国。

⑫左传成十六年会沙随,杜预曰县北有沙随亭。

⑬(左传)〔杜预〕曰在县东北。[35]

⑭杜预曰蒙县西北有薄城,[36]中有汤冢。左传宋公子御说奔亳。其西又有微子冢。

沛国秦泗(川)〔水〕郡,[37]高帝改。雒阳东南千二百里。二十一城,户二十万四百九十五,口二十五万一千三百九十三。

相① 萧本国。② 沛有泗水亭。③ 丰④西有大泽,高祖斩白蛇于此。有枌榆亭。⑤ 酂⑥有郿聚。⑦ 穀阳 谯⑧刺史治。⑨ 洨有垓下聚。⑩ 蕲有大泽乡,陈涉起此。⑪ 铚 郸 建平 临睢故芒,光武更名。 竹邑侯国,故竹。 公丘本(胶)〔滕〕国。⑫[38] 龙亢⑬ 向本国。 符离 虹⑭[39] 太丘 杼秋故属梁国,有澶渊聚。⑮

①左传桓十五年会于袤,杜预曰在县西南。一名莘。

②北征记:"城周十四里,南临汴水。"

③亭有高祖碑,班固为文,见固集。地道记有许城。左传定八年,郑伐许。[40]

④地道记曰:"去国二百六十,州六百,雒千二十五里。"

⑤案:前志注"枌榆社在县东北十五里"。或乡名,高祖里社。戴延之西征记曰:"县西北有汉祖庙,为亭长所处。"

⑥左传昭四年吴伐楚入棘，杜预曰县东北有棘亭。襄元年郑侵宋，取犬丘，杜预曰县东北有犬丘城。帝王世纪曰"曹腾封费亭侯，县有费亭是也"。

⑦左传曰"冀为不道，伐郓三门"，服虔曰郓，晋别都，杜预曰是虞邑，地处阙，则非此郓矣。博物记曰："诸侯会于郓亭。"

⑧平阳邑，左传僖二十三年楚所取。乾谿在南。

⑨汉官曰去雒阳千二十里。

⑩高祖破项羽也。

⑪史记曰高祖击黥布于会甀，徐广曰在县西。

⑫杜预曰在县东南。

⑬地道记曰左传隐二年入向城，在县东南。

⑭地道记云左传昭八年"大蒐于红"。

⑮左传襄二十年"盟于澶渊"。[41]

陈国高帝置为淮阳，章和二年改。雒阳东南七百里。九城，户十一万二千六百五十三，口百五十四万七千五百七十二。[42]

陈① 　阳夏有固陵聚。② 　宁平 　苦春秋时曰相。有赖乡。③ 　柘 　新平 　扶乐 　武平④ 　长平故属汝南。⑤有辰亭。⑥有楮丘城。

①帝王世纪曰："庖犧氏所都，舜后所封。"左传僖元年会于柽，杜预曰县西北有柽城。尔雅曰："丘上有丘曰宛丘。"陈有株邑，盖朱襄之地。博物记曰："邥地在县北，防亭在焉。诗曰：'（卬）〔邥〕有旨苕，[43]防有鹊巢。'"

②史记高祖五年（楚）〔追〕项籍至固陵，[44]晋灼汉书注云[45]汝南固始县。[46]

③伏滔北征记曰："有老子庙，庙中有九井，水相通。"古史考曰："有曲仁里，老子里也。"地道记曰："城南三十里有平城。"

④左传成十六年,诸侯侵陈鸣鹿,杜预曰县西南有鹿邑。

⑤左传宋华氏战于鬼阎,杜预曰县西北有阎亭。

⑥左传宣十一年盟辰陵,杜预曰县东南有辰亭。

鲁国秦薛郡,高后改。本属徐州,光武改属豫州。六城,户七万八千四百四十七,口四十一万一千五百九十。

鲁国,〔古〕奄国。①〔47〕有大庭氏库。②有铁。有阙里,孔子所居。③有牛首亭。④有五父衢。⑤ **驺**本邾国。⑥ **蕃**有南梁水。⑦ **薛**本国,⑧六国时曰徐州。⑨〔48〕 **卞**有盗泉。有郚乡城。⑩ **汶阳**⑪

①帝王世记曰:"黄帝生于寿丘,〔49〕在鲁东门之北。少昊自穷桑登帝位,穷桑在鲁北,后徙曲阜。"应劭曰:"曲阜在鲁城中,委曲长七八里。"左传曰伯禽封少昊之墟。僖二十九年介葛卢舍于昌衍,杜预曰县东南有昌平城。皇览曰:"奄里伯公冢在城内祥舍中,民传言鲁五德奄里伯公葬其宅。"

②杜预曰:"大庭氏,古国名,在城内,鲁于其处作库。"

③汉晋春秋曰:"钟离意相鲁,见仲尼庙颓毁,会诸生于庙中,慨然叹曰:'蔽芾甘棠,勿翦勿伐,况见圣人庙乎!'遂躬留治之。周观舆服之在焉,自仲尼以来,莫之开也。意发视之,得古文策书,曰'乱吾书,董仲舒,〔50〕治吾堂,钟离意。璧有七,〔51〕张伯盗一。'意寻案未了。而辛张伯者,治中庭,治地得六璧,上之。意曰:'此有七,何以不遂?'伯惧,探璧怀中。鲁咸以为神。"意别传曰:"意省堂有孔子小车乘,皆朽败,意自枭俸雇漆胶之直,请鲁民治之,及护几席(嗣)〔剑〕履。〔52〕后得瓮中素书,曰'护吾履,钟离意'。"又礼记瓒相之圖亦在城中西南,近孔子庙。而仲尼墓在鲁城门北便之外泗水上,去城一里。葬地盖一顷,墓坟南北十步,东西十三步,高一丈二尺。墓前有瓴甋为祠坛,方六尺,与地平。茔中异木

以百数,鲁人莫能识也。皇览曰:"孔子本无祠堂,茔中不生荆棘及刺人草。伯鱼冢在孔子冢东,与孔子冢併,[53]大小相望。子思冢在孔子冢南。"案:今墓书孙在祖前,谓此为骄孙祔。

④左传曰桓十四年宋伐郑,取牛首。[54]

⑤地道记曰在城东。

⑥有驺山,高五里,秦始皇刻石焉。刘荟驺山记[55]曰:"邾城在山南,去山二里。城东门外有韦贤墓,北有绎山。左传文十三年邾迁于绎。郭璞曰绎山纯石,积构连属。城北有牙山,牙山北有唐口山,唐口山北有阳山。城北有孟轲冢焉。"

⑦左传襄四年战狐台,杜预曰县东南有目台亭。

⑧地道记曰:"夏车正奚仲所封,冢在城南二十里山上。"皇览曰:"靖郭君冢在城中东南陬。孟尝君冢在城中向门东北边。"

⑨史记曰齐宣王九年与魏襄王会徐州而相王。

⑩左传文公七年城郚,杜预曰县南有郚乡城。[56]隐元年盟于蔑,杜预曰蔑,地名,县南有姑城。襄十七年齐围桃,杜预曰县东南有桃墟。

⑪左传桓十二年盟曲池,杜预曰县北有曲水亭。地道记"临淄县西南门曰曲门,其侧有池"。案:鲁桓与杞、莒盟,不往齐地,地道为妄。

右**豫州**刺史部,郡、国六,县、邑、〔公〕、侯国九十九。[57]

魏郡高帝置。雒阳东北七百里。①十五城,户十二万九千三百一十,口六十九万五千六百六。

①魏志曰:"建安十七年,割河内之荡阴、朝歌、林虑,东郡之卫国、顿丘、东武阳、发干,钜鹿之廮陶、曲(阳)〔周〕、[58]南和、(广平之)广平、任(城),[59]赵国之襄国、邯郸、易阳,以益魏郡。十八年,分置东西都尉。"

邺①有故大河。有滏水。②有汙水,有汙城。③有平阳城。④有武城。有九侯城。⑤　繁阳　内黄⑥清河水出。有荡阳聚。⑦有黄泽。⑧　魏　元城⑨〔五鹿〕墟,故沙鹿,⑩[60]有沙亭。⑪　黎阳⑫　阴安邑。

馆陶　清渊　平恩　沙侯国。⑬　斥丘有葛。⑭　武安有铁。⑮　曲梁侯国,⑯故属广平。有鸡泽。⑰　梁期[61]

①帝王世记曰:"县西南有上司马,殷太甲常居焉。"魏都赋注曰:"县西北有鼓山,时时自鸣,鸣则兵。"又交谷水在县南。案:本传有西唐山。又邺北太行山,西北去,亦不知山所极处,亦如东海不知水所穷尽也。

②魏都赋曰:"北临漳、滏,则冬夏异沼。"注云:"水经邺西北。滏水热,故名滏口。"

③史记曰项羽破秦军汙水上。

④史记曰靳歙别下平阳。

⑤徐广曰一作"鬼侯"。与文王为纣三公。

⑥左传襄十九年会于柯,杜预曰县东北有柯城。昭九年荀盈卒于戏阳,杜预曰县北有戏阳城。

⑦世祖破五校处。

⑧前志曰在县西。[62]

⑨左传成七年会马陵,杜预曰县东南有地名马陵。史记曰庞涓死处。

⑩左传:"沙鹿崩。"榖梁传曰:"林属于山曰鹿。沙,山名也。"

⑪左传定七年盟于沙(亭),杜预曰〔沙亭〕在县东南。[63]七年盟于瑣,[64]晋地道记曰县南有瑣阳城。

⑫左传定十四年会于牵,杜预曰县东北有牵城。

⑬魏都赋注曰有龙山。

⑭杜预曰有乾侯。鲁昭公所处。

⑮即台孝威隐于县山。

⑯左传宣十五年败赤狄于曲梁。

⑰左传襄三年诸侯会鸡泽,杜预曰在县西南。

钜鹿郡秦置。建武十三年省广平国,以其县属。雒阳北千一百里。十五城,户十万九千五百一十七,口六十万二千九十六。

廮陶有薄落亭。　　**钜鹿**故大鹿,有大陆泽。①　　**杨氏**　　**鄡**〔65〕　　**下曲阳**有鼓聚,故翟鼓子国。②有昔阳亭。③　　**任**　　**南和**　　**广平**　　**斥章**　　**广宗**　　**曲周**　　**列人**　　**广年**　　**平乡**　　**南䜌**

①有广阿泽。吕氏春秋九薮赵之钜鹿,高诱注云广阿泽也,山海经曰大陆之水。史记纣盈钜桥之粟。许慎云:"钜鹿之大桥也。"钜鹿南有棘原,章邯所军处。前书曰沙丘台在县东北七十里。

②杜预曰县西南有肥累城。古肥国,白狄别种。

③左传昭十二年晋荀吴入昔阳,杜预曰沾县东有昔阳城。(取)〔肥〕故都也。〔66〕

常山国高帝置。建武十三年省真定国,以其县属。十三城,户九万七千五百,口六十三万一千一百八十四。

元氏①　　**高邑**故鄗,光武更名。刺史治。②有千秋亭、五成陌,③光武即位于此矣。　　**都乡侯国**。有铁。　　**南行唐**有石臼谷。　　**房子**赞皇山,④济水所出。⑤　　**平棘**有塞。　　**栾城**⑥　　**九门**⑦　　**灵寿**卫水出。　　**蒲吾**⑧　　**井陉**　　**真定**　　**上艾**故属太原。

①晋地道记有石塞、三公塞。

②汉官曰去雒阳一千里。

③县南七里。

④在县西南六十里。

⑤晋地道记有砾塞、中谷塞。

⑥〔在平棘〕县西北四十里。[67]

⑦史记赵武灵王出九门,如野台以望齐、中山之境。碣石山,战国策云在县界。

⑧史记番吾君。杜预曰晋之蒲邑也。古今注曰:"永平十年,作常山呼沱河蒲吾渠,通漕船也。"

中山国高祖置。雒阳北一千四百里。十三城,户九万七千四百一十二,口六十五万八千一百九十五。

> **卢奴**　　**北平**有铁。　　(母)〔毋〕极[68]　　**新市**有鲜虞亭,故国,子姓。①　　**望都**②　　**唐**有中人亭,③有左人乡。④
> **安国**　　**安憙**本安险,章帝更名。　　**汉昌**本苦陉,章帝更名。　　**蠡吾**侯国,故属涿。　　**上曲阳**故属常山。恒山在西北。⑤　　**蒲阴**本曲逆,章帝更名。有阳城。⑥　　**广昌**故属代郡。

①杜预曰白狄别种。

②左传晋伐鲜虞及中人,杜预曰县西北有中人城。晋地道记有马安关。[69]

③博物记曰:"堂关在中人西北百里,[70]中人在县西四十里。"列子曰:"赵襄子使新稺穆子攻翟,取左人、中人。"

④帝王世记曰:"尧封唐。尧山在北,唐水西入河,南有望都山,即尧母庆都所居,相去五十里。都山一名豆山。"博物记曰:"左人,唐西北四十里。"

⑤有泉水,干吉得神书。晋地道记:"自县北行四百二十五里,恒多山坂,名飞狐口。"

⑥晋地道记曰："有阳安关。[71]阳城。蒲阳山,蒲水出也。"

安平国故信都,高帝置。明帝名乐成,延光元年改。雒阳北二千里。十三城,户九万一千四百四十,口六十五万五千一百一十八。

信都有绛水、呼沱河。 **阜城**故昌城。[72] **南宫** **扶柳** **下博** **武邑** **观津**① 经西有漳水,津名薄落津。② **堂阳**故属钜鹿。 **武遂**故属河间。 **饶阳**故名饶,属涿。有无蒌亭。③ **安平**故属涿。 **南深**(国)〔泽〕故属涿。[73]

①本清河下县。决录注曰："孝文窦皇后父隐身渔钓,坠渊而卒。景帝立,后为太后,遣使者更填父所坠渊而葬,起大坟于县城南,民号曰窦氏青山。"

②史记曰,赵武灵王曰:"吾国东有河、薄落之水。"

③冯异进豆粥光武。案:志有解犊侯,灵帝封。

河间国文帝置,世祖省属信都,和帝永元(三)〔二〕年复故。[74]雒阳北二千五百里。十一城,户九万三千七百五十四,口六十三万四千四百二十一。

乐成 **弓高** **易**故属涿。 **武垣**故属涿。 **中水**故属涿。 **鄚**故属涿。 **高阳**故属涿。有葛城。 **文安**故属勃海。 **束州**故属勃海。 **成平**故属勃海。 **东平舒**故属勃海。

清河国高帝置。桓帝建和二年改为甘陵。雒阳北千二百八十里。七城,户十二万三千九百六十四,口七十六万四百一十八。

甘陵故厝,安帝更名。 **贝丘** **东武**(成)〔城〕[75] **鄃灵**和帝永元九年复。① **绎幕** **广川**故属信都。有棘津城。②

①地道记曰有鸣犊河。

②太公吕尚困于棘津城,琅邪海曲,非此城也。案:永初元年邓太后分
置广川王国,后王薨,国除。太后崩,还益清河。

赵国秦邯郸郡,高帝改名。雒阳北千一百里。五城,户三万二千七
百一十九,口十八万八千三百八十一。

邯郸①有丛台。②   **易阳**③   **襄国**本邢国,秦为信都,项羽
更名。有檀台。④有苏人亭。   **柏人**   **中丘**⑤[76]

①张华曰:"赵奢冢在邯郸西山上,谓之马服山。"

②有洪波台。

③魏都赋曰:"温泉毖涌而自浪。"注曰:"温泉在易阳,世以治疾,洗
百病。"

④史记曰赵成侯,魏献荣椽,因以为檀台。

⑤晋地道记曰有石门塞、烧梁关。

勃海郡高帝置。雒阳北千六百里。八城,户十三万二千三百八十
九,口百一十万六千五百。

南皮   **高城**侯国。[77]   **重合**侯国。   **浮阳**侯国。

东光①   **章武**   **阳信**延光元年复。   **脩**故属信都。

①有胡苏亭。胡苏河之名见尔雅。

     右冀州刺史部,郡、国九,县、邑、侯国百。

【校勘记】

〔1〕有氾城 按:"氾"原讹"汜",径改正。

〔2〕临颍 按:集解引钱大昕说,谓和帝女封临颍公主,志似脱"邑"字。
     桓帝时,边韶为临颍侯相,盖公主之子袭封为侯也。

〔3〕隄陵　按:前志"隄"作"偃"。

〔4〕轮氏　按:前志作"纶氏"。

〔5〕建初四年置　殿本考证齐召南谓按前志颍川郡有纶氏,疑县不自建初置也。今按:汉书补注王先谦谓"置"疑"复"之误。

〔6〕高陵山汝水所出　按:张森楷校勘记谓案前志,颍川、汝南俱有定陵,此定陵下但云"有东不羹",其高陵云云在汝南定陵下,今于此处注之,非是。

〔7〕是文帝继王位　按:张森楷校勘记谓案上下文义,"是"字颇不相属,疑当作"时",否则下有"时"字脱去。

〔8〕徐广曰岸亭　集解引惠栋说,谓当作"岸门亭",诸本缺"门"字。今按:史记魏世家裴骃集解引作"岸亭",小司马索隐引作"岸门亭"。

〔9〕献帝徙都改许昌　按:集解引周寿昌说,谓考献帝改都许在建安二年八月,改许县为许昌县在魏文帝黄初二年,非献帝徙都时改名也。注误。

〔10〕成十七年伐(齐)〔郑〕至曲洧　按:据左传"齐"当作"郑",各本皆未正,今改。

〔11〕克段于鄢　按:"段"原讹"叚",径改正。

〔12〕伐魏蜀泽　按:殿本考证谓魏世家作"浊泽",六国年表又作"涿泽"。

〔13〕史记曰周敬王十九年郑伐负黍　按:殿本考证齐召南谓按周本纪无此文。年表是周威烈王十九年郑败韩于负黍,时郑缙公十六年,韩景侯二年也。又按:"伐"原讹"代",径改正。

〔14〕遇许由于负黍(山)　据集解引惠栋说删。

〔15〕新息〔侯〕国　集解引钱大昕说,谓"国"上当有"侯"字,马援所封。今据补。按:集解又引马与龙说,谓光武封朱浮为侯,在马援前,见浮传。

2781

〔16〕灈强　按:集解引惠栋说,谓说文"灈"作"澻",云"澻水出阳城少室山,东入颍"。

〔17〕〔有〕道亭故国　张森楷校勘记谓"道"上当有"有"字,各本皆脱,盖道是国,道亭非国也。按:张说是,今据补。

〔18〕安城侯国　按:前志作"安成"。钱大昕谓铫期封安成侯,即此安城也。光武又封刘赐为安成侯。

〔19〕慎阳　集解引惠栋说,谓索隐、路史引司马志皆作"滇阳"。前志作"慎阳",阚骃云合作"滇"。今按:前书师古注谓"慎"字本作"滇",音真,后误为"慎"耳。

〔20〕有(挚)〔摯〕亭见说文　集解引钱大昕说,谓"挚"当作"摯"。说文"汝南平舆县有摯亭",读若晋。今据改。

〔21〕县有葛陂乡　按:集解引惠栋说,谓"葛陂"一作"葛陵"。

〔22〕民谓之楚王岑　按:集解引惠栋说,谓水经汝水注作"楚王琴",云楚人谓冢曰琴也。

〔23〕辄颓坏〔填〕厌　集解引惠栋说,谓诸本脱"填"字。今据补。

〔24〕县东有桑里亭　按:今杜注云"朗陵县东南有桑里",不言"亭"。

〔25〕无忌说魏安僖王　按:"无"原讹"元",径改正。

〔26〕铜阳南有繁阳亭　按:今杜注云"繁阳,楚地,在汝南铜阳县南",不言"亭"。

〔27〕史记楚封王孙胜白公　按:下引杜注,"史记"疑"左传"之误。杜注见左哀十六年。

〔28〕襃信县有白亭　按:左传哀十六年杜注"襃信县"下有"西南"二字。

〔29〕穀熟　按:集解引惠栋说,谓"熟"当作"孰"。

〔30〕隔　按:前志作"傿"。

〔31〕薄故属山阳〔汤〕所都　殿本考证齐召南谓案"山阳"下脱"汤"字。薄与亳通,前书臣瓒注"薄,汤所都"是也。今据改。

〔32〕邾人悬公胄于鱼门　按:殿本考证齐召南谓睢阳宋国,不应有邾城门事。此亦错简,当在"鲁国骓本邾国"下。

〔33〕杜预曰有梁亭　按:今杜注云"睢阳县东有地名扬梁"。

〔34〕左传宋万杀宋闵公于蒙泽　按:柳从辰云左传"杀"作"弑",无"宋"字。校补谓今案注引左传文往往有增损字句处,章怀注亦然。"弑"多改"杀",则有所避忌也。

〔35〕(左传)〔杜预〕曰在县东北　集解王先谦谓"左传"二字应作"杜预",见桓十三年注,诸本皆误。今据改。

〔36〕杜预曰蒙县西北有薄城　按:杜注见庄十二年,"薄"作"亳"。

〔37〕秦泗(川)〔水〕郡　殿本考证谓"川"何焯校本改"水"。集解引惠栋说,谓"川"当作"水"。今据改。

〔38〕公丘本(胶)〔滕〕国　据殿本改。按:前志亦云"故滕国"。

〔39〕虹　按:汲本作"红"。前志作"虸",音贡。

〔40〕左传定八年郑伐许　按:定八年无郑伐许事,疑有误。

〔41〕襄二十年盟于澶渊　按:集解引钱大昕说,谓春秋之澶渊,杜云在顿丘县南,刘昭以杅秋之澶渊当之,非也。

〔42〕户十一万二千六百五十三口百五十四万七千五百七十二　张森楷校勘记谓每户十三四人,户少口多,毋乃不伦? 今按:惠栋补注前引李心传云,西汉户口至盛之时,率以十户为四十八口有奇,东汉户口率以十户为五十二口,此必有误。

〔43〕(卬)〔邛〕有旨苕　据集解本改。

〔44〕(楚)〔追〕项籍至固陵　据汲本、殿本改。

〔45〕晋灼汉书注云　按:"灼"原讹"卿",径据汲本、殿本改正。

〔46〕汝南固始县　按:集解引惠栋说,谓前志淮阳有固始县,云"汝南"者,非也。

〔47〕鲁国〔古〕奄国　据殿本补。按:汲本亦脱"古"字,王先谦谓大注"奄国"上缺"古"字,各本皆有。

〔48〕六国时曰徐州　按:此"徐"非禹贡徐州之"徐"。司马贞谓"徐"字从"人",说文作"郐",并音舒。何焯校本定作"徐"。说详补注。

〔49〕黄帝生于寿丘　按:"生"原讹"主",径据汲本、殿本改正。

〔50〕乱吾书董仲舒　按:校补谓本书锺离意传章怀注引意别传"乱"作"修",未详孰是。

〔51〕璧有七　按:此"璧"字及下两"璧"字原皆讹"壁",径改正。

〔52〕及护几席(嗣)〔剑〕履　据汲本、殿本改。

〔53〕与孔子冢併　汲本、殿本"併"作"近"。按:併,相並也,作"併"义长。

〔54〕宋伐郑取牛首　按:集解引钱大昕说,谓左传之牛首,杜元凯以为郑邑,刘昭以鲁之牛首亭当之,非也。

〔55〕刘荟驺山记　按:汲本"荟"作"会"。

〔56〕县南有郜乡城　按:今杜注作"有郜城",无"乡"字。

〔57〕县邑〔公〕侯国九十九　校补引钱大昭说,谓兖州作"县、邑、公、侯国八十",以有东郡卫公国也。今豫州汝南郡有宋公国,则此"侯"上亦当有"公"字。今据补。

〔58〕钜鹿之廮陶曲(阳)〔周〕　集解引马与龙说,谓"阳"当作"周",诸本皆误。今据改。

〔59〕(广平之)广平任(城)　钱大昭谓闽本无"广平之"三字,据建武十三年省广平国入钜鹿,则不得云"广平之广平"。今据删。又集解引马与龙说,谓谢锺英云任城属东平,任县属钜鹿,志衍"城"字。今据删。

〔60〕〔五鹿〕墟故沙鹿　集解引惠栋说,谓水经河水注引郡国志,云"五鹿墟故沙鹿,有沙亭"。案前书元后传云"元城东有五鹿之墟,即沙鹿地也"。应脱"五鹿"二字。今据补。

〔61〕梁期　按:集解引惠栋说,谓史记作"梁淇"。

〔62〕前志曰在县西　前书地理志魏郡内黄注："应劭曰,今黄泽在西。"按文"前志"当作"应劭"。

〔63〕盟于沙(亭)杜预曰〔沙亭〕在县东南　集解引惠栋说,谓左传云"盟于沙",衍"亭"字。杜注云"沙亭在县东南",脱"沙亭"二字。今据以删补。

〔64〕七年盟于瑯　按:杜注云"瑯即沙也"。

〔65〕郏　案:集解引惠栋说,谓前志作"郟",古字通。

〔66〕(取)〔肥〕故都也　据殿本改。

〔67〕〔在平棘〕县西北四十里　按:汲本、殿本作"在县西四十里"。集解引惠栋说,谓哀四年,国夏伐晋,取栾,杜预云"栾城在平棘县西北"。此脱"在平棘"三字。今据补。

〔68〕(母)〔毋〕极　据殿本改。按:校补谓作"母"者误,通典作"无极",可证。

〔69〕晋地道记有马安关　按:集解引惠栋说,谓水经㴲水注引地道记作"马㴲关",又引中山记,云"人渡马㴲,是山之要害也"。

〔70〕堂关在中人西北百里　按:汲本、殿本"堂"作"唐"。

〔71〕有阳安关　按:"关"原讹"阙",径改正。

〔72〕阜城故昌城　按:集解引钱大昕说,谓前志昌城县属信都郡,而勃海郡却有阜城县。又引惠栋说,谓宋书州郡志云前汉勃海有阜城县,续志云故昌城,信都有昌城,未详孰是。

〔73〕南深(国)〔泽〕故属涿　据殿本改。按:集解引钱大昕说,谓"国"当作"泽"。案前志,涿郡、中山皆有深泽县,而涿郡加"南"字,续志有南深泽,无深泽。

〔74〕和帝永元(三)〔二〕年复故　据殿本改。按:集解引洪亮吉说,谓"三年"应作"二年"。

〔75〕东武(成)〔城〕　据汲本、殿本改。

〔76〕中丘　按:集解引钱大昕说,谓当云"故属常山"。

〔77〕高城侯国　按:前志作"高成"。

后汉书志第二十一

郡 国 三

陈留　东郡　东平　任城　泰山

济北　山阳　济阴

　　右 兖 州

东海　琅邪　彭城　广陵　下邳

　　右 徐 州

陈留郡武帝置。雒阳东五百三十里。十七城，户十七万七千五百二十九，口八十六万九千四百三十三。

　　陈留有鸣雁亭。① 　　**浚仪**本大梁。② 　　**尉氏**③ 　　**雍丘**本杞国。④ 　　**襄邑**有滑亭。⑤有承匡城。⑥ 　　**外黄**⑦有葵丘聚，齐桓公会此。城中有曲棘里。⑧有繁阳城。 　　**小黄**⑨ 　　**东昏**⑩ 　　**济阳**⑪ 　　**平丘**有临济亭，田儋死此。有匡。⑫有黄池亭。⑬ 　　**封丘**⑭有桐牢亭，或曰古虫牢。⑮ 　　**酸枣**⑯

长垣侯国。有**匡城**。⑰有**蒲城**。⑱有**祭城**。⑲　　**己吾**有**大棘乡**。⑳有**首乡**。㉑[1]　　**考城**故菑，㉒章帝更名。故属梁。㉓

圉故属淮阳。有**高阳亭**。㉔　　**扶沟**故属淮阳。

①左传成十六年卫伐郑鸣雁，杜预曰在〔雍丘〕县西北。[2]陈留志曰："有桐陵亭，古桐丘。"

②帝王世记曰："禹避商均浚仪。"晋地道记："仪封人，此县也。"通俗文曰"渠在浚仪，曰蒗荡"也。

③陈留志曰："有陵树乡，北有泽，泽有天子菀囿，有秦乐厩，汉诸帝以驯养猛兽。"

④陈留志曰："城内有神井，能兴雾雹。"案：徐齐民北征记曰："有吕禄台，高七丈。有郦生祠。"曹植禹庙赞曰："有禹祠，植移于其城，城本名杞城。"

⑤左传庄三年次于滑，杜预曰在县西北。

⑥地道记曰在县西。左传文十一年会晋郤缺于承匡。有桐门亭，有黄门亭。襄元年会鄇，杜预曰县东南有鄇城。

⑦左传"惠公季年，败宋师于黄"，杜预曰宋邑，县东有黄城。

⑧左传昭二十五年"宋公佐卒曲棘"。

⑨汉旧仪曰："高祖母起兵时死县北，为作陵庙于小黄。"

⑩陈留志曰："故户牖乡有陈平祠。"

⑪有武父乡。左传桓十二年"盟于武父"，杜预曰县东北有武父城。县东南有戎城。[3]县都乡有行宫，光武生。

⑫匡人之亭，曹公破袁术处。

⑬陈留志云："黄亭在封丘。"左传哀十三年盟黄池，杜预曰在〔封邱〕县南。[4]传曰"吴囚子服景伯以还，及户牖"，然即黄池在户牖西。或以为外黄县东沟，非也。

⑭博物记有狄沟，即败狄于长丘是也。

⑮左传成五年诸侯会虫牢。陈留志:"有鞠亭,古鞠居。"

⑯左传郑太叔至于廪延,杜预曰县北有延津。襄五年会城棣,杜预曰县西南有棣城。东有地乌巢,曹公破袁绍处。陈留志曰:"城内有韩王故宫阙。"

⑰陈留志曰:"孔子(囚)〔围〕此。"[5]北征记城周三里。左传僖十五年会牡丘,次于匡,杜预曰匡在县西南。昭十三年会平丘,杜预曰县西南有平丘城。

⑱左传成九年会于蒲,杜预曰在县西南。史记曰孔子自匡过蒲。陈留志云"有子路祠"。

⑲杜预曰郑祭封人仲邑。陈留志曰:"有蘧伯玉墓及祠。"又西南有宛亭。左传僖二十八年卫人盟宛濮,杜预曰近濮水。

⑳左传宣二年郑破宋师大棘,杜预曰在襄邑县南。

㉑左传(桓八)〔僖五〕年齐侯(师)〔会〕于首止,[6]杜预曰在襄邑东南,有首(止城)〔乡〕。[7]

㉒陈留志曰:"古戴国地名。"杜预曰:"戴在外黄东南。"尔雅曰:"木立死曰蔀。"吕氏春秋:"草郁即为蔀。"

㉓陈留志曰:"有箕子祠。有穀亭。古句渎之丘。"案本传有蒲亭。

㉔陈留志曰:"有万人聚,王邑破翟义积尸处。"前书"今高阳"。文颖曰:"高阳,聚邑名,在县西。"

东郡秦置。去雒阳八百馀里。十五城,户十三万六千八十八,口六十万三千三百九十三。

2789

濮阳古昆吾国。①春秋时曰濮。有咸城,或曰古咸国。②有清丘。③有钮城。 **燕**本南燕国。有雍乡。④有胙城,古胙国。有平阳亭。⑤有瓦亭。⑥有桃城。⑦ **白马**有韦乡。⑧ **顿丘**⑨ **东阿**⑩有清亭。⑪ **东武阳**濕水出。[8] **范**有秦亭。⑫ **临邑**有(沛)〔泲〕庙。[9] **博平** **聊城**有夷仪聚。⑬有聂(戚)〔城〕。⑭〔10〕　　發干　乐平侯国。故清,章帝更名。　　阳平侯国。有莘亭。⑮有冈成城。⑯〔11〕　　卫公国。本观故国,姚姓,光武更名。有河牧城。⑰有竿城。⑱穀城春秋时小穀。⑲有檽下聚。⑳

①杜预曰古卫也。帝王世记曰:"颛顼自穷桑徙商丘。"左传曰"卫,颛顼之墟",杜预曰帝丘,昆吾氏因之,故曰昆吾之墟,县城内有颛顼冢。皇览曰:"冢在城门外广阳里中。"博物记曰:"桑中在其中。"

②左传僖十三年同会于咸。

③左传曰宣十二年盟清丘,杜预曰县东南。

④谢沈书曰,赤眉攻雍乡。

⑤左传哀十六年"卫侯饮孔悝酒于平阳"。

⑥左传曰定八年会于瓦,杜预曰县东北。

⑦史记曰春申君说秦曰"王又举甲拔桃入邢"是也。

⑧杜预曰:"县东南有韦城。古豕韦氏之国。"

⑨(白虎通)〔皇览〕曰"帝喾冢在城〔南〕台阴野〔中〕"是也。〔12〕

⑩左传桓十年会于桃丘,杜预曰县东南有桃城。襄十四年孙林父败卫侯于阿泽,杜预曰县西南大泽。魏志有渠丘山。

⑪左传隐四年"遇于清"是也。

⑫左传庄三十一年"筑台于秦"。地道记在县西北。

⑬左传僖元年"邢迁于夷仪"。

⑭左传曰"聊摄以东"。

⑮杜预注传曰卫作新台在县北。〔13〕卫杀公子伋之地,故曰"待诸莘"。

⑯秦封蔡泽为冈成君,未详。

⑰左传文元年会于戚,郑救晋中行氏,晋败郑铁,〔14〕杜预曰戚城南有铁丘。

⑱前书故發干(县)〔城〕。〔15〕

⑲左传庄三十二年"城小榖",杜预曰城中有管仲井。又传曰埋长狄荣如首于周首之北门,杜预曰县东北有周首亭。

⑳左传僖二十六年追齐师至酅,杜预曰县西有地名酅下。皇览曰:"县东十五里有项羽冢。"

东平国故梁,景帝分为济东国,宣帝改。雒阳东九百七十五里。[16] 七城,户七万九千一十二,口四十四万八千二百七十。

无盐本宿国,任姓。① 有章城。② **东平陆**六国时曰平陆。有阚亭。③[17]有堂阳亭。④ **富成**[18] **章** **寿张**春秋曰良,汉曰寿良,光武改曰寿张。有堂聚,故聚属东郡。⑤ **须昌**故属东郡。⑥有致密城,古中都。有阳榖城。⑦ **宁阳**故属泰山。

①左传昭二十五年臧会奔郈,杜预曰县东南有郈乡亭。[19]

②古国。左传庄三十年,齐取鄣。

③左传桓十一年会于阚,杜预曰在须昌县东南。有阚城,博物记云即此亭是。

④故县,后省。[20]

⑤地道记曰:"有蚩尤祠,狗城。"[21]皇览曰:"蚩尤冢在县阚〔乡〕城中,[22]高七丈。"

⑥杜预曰:"须句,古国,在西北。"

⑦左传僖三年会阳榖,杜预曰在县北。

任城国章帝元和元年,分东平为任城。雒阳东千一百里。三城,户三万六千四百四十二,口十九万四千一百五十六。

任城本任国。有桃聚。① **亢父**② **樊**

①光武破庞萌于桃乡。

②左传襄十三年"取邿",杜预曰县有邿亭。哀六年"城邾瑕",杜预曰县

北有邾瑕城。[23]

泰山郡高帝置。雒阳东千四百里。十二城,户八千九百二十九,口四十三万七千三百一十七。[24]

　　奉高有明堂,武帝造。① 　　**博**有泰山庙。岱山在西北。有龟山。②有龙乡城③ 　　**梁甫**[25]侯国。有菟裘聚。④ 　　**钜平**侯国。有亭禅山。⑤[26]有阳关亭。⑥ 　　**嬴**有铁。 　　**山茌**[27]侯国。 　　**莱芜**有原山,潘水出。⑦[28] 　　**盖**沂水出。⑧ 　　**南武阳**侯国。有颛臾城。 　　**南城**[29]故属东海。有东阳城。⑨ 　　**费**侯国,⑩故属东海。有祊亭。⑪有台亭。⑫ 　　**牟**故国。

①前书曰在县西南四里。左传昭八年"大蒐于红,至于商、卫"。红亭在县西北,杜预曰接宋、卫也。

②左传定十年齐归龟阴之田,杜预曰田在山北。琴操孔子作龟山之操。

③左传成二年齐围龙,杜预曰在县西南。史记作"隆"。又楚有蜀之役,杜预曰县西北有蜀亭。

④左传隐公"使营菟裘,吾将老焉",杜预曰县南有菟裘城。

⑤即古所禅亭亭者也。

⑥左传襄十七年"师自阳关"。桓六年会于成,杜预曰县东南。成城即孟孙之邑。

⑦杜预曰汶水出。

⑧左传会于防,杜预曰在县东南,有防城。[30]

⑨吕氏春秋夏孔甲游田于东阳萯山。左传哀八年"克东阳"。襄十九年城武城,杜预曰南城县。[31]哀十四年司马〔牛〕葬丘舆,[32]杜预曰县西北有舆城。

⑩曹腾封费是鄼县费亭,非此国。

⑪左传隐八年郑归祊,杜预曰在县东南。闵二年莒人归共仲及密,杜预曰县有密如亭。

⑫左传襄十二年莒围台,杜预曰县南有台亭。

济北国和帝永元二年,分泰山置。①雒阳东千一百五十里。五城,户四万五千六百八十九,口二十三万五千八百九十七。

①臣昭案:济北,前汉之旧国,此是经并泰山复分。

卢①有平阴城。有防门。②有光里。有景兹山。③〔33〕有敖山。④有清亭。⑤有长城至东海。⑥　　**蛇丘**有遂乡。⑦有下讙亭。⑧有铸乡城。⑨　　**成**〔34〕本国。⑩　　**茌平**本属东郡。　　**刚**。⑪

①左传隐三年齐郑寻卢之盟,杜预曰今县故城。有邽山,在县北。成二年封锐司徒女石窌,杜预曰县东有地名石窌。

②左传襄十八年齐御晋平阴,灊防门,杜预曰在县北。〔35〕又齐登巫山以望晋师,杜预曰在县东北。

③杜预曰在县东南。〔36〕

④左传曰"先君献、武废二山",即敖山、具山。

⑤左传哀十〔一〕年,齐伐鲁及清是也。

⑥史记苏代说燕王曰"齐有长城、巨防"。巨防即防门。

⑦古遂国,左传庄十三年齐人灭遂。

⑧左传桓三年送姜氏于讙。

⑨周武王未及下车,封尧后于铸。左传有棘地,成公三年叔孙侨如所围。杜预曰汶水北地有棘乡。东观书有芳陉山。

⑩左传"卫师入郕",杜预曰东平刚父县西南有郕乡。〔37〕

⑪左传哀八年齐取阐,杜预曰在县北,有阐乡。

山阳郡故梁,景帝分置。雒阳东八百一十里。十城,户十万九千八百九十八,口六十万六千九十一。

　　昌邑刺史治。有**梁丘城**。① 有**甲父亭**。②　　**东缗**春秋时曰缗。③　　**钜野**④有**大野泽**。⑤　　**高平**侯国。故橐,[38]章帝更名。⑥有**茅乡城**。⑦　　**湖陆**故湖陵,章帝更名。⑧　　**南平阳**侯国。有**漆亭**。⑨有**闾丘亭**。⑩　　**方与**有**武唐亭**,[11]鲁侯观鱼台。⑫有**泥母亭**,或曰古**甯母**。⑬　　**瑕丘**　　**金乡**⑭

防东

①左传庄三十二年遇于梁丘,杜预曰梁丘乡在县西南。

②杜预曰甲父,古国名,在县东南。左传隐十年"取防",杜预曰县西有防城。

③左传僖二十三年齐围缗。

④左传桓七年"焚咸丘",杜预曰县西有咸亭。

⑤春秋西狩获麟之所。尔雅十薮,鲁有大野。杜预曰县西南有(郓)〔郰〕亭。[39]定十三年齐伐晋之所。

⑥前汉志莽改曰高平,章帝复莽此号。左传隐(九)〔元〕年费伯城郎,[40]杜预曰县东南有郁郎亭。

⑦杜预曰茅乡在昌邑西南。

⑧前汉志王莽改曰湖陆,章帝复其号。博物记曰苟水出。[41]地道记县西有费亭城,魏武帝初所封。

⑨左传城漆。

⑩左传襄二十一年"邾庶其以漆、闾丘来奔",杜预曰县东北有漆乡,西北有显闾亭。哀七年囚邾子负瑕,[42]杜预曰县西北有瑕丘城。

⑪左传桓二年盟于唐,杜预曰在西南。[43]

⑫春秋经隐五年矢鱼于棠。

⑬左传僖七年盟甯母,杜预曰在县东。三十一年臧文仲宿重馆,杜预曰县西北有重乡城。

⑭晋地道记曰："县多山，所治名金山。山北有凿石为冢，深十馀丈，隧长三十丈，傍却入为堂三方，云得白兔不葬，更葬南山，凿而得金，故曰金山。故冢今在。或云汉昌邑所作，或云秦时。"

济阴郡故梁，景帝分置。雒阳东八百里。十一城，户十三万三千七百一十五，口六十五万七千五百五十四。

定陶本曹国，①古陶，尧所居。②有三鬷亭。③ **冤句**有煮枣城。④ **成阳**有尧冢、灵台，有雷泽。⑤ **乘氏**侯国。⑥有泗水。有鹿城乡。 **句阳**有垂亭。⑦ **鄄城** **离狐**故属东郡。 **廪丘**故属东郡。有高鱼城。有运城。⑧ **单父**侯国，故属山阳。 **成武**故属山阳。⑨有郜城。⑩ **己氏**故属梁。⑪

①郭璞曰："城中有陶丘。"皇览曰："伯乐冢县东南一里所，高四五丈。"

②帝王世记曰："舜陶河滨，县西南陶丘亭是。"

③汤伐三鬷，孔安国曰今定陶。

④史记苏秦说魏襄王曰："大王之地，东有淮、颍、煮枣。"

⑤禹贡曰："雷夏既泽。"帝王世记曰："舜耕历山，渔雷泽，济阴有历山。"

⑥博物记曰古乘丘。

⑦左传隐八年遇于垂。史记无忌说魏安僖王曰："文台堕，垂都焚。"徐广曰："县有垂亭。"

⑧左传襄二十六年"齐乌馀以廪丘奔晋"，杜预曰今县故城是。又"袭卫羊角取之"，杜预曰今县所治城。又袭我高鱼，杜预曰在县东北。

⑨左传隐七年"戎执几伯于楚丘"，[44]杜预曰在县西南。

⑩左传隐十年"取郜"，杜预曰县东南有郜城。地道记有秺城。

⑪皇览曰有平和乡，[45]乡有伊尹冢。

右兖州刺史部，郡、国八，县、邑、公、侯国八十。

东海郡高帝置。雒阳东千五百里。十三城，户十四万八千七百八十四，口七十万六千四百一十六。

郯本国，刺史治。①　　**兰陵**有次室亭。②　　**戚**　　**朐**③有铁。有伊卢乡。④〔46〕　　**襄贲**　　**昌虑**有蓝乡。⑤　　**承**

阴平　　**利城**〔47〕　　**合**(城)〔乡〕⑥〔48〕　　**祝其**有羽山。⑦春秋时曰祝其，夹谷地。⑧　　**厚丘**⑨　　**赣榆**本属琅邪，建初五年复。⑩

①博物记曰："有勇(王)〔士〕亭，即勇士(万)〔蕳〕丘欣。"〔49〕

②地道记曰："故鲁次室邑。"列女传有漆室之女，或作"次室"。

③山海经曰："都州在海中，〔50〕一曰郁州。"郭璞曰："在县界。世俗传此山在苍梧徙来，上皆有南方树木。"博物记："县东北海边植石，秦所立之东门。"

④史记曰，锺离眜(冢)〔家〕在伊卢。〔51〕

⑤左传昭三十一年邾黑肱以滥来奔，杜预曰县所治，城东北有郯城。郯，小邾国也。〔52〕

⑥淮水自此南至湖陆。

⑦羾鲑之山。杜预曰在县西南。博物记曰："东北独居山，西南有渊水，即羽泉也，〔53〕俗谓此山为惩父山。"

⑧左传定十年会齐侯夹谷，孔子相。

⑨左传成九年"城中城"，杜预曰在县西南，有中乡城。〔54〕

⑩左传"齐伐莒，莒子奔纪鄣"，杜预曰县东北有纪城。地道记曰："海中去岸百五十步，〔55〕有秦始皇碑，长一丈八尺，广五尺，厚八尺三寸；一行十二字，〔56〕潮水至加其上三丈，〔57〕去则三尺见也。"

琅邪国秦置。〔58〕建武中省城阳国，以其县属。①雒阳东一千五百里。十三城，户二万八百四，口五十七万九百六十七。[59]

①案本纪，永寿元年置，都尉治。

开阳①故属东海，建初五年属。　　**东武**　**琅邪**②　**东莞**有郓亭。③有邳乡。有公来山，或曰古浮来。④　　**西海**⑤[60]　**诸**⑥　　**莒**本国，故属城阳。⑦有铁。有峥嵘谷。[61]　**东安**故属城阳。　　**阳都**故属城阳。有牟台。⑧　**临沂**故属东海。有丛亭。⑨　　**即丘**侯国，故属东海，春秋曰祝丘。　　**缯**[62]侯国，故属东海。有概亭。⑩　　**姑幕**⑪

①杜预曰古鄅。左传哀三年城启阳，杜预曰开阳。

②山海经云有琅邪台，在勃海间，琅邪之东。郭璞曰："琅邪临海边，有山嶕峣特起，状如高台。此即琅邪台。"齐景公曰："吾循海而南，放乎琅邪。"越绝曰："句践徙琅邪，起观台，台周七里，以望东海。"史记曰秦始皇徙黔首三万户琅邪台下。传有劳山。

③左传曰"公处郓"。

④左传隐八年盟浮来，杜预曰邳来山之间，号曰邳来。[63]庄九年鲍叔受管仲，及堂阜而脱之。杜预曰："东莞蒙阴县西北有夷吾亭，或曰鲍叔解夷吾缚于此，因以为名。"即古堂阜也，东莞后为(名)〔郡〕。[64]

⑤东观书曰有胜山。博物记："太公吕望所出，今有东吕乡。又钓于棘津，其浦今存。"

⑥左传庄二十九年"城诸"，杜预曰诸县在城阳郡。又隐四年"莒人伐杞，取牟娄"，杜预曰县东北有娄乡。

⑦左传成八年申公巫臣会渠丘公，杜预曰县有蓬丘里。[65]

⑧左传宣元年会丁平州，杜预曰在县西。[66]

⑨左传隐六年盟于艾，杜预曰县东南有艾山。[67]七年"城中丘"，杜预曰县东北有中丘亭。[68]博物记曰："县东界次睢有大丛社，民谓之食人社，即次睢之社。"

2797

⑩左传庄九年盟于蔇,杜预曰在县北。

⑪左传昭五年"莒牟夷以牟娄及防兹来奔",杜预曰县东北有兹亭。博
物记曰淮水入。城东南五里有公冶长墓。

彭城国高祖置为楚,章帝改。雒阳东千二百二十里。八城,户八万
六千一百七十,口四十九万三千二十七。

　　彭城①有铁。　　　**武原**　　**傅阳**有相水。②[69]　　　　**吕**
留③　　**梧**　　**菑丘**　　**广戚**故属沛(国)。[70]

①古大彭邑。北征记城西二十里有山,山有楚元王墓。伏滔北征记
曰:"城北六里有山,临泗,有宋桓魋石椁,皆青石,隐起龟龙鳞凤
之象。"

②左传襄十年灭偪阳,杜预曰即此县也。

③西征记曰城中有张良庙。

广陵郡景帝置为江都,武帝更名。建武中省泗水国,[71]以其县属。
雒阳东一千六百四十里。十一城,户八万三千九百七,口四十一
万百九十。

　　广陵①有东陵亭。②　　**江都**有江水祠。　　　**高邮**　　**平安**
凌故属泗水。　　　**东阳**故属临淮。有长洲泽,吴王濞太
仓在此。③　　　**射阳**故属临淮。④　　　**盐渎**故属临淮。　　**舆**
侯国,故属临淮。　　　**堂邑**[72]故属临淮。有铁。春秋时曰
堂。　　**海西**故属东海。

①吴王濞所都,城周十四里半。

②博物记曰:"女子杜姜,左道通神,县以为妖,闭狱桎梏,卒变形莫知所
极。以状上,因以其处为庙祠,号曰东陵圣母。"

③县多麋。博物记曰:"千千为群,掘食草根,其处成泥,名曰麋畯。民
人随此畯种稻,不耕而获,其收百倍。"又扶海洲上有草名蒒,其实食

之如大麦,从七月稔熟,民敛获至冬乃讫,名曰自然穀,或曰禹馀粮。

④有梁湖。地道记曰有博支湖。

下邳国武帝置为临淮郡,永平十五年更为下邳国。雒阳东千四百
里。十七城,户十三万六千三百八十九,口六十一万一千八
十三。

下邳本属东海。① 葛峄山,本峄阳山。② 有铁。　　**徐**本国。
有楼亭,或曰古蓘林。③　　**僮**侯国。　　**睢陵**　　**下相**
淮阴④　　**淮浦**　　**盱台**〔73〕　　**高山**　　**潘旌**〔74〕　　**淮陵**
取虑有蒲姑陂。⑤　　**东成**　　**曲阳**侯国,故属东海。
司吾侯国,故属东海。　　**良成**故属东海。春秋时曰良。⑥
夏丘故属沛。

①戴延之西征记曰:"有沂水,自城西西南注泗,别下回城南,亦注泗。
　旧有桥处,张良与黄石公会此桥。"
②山出名桐,伏滔北征记曰今盘根往往而存。
③杜预曰在僮县东南。伏滔北征记曰:"县北有大冢,徐君墓,延陵解剑
　之处。"
④下乡有南昌亭,韩信寄食处。
⑤左传昭十六年齐师至蒲隧,杜预曰县东有蒲姑陂。〔75〕
⑥左传昭十三年晋会吴于良。

　　右徐州刺史部,郡、国五,县、邑、侯国六十二。①

2799

①魏氏春秋曰:"初平三年,分琅邪、东海为城阳、(新)〔利〕城、昌虑
　郡。〔76〕建安十一年,省昌虑并东海。"

【校勘记】
〔1〕有大棘乡有首乡　按:殿本考证齐召南谓大注此二乡皆应在上文

襄邑"有<u>承匡城</u>"之下。<u>大棘</u>、<u>首乡</u>皆<u>襄邑</u>地,非<u>己吾</u>地也,不知何以脱入于此。

〔2〕杜预曰在〔<u>雍丘县</u>西北　<u>左传杜</u>注作"在<u>陈留雍丘县</u>西北"。按:<u>晋泰始</u>元年封<u>魏废帝</u>为<u>陈留王</u>,治<u>小黄</u>,省<u>陈留</u>入之,<u>晋</u>无<u>陈留县</u>,此"雍丘"二字不可省,今据补。

〔3〕县东南有<u>戎城</u>　按:此亦<u>杜</u>注,见<u>隐</u>二年。

〔4〕在〔<u>封邱</u>〕县南　<u>集解</u>引<u>惠栋</u>说,谓案<u>杜</u>注在<u>封邱县</u>南,注脱"<u>封邱</u>"二字。今据补。

〔5〕<u>孔子</u>(囚)〔围〕此　按:<u>校补</u>谓"囚"当是"围"之讹。今据改。

〔6〕(<u>桓</u>八)〔<u>僖</u>五〕年<u>齐侯</u>(师)〔会〕于<u>首止</u>　据<u>殿</u>本考证<u>齐召南</u>说改。

〔7〕有<u>首</u>(止城)〔乡〕　据<u>殿</u>本考证<u>齐召南</u>说改。

〔8〕<u>濕水</u>出　按:<u>集解</u>引<u>惠栋</u>说,谓<u>前志</u>及<u>水经</u>皆作"漯"。<u>说文</u>作"濕",从水㬎声。

〔9〕有(<u>沛</u>)〔<u>沛</u>〕庙　按:<u>前志</u>作"<u>沛</u>"。<u>集解</u>引<u>惠栋</u>说,谓案<u>风俗通</u>云"<u>济</u>出<u>常山房子赞皇山</u>,东入<u>沮</u>,庙在<u>东郡临邑县</u>",则是<u>济渎</u>之庙也。<u>尚书</u>古文"<u>济</u>"作"<u>沛</u>",当从"<u>沛</u>"。今据改。

〔10〕有<u>聂</u>(戚)〔城〕　<u>集解</u>引<u>惠栋</u>说,谓<u>京相璠</u>云"<u>聊城县</u>东北三十里有故<u>摄城</u>",当作"<u>聂城</u>"。今据改。

〔11〕有<u>冈成城</u>　按:<u>集解</u>引<u>惠栋</u>说,谓<u>水经注</u>引作"<u>冈成亭</u>"。

〔12〕(<u>白虎通</u>)〔<u>皇览</u>〕曰<u>帝喾</u>冢在城〔南〕<u>台阴野</u>〔中〕是也　按:<u>集解</u>引<u>惠栋</u>说,谓"在城"下诸本脱"南"字,"野"下脱"中"字。语见<u>皇览</u>,云"<u>白虎通</u>"者误也。今据改。

〔13〕杜预注传曰<u>卫</u>作<u>新台</u>在县北　按:"<u>新台</u>"疑"<u>莘亭</u>"之讹。<u>左桓</u>十六年"<u>公使诸齐</u>使盗待诸<u>莘</u>,将杀之",<u>杜</u>注"<u>莘</u>,<u>卫</u>地,<u>阳平县</u>西北有<u>莘亭</u>"。

〔14〕<u>晋</u>败<u>郑铁</u>　按:<u>晋</u>败<u>郑铁</u>乃<u>哀</u>二年事,注系文元年下,疑有脱误。

〔15〕前书故<u>發干</u>(县)〔城〕　据<u>汲</u>本改。按:<u>校补</u>谓不曰"<u>前志</u>"而曰"<u>前</u>

书",则固非指前志之发干,盖前志之发干所治已非故地,而竿城即前汉故发干城,其地至后汉已并入于卫也。如即前志之发干城,则既言"前",不必改言"故"矣。前书卫青传封青子登为发干侯,或即在此。是则故发干乃侯国城,一作"县",非也。

[16]雒阳东九百七十五里　按:汲本作"六百七十二里"。

[17]有阚亭　按:校补谓前志东平陆,应劭云"古厥国,今有厥亭是",与此言有阚亭,即春秋"会于阚"之阚不符,未详孰是。

[18]富成　按:前志作"富城"。

[19]杜预曰县东南有郈乡亭　按:今杜注云"郈在东平无盐县东南",不言"郈乡亭"。

[20]故县后省　按:集解引洪颐煊说,谓前志堂阳属钜鹿郡,东汉省,与此绝远,注误证。

[21]狗城　按:前志东郡寿良县有朐城。此作"狗城","狗"与"朐"疑形近而误,当从前志。

[22]蚩尤冢在县阚〔乡〕城中　集解引惠栋说,谓注"阚乡城中",诸本脱"乡"字。今据补。

[23]杜预曰县北有邾瑕城　按:今杜注作"邾娄城"。

[24]十二城户八千九百二十九口四十三万七千三百一十七　按:张森楷校勘记谓十二城而只八千馀户,城不及八百户,太少。八千馀户而有四十三万馀口,太多。以李心传东汉户口率十户为五十二口准之,"八千"之"千"当作"万",各本并误。又按:"口四十三万七千三百一十七"末"七"字,汲本作"一"。

[25]梁甫　按:前志作"梁父"。

[26]有亭禅山　按:前志"禅"作"亭",当从前志。

[27]山茌　按:各本"山"字皆连上为句。钱大昕谓"山"字当连下句,山茌,县名也。又王先谦谓前志作"茌",通鉴胡注后汉改曰山茌。又按:集解引惠栋说,谓此与济北之茌平,皆当作"茌"。

〔28〕潘水出　按:集解引惠栋说,谓潘水无考,或淄水之误,前志作"甾"。

〔29〕南城　按:前志作"南成"。

〔30〕杜预曰在县东南有防城　按:隐九年经"公会齐侯于防",杜注"防,鲁地,在琅邪华县东南"。

〔31〕杜预曰南城县　今杜注"南城"作"南武城"。按:南城晋志作"南武城"。

〔32〕司马〔牛〕葬丘舆　集解引惠栋说,谓诸本脱"牛"字。今据补。

〔33〕有景兹山　按:左传"景"作"京"。

〔34〕成　集解引钱大昕说,谓前志泰山郡有式县,无成县。按:前志补注引李赓芸说,谓前志泰山郡有式无成,后汉分置济北,有成而皆无式,盖东都省式置成也。

〔35〕杜预曰在县北　按:今杜注作"平阴城在济北卢县东北,其城南有防,防有门"。

〔36〕杜预曰在县东南　按:今杜注作"在平阴城东南",此"县"字疑当作"城"。

〔37〕东平刚父县西南有郎乡　按:集解引罗苹说,谓郡有刚县,晋为东平国之刚平,无刚父。

〔38〕故橐　汲本、殿本"橐"作"橐"。按:集解引惠栋说,谓前志作"橐",州郡志作"橐",案东平王传亦作"橐"。

〔39〕县西南有(邸)〔郉〕亭　据汲本、殿本改。按:集解引惠栋说,谓郉古圜字。

〔40〕左传隐(九)〔元〕年费伯城郎　据左传改。按:九年亦书"城郎",但无杜注。

〔41〕苟水出　按:张森楷校勘记谓诸书无苟水,前志引禹贡"通于河","河"当作"菏"。菏苟形近,此盖亦"菏水出"之误。

〔42〕哀七年囚邾子负瑕　按:集解引惠栋说,谓当注"瑕丘"下。

〔43〕左传桓二年盟于唐杜预曰在西南　按：隐二年经"公及戎盟于唐"，
　　　杜注"高平方与县北有武唐亭"。刘昭注引经传及杜注多删节，若
　　　此注则有脱误矣。

〔44〕戎执凡伯于楚丘　按：春秋经"执"作"伐"，传亦云"戎伐之于
　　　楚丘"。

〔45〕有平和乡　按：集解引惠栋说，谓皇览作"平利"。

〔46〕伊卢乡　按：集解引惠栋说，谓史记作"庐"，韦昭曰今庐中县。

〔47〕利城　按：前志作"利成"。

〔48〕合(城)〔乡〕　集解引钱大昕说，谓前志有合乡，无合城，晋书地理
　　　志东海亦只有合乡县，此"城"字必"乡"之讹。又引惠栋说，谓案
　　　前志及水经泗水注皆作"合乡"。又引马与龙说，谓泗水注漷水出
　　　东海合乡县，汉安帝永初七年封马光子朗为侯国，亦见马防传。今
　　　据改。

〔49〕有勇(王)〔士〕亭即勇士(万)〔菑〕丘欣　殿本"万"作"菑"，王先谦
　　　谓作"菑"是，"王"乃"士"之讹。今据改。

〔50〕都州在海中　按："州"原作"洲"，径据汲本、殿本改，与今山海
　　　经合。

〔51〕锺离眛(冢)〔家〕在伊卢　据殿本改，与史记淮阴侯列传合。

〔52〕左传昭三十一年至邾小邾国也　按：昭三十一年经"黑肱以滥来
　　　奔"，杜预注"黑肱，邾大夫；滥，东海昌虑县"。又庄五年经"郳犁
　　　来米朝"，杜注"东海昌虑县东北有郳城；黎来，名"。释文"郳，五
　　　兮反，国名，后为小邾"。此注节引杜注错乱，骤睹之几不可解。

〔53〕即羽泉也　按：校补谓"羽泉"当作"羽渊"，见左传，此回改未
　　　尽者。

〔54〕在县西南有中乡城　按：今杜注云"在东海廪丘县西南"，不言有中
　　　乡城。

〔55〕海中去岸百五十步　按：汲本、殿本"五"作"九"。

郡
国
三

2803

〔56〕一行十二字　按:汲本、殿本“二”作“三”。

〔57〕潮水至加其上三丈　按:何焯校本“丈”改“尺”。

〔58〕琅邪国秦置　按:殿本考证齐召南谓此注不明,郡与国亦略有别,秦置琅邪郡,前汉因之,光武改为国,省城阳国来属,此其始末也。“秦置”之下当有“郡”字。

〔59〕十三城户二万八百四口五十七万九百六十七　按:张森楷校勘记谓若如此文,则一城只千馀户,太少,一户凡三十口,太多,殊不近情,疑“户”下脱去一“十”字。

〔60〕西海　按:集解引钱大昕说,谓前志无西海,盖“海曲”之讹。刘盆子传“琅邪海曲有吕母”,注“海曲,县名,故城在密州莒县东”。又引惠栋说,谓何焯云疑“海曲”之讹。

〔61〕有峥嵘谷　按:集解引惠栋说,谓说文作“崝嵘”,徐锴云俗作“峥”,非。

〔62〕缯　按:集解引惠栋说,谓春秋传僖十四年,鄫子来朝,杜预云“今鄫县”,陆氏云本或作“缯”。又按:校补谓穀梁“鄫”皆作“缯”。

〔63〕邳来山之间号曰邳来　殿本考证谓案杜注原文云“邳乡西有公来山,号曰邳来间”。今案:杜注“邳乡”上有“县北有”三字,刘注错谬,考证引亦不全。

〔64〕东莞后为(名)〔郡〕　据集解引惠栋说改。

〔65〕县有蘧丘里　按:今杜注云“莒县有蘧里”,无“丘”字。

〔66〕杜预曰在县西　按:今杜注云“在泰山牟县西”,不云在阳都西。

〔67〕县东南有艾山　按:集解引惠栋说,谓案杜氏注云“泰山牟县东南有艾山”,不云在临沂,未详。

〔68〕县东北有中丘亭　按:今杜注云“中丘在琅邪临沂县东北”,不言亭。

〔69〕有柤水　按:集解引惠栋说,谓“柤”一作“祖”。京相璠云县西北有祖水沟,去偪阳八十里。

〔70〕故属沛（国）　集解引惠栋说,谓"国"字衍,前志为沛郡也。今据删。

〔71〕建武中省泗水国　按:"省"原讹"有",径据汲本、殿本改正。

〔72〕堂邑　按:集解引惠栋说,谓玉篇"堂"作"鄌"。

〔73〕盱台　按:前志"台"作"眙"。

〔74〕潘旌　按:前志"潘"作"播"。

〔75〕县东有蒲姑陂　按:今杜注"姑"作"如"。

〔76〕初平三年分琅邪东海为城阳（新）〔利〕城昌虑郡　集解引马与龙说,谓徐州无新城郡,"新"当作"利",形近而讹。今据改。按:钱大昕谓魏志太祖纪,建安三年分琅邪、东海、北海为城阳、利城、昌虑郡,以臧霸传考之,盖禽吕布后所置,魏氏春秋以为初平三年分者,误。

后 汉 书 志 第 二 十 二

郡 国 四

济南　平原　乐安　北海　东莱　齐国

　　右　青　州

南阳　南郡　江夏　零陵　桂阳　武陵　长沙

　　右　荆　州

九江　丹阳　庐江　会稽　吴郡　豫章

　　右　扬　州

济南国故齐,文帝分。雒阳东千八百里。十城,户七万八千五百四十四,口四十五万三千三百八。

东平陵有铁。有谭城。①有天山。　　著　　於陵②　台

萱　有　赖亭。③　　土鼓　梁邹　邹平　东朝

阳④　　历城　有铁。有巨里聚。⑤

①故谭国。

②杜预曰县西北有于亭。陈桓子以封齐公子周。

③左传哀六年公如赖。[1]

④杜预曰县西有崔城。[2]

⑤耿弇破费敢处。皇览曰："太甲有冢,在历山上。"

平原郡高帝置。雒阳北一千三百里。九城,[3]户十五万五千五百八十八,口百万二千六百五十八。

平原① 　　高唐湿水出。[4] 　　般 　　鬲侯国。夏时有鬲君,灭浞立少康。② 　　祝阿春秋时曰祝柯。③有野井亭。④ 　　乐陵 　　湿阴[5] 　　安德侯国。 　　厌次本富平,明帝更名。

①地道记曰有笃马河。

②魏都赋注曰县有盖节渊。三齐记曰:"城南有蒲台,高八十尺,秦始皇所顿处。在台下萦蒲系马,今蒲犹萦者。"

③左传哀十年"取犁及辕",杜预曰县西有辕城。[6]故县,省。

④左传昭二十五年"齐侯唁公于野井",杜预曰在县东。

乐安国高帝西平昌置,[7]为千乘,永元七年更名。雒阳东千五百二十里。九城,户七万四千四百,口四十二万四千七十五。

临济本狄,安帝更名。① 　　千乘 　　高菀[8] 　　乐安 　　博昌有薄姑城。②[9]有贝中聚。③有时水。④ 　　蓼城侯国。⑤ 　　利故属齐。 　　益侯国,故属北海。 　　寿光故属北海。有灌亭。⑥

①地道记曰:"狄伐卫懿公。"

②古薄姑氏,[10]杜预曰薄姑地。

③左传齐侯田于贝丘,杜预曰县南有地名贝(中)〔丘〕。[11]

④左传庄九年"战于乾时",杜预曰时水在县界,岐流,旱则竭涸,故曰乾时。

⑤杜预曰县东北有摄城。[12]

⑥古灌国。

北海国景帝置。[13]建武十三年(有)〔省〕菑川、高密、胶东三国,[14]以其县属。十八城,户十五万八千六百四十一,口八十五万三千六百四。

剧有纪亭,古纪国。 **营陵** **平寿**有斟城。①有寒亭,古寒国,浞封此。 **都昌**② **安丘**有渠丘亭。③ **淳于**永元九年复。有密乡。④ **平昌**侯国,故属琅邪。有娄乡。⑤ **朱虚**侯国,故属琅邪,永初元年属。⑥ **东安平**故属菑川。六国时曰安平。有酅亭。⑦ **高密**侯国。 **昌安**国,安帝复。 **夷安**侯国,安帝复。 **胶东**侯国。 **即墨**侯国。有棠乡。⑧ **壮武**安帝复。⑨ **下密**安帝复。

(拒)〔挺〕⑩[15] **观阳**

①杜预曰有斟亭。古斟国,故县,后省。

②左传庄元年齐迁纪之郱城。地道记曰郱城在县西。

③地道记曰有渠丘城。

④左传隐二年纪莒盟密。故密乡,在县东北,后省。

⑤左传昭五年"莒牟夷以牟娄及防、兹来奔",杜预曰县西南有防亭。

⑥左传庄元年齐迁纪郱,杜预曰朱虚县东南有郱城。郑志曰:"有小泰山,公玉带曰岐伯令黄帝封东泰山,即此山也。"

⑦故兆。[16]左传庄三年"纪季以酅入于齐"。地道记有羌头山。

⑧左传襄六年围棠,杜预曰棠国也。[17]

⑨故夷国。左传隐元年纪伐夷。

⑩地道记曰:"〔奚〕养泽在西,[18]幽州薮。有莱山,莱王祠。"

东莱郡高帝置。雒阳东三千一百二十八里。[19]十三城,户十万四

2809

千二百九十七,口四十八万四千三百九十三。

黄① **牟平** **恢**侯国。②[20] **曲成**侯国。③ **掖**[21]侯国。有过乡。④ **当利**侯国。 **东牟**侯国。 **昌阳**卢乡 **长广**故属琅邪。 **黔陬**侯国,故属琅邪。有介亭。⑤ **葛卢**有尤涉亭。 **不**(期)〔其〕[22]侯国,故属琅邪。⑥

① 地道记曰:"县东二百三十里至海中,连岑有土道,秦始皇登此山,列二碑,[23]东二百三十里有始皇、汉武帝二碑。"

② 地道记曰有百枝莱君祠。三齐记曰:"南有蹲犬山,山似犬蹲,有神,刘宠出西都,经此山,山犬吠之,宠曰'山神谓我人也'。"

③ 前书祷万里沙,在县。

④ 故过国。

⑤ 左传襄二十四年"伐莒,侵介根",杜预曰县东北计基城。号介国。

⑥ 三齐记曰:"郑玄教授不(期)〔其〕山,山下生草大如薤,叶长一尺馀,坚刃异常,土人名曰康成书带。"

齐国秦置。[24]雒阳东千八百里。六城,户六万四千四百一十五,口四十九万一千七百六十五。

临菑[25]本齐,刺史治。① **西安**有棘里亭。②有蘧丘里,古渠丘。 **昌国** **临朐**有三亭,古邾邑。③[26] **广** **般阳**故属济南。

① 尔雅十薮,齐有海隅,郭璞曰海滨广斥。左传齐戍葵丘,杜预曰在县西。皇览曰:"吕尚冢在县城南,去县十馀里,在齐桓公冢南。菑水南桓公冢西北有晏婴冢。"孟子注曰:"南小山,曰牛山。"博物记曰县西有袁娄。

② 杜预曰在县东。陈桓子封子山。

③左传庄元年齐所徙,杜预曰在县东南。应劭曰伯氏邑也。地道记曰
有石高山。

右青州刺史部,郡、国六,县六十五。

南阳郡秦置。雒阳南七百里。三十七城,户五十二万八千五百五
十一,口二百四十三万九千六百一十八。

宛本申伯国。①有南就聚。有瓜里津。②有夕阳聚。③有东武
亭。 **冠军**邑。 **叶**有长山,曰方城。④〔27〕有卷城。⑤
新野有东乡,故新都。⑥有黄邮聚。⑦ **章陵**故舂陵,世祖
更名。⑧有上唐乡。⑨ **西鄂**⑩ **雉**⑪ **鲁阳**有鲁山。⑫
有牛兰累亭。⑬ **犫** **堵阳** **博望** **舞阴**邑。
比阳 **复阳**侯国。有杏聚。 **平氏**桐柏大复山,淮水
出。⑭有宜秋聚。⑮ **棘阳**⑯有蓝乡。⑰有黄淳聚。⑱ **湖
阳**邑。⑲ **随**⑳西有断蛇丘。㉑ **育阳**邑。有小长安。㉒有
东阳聚。㉓ **涅阳**〔28〕 **阴** **酂** **邓**有鄾聚。㉔ **山
都**侯国。 **郦**侯国。㉕ **穰** **朝阳**㉖ **蔡阳**侯国。㉗
安众侯国。㉘ **筑阳**侯国。有涉都乡。㉙ **武当**有和
成聚。㉚〔29〕 **顺阳**侯国,故博山。有须聚。 **成都**
襄乡 **南乡** **丹水**故属弘农。㉛有章密乡。〔30〕有三户
亭。㉜ **析**故属弘农,故楚白羽邑。㉝有武关,在县西。㉞有圭
乡城。㉟

①荆州记曰:"郡城周三十六里。"博物记有申亭。南都赋注曰有玉池、
泽陂。

②东观书邓奉拒光武瓜里。

③袁山松书曰:"贾复从击邓奉,追至夕阳聚。"

2811

④杜预曰方城山在县南。屈完曰"楚国方城以为城"。[31]皇览曰:"县西
北去城三里叶公诸梁冢,近县祠之,曰叶君丘。"

⑤左传昭二十五年楚子使季然郭卷。

⑥王莽封也。

⑦吴汉破秦丰地。[32]

⑧古今注曰:"建武十八年,使中郎将耿遵筑城。"

⑨前志曰故唐国。下江兵,荆州军。

⑩有精山,朱㒲破孙夏。山海经曰:"有丰山,神耕父处之,常游清泠之
渊,出入有光,见即其国为败。有九锺焉,是知霜鸣。"郭璞曰:"清泠
水在西鄂县山上,神来时水赤光耀,今有屋祠也。霜降则锺鸣,故言
知也。物有自然感应,而不可为也。"南都赋注:"耕父,旱鬼也。"皇览
曰王子朝冢在县西。

⑪博物记曰滍水出。[33]

⑫前志曰古鲁县。南都赋注:"有尧山,封刘累,立尧祠。"

⑬谢沈书云牛兰山也。

⑭前书曰在县南。荆州记曰:"桐柏淮源涌发,其中潜流三十里,东出大
复山南,山南有淮源庙。"博物记曰:"有阳山,出紫草。"

⑮伯升见下江兵。

⑯荆州记曰东北百里有谢城。

⑰伯升袭甄阜(也)〔处〕。[34]

⑱又伯升攻梁丘赐。杜预曰鄪国在东南。前志鄪国湖阳是。

2812

⑲荆州记曰:"樊重母畏雷,为石室避之,悉以文石为阶,今存。"

⑳古随国。

㉑即衔珠之蛇也。杜预曰有赖亭。左传僖十五年齐伐厉,在县北。帝
王世记曰:"神农氏起列山,谓列山氏,今随厉乡是也。"荆州记曰:"县
北界有重山,山有一穴,云是神农所生。又有周回一顷二十亩地,外
有两重堑,中有九井。相传神农既育,九井自穿,汲一井则众井动,即

此地为神农社,年常祠之。"

㉒汉军为甄阜所破处。

㉓朱祐破张成处。

㉔左传桓九年楚师围鄾。

㉕荆州记曰:"县北八里有菊水,其源旁悉芳菊,水极甘馨。又中有三十家,不复穿井,仰饮此水,上寿百二十三十,^[35]中寿百馀,七十者犹以为夭。汉司空王畅、太傅袁隗为南阳令,县月送三十馀石,饮食澡浴悉用之。太尉胡广父患风羸,南阳恒汲饮此水,疾遂瘳。此菊茎短花大,^[36]食之甘美,异于馀菊。广又收其实,种之京师,遂处处传植之。"

㉖南都赋陂泽有钳卢,注曰在县。

㉗襄阳耆旧传曰:"有松子亭,下有神陂,中多鱼,人捕不可得。"南都赋所称。

㉘博物记曰:"有土鲁山,出紫石英。"

㉙杜预曰穀国在县北。博物记曰今穀亭。荆州记曰:"县北四里有开林山,西北有虀山。"

㉚荆州记曰:"县有女思山,南二百里。有武当。"

㉛南乡、丹水二县有商城,张仪与楚商於之地。

㉜左传哀四年晋执蛮子畀楚师。

㉝左传昭十八年"许迁于白羽。"

㉞南都赋曰武关在其西,文颖曰去县百七十里。

㉟左传哀四年"司马起丰、析"。荆州记曰:"县有龙渊,深不测。县北有马头山。"

南郡秦置。雒阳南一千五百里。十七城,户十六万二千五百七十,口七十四万七千六百四。

江陵①有津乡。②　　**巫**西有**白帝城**。③　　**秭归**本(归)国。④[37]　　**中卢**[38]侯国。⑤　　**编**有蓝口聚。⑥　　**当阳**⑦　　**华容**侯国。云梦泽在南。⑧　　**襄阳**有阿头山。⑨　　**邔**侯国。有犁丘城⑩　　**宜城**侯国。⑪　　**郡**[39]侯国，永平元年复。⑫　　**临沮**侯国。有荆山。⑬　　**枝江**侯国。本罗国。有丹阳聚。⑭　　**夷道**⑮　　**夷陵**有荆门，⑯虎牙山⑰　　**州陵**⑱　　**很山**[40]故属武陵。

①史记曰楚熊渠立长子康为句亶王，张莹曰今江陵也。皇览曰："孙叔敖冢在城中白土里。"

②左传庄十九年楚子大败于津。荆州记曰："县东三里馀有三湖，湖东有水，名芊谷，[41]又西北有小城名曰冶父，左传曰：'莫敖缢于荒谷，群帅囚于冶父。'县北十馀里有纪南城，楚王所都。东南有郢城，子囊所城。"史记苏秦说楚威王："楚东有夏州。"左传楚庄伐陈，乡取一人以归，谓之夏州。今夏口城有洲，名夏口。

③郭璞曰有巫山。

④杜预曰夔国。荆州记曰："县北一百里有屈平故宅，方七顷，累石为屋基，今其地名乐平。宅东北六十里有女须庙。"

⑤襄阳耆旧传曰："古卢戎也。县西山中有一道，汉时常有数百匹马出其中，马形皆小，似巴、滇马。三国时陆逊攻襄阳，又值(比)〔此〕穴中有数十匹马出，[42]逊载还建业。蜀使来，有五部兵家滇池者，识其马色，云亡父所乘，对之流涕。"荆州记云："是析县马头山。又县南十五里有疏水，东流注沔。水中有物如马，甲如鲜鲤，[43]〔射〕不可入。[44]七八月中好在碛上自曝，膝头似虎掌爪。小儿不知，欲取弄戏，便杀人。或曰，生得者，摘其鼻，厌可小，小便名为木卢。"[45]

⑥下江兵所据。左传鬬缗以权叛，楚迁于那处，杜预曰：县东南有那口城。

⑦杜预曰县东〔南〕有权城。[46]楚武王所剋。荆州记曰:"县东南有麦城,城东有庐城,[47]沮水西有磨城,伍子胥造此二城以攻麦城。"

⑧杜预曰州国在县东〔南〕。[48]枝江县有云梦城,江夏安陆县东南有云梦城,或曰华容县东南亦有云梦。巴丘湖,江南之云梦也。尔雅十薮,楚有云梦,郭璞曰巴丘湖是也。

⑨岑彭破张杨。襄阳耆旧传曰:"县西九里有(万)〔方〕山,[49]父老传云交甫所见游女处,此山之下曲隈是也。"荆州记曰:"襄阳楚之北津,从襄阳渡江,经南阳,出方关,是周、郑、晋、卫之道,其东津经江夏,出平皋关,[50]是通陈、蔡、齐、宋之道。"

⑩朱祐禽秦丰苏岭山。

⑪杜预曰县西旧罗国,后徙枝江。

⑫左传楚文王伐黄,还及湫,杜预曰县东南有湫城。

⑬山海经曰:"其阳多铁,其阴多赤金,其(东)〔中〕多牛。"[51]荆州记曰:"西北三十里有清谿,谿北即荆山,首曰景山,即卞和抱璞之处。"南都赋注曰:"汉水至荆山,东别流,为沧浪之水。"

⑭史记曰秦、齐破楚屈匃,遂取丹阳。

⑮荆州记曰县西北有宜阳山,东南有羊肠山。

⑯岑彭破田戎处。

⑰荆州记曰:"荆门,江南;虎牙,江北。虎牙有文如齿牙,荆门上合下开。"

⑱史记楚考烈王纳州于秦。

2815

江夏郡高帝置。雒阳南千五百里。十四城,户五万八千四百三十四,口二十六万五千四百六十四。

| 西陵 | 西阳 | 轪[32]侯国。① | 鄳② | 竟陵侯国。有 |

西陵　　**西阳**　　**轪**[32]侯国。①　　**鄳**②　　**竟陵**侯国。有鄖乡。③(立)〔有〕章山,[53]本内方。④　　**云杜**⑤　　**沙羡**邾⑥　　**下雉**　　**蕲春**侯国。　　**鄂**　　**平春**侯国。

郡
国
四

南新市侯国。⑦　　**安陆**

①杜预曰："古郧国,在东南,有郧城。"

②史记曰无忌说魏安僖王曰"秦不敢攻冥阨之塞",徐广云即此县也。

③左传桓十一年"郧人军蒲骚"。

④荆州记曰:"山高三十丈,周回百馀里。"县东有(中)〔白〕水。[54]左传楚公子比为王次鱼陵,杜预曰在县西北。[55]

⑤杜预曰县东南有郧城,故国。

⑥地道记曰:"楚灭邿,徙其君此城。"

⑦案本传有离乡聚、绿林。

零陵郡武帝置。雒阳南三千三百里。十三城,户二十一万二千二百八十四,口百万一千五百七十八。

泉陵　　**零陵**阳朔山,[56]湘水出。①　　**营道**南有九疑山。②

营浦③　　**泠道**④　　**洮阳**　　**都梁**有路山　　**夫夷**侯国(故属长沙)。[57]　　**始安**侯国。⑤　　**重安**侯国,故锺武,永建三年更名。　　**湘乡**　　**昭阳**侯国。⑥　　**烝阳**[58]侯国,故属长沙。

①罗含湘中记曰:"有营水,有洮水,有灌水,有祁水,有宜水,有(春)〔舂〕水,[59]有烝水,有耒水,有米水,有渌水,有连水,有(倒)〔浏〕水,有(伪)〔沩〕水,[60]有(伯)〔泪〕水,[61]有资水,皆注湘。"

②舜之所葬。郭璞山海经注曰:"其山九谿皆相似,故曰九疑。"湘州营阳郡记曰:"山下有舜祠,故老相传,舜登九疑。"

③营阳郡记曰:"县南三里馀有舜南巡止宿处,今立庙。"

④有(春)〔舂〕陵乡。[62]

⑤始安郡记曰县东有驳乐山,东有辽山。

⑥荆州记,县东有余水,傍有渔父庙。

桂阳郡高帝置。上领山。在雒阳南三千九百里。[63] 十一城,户十三万五千二十九,口五十万一千四百三。

郴有客岭山。①　　便　　耒阳有铁。　　阴山　　南平

临武　　桂阳　　含洭　　浈阳有茞领山。②　　曲江③

汉宁永和元年置。

①湘中记曰:"项籍徙义帝于郴而害之,今有义陵祠。又县南十数里有马岭山,山有仙人苏耽坛。"荆州记曰:"城南六里县西北有温泉,其下流有数十亩田,常十二月下种,明年三月新穀便登,一年三熟。"

②始兴郡记有吴山。

③始兴郡记县北有临沅山。

武陵郡秦昭王置,名黔中郡,高帝五年更名。雒阳南二千一百里。① 十二城,户四万六千六百七十二,口二十五万九百一十三。

①先贤传曰:"晋代太守赵厥[64]问主簿潘京曰:'贵郡何以名武陵?'京曰:'鄙郡本名义陵,在辰阳县界,与夷相接,为所攻破,光武时移东出,遂得见全,忠识易号。传曰"止戈为武,高平曰陵",于是改名焉。'"臣昭案:前书本名武陵,不知此对何据而出。荆州记曰:"郡社中木廩树,是光武种至今也。"

临沅①　　汉寿故索,阳嘉三年更名,刺史治。②　　孱陵③

零阳　　充　　沅陵先有壶头山。④　　辰阳　　酉阳

迁陵　　镡成　　沅南建武二十六年置。　　作唐

①荆州记曰:"县南临沅水,水源出牂柯且兰县,至郡界分为五谿,故云五谿蛮。"

②汉官仪曰去雒阳三千里。[65]

③魏氏春秋曰:"刘备在荆州所都,改曰公安。"

④马援军度处。有松梁山,山有石,开处数十丈,其上名曰天门。

长沙郡秦置。雒阳南二千八百里。[66]十三城,户二十五万五千八百五十四,口百五万九千三百七十二。

临湘 **攸**[67] **荼陵**[68] **安城**[69] **鄷**① **湘南侯国**。**衡山在东南**。② **连道** **昭陵** **益阳**③ **下隽** **罗**④ **醴陵**⑤ **容陵**

① 荆州记曰:"有鄷湖,周回三里。取湖水为酒,酒极甘美。"湘东记曰:"县西南母山,周回四百里。"

② 郭璞曰:"山别名岣嵝。"湘中记曰:"衡山有玉牒,禹案其文以治水。遥望衡山如阵云,沿湘千里,九向九背,乃不复见。"

③ 荆州记曰:"县南十里有平冈,冈有金井数百,浅者四五尺,深者不测。俗传云有金人以杖撞地,辄便成井。"

④ 帝王世记曰:"有黄陵亭。"(洞)〔湘〕中记[70]亦云二妃之神。刘表为之立碑。

⑤ 荆州记曰:"县东四十里有大山,山有三石室,室中有石床石臼。父老相传,昔有道士学仙此室,即合金沙之臼。"

右荆州刺史部,郡七,县、邑、侯国百一十七。①

① 魏氏春秋:"建安二十四年,吴分巫、秭归为固陵郡。二十五年,分南郡之巫、秭归、夷陵、临沮并房陵、上庸、西城七县为新城郡。"

九江郡秦置。雒阳东一千五百里。十四城,户八万九千四百三十六,口四十三万二千四百二十六。

阴陵 **寿春**① **浚遒**②[71] **成德** **西曲阳**[72] **合肥侯国**。 **历阳侯国**,刺史治。 **当涂有马丘聚,徐凤反于此**。③ **全椒** **锺离侯国**。 **阜陵** **下蔡故属沛**。④ **平阿故属沛。有涂山**。⑤ **义成故属沛**。

①汉官云刺史治,去雒阳千三百里,[73]与志不同。

②左传哀十二年会吴于橐皋,杜预曰在县东南。案宋均传,县有唐后二山。[74]

③帝王世记曰:"禹会诸侯涂山。"皇览曰:"楚大夫子思冢在县东山乡西,去县四十里。子思造芍陂。"

④左传成七年吴入州来,杜预曰下蔡县。

⑤应劭云山在当涂。左传"穆有涂山之会"。

丹阳郡[75]

秦鄣郡,武帝更名。雒阳东二千一百六十里。建安十三年,孙权分新都郡。十六城,户十三万六千五百一十八,口六十三万五百四十五。

宛陵	溧阳	丹阳[76]	故鄣①	於潜[77]	泾
歙②	黝③[78]	陵阳④	芜湖中江在西。⑤		秣陵⑥南有牛渚。
湖熟[79]侯国。	句容	江乘	春穀	石城	

①秦鄣郡所治。[80]吴兴记曰:"中平〔二〕年,[81]分县南置安吉县。光和末,张角乱,此乡守险助国,汉嘉之,故立县。中平二年,又分立原乡县。"

②山海经曰三天子鄣山在闽西海北,郭璞曰在县东,今谓之玉山。[82]魏氏春秋有安勒乌邪山。

③魏氏春秋有林历山。

④陵阳子明得仙于此县山,故以为名。

⑤左传襄三年楚子伐吴,克鸠兹,杜预曰在县之东。

⑥其地本名金陵,秦始皇改。建安十六年,孙权改曰建业。十七年,城石头。

庐江郡

文帝分淮南置。建武十〔三〕年省六安国,[83]以其县属。雒阳东一千七百里。十四城,户十万一千三百九十二,口四十二万四千六百八十三。

舒有桐乡。① 雩娄侯国。 寻阳②南有九江,东合为大江。③ 潜④ 临湖侯国。 龙舒侯国。 襄安 皖[84]有铁。 居巢侯国。⑤ 六安[85]国。⑥ 蓼侯国。 安丰有大别山。⑦ 阳泉侯国。⑧ 安风侯国。

①古桐国。左传昭五年吴败楚鹊岸,杜预曰县有鹊尾渚。

②有置马亭,刘勋士众散处。

③释慧远庐山记略曰:"山在寻阳南,南滨宫亭湖,北对小江,山去小江三十馀里。有匡俗先生者,出殷周之际,隐避潜居其下,受道于仙人而共岭,时谓所止为仙人之庐而命焉。其山大岭凡七重,圆基,周回垂五百里。其南岭临宫亭湖,下有神庙。七岭会同,莫升之者。东南有香炉山,其上氛氲若香烟。西南中石门前有双阙,壁立千馀仞,而瀑布流焉。其中鸟兽草木之美,灵药芳林之奇,所称名代。"豫章旧志:"匡俗字君平,夏禹之苗裔也。"

④左传曰昭三十一年"吴人侵楚伐夷,侵潜、六,楚沈尹戍帅师救潜"是也。潜有天柱山。

⑤皇览曰:"范增冢在郭东。又庭中亚父井,吏民皆祭亚父于居巢庭上,长吏初(亲)〔视〕事,[86]皆祭而后从政,后更造祠于东。"广志曰有二大湖。

⑥皇览曰皋陶冢在县。

⑦左传昭二十三年吴败诸侯之师于鸡父,杜预曰县南有鸡备亭。[87]

⑧广志曰有阳泉湖。

会稽郡秦置。本治吴,立郡吴,[88]乃移山阴。雒阳东三千八百里。十四城,户十二万三千九十,口四十八万一千一百九十六。

山阴①会稽山在南,上有禹冢。②有浙江。③　　郧　　乌伤④

　　诸暨⑤　　馀暨⑥　　太末⑦〔89〕　　上虞⑧　　剡

馀姚　　句章⑨　　鄞　　章安故(治)〔冶〕,闽越地,光武更

名。⑩〔90〕　　永宁永和三年以章安县东瓯乡为县。　　东部

侯国。〔91〕

①越绝曰:"句践小城山阴是也。稷山者,句践(济戎)〔斋戒〕台。"〔92〕吴

　越春秋曰:"句践筑城巳成,怪山自至。怪山者,琅耶海中山也。一夕

　自来,故名怪山。"

②山海经曰:"会稽之山四方,上多金玉,下多(瑛)〔珠〕石。"〔93〕郭璞曰

　有禹井。越绝曰有重山,〔94〕句践葬大夫种。

③郭璞注山海经曰江出歙县玉山。〔95〕

④越绝曰:"有常山,古圣所采药,高且神。"英雄交争记曰:"初平三年,

　分县南乡为长山县。"

⑤越绝曰,兴平二年分立吴宁县。

⑥越绝曰西施之所出。谢承书有涉屋山。〔96〕魏都赋注有萧山,潘水

　出焉。〔97〕

⑦左传谓姑蔑。初平三年,分立新安县。建安四年,孙氏分立丰安县。

　二十三年,立遂昌县。〔98〕东阳记:"县龙丘山有九石,特秀林表,色丹

　白,远望尽如莲花。龙丘(长)〔苌〕隐居于此,〔99〕因以为名。其峰际复

　有岩穴,外如窗牖,中有石林。〔100〕岩前有一桃树,其实甚甘,非山中自

　有,莫知谁植。"

⑧汉末分南乡立始宁县。

⑨山海经曰:"馀句之山,〔101〕无草木,多金玉。"郭璞曰:"山在馀姚南,

　句章北,故二县因以为名。"句践欲迁吴于甬东,韦昭曰县东洲。

⑩晋(元)〔太〕康记曰本鄞县南之回浦乡,〔102〕章帝章和元年立。未详。

吴郡顺帝分会稽置。雒阳东三千二百里。十三城,〔103〕户十六万四

千一百六十四,口七十万七百八十二。

吴本国。①震泽在西,后名具区泽。② 海盐③ 乌程④ 馀杭⑤ 毗陵季札所居。北江在北。⑥ 丹徒⑦ 曲阿 由拳⑧ 安⑨〔104〕 富春 阳羡邑。⑩ 无锡侯国。⑪ 娄〔105〕

①越绝曰:"吴大城,阖闾所造,周四十七里二百一十步二尺。又有伍子胥城,居巢城。昌门外阖闾冢[106]虎丘。穹隆,赤松子所取赤石脂也,去县二十里。有(鹿)〔麋〕湖,[107]櫲谿城。又石城,阖闾置美〔人〕山。[108]虞山,巫咸山。"[109]皇览曰:"县东门外孙武冢。又要离冢,县西南。"

②尔雅十薮,吴越之间有具区,郭璞曰县南太湖也。中有包山,山下有洞庭,穴道潜行水底,去无所不通,号为地脉。越绝书曰"湖周三万六千顷"。又有大雷山,小雷山,周处风土记曰舜渔泽之所。臣昭案:此僻在成阳是也。又吴伐越,败之夫椒,杜预曰太湖中椒山是也。

③案今计偕簿,县之故治,顺帝时陷而为湖,[110]今谓为当湖。大旱湖竭,城郭之处可识。

④左传襄三年楚伐吴至于衡山,杜预曰在县南。或云丹阳县之横山,去鸠兹不远,子重所至也。吴兴记曰:"县西北(其)〔下〕山有项籍祠。[111]兴平二年,太守许贡奏分县为永县。"

⑤顾夷曰:"秦始皇至会稽经此,立为县。"史记曰,始皇临浙江,水波恶,乃西百二十里,从狭中渡。徐广曰馀杭也。臣昭案:始皇所过乃在钱塘、富春,岂近馀杭之界乎?

⑥越绝曰:"县南城,(在荒)〔古淹〕地。上湖中冢者,季子冢也。[112]名延陵墟。"皇览曰暨阳乡。

⑦春秋曰朱方。

⑧左传曰越败吴于檇李,杜预曰县南醉李城也。干宝搜神记曰:"秦始

2822

皇东巡,望气者云'五百年后,江东有天子气'。始皇至,令囚徒十万

人掘汙其地,表以恶名,故改之曰由拳县。"

⑨越绝曰:"有西岑冢,越王孙开所立,以备春申君,使其子守之,子死遂

葬城中。"

⑩郭璞曰:"县有张公山,洞密有二堂。"

⑪史记曰:"春申君城故吴墟,以自为都邑。"城在无锡。皇览曰:"吴王

太伯冢[113]在吴县北梅里聚,去城十里。太伯始所居地名句吴。"臣昭

案:无锡县东皇山有太伯冢,民世修敬焉。去墓十里有旧宅、井犹存。

臣昭以为即宅为置庙,不如皇览所说也。越绝曰:"县西龙尾陵道,春

申君初封吴所造。"臣昭案:今见在,自是山名,非筑陵道。

豫章郡高帝置。雒阳南二千七百里。二十一城,户四十万六千四

百九十六,口百六十六万八千九百六。①

①豫章记曰:"新吴、上蔡、永脩县,[114]并中平〔中〕立。[115]豫章县,建安

立。上蔡民分徙此地,立名上蔡。"

南昌①	建城②[116]	新淦	宜春	庐陵③	赣
有豫章水。	雩都	南野[117]有台领山。		南城	鄱
阳有鄱水。黄金采。④		历陵有傅易山。		馀汗	鄡
阳	彭泽彭蠡泽在西。		柴桑	艾⑤	海昏侯
国。⑥	平都侯国,故安平。		石阳	临汝永元八年	
置。	建昌永元十六年分海昏置。				

2823

①豫章记曰:"江、淮唯此县及吴、临湘三县是令。"

②此地立名上蔡者。[118]豫章记曰:"县有葛乡,有石炭二顷,可燃以爨。"

③兴平元年,孙策分立庐陵郡。

④建安十五年,孙权分立鄱阳郡,治县。

⑤左传哀二十年吴公子庆忌所居。

⑥在昌邑城。豫章记曰:"城东十三里,县列江边,名慨口,出豫章大江

之口也。昌邑王每乘流东望,辄愤慨而还,故谓之慨口。"

右扬州刺史部,郡六,县、邑、侯国九十二。

【校勘记】

〔1〕左传哀六年公如赖　按:集解引钱大昕说,谓案左传云"使胡姬以安孺子如赖",此云"公",误也。

〔2〕县西有崔城　按:襄二十七年杜注云"朝阳县西北有崔氏城"。

〔3〕九城　按:钱大昕谓"九"当作"十"。说见下。

〔4〕湿水出　按:集解引惠栋说,谓前志及水经注"湿"作"漯",说文从水㬪声。

〔5〕湿阴　按:集解引惠栋说,谓前志亦作"漯阴",说见上。杜预注左传,又作"隰"也。

〔6〕杜预曰县西有辕城　按:集解引惠栋说,谓案地理志辕县属平原,水经作"援",郦元引杜预释地,云辕即援也,济南祝阿县有援城。

〔7〕高帝西平昌置　按:集解引钱大昕说,谓案文当云"高帝置",不应有"西平昌"三字,其为衍字无疑。后读宦者传,彭恺为西平昌侯,注云西平昌县属平原郡,乃悟此三字当属上文平原郡,而平原郡九城当为十城,因此三字错入乐安注中,校书者遂改"十"为"九",以合见成之数耳。又按:张森楷谓钱说致确,但前志平原有平昌县,当即此西平昌,漏未引及。

〔8〕高菀　殿本"菀"作"苑"。按:前志作"宛",菀、苑、宛三字古通作。

〔9〕有薄姑城　按:集解引惠栋说,谓尚书大传作"蒲姑"。

〔10〕古薄姑氏　按:汲本作"左传姑氏"。惠栋谓当作"古薄姑氏","蒲姑"诸本皆讹作"薄姑",或脱"蒲"字。

〔11〕县南有地名贝（中）〔丘〕　据殿本改,与杜注合。

〔12〕杜预曰县东北有摄城　按:集解引洪颐煊说,谓左昭二十年传"聊、

摄以东”，杜注“聊、摄，齐西界也，平原聊城县东北有摄城”。蓼城非聊城，注误证。

〔13〕景帝置　按：张森楷校勘记谓案前志为北海郡，故注云“景帝置”，此国为世祖所立，不得依用其文，当云“景帝置郡”，下接“建武”云云，乃为可通。

〔14〕(有)〔省〕菑川高密胶东三国　按：校补谓“有”乃“省”之讹，各本皆未正。今据改。

〔15〕(拒)〔挺〕集解引钱大昕说，谓“拒”当作“挺”。宋书州郡志注挺令，前汉属胶东，后汉属北海。或以琅邪之柜当之，琅邪之柜从木不从手，志不言故属琅邪，字形偏旁亦异，故知非也。王先谦谓钱说是，今据改。

〔16〕故兆　按：集解引陈景云说，谓注“故兆”未详，疑“故纪邑”之讹。

〔17〕杜预曰棠国也　按：殿本考证齐召南谓案左传注原文“棠，莱邑也。北海即墨县有棠乡”。此作“棠国也”，非是。

〔18〕地道记曰〔奚〕养泽在西　据集解引钱大昕说补。按：钱氏谓注所引地道记，即前志琅邪长广注文，“养泽”上当有“奚”字。后汉长广改属东莱，刘氏不注于东莱之长广，而注于北海之拒，未详其故。

〔19〕雒阳东三千一百二十八里　按：汲本、殿本“一”作“二”。

〔20〕慈侯国　张森楷校勘记谓案说文，从心之“慈”是河南密县亭，从巾之“幐”是东莱县，则此当从巾而从心，误也。今按：张说是。前志作“幐”，王先谦谓说文“幐布出东莱，从巾弦声”，是作“幐”为正，县盖以布得名也。

〔21〕掖　按：集解引惠栋说，谓前志作“夜”，夜音亦，又音掖。

〔22〕不(期)〔其〕　按：前志作“不其”，惠栋、齐召南皆谓作“不期”误，今据改。社同。

〔23〕列二碑　按：汲本、殿本“列”作“刻”。

〔24〕秦置　按：张森楷校勘记谓齐古建国，非秦置，秦置齐郡耳。前志

亦是齐郡。此当详其沿革之由,第云"秦置",殊疏。或"置"下有"郡"字,误夺去。

〔25〕临菑　按:前志作"临淄"。

〔26〕有三亭古邢邑　按:校补引钱大昭说,谓"三"字误,或是"邢"字。

〔27〕有长山曰方城　按:前志作"有长城号曰方城"。惠栋补注引水经注、晋志及盛宏之荆州记,证"长山"当作"长城"。

〔28〕涅阳　按:集解引钱大昕说,谓安帝妹涅阳公主食邑,当有"邑"字。

〔29〕有和成聚　按:汲本、殿本"成"作"城"

〔30〕有章密乡　按:集解引惠栋说,谓前志及水经丹水注皆作"密阳乡"。

〔31〕杜预曰方城山在县南屈完曰楚国方城以为城　按:殿本考证谓推寻文义,当云"左传屈完曰'楚国方城以为城',杜预曰方城山在县南"。今此文误倒。

〔32〕吴汉破秦丰地　按:"地"原讹"也"。径据汲本、殿本改正。

〔33〕博物记曰滍水出　按:校补引柳从辰说,谓此引博物记疑当在"鲁阳"下。说文滍水出南阳鲁阳尧山,东北入汝。沘水出南阳雉衡山,东入汝。前志亦云鲁阳有鲁山,滍水所出,东北至定陵入汝。雉衡山沘水所出,东至郾入汝。水经说同。明此注误。

〔34〕伯升袭甄阜(也)〔处〕　据汲本、殿本改。按:"也"疑为"地"字之讹。

〔35〕上寿百二十三十　按:汲本无"三十"二字。

〔36〕此菊茎短花大　按:汲本、殿本"花"作"茄"。

〔37〕秭归本(归)国　据汲本删。按:殿本考证谓推寻文义,"国"上衍一"归"字,注杜预曰夔国,非归国明矣。

〔38〕中卢　按:殿本"卢"作"庐"。

〔39〕郜　按:前志作"若"。

〔40〕很山　汲本、殿本"很"作"佷"。按:前志作"佷",惠栋谓宋书州郡

志作"很"。

〔41〕湖东有水名苌谷　按:汲本、殿本"苌"作"长"。

〔42〕又值(比)〔此〕穴中有数十匹马出　据汲、殿本改。

〔43〕甲如鲜鲤　按:汲本"鲜"作"鲛"。王先谦谓水经沔水注作"鲛"。

〔44〕〔射〕不可入　何焯据宋残本校,补一"射"字。今据补。

〔45〕摘其鼻厌可小小便名为木卢　按:水经沔水注作"摘其皋厌可小小使名为水虎者也"。王先谦谓"厌字属下,即厌胜之厌"。又按:何焯据残宋本校,改"木"为"水"。

〔46〕县东〔南〕有权城　惠栋补注依杜注增"南"字,今据补。

〔47〕城东有庐城　按:汲本"庐"作"卢"。王先谦谓水经沮水注作"驴",谚云"东驴西磨,麦城自破"。

〔48〕州国在县东〔南〕　惠栋补注依杜注增"南"字,今据补。

〔49〕县西九里有(萬)〔方〕山　据汲本、殿本改。按:疑"方"原讹"万",传写讹为"萬"也。

〔50〕出平睾关　按:汲本、殿本"睾"作"泽"。

〔51〕其(东)〔中〕多牛　据殿本、集解本改。按:今山海经作"其中多犛牛"。

〔52〕轪　原讹"轪",径据集解本改。按:前志作"轪",孟康曰音汏。补注引周寿昌曰:"说文轪,车辖也,从车大声。今从犬者,误。"

〔53〕(立)〔有〕章山　集解引惠栋说,谓案前志及晋志,"立"字衍。校补谓"立"当作"有",涉下"章"字而讹。今据改。

〔54〕县东有(申)〔臼〕水　集解引钱大昭说,谓"申"当作"臼",左传定五年,"涉于成臼",杜注"竟陵县有臼水,出聊屈山,西南入汉"。今据改。

〔55〕杜预曰在县西北　按:今杜注作"竟陵县西北有甘鱼陂"。

〔56〕阳朔山　按:校补谓案前志作"阳海山",说文同。水经注谓阳海山即阳朔山。

〔57〕夫夷侯国(故属长沙)　集解引惠栋说,谓案前志,夫夷本属零陵,长
　　　沙无是县,此四字衍文。今据删。

〔58〕烝阳　按:集解引惠栋说,谓前志作"承阳",承音烝。

〔59〕有(春)〔舂〕水　据校补引柳从辰说改。

〔60〕有(倒)〔浏〕水有(伪)〔沩〕水　据校补引柳从辰说改。

〔61〕有(伯)〔泪〕水　据集解本改。　按:汲本、殿本讹"泊"。

〔62〕有(春)〔舂〕陵乡　据汲本、殿本改。

〔63〕高帝置上领山在雒阳南三千九百里　按:张森楷校勘记谓"上领
　　　山"三字于上下文皆不属,不知何县下山脱撺于此,俟详考之。

〔64〕晋代太守赵厥　按:集解引钱大昕说,谓晋书"厥"作"廠"。又引
　　　周寿昌说,谓延江水注引先贤传同,惟"赵厥"作"赵伟"。

〔65〕去雒阳三千里　按:汲本、殿本"三"作"二"。

〔66〕雒阳南二千八百里　按:汲本"二"作"三"。

〔67〕攸　前志作"收"。按:攸,孟康音收,前志因讹"收",详汉书补注。

〔68〕茶陵　汲本、殿本"茶"作"荼"。今按前志,殿本作"荼陵",补注本
　　　据汲本作"茶陵"。王先谦据说文,谓荼与茶通。

〔69〕安城　按:集解引惠栋说,谓前志及州郡志皆作"安成"。王先谦谓
　　　城成通作。

〔70〕(洞)〔湘〕中记　据汲本、殿本改。

〔71〕浚道　按:集解引惠栋说,谓"浚"一作"逡"。

〔72〕西曲阳　按:前志作"曲阳",惠栋谓下邳有曲阳,故加"西"。

〔73〕去雒阳千三百里　按:汲本"三"作"二"。

〔74〕有唐后二山　按:集解引惠栋说,谓风俗通作"唐居山"。

〔75〕丹阳郡　殿本考证谓"阳"当作"杨"。今按:前志作"扬"。补注引
　　　宋祁说,谓当作"阳"。又引王鸣盛说,谓"扬"字从手,其属县丹阳
　　　则从自,而南监本俱作"阳",晋志或作"扬",或作"阳",而属县则
　　　作"杨",且注云"丹杨山,多赤柳,在西",然则县名从木甚明,而郡

亦当以此得名，凡从手从自，皆传写误也。

〔76〕丹阳　集解引惠栋说，谓案晋志"阳"当作"杨"。今按：前志作"阳"。

〔77〕於潜　按：前志"潜"作"瞀"，音潜。

〔78〕黝　按：集解引惠栋说，谓一作"黟"，见说文。

〔79〕湖熟　按：前志作"湖孰"。

〔80〕秦郫郡所治　按：集解引惠栋说，谓"秦"当作"故"。

〔81〕中平〔二〕年　集解引惠栋说，谓沈约、欧阳忞皆云中平二年，诸本脱"二"字。今据补。

〔82〕今谓之玉山　殿本作"今谓之三王山"。按：今山海经郭注亦作"三王山"，然歙县玉山并见会稽郡注，则作"玉山"为是，何焯校本亦作"玉山"，殿本殆据今山海经改也。

〔83〕建武十〔三〕年省六安国　殿本考证齐召南谓应作"十三年"。后章帝元和二年，复改庐江为六安国，至章和二年，和帝即位，复省六安入庐江，此注未明。今据齐说，补一"三"字。

〔84〕皖　前志作"晥"，殿本作"皖"。按：皖晥皖并通。

〔85〕六安　按：前志六，属六安国，无"安"字。

〔86〕长吏初〔亲〕〔视〕事　据汲本、殿本改。

〔87〕县南有鸡备亭　殿本考证谓何焯校本"备"改"人"。今按：今杜注亦作"备"，何氏殆据残宋本改也。

〔88〕立郡吴　殿本考证谓当改"吴立郡"。今按：校补谓立郡吴，谓县升为郡也，改之于说反窒。

〔89〕太末　按：前志"太"作"大"，孟康曰"大音如闼"。

〔90〕章安故〔治〕〔冶〕闽越地光武更名　殿本"治"作"冶"，王先谦谓作"冶"是，今据改。今按：通鉴胡注引洪氏隶释，谓中有脱文，当作"章安故回浦，章帝更名，东侯官故冶，闽越地，光武更名"，于文乃足。此郡之末有"东部侯国"四字，却是衍文。说详通鉴汉献帝建

安元年注。又按:集解引惠栋说,谓“闽越地”宋书州郡志作“闽中地”。又按:集解引钱大昕说,谓案郑宏传,旧交阯七郡,贡献转运皆从东冶泛海而至。所云东冶,即会稽之冶县。宏以章帝建初八年为大司农,其时尚称东冶,则非光武更名明矣。

〔91〕东部侯国　集解引钱大昕说,谓案宋书州郡志侯官,前汉无,后汉曰东侯官,属会稽。此“东部侯国”当即“东侯官”之讹,汉时未见有封东部侯者也。今按:钱说是,然此四字却是衍文,说见上。

〔92〕稷山者句践(济戒)〔斋戒〕台　殿本“者”作“有”。汲本、殿本“济戒台”皆作“斋戒台”。按:越绝书作“斋戒台”,宝庆会稽县志云“稷山在县东五十三里,亦名斋台山”,则以作“斋戒”为是,今据汲本、殿本改。

〔93〕下多(瑛)〔珢〕石　据殿本改。按:今山海经作“珢”,注云“珢武,大石似玉”。

〔94〕有重山　按:今本越绝书“重”作“种”

〔95〕江出歙县玉山　按:今山海经郭注云“按地理志,浙江出新安黟县南蛮中,东入海,今钱唐浙江是也。黟即歙也”。

〔96〕有涉屋山　按:汲本、殿本“屋”作“皇”。

〔97〕潘水出焉　汲本、殿本“潘”作“潜”。按:前书补注王先谦谓潜水即潘水也。

〔98〕建安四年孙氏分立丰安县二十三年立遂昌县　按:集解引钱大昕说,谓宋书州郡志与此异,未知孰是。

2830

〔99〕龙丘(长)〔苌〕隐居于此　殿本考证谓“长”当作“苌”。按:集解引马与龙云,龙丘苌见任延传。今据改。

〔100〕中有石林　按:汲本“林”作“牀”。

〔101〕馀句之山　按:集解引惠栋说,谓依山海经当作“句馀”。

〔102〕晋(元)〔太〕康记曰本鄞县南之回浦乡　钱大昕谓“元康”当作“太康”,今据改。集解引钱大昕说,谓考班志冶与回浦本是二县,意

者<u>东汉</u>初尝省<u>回浦</u>入<u>鄞县</u>,故有"<u>回浦乡</u>"之称。今按:<u>洪氏隶释</u>
谓<u>鄞</u>及<u>回浦</u>皆<u>西汉</u>县名,谓<u>西汉</u>割郡而置县,或未可知。至<u>章帝</u>
时,<u>回浦</u>已非乡矣。<u>太康</u>所纪,亦误也。说详<u>通鉴汉献帝建安</u>元
年<u>胡</u>注引。

〔103〕十三城　按:据<u>钱大昕</u>考证,当作"十二城",详下<u>安县</u>条校勘记。

〔104〕安　按:<u>集解</u>引<u>钱大昕</u>说,谓<u>前汉</u>、<u>晋</u>、<u>宋</u>志皆无此县,本志又不言
何年所置,前无所承,后无所并,疑即"娄"之讹,因"娄"脱其半而
为"安",校者不能是正,疑有脱漏,又增"娄"于"无锡"后,并改
"十二"城为"十三"。

〔105〕娄　<u>殿本</u>考证谓监本脱此一县,依<u>宋本</u>添。按:前<u>安县</u>即<u>娄县</u>之
误,后人不晓,增此一县,说见上。

〔106〕昌门外阖闾冢　按:<u>殿本</u>"昌"作"阊",与今本<u>越绝书</u>合。

〔107〕有(鹿)〔麋〕湖　据<u>殿本</u>改,与今本<u>越绝书</u>合。

〔108〕又石城阖闾置美(人)山　<u>集解</u>引<u>惠栋</u>说,谓"美山"无考,案<u>越纽</u>
录曰"<u>石城</u>,阖闾置美人山",脱"人"字也。今据补。

〔109〕虞山巫咸山　按:"巫咸山"之"山",疑当作"出"。今本<u>越绝书</u>作
"<u>虞山者,巫咸</u>所出也"。<u>寰宇记</u>九十一作"<u>巫咸</u>所居"。

〔110〕顺帝时陷而为湖　按:<u>集解</u>引<u>洪亮吉</u>说,谓<u>水经注</u>"顺帝"
作"安帝"。

〔111〕(其)〔下〕山有项籍祠　据<u>何焯</u>校本改。

〔112〕县南城(在荒)〔古淹〕地上湖中冢者季子冢也　<u>汲本</u>"在荒地"作
"在荒连",此据<u>殿本</u>改。按:今<u>越绝书</u>云"<u>毗陵县南城,故古淹君</u>
地也"。又云"<u>毗陵上湖</u>中冢者,<u>延陵季子</u>冢也,去县七十里,<u>上湖</u>
通<u>上洲</u>"。<u>殿本</u>殆据<u>越绝书</u>改也。

〔113〕吴王太伯冢　按:<u>张森楷</u>校勘记谓<u>太伯</u>非<u>吴王</u>,疑此文有衍误。

〔114〕永脩县　按:<u>汲本</u>"脩"作"修"。

〔115〕并中平〔中〕立　<u>集解</u>引<u>惠栋</u>说,谓诸本脱"中"字。今据补。

2831

〔116〕建城　按:前志作“建成”。

〔117〕南野　按:前志作“南壄”。

〔118〕此地立名上蔡者　按:殿本考证齐召南谓案上文豫章郡户口下分
　　注“豫章记曰”一条三十二字,应在此文之下。徧检本志,引书必
　　有所指。上文豫章记言“上蔡民分徙此地”,即“此地立名上蔡
　　者”之注解也。不知何以将“豫章记”一条移置于前,后人遂无纠
　　正者。

后汉书志第二十三

郡 国 五

汉中　巴郡　广汉　蜀郡　犍为　牂牁

越巂益州　永昌　广汉属国　蜀郡属国

犍为属国

　右 益 州

陇西　汉阳　武都　金城　安定　北地

武威　张掖　酒泉　敦煌　张掖属国

张掖居延属国

　右 凉 州

上党　太原　上郡　西河　五原　云中

定襄　雁门　朔方

　右 并 州

涿郡　广阳　代郡　上谷　渔阳　右北平

2833

辽西　辽东　玄菟　乐浪　辽东属国

　　　右　幽　州

南海　苍梧　郁林　合浦　交趾

九真　日南

　　　右　交　州

汉中郡秦置。雒阳西千九百九十里。九城,户五万七千三百四十四,口二十六万七千四百二。

南郑① 　　成固妘墟在西北。② 　　西城③ 　　褒中④ 　　沔阳有铁。⑤ 　　安阳 　　锡[1]有锡,春秋时曰锡穴。⑥ 　　上庸本庸国。 　　房陵⑦

①华阳国志曰:"有池水,从旱山来。"

②前书云在西城。帝王世记亦云姚墟在西北,有舜祠。

③巴汉志云汉末以为西城郡。

④华阳国志曰有唐公(防)〔房〕祠。[2]

⑤华阳国志曰有定军山。博物记曰县北有丙穴。巴汉志曰:"县有度水,水有二原,一曰清检,二曰浊检。"

⑥左传文十一年,楚伐麇,至于锡穴。[3]

⑦巴汉志曰:"建安十三年别属新城郡。有维山,维水所出,东入泸。"

巴郡秦置。雒阳西三千七百里。①十四城,户三十一万六百九十一,口百八万六千四十九。

①谯周巴记曰:"初平(六)〔元〕年,[4]赵颖分巴为二郡,[5]欲得巴旧名,故郡以垫江为治,安汉以下为永宁郡。[6]建安六年,刘(缔)〔璋〕分巴,[7]以永宁为巴东郡,以垫江为巴西郡。"蜀都赋注云:"铜梁山在巴东。"干宝搜神记曰:"有泽水,民谓神龙,不可鸣鼓其傍,即使大雨。"蜀都赋曰:"潜龙蟠于沮泽,应鸣鼓而兴雨。"

江州① 　**宕渠**有铁。　 **朐忍**② 　**阆中**③ 　**鱼复**④扞

水有扞关。⑤ 　**临江**　 **枳**⑥ 　**涪陵**出丹。⑦ 　**垫江**

　安汉　·**平都**⑧ 　**充国**永元二年分阆中置。⑨ 　**宣汉**⑩

　汉昌永元中置。⑪

①杜预曰巴国也。有涂山，禹娶涂山。华阳国志曰："帝禹之庙铭存焉。有清水穴，巴人以此为粉，则膏〔晖〕〔泽〕鲜芳，[8]贡粉京师，因名粉水。"

②巴汉志曰："山有大小石城（势者）。"[9]

③案本传有俞水。巴汉志曰："有彭池、大泽、名山、灵台，见孔子内谶。"

④古庸国，左传文十〔六〕年[10]鱼人逐楚师是也。

⑤史记曰，楚肃王为扞关以拒蜀。

⑥史记苏代曰："楚得枳而国亡。"华阳国志有明月峡、广德屿者是也。

⑦巴记曰："灵帝分涪陵置永宁县。"巴汉志曰："涪陵，巴郡之南鄙，从枳南入折丹涪水，本与楚商於之地接。[11]汉时赤（田）〔甲〕军[12]常取其民。"

⑧巴记曰："和帝分枳置。"

⑨巴记曰："初平四年，复分为南充国县。"

⑩巴汉记曰："和帝分宕渠之东置。"

⑪巴记曰："分宕渠之北而置之。"

广汉郡高帝置。雒阳西三千里。十一城，户十三万九千八百六十五，口五十万九千四百三十八。

　雒（州）刺史治。[13] 　 **新都**① 　**绵竹**② 　**什邡**[14] 　**涪**③

　梓潼④ 　**白水**⑤ 　**葭萌**⑥ 　**郪** 　**广汉**有沈水。

　德阳⑦

①华阳国志曰："有金堂山，水通巴（汉）。"[15]

②地道记曰:"有紫岩山,绵水之所出焉。"

③巴汉志曰:"屛水出屛山。"

④地道记"五妇山,驰水出"。建安二十二年,刘备以为郡。

⑤山海经曰白水出蜀而东南入江,郭璞曰今在县。

⑥华阳国志:"有水通于汉川,有金银矿,民洗取之。"

⑦华阳国志曰:"有剑阁道,三十里,至险。"

蜀郡秦置。雒阳西三千一百里。十一城,户三十万四百五十二,口百三十五万四百七十六。

> **成都**①　　**郫**　　**江原**　　**繁**　　**广都**②　　**临邛**③有铁。
>
> **湔氐道**④岷山在西徼外。⑤　　**汶江道**⑥[16]　　**八陵**[17]
>
> **广柔**⑦　　**绵虒道**⑧[18]

①蜀都赋注曰:"武帝元鼎二年,立成都郭十八门。"

②任豫益州记曰:"县有望川源,凿石二十里,引取郫江水灌广都田,云后汉所穿凿者。"

③博物记曰:"有火井,深二三丈,在县南百里。以竹木投取火,后人以火烛投井中,火即灭绝,不复然。"蜀都赋注曰:"火井欲出其火,先以家火投之,须臾许隆隆如雷声,烂然通天,光耀十里,以竹筒盛之,接其光而无炭也。取井火还,煮井水,一斛水得四五斗盐,家火煮之,不过二三斗盐耳。"

④蜀王本纪曰:"县前有两石对如阙,号曰彭门。"

⑤山海经曰:"岷山,江水出焉,东北注于海。中多良龟,其上多金玉,其下多白珉,其兽多犀、象、夔。"郭璞曰:"今蜀山中有大牛,重数千斤,曰夔。"蜀都赋注曰:"岷山特多药,其椒特多好者,绝异于天下之好者。"

⑥华阳国志曰:"涔水、骈水出焉,多冰寒,盛夏凝冻不释。孝安延光三年复立之以为郡。"

⑦帝王世记曰禹生石纽。县有石纽邑。华阳国志曰："夷人营其地,方
百里,不敢居牧。有过,逃其野中不敢追,云畏禹神;能藏三年,为人
所得,则共原之,云禹神灵祐之。"

⑧华阳国志曰："有玉垒山,出璧玉,湔水所出。"

犍为郡武帝置。雒阳西三千二百七十里。刘璋分立江阳郡。九
城,户十三万七千七百一十三,口四十一万一千三百七十八。

武阳有彭亡聚。①   **资中**   **牛鞞**   **南安**②有鱼(泣)
〔涪〕津。③[19]   **僰道**④   **江阳**⑤   (荷)〔符〕节[20]
南广   **汉安**

①岑彭死处。南中志曰："县南二十里彭望山。"益州记曰："县有王乔仙
处。王乔祠今在县,下有彭祖冢,上有彭祖祠。"

②蜀都赋注曰："县之南有五峨山,一山而五里,在越嶲界。"[21]

③蜀都赋注曰："鱼符津数百步,在县北三十里。县临大江,岸便山岭相
连,经益州郡,有道广四五尺,深或百丈,斩凿之迹今存,昔唐蒙所
造。"博物记:"县西百里有牙门山。"华阳国志曰:"县西有熊耳峡,南
有峨眉山,去县八十餘里。"

④华阳国志曰:"治马湖江会,水通越嶲。旧本有僰人。有荔枝、姜蒟。
有〔蜀〕王(岳)〔兵〕兰。[22]李冰烧之崖有五色赤白映水玄黄。[23]鱼从
楚来,至此而止,畏崖映其水故也。"

⑤华阳国志曰:"江、雒会,有方〔山〕兰祀,[24]江中有大阙小阙。"蜀都赋
注云:"沱、潜既道,从县南流至汉嘉县入大穴,中通刚山下,因南潜
出,今名复出水是也。"

牂牁郡武帝置。雒阳西五千七百里。十六城,户三万一千五百二
十三,口二十六万七千二百五十三。

故且兰①   **平夷**   **鐻**②   **毋敛**   **谈指**出丹。③   **夜**

郡
国
五

2837

郎出雄黄、雌黄。④　　同並　　谈稿　　漏江　　毋单

宛温⑤　　镡封⑥　　漏卧　　句町⑦　　进乘[25]

西随⑧

①地道记曰："有(沈)〔沅〕水。"[26]

②地道记曰："不狼山，鳘水所出。"

③南中志曰："有不津江，江有瘴气。"

④案本传有竹王三郎祠。

⑤南中志曰："县北三百里有盘江，广数百步，深十馀丈。此江有毒气。"

⑥华阳国志曰："有温水。"

⑦案本传有桄榔木。地道记有文众水。[27]

⑧地道记曰："麋水，西受徼外，东至麋泠，[28]入尚龙谿。"

越巂郡 武帝置。雒阳西四千八百里。十四城，户十三万一百二十，口六十二万三千四百一十八。

邛都 南山出铜。①　　遂久②　　灵关道③　　台登[29]出

铁。④　　青蛉有禺同山，俗谓有金马碧鸡。⑤　　卑水⑥

三缝⑦[30]　　会无出铁。⑧　　定莋⑨　　阐⑩[31]　　苏祁

大莋　　莋秦　　姑复⑪

①南中志曰："县东南数里有水名邛广都河，从广二十里，深百馀丈，有鱼长一二丈，头特大，遥视如戴铁釜状。"华阳国志曰："河有嶂隽山，又有温水穴，[32]冬夏常热。"

②华阳国志曰："有绳水。"广志曰："有缥碧石，有绿碧。"

③华阳国志曰："有铜山，又有利慈。"

④华阳国志曰："有孙水，一曰白沙江。山有碧，火烧成铁。"

⑤华阳国志曰："有盐官。濮水出。"

⑥华阳国志曰："水通马湖。"

⑦华阳国志曰："通道宁州,度泸得〔靖〕蛉县。^[33]有长谷石时坪,中有石猪,子母数千头,长老传言夷昔牧猪于此,一朝猪化为石,迄今夷不敢往牧。"

⑧郭璞曰,山海经称县东山出碧,亦玉类。华阳国志曰："故濮人邑也。今有濮人冢,冢不闭户,其中多珠,人不可取,取之不祥。有(元)〔天〕马河,^[34](元)〔天〕马日行千里。县有(元)〔天〕马祠。民居冢马牧山下,或产骏驹,云(元)〔天〕马子也。今(其)有(元)〔天〕马径,^[35]厥跡存焉。河中有铜船,^[36]今在,祠以羊^[37]可取也。河中见(子)〔存〕。^[38]土地特产好(羣)〔犀〕牛。^[39]东山出青碧。"

⑨华阳国志:"县在郡西。度泸水,宾冈微白摩沙夷有盐坑,积薪,以齐水灌而后焚之,成白盐,汉末夷等皆锢之。"

⑩华阳国志曰："故邛人邑,治邛都城。"

⑪地道记:盐池泽在南。

益州郡武帝置。故滇王国。雒阳西五千六百里。诸葛亮表有耽文山、泽山、司弥瘗山、娄山、辟龙山,此等并皆未详所在县。十七城,户二万九千三十六,口十一万八百二。

滇池出铁。有池泽。①北有**黑水**祠。②　　**胜休**③^[40]　　**俞元**装山^[41]出铜。④　　**律高**石室山出锡。**毉町**山出银、铅。

贲古采山出铜、锡。⑤羊山出银、铅。⑥　　　　(母掇)〔**毋棳**〕⑦^[42]　　**建伶**　　**谷昌**　　**牧靡**⑧^[43]　　**味**　　**昆泽**

同濑⑨^[44]　　**同劳**　　**双柏**出银。　　**连然**　　**梇栋**⑩^[45]　　**秦臧**

2839

①泽在县西,见前书。南中志曰:"池周二百五十里。"

②华阳国志曰水是温泉。又有白蝐山,(淮)〔惟〕有蝐。^[46]

③南中志曰:"有大河,从广百四十里,深数十丈。"地道记曰:"水东至

(母掇)〔毋掇〕,^[47]入桥水。"

④华阳国志在河中洲上。

⑤前书曰在县北。

⑥在县西。地道记曰:"南乌山,出锡。"

⑦地道记曰:"有桥水,出桥山。"

⑧李奇曰:"靡音麻。"出升麻。

⑨地道记曰:"铜虏山,米水所出。"^[48]

⑩地道记:"连山,无血水所出。"

永昌郡明帝永平〔十〕二年^[49]分益州置。雒阳西七千二百六十里。①八城,户二十三万一千八百九十七,口百八十九万七千三百四十四。^[50]

①广志曰:"永昌一郡,见龙之耀,日月相属。"

不韦出铁。①　　　**巂唐**②　　　**比苏**　　　**楪榆**③^[51]　　　**邪龙**　　　**云南**④　　　**哀牢**永平中置,故牢王国。　　　**博南**永平中置。南界出金。⑤

①华阳国志曰:"孝武置不韦县,徙南越相吕嘉子孙宗族居之,因名不韦,以章其先人之恶。"

②本西南夷,史记曰古为巂、昆明。古今注曰:"永平十年置益州西部都尉,治巂唐,镇尉哀牢人楪榆蛮夷。"华阳国志曰:"有(同)〔周〕水从徼外来。"^[52]

③有河。广志曰:"有吊鸟山,县西北八十里,在阜山,众鸟千百群共会,鸣呼啁晰,每岁七月、八月晦望至,集六日则止,岁凡六至。雒雀来吊,特悲。其方人夜然火伺取,无嗉不食者以为义鸟,则不取也。俗言凤皇死于此山,故众鸟来吊。"地道记有泽,在县东。

④南中志曰:"县西高山相连,有大泉水,周旋万步,名冯河。县西北百

数十里有山,众山之中特高大,状如扶风太一,郁然高峻,与云气相连结,因视之不见。其山固阴沍寒,虽五月盛暑不热。"广志曰:"五月霜雪皓然。"

⑤华阳国志曰:"西山高三十里,越〔山〕得兰沧水,〔53〕有金沙,洗取融为金。有光珠穴。"广志曰:"有虎魄生地中,其上及旁不生草,深者四五八九尺,大者如斛,削去外皮,中成虎魄如升,初如桃胶凝坚成也。"

广汉属国(都尉)〔54〕故北部都尉,属(蜀)〔广汉〕郡,〔55〕安帝时以为属国都尉,别领三城。户三万七千一百一十,口二十万五千六百五十二。

> **阴平道　甸氐道①　刚氐道②**
>
> ①华阳国志曰:"有白水,出徼外,入汉。"
>
> ②华阳国志曰:"涪水所出,有金银矿。"

蜀郡属国故属西部都尉,延光元年以为属国都尉,别领四城。户十一万一千五百六十八,口四十七万五千六百二十九。

> **汉嘉**故青衣,阳嘉二年改。有蒙山。①　　**严道**有邛僰九折坂者,邛(刻)〔邮〕置②〔56〕　　**徙**③　　**旄牛**④
>
> ①华阳国志曰:"有沫水,〔57〕从邛来出岷江,〔58〕又从岷山西来入江,合郡下青衣江入大江,土地多山。"蜀都赋曰"廓灵关而为门",注曰山名也。地在县南。
>
> ②山海经曰"崃山,江水出焉",郭璞曰"中江所出也"。华阳国志曰:"道至险,有长岭若栋,八渡之难,杨母阁之峻,昔杨氏倡造作阁,故名焉。邛崃山本名邛莋,故邛人、莋人界也。岩阻峻,迥曲九折,乃至山上,凝冰夏结,冬则剧寒,王阳行部至此退。"
>
> ③华阳国志曰:"出丹砂、雄雌黄、空青、青碧。"
>
> ④华阳国志曰:"旄,地也,在邛崃山表。邛人自蜀入,度此山甚险难,南

人毒之,故名邛崃。有鲜水、若水,一名洲江。"

犍为属国故郡南部都尉,永初元年以为属国都尉,别领二城。户七千九百三十八,口三万七千一百八十七。

  朱提①山出银、铜。② **汉阳**

  ①南中志曰:"县有大渊池水,名千顷池。西南二里有堂狼山,[59]多毒草,盛夏之月,飞鸟过之,不能得去。"蜀都赋注曰:"有灵池在县南数十里,周四十七里。"

  ②案前书,朱提银重以八两为一流,直一千五百八十,他银一流直一千。南中志曰:"旧有银窟数处。"诸葛亮书云:"汉嘉金,朱提银,采之不足以自食。"

   右益州刺史部,郡、国十二,县、道〔一〕百一十八。①[60]

  ①本梁州。袁山松书曰:"建安二十年复置汉宁郡,汉中之安阳、西城郡,分锡、上庸为上庸郡,置都尉。"

陇西郡秦置。雒阳西二千二百二十里。十一城,户五千六百二十八,口二万九千六百三十七。

  狄道 **安故** **氐道**养水出此。① **首阳**有鸟鼠同穴山,②渭水出。③ **大夏** **襄武**有五鸡聚。 **临洮**有西顷山。④ **枹罕**故属金城。 **白石**故属金城。 **鄣** **河关**故属金城。积石山在西南,河水出。

  ①巴汉志曰:"汉水二源,东源出县之养山,名养。"南都赋注曰:"汉水源出陇西,经武都至武关山,历南阳界,出沔口入江。"巴汉志曰:"西汉,陇西嶓冢山,会白水经葭萌入汉。始源曰沔,故曰汉沔。"

  ②尔雅曰:"其鸟为鵌。其鼠为鼵,如人家鼠而短尾。鵌似鹦而小,黄黑色。穴地入三四尺,鼠在内,鸟在外。"孔安国尚书传曰:"共为雌雄。"

2842

张氏地理记云不为牝牡。山海经曰:"山多白虎、白玉。"

③地道记曰:"有三危,三苗所处。"

④前志曰在县西。本传(县)马防筑索西城。[61]

汉阳郡武帝置,为天水,永平十七年更名。在雒阳西二千里。①十三城,户二万七千四百二十三,口十三万一百三十八。

①秦州记曰:[62]"中平五年,分置南安郡。"献帝起居注曰:"初平四年十二月,已分汉阳、上郡为永阳,[63]以乡亭为属县。"

冀①有朱圄山。②有缇群山。有雒门聚。③[64]　　　望恒[65]

阿阳　　略阳[66]有街泉亭。④　　勇士　　成纪⑤　　陇

(州)[67]刺史治。⑥有大坂名陇坻。⑦獂坻聚有秦亭。⑧　　獂

道⑨　兰干　平襄　显亲　上邽故属陇西。⑩

西故属陇西。有嶓冢山,西汉水⑪。

①史记曰:"秦武公伐冀戎,县。"

②前志曰在县南。

③来歙破隗嚣处。

④街(水)〔泉〕故县,省。[68]

⑤帝王世记曰:"庖犠氏生于成纪。"

⑥汉官云:"去雒阳二千一百里。"

⑦三秦记:"其坂九迴,不知高几许,欲上者七日乃越。高处可容百馀家,清水四注下。"郭仲产秦州记曰:"陇山东西百八十里。登山岭,东望秦川四五百里,极目泯然。山东人行役升此而顾瞻者,[69]莫不悲思。故歌曰:'陇头流水,分离四下。念我行役,飘然旷野。登高远望,涕零双堕。'度汧、陇,无蚕桑,八月乃麦,五月乃冻解。"

⑧秦之先封起于此。

⑨史记秦孝公西斩戎王。

⑩秦州记曰:"县北有利山,川中平地有土堆,高五丈,生细竹,翠茂殊常。二杨树大数十围,百姓祀之。"

⑪史记曰:"申命和仲居西土。"徐广曰:"今之西县。"郑玄曰:"西在陇西〔之〕西,〔70〕今谓之(人)〔八〕充山。"〔71〕

武都郡武帝置。雒阳西一千九百六十里。七城,户二万一百二,口八万一千七百二十八。

下辨①〔72〕　　武都道②〔73〕　　上禄　　故道③　　河池④

沮沔水出东狼谷。〔74〕　　羌道〔75〕

①有赤亭。

②华阳国志曰:"有天池泽。"〔76〕

③干宝搜神记曰:"有(奴)〔怒〕特祠,〔77〕秦置旄头骑起此。"

④地道记曰:"有泉街水。"

金城郡昭帝置。雒阳西二千八百里。十城,户三千八百五十八,口万八千九百四十七。

允吾①　　浩亹②　　令居　　枝阳　　金城　　榆中

临羌有昆仑山。　　破羌　　安夷　　允街

①西羌传有唐谷。秦州有牢北山,傍有三窟。

②有雄都谷,马武破羌处。

安定郡武帝置。雒阳西千七百里。八城,户六千九十四,口二万九千六十。

临泾①　　高平有第一城。②　　朝那③　　乌枝〔78〕有瓦亭,④出薄落谷。⑤〔79〕　　三水⑥　　阴盘⑦〔80〕　　彭阳

鹑觚〔81〕故属北地。

①谢承书曰"宣仲为长史,民扳留,改曰宜民",见李固传,而志无此改,

岂承之妄乎?

②高峻所据。

③有湫渊,方四十里,停不流,冬夏不增减,不生草木。郭璞注山海经曰:"泾水出县西(丹)〔开〕头山,[82]入渭。"

④牛邯军处。

⑤本传有龙池山,地道记曰乌水出。

⑥有左谷,[83]卢芳所居。

⑦旧有阴密县,未详所并。杜预曰:"定安阴密县,古密须国。"史记曰,秦迁白起于阴密。山海经曰:"温水出崆峒山,在临汾南入河,华阳北。"郭璞曰:"水常煖。"

北地郡秦置。雒阳西千一百里。六城,户三千一百二十二,口万八千六百三十七。

富平　　**泥阳**有五柞亭。①　　**弋居**有铁。　　**廉**②　　**参**
繺故属安定。③　　**灵州**

①地道记曰:"泥水出郁郅北蛮中。"

②前志卑移山在西北。

③有青山。谢沈书:"属国降羌胡数千人,居山田畜。"

武威郡故匈奴休屠王地,武帝置。雒阳西三千五百里。十四城,户万四十二,[84]口三万四千二百二十六。

姑臧①　　**张掖**　　**武威**　　**休屠**　　**揟次**　　**鸾鸟**　　**朴**
劓　　**媪围**　　**宣威**　　**仓松**②[85]　　**鹯阴**[86]故属安定。
租厉[87]故属安定。　　**显美**故属张掖。　　**左骑千**
人官。[88]

①地道记:"南山,谷水所出。"

②地道记曰:"南山,松陕水所出。"

张掖郡故匈奴昆邪王地,武帝置。雒阳西四千二百里。献帝分置西郡。八城,户六千五百五十二,口二万六千四十。

觻得　　昭武　　删丹弱水出。　　氐池　　屋兰　　日勒

骊靬　　番和

酒泉郡武帝置。雒阳西四千七百里。九城,户万二千七百六。[89]

福禄[90]　　表氏[91]　　乐涫　　玉门　　会水　　沙头[92]

安弥故曰(缓)〔绥〕弥。[93]　　乾齐　　延寿①

> ①博物记曰:"县南有山,石出泉水,大如筥篘,注地为沟。其水有肥,如煮肉洎,羕羕永永,如不凝膏,然之极明,不可食,县人谓之石漆。"

敦煌郡武帝置。雒阳西五千里。①六城,户七百四十八,口二万九千一百七十。[94]

> ①耆旧记曰:"国当乾位,地列昆墟,水有县泉之神,山有鸣沙之异,川无蛇虺,泽无兕虎,华戎所交,一都会也。"

敦煌古瓜州,出美瓜。　　冥安　　效穀　　拼泉[95]　　广

至　　龙勒有玉门关。

张掖属国武帝置属国都尉,以主蛮夷降者。安帝时,别领五城。[96]户四千六百五十六,口万六千九百五十二。

候官　　左骑　　千人　　司马官　　千人官。

张掖居延属国故郡都尉,安帝别领一(郡)〔城〕。[97]户一千五百六十,口四千七百三十三。[98]

居延有居延泽,古流沙。①

> ①献帝建安末,立为西海郡。[99]

右凉州刺史部,郡(国)十二,[100]县、道、候官九十八。①

①袁山松书曰:"兴平元年,分安定鹑觚、右扶风之漆置新平郡。"

上党郡秦置。雒阳北千五百里。十三城,户二万六千二百二十二,口十二万七千四百三。

长子①　　**屯留**绛水出。②　　**铜鞮**③　　**沾**④　　**涅**有阏与聚。⑤　　**襄垣**⑥　　**壶关**有黎亭,故黎国。⑦　　**泫氏**有长平亭。⑧　　**高都**⑨　　**潞**本国。⑩　　**猗氏**⑪[101]　　**阳阿侯国。**　　**穀远**⑫

①山海经曰:"有发鸠之山,(章)〔漳〕水出焉。"[102]上党记曰:"关城,都尉所治。令狐征君隐城东山中,去郡六十里,即壶关三老[103]令狐茂上书讼戾太子者也,茂即葬其山。"

②上党记曰:"有鹿谷山,浊漳所出。有余吾城,在县西北三十里。"

③上党记曰:"晋别宫墟关犹存,有北城,去晋宫二十里,羊舌所邑。"左传成九年晋执郑伯于此。

④山海经曰:"有少山,其上有金玉,其下有铜。"郭璞云在沾。

⑤史记曰,赵奢破秦兵阏与。山海经云:"谒戾之山有金玉,沁水出焉,南流注于河。"郭璞曰在涅。

⑥上党记曰:"邑带山林,茂松生焉。"

⑦文王戡黎即此也。上党记曰:"东山在城东南,晋申生所伐,今名平睾。"

⑧史记曰,白起破赵长平。上党记曰:"城在郡南山中百二十里。"

⑨前志曰有天井关。战国策曰樛居天井,即天门也。博物记曰:"县南地名即垂。"

⑩左传哀四年齐伐晋壶口,杜预曰:"(路)〔潞〕县东有壶口关。"[105]上党记曰:"潞,浊漳也。县城临潞。晋荀林父伐曲梁,在城西十里,今名

2847

石梁。又东北八十里有黎城,临壶口关,至建安十一年,从淘河口凿

入潞河,名泉州梁,以通于海。"

⑪汉书音义县出鹠。

⑫上党记曰:"有羊头山,沁水所出。"

太原郡秦置。〔105〕十六城,户三万九百二,口二十万一百二十四。

晋阳本唐国。①有龙山,晋水所出。②刺史治。③　　**界休**有界

山,有绵上聚。④有千亩聚。⑤　　**榆次**⑥有鑿壶。⑦〔106〕　　**中

都**⑧　　**于离**　　**兹氏**　　**狼孟**　　**邬**⑨　　**孟**⑩　　**平陶**

京陵春秋时九京。⑪　　**阳曲**　　**大陵**有铁。⑫　　**祁**

虑虒　　**阳邑**有箕城。⑬

①毛诗谱曰尧始都于此,后迁河东平阳。

②山海经曰:"有悬瓮之山,其上多玉,其下多铜,其兽多闾麋,晋水出

焉,东南注汾。"郭璞曰在县。左传:"迁实沈于大夏。"贾逵曰:"陶

唐之胤刘累也。"杜元凯曰:"今晋阳县。"

③汉官曰:"南有梗阳城,中行献子见巫皋。"

④左传曰晋文公以绵上为介之推田。界山,推焚死之山,〔107〕故太原俗

有寒食。

⑤左传曰"晋为千亩之战",在县南。

⑥左传谓涂水。〔108〕

⑦史记曰,韩魏杀智伯,埋于鑿壶之下。

⑧左传昭二年执陈无宇于中都,杜预曰界休县南中都城是也。〔109〕

⑨史记韩信破夏说于邬〔东〕,〔110〕徐广曰音于庶反。

⑩晋大夫(孟)〔盂〕丙邑。〔111〕

⑪礼记曰赵武从先大夫于九京,郑玄曰"晋卿大夫之墓地。'京',字之

误,当为'九原'"。

⑫史记曰赵肃侯游大陆,出于鹿门。即大陵。

⑬左传僖三十三年晋败狄于箕。

上郡秦置。十城,户五千一百六十九,口二万八千五百九十九。

肤施　　白土　　漆垣　　奢延　　雕阴[112]　　桢林

定阳　　高奴　　龟兹属国　　候官

西河郡武帝置。雒阳北千二百里也。十三城,户五千六百九十八,口二万八百三十八。

离石　　平定　　美稷　　乐街　　中阳　　皋狼　　平周

平陆　　益兰[113]　　圜阴　　蔺　　圜阳　　广衍

五原郡秦置为九原,武帝更名。十城,户四千六百六十七,口二万二千九百五十七。

九原　　五原　　临沃　　(父)〔文〕国[114]　　河(除)

〔阴〕[115]　　武都　　宜梁　　曼柏　　成宜　　西安阳北有阴山。①

①徐广曰:"阴山在河南,阳山在河北。"史记曰,蒙恬筑长城临洮,延袤万里馀,度河据阳山。

云中郡秦置。十一城,户五千三百五十一,口二万六千四百三十。

云中　　咸阳　　箕陵[116]　　沙陵　　沙南①　　北舆

武泉　　原阳　　定襄故属定襄。　　成乐故属定襄。

武进故属定襄。

①案:乌桓有兰池城,乌桓之围耿晔处。

定襄郡高帝置。五城,户三千一百五十三,口万三千五百七十一。

善无故属雁门。　　桐过　　武成[117]　　骆　　中陵故属雁门。

雁门郡秦置。雒阳北千五百里。十四城,户三万一千八百六十二,口二十四万九千。[118]

  阴馆①   **繁畤**   **楼烦**   **武州**②   **汪陶**[119]   **剧阳**

  崞   **平城**③   **埒**   **马邑**④   **卤城**故属代郡。⑤

广武故属太原。有夏屋山。⑥[120]   **原平**故属太原。⑦

彊阴

①史记曰汉苏意军句注,应劭曰山险名也,在县。尔雅八陵西隃雁门是也。郭璞曰即雁门山。山海经曰,雁门山者,雁飞出于其间。

②前书武帝诱匈奴入武州塞。

③前书高帝被围白登,服虔曰去县七里。

④干宝搜神记曰:"昔秦人筑城于武州塞内以备胡,城成而崩者数矣。有马驰走一地,周旋反覆,父老异之,因依以筑城,城乃不崩,遂名之为马邑。"

⑤山海经曰:"(秦)〔泰〕戏之山,[121]无草木,多金玉,呼沱之水出焉。"郭璞曰,今呼沱河〔出〕县武夫山。[122]周礼:"并州,其川呼沱。"魏志曰:"建安十年凿渠自呼沱入汾,名平虏渠。"

⑥史记曰,赵襄子北登夏屋山,以铜斗杀代王。郭璞曰,尔雅山中有兽,形如菟,相负共行,土俗名之蹶。

⑦古史考曰:"赵衰居原,今原平县。"

朔方郡武帝置。六城,户千九百八十七,口七千八百四十三。

  临戎   **三封**   **朔方**   **沃野**   **广牧**   **大城**[123]故属西河。

    右并州刺史部,郡九,县、邑、侯国九十八。①

①古今注曰:"建武十一年十月,西河上郡属(魏)。"[125]魏志曰:"建安二十年省云中、定襄、五原、朔方,置一县领其民,合以为新兴郡。"

涿郡高帝置。雒阳东北千八百里。七城,户十万二千二百一十八,口六十三万三千七百五十四。

涿　　酒侯国。①　　故安易水出,雹水出。②　　范阳侯国。

良乡　　北新城[125]有汾水门。③　　方城故属广阳。有临乡。④有督〔亢〕亭。⑤[126]

①史记汉武帝至鸣泽,服虔曰在县北界。

②案本纪,永元十五年复置县铁官。

③史记曰,赵与燕汾门。

④故县,后省。惠文王与燕临乐。

⑤刘向别录曰:"督亢,膏腴之地。"史记荆轲奉督亢图入秦。

广阳郡高帝置,为燕国,昭帝更名为郡。[127]世祖省并上谷,永(平)〔元〕八年复。[128]五城,户四万四千五百五十,口二十八万六百。

蓟本燕国。刺史治。①　　广阳　　昌平故属上谷。　　军都故属上谷。　　安次故属勃海。

①汉官曰:"雒阳东北二千里。"

代郡秦置。雒阳东北二千五百里。①十一城,户二万一百二十三,口十二万六千一百八十八。

①古今注曰:"建武二十七年七月属幽州。"

2851

高柳　　桑乾　　道人　　当城　　马城　　班氏　　狋氏

北平邑[129]永元八年复。　　东安阳　　平舒　　代①

①干宝搜神记曰:"代城始筑,立板干,一旦亡西南板,四五十里于泽中自立,结苇为外门,因就营筑焉,故其城周圆三十五丈,为九门,故城处呼之以为东城。"

上谷郡秦置。雒阳东北三千二百里。八城,户万三百五十二,口五万一千二百四。

沮阳　　潘永元十一年复。　　宁[130]　　广宁　　居庸

雊瞀　　涿鹿①　　下落[131]

①帝王世记曰:"黄帝所都,有蚩尤城、阪泉地、黄帝祠。"世本云在(鼓)〔彭〕城南,[132]张晏曰在上谷。于瓒[133]案礼五帝位云黄帝与赤帝战于阪泉之野,不在涿鹿,是伐蚩尤之地。

渔阳郡秦置。雒阳东北二千里。九城,户六万八千四百五十六,口四十三万五千七百四十。

渔阳有铁。[134]　　狐奴　　潞[135]　　雍奴　　泉州有铁。[136]　　平谷　　安乐　　傂奚[137]　　犷平

右北平郡秦置。雒阳东北二千三百里。四城,户九千一百七十,口五万三千四百七十五。

土垠[138]　　徐无　　俊靡[139]　　无终

辽西郡秦置。雒阳东北三千三百里。五城,户万四千一百五十,口八万一千七百一十四。

阳乐　　海阳　　令支有孤竹城。①[140]　　肥如　　临渝②

①伯夷、叔齐本国。

②山海经曰:"碣石之山,(绾)〔绳〕水出焉,[141]其上有玉,其下多青碧。"水经曰在县南。郭璞曰:"或曰在右北平骊(城)〔成〕县[142]海边山也。"

辽东郡秦置。雒阳东北三千六百里。①十一城,户六万四千一百五十八,口八万一千七百一十四。[143]

①案本纪,和帝永元十六年郡复置西部都尉官。

襄平　　新昌　　无虑[144]　　望平　　候城[145]　　安
市　　平郭有铁。　　西安平①　　汶[146]　　番汗

沓氏

①魏氏春秋曰："县北有小水,南流入海,句骊别种,因名之小水貊。"

玄菟郡武帝置。雒阳东北四千里。六城,户一千五百九十四,口四
万三千一百六十三。[147]

高句骊辽山,辽水出。①　　　西盖(鸟)〔马〕[148]　　　上殷台
高显故属辽东。　　　候城故属辽东。[149]　　　辽阳故属
辽东。②

①山海经曰："辽水出白平东。"郭璞曰："出塞外(衕)〔卫〕白平山,[150]辽
山,小辽水所出。"

②东观书安帝即位之年,分三县来属。

乐浪郡武帝置。雒阳东北五千里。十八城,户六万一千四百九十
二,口二十五万七千五十。

朝鲜　　詽邯　　浿水　　含资　　占蝉[151]　　遂
城[152]　　增地　　带方　　驷望　　海冥　　列口①
长岑　　屯有　　昭明　　镂方　　提奚　　浑弥
乐都

①郭璞注山海经曰："列,水名。列水在辽东。"

辽东属国[153]故邯乡,西部都尉,安帝时以为属国都尉,别领六城。
雒阳东北三千二百六十里。

昌辽故天辽,[154]属辽西。①　　宾徒[155]故属辽西。

徒河故属辽西。　　无虑[156]有医无虑山。[157]　　险渎②

房

①何法盛晋书有青城山。

②史记曰，王险，卫满所都。

　　右幽州刺史部，郡、国十一，县、邑、侯国九十。

南海郡武帝置。雒阳南七千一百里。七城，户七万一千四百七十七，口二十五万二百八十二。[158]

番禺①　　博罗②[159]　　　中宿　　龙川　　四会　　揭阳

增城有劳领山。

①山海经(注)[160]"桂林八树，在贲禺东"，郭璞云今番禺。

②有罗浮山，自会稽浮往博(罗)山，[161]故置博罗县。

苍梧郡武帝置。雒阳南六千四百一十里。[162]十一城，户十一万一千三百九十五，口四十六万六千九百七十五。

广信①　　谢沐　　高要　　封阳　　临贺　　端谿　　冯乘

富川　　荔浦　　猛陵②　　鄣平③

①汉官曰："刺史治，去雒阳九千里。"

②地道记曰："龙山，合水所出。"

③永平十四年置。

郁林郡秦桂林郡，武帝更名。雒阳南六千五百里。十一城。[163]

布山　　安广　　阿林　　广郁　　中溜[164]　　桂林

潭中　　临尘　　定周　　增食　　领方

合浦郡武帝置。雒阳南九千一百九十一里。五城，户二万三千一百二十一，口八万六千六百一十七。

合浦　**徐闻**①　**高凉**②　**临元**[165]　**朱崖**[166]

①交州记曰:"出大吴公,皮以冠鼓。"

②建安二十五年,孙权立高梁郡。

交趾郡武帝置,即安阳王国。雒阳南万一千里。十二城。

龙编①　**羸陵**②[167]　(定)**安〔定〕**③[168]　**苟漏**④

麊泠[169]　**曲阳**[170]　**北带**　**稽徐**　**西于**　**朱䳒**

封谿建武十九年置。⑤　**望海**建武十九年置。

①交州记曰:"县西带江,有仙山数百里,有三湖,有注、沆二水。"[171]

②地道记曰:"南越侯织在此。"

③交州记曰:"越人铸铜为船,在江潮退时见。"

④交州记曰:"有潜水牛上岸共斗,角软,还复出。"[172]

⑤交州记曰:"有堤防龙门,水深百寻,大鱼登此门化成龙,不得过,曝鳃点额,血流此水,恒如丹池。有秦潜江,出呕山,分为九十九,流三百馀里,共会于一口。"

九真郡武帝置。雒阳南万一千五百八十里。五城,户四万六千五百一十三,口二十万九千八百九十四。

胥浦　**居风**①　**咸懽**[173]　**无功**[174]　**无编**

①交州记曰:"有山出金牛,往往夜见,光曜十里。山有风门,常有风。"

日南郡秦象郡,武帝更名。雒阳南万三千四百里。五城,户万八千二百六十三,口十万六百七十六。

西卷[175]　**朱吾**①　**卢容**②　**象林**③　**比景**④

①交州记曰:"其民依海际居,不食米,止资鱼。"

②交州记曰:"有採金浦。"

③今之林邑国。

④博物记曰："日南出野女,群行不见夫,其状碧且白,裸袒无衣襦。"

右交州刺史部,郡七,县五十六。①

①王范交广春秋曰："交州治嬴陵县,元封五年移治苍梧广信县,建安十

五年治番禺县。诏书以州边远,使持节,并七郡皆授鼓吹,以重威镇。"

汉书地理志承秦三十六郡,县邑数百,后稍分析,至于孝平,
凡郡、国百三,县、邑、道、侯国千五百八十七。世祖中兴,惟官多
役烦,乃命并合,省郡、国十,县、邑、道、侯国四百馀所。①至明帝
置郡一,章帝置郡、国二,和帝置三,安帝又命属国别领比郡者
六,又所省县渐复分置,至于孝顺,凡郡、国百五,县、邑、道、侯国
千一百八十,②民户九百六十九万八千六百三十,口四千九百一
十五万二百二十。③

①应劭汉官曰："世祖中兴,海内人民可得而数,裁十二三。边陲萧条,

靡有孑遗,郭塞破坏,亭队绝灭。建武二十一年,始遣中郎将马援、谒

者,分筑烽候,堡壁稍兴,立郡县十馀万户,或空置太守、令、长,招还

人民。上笑曰:'今边无人而设长吏治之,难如春秋素王矣。'乃建立

三营,屯田殖谷,弛刑谪徒以充实之。"

②东观书曰："永兴元年,乡三千六百八十二,[176]亭万二千四百四

十二。"[177]

③应劭汉官仪曰："永和中,户至千七十八万,口五千三百八十六万九千

五百八十八。"又帝王世记,永嘉(二)〔元〕年[178]户则多九十七万八千

七百七十一,口七百二十一万六千六百三十六。应载极盛之时,而

所殊甚众,舍永嘉多,取永和少,良不可解。皇甫谧校覈精审,复非

谬记,未详孰是。岂此是顺朝时书,后史即为本乎?伏无忌所记,每

帝崩,辄最户口及垦田大数,今列于后,以见滋减之差焉。光武中元二年,户四百二十七万九千六百三十四,口二千一百万七千八百二十。明帝永平十八年,户五百八十六万五百七十三,口三千四百一十二万五千二十一。章帝章和二年,户七百四十五万六千七百八十四,口四千三百三十五万六千三百六十七。和帝元兴元年,户九百二十三万七千一百一十二,口五千三百二十五万六千二百二十九,垦田七百三十二万一百七十顷八十亩百四十步。安帝延光四年,户九百六十四万七千八百三十八,口四千八百六十九万七百八十九,^{〔179〕}垦田六百九十四万二千八百九十二顷一十三亩八十五步。顺帝建康元年,户九百九十四万六千九百一十九,口四千九百七十三万五百五十,垦田六百八十九万六千二百七十一顷五十六亩一百九十四步。冲帝永嘉元年,户九百九十三万七千六百八十,口四千九百五十二万四千一百八十三,垦田六百九十五万七千六百七十六顷二十亩百八步。质帝本初元年,户九百三十四万八千二百二十七,口四千七百五十六万六千七百七十二,垦田六百九十三万一百二十三顷三十八亩。

赞曰:众安后载,政治区分;侯罢守列,民无常君。称号迁隔,封割纠纷;略存减益,多证前闻。

【校勘记】

〔1〕锡　按:前志作"锡",应劭曰音阳。王先谦补注谓应劭后汉人,时尚有此县,应音必不误,当以作"锡"为正。2844 页 18 行同。

〔2〕有唐公(防)〔房〕祠　集解引钱大昕说,谓"防"当作"房",汉人隶书"房"或作"防",因讹为自旁。今据改。

〔3〕至于锡穴　按:左传"锡"作"锡"。

〔４〕初平(六)〔元〕年　惠栋补注谓初平无六年,当依华阳国志作"初平元年"。今据改。

〔５〕赵颖分巴为二郡　三国志刘焉传"赵颖"作"赵韪"。张森楷校勘记谓案沈约所引谯周巴记元文及通鉴并作"韪",疑"颖"字误。

〔６〕故郡以垫江为治安汉以下为永宁郡　按:钱大昕考异谓案华阳国志,赵颖建议以垫江以上为巴郡,治安汉,江州至临江为永宁郡,是安汉、垫江同在巴郡之内,而安汉且为郡治,颖为安汉人,故欲移巴郡之名于安汉也。此文似有误。

〔７〕刘(绰)〔璋〕分巴　据殿本改。按:殿本亦有作"绰"者,故考证齐召南谓"刘绰"当作"刘璋",璋分巴东、巴西二郡,蜀志可考。

〔８〕则膏(晖)〔泽〕鲜芳　据汲本、殿本改。

〔９〕山有大小石城(势者)　据集解引惠栋说删。

〔１０〕左传文十〔六〕年　据殿本考证补。

〔１１〕从枳南入折丹涪水本与楚商於之地接　殿本"水"上有"陵"字,"与"上无"本"字。考证齐召南谓按析、丹水皆县名,与涪陵相接,注当云"从枳南入析、丹水、涪陵,与商於之地接"。"析"讹作"折","丹涪陵水"又倒其字,遂不可解。今按:集解引马与龙说,谓析、丹水二县属南阳郡,与商於地接,然与涪陵南北悬隔,又非可从枳南入也。商於未尝属楚。今考华阳国志,涪陵,巴之南郡,从枳县南入,泝舟涪水,秦司马错由之以取黔中。据此,疑注"折"当作"泝","丹"当作"舟","商於"当改"黔中",于地望方合。

〔１２〕汉时赤(田)〔甲〕军　集解引惠栋说,谓"赤田"当依华阳国志作"赤甲"。今据改。

〔１３〕(州)刺史治　殿本考证齐召南谓各州刺史治例无"州"字,此"州"字衍。今据删。

〔14〕什邡　按:前志作"汁方",功臣表作"汁防",晋志又作"什方",诸本不一。

〔15〕水通巴(汉)　集解引惠栋说,谓案华阳国志云水通于巴,注衍"汉"字。今据删。

〔16〕汶江道　按:前志无"道"字。

〔17〕八陵　按:集解引钱大昕说,谓前志有蚕陵,无八陵,晋志亦作"蚕陵"。又引惠栋说,谓灵帝以汶江、蚕陵、广柔三县置汶山郡,"八陵"当作"蚕陵"。

〔18〕绵虒道　按:前志无"道"字。

〔19〕有鱼(泣)〔涪〕津　集解引钱大昭说,谓"泣"当作"涪"。吴汉传汉与公孙述将魏党、公孙永战于鱼涪津,注云在南安县,北临大江。蜀都赋注作"鱼符津",符涪声相近也。今据改。

〔20〕(荷)〔符〕节　集解引钱大昕说,谓前志有符,无荷节,疑"荷"乃"符"之讹,而衍一"节"字也。今按:符节长王士,见蜀志杨戏传,是东汉改名符节,三国蜀因之,"节"字当非衍文,荷与符则形近而讹也。今改"荷"字,不删"节"字。

〔21〕县之南有五岷山一山而五里在越嶲界　按:集解引惠栋说,谓今蜀都赋注曰"一山有五重,在县南"也。

〔22〕有〔蜀〕王(岳)〔兵〕兰　集解引惠栋说,谓江水注云"县有蜀王兵兰",兰与阑古字通。今据惠说补改。按:华阳国志亦云"棘道有故蜀王兵阑"。

〔23〕李冰烧之崖有五色赤白映水玄黄　按:"烧"上疑脱"所"字。今华阳国志作"其崖嶄峻不可凿,乃积薪烧之,故其处悬崖有赤白五色"。又云"李冰所烧之崖有五色,赤白映水玄黄"。

〔24〕有方〔山〕兰祀　集解引惠栋说,谓各本脱"山"字。今据补。

〔25〕进乘　按:前志作"进桑",水经叶榆水注亦作"进桑"。

〔26〕有(沈)〔沅〕水　据王先谦说改。按:水经注"沅水出牂牁且兰县"。

〔27〕有文众水　按:王先谦谓班志、郦注并作"文象水"。

〔28〕东至糜泠　按:殿本、集解本"糜"作"麊"。

〔29〕台登　按:补注引何焯说,谓前志台登,应劭云今曰台高,则"登"当作"高"也。

〔30〕三缝　前志作"三绛"。按:华阳国志作"三缝"。

〔31〕阐　按:前志作"阑"。补注王先谦谓"阐"续志及华阳国志作"阐",案宋志沈黎郡领兰县,汉旧县作"阑",然则作"阑"是也。

〔32〕又有温水穴　按:集解引惠栋说,谓"温水"一作"温泉"。

〔33〕度泸得〔蜻〕蛉县　集解引惠栋说,谓今华阳国志云蜻蛉县。今据补。

〔34〕有(元)〔天〕马河　集解引惠栋说,谓"元马河"华阳国志及水经注皆作"天马河"。隶书天字有似元者,见无极山碑。今据改,下同。

〔35〕今(其)有(元)〔天〕马径　集解引惠栋说,谓"其"字衍。今据删。按:华阳国志无"其"字。

〔36〕河中有铜船　校补引柳从辰说,谓华阳国志廖寅本"船"作"胎",盖据水经注作"胎铜"校改。惟交州记"越人铸铜为船,在江潮退时见",此"铜船"似不误,故惠氏正误亦不及"船"字也。黄山谓就下文"可取"言,似又不当作"船"。

〔37〕今在祠以羊　按:惠栋补注谓一作"今以羊祠之",案下文又云"河中见存",文不应重出,当有舛误。

2860
〔38〕河中见(子)〔存〕　惠栋补注谓"子"字误,今华阳国志作"存"。今据改。

〔39〕土地特产好(羣)〔犀〕牛　惠栋补注谓今华阳国志云"土地特产犀牛"也。按:犀与羣形近而讹,今据改。

〔40〕胜休　按:惠栋补注谓沈约作"腾休",晋志作"滕休"。

〔41〕装山　按:集解引惠栋说,谓前志作"怀山"。

〔42〕(母棳)〔毋棳〕　据前志改。按:殿本作"毋",不误。又按:集解引钱大昕说,谓说文棳从木,此从手,误,前志亦作"棳"。

〔43〕牧靡　按:集解引惠栋说,谓前志作"收靡",华阳国志作"升麻",云出好升麻,晋书作"牧麻",按靡与麻古字通,山海经有"寿麻之国",吕览作"寿靡"是也。又按:汉书补注引段玉裁说,云收升牧三字同纽。

〔44〕同濑　按:前志作"铜濑"。

〔45〕梇栋　按:前志作"弄栋"。

〔46〕(淮)〔惟〕有蜪　集解引惠栋说,谓华国阳志曰"山无石,惟有蜪","淮"当作"惟"。今据改。按:御览九百十二引"惟有"作"而多"。

〔47〕水东至(母棳)〔毋棳〕　据前志改,详前"毋棳"条校记。

〔48〕铜虏山米水所出　按:集解引钱大昕说,谓前志云"谈虏山,迷水所出"。铜谈声相近,米即迷也,县盖以山得名。濑虏声亦相近。

〔49〕明帝永平〔十〕二年　殿本考证齐召南谓按本书,永平十二年以益州徼外夷哀牢王内附,置永昌郡,是"二年"上脱"十"字。今据补。

〔50〕户二十三万一千八百九十七口百八十九万七千三百四十四　按:张森楷校勘记谓永昌僻郡,而户口繁庶如此,且以除法计之,每十户过八十馀口,徧恒率矣,疑口数有讹。

〔51〕楪榆　按:前志作"葉榆"。

〔52〕有(同)〔周〕水从徼外来　据前志及华阳国志改。按:王先谦谓同周形近而误,钱坫以为今怒江也。

〔53〕越〔山〕得兰沧水　据华阳国志补。

〔54〕广汉属国(都尉)　据集解引钱大昕说删。

〔55〕属(蜀)〔广汉〕郡　殿本考证齐召南谓注"蜀郡"应是"广汉郡"之讹。阴平、甸氐、刚氐三道旧属广汉,阴平道即广汉北部都尉治也,

前书可证。今据改。

〔56〕有邛僰九折坂者邛(刻)〔邮〕置　集解引惠栋说,谓案司马相如传
"严道邛邮",徐广云"严道有邛僰九折坂,又有邛邮"。"刻"当作
"邮"。又引洪颐煊说,谓前书淮南厉王传注,张晏曰"邛邮,置名
也"。"刻"是"邮"之误。今据改。

〔57〕有洙水　按:集解引惠栋说,谓"洙水"华阳国志作"沫水",音妹,
又音末。

〔58〕从邛来出岷江　按:校补引柳从辰说,谓华阳国志"来"作"崍"。

〔59〕有堂狼山　按:集解引惠栋说,谓华阳国志作"堂蜋山"。

〔60〕县道〔一〕百一十八　据汲本、殿本补。

〔61〕本传(县)马防筑索西城　据殿本考证删。

〔62〕秦州记曰　按:"州"原作"川",径据汲本、殿本改。

〔63〕已分汉阳上郡为永阳　按:集解引马与龙说,谓上郡与汉阳地望悬
隔,不得并以分郡,此注有误。疑"上郡"为"上邽"之讹,"已"字为
"郡"字之讹,当云"分汉阳上邽为永阳郡"。观注言以乡亭为属
县,必以县为郡明矣。

〔64〕有雒门聚　按:集解引惠栋说,谓来歙传"雒门"皆作"落门",县有
落门山,故名。

〔65〕望恒　按:前志作"望垣"。此作"望恒",盖恒与垣形近而讹。

〔66〕略阳　按:前志作"略阳道"。

〔67〕陇(州)　集解引惠栋说,谓"州"字衍。今据删。

〔68〕街(水)〔泉〕故县省　据殿本考证改。

〔69〕山东人行役升此而顾瞻者　按:"役"原讹"投",径改正。

〔70〕西在陇西〔之〕西　据集解引惠栋说补。

〔71〕今谓之(人)〔八〕充山　据汲本、殿本改。按:集解引惠栋说,谓"八
充山"一作"兑山",见裴骃史记注,北宋本作"人充山",误。

〔72〕下辨　前志"辨"下有"道"字。按:集解引惠栋说,谓洪适云李翕

碑题名有<u>下辨道长任诗</u>,则志阙一"道"字。又按:本书光武纪作"下辩",辨辩古字通。

〔73〕武都道　前志无"道"字。按:"下辨道"作"下辨","武都"作"武都道",疑上下误写。

〔74〕沔水出东狼谷　<u>集解</u>引<u>惠栋</u>说,谓<u>前志</u>云"沮水",<u>华阳国志</u>云"河池水"。今按:<u>水经注</u>"沔水一名沮水",<u>华阳国志</u>作"河池水",误。

〔75〕羌道　按:<u>前志</u>属<u>陇西</u>。<u>集解</u>引<u>钱大昕</u>说,谓下脱"故属<u>陇西</u>"四字。

〔76〕有天池泽　<u>汲</u>本、<u>殿</u>本"天"作"大"。按:<u>廖</u>刻<u>华阳国志顾</u>校谓"天池"原讹"天地"。又按:<u>前志</u>云"天池大泽",<u>王先谦</u>谓即<u>仇池</u>。

〔77〕有(奴)〔怒〕特祠　<u>集解</u>引<u>惠栋</u>说,谓注"奴特"<u>史记</u>注及<u>魏文帝列异传</u>皆作"怒特"。今据改。

〔78〕乌枝　<u>集解</u>引<u>钱大昕</u>说,谓<u>前志</u>作"乌氏",师古读氏为枝,<u>梁统传</u>亦作"乌氏"。又引<u>惠栋</u>说,谓<u>史记</u>、<u>汉书</u>作"乌氏",音枝,本传亦作"氏",作"枝"者非也。

〔79〕有瓦亭出薄落谷　<u>殿</u>本"出"作"山"。<u>惠栋</u>补注出"有瓦亭山"四字,云一作"出",误。今按:<u>瓦亭</u>非山名,注文在"瓦亭"下可证也,<u>惠</u>说误。疑"出薄落谷"四字乃侧注,当在注文"乌水出"下。

〔80〕阴盘　按:<u>前志</u>作"阴槃"。

〔81〕鹑觚　按:<u>前志</u>作"鹑孤"。

〔82〕泾水出县西(丹)〔开〕头山　<u>殿</u>本考证<u>齐召南</u>谓"丹头"当作"开头",各本俱误。<u>集解</u>引<u>惠栋</u>说,谓依<u>前志</u>及<u>山海经</u>,皆作"开头",传写误作"丹"也。今据改。

〔83〕有左谷　<u>集解</u>引<u>惠栋</u>说,谓<u>卢芳传</u>注引续汉志曰"三水有左右谷"。

今按:此三字疑是正文,当连正文"三水"下。

〔84〕户万四十二 按:汲本、殿本"四十二"作"四十三"。

〔85〕仓松 殿本"仓"作"苍"。按:前志亦作"苍"。

〔86〕鹯阴 按:前志作"鹯阴"。

〔87〕租厉 按:集解引惠栋说,谓前书武纪及志皆作"祖厉",案司农夫
人碑,其字作"祖",今误"租"。

〔88〕左骑千人官 按:集解引钱大昕说,谓此盖别居一城,并姑臧等十
三县数之为十四也。至张掖属国则领五城,以左骑、千人各一城,
与此互异。又王先谦谓李兆洛云今地阙。

〔89〕户万二千七百六 按:张森楷校勘记谓此下当有口数,脱去。

〔90〕福禄 集解引钱大昕说,谓前志作"禄福"。魏志庞淯传及皇甫谧
列女传载庞娥事,云"禄福赵君安之女",又云"禄福长尹嘉",曹全
碑亦云"拜酒泉禄福长",则知作"福禄"者误也。又引惠栋说,谓
晋志亦作"福禄",误。今按:汉书补注引吴卓信说,谓汉魏之间犹
称"禄福",其改为"福禄",当自晋始。又按:本书列女传云"福禄
长尹嘉",则其误不自续志始也。

〔91〕表氏 按:集解引钱大昕说,谓前志作"表是",是氏古通用也。

〔92〕沙头 按:前志作"池头"。

〔93〕故曰(缓)〔绥〕弥 前志作"绥弥",王先谦谓"缓"乃"绥"之讹。今
据改。

〔94〕户七百四十八口二万九千一百七十 按:张森楷校勘记谓此户数
有讹误,否则户有四十许人,太不近情矣。

〔95〕拼泉 按:前志作"渊泉"。

〔96〕别领五城 按:殿本考证齐召南谓按下有候官、左骑、千人、司马
官、千人官,皆官名,非城名也。前志张掖领十城,后志领八城,其
居延别为居延属国,显美改属武威郡,未知张掖属国所领之五城为
何名也。又集解引钱大昕说,谓张掖属国别领五城,以志考之,惟

有候官、左骑、千人、司马官、千人官，而不领县，以左骑、千人各一城，又别有千人官一城，与候官、司马官为五城，与<u>武威郡</u>之左骑千人官为一城者互异。

〔97〕安帝别领一(郡)〔城〕　殿本考证谓"郡"字<u>何焯</u>校本改作"城"。今据改。

〔98〕口四千七百三十三　按：殿本"三十三"作"三十二"。

〔99〕献帝建安末立为西海郡　按：<u>集解</u>引<u>钱大昕</u>说，谓案<u>献帝</u>起居注，<u>建安十八年复禹贡九州，雍州</u>部已有<u>西海郡</u>，是立郡不在<u>建安</u>末也。

〔100〕郡(国)十二　据<u>汲</u>本删。

〔101〕猗氏　<u>前志</u>作"陭氏"。按：<u>集解</u>引<u>洪亮吉</u>说，谓应如<u>前志</u>作"陭"，与<u>河东</u>所属者有别。又按：<u>说文</u>"陭，<u>上党陭氏</u>阪也，从邑奇声"，则当以"陭"为正。

〔102〕(章)〔漳〕水出焉　据<u>惠栋</u>补注改。

〔103〕壶关三老　按："三"原讹"二"，径改正。

〔104〕(路)〔潞〕县东有壶口关　据<u>汲</u>本、殿本改。按：今<u>左传杜</u>注亦讹"路"。

〔105〕秦置　按：下脱<u>洛阳</u>北里数，下<u>上郡</u>、<u>五原郡</u>、<u>云中郡</u>、<u>定襄郡</u>、<u>朔方郡</u>同。

〔106〕有凿壶　<u>集解</u>引<u>惠栋</u>说，谓<u>史记</u>、<u>战国策</u>、<u>水经汾水</u>注皆作"凿台"。今按：壶与台疑形近而讹。

〔107〕界山推焚死之山　按：殿本"界"作"介"。

〔108〕左传谓涂水　按：注有脱误，当云"<u>左传知徐吾</u>为<u>涂水</u>大夫，<u>杜预</u>曰<u>榆次</u>有<u>涂水</u>乡"。

〔109〕杜预曰界休县南中都城是也　按：<u>左传杜</u>注作"<u>界休</u>县东南"。

〔110〕韩信破夏说于邬〔东〕　据<u>集解</u>引<u>惠栋</u>说改。

〔111〕晋大夫(孟)〔盂〕丙邑　据<u>汲</u>本改。按：<u>前志</u>亦作"孟丙"，补注引

段玉裁说,谓"孟"或作"盂",广韵"左传晋有盂丙",则是以邑为氏。王先谦谓作"盂"是。并引顾炎武说,谓以其为盂大夫而谓之盂内,犹魏大夫之为魏寿馀。

〔112〕雕阴　按:前志有"道"字。

〔113〕益兰　按:前志作"益阑"。

〔114〕(父)〔文〕国　据殿本改。按:前志作"文国",王先谦谓续志后汉因,"文"或讹"父"。

〔115〕河(除)〔阴〕　据殿本改。按:前志作"河阴"。集解引钱大昕说,谓当作"河阴"。

〔116〕箕陵　集解引惠栋说,谓何焯云前志有桢陵,无箕陵。今按:李兆洛以箕陵即前汉桢陵县地。

〔117〕武成　按:前志作"武城"。

〔118〕户三万一千八百六十二口二十四万九千　按:张森楷校勘记谓案大计,此十户几八十口矣,疑"三"当为"五"字。

〔119〕汪陶　前志作"涅陶"。按:"涅"即"汪"之本字。

〔120〕有夏屋山　按:前志作"贾屋山"。补注引钱坫说,谓夏屋即贾屋,如淮阳国阳夏县,应劭、如淳音夏为贾是矣。

〔121〕(秦)〔泰〕戏之山　据汲本、殿本改,与今山海经合。

〔122〕今呼沱河〔出〕县武夫山　集解引惠栋说,谓诸本脱"出"字。今据补。

〔123〕大城　按:前志作"大成"。殿本考证谓何焯校本"城"字去土旁。

〔124〕建武十一年十月西河上郡属(魏)　集解引钱大昕说,谓"魏"字讹。按光武记,建武十一年省朔方牧,并并州,此西河上郡必朔方刺史所部,至此始属并州耳。班史冯野王为上郡太守,朔方刺史萧育奏封事荐之,是上郡属朔方部之证也。注文当有脱漏,又因下引魏志而衍一"魏"字耳。今据钱说,删一"魏"字,但注文有脱漏,"西河上郡属"亦不成句。

〔125〕北新城　集解引钱大昕说,谓当云"故属中山"。今按:前志中山国北新成,王先谦谓志末论十二国分域,北新成属涿郡。

〔126〕有督〔亢〕亭　按:集解王先谦谓据水经巨马水注引,此"督"下夺"亢"字。今据补。

〔127〕昭帝更名为郡　按:殿本考证齐召南谓下缺"宣帝复为国"五字,盖本始元年更为广阳国,至光武始入上谷郡耳。

〔128〕永(平)〔元〕八年复　钱大昕考异谓据和帝纪,永元八年九月复,此"永平"当为"永元"之讹。殿本考证齐召南说同。今据改。

〔129〕北平邑　前志无"北"字。按:集解引钱大昕说,谓章帝女平邑公主,章怀注"平邑属代郡"。

〔130〕寗　前志作"寧",惠栋谓古书寧与寗通。又按:"寗"原作"寜",即寗之俗写。下"广寗"同。

〔131〕下落　按:惠栋补注本作"下洛",王先谦汉书补注谓水经㶟水注"落"作"洛"。

〔132〕在(鼓)〔彭〕城南　集解引惠栋说,谓前书刑法志云黄帝有涿鹿之战,郑德云在彭城南,小颜云彭城者上谷别有彭城,非宋之彭城也。"鼓"当作"彭"。今据改。

〔133〕于瓒　按:惠栋补注本作"干瓒",云汉书注有"臣瓒",莫知姓氏,郦元谓之薛瓒,或谓之傅瓒,刘孝标、姚察皆曰干瓒,未详孰是。

〔134〕渔阳有铁　按:前书作"有铁官"。

〔135〕潞　按:前志作"路"。

〔136〕泉州有铁　按:前志作"有盐官"。

〔137〕俱奚　按:前志作"厗奚",补注引王念孙说,谓"厗"当作"虒"。

〔138〕土垠　按:"土"原讹"上",径据殿本、集解本改正。

〔139〕俊靡　按:集解引惠栋说,谓依说文"俊"当作"浚"。又校补引钱

大昭说,谓耿弇传作"浚靡"。

〔140〕有孤竹城　按:集解引惠栋说,谓尔雅作"觚竹",四荒之一也。

〔141〕(纲)〔绳〕水出焉　汲本、殿本作"编水",集解引惠栋说,谓"编"一作"绳"。今据改,与山海经合。

〔142〕右北平骊(城)〔成〕县　据集解本改。按:前志作"骊成"。

〔143〕户六万四千一百五十八口八万一千七百一十四　按:张森楷校勘记谓案如此文,则户不能二口矣,非情理也,疑"八万"上有脱漏。

〔144〕无虑　集解引钱大昕说,谓此下当有"有医无虑山"五字。今按:后辽东属国"无虑"下"有医巫虑山"五字当移此。

〔145〕候城　按:集解引钱大昕说,谓玄菟郡有候城,云故属辽东,则此"候城"为衍文矣。王先谦谓钱说是。

〔146〕汶　前志作"文"。按:殿本考证谓何焯校本灭去氵。

〔147〕户一千五百九十四口四万三千一百六十三　按:张森楷校勘记谓案如此文,则户几四十许人矣,亦非情理也,疑"一千"之"千"字当为"万"字。

〔148〕西盖(鸟)〔马〕　据殿本考证齐召南说改。按:前志作"西盖马",县以盖马山得名,"马"作"鸟",乃形近而讹。

〔149〕候城故属辽东　按:殿本考证齐召南引顾炎武说,谓候城改属玄菟,而辽东复出一候城,无虑改属辽东属国,而辽东复出一无虑,必有一焉宜删者,然则天下郡国少二城矣。

2868　〔150〕出塞外(衔)〔卫〕白平山　按:汲本、殿本"衔"作"御",殿本考证谓"御"当作"衔",此正作"衔",与考证说合,然王先谦谓考证之"衔"字当作"卫",山海经、水经并作"卫",今据改。又按:集解引惠栋说,谓案今山海经云"辽水出卫皋东",卫皋山名,转写既久,因析"皋"为"白平",复误"卫"为"衔",遂令此字义无所附。桑钦水经亦作"白平"。

〔151〕占蝉　按:前志作"黏蝉"。

〔152〕遂城　按:前志作"遂成"。

〔153〕辽东属国　按:殿本考证杭世骏谓案此郡独无户口。

〔154〕昌辽故天辽　集解引惠栋说,谓案阚骃十三州志云辽东属国都尉治昌黎道,又前志辽西郡交黎县,应劭云今昌黎,然则"昌辽"当作"昌黎","天辽"当作"交黎"。又通鉴注云昌黎,汉交黎县,属辽西,后汉属辽东属国都尉,则知胡氏所见本尚未舛谬也。又引钱大昕说,谓黎辽声相近,故"昌黎"亦作"昌辽",犹"乌氏"为"乌枝","庳奚"为"俾奚"也。

〔155〕宾徒　按:前志"徒"作"从",补注王先谦谓作"从"误。

〔156〕无虑　按:无虑已见前辽东郡,此当作"扶黎",后人传写之误。说详惠栋补注。

〔157〕有医无虑山　按:此五字当移于前辽东郡"无虑"之下。说详前。

〔158〕户七万一千四百七十七口二十五万二百八十二,　按:张森楷校勘记谓"二十"之"二"当作"三",乃合李心传东汉户约五口之率,若如此文,则户不能口四口矣,非情理也。

〔159〕博罗　按:集解引惠栋说,谓沈约云"博罗",二汉皆作"傅"字,晋太康地志作"博"。案此则班、马本书皆作"傅罗",后人误为"博"也。

〔160〕山海经(注)　按:下所引乃山海经海内南经正文,"注"字衍,今删。

〔161〕自会稽浮往博(罗)山　集解引惠栋说,谓何焯云"罗"字衍。今据删。

〔162〕雒阳南六千四百一十里　按:张森楷校勘记谓案苍梧去雒阳较南海远,上南海云七千一百里,此祇六千馀里,殊非事实,且郡首县广信,是广信即郡治也,广信下注云去雒阳九千里,则非六千馀里矣。"六"字疑误。下郁林同。

〔163〕郁林郡十一城　按:集解引马与龙说,谓此郡与交趾及幽州之辽东属国,皆阙户口之数。

〔164〕中溜　按:前志作"中留"。

〔165〕临元　前志作"临允"。按:汉书补注王先谦谓"元"乃"允"字之讹。

〔166〕朱崖　按:前志作"朱卢"。

〔167〕赢陵　殿本考证谓"赢"应作"嬴",前书孟康曰嬴音连,则作"赢"字非也。今按:汉书补注王先谦谓地道记作"赢陵",盖后人因孟音而制"赢"字,广韵载之,皆误。

〔168〕(定)安〔定〕　据殿本改。按:前志作"安定",王先谦补注谓续志后汉因,或误"定安"。

〔169〕麓泠　集解引惠栋说,谓"麓"说文作"䍧",从米尼声。按:汉书补注引王鸣盛说,亦谓作"䍧"是。

〔170〕曲阳　前志作"曲易"。按:易阳古今字。

〔171〕有注沇二水　按:汲本、殿本"沇"作"沉"。

〔172〕角软还复出　按:张森楷校勘记谓案上言上岸共斗,已是出矣,不当云复出,疑是"入"字之误。

〔173〕咸懽　前志作"咸驩"。按:驩懽古今字。

〔174〕无功　按:前志作"无切"。

〔175〕西卷　按:前志作"西捲"。

〔176〕乡三千六百八十二　按:汲本、殿本"八十二"作"八十一"。

〔177〕亭万二千四百四十二　汲本、殿本"四十二"作"四十三"。按:聚珍本东观汉记亦作"三"。

〔178〕永嘉(二)〔元〕年　集解引何焯说,谓永嘉无二年,"二"当作"元"。今据改。

〔179〕口四千八百六十九万七百八十九　按:张森楷校勘记谓案和帝之

世,口五千三百馀万,户只九百二十馀万,此户已九百六十馀万,而口只四千馀万,反更少之,殊非情理,疑"四"是"五"之讹。下<u>顺帝</u>口数同。

后 汉 书 志 第 二 十 四

百 官 一

太傅　太尉　司徒　司空　将军

汉之初兴,承继大乱,兵不及戢,法度草创,略依秦制,后嗣因循。至景帝,感吴楚之难,始抑损诸侯王。及至武帝,多所改作,然而奢广,民用匮乏。世祖中兴,务从节约,并官省职,费减亿计,所以补复残缺,及身未改,而四海从风,中国安乐者也。

昔周公作周官,分职著明,法度相持,王室虽微,犹能久存。今其遗书,所以观周室牧民之德既至,又其有益来事之范,殆未有所穷也。故新汲令王隆作小学汉官篇,诸文倜说,较略不究。①唯班固著百官公卿表,记汉承秦置官本末,讫于王莽,差有条贯;然皆孝武奢广之事,又职分未悉。世祖节约之制,宜为常宪,故依其官簿,粗注职分,以为百官志。②凡置官之本,及中兴所省,无因复见者,既在汉书百官表,不复悉载。

2873

①案：胡广注隆此篇，其论之注曰："前安帝时，越骑校尉刘千秋[1]校书东观，好事者樊长孙与书曰：'汉家礼仪，叔孙通等所草创，皆随律令在理官，藏于几阁，无记录者，久令二代之业，闇而不彰。诚宜撰次，依拟周礼，定位分职，各有条序，令人无愚智，入朝不惑。君以公族元老，正丁其任，焉可以已！'刘君甚然其言，与邑子通人郎中张平子参议未定，而刘君迁为宗正、卫尉，平子为尚书郎、太史令，各务其职，未暇恤也。至顺帝时，平子为侍中典校书，方作周官解说，乃欲以（汉）〔渐〕次述汉事，[2]会复迁河间相，遂莫能立也。述作之功，独不易矣。既感斯言，顾见故新汲令王文山小学为汉官篇，略道公卿外内之职，旁及四夷，博物条畅，多所发明，足以知旧制仪品。盖法有成易，而道有因革，是以聊集所宜，为作诂解，[3]各随其下，缀续后事，令世施行，庶明厥旨，广前后愤盈之念，增助来哲多闻之览焉。"

②臣昭曰：本志既久是注曰百官簿，今昭又采异同，俱为细字，如或相冒，兼应注本注，尤须分显，故凡是旧注，通为大书，称"本注曰"，以表其异。

太傅，上公一人。①本注曰：掌以善导，无常职。世祖以卓茂为太傅，薨，因省。其后每帝初即位，辄置太傅录尚书事，薨，辄省。②

①大戴记曰："傅，傅之德义也。"应劭汉官仪曰："傅者，覆也。"贾生曰："天子不喻于先圣之德，不知君民之道，不见礼义之正，诗书无宗，学业不法，此太师之责也，古者齐太公职之。天子不惠于庶民，不礼于大臣，不中于折狱，无经于百官，不哀于丧，不敬于祭，不戒于齐，不信于事，此太傅之责也，古者周公职之。天子处位不端，受业不敬，言语不叙，音声不中，进退升降不以礼，俯仰周旋无节，此太保之责也，古

者燕召公职之。天子燕业反其学,左右之习诡其师,答诸侯,遇大臣,不知文雅之辞,已语之适,[4]简闻小诵,不博不习,此少师之责也。天子居处出入不以礼,衣服冠带不以制,御器列侧不以度,采服从好不以章,恣悦不以义,与夺不以节,此少傅之责也。天子居处燕私,安而易,乐而耽,饮食不时,醉饱不节,寝起早晏无常,玩好器弄无制,此少保之责也。此古天子自辅弼之礼也,自为天子而贤智维之,故能虑无失计,举无过事,终身得中。”

②胡广注曰:“犹古冢宰总己之义也。”案:灵帝之初,以陈蕃为太傅,蕃诛,以胡广代,始不止一人也。董卓在长安,又自尊为太师,位在太傅上。应劭汉官仪曰:“太师,古官也。平帝元年,孔光以太傅见,授诏,太师无朝,十日一赐餐,赐灵寿杖,省中施坐置几。太师入省中用杖,自是而阙。”[5]又汉官云:“太傅长史一人,秩千石,掾属二十四人,令史、御属二十二人。”荀绰晋百官表注曰:“汉太傅置掾属十人,御属一人,令史十二人,置长史,与汉异。”

太尉,公一人。①本注曰:掌四方兵事功课,岁尽即奏其殿最而行赏罚。凡郊祀之事,掌亚献;大丧则告谥南郊。凡国有大造大疑,则与司徒、司空通而论之。国有过事,则与二公通谏争之。世祖即位,为大司马。②建武二十七年,改为太尉。③

①应劭曰:“自上安下曰尉,武官悉以为称。”前书曰“秦官”,郑玄注月令亦曰“秦官”。尚书中候云舜为太尉,束皙据非秦官,以此追难玄焉。臣昭曰:纬候众书,宗贵神诡,出没隐显,动挟诞怪。该羲阴阳,徼迎起伏,或有先征,时能后验,故守寄构思,杂称晓辅,通儒达好,时略文滞。公输、益州,具于张衡之诘;无口汉辅,炳乎尹敏之讽。图谶纷伪,其俗多矣。太尉官实司天,虞舜作宰,璇衡赋政,将是据后位以书前,非唐官之实号乎? 太尉所职,即舜所

掌,遂以同掌追称太尉,乃中候之妄,盖非官之为谬。康成渊博,自注中候,裁及注礼而忘舜位,岂其实哉！此是不发讥于中候,而正之于月令也。广微之诮,未探硕意。说苑曰[6]"当尧之时,舜为司徒"。新论曰"昔尧试于大麓者,领录天子事,如今尚书官矣"。古史考曰"舜居百揆,总领百事"。说者以百揆尧初别置,于周更名冢宰,斯其然矣。

②汉官仪曰:"元狩六年罢太尉,[7]法周制置司马。时议者以为汉军有官候、千人、司马,故加'大'为大司马,所以别异大小司马之号。"

③蔡质汉仪曰:"府开阙,王莽初起大司马,后篡盗神器,故遂贬去其阙。"汉官仪曰:"张衡云:'明帝以〔为〕司马、司空府〔已荣〕,欲(复)更〔治〕太尉府。[8]时公赵憙也。西曹掾安众郑均,素好名节,以为朝廷新造北宫,整饬官寺,旱魃为虐,民不堪命,曾无殷汤六事,周宣云汉之辞。今府本馆陶公主第舍,员职既少,自足相受。[9]憙表陈之,即〔见〕听许。[10]其冬,〔帝〕临辟雍,[11]历二府,光观壮丽,而太尉〔府〕独卑陋(云)。[12]显宗东顾叹息曰:"椎牛纵酒,勿令乞儿为宰。"时憙子世为侍中,骖乘,归具白之,憙以为恨,频谴责均,均自劾去,道发病亡。'"古今注曰"永平十五年,更作太尉、司徒、司空府开阳城门内",与此不同。臣昭案:刘虞为大司马,而与太尉并置焉。

长史一人,千石。①本注曰:署诸曹事。

①卢植礼注曰:"如周小宰。"

掾史属二十四人。本注曰:汉旧注东西曹掾比四百石,馀掾比三百石,属比二百石,故曰公府掾,比古元士三命者也。或曰,汉初掾史辟,皆上言之,故有秩比命士。其所不言,则为百石属。其后皆自辟除，故通为百石云。①西曹主府史署用。东曹主二千石长吏迁除及军吏。户曹主民户、祠祀、农桑。奏曹主奏议事。辞曹主辞讼事。法曹主邮驿科程事。尉曹主卒徒转运事。贼曹主盗贼事。决曹主罪法事。兵曹主兵事。金曹主货币、盐、铁事。仓曹主仓穀事。黄阁主簿录省众事。②

①汉书音义曰："正曰掾，副曰属。"

②应劭汉官仪曰："世祖诏：'方今选举，贤佞朱紫错用。丞相故事，四科取士。一曰德行高妙，志节清白；二曰学通行修，经中博士；三曰明达法令，足以决疑，能案章覆问，文中御史；四曰刚毅多略，遭事不惑，明足以决，才任三辅令：皆有孝悌廉公之行。自今以后，审四科辟召，及刺史、二千石察茂才尤异孝廉之吏，务尽实覈，选择英俊、贤行、廉絜、平端于县邑，务授试以职。有非其人，临计过署，不便习官事，书疏不端正，不如诏书，有司奏罪名，并正举者，'又旧河堤谒者，世祖改以三府掾属为谒者领之，迁超御史中丞、刺史，或为小郡。监察黎阳谒者，世祖以幽、并州兵骑定天下，^[13]故于黎阳立营，以谒者监之，兵骑千人，复除甚重。谒者任轻，多放情态，顺帝改用公解府掾有清名威重者，迁超牧守焉。"汉官目录曰："建武十二年八月乙未诏书，三公举茂才各一人，廉吏各二人；光禄岁举茂才四行各一人，察廉吏三人；中二千石岁察廉吏各一人，廷尉、大司农各二人；将兵将军岁察廉吏各二人；监察御史、司隶、州牧岁举茂才各一人。"

令史及御属二十三人。本注曰：汉旧注公令史百石，自中兴以后，注不说石数。御属主为公御。①阁下令史主阁阖威仪事。记室令史主上章表报书记。门令史主府门。其馀令史，各典曹文书。②

①荀绰晋百官表注曰："御属如录事也。"

②应劭汉官仪有官骑三十人。^[14]

司徒,公一人。①本注曰:掌人民事。凡教民孝悌、逊顺、谦俭,
养生送死之事,则议其制,建其度。凡四方民事功课,岁尽则奏其
殿最而行赏罚。凡郊祀之事,掌省牲视濯,大丧则掌奉安梓宫。凡
国有大疑大事,与太尉同。世祖即位,为大司徒,②建武二十七年,
去"大"。③

①孔安国曰:"主徒众,教以礼义。"

②汉官仪曰:"王莽时,议以汉无司徒官,故定三公之号曰大司马、大
司徒、大司空。世祖即位,因而不改。"蔡质汉仪曰:"司徒府与苍
龙阙对,厌于尊者,不敢号府。"应劭曰:"此不然。丞相旧位在长
安时,府有四出门,随时听事,明帝本欲依之,迫于太尉、司空,但
为东西门耳。国每有大议,天子车驾亲幸其殿。殿西王侯以下更
衣并存。每岁州郡听采长吏臧否,民所疾苦,还条奏之,是为之举
谣言者也。顷者举谣言者,掾属令史都会殿上,主者大言某州郡
行状云何,善者同声称之,不善者各尔衔枚。大较皆取无名势,其
中或有爱憎微裁黜陟之闇昧也。若乃中山祝恬,践周、召之列,当
轴处中,忘謇谔之节,惮首尾之讥,县畏捉撮,^[15]无能清澄,其与
申屠须责邓通,^[16]王嘉封还诏书,邈矣乎!"周礼有外朝,干宝注
曰:"礼,司徒府中有百官朝会殿,天子与丞相决大事,是外朝之
存者。"

③汉旧仪曰:"哀帝元寿二年,以丞相为大司徒。郡国守长史上计^[17]事
竟,遣公出庭,^[18]上亲问百姓所疾苦。记室掾史^[19]一人大音读敕毕,
遣敕曰:'诏书殿下禁吏无苛暴。丞史归告二千石,^[20]顺民所疾苦。
急去残贼,审择良吏,无任苛刻。治狱决讼,务得其中。明诏忧百姓
困于衣食,二千石帅劝农桑,思称厚恩,有以赈赡之,无烦挠夺民

时。^[21]今日公卿以下，^[22]务饬俭恪，奢侈过制度以益甚，二千石身帅^[23]有以化之。民冗食者请谨以法，^[24]养视疾病，致医药务治之。诏书无饰厨养，^[25]至今未变，又更过度，^[26]甚不称。归告二千石，务省约如法。且案不改者，长吏以〔闻〕。^[27]官寺乡亭漏败，墙垣陁坏不治，^[28]无办护者，^[29]不胜任，^[30]先自劾不应法。归告二千石听。'^[31]十年，更名相国。"^[32]案献帝初，董卓自太尉进为相国，而司徒不省。及建安末，曹公为丞相，郗虑为御史大夫，则罢三公官。<u>荀绰晋百官表</u>注曰："汉丞相府门无兰，^[33]不设铃，不警鼓，言其深大阔远，无节限也。"

长史一人，千石。掾属三十一人。^①令史及御属三十六人。本注曰：<u>世祖</u>即位，以<u>武帝</u>故事，置司直，居丞相府，助督录诸州，<u>建武</u>十八年省也。^{②〔34〕}

①汉官目录曰三十人。

②(汉)〔献〕帝起居注曰：^[35]"建安八年十二月，复置司直，不属司徒，掌督中都官，不领诸州。九年十一月，^[36]诏司直比隶校尉，坐同席在上，假传置，从事三人，书佐四人。"

司空，公一人。^①本注曰：掌水土事。凡营城起邑、浚沟洫、修坟防之事，则议其利，建其功。凡四方水土功课，岁尽则奏其殿最而行赏罚。凡郊祀之事，掌扫除乐器，大丧则掌将校复土。凡国有大造大疑，谏争，与太尉同。^②<u>世祖</u>即位，为大司空，^③<u>建武</u>二十七年，去"大"。^④

①马融曰："掌营城郭，主司空土以居民。"

②韩诗外传曰："三公之得者何？曰司马、司空、司徒也。司马主天，司空主土，司徒主人。故阴阳不和，四时不节，星辰失度，灾

变非常,则责之司马。山陵崩陁,川谷不通,五榖不植,草木不茂,则责之司空。君臣不正,人道不和,国多盗贼,民怨其上,则责之司徒。故三公典其职,忧其分,举其辨,明其得,此之谓三公之事。"

③应劭汉官仪曰:"绥和元年,罢御史大夫官,法周制,初置司空。议者又以县道官狱司空,故覆加'大',为大司空,亦所以别大小之文。"

④汉旧仪曰:"御史大夫敕上计丞长史曰:'诏书殿下布告郡国:臣下承宣无状,多不究,百姓不蒙恩被化,守长史到郡,[37]与二千石同力为民兴利除害,务有以安之,称诏书。郡国有茂才不显者言〔上〕。[38]残民贪污烦扰之吏,百姓所苦,务勿任用。方察不称者,刑罚务于得中,恶恶止其身。选举民侈过度,务有以化之。问今岁善恶孰与往年,对上。问今年盗贼孰与往年,得无有群辈大贼,对上。'"臣昭案:献帝建安十三年,又罢司空,置御史大夫。御史大夫郗虑,虑免,不得补。荀绰晋百官表注曰:"献帝置御史大夫,职如司空,不领侍御史。"

属长史一人,千石。掾属二十九人。①令史及御属四十二人。

①汉官目录云二十四人。

将军,不常置。本注曰:掌征伐背叛。比公者四:第一大将军,次骠骑将军,次车骑将军,次卫将军。又有前、后、左、右将军。①

①蔡质汉仪曰:"汉兴,置大将军、骠骑,位次丞相,车骑、卫将军、左、右、前、后,皆金紫,位次上卿。典京师兵卫,四夷屯警。"

初,武帝以卫青数征伐有功,以为大将军,欲尊宠之。以古尊官唯有三公,皆将军始自秦、晋,^{〔39〕}以为卿号,故置大司马官号以冠之。其后霍光、王凤等皆然。成帝绥和元年,赐大司马印绶,罢将军官。世祖中兴,吴汉以大将军为大司马,景丹为骠骑大将军,位在公下,及前、后、左、右杂号将军众多,皆主征伐,事讫皆罢。^①明帝初即位,以弟东平王苍有贤才,以为骠骑将军;以王故,位在公上,数年后罢。章帝即位,西羌反,故以舅马防行车骑将军征之,还后罢。和帝即位,以舅窦宪为车骑将军,征匈奴,位在公下;还复有功,迁大将军,位在公上;复征西羌,还免官,罢。安帝即位,西羌寇乱,复以舅邓骘为车骑将军征之,还迁大将军,位如宪,数年复罢。自安帝政治衰缺,始以嫡舅耿宝为大将军,常在京都。顺帝即位,又以皇后父、兄、弟相继为大将军,如三公焉。^②

①

①魏略曰:"曹公置都护军中尉,置护军将军,亦皆比二千石,旋军并止罢。"

②梁冀别传曰:"元嘉二年,又加冀礼仪。大将军朝,到端门若龙门,谒者将引。增掾属、舍人、令史、官骑、鼓吹各十人。"

长史、司马皆一人,千石。^①本注曰:司马主兵,如太尉。从事中郎二人,六百石。本注曰:职参谋议。^②掾属二十九人。^③令史及御属三十一人。本注曰:此皆府员职也。又赐官骑三十人,及鼓吹。^④

①东观书曰:"窦宪作大将军,置长史、司马员吏官属,位次太傅。"

②东观书曰:"大将军出征,置中护军一人。"

③案本传,东平王作骠骑,掾史四十人。^{〔40〕}

④应劭汉官仪曰:"鼓吹二十人,非常员。舍人十人。"

其领军皆有部曲。大将军营五部,部校尉一人,比二千石;军司马一人,比千石。部下有曲,曲有军候一人,比六百石。曲下有(纯)〔屯〕,(纯)〔屯〕长一人,[41]比二百石。其不置校尉部,但军司马一人。又有军假司马、假候,皆为副贰。其别营领属为别部司马,其兵多少各随时宜。门有门候。其馀将军,置以征伐,无员职,亦有部曲、司马、军候以领兵。其职吏部集各一人,总知营事。兵曹掾史主兵事器械。禀假掾史主禀假禁司。又置外刺、刺奸,主罪法。

明帝初置度辽将军,以卫南单于众新降有二心者,后数有不安,遂为常守。①

①应劭汉官仪曰:"度辽将军,孝武皇帝初用范明友。明帝(十)〔永平〕八年,[42]行度辽将军事;安帝元初元年,置真。银印青绶,秩二千石。长史、司马六百石。"东观书云司马二人。

【校勘记】

〔1〕刘千秋　按:集解引惠栋说,谓刘千秋即刘珍。文苑传云珍字秋孙,疑传误。

〔2〕乃欲以(汉)〔渐〕次述汉事　校补引柳从辰说,谓孙星衍辑汉官解诂,"以汉"作"以渐",是。今据改。

〔3〕为作诂解　按:校补引柳从辰说,谓孙辑本"诂解"作"解诂"。

〔4〕已语之适　按:"语"当作"诺",已诺犹言然否或许与不许也。今贾谊新书傅职篇正作"不知已诺之适"。大戴礼作"不知已诺之正"。汲本、殿本作"言语之道",乃后人臆改。

〔5〕自是而阙　按:"自是而"下有阙文。孙星衍校辑汉官仪,此"阙"字代之以□,云今本本作"阙",乃校者所记,而后来误入正文也。今

据孙校,"阙"字用小一号字排。

〔6〕说菀曰　汲本、殿本"菀"作"苑"。按:菀苑通。

〔7〕元狩六年罢太尉　按:校补谓案前书百官公卿表,太尉武帝建元二
年省,元狩四年初置大司马,汉官仪误也。又按:下文"官候"应
"候官",见前2853页。

〔8〕明帝以〔为〕司马司空府〔已荣〕欲(复)更〔治〕太尉府　据御览卷
二百七职官部五引补删。

〔9〕员职既少自足相受　按:汲本、殿本"受"作"容",孙辑本同。御览
"既"作"鲜","受"作"授"。

〔10〕即〔见〕听许　据御览补。

〔11〕〔帝〕临辟雍　据御览补。

〔12〕而太尉〔府〕独卑陋(云)　按:汲本、殿本"太尉"下有"府"字,"卑
陋"下无"云"字,孙辑本同,御览同。今据以补删。

〔13〕世祖以幽并州兵骑定天下　按:窦宪传注引作"光武中兴,以幽、
冀、并州兵骑克定天下"。

〔14〕有官骑三十人　校补引柳从辰说,谓孙辑本作"二十二人"。今按:
孙云辑自续汉志补注,则所据本不同。

〔15〕县襄捉撮　集解引惠栋说,谓"捉"当作"括",淮南子"烛营指天",
高诱注"烛营读曰括撮,伛偻之象,喻容悦之臣"。

〔16〕其与申屠须责邓通　校补引陈景云说,谓"须"当作"显",或作
"顿"。按:黄山云当据嘉传作"坐责"为是,不必于字之形似
求之。

〔17〕郡国守长史上计　按:孙星衍辑汉旧仪"守"下有"丞"字。

〔18〕遣公出庭　按:孙辑汉旧仪"公"作"君侯","出"下有"坐"字。

〔19〕记室掾史　按:孙辑汉旧仪"史"作"吏"。

〔20〕丞史归告二千石　按:孙辑汉旧仪"史"上有"长"字。

〔21〕无烦挠夺民时　按:孙辑汉旧仪"挠"作"扰"。

〔22〕今日公卿以下　按:孙辑汉旧仪无"今日"二字。

〔23〕奢侈过制度以益甚二千石身帅　按:孙辑汉旧仪"奢"上有"今俗"二字,"以"上有"日"字,"身"上有"务以"二字。

〔24〕请谨以法　汲本、殿本"谨"作"谕"。按:孙辑汉旧仪亦作"谕",云本作"谨",从续汉志补注引改。

〔25〕无饰厨养　按:孙辑汉旧仪作"无饰厨传增养食"。

〔26〕又更过度　按:孙辑汉旧仪作"或更尤过度"。

〔27〕长吏以〔闻〕　据汲本、殿本补。

〔28〕墙垣陁坏不治　孙辑汉旧仪"不"作"所"。按:如依孙辑本改"不"为"所",则"所治"二字应连下读。

〔29〕无办护者　汲本、殿本"办"作"辨"。按:孙辑本作"办"。

〔30〕不胜任　按:孙辑汉旧仪"胜"作"称"。

〔31〕归告二千石听　按:孙辑汉旧仪"听"上有"勿"字。

〔32〕十年更名相国　按:校补引陈景云说,谓"十年"上有脱文。

〔33〕汉丞相府门无蘭　汲本、殿本"蘭"作"阑"。按:阑蘭通。

〔34〕建武十八年省也　按:集解引周寿昌说,谓光武纪十一年夏四月省大司徒司直官,献帝纪注亦作十一年,"八"字误。

〔35〕(汉)〔献〕帝起居注曰　据汲本、殿本改。

〔36〕九年十一月　按:汲本、殿本作"十二月"。

〔37〕守长史到郡　按:孙辑汉旧仪"守"下有"丞"字。

〔38〕郡国有茂才不显者言〔上〕　据孙辑汉旧仪补。

〔39〕以古尊官唯有三公皆将军始自秦晋　按:沈家本谓"皆"字疑误。

〔40〕案本传东平王作骠骑掾史四十人　按:校补谓范书东平王传文不载骠骑掾史,刘昭所引盖是续汉书本传文。

〔41〕曲下有(纯)〔屯〕(纯)〔屯〕长一人　据汲本、殿本改。按:纯屯二字古每不分,亦犹"屯留"之作"纯留"矣。

〔42〕明帝(十)〔永平〕八年　校补引柳从辰说,谓据纪,事在永平八年,故志以为明帝初,"十"字衍。黄山谓案史无纪年不著年号者,盖注实阙"永"字,"平"字亦残其半,遂讹为"十"字也。今据黄说改。

后汉书志第二十五

百官二

太常　光禄勋　卫尉　太仆　廷尉　大鸿胪

太常,卿一人,中二千石。① 本注曰:掌礼仪祭祀。每祭祀,先奏其礼仪;及行事,常赞天子。②[1] 每选试博士,奏其能否。大射、养老、大丧,皆奏其礼仪。每月前晦,察行陵庙。③ 丞一人,比千石。④ 本注曰:掌凡行礼及祭祀小事,总署曹事。⑤ 其署曹掾史,随事为员,诸卿皆然。

①卢植礼注曰:"如大乐正。"

②汉旧仪曰:"赞飨一人,秩六百石,掌赞天子。"

③汉官曰:"员吏八十五人,其十二人四科,十五人佐,五人假佐,十三人百石,十五人骑吏,九人学事,十六人守学事。"臣昭曰:凡汉官所载列职人数,今悉以注,虽颇为繁,盖周礼列官,陈人役(放)〔于〕前,[2] 以为民极,定观国制,此则宏模不可阙者也。

④卢植礼注曰:"如小乐正。"

⑤汉旧仪曰:"丞举庙中非法者。"

太史令一人,六百石。本注曰:掌天时、星历。凡岁将终,奏新年历。凡国祭祀、丧、娶之事,掌奏良日及时节禁忌。凡国有瑞应、灾异,掌记之。①丞一人。明堂及灵台丞一人,二百石。本注曰:二丞,掌守明堂、灵台。灵台掌候日月星气,皆属太史。②

①汉官(仪)曰:[3]"太史待诏三十七人,其六人治历,三人龟卜,三人庐宅,四人日时,三人易筮,二人典禳,九人籍氏、许氏、典昌氏,各三人,嘉法、请雨、解事各二人,医一人。"[4]

②汉官曰:"灵台待诏四十(二)〔一〕人,[5]其十四人候星,二人候日,三人候风,十二人候气,三人候晷景,七人候锺律。一人舍人。"

博士祭酒一人,六百石。本仆射,[6]中兴转为祭酒。①博士十四人,比六百石。本注曰:易四,施、孟、梁丘、京氏。尚书三,欧阳、大小夏侯氏。诗三,鲁、齐、韩氏。礼二,大小戴氏。春秋二,公羊严、颜氏。[7]掌教弟子。国有疑事,掌承问对。本四百石,宣帝增秩。②

①胡广曰:"官名祭酒,皆一位之元长者也。古礼,宾客得主人馔,则老者一人举酒以祭于地,旧说以为示有先。"

②本纪桓帝延熹二年,置秘书监。

太祝令一人,六百石。本注曰:凡国祭祀,掌读祝,及迎送神。①丞一人。本注曰:掌祝小神事。

①汉旧仪曰:"庙祭,太祝令主席酒。"汉官曰:"员吏四十一人,其二人百石,二人斗食,二十二人佐,二人学事,四人守学事,九人有秩。百五十人祝人,宰二百四十二人,屠者六十人。"

太宰令一人,六百石。本注曰:掌宰工鼎俎馔具之物。凡国祭祀,掌陈馔具。①丞一人。

①汉官曰:"明堂丞一人,二百石。员吏四十二人,其二人百石,二人斗
　食,二十三人佐,九人有秩,二人学事,四人守学事。宰二百四十二
　人,屠者七十三人,卫士一十五人。"

大(子)〔予〕乐令[8]一人,六百石。本注曰:掌伎乐。凡国祭
祀,掌请奏乐,及大飨用乐,掌其陈序。①丞一人。②

①汉官曰:"员吏二十五人,其二人百石,二人斗食,七人佐,十人学事,
　四人守学事。乐人八俏舞三百八十人。"卢植礼注曰:"大(子)〔予〕令
　如古大胥。汉大乐律,卑者之子不得舞宗庙之酎。除吏二千石到六
　百石,及关内侯到五大夫子,取适子高五尺已上,年十二到三十,颜色
　和,身体修治者,以为舞人。"

②卢植礼注曰:"大乐丞如古小胥。"

高庙令一人,六百石。本注曰:守庙,掌案行扫除。无丞。①

①汉官曰:"员吏四人,卫士一十五人。"

世祖庙令一人,六百石。本注曰:如高庙。①

①汉官曰:"员吏六人,卫士二十人。"

先帝陵,每陵园令各一人,六百石。本注曰:掌守陵园,案行扫
除。丞及校长各一人。本注曰:校长,主兵戎盗贼事。①

①应劭汉官名秩曰:"丞皆选孝廉郎年少薄伐者,迁补府长史、都官令、
　候、司马。"

先帝陵,每陵食官令各一人,六百石。本注曰:掌望晦时节
祭祀。①

①汉官曰:"每陵食监一人,秩六百石。监丞一人,三百石。中黄门八
　人,从官二人。"案:食监即是食官令号。

右属太常。本注曰:有祠祀令一人,后转属少府。有太卜令,六百石,后省并太史。中兴以来,省前凡十官。①

①案前书,十官者,太宰、均官、都水、雍太祝、五畤各一尉也。东观书曰:"章帝又置祀令、丞,延平元年省。"

光禄勋,卿一人,中二千石。本注曰:掌宿卫宫殿门户,典谒署郎更直执戟,宿卫门户,考其德行而进退之。①郊祀之事,掌三献。②丞一人,比千石。

①胡广曰:"勋犹阍也,易曰'为阍寺'。(官)〔宦〕寺,主殿宫门户之职。"〔9〕

②汉官曰:"员吏四十四人,其十人四科,三人百石,一人斗食,二人佐,六人骑吏,八人学事,十三人守学事,一人官医。卫士八十一人。"

五官中郎将一人,比二千石。本注曰:主五官郎。①五官中郎,比六百石。本注曰:无员。②五官侍郎,比四百石。本注曰:无员。五官郎中,比三百石。本注曰:无员。凡郎官皆主更直执戟,宿卫诸殿门,出充车骑。唯议郎不在直中。③

①蔡质汉仪曰:"中郎解,其府对太学。"

②郎年五十以属五官,故曰六百石。

③蔡质汉仪曰:"三署郎见光禄勋,执板拜;见五官左右将,执板不拜。于三公诸卿无敬。"

左中郎将,比二千石。本注曰:主左署郎。①中郎,比六百石。侍郎,比四百石。郎中,比三百石。②本注曰:皆无员。

①蔡质汉仪曰:"(郎)中〔郎〕解,其府(府)次五官〔府〕。"〔10〕

②三郎。

右中郎将，比二千石。本注曰：主右署郎。中郎，比六百石。侍郎，比四百石。郎中，比三百石。本注曰：皆无员。①

①三郎，并无员。

虎贲中郎将，比二千石。本注曰：主虎贲宿卫。①左右仆射、左右陛长各一人，比六百石。本注曰：仆射，主虎贲郎习射。陛长，主直虎贲，朝会在殿中。②虎贲中郎，比六百石。虎贲侍郎，比四百石。虎贲郎中，比三百石。③节从虎贲，比二百石。④本注曰：皆无员。掌宿卫侍从。自节从虎贲久者转迁，才能差高至中郎。

①前书武帝置期门，平帝更名虎贲。蔡质汉仪曰："主虎贲千五百人，无常员，多至千人。戴鹖冠，次右将府。"又虎贲旧作"虎奔"，言如虎之奔也，王莽以古有勇士孟贲，故名焉。孔安国曰"若虎贲兽"，言其甚猛。

②汉官曰："陛长，墨绶铜印。"

③荀绰晋百官表注曰："虎贲诸郎，皆父死子代，汉制也。"

④四郎。

羽林中郎将，比二千石。本注曰：主羽林郎。①羽林郎，比三百石。本注曰：无员。掌宿卫侍从。常选汉阳、陇西、安定、北地、上郡、西河凡六郡良家补。本武帝以便马从猎，还宿殿陛岩下室中，故号岩郎。②

①案：汉末又有四中郎将，皆帅师征伐，不知何时置。董卓为东中郎将，卢植为北中郎将，献帝以曹（操）〔植〕为南中郎将。[11]

②前书曰初置名建章营骑，后更名。出补三百石丞、尉。荀绰晋百官表注曰："言其严厉整锐也。"[12]案此则为岩郎，与志不同。蔡质汉仪曰："羽林郎百（一）〔二〕十八人，[13]无常员，府次虎贲府。"

羽林左监一人，六百石。本注曰：主羽林左骑。①丞一人。

①汉官曰："孝廉郎作，主羽林九百人。二监官属史吏，皆自出羽林中，
有材者作。"

羽林右监一人，六百石。本注曰：主羽林右骑。丞一人。

奉车都尉，比二千石。本注曰：无员。①掌御乘舆车。

①汉官曰三人。

驸马都尉，比二千石。本注曰：无员。①掌驸马。

①汉官曰五人。

骑都尉，比二千石。本注曰：无员。①本监羽林骑。

①汉官曰一十人。

光禄大夫，比二千石。本注曰：无员。①凡大夫、议郎皆掌
顾问应对，无常事，唯诏令所使。[14]凡诸国嗣之丧，则光禄大夫
掌吊。

①汉官曰三人。

太中大夫，千石。本注曰：无员。①

①汉官曰："二十人，秩比二千石。"

中散大夫，六百石。本注曰：无员。①

①汉官曰："三十人，秩比二千石。"

谏议大夫，六百石。本注曰：无员。①

①胡广曰："光禄大夫，本为中大夫，武帝元狩五年置谏大夫为光禄大
夫，世祖中兴，以为谏议大夫。又有太中、中散大夫。此四等于古皆
为天子之下大夫，视列国之上卿。"汉官曰三十人。

议郎，六百石。本注曰：无员。①

①汉官曰："五十人，无常员。"

谒者仆射一人，比千石。本注曰：为谒者台率，主谒者，天子出，奉引。古重习武，有主射以督录之，故曰仆射。①常侍谒者五人，比六百石。本注曰：主殿上时节威仪。②谒者三十人。其给事谒者，四百石。其灌谒者郎中，比三百石。本注曰：掌宾赞受事，及上章报问。将、大夫以下之丧，掌使吊。本员七十人，中兴但三十人。③初为灌谒者，满岁为给事谒者。④

①蔡质汉仪曰："见尚书令，对揖无敬。谒者见，执板拜之。"

②汉官曰："谒者三十人，其二人公府掾，六百石(特)〔持〕使也。"〔15〕

③荀绰晋百官表注曰："汉皆用孝廉年五十，威容严恪能宾者为之。明帝诏曰：'谒者乃尧之尊官，所以试舜宾于四门，四门穆穆者也。'昔燕太子使荆轲劫始皇，变起两楹之间，其后谒者持匕首刺腋，高祖偃武行文，故易之以板。"

④蔡质汉仪曰："出府丞、长史、陵令，皆选仪容端正，任奉使者。"

右属光禄勋。本注曰：职属光禄者，自五官将至羽林右监，凡七署。自奉车都尉至谒者，以文属焉。旧有左右曹，秩以二千石，上殿中，主受尚书奏事，平省之。世祖省，使小黄门郎受事，车驾出，给黄门郎兼。有请室令，车驾出，在前请所幸，徼车迎白，示重慎。中兴但以郎兼，事讫罢，又省车、户、骑凡三将，①及羽林令。

2893

①如淳曰："主车曰车郎，主户卫曰户郎。"

卫尉,卿一人,中二千石。本注曰:掌宫门卫士,宫中徼循事。①丞一人,比千石。

①汉官曰:"员吏四十一人,其九人四科,二人二百石,文学三人百石,十二人斗食,二人佐,十二人学事,一人官医。卫士六十人。"

公车司马令一人,六百石。本注曰:掌宫南阙门,凡吏民上章,四方贡献,及征诣公车者。①丞、尉各一人。本注曰:丞选晓讳,掌知非法。尉主阙门兵禁,戒非常。②[16]

①献帝起居注曰:"建安八年,议郎卫林为公车司马令,位随将、大夫。旧公车令与御官、长史位从将、大夫,自林始。"

②胡广曰:"诸门部各陈屯夹道,其旁当兵,以示威武,交戟,以遮妄出入者。"

南宫卫士令一人,六百石。本注曰:掌南宫卫士。①丞一人。

①汉官曰:"员吏九十五人,卫士五百三十七人。"

北宫卫士令一人,六百石。本注曰:掌北宫卫士。①丞一人。

①汉官曰:"员吏七十二人,卫士四百七十一人。"[17]

左右都候各一人,六百石。①本注曰:主剑戟士,徼循宫,及天子有所收考。②丞各一人。

①周礼司寤氏有夜士,干宝注曰:"今都候之属。"

②汉官曰:"右都候员吏二十二人,卫士四百一十六人。左都候员吏二十八人,卫士三百八十三人。"蔡质汉仪曰:"宫中诸有劾奏罪,左都候执戟戏车缚送付诏狱,在官大小各付所属。[18]以马皮覆。[19]见尚书令、尚书仆射、尚书皆执板拜,见丞、郎皆揖。"

宫掖门,每门司马一人,比千石。本注曰:南宫南屯司马,主平城门;①(北)宫门苍龙司马,主东门;②[20]玄武司马,主玄武门;③北屯司马,主北门;④北宫朱爵司马,主南掖门;⑤东明司马,主东门;⑥朔平司马,主北门:⑦凡七门。⑧凡居宫中者,皆有口籍于门之所属。宫名两字,为铁印文符,案省符乃内之。⑨若外人以事当入,本(宫)〔官〕长史为封棨传;[21]其有官位,出入令御者言其官。

①汉官曰:"员吏九人,卫士百二人。"古今注曰建武十三年九月,初开
　此门。

②案雒阳宫门名为苍龙阙门。汉官曰:"员吏六人,卫士四十人。"

③汉官曰:"员吏二人,卫士三十八人。"

④汉官曰:"员吏二人,卫士三十八人。"

⑤汉官曰:"员吏四人,卫士百二十四人。"古今注曰:"永平二年十一月,
　初作北宫朱爵南司马门。"

⑥汉官曰:"员吏十三人,卫士百八十人。"

⑦汉官曰:"员吏五人,卫士百一十七人。"

⑧汉官曰:"凡员吏皆队长佐。"

⑨胡广曰:"符用木,长(可)〔尺〕二寸,[22]铁印以符之。"

右属卫尉。本注曰:中兴省旅贲令,卫士一人丞。①

①汉官目录曰:"右三卿,太尉所部。"

太仆,卿一人,中二千石。本注曰:掌车马。天子每出,奏驾上
卤簿用;大驾则执驭。①丞一人,比千石。

①汉官曰:"员吏七十人,其七人四科,一人二百石,文学八人百石,六人
　斗食,七人佐,六人骑吏,三人假佐,三十一人学事,一人官医。"

考工令一人,六百石。本注曰:主作兵器弓弩刀铠之属,成则
传执金吾入武库,及主织绶诸杂工。①左右丞各一人。

①汉官曰:"员吏百九人。"

车府令一人,六百石。本注曰:主乘舆诸车。①丞一人。

①汉官曰:"员吏二十四人。"

未央厩令一人,六百石。本注曰:主乘舆及厩中诸马。①长乐厩丞一人。②

①汉官曰:"员吏七十人,卒驺二十人。"

②汉官曰:"员吏十五人,卒驺二十人。菅蓿苑官田所一人守之。"

　　右属太仆。本注曰:旧有六厩,皆六百石令,①中兴省约,但置一厩。后置左骏令、厩,[23]别主乘舆御马,后或并省。又有牧师菀,皆令官,主养马,分在河西六郡界中,中兴皆省,唯汉阳有流马菀,但以羽林郎监领。②

①前书曰,有大厩、未央、家马三令,各五丞一尉。又车府、路軨、骑马、骏马四令丞。晋灼曰:"六厩名也,主马万匹。"

②古今注曰:"汉安元年七月,置承华厩令,秩六百石。"

　　廷尉,卿一人,中二千石。①本注曰:掌平狱,奏当所应。凡郡国谳疑罪,皆处当以报。②正、左监各一人。③左平一人,六百石。本注曰:掌平决诏狱。

①应劭曰:"兵狱同制,故称廷尉。"

②胡广曰:"谳,质也。"汉官曰:"员吏百四十人,其十一人四科,十六人二百石廷(史)〔吏〕,[24]文学十六人百石,十三人狱史,二十七人佐,二十六人骑吏,三十人假佐,一人官医。"

③前汉有左右监平,世祖省右而犹曰左。

　　右属廷尉。本注曰:孝武帝以下,置中都官狱二十六所,各令长名世祖中兴皆省,唯廷尉及雒阳有诏狱。①

①蔡质汉仪曰:[25]"正月旦,百官朝贺,光禄勋刘嘉、廷尉赵世各辞不能朝,高赐举奏:'皆以被病笃困,空文武之位,阙上卿之赞,既无忠信断金之用,而有败礼伤化之尤,不谨不敬!请廷尉治嘉罪,河南尹治世罪。'议以世掌廷尉,故转属他官。"

大鸿胪,卿一人,中二千石。①本注曰:掌诸侯及四方归义蛮夷。其郊庙行礼,赞导,请行事,既可,以命群司。诸王入朝,当郊迎,典其礼仪。及郡国上计,匡四方来,亦属焉。②皇子拜王,赞授印绶。及拜诸侯、诸侯嗣子及四方夷狄封者,台下鸿胪召拜之。王薨则使吊之,及拜王嗣。丞一人,比千石。

①周礼"象胥",干宝注曰今鸿胪。
②汉官曰:"员吏五十五人,其六人四科,二人二百石,文学六人百石,一人斗食,十四人佐,六人骑吏,十五人学事,五人官医。"永元十年,大匠应顺上言:"百郡计吏,观国之光,而舍逆旅,崎岖私馆,直装衣物,敝朽暴露,朝会邈远,事不肃给。昔〔晋〕,霸国盟主耳,舍诸侯于隶人,[26]子产以为大讥。况今四海之大,而(百)〔可〕无乎?"[27]和帝嘉纳其言,即创业焉。

大行令一人,六百石。本注曰:主诸郎。①丞一人。治礼郎四十七人。②

①汉官曰:"员吏四十人。"
②汉官曰:"其四人四科,五人二百石,文学五人百石,九人斗食,六人佐,六人学事,十二人守学事。"东观书曰:"主斋祠侯赞九宾。又有公室,主调中都官斗食以下,功次相补。"案卢植礼注曰:"大行郎亦如谒者,兼举形貌。"

右属大鸿胪。本注曰:承秦有典属国,别主四方夷狄朝贡侍子,**成帝**时省并大鸿胪。中兴省驿官、别火二令、丞,①〔28〕及郡邸长、丞,但令郎治郡邸。②

①**如淳**曰:"汉仪注:'别火,狱令官,主治改火事。'"

②汉官目录曰:"右三官,司徒所部。"

【校勘记】

〔1〕常赞天子　按:集解引**惠栋**说,谓"常"依注及**袁山松**百官志当作"掌"。

〔2〕陈人役(放)〔于〕前　据**汲**本、殿本改。

〔3〕汉官(仪)曰　据**汲**本删。

〔4〕医一人　**汲**本、殿本"一"作"二"。按:医一人,正符三十七人之数。又按:上"三人易筮",**惠栋**云北宋本"三"作"二"。若依北宋本,则"医一人"当作"医二人",方符三十七人之数。

〔5〕灵台待诏四十(二)〔一〕人　校补引**柳从辰**说,谓"四十二"**孙**辑本作"四十一",是。今按:舍人一人不在待诏之列,是"四十二"当作"四十一"也。今据改。

〔6〕博士祭酒一人六百石本仆射　按:集解引**钱大昕**说,谓"本仆射"上当有"本注曰"三字。

〔7〕春秋二公羊严颜氏　按:**钱大昭**续汉书辨疑谓"公羊"二字疑衍,**徐防**传注引汉官仪亦无"公羊"。

〔8〕大(子)〔予〕乐令　按:**汲**本、殿本"大"讹"太"。集解引**钱大昕**说,谓"太子"当为"大予"。明帝纪永平三年改大乐为大予乐,注引汉官仪云大予乐令一人,秩六百石。又引**惠栋**说,谓"子"依北宋本当作"予",注同。今据改。

〔9〕(官)〔宦〕寺主殿宫门户之职　据**汲**本改。按:**孙**辑汉官解诂无"宦寺"二字。

〔10〕(郎)中〔郎〕解其府(府)次五官〔府〕　按："中郎"二字讹倒,据汲本、殿本乙。又孙星衍谓"府次五官"当作"次五官府",讹倒。今据改。

〔11〕献帝以曹(操)〔植〕为南中郎将　校补引陈景云说,谓"操"当作"植",见魏志植传。今据改。

〔12〕言其严厉整锐也　按："锐"原讹"说",径改正。

〔13〕羽林郎百(一)〔二〕十八人　汲本"一"作"二",孙辑本同。今据改。

〔14〕唯诏令所使　按:汲本、殿本"令"作"命"。

〔15〕六百石(特)〔持〕使也　据汲本、殿本改。

〔16〕戒非常　按："常"原讹"掌",径据汲本、殿本改。

〔17〕卫士四百七十一人　按:汲本、殿本"七十一"作"七十二"。

〔18〕在官大小各付所属　按:汲本"官"作"候",通典注引作"宫",未详孰是。

〔19〕以马皮覆　汲本、殿本"皮"作"被"。校补谓"以马被覆"四字不知何指,通典注省。今按:盖以宫中之人,故以马皮覆之,不欲人见。各本"皮"讹"被",遂令人不知何指矣。

〔20〕(北)宫门苍龙司马主东门　据汲本删。按:校补谓北宫三门,另列在后,此皆南宫门,不应有"北"字。

〔21〕若外人以事当入本(宫)〔官〕长史为封棨传　据殿本改。按:校补谓外人谓无官位者,受本官所遣,当封棨传为信也。作"官"是。

〔22〕长(可)〔尺〕二寸　据汲本、殿本改。

〔23〕后置左骏令厩　按:校补引钱大昭说,谓"令厩"二字当乙。黄山谓今案承上"但置一厩"言,重在厩,疑令、厩本同时置,兼言之也。

〔24〕十六人二百石廷(史)〔吏〕　据汲本、殿本改。按:孙辑汉宜作"吏"。

〔25〕蔡质汉仪曰　按："质"原讹"贺",径改正。

〔26〕昔〔晋〕霸国盟主耳舍诸侯于隶人　按:事见左襄三十一年,此脱
　　"晋"字,遂不知所指矣。今依何焯校本补一"晋"字。

〔27〕而(百)〔可〕无乎　据汲本改。

〔28〕中兴省驿官别火二令丞　按:沈家本谓"驿"当作"译"。

后汉书志第二十六

百官三

宗正　大司农　少府

宗正,卿一人,中二千石。本注曰:掌序录王国嫡庶之次,及诸宗室亲属远近,郡国岁因计上宗室名籍。若有犯法当髡以上,先上诸宗正,宗正以闻,乃报决。①丞一人,比千石。

①胡广曰:"又岁一治诸王世谱差序秩第。"汉官曰:"员吏四十一人,其六人四科,一人二百石,四人百石,三人佐,六人骑吏,二人法家,十八人学事,一人官医。"

诸公主,每主家令一人,六百石。丞一人,三百石。本注曰:其馀属吏增减无常。①

①汉官曰:"主簿一人,秩六百石。仆一人,秩六百石。私府长一人,秩六百石。家丞一人,三百石。直吏三人,从官二人。"[1]东观书曰:"其主薨无子,置傅一人守其家。"

2901

右属宗正。本注曰:中兴省都司空令、丞。①

①如淳曰:"主罪人。"

大司农,卿一人,中二千石。本注曰:掌诸钱穀金帛诸货币。郡国四时上月旦见钱穀簿,其逋未毕,各具别之。边郡诸官请调度者,皆为报给,损多益寡,取相给足。①丞一人,比千石。部丞一人,六百石。本注曰:部丞主帑藏。②

①汉(书)〔官〕曰[2]:"员吏百六十四人,其十八人四科,九人斗食,十六人二百石,文学二十八人百石,二十五人佐,七十五人学事,一人官医。"

②古今注曰"建初七年七月,为大司农置丞一人,秩千石,别主帑藏",则部丞应是而秩不同。应劭汉官秩亦云二千石。[3]

太仓令一人,六百石。本注曰:主受郡国传漕穀。①丞一人。

①汉官曰:"员吏九十九人。"

平准令一人,六百石。本注曰:掌知物贾,主练染,作采色。①丞一人。

①汉官曰:"员吏百九十人。"

导官令[4]一人,六百石。本注曰:主舂御米,及作乾糒。导,择也。①丞一人。

①汉官曰:"员吏百一十二人。"

右属大司农。本注曰:郡国盐官、铁官本属司农,中兴皆属郡县。①又有廪牺令,六百石,掌祭祀牺牲雁鹜之属。②及雒阳市长,③荥阳敖仓官,中兴皆属河南尹。馀均输等皆省。④

①魏志曰:"曹公置典农中郎将,秩二千石。典农都尉,秩六百石,或四

百石。典农校尉,秩比二千石。所主如中郎。部分别而少,为校尉丞。"

② 汉官曰:"丞一人,三百石。员吏四十人,其十一人斗食,十七人佐,七人学事,五人守学事,皆河南属县给吏者。"

③ 汉官曰:"市长一人,秩四百石。丞一人,二百石,明法补。员吏三十六人,十三人百石啬夫,十一人斗食,十二人佐。又有榷酤丞,三百石,别治中水官,主水渠,在马市东,有员吏六人。"

④ 均输者,前书孟康注曰:"谓诸当所有输于官者,皆令输其土地所饶,平其所在时贾,官更于他处货之。输者既便,而官有利。"盐铁论:"大夫曰:'往者郡国诸侯,各以其物贡输,往来烦杂,物多苦恶,或不偿其费,故郡置输官以相给运,而便远方之贡,故曰均输。开委府于京师,以笼货物,贱则买,贵则卖,是以县官不失实,商贾无所利,故曰平准。准平则民不失职,[5] 均输则民不劬劳,故平准、均输,所以平万物而便百姓也。'文学曰:'古之赋税于民也,因其所工,不求所拙。农人纳其获,工女效其织。今释其所有,责其所无,百姓贱买货物以便上求。间者郡国或令民作布絮,吏留难与之为市。吏之所入非独齐、陶之缣,蜀、汉之布也,亦民间之所为耳。行奸卖平,农民重苦,必苦女工茧税,[6] 未见输之均也。县官猥发,阖门擅市,即万民并收。并收则物腾跃,腾跃则商贾利。自市则吏容奸,豪吏富商,积货储物,以待其急,轻贾奸吏,收以取贵,未见准之平也。盖古之均输,所以齐劳逸而便贡输,非以为利而贾万物也。'"王隆小学汉官篇曰:"调均报度,输漕委输。"胡广注曰:"边郡诸官请调者,皆为调均报给之也。以水通输曰漕。委,积也。郡国所积聚金帛货贿,随时输送诸司农,曰委输,以供国用。"前书又有都内籍田令、丞,斡官、铁市两长、丞,[7] 郡国诸仓农监六十五官长、丞,皆属之。

少府,卿一人,中二千石。本注曰:掌中服御诸物,衣服宝货珍膳之属。①丞一人,比千石。

①汉官曰:"员吏三十四人,其一人四科,一人二百石,五人百石,四人斗(石)〔食〕,^[8]三人佐,六人骑吏,十三人学事,一人官医。少者小也,小故称少府。王者以租税为公用,山泽陂池之税以供王之私用。古皆作小府。"汉官仪曰:"田租、刍稿以给经用,凶年,山泽鱼盐市税少府以给私用也。"

太医令一人,六百石。本注曰:掌诸医。①药丞、方丞各一人。本注曰:药丞主药。方丞主药方。

①汉官曰:"员医二百九十三人,员吏十九人。"

太官令一人,六百石。本注曰:掌御饮食。①左丞、甘丞、汤官丞、果丞各一人。本注曰:左丞主饮食。甘丞主膳具。汤官丞主酒。果丞主果。②

①汉官曰:"员吏六十九人,卫士三十八人。"荀绰晋百官表注曰"汉制,太官令秩千石。丞四人,秩四百石",不与志同。

②荀绰云:"甘丞掌诸甘肥。果丞别在外诸果菜茹。"

守宫令一人,六百石。本注曰:主御纸笔墨,及尚书财用诸物及封泥。①丞一人。②

①汉官曰:"员吏六十九人。"

2904

②汉官曰:"外官丞二百石,公府吏府也。"

上林苑令一人,^[9]六百石。本注曰:主苑中禽兽。颇有民居,皆主之。捕得其兽送太官。①丞、尉各一人。

①汉官曰:"员吏五十八人。"案桓帝又置鸿德苑令。

侍中,比二千石。①本注曰:无员。^[10]掌侍左右,赞导众事,顾问应对。法驾出，则多识者一人参乘，馀皆骑在乘舆车后。本有仆射一人，中兴转为祭酒，或置或否。②

①汉官秩云千石。周礼"太仆"，干宝注曰："若汉侍中。"

②蔡质汉仪曰："侍中、常伯，选旧儒高德，博学渊懿。仰占俯视，切问近对，喻旨公卿，上殿称制，参乘佩玺秉剑。员本八人，陪见旧在尚书令、仆射下，尚书上；今官出入禁中，更在尚书下。司隶校尉见侍中，执板揖，河南尹亦如之。又侍中旧与中官俱止禁中，武帝时，侍中莽何罗挟刃谋逆，由是侍中出禁外，有事乃入，毕即出。王莽秉政，侍中复入，与中官共止。章帝元和中，侍中郭举与后宫通，拔佩刀惊上，举伏诛，侍中由是复出外。"

中常侍，千石。本注曰：宦者，无员。后增秩比二千石。掌侍左右，从入内宫，赞导内众事，顾问应对给事。[11]

黄门侍郎，[12]六百石。本注曰：无员。掌侍从左右，给事中，关通中外。及诸王朝见于殿上，[13]引王就坐。①

①汉旧仪曰："黄门郎属黄门令，日暮入对青琐门拜，名曰夕郎。"宫阁簿青琐门在南宫。卫(瓘)〔权〕注吴都赋曰："青谓，户边青镂也。一曰天子门内有眉，格再重，里青画曰琐。"献帝起居注曰："帝初即位，初置侍中、给事黄门侍郎，员各六人，出入禁中，近侍帷幄，省尚书事。改给事黄门侍郎为侍中侍郎，去给事黄门之号，旋复复故。旧侍中、黄门侍郎以在中宫者，不与近密交政。诛黄门后，侍中、侍郎出入禁闱，机事颇露，由是王允乃奏比尚书，不得出入，不通宾客，自此始也。"又曰："诸奄人官，悉以议郎、郎中称，秩如故。诸署令两梁冠，陛殿上，得召都官从事已下。"

小黄门，六百石。〔本注曰〕：宦者，无员。[14]掌侍左右，受尚书事。上在内宫，关通中外，及中宫已下众事。诸公主及王太妃等有

2905

疾苦,则使问之。

黄门令一人,六百石。①本注曰:宦者。主省中诸宦者。②丞、从丞各一人。本注曰:宦者。从丞主出入从。

①董巴曰:"禁门曰黄闼,以中人主之,故号曰黄门令。"

②汉官曰:"员吏十八人。"

黄门署长、画室署长、玉堂署长各一人。丙署长七人。皆四百石,黄绶。[15]本注曰:宦者。各主中宫别处。

中黄门冗从仆射一人,六百石。本注曰:宦者。主中黄门冗从。居则宿卫,直守门户;出则骑从,夹乘舆车。

中黄门,比百石。本注曰:宦者,无员。后增比三百石。掌给事禁中。

掖庭令一人,六百石。本注曰:宦者。掌后宫贵人采女事。①左右丞、暴室丞各一人。本注曰:宦者。暴室丞主中妇人疾病者,就此室治;其皇后、贵人有罪,亦就此室。

①汉官曰:"吏从官百六十七人,待诏五人,员吏十人。"

永巷令一人,六百石。本注曰:宦者。典官婢侍使。①[16]丞一人。本注曰:宦者。②

①汉官曰:"员吏六人,吏从官三十四人。"

②汉官曰:"右丞一人,暴室一人。"

御府令一人,六百石。本注曰:宦者。典官婢作中衣服及补浣之属。①丞、织室丞各一人。本注曰:宦者②。

①汉官曰:"员吏七人,吏从官三十人。"

②汉官曰:"右丞一人。"

祠祀令一人,六百石。本注曰:典中诸小祠祀。①丞一人。本注曰:宦者。

①汉官曰:"从官吏八人,驺仆射一人,家巫八人。"

钩盾令一人,六百石。本注曰:宦者。典诸近池苑囿游观之处①。丞、永安丞各一人,三百石。本注曰:宦者。永安,北宫东北别小宫名,有园观。苑中丞、果丞、鸿池丞、南园丞各一人,二百石。本注曰:苑中丞主苑中离宫。果丞主果园。鸿池,池名,在雒阳东二十里。南园在雒水南。②濯龙监、③直里监各一人,四百石。本注曰:濯龙亦园名,近北宫。直里亦园名也,在雒阳城西南角。

①汉官曰:"吏从官四十人,员吏四十八人。"

②汉官曰:"又有署一人,胡熟监一人。"案本纪,桓帝又置显阳苑丞。

③应劭汉官秩曰:"秩六百石。"

中藏府令一人,六百石。本注曰:掌中币帛金银诸货物。①丞一人。

①汉官曰:"员吏十三人,吏从官六人。"

内者令一人,六百石。本注曰:掌〔宫〕中布张诸(衣)〔褻〕物。①[17] 左右丞各一人。

①汉官曰:"从官录事一人,[18] 员吏十九人。"

尚方令一人,六百石。本注曰:掌上手工作御刀剑诸好器物。①丞一人。

2907

①汉官曰:"员吏十三人,吏从官六人。"

尚书令 人,千石。本注曰:承秦所置,①武帝用宦者,更为中书谒者令,成帝用士人,复故。掌凡选署及奏下尚书曹文书众事。②[19]

①荀绰晋百官表注曰:"唐、虞官也。诗云'仲山甫王之喉舌',盖谓此人。"

②蔡质汉仪曰:"故公为之者,朝会(不)〔下〕陛奏事,[20]增秩二千石,故自佩铜印墨绶。"

尚书仆射一人,六百石。本注曰:署尚书事,令不在则奏下众事。①

①蔡质汉仪曰:"仆射主封门,掌授廪假钱穀。凡三公、列卿、将、大夫、五营校尉行复道中,遇尚书仆射、左右丞郎、御史中丞、侍御史,皆避车豫相回避。卫士传不得连台官,台官过后乃得去。"臣昭案:献帝分置左、右仆射,建安四年以荣邵为尚书左仆射是也。献帝起居注曰:"邵卒官,赠执金吾。"

尚书六人,六百石。本注曰:成帝初置尚书四人,①[21]分为四曹:②常侍曹尚书主公卿事;③二千石曹尚书主郡国二千石事;④民曹尚书主凡吏上书事;⑤客曹尚书主外国夷狄事。⑥世祖承遵,后分二千石曹,又分客曹为南主客曹、北主客曹,⑦凡六曹。⑧左右丞各一人,四百石。[22]本注曰:掌录文书期会。左丞主吏民章报及骑伯史。⑨右丞假署印绶,及纸笔墨诸财用库藏。⑩侍郎三十六人,[23]四百石。本注曰:一曹有六人,主作文书起草。⑪令史十八人,二百石。本注曰:曹有三,主书。后增剧曹三人,合二十一人。⑫

①韦昭曰:"尚,奉也。"

②汉旧仪曰:"初置五曹,有三公曹,主断狱。"蔡质汉仪曰:"典天下岁尽集课事。三公尚书二人,典三公文书。吏曹尚书典选举斋祀,属三公曹。灵帝末,梁鹄为选部尚书。"

③蔡质汉仪曰:"主常侍黄门御史事,世祖改曰吏曹。"

④汉旧仪曰:"亦云主刺史。"蔡质汉仪曰:"掌中(郎)〔都〕官水火、盗贼、

辞讼、罪眚。"〔24〕

⑤蔡质汉旧仪曰:"典缮治功作,监池、苑、囿、盗贼事。"

⑥尚书:"龙作纳言,出入帝命。"应劭曰:"今尚书官,王之喉舌。"

⑦蔡质汉仪曰:"天子出猎,驾,御府曹郎属之。"

⑧周礼天官有司会,郑玄曰"若今尚书"。

⑨蔡质汉仪曰:"总典台中纲纪,无所不统。"

⑩蔡质汉仪曰:"右丞与仆射对掌授廪假钱穀,与左丞无所不统。凡中宫漏夜尽,鼓鸣则起,锺鸣则息。卫士甲乙徼相传,甲夜毕,传乙夜,相传尽五更。卫士传言五更,未明三刻后,鸡鸣,卫士踵丞郎趋严上台,不畜宫中鸡,汝南出鸡鸣,卫士候朱爵门外,专传鸡鸣于宫中。"应劭曰:"楚歌,今鸡鸣歌也。"晋太康地道记曰:"后汉固始、鲖阳、公安、细阳四县卫士,习此曲于阙下歌之,今鸡鸣是也。"

⑪蔡质汉仪曰:"尚书郎初从三署诣台试,初上台称守尚书郎,中岁满称尚书郎,三年称侍郎。客曹郎主治羌胡事,剧迁二千石或刺史,其公迁为县令,秩满自占县去,诏书赐钱三万与三台祖饯,馀官则否。治严一月,准谒公卿陵庙乃发。御史中丞遇尚书丞、郎,避车执板住揖,丞、郎坐车举手礼之,车过远乃去。尚书言左右丞,敢告知如诏书律令。郎见左右丞,对揖无敬,称曰左右君。丞、郎见尚书,执板对揖,称曰明时。见令、仆射,执板拜,朝贺对揖。"

⑫古今注曰:"永元三年七月,增尚书令史员。功满未尝犯禁者,以补小县,墨绶。"蔡质曰:"皆选兰台、符节上称简精练有吏能为之。"决录注曰:"故事尚书郎以令史久缺补之,世祖始改用孝廉为郎,以孝廉丁邯补焉。邯称病不就。诏问:'实病?羞为郎乎?'对曰:'臣实不病,耻以孝廉为令史职耳!'世祖怒曰:'虎贲灭头杜之数十。'诏问:'欲为郎不?'邯曰:'能杀臣者陛下,不能为郎者臣。'中诏遣出,竟不为郎。邯字叔春,京兆阳陵人也。有高节,正直不挠,后拜汾阴令,治有名跡,迁汉中太守。妻弟为公孙述将,收妻送南郑狱,免冠徒跣自陈。诏

曰:'汉中太守妻乃系南郑狱,谁当搔其背垢者? 悬牛头,卖马脯,盗
跖行,孔子语。以邯服罪,且邯一妻,冠履勿谢。'治有异,卒于官。"

符节令一人,六百石。本注曰:为符节台率,主符节事。凡遣
使掌授节。尚符玺郎中四人。本注曰:旧二人在中,主玺及虎符、
竹符之半者。①符节令史,二百石。本注曰:掌书。②

> ①汉官曰:"当得明法律郎。"周礼掌节有虎节、龙节,皆金也。干宝注
> 曰:[25]"汉之铜虎符,则其制也。"周礼又曰:"以英荡辅之。"[26]干宝
> 曰:"英,刻书也。荡,竹箭也。刻而书其所使之事,以助三节之信,则
> 汉之竹使符者,亦取则于故事也。"

> ②魏氏春秋曰:"中平六年,始复节上赤葆。"

御史中丞一人,千石。本注曰:御史大夫之丞也。旧别监御史
在殿中,密举非法。①及御史大夫转为司空,因别留中,为御史台
率,②后又属少府。治书侍御史二人,六百石。本注曰:掌选明法
律者为之。凡天下诸谳疑事,掌以法律当其是非。③侍御史十五
人,六百石。本注曰:掌察举非法,受公卿群吏奏事,有违失举劾
之。凡郊庙之祠及大朝会、大封拜,则(一)〔二〕人监威仪,[27]有违
失则劾奏。④

> ①周礼:"〔小宰〕掌建邦之宫刑,[28]以主治王宫之政令。"干宝注曰:"若
> 御史中丞。"

> ②风俗通曰:"尚书、御史台,皆以官苍头为吏,主赋舍,[29]凡守其门
> 户。"蔡质汉仪曰:"丞,故二千石为之,或选侍御史高第,[30]执宪中
> 司,朝会独坐,内掌兰台,督诸州刺史,纠察百察,出为二千石。"魏志
> 曰:"建安置御史大夫,不领中丞,置长史一人。"

> ③蔡质汉仪曰:"选御史高第补之。"胡广曰:"孝宣感路温舒言,秋季后
> 请谳。时帝幸宣室,斋居而决事,令侍御史二人治书,御史起此。[31]后

因别置，冠法冠，秩百石，有印绶，与符节郎共平廷尉奏事，罪当轻重。"荀绰晋百官表注曰："惠帝以后，无所平治，备位而已。"

④蔡质汉仪曰："其二人者更直。执法省中者，皆纠察百官，督州郡。公法府掾属高第补之。初称守，满岁拜真，出治剧为刺史、二千石，平迁补令。见中丞，执板揖。"

兰台令史，六百石。本注曰：掌奏及印工文书。

右属少府。本注曰：职属少府者，自太医、上林凡四官。自侍中至御史，皆以文属焉。承秦，凡山泽陂池之税，名曰禁钱，属少府。世祖改属司农，考工转属太仆，都水属郡国。孝武帝初置水衡都尉，秩比二千石，别主上林苑有离宫燕休之处，世祖省之，并其职于少府。每立秋貙刘之日，辄暂置水衡都尉，事讫乃罢之。少府本六丞，省五。又省汤官、织室令，置丞。又省上林十池监，胞人长丞，宦者、昆台、①佽飞②三令，二十一丞。又省水衡属官令、长、丞、尉二十馀人。章和以下，中官稍广，加尝药、太官、御者、钩盾、尚方、考工、别作监，皆六百石，宦者为之，转为兼副，或省，故录本官。③

①昆台本名甘泉居室，武帝改。

②佽飞本名左弋，武帝改。

③蔡质汉仪曰："少府符著出见都官从事，持板。都官从事入少府见符著，持板。"汉官目录曰："右三卿，司空所部。"

【校勘记】

〔1〕从官二人　按：汲本"二"作"三"，孙辑本汉官同。

〔2〕汉(书)〔官〕曰　校补引柳从辰说，谓"书"当作"官"，诸本皆未正。

今据改。

〔３〕亦云二千石　按:此承上文"秩千石"而言,"二"字疑衍。

〔４〕导官令　宋书百官志"导官令"下引司马相如封禅书"导一茎六穗
于庖",史记司马相如传"导"作"𥠖"。按:说文云"𥠖,𥠖米也,从
禾道声。司马相如曰'𥠖一茎六穗'也"。是"导官令"之"导"当从
禾作"𥠖"。

〔５〕準平则民不失职　按:校补谓"準平"殿本注作"平準",与今本盐
铁论合。

〔６〕必苦女工蚕税　按:校补谓"蚕税"今本盐铁论作"再税"。

〔７〕斡官铁市两长丞　汲本、殿本"斡"作"幹"。按:汉书百官表作
"斡",注如淳曰:"斡音莞,或作'幹',幹,主也。"

〔８〕四人斗(石)〔食〕　据汲本、殿本改。

〔９〕上林苑令一人　按:此与下"主苑中禽兽"两"苑"字,原皆作"菀",
菀苑本通,然以下"苑中丞"等之"苑",皆不作"菀",今改归一律。
注同。

〔10〕本注曰无员　按:集解引钱大昕说,谓案朱穆传,言汉家旧典,置侍
中、中常侍各一人,黄门侍郎一人。宦者传永平中始置员数,中常
侍四人,小黄门十人,自明帝迄乎延平,其员稍增,中常侍至有十
人,小黄门二十人。此志于侍中、中常侍、黄门侍郎、小黄门皆云无
员,亦未深考耳。

〔11〕顾问应对给事　按:"给事"二字应移入下行"黄门侍郎"上,说
详下。

〔12〕黄门侍郎　按:沈家本谓应作"给事黄门侍郎"。"给事"二字误在
前一行之末。宋志云"汉东京曰给事黄门侍郎",此其证也。隋炀
帝时始去"给事"之名,见隋志。

〔13〕朝见于殿上　按:汲本、殿本"上"作"中"。

〔14〕〔本注曰〕宦者无员　据殿本补。

〔15〕皆四百石黄绶　按:集解引钱大昕说,谓"黄绶"二字疑衍,公卿以下绶制已见舆服志,不应单出此条。

〔16〕典官婢侍使　按:校补谓"侍使"当依周礼酒人注作"侍史"。

〔17〕掌〔宫〕中布张诸(衣)〔褒〕物　据汉书宣帝纪注引续汉书志补改。
按:集解引惠栋说,谓黄图引续汉书曰"掌宫中步帐褒物",宣帝纪亦引作"褒物",误作"衣"也。校补引钱大昕说,谓宣帝纪注亦引作"掌宫中",知志文"掌"下亦脱"宫"字。

〔18〕从官录事一人　按:汲本、殿本"录事"作"禄士",孙辑汉官同。

〔19〕奏下尚书曹文书众事　按:汲本无"曹"字。

〔20〕朝会(不)〔下〕陛奏事　集解引惠栋说,谓以汉官仪、汉官典职校之,乃下陛奏事,"下"讹"不"。今据改。

〔21〕成帝初置尚书四人　按:集解引惠栋说,谓"成帝"当作"武帝"。应劭汉官仪云尚书四员,武帝置,成帝加一为五。有三公曹,主断狱。世祖分为六曹,并一令一仆,谓之八座。又引李祖楙说,谓前书成帝建武四年,初置尚书五人,中以一人为仆射。注云四人,别仆射言。

〔22〕左右丞各一人　按:左右丞与下侍郎原皆提行,校补谓左右丞、侍郎皆尚书官属,不应提行。今从之。

〔23〕侍郎三十六人　按:集解引惠栋说,谓一作"三十五人",一作"三十四人"。

〔24〕掌中(郎)〔都〕官水火盗贼辞讼罪眚　按:集解本据通典改"郎"为"都",今从之。

2913

〔25〕干宝注曰　按:"干"原作"于",径据集解本改,下同。

〔26〕以英荡辅之　按:"荡"周礼作"簜"。

〔27〕则(一)〔二〕人监威仪　据汲本、殿本改。

〔28〕周礼〔小宰〕掌建邦之宫刑　据集解引惠栋说补。

〔29〕主赋舍　按:汲本"赋"作"贼"。

〔30〕或选侍御史高第　按:汲本、殿本"选"作"迁",疑误,下注引汉仪
　　"选御史高第补之",可证。

〔31〕令侍御史二人治书御史起此　按:"御史起此"上疑脱"治书"
　　二字。

后汉书志第二十七

百官四

执金吾　太子太傅　大长秋　太子少傅

将作大匠　城门校尉　北军中候　司隶校尉

执金吾一人,中二千石。①本注曰:掌宫外戒司非常水火之事。②月三绕行宫外,及主兵器。吾犹御也。③丞一人,比千石。④缇骑二百人。本注曰:无秩,比吏食奉。⑤〔1〕

①汉官秩云比二千石。

②胡广曰:"卫尉巡行宫中,则金吾徼于外,相为表里,以擒奸讨猾。"

③应劭曰:"执金革以御非常。"汉官曰:"员吏二十九人,其十人四科,一人二百石,文学三人百石,二人斗食,十三人佐学事,主缇骑。"

④汉官秩云六百石。

⑤汉官曰:"执金吾缇骑二百人,〔持戟〕五百二十人,〔2〕舆服导从,光满道路,群僚之中,斯最壮矣。世祖叹曰:'仕宦当作执金吾。'"

武库令一人,六百石。本注曰:主兵器。丞一人。

　　右属执金吾。本注曰:本有式道、左右中候三人,六百石。车驾出,掌在前清道,还持麾至宫门,宫门乃开。中兴但一人,又不常置,每出,以郎兼式道候,事已罢,不复属执金吾。又省中垒、寺互、都船令、丞、尉及左右京辅都尉。

太子太傅一人,中二千石。本注曰:职掌辅导太子。礼如师,不领官属。①

①荀绰晋百官表注曰:"唐、虞官。"

大长秋一人,二千石。本注曰:承秦将行,宦者。景帝更为大长秋,或用士人。中兴常用宦者,职掌奉宣中宫命。凡给赐宗亲,及宗亲当谒见者关通之,中宫出则从。①丞一人,六百石。本注曰:宦者。

①张晏曰:"皇后卿。"

中宫仆一人,千石。本注曰:宦者。主驭。本注曰:太仆,秩二千石,中兴省"太",减秩千石,以属长秋。

中宫谒者令一人,六百石。本注曰:宦者。中宫谒者三人,四百石。本注曰:宦者。主报中章。

中宫尚书五人,六百石。本注曰:宦者。主中文书。

中宫私府令一人,六百石。本注曰:宦者。主中藏币帛诸物,裁衣被补浣者皆主之。①丞一人。本注曰:宦者。

①丁孚汉仪曰:"中宫藏府令,秩千石,仪比御府令。"

中宫永巷令一人,六百石。本注曰:宦者。主宫人。丞一人。

本注曰：宦者。

中宫黄门冗从仆射一人，六百石。本注曰：宦者。主中黄门冗从。①

①丁孚汉仪曰："给事中宫侍郎六人，比尚书郎，宦者为之。给事黄门四人，比黄门侍郎。给事羽林郎一人，比羽林将虎贲宫骑下。"

中宫署令一人，六百石。本注曰：宦者。主中宫请署天子数。女骑六人，丞、复道丞各一人。本注曰：宦者。复道丞主中阁道。

中宫药长一人，四百石。本注曰：宦者。

右属大长秋。本注曰：承秦，有詹事一人，位在长秋上，亦宦者，主中诸官。成帝省之，以其职并长秋。是后皇后当法驾出，则中谒、中宦者职吏权兼詹事奉引，讫罢。宦者诛后，尚书选兼职吏一人奉引云。其中长信、长乐宫者，置少府一人，职如长秋，及馀吏皆以宫名为号，员数秩次如中宫。①本注曰：帝祖母称长信宫，故有长信少府，长乐少府，位在长秋上，及职吏皆宦者，秩次如中宫。长乐又有卫尉，仆为太仆，皆二千石，在少府上。②其崩则省，不常置。

①长乐五官史，朱瑀之类是也。
②丁孚汉仪曰："丞，六百石。"

太子少傅，二千石。本注曰：亦以辅导为职，悉主太子官属。①

①汉官曰："员吏十二人。"[3]

太子率更令一人，千石，本注曰：主庶子、舍人更直，职似光禄。[4]

太子庶子,四百石。本注曰:无员,如三署中郎。

太子舍人,二百石。本注曰:无员,更直宿卫,如三署郎中。①

①汉官曰:"十三人,选良家子孙。"

太子家令一人,千石。本注曰:主仓榖饮食,职似司农、少府。

太子仓令一人,六百石。本注曰:主仓榖。

太子食官令一人,六百石。本注曰:主饮食。

太子仆一人,千石。本注曰:主车马,职如太仆。

太子厩长一人,四百石。本注曰:主车马。

太子门大夫,六百石。①本注曰:旧注云职比郎将。旧有左右户将,别主左右户直郎,建武以来省之。

①汉官曰:"门大夫二人,选四府掾属。"

太子中庶子,六百石。本注曰:员五人,职如侍中。

太子洗马,比六百石。[5]本注曰:旧注云员十六人,职如谒者。太子出,则当直者在前导威仪。①[6]

①汉官曰:"选郎中补也。"

太子中盾一人,四百石。本注曰:主周卫徼循。

太子卫率一人,四百石。本注曰:主门卫士。

　　右属太子少傅。本注曰:凡初即位,未有太子,官属皆罢,唯舍人不省,领属少府。

将作大匠一人,二千石。①本注曰:承秦,曰将作少府,景帝改为将作大匠。掌修作宗庙、路寝、宫室、陵园木土之功,并树桐梓之类列于道侧。② 丞一人,六百石。

> ①蔡质汉仪曰:"位次河南尹,光武中元二年省,谒者领之,章帝建初元
> 年复置。"
>
> ②汉官篇曰"树栗、漆、梓、桐",[7]胡广曰:"古者列树以表道,并以为林
> 圃。四者皆木名,治宫室并主之。"毛诗传曰:"椅,梓属也。"陆(机)
> 〔玑〕[8]草木疏曰:"梓实桐皮曰椅,今(民)〔人〕云梧桐是也。[9]梓,今
> 人所谓梓楸者是也。"

左校令一人,六百石。本注曰:掌左工徒。丞一人。①

> ①安帝复也。

右校令一人,六百石。本注曰:掌右工徒。丞一人。①

> ①安帝复也。

　　右属将作大匠。①

> ①前书曰属官又有左、右中候,(右)〔石〕库,[10]东园主章、左右前后中校
> 七令丞,成帝省。

城门校尉一人,比二千石。本注曰:掌雒阳城门十二所。①

> ①周礼:"司门。"干宝注曰:"如今校尉。"

司马一人,千石。本注曰:主兵。城门每门候一人,①六百
石。②本注曰:雒阳城十二门,其正南一门曰平城门,③北宫门,属
卫尉。其馀上西门,④雍门,⑤广阳门,⑥津门,⑦小苑门,开阳
门,⑧秏门,⑨[11]中东门,⑩上东门,⑪榖门,⑫夏门,⑬凡十二门。⑭

> ①周礼每门下士二人。干宝曰:"如今门候。"
>
> ②蔡质汉仪曰:"门候见校尉,执板不拜。"
>
> ③汉官秩曰:"平城门为宫门,不置候,置屯司马,秩千石。"李尤铭曰:

"平城司午,厥位处中。"古今注曰:"建武十四年九月开平城门。"

④应劭汉官曰:"上西所以不纯白者,汉家初成,故丹〔漆〕镂之。"〔12〕李尤铭曰:"上西在季,位月惟戌。"

⑤铭曰:"雍门处中,位月在酉。"

⑥铭曰:"广阳位孟,厥月在申。"

⑦铭曰:"津名自定,位季月未。"〔13〕

⑧应劭汉官曰:"开阳门始成未有名,宿昔有一柱来在楼上,琅邪开阳县上言,县南城门一柱飞去。光武皇帝使来识视,怅然,遂坚缚之,刻记其年月,因以名焉。"铭曰:"开阳在孟,位月惟巳。"

⑨铭曰:"耗门值季,月位在辰。"〔14〕

⑩铭曰:"中东处仲,月位当卯。"〔15〕

⑪铭曰:"上东少阳,厥位在寅。"

⑫铭曰:"縠门北中,位当于子。"

⑬铭曰:"夏门值孟,位月在亥。"

⑭蔡质汉仪曰:"雒阳二十四街,街一亭;十二城门,门一亭。"

　　右属城门校尉。

北军中候一人,六百石。本注曰:掌监五营。①

①汉官曰:"员吏七人,候自得辟召,通大鸿胪一人,斗食。"

屯骑校尉一人,比二千石。本注曰:掌宿卫兵。①司马一人,千石。②

①汉官曰:"员吏百二十八人,领士七百人。"

②蔡质汉仪曰:"五营司马见校尉,执板不拜。"

越骑校尉一人,比二千石。①本注曰:掌宿卫兵。②司马一人,千石。

①如淳曰:"越人内附以为骑也。"晋灼曰:"取其才力超越也。"案纪,光武改青巾(右)〔左〕校尉[16]为越骑校尉。臣昭曰:越人非善骑所出,晋灼为允。

②蔡质汉仪亦曰掌越骑。汉官曰:"员吏百二十七人,领士七百人。"

步兵校尉一人,比二千石。①本注曰:掌宿卫兵。②司马一人,千石。

①初置掌上林苑门屯兵,见前书。

②汉官曰:"员吏七十三人,领士七百人。"

长水校尉一人,比二千石。①本注曰:掌宿卫兵。②司马、胡骑司马各一人,千石。本注曰:掌宿卫,主乌桓骑。

①如淳曰:"长水,胡名也。"韦昭曰:"长水校尉典胡骑,厩近长水,(胡)〔故〕以为名。"[17]长水盖〔关〕中小水名。[18]

②蔡质汉仪曰:"主长水、宣曲胡骑。"汉官曰:"员吏百五十七人,乌桓胡骑七百三十六人。"

射声校尉一人,比二千石。①本注曰:掌宿卫兵。②司马一人,千石。

①服虔曰:"工射也。冥寞中闻声则射中之,故以为名。"

②蔡质汉仪曰:"掌待诏射声士。"汉官曰:"员吏百二十九人,领士七百人。"

2921

右属北军中候。本注曰:旧有中垒校尉,领北军营垒之事。有胡骑、虎贲校尉,皆武帝置。中兴省中垒,但置中候,以监五营。胡骑并长水。虎贲主轻车,并射声。①

①案大驾卤簿,五校在前,各有鼓吹一部。

凡中二千石,丞比千石。真二千石,丞、长史六百石。比二千石,丞比六百石。令、相千石,丞、尉四百石;其六百石,丞、尉三百石。长、相四百石及三百石,丞、尉皆二百石。诸侯、公主家丞,秩皆比百石。诸边郡塞尉、诸陵校尉长,皆二百石。有常例者不署秩。

司隶校尉一人,比二千石。①本注曰:孝武帝初置,②持节,掌察举百官以下,及京师近郡犯法者。③元帝去节,成帝省,建武中复置,并领一州。④从事史十二人。本注曰:都官从事,主察举百官犯法者。⑤功曹从事,主州选署及众事。别驾从事,校尉行部则奉引,录众事。簿曹从事,主财穀簿书。其有军事,则置兵曹从事,主兵事。其馀部郡国从事,每郡国各一人,主督促文书,察举非法,皆州自辟除,故通为百石云。假佐二十五人。本注曰:主簿录阁下事,省文书。门亭长主州正。门功曹书佐主选用。孝经师主监试经。月令师主时节祠祀。律令师主平法律,簿曹书佐主簿书。其馀都官书佐及每郡国,各有典郡书佐一人,各主一郡文书,以郡吏补,岁满一更。司隶所部郡七。

①蔡质汉仪曰:"职在典京师,外部诸郡,无所不纠。封侯、外戚、三公以下,无尊卑。入宫,开中道称使者,每会,后到先去。"

②荀绰晋百官表注曰:"司隶校尉,周官也。征和中,阳石公主巫蛊之狱起,乃依周置司隶。"臣昭曰:周无司隶,岂即司寇乎?

③前书曰:"置从中都官徒千二百人,捕巫蛊,督大奸猾,后罢其兵。"

④蔡质汉仪曰:"司隶诣台廷议,处九卿上,朝贺处公卿下陪卿上。初除,谒大将军、三公,通谒持板揖。公仪、朝贺无敬。台召入宫对。见尚书持板,朝贺揖。"

⑤蔡质汉仪曰:"都官主雒阳百官朝会,与三府掾同。"博物记曰:"中兴

以来,都官从事多出之河内,捃击贵戚。"

河南尹一人,主京都,特奉朝请。其京兆尹、左冯翊、右扶风三人,汉初都长安,皆秩中二千石,谓之三辅。中兴都雒阳,更以河南郡为尹,以三辅陵庙所在,不改其号,但减其秩。其馀弘农、河内、河东三郡。其置尹,冯翊、扶风及太守丞奉之本位,在地理志。

【校勘记】

〔1〕无秩比吏食奉　按:"吏"原讹"史",径据汲本、殿本改正。

〔2〕〔持戟〕五百二十人　据北堂书钞设官部引应劭汉官仪补。按:五百即伍伯。集觧引李祖楙说,谓古今注云五百,一伍之伯也。五人曰伍,五长曰伯,一曰户伯。又校补谓宦者传注引韦昭辨释名,说五百义与古今注异。

〔3〕员吏十二人　按:汲本、殿本"十二"作"十三",孙辑汉官同。

〔4〕太子率更令至职似光禄　按:御览二百四十七引作"率更令秩千石,与庶子舍人更直,职似光禄勋,掌宫殿门户之禁,郎将屯卫之士"。校补谓此御览所据本异也。通典亦作"似光禄勋",多"勋"字。

〔5〕太子洗马　按:集觧引李祖楙说,谓前书"洗"作"先"。

〔6〕太子出则当直者在前导威仪　按:御览二百四十六引"者"作"一人"二字。

〔7〕树栗漆梓桐　按:汲本、殿本作"树栗、椅、桐、梓"。

〔8〕陆(机)〔玑〕　据汲本、殿本改。

〔9〕今(民)〔人〕云梧桐是也　张森楷校勘记谓"民"当作"人",疑是后人转改唐本而误者,观下文犹称"今人"可见。按:张说是,今据改。

〔10〕(右)〔石〕库　据前志改。

〔11〕耗门　按:御览一八三引李尤旄城门铭作"旄门"。沈家本谓门不

当以耗名,作"旄"是。

〔12〕故丹〔漆〕镂之 据集解引惠栋说补。

〔13〕位季月未 按:"未"原讹"木",径改正。

〔14〕耗门值季月位在辰 按:御览一八三引作"旄门直季,位月在辰"。

〔15〕中东处仲月位当卯 按:御览引作"东处仲月,厥位当卯"。

〔16〕青巾(右)〔左〕校尉 集解引惠栋说,谓"右"当作"左",青巾左校
尉建武九年置,十五年改也。今据改。

〔17〕厥近长水(胡)〔故〕以为名 据汲本、殿本改。

〔18〕长水盖〔关〕中小水名 集解引惠栋说,谓沈约引辨释名云盖关中
小水名也。王先谦谓韦注"中"上夺"关"字。今据补。

后汉书志第二十八

百官五

州郡　县乡　亭里　匈奴中郎将

乌桓校尉　护羌校尉　王国　宋卫国

列侯　关内侯　四夷国　百官奉

外十二州,[1]每州刺史一人,六百石。本注曰:秦有监御史,监诸郡,汉兴省之,但遣丞相史分刺诸州,无常官。孝武帝初置刺史十三人,秩六百石。①成帝更为牧,秩二千石。建武十八年,复为刺史,十二人各主一州,其一州属司隶校尉。②诸州常以八月巡行所部郡国,③录囚徒,④考殿最。⑤初岁尽诣京都奏事,⑥中兴但因计吏。⑦

①古今注曰:"常以春分行部,郡国各遣一吏迎界上。"诸书不同也。

②蔡质汉仪曰:"诏书旧典,刺史班宣,周行郡国,省察治政,[2]黜陟能否,断理冤狱,以六条问事,非条所问,即不省。一条,强宗豪右,田宅

踰制,以强陵弱,以众暴寡。二条,二千石不奉诏书,遵承典制,倍公向私,旁诏守利,侵渔百姓,聚敛为奸。三条,二千石不卹疑狱,风厉杀人,怒则任刑,喜则任赏,[3]烦扰苛暴,[4]剥戮黎元,[5]为百姓所疾,山崩石裂,妖祥讹言。四条,二千石选署不平,苟阿所爱,蔽贤宠顽。五条,二千石子弟怙恃荣势,[6]请托所监。六条,二千石违公下比,阿附豪强,通行货赂,割损政令。诸州刺史初除,比诸持板揖不拜。[7]"

献帝起居注曰:"建安十八年三月庚寅,省州并郡,复禹贡之九州。冀州得魏郡、安平、钜鹿、河间、清河、博陵、常山、赵国、勃海、甘陵、平原、太原、上党、西河、定襄、雁门、云中、五原、朔方、河东、河内、涿郡、渔阳、广阳、右北平、上谷、代郡、辽东、辽东属国、辽西、玄菟、乐浪,凡三十二郡。省司隶校尉,以司隶部分属豫州、冀州、雍州。省凉州刺史,以并雍州部,郡得弘农、京兆、左冯翊、右扶风、上郡、安定、陇西、汉阳、北地、武都、武威、金城、西平、西郡、张掖、张掖属国、酒泉、敦煌、西海、汉兴、永阳、东安南,[8]凡二十二郡。省交州,以其郡属荆州。荆州得交州之苍梧、南海、九真、交趾、日南,与其旧所部南阳、章陵、南郡、江夏、武陵、长沙、零陵、桂阳,凡十三[郡]。[9]益州本部郡有广汉、汉中、巴郡、犍为、蜀郡、牂柯、越巂、益州、永昌、犍为属国、蜀郡属国、广汉属国,今并得交州之郁林、合浦,凡十四[郡]。[10]豫州部郡本有颍川、陈国、汝南、沛国、梁国、鲁国,今并得河南、荥阳都尉,凡八郡。徐州部郡得下邳、广陵、彭城、东海、琅邪、利城、城阳、东莞,凡八郡。青州得齐国、北海、东莱、济南、乐安,凡五郡。"献帝春秋曰:"孙权以步骘行交州刺史。"东观书曰:"交趾刺史,持节。"

③胡广注曰:"巡谓驿马也。县次传驾之,以走疾,犹古言附递。"

④胡广曰:"县邑囚徒,皆阅录视,参考辞状,实其真伪。有侵冤者,即时平理也。"

⑤胡广曰:"课第长吏不称职者为殿,举免之。其有治能者为最。察上尤异州,又状州中吏民茂才异等,岁举一人。"

⑥胡广曰:"所察有条应绳异者,辄覆问之,不茹柔吐刚也。岁尽,贵所状纳京师,名奏事,差其远近,各有常会。"

⑦胡广曰:"不复自诣京师,其所道皆如旧典。"东观书曰:"和帝初,张酺上言:'臣闻王者法天,荧惑奏事太微,故州牧刺史入奏事,所以通下问知外事也。数十年以来,重其道归烦挠,故时止勿奏事,今因以为故事。臣愚以为刺史视事满岁,可令奏事如旧典,问州中风俗,恐好恶过所道,事所闻见,考课众职,下章所告,及所自举有意者赏异之,其尤无状,递诏书,行罪法,冀敕戒其馀,令各敬慎所职,于以衰灭贪邪便佞。'"韩诗外传曰:"王者必立牧,方三人,所以使阚远牧众也。远方之民,有饥寒而不得衣食,狱讼而冤失,职贤而不举者,入告天子。天子于其君之朝也,揖而进之曰:'意朕之政教,有不得尔者邪?如何乃有饥寒而不得衣食,狱讼而冤失,职贤而不举?'然后其君退而与其卿大夫谋之。远方之民闻,皆曰'诚天子也'。夫我居之辟,见我之近也;我居之幽,见我之明也。可欺乎哉!可欺乎哉!故牧者所以开四目,通四聪。"

皆有从事史、假佐。本注曰:员职略与司隶同,无都官从事,其功曹从事为治中从事。

豫州部郡国六,冀州部九,兖州部八,徐州部五,青州部六,荆州部七,扬州部六,益州部十二,凉州部十二,并州部九,幽州部十一,交州部七,凡九十八。其二十七王国相,其七十一郡太守。其属国都尉。属国,分郡离远县置之,如郡差小,置本郡名。世祖并省郡县四百馀所,后世稍复增之。①

①臣昭曰:昔在先代,列爵殊等,九服不同,畿荒制异。虽连帅相司,牧伯分长,而封疆置限,兼庸有数,如身之使臂,手之使指,故能高卑相固,远近维绾,群后克穆,共康兆庶。爰及周衰,稍竞吞广,邦国侵争,递怀贪略,犹历数百年,乃能成其并一,岂非树之有本,使其然乎?秦

兼天下，开设郡县，孤立独王，即以颠亡。汉祖因循，虽不顿革，[11]分置子弟，终戡诸吕之难，渐剖列郡，以减大都之权。后严安之徒，犹忼慨发愤，谓千里之威，即古之强国，虑非安本无穷之计也。孝武之末，始置刺史，监纠非法，不过六条，传车周流，匪有定镇，秩裁数百，威望轻寡，得有察举之勤，未生陵犯之衅。成帝改牧，其萌始大，既非识治之主，故无取焉尔。世祖中兴，监乎政本，复约其职，还遵旧制，断亲奏事，省入惜烦，渐得自重之路。因兹以降，弥於岁年，母后当朝，多以弱守，六合危动，四海溃弊，财尽力竭，纲维挠毁，而八方不能内侵，诸侯莫敢入伐，岂非干强枝弱，控制素重之所致乎？至孝灵在位，横流既及，刘焉徼伪，自为身谋，非有忧国之心，专怀狼据之策，抗论昏世，荐议愚主，盛称宜重牧伯，谓足镇压万里，挟奸树算，苟罔一时，岂可永为国本，长期胜术哉？夫圣主御世，[12]莫不大庇生民，承其休谋，传其典制。犹云事久弊生，无或通贯，故变改正服，革异质文，分爵三五，参差不一。况在竖骏之君，挟奸诈之臣，共所创置，焉可仍因？[13]大建尊州之规，竟无一日之治。故焉牧益土，造帝服於岷、峨；袁绍取冀，下制书於燕、朔；刘表荆南，郊天祀地；魏祖据兖，遂构皇业：汉之殄灭，祸源乎此。及臻后代，任寄弥广，委之邦宰之命，授之斧钺之重，假之都督之威，开之征讨之略。晋太康之初，武帝亦疑其然，乃诏曰："上古及中代，或置州牧，或置刺史，置监御史，皆总纲纪，而不赋政，治民之事，任之诸侯郡守。昔汉末四海分崩，因以吴、蜀自擅，自是刺史内亲民事，外领兵马，此一时之宜尔。今赖宗庙之灵，士大夫之力，江表平定，天下合之为一，当韬戢干戈，与天下休息。诸州无事者罢其兵，刺史分职，皆如汉氏故事，出颁诏条，入奏事京城。二千石专治民之重，监司清峻於上，此经久之体也。其便省州牧。"晋武帝又见其弊矣，虽有其言，不卒其事，后嗣缵继，牧镇愈重，据地分争，竟覆天下。昔王畿之大，不过千里，州之所司，广袤兼远。争强虎视之辰，迁鼎革终之日，未尝不藉蕃兵之权，挟董司之力，逼迫伺隙，陵夺冲幼。其甚者臣主扬兵，骨肉战野，昆弟枭悬，伯叔屠裂。末壮拔心，尾大不掉，既用此始，亦病以终。倾辅愈袭，莫或途改，致雒京有衔璧之痛，秦台有不守之酷。胡、羌递兴，氐、鲜更起，摩灭群黎，流祸百世。坚冰所渐，兼缘兹蠹。呜呼！后之圣王，必不久滞斯跡，灵长之终，当有神算。不然，则雄扞反拒之事，惧甚於此心，凭强作害之谋，方盛於后意。

凡州所监都为京都，置尹一人，[14]二千石，丞一人。每郡置太守一人，二千石，丞一人。郡当边戍者，丞为长史。①王国之相亦如之。每属国置都尉一人，比二千石，丞一人。本注曰：凡郡国皆掌治民，进贤劝功，决讼检奸。常以春行所主县，劝民农桑，振救乏绝。秋冬遣无害吏案讯诸囚，平其罪法，论课殿最。②岁尽遣吏上计。③并举孝廉，郡口二十万举一人。〔尉一人〕，典兵禁，备盗贼，[15]景帝更名都尉。武帝又置三辅都尉各一人，讥出入。边郡置农都尉，主屯田殖谷。又置属国都尉，主蛮夷降者。中兴建武六年，省诸郡都尉，并职太守，无都试之役。④省关都尉，唯边郡往往置都尉及属国都尉，稍有分县，治民比郡。安帝以羌犯法，三辅有陵园之守，[16]乃复置右扶风都尉，京兆虎牙都尉。⑤皆置诸曹掾史。⑥本注曰：诸曹略如公府曹，无东西曹。⑦有功曹史，主选署功劳。有五官掾，署功曹及诸曹事。其监属县，有五部督邮，曹掾一人。正门有亭长一人。主记室史，主录记书，催期会。无令史。阁下及诸曹各有书佐，干主文书。⑧

2929

①古今注曰："建武六年三月，令郡太守、诸侯相病，丞、长史行事。十四年，罢边郡太守丞，长史领丞职。"

②案律有无害都吏，如今言公平吏。汉书音义曰："文无所枉害。"萧何以文无害为沛主吏掾。

③卢植礼注曰:"计断九月,因秦以十月为正故。"

④古今注曰:"六年八月,省都尉官。"应劭曰:"每有剧(职)〔贼〕,[17]郡临时置都尉,事讫罢之。"

⑤应劭汉官曰:"盖天生五材,民并用之,废一不可,谁能去兵?兵之设尚矣。易称'弦木为弧,剡木为矢,弧矢之利,以威天下'。春秋'三时务农,一时讲武'。诗美公刘'匪居匪康,入耕出战,乃裹糇粮,[18]干戈戚(锡)〔扬〕,[19]四方莫当'。自郡国罢材官骑士之后,官无警备,实启寇心。一方有难,三面救之,发兴雷震,烟蒸电激,一切取辨,黔首嚣然。不及讲其射御,用其戒誓,一旦驱之以即强敌,犹鸠鹊捕鹰鹯,豚羊弋豺虎,是以每战常负,王旅不振。张角怀挟妖伪,遐迩摇荡,八州并发,烟炎绛天,牧守枭裂,流血成川。尔乃远征三边殊俗之兵,非我族类,怂恚纵横,多僵良善,以为己功,财货粪土。哀夫民氓迁流之咎,见出在兹,不教而战,是谓弃之,迹其祸败,岂虚也哉!春秋家不藏甲,所以一国威抑私力也。今虽四海残坏,王命未洽,可折冲厌难,若指於掌,故置右扶风。[20]"

⑥新论曰:"王莽时置西海郡,令其吏皆百石亲事。"一曰为四百石,二岁而迁补。

⑦蔡质汉仪曰:"河南(府)〔尹〕掾出考案,[21]与从事同。"

⑧汉官曰:"河南尹员吏九百二十七人,十二人百石。诸县有秩三十五人,官属掾史五人,四部督邮(史)〔吏〕部掾[22]二十六人,案狱仁恕三人,监津渠漕水掾二十五人,百石卒吏二百五十人,文学守助掾六十人,书佐五十人,(循)〔脩〕行二百三十人,[23]干小史二百三十一人。"

属官,每县、邑、道,大者置令一人,千石;其次置长,四百石;小者置长,三百石;侯国之相,秩次亦如之。①本注曰:皆掌治民,显善劝义,禁奸罚恶,理讼平贼,恤民时务,秋冬集课,上计於所属郡国。②

①应劭汉官曰：“前书百官表云，万户以上为令，万户以下为长。三边始孝武皇帝所开，县户数百而或为令。荆扬江南七郡，唯有临湘、南昌、吴三令尔。及南阳穰中，土沃民稠，四五万户而为长。桓帝时，以(江)〔汝〕南阳安为女公主邑，[24] 改号为令，主薨复复其故。若此为系其本。俗说令长以水土为之，及秩高下，皆无明文。班固通儒，述一代之书，斯近其真。”

②胡广曰：“秋冬岁尽，各计县户口垦田，钱穀入出，盗贼多少，上其集簿。丞尉以下，岁诣郡，课校其功。功多尤为最者，于廷尉劳勉之，以劝其后。负多尤为殿者，於后曹别责，以纠怠慢也。诸对辞穷尤困，收主者，掾史关白太守，使取法，丞尉缚责，以明下转相督敕，为民除害也。明帝诏书不得僇辱黄绶，以别小人吏也。”

凡县主蛮夷曰道。公主所食汤沐曰(国)〔邑〕。[25] 县万户以上为令，不满为长。侯国为相。皆秦制也。①丞各一人。尉大县二人，小县一人。本注曰：丞署文书，典知仓狱。尉主盗贼。凡有贼发，主名不立，则推索行寻，案察奸宄，以起端绪。②各署诸曹掾史。本注曰：诸曹略如郡员，五官为廷掾，监乡五部，春夏为劝农掾，秋冬为制度掾。③

①史记秦併天下，夷郡县，销兵刃，[26] 示不复用。

②应劭汉官曰：“大县丞左右尉，所谓命卿三人。小县一尉一丞，命卿二人。”

③汉官曰：“雒阳令秩千石，丞三人四百石，孝廉左尉四百石，孝廉右尉四百石。员吏七百九十六人，十三人四百石。乡有秩、狱史五十六人，[27] 佐史、乡佐七十七人，斗食、令史、啬夫、假五十人，官掾史、干小史二百五十人，书佐九十人，(循)〔修〕行二百六十人。”

乡置有秩、三老、游徼。本注曰:有秩,郡所署,秩百石,①掌一乡人;②其乡小者,县置啬夫一人③。皆主知民善恶,为役先后,知民贫富,为赋多少,平其差品。三老掌教化。凡有孝子顺孙,贞女义妇,让财救患,及学士为民法式者,皆扁表其门,以兴善行。游徼掌徼循,禁司奸盗。又有乡佐,属乡,主民收赋税。④

①汉官曰:"乡户五千,则置有秩。"

②风俗通曰:"秩则田间大夫,言其官裁有秩耳。"

③风俗通曰:"啬者,省也。夫,赋也。言消息百姓,均其役赋。"

④风俗通曰:"国家制度,大率十里一乡。"〔28〕

亭有亭长,以禁盗贼。本注曰:亭长,主求捕盗贼,承望都尉。①

①汉官仪曰:"民年二十三为正,一岁以为卫士,一岁为材官骑士,习射御骑驰战阵。八月,太守、都尉、令、长、相、丞、尉会都试,课殿最。水家为楼船,亦习战射行船。(边)〔边〕郡太守〔29〕各将万骑,行障塞烽火追虏。置长史一人,丞一人,治兵民,当兵行长领。置部尉、千人、司马、候、农都尉,皆不治民,不给卫士。材官、楼船年五十六老衰,乃得免为民就田,应合选为亭长。亭长课徼巡。尉、游徼、亭长皆习设备五兵。五兵:弓弩,戟,楯,刀剑,甲铠。鼓吏赤帻行縢,带剑佩刀,持盾被甲,设矛戟,习射。设十里一亭,亭长、亭候;五里一邮,邮间相去二里半,司奸盗。亭长持二尺板以劾贼,索绳以收执贼。"风俗通曰:"汉家因秦,大率十里一亭。亭,留也,盖行旅宿会之所馆。亭吏旧名负弩,改为长,或谓亭父。"

里有里魁,民有什伍,善恶以告。本注曰:里魁掌一里百家。什主十家,伍主五家,以相检察。民有善事恶事,以告监官。①

①风俗通曰:"周礼五家为邻,四邻为里。里者,止也。里有司,司五十

家,共居止,同事旧欣,通其所也。"

边县有障塞尉。本注曰:掌禁备羌夷犯塞。①其郡有盐官、铁官、工官、都水官者,随事广狭置令、长及丞,秩次皆如县、道,无分士,给均本吏。本注曰:凡郡县出盐多者置盐官,主盐税。出铁多者置铁官,主鼓铸。②有工多者置工官,主工税物。有水池及鱼利多者置水官,主平水收渔税。在所诸县均差吏更给之,置吏随事,不具县员。

①太公阴符曰:"武王问太公:'愿闻治乱之要。'太公曰:'其本在吏。'武王曰:'吏者治也,所以为治,其乱者何?'太公曰:'故吏重罪有十。'武王问'吏之重罪'。太公曰:'一、吏苛刻;二、吏不平;三、吏贪污;四、吏以威力迫胁于民;五、吏与吏合奸;六、吏与人亡情;七、吏作盗贼,使人为耳目;[30]八、吏贱买卖贵于民;[31]九、吏增易于民;十、吏振惧于民。夫治者有三罪,则国乱而民愁;尽有之,则民流亡而君失其国。'武王曰:'民亦有罪乎?'太公曰:'民有十大于此,除者则国治而民安。'武王曰:'十大何如?'太公曰:"民胜吏,厚大臣,一大也。民宗强,侵陵群下,二大也。民甚富,倾国家,三大也。民尊亲其君,天下归慕,四大也。众暴寡,五大也。民有百里之誉,千里之交,六大也。民以吏威为权,七大也。恩行于吏,八大也。民服信,以少为多,夺人田宅,赘人妻子,九大也。民之基业畜产为人所苦,十大也。所谓一家害一里,一里害诸侯,诸侯害天下。'武王曰:'绝吏之罪,塞民之大,奈何?'太公曰:'察民之暴吏,明其赏,审其诛,则吏不敢犯罪,民不敢大也。'武王曰:'是民吏相伺,上下不和而结其雠。'太公曰:'为君守成,为吏守职,为民守事。如此,各居其道则国治,国治则都治,都治则里治,里治则家治,家治则善恶分明,善恶分明则国无事,国无事则吏民外不怀怨,内不徼事。'"

②胡广曰:"盐官掊坑而得盐,或有凿井煮海水而以得之者。铸铜为器

2933

械,当铸冶之时,扇炽其火,谓之鼓铸。"

使匈奴中郎将一人,比二千石。本注曰:主护南单于。置从事
二人,有事随事增之,掾随事为员。护羌、乌桓校尉所置亦然。①

①应劭汉官曰:"拥节,屯中步南,设官府掾(吏)〔史〕。[32]单于岁遣侍子
来朝,谒者常送迎焉,得赂弓马毡罽他物百馀万。谒者事讫,还具表
付帑藏,诏书敕自受。"

护乌桓校尉一人,比二千石。本注曰:主乌桓胡。①

①应劭汉官曰:"拥节。长史一人,司马二人,皆六百石。并领鲜卑。客
赐质子,岁时胡市焉。"[33]晋书曰:"汉置东夷校尉,以抚鲜卑。"

护羌校尉一人,比二千石。本注曰:主西羌。①

①应劭汉官曰:"拥节。长史、司马二人,皆六百石。"

皇子封王,其郡为国,每置傅一人,相一人,皆二千石。本注
曰:傅主导王以善,礼如师,不臣也。相如太守。有长史,如郡丞。
汉初立诸王,因项羽所立诸王之制,地既广大,且至千里。又
其官职傅为太傅,相为丞相,又有御史大夫及诸卿,皆秩二千石,百
官皆如朝廷。国家唯为置丞相,其御史大夫以下皆自置之。①至景
帝时,吴、楚七国恃其国大,遂以作乱,几危汉室。及其诛灭,景帝
惩之,遂令诸王不得治民,令内史主治民,改丞相曰相,省御史大
夫、廷尉、少府、宗正、博士官。武帝改汉内史、中尉、郎中令之
名,②而王国如故,员职皆朝廷为署,不得自置。至(汉)成帝省内史
治民,[34]更令相治民,③太傅但曰傅。④

①胡广曰:"后汉妾数无限别,乃制设正适,曰妃,取小夫人不得过四

十人。"

②前书曰："改汉内史为京兆尹，中尉为执金吾，郎中令为光禄勋。"

③汉旧仪曰："大司空何武奏罢内史，相如太守，中尉如都尉，参职。是后中尉争权，与王相奏，常不和也。"

④臣昭曰：观夫高祖之创业也，岂直鸿勋硕德，大庇群生，荡其毒虐，厝之和泰而已哉！至于谋深虑久，封建子弟，蕃维盘固，规谋弘远。及于三赵不终，燕灵天绝，齐、代、淮、楚皆为外重，故宋昌曰"外畏齐、楚、淮南"，斯非效与？事过则樊，孰或通之？全国之难，诚固财物之富，[35] 作卫之益，亦既得之于前矣，故赐以几杖，用息奸谋。嗣陨局下，怨生有以，逮连师构乱，兵交梁阙，御侮摧寇，肇自密戚。景帝遂削蕃国之权，刻骨肉之援，封为君而不听治其民，置为主而稍贱其臣，矫枉过甚，遂臻于此。吕、霍之危朝，后族愈贵于来宠，吴、楚之叛奔，侯王恒借以受诮，故贾谊欲众建以少其力，列虚以候其生，此乃达观深识，监于亲陪之要者也。家嗣必传万里之地，分支欲使动摇不得，于经维远算，且已碍矣。复哀平之际，刘氏偏于四海，宗正著录，遂以万数。及乎后汉，弥循前跡，光武十子，并列畿外近郡，孝明八国，不能开庇远民。国近则不可以大，不大则不足为强，此所以本枝之援，终以少固。若使汉分两越置二三亲国，剖吴、楚树数四列蕃，割辽海而分皇枝，开陇蜀而王子弟，使主尊显，依汉初之贵，民无定限，许滋养之富；若有昏虐之嗣，可得废而不得削，必传刘氏。民信所奉，发其侵伐兼并之衅，峻其他族篡杀之科，制其入贡轻重之法，疏其来朝往复之数。君君臣臣，永许百世之期，一国之民，长无迁动之志，四方得志，听离官列封，怀贤抱智，随所适乐土。强弱相伴，远近相推，举其大归，略其小滞，与其画一，班之海内。天子之朝，自非斥觊僭夺，不得兴勤王之师。诸蕃国，自非杂互篡主，不降讨伐之诏。犬牙相经，共为严国，虽王莽善盗，将何因而敢窃，曹操雄勇，亦安能以得士。斯无俟极圣然克行，明贤粗识亦足立。故父子首足也，昆弟四支也，当

使筋骨髓血，动静足以相胜，长短大小，干用足以相卫。岂有割胫致腹，取骨肉以增头，划背露骨，剥膏腴以裨领，而谓颅额魁岸，可得比寿松、晋，喉咽拥肿，必能长生久视哉？汉氏得之微，犹能四百载，魏人失之甚，不满数十年。爰自晋世，矫枉太过，入列皇朝，非简贤之授，唯亲是贵，无愚智之辨。不能胜衣冠，早据公相之尊，童蒙幼子，遽登槐岳之位。职应论道，而未离保母之养，续侯赋政，而服二三尺衣。英贤大度，粟彼昏稚，高才硕儒，恭承蔑识。公㧑覆而不忧，美锦碎而愈载。兼授若流，回迁竞路，才驽任重，功勘衅多。晓比名于公旦，夕同罪于盗跖，襄称无位，可以充德，贬退刑镂，不足以塞咎。(或)〔威〕力强济，[36]声实隆重，嫌猜畏逼，身受其獘。覆灭分体，若枭仇寇，(费)〔賁〕粉同气，[37]有过他逆。忠贞之士，横罹其凶，[38]志节之人，狼狈其祸。阏伯、实沈，继踵史笔，显思显甫，比有国书。赵伦以(惠)〔憨〕愚排天，[39]齐攸以贤明谢世，枉郁殄夷，冤孙就尽，不可胜载矣。岂周、汉之君多孝悌之性，晋、宋之主粟豺狼之情，盖事势使之然也。朝行斯术，夕穷崩乱，未能革悛，来事愈甚。苍生为此将尽矣，四海为此构毙矣！圣帝英君，欲反斯败，必当更开同姓之国，置不增之约，罢皇胤入宫之祸，守盟牲砺河之笃，乃可还崄坠之路，反乎全安之辙也。

中尉一人，比二千石。本注曰：职如郡都尉，主盗贼。①郎中令一人，仆一人，皆千石。本注曰：郎中令掌王大夫、郎中宿卫，官如光禄勋。自省少府，职皆并焉。仆主车及驭，如太仆。本(注)曰太仆，[40]比二千石，武帝改，但曰仆，又皆减其秩。治书，比六百石。本注曰：治书本尚书更名。大夫，比六百石。本注曰：无员。掌奉王使至京都，奉璧贺正月，及使诸国。本皆持节，后去节。谒者，比四百石。本注曰：掌冠长冠。本员十六人，后减。[41]礼乐长。本注曰：主乐人。卫士长。本注曰：主卫士。医工长。本注曰：主医药。

永巷长。本注曰:宦者,主宫中婢使。祠祀长。本注曰:主祠祀。皆比四百石。② 郎中,二百石。本注曰:无员。

①东观书曰:"其绍封削绌者,中尉、内史官属亦以率减。"

②自礼乐长至此,皆四百石。

卫公、宋公。本注曰:建武二年,封周后姬常为周承休公;五年,封殷后孔安为殷绍嘉公。十三年,改常为卫公,安为宋公,以为汉宾,在三公上。①

①五经通义:"二王之后不考功,有诛无绝。"郑玄曰:"王者存二代而封
及五,郊天用天子礼以祭其始祖,行其正朔,此谓通三统也。三恪者,
敬其先圣,封其后而已,无殊异者也。"

列侯,所食县为侯国。本注曰:承秦爵二十等,为彻侯,金印紫绶,以赏有功。功大者食县,小者食乡、亭,得臣其所食吏民。后避武帝讳,为列侯。武帝元朔二年,令诸王得推恩分众子土,国家为封,亦为列侯。旧列侯奉朝请在长安者,位次三公。中兴以来,唯以功德赐位特进者,次车骑将军;① 赐位朝侯,次五校尉;赐位侍祠侯,次大夫。其馀以肺附及公主子孙奉坟墓于京都者,亦随时见会,位在博士、议郎下。②

①胡广汉制度曰:"功德优盛,朝廷所敬异者,赐特进,在三公下,不在车
骑下。"

②胡广制度曰:"是为猥诸侯。"

诸王封者受茅土,归以立社稷,礼也。① 列土、特进、朝侯贺正月执璧云。

①胡广曰:"诸王受封,皆受茅土,归立社稷。本朝为宫室,自有制度。

至於列侯归国者,不受茅土,不立宫室,各随贫富,裁制黎庶,以守其宠。"

每国置相一人,其秩各如本县。本注曰:主治民,如令、长,不臣也。但纳租于侯,以户数为限。其家臣,置家丞、庶子各一人。本注曰:主侍侯,使理家事。列侯旧有行人、洗马、门大夫,凡五官。中兴以来,食邑千户已上置家丞、庶子各一人,不满千户不置家丞,又悉省行人、洗马、门大夫。

关内侯,①承秦赐爵十九等,为关内侯,无土,寄食在所县,民租多少,各有户数为限。②

①如淳曰:"列侯出关就国,侯但爵身,其有家累者与之关内之邑,食其租税也。"古今注曰:"建武六年,初令关内侯食邑者俸月二十五斛。"

②荀绰晋百官表注曰:"时六国未平,将帅皆家关中,故以为号。"刘劭爵制曰:"春秋传有庶长鲍。商君为政,备其法品为十八级,合关内侯、列侯凡二十等,其制因古义。古者天子寄军政於六卿,居则以田,警则以战,所谓入使治之,出使长之,素信者与众相得也。故启伐有扈,乃召六卿,大夫之在军为将者也。及周之六卿,亦以居军,在国也则以比长、闾胥、族师、党正、州长、卿大夫为称,其在军也则以卒伍、司马、将军为号,所以异在国之名也。秦依古制,其在军赐爵为等级,其帅人皆更卒也,有功赐爵,则在军吏之例。自一爵以上至不更四等,皆士也。大夫以上至五大夫五等,比大夫也。九等,依九命之义也。自左庶长以上至大庶长,九卿之义也。关内侯者,依古圻内子男之义也。秦都山西,以关内为王畿,故曰关内侯也。列侯者,依古列国诸侯之义也。然则卿大夫士下之品,皆放古,比朝之制而异其名,亦所以殊军国也。古者以车战,兵车一乘,步卒七十二人,分翼左右。车,

大夫在左,御者处中,勇士居右,凡七十五人。一爵曰公士者,步卒之有爵为公士者,二爵曰上造。造,成也。古者成士升于司徒曰造士,虽依此名,皆步卒也。三爵曰簪褭,御驷马者。要褭,古之名马也。驾驷马者其形似簪,故曰簪褭也。四爵曰不更。不更者,为车右,不复与凡更卒同也。五爵曰大夫。大夫者,在车左者也。六爵为官大夫,七爵为公大夫,八爵为公乘,九爵为五大夫,皆军吏也。吏民爵不得过公乘者,得贳与子若同产。然则公乘者,军吏之爵最高者也。虽非临战,得公卒车,故曰公乘也。十爵为左庶长,十一爵为右庶长,十二爵为左更,十三爵为中更,十四爵为右更,十五爵为少上造,十六爵为大上造,十七爵为驷车庶长,十八爵为大庶长,十九爵为关内侯,二十爵为列侯。自左庶长已上至大庶长,皆卿大夫,皆军将也。所将皆庶人、更卒也,故以庶更为名。大庶长即大将军也,左右庶长即左右偏裨将军也。"古今注曰:"成帝鸿嘉三年,令吏民得买爵,级千钱。"

四夷国王,率众王,归义侯,邑君,邑长,皆有丞,比郡、县。

百官受奉例:①大将军、三公奉,月三百五十斛。中二千石奉,月百八十斛。二千石奉,月百二十斛。比二千石奉,月百斛。千石奉,月八十斛。六百石奉,月七十斛。比六百石奉,月五十斛。四百石奉,月四十五斛。比四百石奉,月四十斛。三百石奉,月四十斛。比三百石奉,月三十七斛。二百石奉,月三十斛。比二百石奉,月二十七斛。一百石奉,月十六斛。斗食奉,月十一斛。②佐史奉,月八斛。③凡诸受奉,皆半钱半穀。④

①古今注曰,建武二十六年四月戊戌,增吏奉如此,志例以明也。

②汉书音义曰:"斗食禄,日以斗为计。"

③古今注曰:"永和三年,初与河南尹及雒阳员吏四百二十七人奉,月四

十五斛。"臣昭曰：此言岂其妄乎？若人人奉四十五斛，则四百石秩为太优而无品，若共进奉者人不过一斗，亦非义理。

④荀绰晋百官表注曰："汉延平中，中二千石奉钱九千，[42]米七十二斛。真二千石月钱六千五百，米三十六斛。比二千石月钱五千，米三十四斛。一千石月钱四千，米三十斛。六百石月钱三千五百，米二十一斛。四百石月钱二千五百，米十五斛。三百石月钱二千，米十二斛。二百石月钱一千，米九斛。百石月钱八百，米四斛八斗。"献帝起居注曰："帝在长安，诏书以三辅地不满千里，而军师用度非一，公卿已下不得奏除。其若公田，以秩石为率，赋(兴)〔与〕令各自收其租税。"[43]

赞曰：帝道渊默，冢帅修德。寡以御众，分职乃克。不置不监，无骄无忒。程是师徒，宁民康国。

【校勘记】

〔一〕外十二州　按：汲本、殿本"十"下有"有"字。

〔二〕省察治政　按：前表颜注引"治政"作"治状"。孙星衍辑本同，孙云光武纪注引"治状"作"政教"。

〔三〕喜则任赏　按：前表颜注引"任"作"淫"，孙辑本同。

〔四〕烦扰苛暴　按：前表颜注引"苛"作"刻"，通典注同。

〔五〕剥戮黎元　按：前表颜注引"戮"作"截"，通典注同。

〔六〕怙恃荣势　按：前表颜注引"怙恃"，作"恃怙"，孙辑本同，通典注同。

〔七〕比诸持板揖不拜　按：孙云"诸"下当有脱文。

〔八〕东安南　按：集解引钱大昕说，谓东安南郡无可考。秦中记中平五年分汉阳置南安郡，晋志南安郡领獂道、新兴、中陶三县。疑此本作"南安"，而衍"东"字耳。

〔9〕凡十三〔郡〕 据汲本、殿本补。

〔10〕凡十四〔郡〕 据汲本、殿本补。

〔11〕虽不顿革 按:"顿"原讹"頯",径改正。

〔12〕夫圣主御世 按:"主"原作"王",径据汲本、殿本改。

〔13〕共所创置焉可仍因 汲本、殿本"置"下有"哉"字。今按:"共"疑当作"其","其"既讹"共",后人遂于"置"下增一"哉"字。

〔14〕凡州所监都为京都置尹一人 集解引钱大昕说,谓"都"为"部"字之讹,又颠倒其文,"凡州所监都为"当作"凡州所监为部",此六字乃注文,"京都置尹一人",则志正文也。黄山校补则谓"都"为"郡"字之讹,凡郡为京师则置尹,两汉皆如此。按:钱、黄两说似均未谛,姑仍其旧。

〔15〕〔尉一人〕典兵禁备盗贼 王先谦谓"典"上疑当有"尉一人"三字而夺之。今据何焯校本补"尉一人"三字。

〔16〕安帝以羌犯法三辅有陵园之守 按:"法"字疑衍,"三辅"二字疑当属上读,本书西羌传可证。

〔17〕每有剧(职)〔贼〕 据汲本改。按:校补谓都尉本以备盗贼,作"职"非也。观顺帝纪置太山、琅邪都尉,即是因有剧贼置。

〔18〕乃裹馈粮 按:"馈"原作"糇",径改正。

〔19〕干戈载(锡)〔扬〕 据汲本、殿本改,按:"载"当作"戚"。

〔20〕故置右扶风 按:孙星衍谓此下当脱文。

〔21〕河南(府)〔尹〕掾出考案 据汲本、殿本改。

〔22〕四部督邮(史)〔吏〕部掾 据汲本、殿本改。

2941

〔23〕(循)〔脩〕行二百三十人 集解引惠栋说,谓据北海相景君碑阴及王充论衡,"循行"当作"脩行"无疑。今据改。下同。

〔24〕以(江)〔汝〕南阳安为女公主邑 集解引惠栋说,谓"江"当作"汝",阳安,汝南县也。今据改。

〔25〕公主所食汤沐曰(国)〔邑〕 据集解引钱大昕说改。按:前表列侯

所食县曰国,皇后公主所食曰邑。

〔26〕销兵刃　按:"销"原讹"铸",径据汲本、殿本改正。

〔27〕乡有秩狱史五十六人　按:汲本"史"作"吏"。

〔28〕大率十里一乡　按:校补谓此当是"十里一亭,十亭一乡",注有
　　　脱误。

〔29〕(过)〔边〕郡太守　据殿本考证改。按:孙校本汉官旧仪亦作"边"。

〔30〕六吏与人亡情七吏作盗贼使人为耳目　按:校补谓以上二"人"字
　　　亦当是"民"字。唐时功令,习后汉书者兼习八志,"民"字并经避
　　　改,此亦回改未尽者。

〔31〕吏贱买卖贵于民　按:集解引惠栋说,谓"卖贵"当作"贵卖"。

〔32〕设官府掾(吏)〔史〕　据汲本、殿本改。

〔33〕客赐质子岁时胡市焉　汲本、殿本"焉"作"马"。按:本书乌桓传
　　　云"于是始复置乌桓校尉于上谷甯城,开营府,并领鲜卑,赏赐质
　　　子,岁时互市焉",则"客"当作"赏","胡"当作"互","焉"字不讹。

〔34〕至(汉)成帝省内史治民　按:"成帝"上不当有"汉"字,今删。

〔35〕全国之难诚固财物之富　按:"全国之难"以下文有脱误。"固"疑
　　　"因"字之讹。

〔36〕(或)〔威〕力强济　据汲本改。

〔37〕(赘)〔韲〕粉同气　据汲本改。

〔38〕横罹其凶　按:汲本、殿本作"罹"。"罹""罹"字通。

〔39〕赵伦以(眷)〔惷〕愚排天　据集解本改。

〔40〕本(注)曰太仆　集解引钱大昕说,谓"注"字衍。此言王国之仆其
　　　初亦称太仆,武帝时始去"太"字耳。今据删。

〔41〕本注曰掌冠长冠本员十六人后减　集解引钱大昕说,谓此句疑有
　　　脱误。汉朝谒者掌宾赞受事及上章报问,则王国之谒者所掌亦宜
　　　如之。或云掌官长别是一官,如礼乐长、卫士长之类,则员不得若
　　　是之多也。校补据舆服志"唯长冠诸王国谒者以为常服",谓"掌"

当作"常"。今按:凡"本注曰"云云,皆说明其职掌,改"掌"为"常",于例不合,校补之说亦未谛也。

〔42〕中二千石奉钱九千　按:殿本"奉"作"举"。校补谓此注下文皆以月计,似"奉""举"皆"月"之讹,否则"奉"下脱"月"字。

〔43〕赋(舆)〔与〕令各自收其租税　据汲本、殿本改。

后汉书志第二十九

舆 服 上

玉辂　乘舆　金根　安车　立车

耕车　戎车　猎车　羅车　青盖车

绿车皂盖车　夫人安车　大驾　法驾

小驾　轻车　大使车　小使车

载车　导从车[1]　车马饰

书曰："明试以功,①车服以庸。"②言昔者圣人兴天下之大利,
除天下之大害,躬亲其事,身履其勤,忧之劳之,不避寒暑,使天下
之民物,各得安其性命,无夭昏暴陵之灾。是以天下之民,敬而爱
之,若亲父母;则而养之,若仰日月。夫爱之者欲其长久,不惮力
役,相与起作宫室,上栋卜宇,以雍覆之,欲其长久也;敬之者欲其
尊严,不惮劳烦,相与起作舆轮旌旗章表,以尊严之。斯爱之至,敬
之极也。苟心爱敬,虽报之至,情由未尽。或杀身以为之,尽其情

2945

也;弈世以祀之,明其功也。是以流光与天地比长。后世圣人,知恤民之忧思深大者,必飨其乐;勤仁毓物使不夭折者,必受其福。故为之制礼以节之,使夫上仁继天统物,不伐其功,民物安逸,若道自然,莫知所谢。老子曰:"圣人不仁,以百姓为刍狗。"此之谓也。

① 孔安国曰:"效试其居国为政,[2]以差其功。"

② 孔安国曰:"赐以车服,以旌其德,用所任也。"又一通:"诸侯四朝,各使陈进治化之言,明试其言,以要其功。功成则锡车服,以表显其能用。"

夫礼服之兴也,所以报功章德,尊仁尚贤。故礼尊〔尊〕贵贵,[3]不得相踰,所以为礼也。非其人不得服其服,所以顺礼也。顺则上下有序,德薄者退,德盛者缛。故圣人处乎天子之位,服玉藻邃延,日月升龙,山车金根饰,黄屋左纛,所以副其德,章其功也。贤仁佐圣,封国(爰)〔受〕民,[4]黼黻文绣,降龙路车,所以显其仁,光其能也。及其季末,圣人不得其位,贤者隐伏,是以天子微弱,诸侯胁矣。於此相贵以等,[5]相踰以货,相胳以利,天下之礼乱矣。至周夷王下堂而迎诸侯,此天子失礼,微弱之始也。自是诸侯宫县乐食,祭以白牡,击玉磬,朱干设锡,冕而僎大武。①[6]大夫台门旅树反坫,绣黼丹朱中衣,镂簋朱纮,此大夫之僭诸侯礼也。②诗刺"彼己之子,不称其服",伤其败化。易讥"负且乘,致寇至",言小人乘君子器,盗思夺之矣。自是礼制大乱,兵革并作;上下无法,诸侯陪臣,山棁藻棁。降及战国,奢僭益炽,削灭礼籍,盖恶有害己之语。竞修奇丽之服,饰以舆马,文韅玉缨,象镳金鞍,以相夸上。争锥刀之利,杀人若刈草然,其宗祀亦旋夷灭。荣利在己,虽死不悔。及秦并天下,揽其舆服,上选以供御,其次以锡百官。汉兴,文学既

缺,时亦草创,承秦之制,后稍改定,参稽六经,近于雅正。孔子曰:
"其或继周者,行夏之正,乘殷之辂,服周之冕,乐则韶舞。"故撰舆
服著之于篇,以观古今损益之义云。

舆
服
上

①郑玄注礼记曰:"此皆天子之礼也。宫县,四面县也。干,盾也。锡,
　傅其背如龟也。武,万舞也。白牡,大路,殷天子之礼也。白牡,
　殷牲。"

②郑玄曰:"此皆诸侯之礼也。旅,道也。屏谓之树,树所以蔽行道。管
　氏树塞门,塞犹蔽也。礼,天子外屏,诸侯内屏,大夫以帘,士以帷。
　反坫,反爵之坫也,盖在樽南。两君相见,主君既献,于〔此〕反爵
　焉。[7]绣黼丹朱以为中衣领缘也。绣读为绡。绡,缯名也。诗云:'素
　衣朱绡。'又曰:'素衣朱襮。'襮,黼领也。镂簋谓刻而饰之也。大夫
　刻之为龟耳,诸侯饰以象,天子饰以玉。朱纮,天子冕之纮也。诸侯
　青组,大夫士当缁组,纮纁边。"

上古圣人,见转蓬始知为轮。轮行可载,因物知生,复为之舆。
舆轮相乘,流运罔极,任重致远,天下获其利。后世圣人观於天,视
斗周旋,魁方杓曲,①以携龙、角为帝车,于是乃曲其辀,乘牛驾马,
登险赴难,周览八极。故易震乘乾,谓之大壮,言器莫能有上之者
也。②自是以来,世加其饰。至奚仲为夏车正,建其旟旐,尊卑上
下,各有等级。③周室大备,官有六职,百工与居一焉。④一器而群
工致巧者,车最多,是故具物以时,六材皆良。⑤舆方法地,盖圆象
天;三十辐以象日月;⑥盖弓二十八以象列星;龙旂九斿,七仞齐
轸,⑦以象大火;⑧鸟旟七斿,五仞齐较,⑨以象鹑火;⑩熊旗六斿,
五仞齐肩,以象参、伐;⑪龟旐四斿,四仞齐首,以象营室;⑫弧旌枉
矢,以象弧也。⑬此诸侯以下之所建者也。⑭

①春秋纬曰："瑶光第一至第四为魁，第五至第七为杓，合为斗。"

②孝经援神契曰："斗曲杓桡，象成车。房为龙马，华盖覆钩。天理入魁，[8]神不独居，故骖驾陪乘，以道踟蹰。"宋均注曰："房星既体苍龙，又象驾驷马，故兼言之也。覆钩，即覆且钩曲似盖也。天理入魁，又似御陪乘。"

③世本云："奚仲始作车。"古史考曰："黄帝作车，引重致远，其后少昊时驾牛，禹时奚仲驾马。"臣昭案：服牛乘马，以利天下，其所起远矣，岂奚仲为始？世本之误，史考所说是也。

④周礼曰："审曲面势，以饬五材，以辨民器，谓之百工。"

⑤郑玄曰："取干以冬，取角以秋，丝漆以夏，筋胶未闻。"自此至弧旌枉矢，皆出周礼，"郑玄曰"即是周礼注。

⑥郑玄曰："轮象日月者，以其运行也。日月三十日而合宿。"

⑦郑玄曰："轸谓车后横木。"

⑧郑玄曰："交龙为旂，诸侯之所建也。大火，苍龙宿之心，其属有尾，尾九星。"

⑨郑玄曰："较者，车高槛木也。"

⑩郑玄曰："鸟隼为旟，州里之所建。鹑火，朱鸟宿之柳，其属有七星。"

⑪郑玄曰："熊虎为旗，师都之所建。伐属白虎宿，与参连体而六星。"

⑫郑玄曰："龟蛇为旐，县鄙之所建。营室，玄武宿，与东壁连体而四星。"

⑬郑玄曰："觐礼曰'侯氏载龙旂弧韣'，则旌旗之属皆有弧也。弧以张縿之幅，有衣谓之韣，又为设矢，象弧星有矢也。妖星有枉矢者，蛇行有尾，因此云枉矢，盖画之。"玄注礼含文嘉曰："盖旗有九名：日月为常，交龙为旂，通帛为旃，杂帛为物，熊虎为旗，鸟隼为旟，龟蛇为旐，(奎)〔全〕羽为旞，[9]析羽为旌。"卢植注礼记曰："有铃曰旂。"干宝注周礼曰："枉矢象妖星，非其义也。枉盖应为枉直，谓枉矢於弧。"

⑭白虎通曰:"居车中,不内顾也。仰即观天,俯即察地,前闻和鸾之声,旁见四方之运,此车教之道。论语曰:'升车必正立,执绥,车中不内顾。'所以有和鸾以正威仪,节行舒疾也。鸾者在衡,和者在轼,马动则鸾鸣,鸾鸣则和应。其声鸣曰和敬。[10]舒则不鸣,疾则失音,明得其和也。故诗云'和鸾雍雍,万福攸同'。鲁训曰:'和,设轼者也。鸾,设衡者也。'"许慎曰"诗云八鸾鎗鎗",则一马二鸾也。又曰"辖车鸾镳",知非衡也。毛诗传曰:"在轼曰和,在镳曰鸾。"杜预注左传亦云"鸾在镳,和在衡"。傅玄乘舆马赋注曰:"鸾在马勒镳。"干宝周礼注曰:"和鸾皆以金为铃。"史记曰:"前有错衡,所以养目也。步中武象,骤中韶(护)〔濩〕,[11]所以养耳也。龙旂九斿,所以养信也。寝兕持虎,蛟韅弥龙,所以养威也。故大路之马,必信至教顺然后乘之,所以养安也。"

天子(五)〔玉〕路,①[12]以玉为饰,②(锡)〔钖〕樊缨十有再就,③[13]建太常,十有二斿,九仞曳地,④日月升龙,象天明也。⑤夷王以下,周室衰弱,诸侯大路。秦并天下,阅三代之礼,或曰殷瑞山车,金根之色。⑥汉承秦制,御为乘舆,所谓孔子乘殷之路者也。[14]

①周礼王之五路,一曰玉路,二曰金路,三曰象路,四曰革路,五曰木路。释名曰:"天子所乘曰路,路亦军事也,谓之路,言行路也。"

②古文尚书曰:"大路在宾阶面,缀路在阼阶面。"孔安国曰:"大路,玉;缀路,金也。"服虔曰:"大路,总名也,如今驾驷高车矣。尊卑俱乘之,其采饰有差。"郑玄曰:"王在焉曰路,以玉饰诸末也。"傅玄乘舆马赋注曰:"玉路,重较也。"韵集曰:"轭前横木曰辂。"[15]

③郑玄曰:"(锡)〔钖〕面当卢刻金为之,[16]所谓镂(锡)〔钖〕也。樊读如鞶带之鞶,谓今马大带也。"郑众曰:"缨谓当胸。士丧礼曰:'马缨三就,以削革为之。'三就,三重三币也。"郑玄曰:"缨,今马鞅。玉路之樊及缨,皆以五采罽饰之。十二就,就,成也。"杜预曰:"缨在马膺前,

如索幂。"乘舆马赋注曰:"繁缨饰以旄尾,金涂十二重。"

④郑众曰:"太常九旗之画日月者。"郑玄曰:"七尺为仞,天子之旗高六丈三尺。"

⑤崔骃东巡颂曰:"登天灵之威路,驾太一之象车。"

⑥殷人以为大路,于是始皇作金根之车。殷曰(乘)〔桑〕根,〔17〕秦改曰金根。乘舆马赋注曰:"金根,以金为饰。"

乘舆、金根、安车、立车,①轮皆朱班重牙,②贰毂两辖,③金薄缪龙,〔18〕为舆倚较,④文虎伏轼,⑤龙首衔轭,左右吉阳筩,鸾雀立衡,⑥樠文画辀,羽盖华蚤,⑦建大旆,〔19〕十有二斿,画日月升龙,驾六马⑧,象镳镂(锡)〔钖〕,〔20〕金(镂)〔镂〕方釳,〔21〕插翟尾,⑨朱兼樊缨,赤罽易茸,金就十有二,左纛以氂牛尾为之,在左骖马轭上,大如斗,⑩是为德车。五时车,安、立亦皆如之。各如方色,马亦如之。白马者,朱其髦尾为朱鬣云。所御驾六。馀皆驾四,后从为副车。⑪

①蔡邕曰:"五安五立。"徐广曰:"立乘曰高车,坐乘曰安车。"

②周礼曰:"牙也者,以为固抱也。"郑众曰:"牙谓轮轑也,世间或谓之辋。"

③蔡邕曰:"毂外复有一毂抱辖,其外乃复设辖,抱铜置其中。"〔22〕东京赋曰:"重轮贰辖,疏毂飞轸。"

④徐广曰:"缪,交错之形也。较在箱上。"说文曰:"樠文画蕃。"蕃,箱也。通俗文曰:"车箱为较。"

⑤魏都赋注曰:"轼,车横覆膝,人所冯止者也。"〔23〕

⑥徐广曰:"置金乌于衡上。"〔24〕

⑦徐广曰:"翠羽盖黄里,所谓黄屋车也。金华施橑末,有二十八枚,即盖弓也。"东京赋曰:"树翠羽之高盖。"薛综曰:"树翠羽为盖,如云龙

矣。金作华形,茎皆低曲。"

⑧东京赋云:"六玄虬之奕奕。"

⑨独断曰:"金(镂)〔锡〕者,马冠也。高广各五寸,上如(三)〔玉〕华形,[25]在马髦前。方钺,铁也。广数寸,在马(镂)〔锡〕后。[26]后有三孔,插翟尾其中。"薛综曰:"钺中央〔低〕,两头高,[27]如山形,而贯中翟尾结著之。"颜延之幼诰曰:"钺,乘舆马头上防钺,角所以防周罗,钺以翟尾铁翮象之也。"徐广曰:"金为马(义)〔文〕髦。"[28]

⑩徐广曰:"马在中曰服,在外曰骓。"骓亦名骖。蔡邕曰:"在最后左骓马头上。"

⑪⑪古文尚书曰:"予临兆民,懔乎若朽索之驭六马。"逸礼王度记曰:"天子驾六马,诸侯驾四,[29]大夫三,士二,庶人一。"周礼四马为乘。毛诗天子至大夫同驾四,士驾二。易京氏、春秋公羊说皆云天子驾六。许慎以为天子驾六,诸侯及卿驾四,大夫驾三,士驾二,庶人驾一。史记曰,秦始皇以水数制乘六马。郑玄以为天子四马,周礼乘马有四圉,各养一马也。诸侯亦四马也,顾命,时诸侯皆献乘黄朱,乘亦四马也。今帝者驾六,此自汉制,与古异耳。蔡邕表志曰:"以文义不著之故,俗人多失其名。五时副车曰五帝车,鸾旗曰鸡翘,耕根曰三盖,其比非一也。"

耕车,其饰皆如之。有三盖,一曰芝车,置耒耜之箙,[30]上亲耕所乘也。①

①①新论桓谭谓扬雄曰:"君之为黄门郎,居殿中,数见舆辇、玉蚤、华芝及凤皇、三盖之属,皆玄黄五色,饰以金玉、翠羽、珠络、锦绣、茵席者也。"东京赋曰:"立戈迆戛,农舆路木。"薛综曰:"戈,句孑戟。戛,长矛。置车上者邪柱之。迆,邪也。是谓戈路。农舆三盖,所谓耕根车也。东耕于藉,乘马无饰,故称木也。"贺循曰:"汉仪,亲耕青衣帻。"东京赋说亲耕,亦云"鸾路苍龙"。贺循曰:"车必有鸾,而春独鸾路

者,鸾凤类而色青,故以名鸾路也。"赋又曰:"介御间以剗钢。"薛综
曰:"钢,末金也。广五寸,著末钢而载之。天子车参乘,帝在左,御在
中,介处右,以末置御之右。"

戎车,其饰皆如之。藩以矛麾金鼓羽析幢翳,轓胄甲弩
之箙。①

①汉制度曰:"戎,立车,以征伐。"周官"其矢箙"。通俗文曰:"箭箙谓
之步义。"干宝亦曰:"今谓之步义。"郑玄注既夕曰:"服,车箱也。"颜
延之幼诰云:"弩,矢也。"

猎车,其饰皆如之。重辋缦轮,缪龙绕之。一曰羀猪车,亲校
猎乘之。①

①魏文帝改曰阘虎车。

太皇太后、皇太后[31]法驾,皆御金根,①加交(路)〔络〕帐
裳。②[32]非法驾,则乘紫罽𫐉车,③云㯸文画辀,黄金涂五末、④盖
蚤。左右騑,驾三马。长公主赤罽𫐉车。大贵人、贵人、公主、王
妃、封君油画𫐉车。大贵人加节画辀。皆右騑而已。

①重翟羽盖者也。

②徐广曰:"青交(路)〔络〕,[33]青帷裳。"

③字林曰:"𫐉车有衣蔽,无后辕者谓之辎也。"释名:"𫐉,屏也。四屏
蔽,妇人乘牛车也。有邸曰辎,无邸曰𫐉。"傅子曰:"周曰辎车,即
輂也。"

④徐广曰:"未详。疑谓前一辕及衡端毂头也。"

皇太子、皇子皆安车,朱班轮,[34]青盖,金华蚤,黑櫺文,画辐文辀,金涂五末。皇子为王,锡以乘之,故曰王青盖车。①皇孙〔则〕绿车以从。[35]皆左右騑,驾三。②公、列侯安车,朱班轮,倚鹿较,伏熊轼,皂缯盖,黑辐,右騑。③

①徐广曰:"旂旗九斿,画降龙。"魏武帝令问东平王:[36]"有金路何意?为是特赐非?"侍中郑称对曰:"天子五路,金以封同姓,诸侯得乘金路,与天子同。此自得有,非特赐也。"

②独断曰:"绿车名曰皇孙车,天子有孙乘之。"

③车有辐者谓之轩。

中二千石、二千石皆皂盖,朱两辐。其千石、六百石,朱左辐。辐长六尺,下屈广八寸,上业广尺二寸,九文,十二初,后谦一寸,[37]若月初生,示不敢自满也。①景帝中元五年,始诏六百石以上施车辐,得铜五末,轭有吉阳筩。中二千石以上右騑,三百石以上皂布盖,千石以上皂缯覆盖,二百石以下白布盖,皆有四维杠衣。贾人不得乘马车。除吏赤画杠,[38]其馀皆青云。②

①案本传,旧典,传车骖驾乘赤帷裳,唯郭贺为(冀)〔荆〕州,[39]敕去襜帷。谢承书曰:"孔恂字巨卿,新淦人。州别驾从事车前旧有屏星,如刺史车曲翳仪式。是时刺史行部,发去日晏,刺史怒,欲去别驾车屏星。恂谏曰:'明使君传车自发晚,而欲彻去屏星,毁国旧仪,此不可行。别驾可去,屏星不可省。'即投传去。刺史追辞谢请,不肯还,于是遂不去屏星。"说文曰:"车当谓之屏星。"

②古今注曰:"武帝天汉四年,令诸侯王大国朱轮,特虎居前,(虚)〔左〕兕右麋,[40]小国朱轮画,特熊居前,寝麋居左右,卿车者也。"

公、列侯、中二千石、二千石夫人，会朝若蚕，[41]各乘其夫之安车，右骓，加交(路)〔络〕帷裳，[42]皆皂。非公会，不得乘朝车，得乘漆布辒辌车，铜五末。

乘舆大驾，公卿奉引，太仆御，大将军参乘。属车八十一乘，①备千乘万骑。西都行祠天郊，甘泉备之。官有其注，名曰甘泉卤簿。②东都唯大行乃大驾。大驾，太仆校驾；法驾，黄门令校驾。

①薛综曰："属之言相连属也，皆在后，为三行。"

②蔡邕表志曰："国家旧章，而幽僻藏蔽，莫之得见。"

乘舆法驾，(八)〔公〕卿不在卤簿中。[43]河南尹、执金吾、雒阳令奉引，奉车郎御，[44]侍中参乘。属车(四)〔三〕十六乘。[45]前驱有九斿云罕，①凤皇爵戟，②皮轩鸾旗，③皆大夫载。④鸾旗者，编羽旄，列系幢旁。⑤民或谓之鸡翘，非也。⑥后有金钲黄钺，⑦黄门鼓车。

①徐广曰："斿车有九乘。"前史不记形也。武王克纣，百夫荷罕旗以先驱。东京赋曰："云罕九斿。"薛综曰："旌旗名。"

②薛综曰："阑之言函也，取四戟函车边。"

③应劭汉官卤簿图曰："乘舆大驾，则御凤皇车，以金根为列。"[46]

④胡广曰："皮轩，以虎皮为轩。"郭璞曰："皮轩革车"，或曰即曲礼"前有士师，则载虎皮"。

⑤胡广曰："建盖在中。"

⑥胡广曰："鸾旗，以铜作鸾鸟车衡上。"与本志不同。

⑦说文曰："钺，大斧也。"司马法曰："夏执玄钺，殷执白钺，周杖黄钺。"

古者诸侯贰车九乘。秦灭九国，兼其车服，故大驾属车八十一乘,法驾半之。属车皆皂盖赤里,(木)〔朱〕轓,[47]戈矛弩箙,尚书、御史所载。最后一车悬豹尾,①豹尾以前比省中。②

① 薛综曰:"侍御史载之。"

② 小学汉官篇曰:"豹尾过后,罢屯解围。"胡广曰:"施于道路,豹尾之内为省中,故须过后,屯围乃得解,皆所以戒不虞也。淮南子曰'军正执豹皮,所以制正其众',礼记'前载虎皮',亦此之义类。"

行祠天郊以法驾,祠地、明堂省什三,祠宗庙尤省,谓之小驾。每出,太仆奉驾上卤簿,中常侍、小黄门副;尚书主者,郎令史副;侍御史,兰台令史副。皆执注,以督整车骑,谓之护驾。春秋上陵,尤省于小驾,直事尚书一人从,其馀令以下,皆先行后罢。

轻车,古之战车也。洞朱轮舆,[48]不巾不盖,建矛戟幢麾,镳辀弩服。①[49]藏在武库。大驾、法驾出,射声校尉、司马(史)〔吏〕士[50]载,以次属车,在卤簿中。诸车有矛戟,其饰幡斿旗帜皆五采,制度从周礼。吴孙兵法[51]云:"有巾有盖,谓之武刚车。"武刚车者,为先驱。又为属车轻车,为后殿焉。

① 徐广曰:"置弩于轼上,驾两马也。"

大使车,立乘,驾驷,赤帷。持节者,重导从:贼曹车、斧车、督车、功曹车皆两;大车,伍伯璩弩十二人;辟车四人;①[52]从车四乘。无节,单导从,减半。

① 周礼渠狼氏[53]干宝注曰:"今卒辟车之属。"

小使车,不立乘,有骓,赤屏泥油,重绛帷。导无斧车。

近小使车,兰舆赤毂,白盖赤帷。从驺骑四十人。此谓追捕考案,有所救取者之所乘也。

诸使车皆朱班轮,四辐,赤衡轭。其送葬,白堊已下,洒车而后还。公、卿、中二千石、二千石,郊庙、明堂、祠陵,法出,皆大车,立乘,驾驷。他出,乘安车。

大行载车,其饰如金根车,加施组连璧交络四角,金龙首衔璧,垂五采,析羽流苏前后,云气画帷裳,榇文画曲辀,长悬车等。[54]太仆御,驾六布施马。布施马者,淳白骆马也,以黑药灼其身为虎文。既下,马斥卖,车藏城北秘宫,皆不得入城门。当用,太仆考工乃内饰治,礼吉凶不相干也。

公卿以下至县三百石长导从,置门下五吏、贼曹、督盗贼功曹,皆带剑,三车导;[55]主簿、主记,两车为从。县令以上,加导斧车。公乘安车,则前后并马立乘。[56]长安、雒阳令及王国都县加前后兵车,亭长,①设右騑,驾两。璅弩车前伍伯,公八人,中二千石、二千石、六百石皆四人,自四百石以下至二百石皆二人。黄绶,武官伍伯,文官辟车。铃下、侍阁、门兰、部署、街里走卒,皆有程品,多少随所典领。驿马三十里一置,②卒皆赤帻绛韝云。

①纂要,雒阳亭长,车前吹管。

②臣昭案:东晋犹有邮驿共置,承受傍郡县文书。有邮有驿,行传以相付。县置屋二区。有承驿吏,皆条所受书,每月言上州郡。[57]风俗通曰:“今吏邮书掾、府督邮,职掌此。”

古者军出,师旅皆从;秦省其卒,取其师旅之名焉。公以下至二千石,骑吏四人,千石以下至三百石,县长二人,皆带剑,持棨戟为前列,揵弓韣九鞬。①诸侯王法驾,官属傅相以下,皆备卤簿,似京都官骑,张弓带鞬,遮迾出入称(课)促。[58]列侯,家丞、庶子导从。若会耕祠,主县假给辟车鲜明卒,备其威仪。导从事毕,皆罢所假。

①通俗文曰:"弓帐谓之鞬。"

诸车之文:乘舆,倚龙伏虎,櫑文画軨,龙首鸾衡,重牙班轮,升龙飞轸。①皇太子、诸侯王,倚虎伏鹿,[59]櫑文画軨辐,吉阳筩,朱班轮,鹿文飞轸,旗旂九斿降龙。公、列侯,倚鹿伏熊,黑辐,朱班轮,鹿文飞轸,九斿降龙。卿,朱两辐,[60]五斿降龙。二千石以下各从科品。诸辐车以上,轭皆有吉阳筩。

①薛综曰:"飞轸,以缇油广八寸,长注地,画左苍龙右白虎,系轴头。二千石亦然,但无画耳。"卢植礼记注曰:"轸,辖头〔鞁〕也。"[61]楚辞云"倚结轸兮太息",[62]王逸注曰"重较也"。[63]李尤小车铭曰:"轸之嗛虚,疏达开通。"案二家之言,不如综注所记。

诸马之文:案乘舆,金(镂)〔镂〕方釳,[64]插翟象镳,①龙画緫,沫升龙,赤扇汗,②青两翅,鸾尾。骖马,左右赤珥流苏,飞鸟节,赤膺兼。皇太子或亦如之。王、公、列侯、镂(锡义)〔锡文〕髦,[65]朱镳朱鹿,朱文,绛扇汗,青翅鸾尾。卿以下有骈者,缇扇汗,青翅尾,当卢(义)〔文〕髦,上下皆通。中二千石以上及使者,乃有骈驾云。

①尔雅注曰:"镳,马勒旁铁也。"此用象牙。

②诗云:"朱帻镳镳。"毛传曰:"人君以朱缠镳扇汗,且以为镳饰。"

【校勘记】

〔1〕导从车　按:"车"原作"卒",据汲本、殿本改。

〔2〕效试其居国为政　按:汲本、殿本"效"作"玫"。汲本"居"作"君"。

〔3〕故礼尊〔尊〕贵贵　据汲本、殿本补。

〔4〕封国(爱)〔受〕民　据汲本改。

〔5〕於此相贵以等　按:汲本、殿本"此"作"是"。

〔6〕冕而儛大武　按:集解引黄山说,谓此下应有"此诸侯之僭天子礼
也"一句。志本据礼郊特牲为说,彼文作"诸侯之僭礼也",与下
"大夫之僭礼也"一律,此亦当与下"此大夫之僭诸侯礼也"一律,
明有夺误。

〔7〕于〔此〕反爵焉　据汲本、殿本补。

〔8〕天理入魁　按:汲本、殿本"理"作"罡",下同。又按:古微书"入"
作"八"。

〔9〕(奎)〔全〕羽为旞　据汲本、殿本改。

〔10〕其声鸣曰和敬　按:"和"下疑脱"则"二字。大戴礼保傅篇作
"声曰和,和则敬",是其证。

〔11〕骤中韶(护)〔濩〕　据汲本、殿本改。

〔12〕天子(五)〔玉〕路　集解引黄山说,谓"五路"乃"玉路"之讹。周礼
巾车郑注,玉路以玉饰诸末,金路以金饰诸末,象路以象饰诸末,革
路輓之以革而漆之,无他饰,木路不輓以革,漆之而已。今作"天子
五路",下接"以玉为饰",不可通。此涉注文"五"字而讹也。各本
皆失正。今据改。

〔13〕(锡)〔钖〕樊缨十有再就　据汲本改,与周礼合。

〔14〕所谓孔子乘殷之路者也　按:殿本"所谓"二字在"孔子"二字下,
"路"作"辂"。

〔15〕轵前横木曰辂　按:汲本、殿本"辂"作"路"。

〔16〕(锡)〔钖〕面当卢刻金为之　据汲本改,与周礼巾车郑注合。

〔17〕殷曰(乘)〔桑〕根　集解引惠栋说,谓礼记"大辂,殷辂也"。郑玄云
"大辂,木辂也。汉祭天乘殷之辂,今谓之桑根车"。然则"乘"当

作"桑"也。今据改。

〔18〕金薄缪龙　按：集解引惠栋说，谓"缪"礼书作"璆"。

〔19〕建大旂　按：集解引惠栋说，谓"旂"徐广作"常"。

〔20〕象镳镂(锡)〔錫〕　据汲本改。

〔21〕金(镂)〔鍐〕方钲　据文选东京赋及李善注引独断改，注同。按：卢文弨校独断谓鍐，亡犯切，马头饰也，旧讹从夒。段注说文引此文亦作"鍐"。

〔22〕毂外复有一毂抱辖至抱铜置其中　集解引惠栋说，谓二"抱"字皆当作"施"，礼志可证。今按：邕说见独断，今独断"抱"作"施"，"辖"作"軎"。

〔23〕人所冯止者也　按："止"原讹"上"，径改正。

〔24〕置金鸟于衡上　按：殿本"鸟"作"乌"。

〔25〕上如(三)〔玉〕华形　汲本、殿本作"三"作"五"。集解引惠栋说，谓文选注引"五华"作"玉华"。按：今独断亦作"玉华"，"三"与"五"疑皆形近而讹，今据改。又按："上"原讹"匕"，径改正。

〔26〕在马(镂)〔鍐〕后　殿本考证谓"镂"当作"骖"。按：今本独断作"骖"，卢校改为"鍐"，今从卢校改。

〔27〕钲中央〔低〕两头高　集解引陈景云说，谓"中央"下脱"低"字，见文选注。今据补。

〔28〕金为马(乂)〔文〕髦　据汲本、殿本改。按：殿本考证谓"马文髦"一本作"马文尾"，何焯校本作"马乂髦"。集解引惠栋说，谓"文"北宋本作"乂"。校补引柳从辰说，谓晋舆服志"金鍐以铁为之，以金为文旄"，则作"乂"作"义"皆非。黄山谓柳说是。通典亦载以黄金为文髦，作"文"自不误。"髦"之作"尾"，亦形近而讹。

〔29〕诸侯驾四　按：集解引惠栋说，谓案王度记曰"诸侯驾五，卿驾四"也。

〔30〕置轙末耜之籛　按:黄山谓"之"乃"弩"字之讹,当以"置轙末耜弩籛"为文,末耜与弩籛皆逼置车中,即月令所谓介御间也。

〔31〕太皇太后皇太后　按:集解引陈景云说,谓当有"皇后"二字。

〔32〕加交(路)〔络〕帐裳　集解引陈景云说,谓"路"当作"络",刘盆子传引此文正作"络"。王先谦谓陈说是,后大行载车仍作"络",不误。今据改。

〔33〕青交(路)〔络〕　据陈景云说改。

〔34〕朱班轮　按:集解引惠栋说,谓"班"一作"斑"。

〔35〕皇孙〔则〕绿车以从　按:本书安帝纪李注引作"至皇孙则绿车"。集解引黄山说,谓"则"字直贯"以从"为句,李注引志省"以从"二字,此文乃并删"则"字,非也。今据补。

〔36〕魏武帝令问东平王　按:汲本无"令"字。

〔37〕后谦一寸　按:殿本"一"作"二"。

〔38〕除吏赤画杠　按:集解引惠栋说,谓徐广车服注"画"作"盖"。

〔39〕郭贺为(冀)〔荆〕州　按:郭贺拜荆州刺史,见本书蔡茂传。校补谓注误,当据传改,今从之。

〔40〕(虚)〔左〕兕右麋　据汲本、殿本改。

〔41〕会朝若蚕　按:集解引惠栋说,谓"朝"一作"庙"。

〔42〕加交(路)〔络〕帷裳　据陈景云说改。按:本书刘盆子传李注引正作"络"。

〔43〕(八)〔公〕卿不在卤簿中　校补引钱大昭说,谓"八卿"独断作"公卿",儒林传作"公",脱"卿"字。今据改。

〔44〕奉车郎御　按:百官志奉车无郎,"郎"字疑讹。集解引惠栋说,谓百官春秋云奉车都尉执辔。

〔45〕属车(四)〔三〕十六乘　集解引惠栋说,谓"四"宋志作"三"。又引钱大昕说,谓当作"三十六乘"。按:今独断亦作"三十六乘",卢校云续汉舆服志作"四十六乘",误。今据改。

〔46〕以金根为列　按:集解引惠栋说,谓"列"当作"副"。

〔47〕(木)〔朱〕辐　按:集解引惠栋说,谓北宋本"木"作"朱"。今据改。

〔48〕洞朱轮舆　按:集解引惠栋说,谓"洞"颜师古注引作"彤"。

〔49〕建矛戟幢麾帣辀弩服　按:集解引惠栋、黄山说,谓前书张安世传颜注引"建"作"畜","帣"作"瑈",无"辀箙"二字。又按:汲本"服"作"箙"。

〔50〕司马(史)〔吏〕士　据汲本、殿本改。

〔51〕吴孙兵法　殿本"吴孙"作"孙吴"。按:校补谓本书皇甫规传"勤明吴孙,未若奉法",是作"吴孙"不误也。惟章怀注以为指吴起、孙武,而通典注则作孙子兵法,而不及吴起。夫二子不共为书,其书又不皆言武刚车制,志文何为并举? 疑"吴孙"云者,专指吴孙武也。

〔52〕辟车四人　按:集解引惠栋说,谓"车"北宋本作"居"。

〔53〕周礼涤狼氏　按:殿本"涤"作"条",与今本周礼合。

〔54〕长悬车等　按:集解引惠栋说,谓"悬"徐广本"与"。

〔55〕三车导　按:汲本、殿本"导"上有"从"字。

〔56〕则前后并马立乘　按:殿本"后"作"从"。

〔57〕每月言上州郡　按:殿本"言"作"吉"。

〔58〕出入称(课)促　集解引陈景云说,谓"课"字衍。"促"一作"娖"。中山简王传"官骑百人,称娖前行",注"称娖犹整齐也"。今据删。

〔59〕皇太子诸侯王倚虎伏鹿　按:校补引柳从辰说,谓下既有列侯,则此"侯"字当衍。

2961

〔60〕朱两辐　按:汲本、殿本"辐"作"轮"。

〔61〕轮辖头〔軝〕也　集解引黄山说,谓曲礼"仆展轮效驾",释文引卢注"轮,辖头軝也",此夺"軝"字。今据补。

〔62〕倚结轮兮太息　按:楚辞"太息"上有"长"字,此脱。

〔63〕重较也　汲本"较"作"轸"。按:今本楚辞王逸注作"伏车重轼而

涕泣也"。

〔64〕金(镂)〔铰〕方钍 按:"镂"当作"铰",前已出校记。

〔65〕镂(锡义)〔錫文〕髦 按:"锡"当作"錫","义"当作"文",前已出校记。下"当卢(义)〔文〕髦",同。

后汉书志第三十

舆 服 下

冕冠　长冠　委貌冠　皮弁冠　爵弁冠

通天冠　远游冠　高山冠　进贤冠　法冠

武冠　建华冠　方山冠　巧士冠　却非冠

却敌冠　樊哙冠　术氏冠　鹖冠　帻　佩

刀　印　黄赤绶　赤绶　绿绶　紫绶　青绶

黑绶　黄绶　青绀纶　后夫人服

上古穴居而野处,衣毛而冒皮,未有制度。后世圣人易之以丝麻,观翚翟之文,荣华之色,乃染帛以效之,始作五采,成以为服。见鸟兽有冠角頠胡之制,遂作冠冕缨蕤,[1]以为首饰。凡十二章。故易曰:"庖犠氏之王天下也,仰观象于天,俯观法于地,观鸟兽之文,与地之宜,近取诸身,远取诸物,于是始作八卦,以通神明之德,以类万物之情。"黄帝尧舜垂衣裳而天下治,盖取诸乾巛。乾巛有文,故上衣玄,下裳黄。日月星辰,山龙华虫,①作缋宗彝,②藻火粉米,③黼黻絺绣,④以五采章施于五色作服。⑤天子备章,⑥公自山以下,侯伯自华虫以下,子男自藻火以下,卿大夫自粉米以下。至周而变之,以三辰为旂旗。王祭上帝,则大裘而冕;⑦公侯卿大夫之服用九章以下。⑧秦以战国即天子位,灭去礼学,郊祀之服皆以袀玄。汉承秦故。至世祖践阼,都于土中,始修三雍,正兆七郊。显宗遂就大业,初服旒冕,衣裳文章,赤舄绚屦,以祠天地,养三老五更于三雍,于时致治平矣。

①孔安国注尚书曰:"华,象草华;虫,雉也。"

②古文尚书"缋"作"会"。孔安国曰:"以五采成此画焉。"宗庙彝樽,亦以山、龙、华虫为饰。

③孔安国曰:"藻,水草有文者。火为火字,粉若粟(米)〔冰〕,[2]米若聚米。"

④孔安国曰:"黼若斧形。黻为两己相背。葛之精者曰絺。五色备曰绣。"杜预注左传曰:"白与黑谓之黼,黑与青谓之黻。"

⑤孔安国曰:"以五采明施于五色,作尊卑之服。"

⑥郑玄周礼注曰:"此古天子冕服十二章。"

⑦郑众曰:"大裘,羔裘。服以祀天,示质也。"

⑧郑玄曰:"华虫,五色之虫。周礼缋人职曰'鸟兽蛇杂四时五色之位以章之',谓是也。王者相变,至周而以日月星辰画于旌旗,所谓三辰旂旗,昭其明也。而冕服九章,初一曰龙,次二曰山,次三曰华虫,次四曰火,次五曰宗彝,皆画以为缋;次六曰藻,次七曰粉米,次八曰黼,次九曰黻,皆絺以为绣。则衮之衣五章,裳四章,凡九也。鷩画以雉,谓华虫也。其衣三章,裳四章,凡七也。毳画虎蜼,谓宗彝也。其衣三章,裳二章,凡五也。絺刺粉米无画也。其衣一章,裳二章,[3]凡三也。"法言曰:"圣人文质者也,车服以彰之,藻色以明之,声音以扬之,

诗书以光之。笾豆不陈，玉帛不分，琴瑟不铿，锺鼓不耾，吾无以见乎圣也!"

天子、三公、九卿、特进侯、侍祠侯，祀天地明堂，皆冠旒冕，衣裳玄上纁下。①乘舆备文，日月星辰十二章，三公、诸侯用山龙九章，九卿以下用华虫七章，皆备五采，大佩，赤舄绚屦，以承大祭。百官执事者，冠长冠，皆祇服。五岳、四渎、山川、宗庙、社稷诸沾秩祠，皆袀玄长冠，五郊各如方色云。百官不执事，各服常冠袀玄以从。

①东观书曰："永平二年正月，公卿议春南北郊，东平王苍议曰'孔子曰："行夏之时，乘殷之路，服周之冕。"为汉制法。高皇帝始受命创业，制长冠以入宗庙。光武受命中兴，建明堂，立辟雍。陛下以圣明奉遵，以礼服龙衮，祭五帝。礼缺乐崩，久无祭天地冕服之制。(接)〔按〕尊事神(礼)〔祇〕，[4]絜斋盛服，敬之至也。日月星辰，山龙华藻，天王衮冕十有二旒，以则天数;诹有龙章日月，以备其文。今祭明堂宗庙，圆以法天，方以则地，服以华文，象其物宜，以降神〔明〕，[5]肃雍备思，博其类也。天地之礼，冕冠裳衣，宜如明堂之制。'"

冕冠，垂旒，前后邃延，①玉藻。②孝明皇帝永平二年，初诏有司采周官、礼记、尚书皋陶篇，乘舆服从欧阳氏说，公卿以下从大小夏侯氏说。冕皆广七寸，长尺二寸，前圆后方，朱绿里，玄上，前垂四寸，后垂三寸，系白玉珠为十二旒，以其绶采色为组缨。③三公诸侯七旒，青玉为珠;卿大夫五旒，黑玉为珠。④皆有前无后，各以其绶采色为组缨，旁垂黈纩。⑤郊天地，宗祀，明堂，则冠之。⑥衣裳玉佩备章采，乘舆刺(史)〔绣〕，[6]公侯九卿以下皆织成，陈留襄邑献之云。

①邃，垂也。延，冕上覆。

②周礼曰："五采缫十有二就，皆五采玉，十有二，玉笄朱纮。"郑玄注曰："缫，杂文之名也。合五采丝为之绳，垂于延之前后，各十二，所谓邃延也。就，成也。绳之每一币而贯五采玉，十有二旒则十二玉也。每就间盖一寸。朱纮，以朱组为纮也。纮一条属两端于武，此为衮衣之冕。十二旒则用玉二百八十八。鷩衣之冕，缫九旒，用玉二百一十六。毳衣之冕，七旒，用玉百六十八。絺衣之冕，五旒，用玉百二十。玄衣之冕，三旒，用玉七十二。"

③说文曰："组，绶属也，小者以为冕缨焉。"礼记曰"玄冠朱组(绶)〔缨〕，[7]天子之服"是也。

④独断曰"三公诸侯九旒，卿七旒"，与此不同。

⑤吕忱曰："黊，黄色也。黄绵为之。"礼纬曰："旒垂目，纩塞耳，王者示不听谗，不视非也。"薛综曰："以珩玉为充耳也。诗云：'充耳琇莹。'毛苌传曰：'充耳谓之瑱。天子玉瑱。琇莹，美石也。诸侯以石。'"

⑥蔡邕曰："鄙人不识，谓之平天冠。"

长冠，一曰斋冠，高七寸，广三寸，促漆纚为之，制如板，以竹为里。初，高祖微时，以竹皮为之，谓之刘氏冠，楚冠制也。民谓之鹊尾冠，非也。祀宗庙诸祀则冠之。皆服袀玄，①绛缘领袖为中衣，绛绔袜，示其赤心奉神也。五郊，衣帻绔袜各如其色。此冠高祖所造，故以为祭服，尊敬之至也。

①独断曰："袀，绀缯也。"吴都赋〔注〕曰：[8]"袀，皂服也。"

委貌冠、皮弁冠同制，[9]长七寸，高四寸，制如覆杯，前高广，后卑锐，所谓夏之(母)〔毋〕追，[10]殷之章甫者也。委貌以皂绢为之，[11]皮弁以鹿皮为之。行大射礼于辟雍，公卿诸侯大夫行礼者，冠委貌，衣玄端素裳。①执事者冠皮弁，衣缁麻衣，皂领袖，下素裳，所谓皮弁素积者也。②

> ①郑众周礼传曰：“衣有襦裳者为端。”郑玄曰：“谓之端，取其正也。正者，士之衣。袂皆二尺二寸而属幅，是广袤等也。其祛尺二寸。大夫以上侈之。侈之者，盖半而益一焉。半而益一，则其袂三尺三寸，祛尺八寸。”

> ②皮弁，质也。石渠论玄冠朝服。戴圣曰：“玄冠，委貌也。朝服布上素下，缁带，素韦鞸。”白虎通曰：“三王共皮弁素积。素积者，积素以为裳也，言要中辟积也。”

爵弁，一名冕。广八寸，长尺二寸，如爵形，前小后大，缯其上似爵头色，有收持笄，所谓夏收殷冔者也。①祠天地五郊明堂，云翘舞乐人服之。礼曰：“朱干玉镇，②冕而舞大夏。”此之谓也。

> ①独断曰：“殷黑而微白，前大而后小；夏纯黑，亦前小而后大，皆以三十六升漆布为之。诗云：‘常服黼冔。’书曰：‘王与大夫尽弁。’上古皆以布，中古以丝。孔子曰：‘麻冕，礼也，今也纯，俭。’”

> ②郑玄曰：“朱干，赤大盾也。镇，斧也。”

通天冠，高九寸，正竖，顶少邪却，乃直下为铁卷梁，前有山，展筩为述，[12]乘舆所常服。①服衣，深衣制，有袍，随五时色。袍者，或曰周公抱成王宴居，故施袍。礼记“孔子衣逢掖之衣”。缝掖其袖，合而缝大之，近今袍者也。今下至贱更小史，皆通制袍，单衣，皂缘领袖中衣，为朝服云。

> ①独断曰：“汉受之秦，礼无文。”

远游冠，制如通天，有展筩横之于前，无山述，诸王所服也。①

> ①独断曰：“礼无文。”

高山冠，一曰侧注。制如通天，〔顶〕不邪却，[13]直竖，无山述展箭，①中外官、谒者、仆射所服。太傅胡广说曰：[14]"高山冠，盖齐王冠也。秦灭齐，以其君冠赐近臣谒者服之。"②

①独断曰："铁为卷梁，高九寸。"汉书音义曰："其体侧立而曲注。"

②史记郦生初见高祖，儒衣而冠侧注。汉旧仪曰："乘舆冠高山冠，飞月之缨，帻耳赤，丹纨里衣，带七尺斩蛇剑，履虎尾绚履。"案此则亦通于天子。

进贤冠，古缁布冠也，文儒者之服也。前高七寸，后高三寸，长八寸。公侯三梁，①中二千石以下至博士两梁，自博士以下至小史私学弟子，皆一梁。宗室刘氏亦两梁冠，示加服也。"②

①胡广曰："车驾巡狩幸其国者，侯衣玄端之衣，冠九旒之冕，其盛法服以就位也。今列侯自不奉朝请侍祠祭者，不得服此，皆常三梁冠，皂单衣，其归国流黄衣皂云。"晋公卿礼秩曰："太傅、司空、司徒著进贤三梁冠，黑介帻。"

②独断曰："汉制礼无文。"荀绰晋百官表注曰："建光中，尚书陈忠以为'令史质堪上言，太官宜著两梁，尚书孟（希）〔布〕奏，[15]太官职在鼎俎，不列陛位，堪欲令比大夫两梁冠，不宜许。臣伏惟太官令职在典掌王饔，统六清之饮，列八珍之馔，正百品之羞，纳四方之贡，所奉尤重，用思又勤。明诏慎口实之御，防有败之奸，增崇其选。侍御史主捕案，太医令奉方药供养，符节令掌幡信金虎，故位从大夫，车有辀䡄，冠有两梁，所以殊亲疏，别内外也。太官令以供养言之，为最亲近，以职事言之，为最烦多，令又高选，又执法比太医令，科同服等，而冠二人殊，名实不副。[16]又博士秩卑，以其传先王之训，故尊而异之，令服大夫之冕。犹此言之，两梁冠非必列于陛位也。建初中，太官令两梁冠。春秋之义，大于复古。如堪言合典，可施行。克厌帝心，即听用之'。"献帝起居注曰："中平六年，令三府长史两梁冠，五时衣袍，

事位从千石、六百石。"

法冠，一曰柱后。①高五寸，以纚为展筩，②铁柱卷，③执法者服之，侍御史、廷尉正监平也。或谓之獬豸冠。獬豸神羊，能别曲直，楚王尝获之，故以为冠。④胡广说曰："春秋左氏传有南冠而絷者，则楚冠也。秦灭楚，以其君服赐执法近臣御史服之。"

①独断曰："柱后惠文。"

②前书注曰："纚，今之继。"通俗文："帻里曰纚。"

③荀绰晋百官表注曰："铁柱，言其厉直不曲桡。"

④异物志曰："东北荒中有兽名獬豸，一角，性忠，见人斗，则触不直者；闻人论，则咋不正者。楚执法者所服也。今冠两角，非象也。"臣昭曰：或谓獬豸迺非定名，在两角未足断正，安不存其竖饰，令两为冠乎？

武冠，①一曰武弁大冠，诸武官冠之。②侍中、中常侍加黄金珰，附蝉为文，貂尾为饰，谓之"赵惠文冠"。③胡广说曰："赵武灵王效胡服，以金珰饰首，前插貂尾，为贵职。秦灭赵，以其君冠赐近臣。"④建武时，匈奴内属，世祖赐南单于衣服，以中常侍惠文冠，中黄门童子佩刀云。

①一云古缁布冠之象也。或曰繁冠。

②晋公卿礼秩曰："大司马、将军、尉、骠骑、车骑、卫军、诸大将军开府从公者，著武冠，平上帻。"

③又名鵔鸃冠。

④应劭汉官曰："说者以金取坚刚，百炼不耗。蝉居高饮絜，口在掖下。貂内劲捍而外温润。"此因物生义也。徐广曰："赵武灵王胡服有此，秦即赵而用之。"[17]说者蝉取其清高，饮露而不食，貂紫蔚（采）〔柔〕润，[18]而毛采不彰灼，故于义亦取。胡广又曰："意谓北方寒凉，本以貂皮暖额，附施于冠，因遂变成首饰。"

建华冠，以铁为柱卷，贯大铜珠九枚，制似缕鹿。①记曰："知天者冠述，知地者履絇。"春秋左传曰："郑子臧好鹬冠。"前圆，以为此则是也。②天地、五郊、明堂，育命舞乐人服之。

①独断曰："其状若妇人缕鹿。"薛综曰："下轮大，上轮小。"

②说文曰："鹬，知天将雨鸟也。"

方山冠，似进贤，[19]以五采縠为之。祠宗庙，大予、八佾、四时、五行乐人服之，冠衣各如其行方之色而舞焉。

巧士冠，〔前〕高七寸，[20]要后相通，直竖。不常服，唯郊天，黄门从官四人冠之，[21]在卤簿中，次乘舆车前，以备宦者四星云。①

①独断曰："礼无文。"

却非冠，制似长冠，下促。宫殿门吏仆射冠之。负赤幡，青翅燕尾，诸仆射幡皆如之。①

①独断曰："礼无文。"

却敌冠，前高四寸，通长四寸，后高三寸，制似进贤，卫士服之。①

①独断曰："礼无文。"

樊哙冠，汉将樊哙造次所冠，以入项羽军。广九寸，高七寸，前后出各四寸，制似冕。司马殿门大难卫士服之。或曰，樊哙常持铁楯，闻项羽有意杀汉王，哙裂裳以裹盾，冠之入军门，立汉王旁，视项羽。

术氏冠，前圆，吴制，差池逦迤四重。赵武灵王好服之。今不施用，官有其图注。①

①淮南子曰楚庄王所（复）〔服〕獬冠者是。[22]蔡邕曰："其说未闻。"

诸冠皆有缨蕤,执事及武吏皆缩缨,垂五寸。

武冠,俗谓之大冠,环缨无蕤,以青系为绲,加双鹖尾,竖左右,为鹖冠云。①五官、左右虎贲、羽林、五中郎将、羽林左右监皆冠鹖冠,纱縠单衣。[23]虎贲将虎文绔,白虎文剑佩刀。虎贲武骑皆鹖冠,虎文单衣。襄邑岁献织成虎文云。鹖者,勇雉也,其斗对一死乃止,故赵武灵王以表武士,秦施之焉。②[24]

①庄子曰"缦胡之缨,武士之服"[25]是也。

②徐广曰:"鹖似黑雉,出于上党。"荀绰晋百官表注曰:"冠插两鹖,鸷鸟之暴疏者也。每所攫撮,应爪摧衂,天子武骑故以冠焉。"傅玄赋注曰:"羽骑,骑者戴鹖。"

安帝立皇太子,太子谒高祖庙、世祖庙,门大夫从,冠两梁进贤;洗马冠高山。罢庙,侍御史任方奏请非乘从时,皆冠一梁,不宜以为常服。事下有司。尚书陈忠奏:"门大夫职如谏大夫,洗马职如谒者,故皆服其服,先帝之旧也。方言可寝。"奏可,谒者,古者一名洗马。①

①古今注曰:"建武十三年,初令令长皆小冠。"独断曰:"公卿侍中尚书衣皂而朝者曰朝臣。诸营校尉将大夫以下,不为朝臣。"

古者有冠无帻,其戴也,加首有颊,所以安物。故诗曰"有颊者弁",此之谓也。三代之世,法制滋彰,下至战国,文武并用。秦雄诸侯,乃加其武将首饰为绛袙,以表贵贱,其后稍稍作颜题。汉兴,续其颜,却摞之,施巾连题,却覆之,今丧帻是其制也。名之曰帻。帻者,赜也,头首严赜也。至孝文乃高颜题,续之为耳,崇其巾为屋,合后施收,上下群臣贵贱皆服之。文者长耳,武者短耳,称其冠也。尚书帻收,方三寸,名曰纳言,示以忠正,显近职也。迎气五

輿
服
下

2971

郊,各如其色,从章服也。皂衣群吏春服青帻,立夏乃止,助微顺气,尊其方也。武吏常赤帻,成其威也。未冠童子帻无屋者,示未成人也。入学小童帻也句卷屋者,[26]示尚幼少,未远冒也。丧帻却摞,反本礼也。升数如冠,与冠偕也。期丧起耳有收,素帻亦如之,礼轻重有制,变除从渐,文也。①

①独断曰:"帻,古者卑贱执事不冠者之所服也。董仲舒止雨书曰'执事者皆赤帻',知不冠者之所服也。元帝额有壮发,不欲使人见,始进帻服之,群臣皆随焉。然尚无巾,故言'王莽秃,帻施屋'。冠进贤者宜长耳,冠惠文者宜短耳,各随其宜。"汉旧仪曰:"凡斋,绀帻;耕,青帻;秋貙刘,服绌帻。"[27]

古者君臣佩玉,尊卑有度;上有韍,①贵贱有殊。佩,所以章德,服之衷也。韍,所以执事,礼之共也。故礼有其度,威仪之制,三代同之。五霸迭兴,战兵不息,佩非战器,韍非兵旗,于是解去韍佩,[28]留其系璲,②[29]以为章表。故诗曰"鞙鞙佩璲",此之谓也。③韍佩既废,秦乃以采组连结于璲,光明章表,转相结受,[30]故谓之绶。汉承秦制,用而弗改,故加之以双印佩刀之饰。至孝明皇帝,乃为大佩,冲牙双瑀璜,皆以白玉。④乘舆落以白珠,[31]公卿诸侯以采丝,其〔玉〕视冕旒,[32]为祭服云。

①徐广曰:"韍如(巾)〔今〕蔽膝。"[33]

②徐广曰:"今名璲为继。"

③鞙鞙,佩玉貌。璲,瑞也。郑玄笺曰:"佩璲者,以瑞玉为佩,佩之鞙鞙然。"

④诗云:"杂佩以赠之。"毛苌曰:"珩、璜、琚、瑀,衡牙之类。"月令章句曰:"佩上有双衡,下有双璜,琚瑀以杂之,衡牙蠙珠以纳其间。"玉藻

曰:"右徵角,左宫羽,进则揖之,退则扬之,然后玉玱鸣焉。"纂要曰:

"琚瑀所以纳间,在玉之间,今白珠也。"

佩刀,乘舆黄金通身貂错,半鲛鱼鳞,金漆错,雌黄室,五色罽隐室华。诸侯王黄金错,环挟半鲛,黑室。公卿百官皆纯黑,不半鲛。小黄门雌黄室,中黄门朱室,童子皆虎爪文,虎贲黄室虎文,其将白虎文,皆以白珠鲛为镳口之饰。① 乘舆者,加翡翠山,纤缨其侧。②

①通俗文曰:"刀锋曰镳。"

②左传曰:"藻缏鞸鞛。"杜预曰:"鞸,佩刀削上饰。鞛,下饰也。"郑玄诗笺曰:"既爵命赏赐,而加赐容刀有饰,显其能制断也。"春秋繁露曰:"剑之在左,青龙之象也。刀之在右,白虎之象也。韨之在前,朱鸟之象也。冠之在首,玄武之象也。四者,人之盛饰也。"臣昭案:自天子至于庶人,咸皆带剑。剑之与刀,形制不同,名称各异,故萧何剑履上殿,不称为刀,而此志言不及剑,如为未备。

佩双印,长寸二分,方六分。乘舆、诸侯王、公、列侯以白玉,中二千石以下至四百石皆以黑犀,二百石以至私学弟子皆以象牙。上合丝,乘舆以縢贯白珠,赤罽蕤,诸侯王以下以綟赤丝蕤,縢綟各如其印质。刻书文曰:"正月刚卯既决,[34] 灵殳四方,赤青白黄,四色是当。帝令祝融,以教夔龙,庶疫刚瘅,莫我敢当。疾日严卯,帝令夔化,慎尔周伏,[35] 化兹灵殳。既正既直,既觚既方,庶疫刚瘅,莫我敢当。"凡六十六字。①

①前书注云:"以正月卯日作。"

乘舆黄赤绶,四采,[36] 黄赤(绀)缥〔绀〕,[37] 淳黄圭,长〔二〕丈九尺九寸,[38] 五百首。①

①汉旧仪曰："玺皆白玉螭虎纽,文曰'皇帝行玺'、'皇帝之玺'、'皇帝信玺'、'天子行玺'、'天子之玺'、'天子信玺',凡六玺。皇帝行玺,凡封之玺赐诸侯王书;信玺,发兵征大臣;天子行玺,策拜外国,事天地鬼神。玺皆以武都紫泥封,青囊白素里,两端无缝,尺一板中约署。皇帝带绶,黄地六采,不佩玺。玺以金银縢组,侍中组负以从。秦以前民皆佩绶,金、玉、银、铜、犀、象为方寸玺,各服所好。奉玺书使者乘驰传。其驿骑也,三骑行,昼夜千里为程。"吴书曰:"汉室之乱,天子北诣河上,六玺不自随,掌玺者投井中。孙坚北讨董卓,顿军城南,官署有井,每旦有五色气从井出。坚使人浚得传国玺。其文曰'受命于天,既寿永昌'。方围四寸,上有纽文槃五龙,琚七寸管,龙上一角缺。"献帝起居注曰:"时六玺不自随,及还,于阁上得。"晋阳秋曰:"冉闵大将军蒋干以传国玺付河南太守戴施,施献之,百僚皆贺。玺光照洞彻,上蟠螭文隐起,书曰'(旻)〔昊〕天之命,[39]皇帝寿昌'。秦旧玺也。"徐广曰:"传国玺文曰'受天之命,皇帝寿昌'。"

诸侯王赤绶,①四采,赤黄缥绀,淳赤圭,长二丈一尺,三百首。②[40]

①徐广曰:"太子及诸王金印,龟纽,纁朱绶。"

②荀绰晋百官表注曰:"皇太子朱绶,三百二十首。"

太皇太后、皇太后,其绶皆与乘舆同,皇后亦如之。

长公主、天子贵人与诸侯王同绶者,加特也。

诸国贵人、相国皆绿绶,三采,绿紫绀,淳绿圭,长二丈一尺,二百四十首。①

①前书曰:"相国、丞相皆秦官,金印紫绶。高帝相国绿绶。"徐广曰:"金印绿纞绶。"纞音戾,草名也。以染似绿,又云似紫。紫绶名绋绶,〔绋〕音瓜,[41]其色青紫。纞字亦(盭)〔盭〕,[42]音同也,传写者误作

“綟”。公加殊礼,皆服之。何承天云:“緺音娲。青紫色绶。緺,紫
色也。”

公、侯、将军紫绶,二采,紫白,淳紫圭,长丈七尺,百八十首。①
公主封君服紫绶。

①前书曰:“太尉金印紫绶。御史大夫位上卿,银印青绶,成帝更名大司
空,金印紫绶。将军亦金印。”汉官仪曰:“马防为车骑将军,银印青
绶,在卿上,绝席。和帝以窦宪为车骑将军,始加金紫,次司空。”

九卿、中二千石、二千石青绶,三采,青白红,淳青圭,长丈七
尺,百二十首。①自青绶以上,綟皆长三尺二寸,与绶同采而首半
之。綟者,古佩璲也。[43]佩绶相迎受,[44]故曰綟。紫绶以上,綟绶
之间得施玉环镱云。②[45]

①一号青緺绶。
②通俗文曰:“缺环曰镱。”汉旧仪曰:“其断狱者印为章”也。

千石、六百石黑绶,三采,青赤绀,淳青圭,长丈六尺,八十首。
四百石、三百石长同。①

①汉官曰:“尚书仆射,铜印青绶。”

四百石、三百石、二百石黄绶,〔一采〕,淳黄圭,(一采)长丈五
尺,六十首。[46]自黑绶以下,綟绶皆长三尺,与绶同采而首半之。

百石青绀(纶)〔绶〕,[47]一采,宛转缪织〔圭〕,长丈二尺。①[48]

①丁孚汉仪载太仆、太中大夫襄言:“乘舆绶,黄地冒白羽,青绛绿五采,
四百首,长二丈二尺。诏所下王绶,冒亦五采,上下无差。诸王绶四
采,绛地冒白羽,青黄去(绿)〔缘〕,[49]二百六十首,长二丈一尺。[50]公
主绶如王。侯,绛地,绀缥三采,百二十首,长丈八尺。[51]二千石绶,羽
青地,桃华缥三采,百二十首,长丈八尺。黑绶,羽青地,[52]绛二采,八

十首，长一丈七尺。黄绶一采，八十首，长丈七尺。以为常式。民织绶不如式，没入官，犯者劾不敬。二千石绶以上，禁民无得织以粉组。"皇太后诏可，王绶如所下。

凡先合单纺为一系，四系为一扶，五扶为一首，五首成一文，文采淳为一圭。首多者系细，少者系粗，皆广尺六寸。①

① 东观书曰："建武元年，复设诸侯王金玺綟绶，公侯金印紫绶。九卿、执金吾、河南尹秩皆中二千石，大长秋、将作大匠、度辽诸将军、郡太守、国傅相皆秩二千石，校尉、中郎将、诸郡都尉、诸国行相、中尉、内史、中护军、司直秩皆二千石，以上皆银印青绶。中外官尚书令、御史中丞、治书侍御史、公将军长史、中二千石丞、正、平、诸司马、中宫王家仆、雒阳令秩皆千石，尚书、中谒者、谒者、黄门冗从、四仆射、诸都监、中外诸都官令、都候、司农部丞、郡国长史、丞、候、司马、千人秩皆六百石，家令、侍、仆秩皆六百石，雒阳市长秩四百石，主家长秩皆四百石，以上皆铜印黑绶。诸署长楫榷丞秩三百石，诸秩千石者，其丞、尉皆秩四百石，秩六百石者，丞、尉秩三百石，四百石者，其丞、尉秩二百石，[53]县国丞、尉亦如之，县、国三百石长相，丞、尉亦二百石，明堂、灵台丞、诸陵校长秩二百石，丞、尉、校长以上皆铜印黄绶。县国守宫令、相或千石或六百石，长相或四百石或三百石，长相皆以铜印黄绶。而有秩者侍中、中常侍、光禄大夫秩皆二千石，太中大夫秩皆比二千石，尚书、谏议大夫、侍御史、博士皆六百石，议郎、中谒者秩皆比六百石，小黄门、黄门侍郎、中黄门秩皆比四百石，郎中秩皆比三百石，太子舍人秩二百石。"

太皇太后、皇太后入庙服，绀上皂下，蚕，青上缥下，皆深衣制，①隐领袖缘以绦。翦氂蔮，簪珥。珥，耳珰垂珠也。簪以瑇瑁为擿，[54]长一尺，端为华胜，上为凤皇爵，以翡翠为毛羽，下有白珠,垂黄金镊。左右一横簪之,以安蔮结。诸簪珥皆同制,其摘有等级焉。

①徐广曰:"即单衣。"

皇后谒庙服,绀上皂下,蚕,青上缥下,皆深衣制,隐领袖缘以條。假结,步摇,簪珥。步摇以黄金为山题,贯白珠为桂枝相缪,一爵九华,[55] 熊、虎、赤罴、天鹿、辟邪、南山丰大特六兽,诗所谓"副笄六珈"者。①诸爵兽皆以翡翠为毛羽。金题,白珠珰绕,以翡翠为华云。

①毛诗传曰:"副者,后夫人之首饰,编发为之。笄,衡笄也。珈,笄饰之最盛者,所以别尊卑。"郑玄曰:"珈之言加也。副既笄而加饰,如今步摇上饰,古之制所未闻。"

贵人助蚕服,纯缥上下,深衣制。大手结,墨瑇瑁,又加簪珥。长公主见会衣服,加步摇,公主大手结,皆有簪珥,衣服同制。自公主封君以上皆带绶,以采组为绲带,各如其绶色。黄金辟邪,首为带镊,饰以白珠。

公、卿、列侯、中二千石、二千石夫人,绀缯蔮,黄金龙首衔白珠,鱼须摘,长一尺,为簪珥。入庙佐祭者皂绢上下,助蚕者缥绢上下,皆深衣制,缘。[56] 自二千石夫人以上至皇后,皆以蚕衣为朝服。

公主、贵人、妃以上,嫁娶得服锦绮罗縠缯,采十二色,重缘袍。特进、列侯以上锦缯,采十二色。六百石以上重练,采九色,禁丹紫绀。三百石以上五色采,青绛黄红绿。二百石以上四采,青黄红绿。贾人,缃缥而已。①

①博物记曰:"交州南有虫,长减一寸,形似白莢,不知其名,视之无色,在阴地多缃色,则赤黄之色也。"

公、列侯以下皆单缘襈,制文绣为祭服。自皇后以下,皆不得服诸古丽圭襑闺缘加上之服。①建武、永平禁绝之,建初、永元又复中重,[57]于是世莫能有制其裁者,乃遂绝矣。②

①司马相如大人赋曰:"垂旬始以为襑。"[58]注云:"葆下旒也。"则襑之容如旌旒也。

②蔡邕表志曰:"永平初,诏书下车服制度,中宫皇太子亲服重缯厚练,浣已复御,率下以俭化起机。诸侯王以下至于士庶,嫁娶被服,各有秩品。[59]当传万世,扬光圣德。臣以为宜集旧事仪注本奏,以成志也。"

凡冠衣诸服,旒冕、长冠、委貌、皮弁、爵弁、建华、方山、巧士,衣裳文绣,赤舄,服绚履,大佩,皆为祭服,其馀悉为常用朝服。唯长冠,诸王国谒者以为常朝服云。宗庙以下,祠祀皆冠长冠,皂缯袍单衣,绛缘领袖中衣,[60]绛绔袜,[61]五郊各从其色焉。

赞曰:车辂各庸,旌旗异局。冠服致美,佩纷玺玉。敬敬报情,尊尊下欲。孰夸华文,匪豪丽缛。

【校勘记】

〔一〕遂作冠冕缨蕤 按:集解引惠栋说,谓"蕤"北宋本作"绥"。

〔二〕粉若粟(米)〔冰〕 集解引李良裘说,按孔传本作"粉若粟冰",作"米",讹也。此志北宋本亦作"粟冰"。今据改。

〔三〕裳二章 按:"二"原讹"一",径据汲本、殿本改正。

〔四〕(接)〔按〕尊事神(礼)〔祇〕 据汲本、殿本改。按:聚珍本东观汉纪同。通典卷六十一引作"接尊事神",无"礼"字。

〔五〕以降神〔明〕 据汲本、殿本及通典补。

〔6〕乘舆刺(史)〔绣〕 校补谓案对下"织成"言,"刺史"盖"刺绣"之讹。书益稷郑注"刺者为绣"。前书贾谊传"美者黼绣,是古天子之服",师古注"绣者,刺为众文"。今作"刺史",列乘舆上,公侯下,明误。今据改。

〔7〕玄冠朱组(绥)〔缨〕 据汲本改,与今礼记合。

〔8〕吴都赋〔注〕曰 按:下所引乃文选吴都赋注文,明脱一"注"字,今补。

〔9〕委貌冠皮弁冠同制 按:集解引惠栋说,谓北宋本作"委貌与皮弁冠同制"。

〔10〕夏之(母)〔毋〕追 据集解本改。按:校补引柳从辰说,谓白虎通"毋追,言其追大也"。字一作"无",周礼追师郑注作"牟",释名同。

〔11〕委貌以皂绢为之 按:集解引惠栋说,谓"绢"一作"缯"。

〔12〕展筩为述 按:集解引惠栋说,谓此下脱"筩缕犀簪导"五字。

〔13〕〔顶〕不邪却 集解引惠栋说,谓"不"上宜从董巴舆服志及三礼图增"顶"字。今据补。

〔14〕太傅胡广说曰 按:集解引惠栋说,谓"胡广"上脱"南郡"二字。

〔15〕尚书孟(希)〔布〕奏 集解引惠栋说,谓"希"当作"布",汉隶希即布字,故误作"希"也。今据改。按:尚书孟布见本书陈忠传。

〔16〕名实不副 按:"副"原讹"嗣",径据汲本、殿本改正。

〔17〕秦即赵而用之 按:"赵"原讹"汉",径据汲本、殿本改正。

〔18〕貂紫蔚(采)〔柔〕润 据殿本、集解本改。

〔19〕方山冠似进贤 按:集解引惠栋说,谓下脱"前高七寸后高三寸缨长八寸"十二字,当从三礼图增。

〔20〕巧士冠〔前〕高七寸 集解引惠栋说,谓"高"上脱"前"字。今据补。

〔21〕黄门从官四人冠之 按:集解引惠栋说,谓"官"北宋本作"宦者"。

〔22〕楚庄王所(复)〔服〕觟冠者是　据殿本改。按:殿本考证谓"服"字监本误作"复",依宋本改。

〔23〕纱縠单衣　集解引惠栋说,谓"纱"上脱"著"字。

〔24〕秦施之焉　按:殿本"之焉"作"安焉"。惠栋云"安焉"一作"用之"。

〔25〕缦胡之缨武士之服　按:集解引黄山说,谓今庄子说剑篇无"武士之服"四字。

〔26〕入学小童帻也句卷屋者　按:殿本考证谓"也"疑作"施"。

〔27〕服缃帻　按:汲本、殿本"缃"作"绯"。

〔28〕解去韨佩　按:"韨"原讹"绂",迳据汲本、殿本改正。下"韨佩既废"同。

〔29〕留其系璲　按:北堂书钞仪饰部引董巴舆服志"系璲",作"丝缝",初学记二十六、御览六百八十二引董志作"丝襚"。下"连结于璲"同。

〔30〕转相结受　按:御览引董巴志"受"作"授"。

〔31〕乘舆落以白珠　御览六百九十二引董巴舆服志"落"作"络"。按:落络通。

〔32〕其〔玉〕视冕旒　校补引柳从辰说,谓御览六百九十二引董巴舆服志作"其玉视冕旒",此脱"玉"字。今据补。

〔33〕如(巾)〔今〕蔽膝　据殿本改。按:集解引惠栋说,谓"巾"当作"今"。

〔34〕正月刚卯既决　按:"决"当依前书莽传注作"央",与下"灵殳四方"叶韵。

〔35〕慎尔周伏　按:前书注"周"作"固"。

〔36〕乘舆黄赤绶四采　集解引惠栋说,谓"四"当依董巴舆服志作"五"。今按:北堂书钞服饰部及宋本御览六百八十二引董志并作"四",惟初学记二十六引董志作"五"。下云"黄赤缥绀",明只四

采,不当作"五"。

〔37〕黄赤(绀)缥〔绀〕　集解引惠栋说,谓"绀缥"当从董志作"缥绀"。
今据以乙正。

〔38〕长〔二〕丈九尺九寸　集解引惠栋说,谓"丈"上当从三礼图增"二"
字。今据补。按:北堂书钞、初学记及御览引董志,并作"长二
丈九尺"。

〔39〕(旻)〔昊〕天之命　据汲本、殿本改。按:北堂书钞服饰部引晋阳秋
亦作"旻",王石华校改"旻"为"昊"。

〔40〕长二丈一尺三百首　集解引惠栋说,谓董志"一"作"八",博物志
仍作"一"。今按:北堂书钞服饰部引应劭汉宜作"长二丈一尺"。

〔41〕紫绶名绹绶〔绹〕音瓜　据汲本补。按:汲本脱"绶"字,殿本"绶"
下脱"绹"字。

〔42〕综字亦(盎)〔螯〕　据汲本改。按:"亦"下当脱"作"字。

〔43〕古佩璲也　集解引惠栋说,谓"璲"北宋本作"禭"。今按:御览六
百八十二引董志亦作"禭"。

〔44〕佩绶相迎受　按:集解引惠栋说,谓董志"绶"作"禭"。

〔45〕继绶之间得施玉环镼云　集解引惠栋说,谓"镼"北宋本作"玦"。
今按:御览六百八十二引董志亦作"玦"。

〔46〕黄绶〔一采〕淳黄圭(一采)长丈五尺六十首　集解引惠栋说,谓董巴
舆服志曰"皆黄绶,一采,淳黄圭,长一丈五尺,六十首",崔豹古今
注同。今据以乙正。

〔47〕百石青绀(纶)〔绶〕　据集解引惠栋说改。按:惠云"绶"讹"纶",
当从董巴舆服志改。

2981

〔48〕宛转缪织〔圭〕长丈二尺　集解引惠栋说,谓"长"上脱"圭"字,当
从董巴舆服志增。今据补。

〔49〕青黄去(绿)〔缘〕　据殿本改。按:集解引惠栋说,谓汉官仪"去缘"
作"赤采"。

〔50〕长二丈一尺　　按：汲本作"长一丈二尺"，殿本作"长二丈二尺"。惠栋云北宋本作"二丈一尺"。

〔51〕长丈八尺　　集解引惠栋说，谓汉官仪作"二丈八尺"。今按：孙星衍校汉官仪云"二"当作"一"。

〔52〕黑绶羽青地　　集解引惠栋说，谓汉官仪作"黑绶白羽青地"。今按：孙校云"白"字当衍。

〔53〕其丞尉秩二百石　　按：集解引惠栋说，谓北宋本"二"作"三"。

〔54〕簪以瑇瑁为摘　　按：集解引惠栋说，谓"摘"一作"搰"，又作"搐"。钱大昕谓摘即搐字。

〔55〕一爵九华　　按：集解引惠栋说，谓"一爵"当依徐广舆服杂志作"八爵"，三礼图引作"一爵"，讹。

〔56〕助蚕者缥绢上下皆深衣制缘　　按：集解引惠栋说，谓"缥"一作"青"。

〔57〕又复中重　　按：集解引黄山说，谓明纪永平十二年诏云"有司其申明科禁"，和纪永元十一年诏云"但且申明宪纲"，凡诏书遵用旧章，未有不言申者。易称"重巽以申命"，荀子富国篇"爵服庆赏，以申重之"，王霸篇"案申重之，以贵贱杀生"。"中"当即"申"形近之讹。

〔58〕垂旬始以为慘　　集解引惠栋说，谓"慘"当作"幓"。今按：史记司马相如传作"幓"。

〔59〕各有秩品　　集解引惠栋说，谓"秩"北宋本作"科"。

〔60〕绛缘领袖中衣　　按：集解引惠栋说，谓"袖"下脱"为"字。

〔61〕绛绔袜　　按：集解引惠栋说，谓下脱"示赤心"三字。

狱中与诸甥姪书

范晔

吾狂衅覆灭,岂复可言,汝等皆当以罪人弃之。然平生行己在怀,犹应可寻,至於能不,意中所解,汝等或不悉知。

吾少懒学问,晚成人,年三十许政始有向耳。自尔以来,转为心化,推老将至者,亦当未已也。往往有微解,言乃不能自尽。为性不寻注书,心气恶,小苦思便愦闷,口机又不调利,以此无谈功。至於所通解处,皆自得之于胸怀耳。文章转进,但才少思难,所以每于操笔,其所成篇,殆无全称者。

常耻作文士。文患其事尽于形,情急於藻,义牵其旨,韵移其意。虽时有能者,大较多不免此累,政可类工巧图缋,竟无得也。常谓情志所托,故当以意为主,以文传意。以意为主,则其旨必见;以文传意,则其词不流。然后抽其芬芳,振其金石耳。此中情性旨趣,千条百品,屈曲有成理。自谓颇识其数,尝为人言,多不能赏,意或异故也。

性别宫商,识清浊,斯自然也。观古今文人,多不全了此处;纵有会此者,不必从根本中来。言之皆有实证,非为空谈。年少中谢庄最有其分,手笔差易,文不拘韵故也。吾思乃无定方,特能济难适轻重,所禀之分,犹当未尽,但多公家之言,少于事外远致,以此为恨,亦由无意于文名故也。本未关史书,政恒觉其不可解耳。

既造后汉,转得统绪。详观古今著述及评论,殆少可意者。班氏最有高名,既任情无例,不可甲乙辨,后赞于理近无所得,唯志可推耳。博赡不可及之,整理未必愧也。吾杂传论,皆有精意深旨,既有裁味,故约其词句。至于循吏以下及六夷诸序论,笔势纵放,实天下之奇作。其中合者,往往不减过秦篇。尝共比方班氏所作,非但不愧之而已。欲徧作诸志,前汉所有者悉令备。虽事不必多,且使见文得尽;又欲因事就卷内发论,以正一代得失,意复未果。赞自是吾文之杰思,殆无一字空设,奇变不穷,同含异体,乃自不知所以称之。此书行,故应有赏音者。纪传例为举其大略耳,诸细意甚多。自古体大而思精,未有此也。恐世人不能尽之,多贵古贱今,所以称情狂言耳。

吾于音乐,听功不及自挥,但所精非雅声为可恨。然至于一绝处,亦复何异邪! 其中体趣,言之不尽。弦外之意,虚响之音,不知所从而来。虽少许处,而旨态无极。亦尝以授人,士庶中未有一豪似者。此永不传矣!

吾书虽小小有意,笔势不快。馀竟不成就。每愧此名。

后汉书注补志序

刘昭

臣昭曰：昔司马迁作史记，爰建八书；班固因广，是曰十志。天人经纬，帝政纮维，区分源奥，开廓著述，创藏山之秘宝，肇刊石之遐贯，诚有繁于春秋，亦自敏于改作。

至乎永平，执简东观，纪传虽显，书志未闻。推检旧记，先有地理，张衡欲存炳发，未有成功。灵宪精远，天文已焕。自蔡邕大弘鸣条，实多绍宣。协妙元卓，律历以详；承洽伯始，礼仪克举；郊庙社稷，祭祀该明；轮辈冠章，车服赡列。于是应、谯缵其业，董巴袭其轨。司马续书揔为八志，律历之篇仍乎洪、邕所构，车服之本即依董、蔡所立，仪祀得于往制，百官就乎故簿，并籍据前修，以济一家者也。王教之要，国典之源，粲然略备，可得而知矣。既接继班书，通其流贯，体裁渊深虽难踰等，序致肤约有伤悬越，后之名史，弗能罢意。叔骏之书，是为十典，矜缓杀青，竟亦不成。二子平业，俱称丽富，华辙乱亡，典则偕泯，雅言邃义，于是俱绝。沈、松因循，尤觯功创，时改见句，非更搜求，加艺文以矫前弃，流书品採自近录，初平、永嘉图籍焚丧，尘消烟灭，焉识其限，借南晋之新虚，为东汉之故实，是以学者亦无取焉。

范晔后汉，良诚跨众氏，序或未周，志遂全阙。国史鸿旷，须寄勤闲,天才富博,犹俟改具。若草昧厥始,无相凭据,穷其身世,少能已毕。迁有承考之言,固深资父之力,太初以前,班用马史,十志所因,实多往制,升入校部,出二十载,续志昭表,以助其间,成父述者,夫何易哉!况晔思杂风尘,心桡成毁,弗克员就,岂以兹乎?夫辞润婉赡,可得起改,覈求见事,必应写袭,故序例所论,备精与夺,及语八志,颇襃其美,虽出拔前群,归相沿也。又寻本书当作礼乐志,其天文、五行、百官、车服,为名则同。此外诸篇,不著纪传,律历、郡国,必依往式。晔遗书自序,应徧作诸志,前汉有者,悉欲备制,卷中发论,以正得失,书虽未明,其大旨也。曾台云构,所缺过乎榱桷,为山霞高,不终跻乎一壝,郁绝斯作,吁可痛哉!徒怀缵缉,理懋钩远,迺借旧志,注以补之。狭见寡陋,匪同博远,及其所值,微得论列。分为三十卷,以合范史。求于齐工,孰曰文类;比兹阙恨,庶贤乎已。

昔褚生补子长之削少,马氏接孟坚之不毕,相成之义,古有之矣。引彼先志,又何猜焉!而岁代踰邈,立言湮散,义存广求,一隅未觌,兼锺律之妙,素揖校雠,参历筭之微,有懑证辨,星候祕阻,图纬藏严,是须甄明,每用疑略,时或有见,颇邀傍遇,非览正部,事乖详密。今令行禁止,此书外绝,其有疏漏,谅不足诮。